칼 슈미트, 정치신학에서 지정학까지

이해영 저

진인진

칼 슈미트, 정치신학에서 지정학까지

초판 1쇄 발행 | 2024년 12월 20일

지은이 | 이해영
발행인 | 김태진
편　집 | 김태진
교정교열 | 김동균
발행처 | 진인진
등　록 | 제25100-2005-000003호
주　소 | 경기도 과천시 관문로 92 101-1818
전　화 | 02-507-3077-8
팩　스 | 02-507-3079
홈페이지 | http://www.zininzin.co.kr
이메일 | pub@zininzin.co.kr

ⓒ 이해영 2024
ISBN 978-89-6347-619-3 93340

* 책값은 표지 뒤에 있습니다.

"지금도 대의에 헌신하시는 나의 선생 프랑크 데페Frank Deppe 교수님께"

"Für meinen Lehrer, Prof. Frank Deppe,
dem der Fortschritt der Menschheit bis heute treu am Herzen liegt."

머리말

시인 두보가 '남아수독오거서男兒須讀五車書'라고 했다. '오거서五車書'는 아마 '만여권萬卷餘'을 말하는 걸 거다. 하지만 책과 권이 지금 우리가 아는 개념하곤 많이 다르다. 예컨대 다산의 『목민심서』는 48권 16책이다. 『목민심서』만한 '서書'가 100단위면 '권券'으로 4,800단위이다. 이렇게 보니 그렇게 불가능한 것도 아니다.

이런 비유를 들어 머리말을 여는 이유는 칼 슈미트에 대한 책이 '오거서'는 족히 되고도 남고, 지금도 계속 늘어나고 있기 때문이다. 내가 유학을 떠난 것이 1988년이고 슈미트가 세상을 떠난 해가 1985년이었다. 이미 독일에서도 엄청난 양의 연구서와 논문이 ─혹자는 그 때 5천 종이 된다고 했다─ 나와 있었고, 또 그의 사거와 함께 1989년 독일이 (재)통일되고, 소위 '현존'사회주의가 붕괴되면서 '슈미트 르네상스'가 왔다. 이전에도 많았지만 더 많아졌다. 그럼 이 많은 책 중에 하나 보탠다고 무엇이 달라질까 할지 모르겠다. 하지만 나는 다를 거라고 주장할 수밖에 다른 도리는 없다. 내가 좋아하는 책 중에 쇼펜하우어의 『논쟁술』이란 것이 있다. 여기에 이리 말한다. "지성에 호소하는 대신 의지에 호소하라."

내가 슈미트를 처음 안 것은 1983년쯤이었다. 지금도 뇌리에 선한 게 마침 고 노재봉교수의 전공강의 시간이었을 거다. 교정에는 최루탄가스가 언제나 안개처럼 피어올랐고, 외계인스러운 복장의 병졸들이 강의실 앞에 상주하던 시절이었다. 노교수가 칠판에 우友와 적敵자를 썼던 기억이다. 특히나 적敵이란 글자에 대한 강렬한 인상 때문에 그날의 기억이 선연한 듯싶다. 그렇지, 당시 많은 친구들은 정권을 '적'이라고 불렀다. '적들의 침탈에 맞서 학원을 사수하고 …' 이런 게 소위 운동권의 표준 화법이었다. 처음엔 많이 어색했다. 하지만 자꾸 발화하다 보니 제법

입에 붙고 운韻을 밟게도 되었다. 여기에다 '불타는 적개심'을 얹어 소리 치면 그것이 제법 그럴듯했다.

그렇게 내가 '적'에 대한 의식을 처음 갖게 되었다. 유학시절 슈미트를 주제로 해볼까 생각하기도 했다. 마침 지도교수가 마뜩찮아 하시기에 당시 새롭게 주목받던 그람시와 하버마스를 비교하는 주제로 바꿨다. 나는 독일이 분단되었을 때 가서, 통일이 되었을 때 논문을 마쳤다. 당시까지만 해도 독일(서독)에는 맑스를 잇는 강한 사상적 전통이 여전히 살아있을 때였다. 맑스가 1818년생이고, 레닌이 1870년생이니 대략 2세대 터울이다. 그리고 그람시가 1891년생이고, 하버마스는 1926년생이다. 내가 공부한 독일의 '마르부르크Marburg학파'(독일의 신칸트학파중 서남학파와 함께 등장하는 그 마르부르크학파와는 다르다)를 개창한 볼프강 아벤트로트 Wolfgang Abendroth교수가 1906년생이고 그의 제자이자 나의 선생인 프랑크 데페Frank Deppe교수가 1942년생이다. 맑스로 따지면 레닌이 3세대인 셈인데, 아벤트로트는 4세대, 데페는 5세대라 할 만하다. 저 유명한 프랑크푸르트학파의 하버마스는 1926년생인데, 마찬가지로 아벤트로트의 제자다. 하버마스의 탁월한 교수자격논문 『공공성의 구조변화』의 지도교수가 아벤트로트였다. 하버마스는 이 논문을 스승인 아벤트로트에게 헌정했다. 그리고 또 다른 글에서 하버마스는 그를 '빨치산교수'라고 불렀다. 실제 아벤트로트는 반나치 활동으로 실형을 살았고, 출감후 주로 정치범을 모아 전선에 보내는 이른바 나치독일의 '999연대' 소속으로 그리스에 파병되었다. 이 기간 그는 또 군내에서 '반파쇼 세포'를 조직해 그리스해방군과 함께 반독일 사보타지 활동을 했기 때문이다.

내가 이런 족보 아닌 족보를 말하는 이유는 학풍이나 학맥의 원래 의미가 그 무슨 이권이 아니라, 학문하는 방법과 이유 등이 육화된 형태로 전달되어 '물화'되기 때문이다. 예컨대 법학자이자 변호사였던 아벤트로트가 한참 선배인 바이마르공화국 시절 루카치와 나눴던 얘기들, 그리고 이런저런 경로로 칼 슈미트와 얽힌 후일담등도 그 분위기와 함께 전승되기 마련이다. 이렇게 전해진 전설은 아타我他를 구분하는 하나의 경계석으로 작용한다. 그리고 슈미트를 객관화하는, 즉 거리를 두고 볼 수 있는, 베버의 말을 빌리자면, 대상과의 간격유지Distanzierung의 동력이 된다. 굳이 서둘러 그의 말에 빠져들 일도 그렇다고 먼 나라 얘기로 치부하지 않을 그런 의미의 제3지대가 만들어 지는 것이다. 나에겐 가장 익숙했던 사유체계와 거의 완벽히 대척적인 슈미트 사상 연구는 나의 것을 되새김하고 성찰하며 그래서 가지런히 할 아주 좋은 기회였다.

본격적으로 슈미트에 관한 책을 쓰기로 마음먹은 것은 내가 연구년으로 베를린에 있었던 2000년 즈음이다. 마침 주어진 1년을 고스란히 슈미트에 관한 자료를 찾고 또 읽는 데 보냈다. 살던 곳 근처에 독일연방아카이브가 있어 그 때 나치 SS의 슈미트 사찰기록인 '슈미트파일'을 처음 열람했다. 책의 본문에서 여기에 대해선 상술할 것이다. 하지만 결과를 책으로 내기에 상황적인 여러 여건이 너무 복잡했다. 해서 아쉽지만 두어 편 슈미트에 대한 논문으로 갈음할 수밖에 없었다. 이 중 여전히 유효한 관점은 이 책에 수정해서 재수록했다.

이후 당시 한미관계를 비롯 국제관계 현안에 집중했다. 스크린쿼터, 문화다양성, 한미투자협정, 한미FTA 그리고 미국산 쇠고기 문제 등등 내가 할 수 있고, 또 어떤 의미에서 해야만 했던 그래서 '공익형? 인간'으로서의 일종의 '의무'와 기나긴 씨름을 했다. 그러다 갑자기 몇 년 전 학교일에서 복무해제된 막간의 시간이 생겼다. 바늘구멍같은, 천재일우의 기회였다. 쌓여 있는 자료와 책들을 보며 더 이상 한숨짓지 말자고 다짐, 드디어 다시 작업에 착수했다. 긴 시간 새로 읽고 노트를 만들고 하다 보니 잠시 슬럼프가 왔다. 책바다에 빠져 있다 보니 '주화입마?'상태가 온 것이다. 그럴 때 쉬어가자 싶었는데, 지금도 계속되는 우크라이나 전쟁이 터진 것이다. 전쟁관련 작업을 마무리하고 다시 시작하니 오늘에 이르게 되었다. 이름을 들은 지로는 근 40년이고 처음 논문을 쓴 것이 근 20년이넘었으니 참 긴 시간이었다. 그 시간 슈미트라는 이름을 머리밖으로 내보낸 적은 없었던 거 같다. 대학원에서 2학기 정도 슈미트를 주제로 수업을 했고, 슈미트와 관련된 주제인 지정학, 그리고 바로 최근 학기엔 클라우제비츠 전쟁론을 가지고 수업을 했다. 마침 우크라이나 전쟁이라는 일대 사건이 생겼던 참이라 클라우제비츠뿐만 아니라 군사학의 동서양 고전을 섭렵하다보면 그 주제 자체에 빠져들곤 했다. 슈미트의 사상 전부가 전쟁을 빼곤 존립이 어렵다. 그리고 그의 책안에서, 슈미트가 열어 놓은 창문으로 문제를 보는 것과 전쟁이라는 문제 자체의 창으로 슈미트를 보는 것과는 많은 차이가 있음도 알게 되었다.

워낙에 슈미트가 다룬 분야와 영역이 방대한지라 단기에 그의 눈높이에 서는 것은 쉬운 일이 아니었다. 다행인 것은 슈미트의 저작이 과거부터 따지자면 우리말로 '거의' 다가 번역이 되어 있다는 점이다. 하지만 다행이지만 또 불행인 것은 그 번역의 질이다. '번역은 반역'이란 말이 있듯 누구도 자신의 것이 완벽하다 하진 못한다. 나 역시 그러하다. 리스크를 안고 있는 것이다. 하지만 한 사람 이름으로 된 번역이 책마다 질이 다르고, 그럴 리가 없어 보여도 너무나 명확한 오역이 즐비하다. 특히 역사적 사실과 고유명사에 대한 오역은 단순히 역어 선택의 문제가 아닌 것이다. 내가 할 수 있는 것은 일단 나의 책에서는 슈미트의 저작인 한에 있어 '거의' 직접 번역하거나 여의치 않을 경우 원문 대조하는 것을 원칙으로 삼았다. 물론 2차 문헌은 그렇지 않다. 그래서 나의 책의 해당 부분을 국내 번역본으로 대조하면서 읽는다면 혹 좀 성가실 수 있다는 생각도 든다.

슈미트는 1989년 당시 서독에서 붐이었고, 2000년대 들어 또다시 성황을 기록했다. 지금, 우크라이나 전쟁으로 신세계 질서 담론이 부상하면서 슈미트 사상의 방문자수가 다시 증가하고 있다. 신냉전과 더불어 심지어 '자유'와 '민주'가 이격, 이탈하면서 이른바 '집단서방'에서는 자유민주주의가 '자유파시즘'으로 변화하는 경향마저 등장하고 있다. 근 100년 전 바이마르공화국에서 슈미트가 관찰했던 자유주의와 민주주의의 분리가 재현될 조짐을 보이고 있는 것이다. 나로선 바란 것도 기대할 일도 아니다. 세상이 슈미트를 불러 낼 때는 기어코 '우적友敵의 마성魔性'이 살아난다는 말이기 때문이다. 슈미트는 1914-45년 '30년 전쟁'의 사상가였다. 제3차 대전은 실제 올 것인가. 슈미트는 '소분小分된 전쟁' 혹은 제한전쟁의 이론가이기도 했다. 그래서 그의 사상 전부에 침윤된 하비투스는 '위기'다. 지금의 우리 위기를 보면서 슈미트를 소환하는 것은 어쩌면 자연적인 반응일지도 모른다.

  막힐 때면 나는 지리산에 든다. 1~2주 운기조식?하면서 다시 살피다 보면 집중하게 되고 그리고 작업도 성큼 앞으로 달려간다. 언제나 자리를 내어주시는 도응주지스님께 다시 고마운 마음을 전한다. 슈미트공부는 꽤나 진입장벽이 높다. 언어는 물론이고, 워낙 추상적이고 고담준론이 많은지라 또 당시 상황에 깊이 들어가지 않으면 더더구나 접근이 어렵다. 그럼에도 매번 나의 독해에 동반해준 대학원생도 고맙다. 친구 서해성작가는 언제나 나를 북돋는다. 여러 세세한 점도 더불어 도와주었다. 가족은 항상 뒷전이지만 언제나 미안한 마음이다. 어려움에도 선뜻 출판에 나서준 진인진출판사에 다시 감사한다.

  시대의 불안을 예감하는 것은 또다시 지식인의 몫이라 할 것인가.

2024 년 8월
저자 識

목차

머리말··· 5
표, 그림 목차 ·· 15

제1장 서론
칼 슈미트 사상의 '정신적 토대' 또는 '시대의 정신적 상황'에 대하여   17

    §1. '무기는 전사의 본질이다'(헤겔) ···························· 19
    §2. '정치적 세대' 문제 ·· 27
    §3. '시대정신Zeitgeist'으로서의 보수혁명론 ················· 33
        1) '시대정신'과 보수혁명 ································· 33
        2) 보수혁명과 생철학 ······································ 36
    §4. 독일 '만다린주의Mandarinentum' ························· 44
    §5. 독일사의 '특수경로Sonderweg' 문제 ···················· 51
        1) 특수경로의 특성과 전개과정 ························ 51
        2) '지체'로서의 특수경로 I: 게오르그 루카치 ···· 58
        3) '지체'로서의 특수경로 II: 헬무트 플레스너 ··· 64
    §6. 이른바 '인종민족Völkisch'운동과 인종주의 문제 ····· 73
    §7. 파시즘이론의 문제 ··· 85
    §8. 이 책의 구성에 관하여 ······································· 92

제2장 '결국은' '정치적인 것의 개념' ················· 97

§1. '정치적인 것'의 개념 ····················· 99
  1) '정치적인 것'의 개념과 우적友敵테제 ············· 99
  2) '정치적인 것'의 개념과 전쟁 ················ 113
    (1) 정치적인 것의 '전제'로서의 전쟁 개념 ········· 113
    (2) 국제연맹의 '차별적 전쟁'개념 비판············ 121
    (3) 노모스론적 전쟁개념: '정적正敵'과 전쟁의
        '제한·보존Hegung' ················· 126
  3) '정치적인 것의 개념'과 권력················ 138
  4) '정치적인 것의 개념'과 '전체국가' ············· 147
  5) '정치적인 것의 개념'과 헌법:
     '체계System'로서의 슈미트 헌법론 ············· 153
    (1) '정치적인 것'과 헌법이론 ··············· 153
    (2) 대표와 동일성 문제 ················· 159
§2. 슈미트와 동시대인들의 비판 ················ 171
  1) 슈미트 대 한스 모겐소(모르겐타우)(1904-1980) ········· 171
    (1) 만남 ······················· 172
    (2) 모르겐타우의 표절 주장 ··············· 174
    (3) 슈미트의 '정치적인 것의 개념' 비판 ·········· 179
  2) 슈미트 대 레오 슈트라우스(1899-1973) ············ 185
  3) 슈미트 대 칼 뢰비트(1897-1973) ··············· 193

제3장 주권이란?: 예외, 결단, 독재 ················ 205

§1. 예외라는 방법 ······················ 207
§2. 결단 ·························· 212
§3. 대안으로서의 대통령독재 ·················· 216

제4장 의회와 자유주의 비판··· 231

　§1. 자유주의 비판의 역사적 배경 ································· 233
　§2. 의회주의, 위기와 비판 ·· 234
　§3. 의회와 '토론계급' ·· 237
　§4. 민주정과 의회주의 ·· 240
　§5. 선거와 정당 ··· 243
　§6. 의회, '대표'로서의 실격 ·· 247

제5장 '전향1933' 하지만 '숙청1936' ································ 251

　§1. 바이마르공화국 말기의 몇 가지 역사적 조건············ 253
　§2. 바이마르 마지막 3년과 슈미트의 이른바 "마지막 시도" ······ 261
　§3. '전향' 그리고 '나치 슈미트' ···································· 284
　§4. 숙청 1936 ·· 315
　§5. 숙청이후 ·· 346

제6장 국제법, 국제정치 그리고 슈미트의 '광역廣域이론' ············ 351

　§1. 베르사이유체제와 슈미트 ·· 355
　§2. 나치시대 국제법과 슈미트의 '광역이론' ················· 376
　　　1) 나치독일 국제법학의 전개과정 ·························· 376
　　　2) '차별적' 전쟁개념, 제국 그리고 광역 ················· 382
　　　3)『땅과 바다』그리고 지정학 ································ 400
　　　4) 종전을 기다리며? ··· 404
　§3. 소결 ··· 410

제7장 '변명 1945' 그리고 '안티-뉘른베르크' ································· 417

　§1. 슈미트의 체포 그리고 뉘른베르크 전범재판 ················ 419
　§2. 슈미트의 '옥중수고', 베니토 세레노 그리고 햄릿까지 ······ 430

제8장 전후의 슈미트 ··· 447

　§1. 전후 슈미트의 냉전이해 ··· 449
　§2. 대지의 노모스 ·· 455
　§3. 빨치산, '정치적인 것의 개념' ······································ 476
　§4. 『정치신학 II』와 '정치적인 것' ·································· 489

제9장 결론 ·· 505
　§1. 슈미트는 기회주의자였던가 ······································ 508
　§2. 그럼 슈미트는 나치였던가? ······································ 512
　§3. 다시 '정치적인 것'으로 ··· 515
　§4. 21세기 슈미트, '강압적autoritär 자유주의' 혹은 '네오콘'? 522

슈미트 저작 약어표 ··· 529
참고문헌 ··· 533
색인(인물) ·· 549
색인(개념) ·· 553

표 목차

표 1	홉스 리바이어던 도상 상단의 좌우	24
표 2	홉스 리바이어던 도상 하단의 좌우	26
표 3	민족, 인종, '인종민족적völkisch'	76
표 4	슈미트의 노모스론적 전쟁개념	136
표 5	헌법제정권력과 제정된 권력	158
표 6	슈미트의 '정치적인 것'과 '비정치적인 것'	179
표 7	우적과 정치/비정치적인 것의 다이어그램	181
표 8	슈미트가 작성한 대지의 전후 냉전시기 노모스와 문제영역(1957년)	454

그림 목차

그림 1	홉스 리바이던의 표지	23
그림 2	홉스 리바이던의 표지 상단	24
그림 3	홉스 리바이던의 표지 좌측 하단	26
그림 4	홉스 리바이던의 표지 우측 하단	26
그림 5	바이마르공화국시기 독일의 '정치적 세대'	30
그림 6	한스 모겐소(모르겐타우)	171
그림 7	레오 슈트라우스	185
그림 8	칼 뢰비트	193
그림 9	파울 폰 힌덴부르크(1847-1934)	256
그림 10	바이마르공화국 시기 사민당, 나치당 그리고 공산당의 정치포스터	257
그림 11	쿠르트 폰 슐라이허(1882-1934)	258
그림 12	바이마르공화국의 총리 1918-1933	261
그림 13	바이마르공화국 정당별 지지도	261
그림 14	독일제국지도 1919-1937년	262
그림 15	헤르만 괴링(1893-1946)	287
그림 16	오토 쾰로이터	315
그림 17	R. 횐과 그가 소장으로 있던 베를린대학 국가연구소 소개글	318
그림 18	E. A. 에크하르트	320
그림 19	'슈미트파일'의 표지	327
그림 20	베르너 베스트	377

그림 21	요하네스 포피츠(1884-1945)	407
그림 22	국제군사법정이 설치된 뉘른베르크 주법무부 전경	420
그림 23	1941년 파리, 윙거와 슈미트	434
그림 24	전후 귀향한 슈미트의 플레텐베르크 집	475
그림 25	1971년 이사해서 사망때까지 슈미트가 살았던 집	476
그림 26	슈미트의 묘지비	526

제1장 서론
칼 슈미트 사상의
'정신적 토대' 또는 '시대의 정신적 상황'에 대하여

막시밀리앙 로베스피에르는 장-자크 루소의 손, 그것도 피묻은 손에 불과했다. 이 손으로 시간이라는 자궁 속에서 루소가 창조한 영혼을 가진 육신을 끄집어 낸 것이다.

하인리히 하이네(Heinrich Heine, 1797-1856)

§1. '무기는 전사의 본질이다'(헤겔)

'위대한 인물이 세계에 내린 저주는 자신을 설명하라고 강요하는 것'이라고 헤겔이 어디서 말했다. 슈미트가 그런 '위대한 인물'인지 여부는 여기서 판단할 사안이 아니다. 한 가지는 분명하다고 하겠다. 20세기 지성사에 가장 '문제적 인물'이었던 것은 아마 다수가 어렵지 않게 동의할 것이라고 본다.

한쪽의 슈미트, 곧 그의 제자이자 전후 독일의 대표적 사회학자인 헬무트 쉘스키는 그를 의문의 여지가 없는 20세기 정치사상의 '고전가Klassiker'이자 '대가' 또 '20세기 독일의 홉스'라고 했다. 하지만 다른 쪽의 슈미트는 근대주권론의 효시를 이룬 프랑스의 장 보댕Jean Bodin과 비교되어 '기회주의자', '신성모독자', '참살자Hexenjäger'다. 또 '폭력의 포주Zuhälter der Gewalt', '1920년대 방향을 상실한 시민계급의 가장 지조없고 부정직한 대변자', '독일의 히틀러이전 시대의 메피스토'[『파우스트』에 나오는 악마 – 인용자]다(Rüthers 1990, 130). 역사가 에릭 홉스봄은 그를 '반혁명의 혁명가'라고, 유대인 신학자 야콥 타우베스는 '반혁명의 묵시가Apokalyptiker'라고 불렀다. 프랑스의 사회학자이자 국제정치학자인 레이몽 아롱(1905-1983)은 "히틀러주의자일 수가 없고 또 그랬던 적도 없는 높은 교양인homme de haute culture"이라 칭했다(Monod 2016, 10 재인용). 하지만 경제학자 하이에크(1899-1992)는 그를 "나치 전체주의의 지도적인 이론가"로 규정했다(Hayek 1944, 187). "독일정신이라는 보이지 않는 제국의 비밀군주"는 하버마스가 인용해서 한 말이었다(Habermas 1995, 119).

이렇게 극단적으로 상반되는 평가의 중심에 있다는 것만으로도 슈미트의 문제성은 어렵지 않게 입증된다. 하지만 이보다 더 중요한 것은 이런 것이다. "슈미트의 캐릭터문제는 여러 각도에서 보더라도 중요할 수는 있다. 자기시대에서 슈미트가 갖는 역사적 의의와 슈미트의 학설이 현시대에 대해 갖는 지속적인 영향은 캐릭터 문제를 넘어 가치있는 연구 대상인 것이다. 그 연구는 그가 가진 비상한 매력, 법학을 넘어 광범위한 독자층의 열광에 좀 더 가까이 다가가 보는 것이며, 그렇게 열광했던 사람들을 슈미트의 테제 및 저작들과 그때마다의 상황이 갖는 연관성을 더 많은 문서 자료를 통해 밝혀내는 것", 즉 슈미트의 사상과 상황과의 내적인 연관이다(Lüthers 1990, 131). 이 지점에서 우리가 "주목할 점은 슈미트가 시대흐름을 감지하고 정치적 시대정신이 의도하는 그때마다의 문제를 인상적인 필치로 또 명료한 법적 개념으로 표현해내는 천부적 자질 Gabe을 지녔다는 점이다. 슈미트는 그때마다의 현대사의 의제에 오른 문제들을 동시대인과 비교해 더 명료하고 예리하며 청중에 울림을 주는 식으로 정식화해 낸다. 그는 '그때마다의 것das Jeweilige'을 대가적으로 정식화할 수 있는 사람Formulierer이었다."(Lüthers 1990, 131f.)

슈미트는 이 사정을 이렇게 간결하게 표현한다. "매 문장은 하나의 답변이다. 매 답변은 하나의 질문에 답한다. 매 질문은 하나의 상황에서 생겨난다." 슈미트는 지인들과의 내밀한 대화의 자리에서 가진 '일분 강의 Ein-Minuten-Vorlesungen'에서 이처럼 말하곤 했다(FoP, 서문). 나치시절에 출간된 『입장과 개념』의 서문에서는 또 이렇게 쓰고 있다. "이 강연과 논문들은 시간의 강 속으로, 특정 순간으로 들어간다. 모든 답변은 질문에 종속된 것이다."(PuB, 서문) "인쇄된 논문의 일부는 결정적인 과정에서 생성되어, 의식적으로 시간의 저울 위에 던져졌다. 그러나 모든 것은 구체적 상황과 고찰에 대한 테제와 개념으로 환원된다."(VA, 6) "모든 상황은 자신의 비밀을 갖고 있다, 그리고 모든 학문은 자신의 비밀Arcanum을 품고 있다."(ExCap, 75) 결국 이런 말이다. 인간에게 역사와 상황은 피할 수 없는 것이다. 항상 존재하는 것이다. '질문'은 바로 역사와 상황의 산물인 것이고, 마찬가지로 '답변'도 그러하다. 질문은 언제나 답변에 선행한다. 하지만 상황이 배태한 질문에 대한 답변은 '그' 질문에 대한 것이지 '모든' 질문에 대한 답변이 될 수는 없다. 그 누구도 상황을 미리 알 수는 없다. 상황이 먼저 일어난 다음, 그래서 항상 이 '구체적 상황'으로부터 질문이 나오고, 여기에 대한 하나의 답변이 있는 것뿐이다. 이를 상황의 비밀, '아르카눔'이라 부른다. 이런 의미에서 슈미트를 '구체적 상황의 사상가'라고 이 선집[1]의 편자 귄터 마쉬케Günter Maschke가 말한다면 그것은 적절하다고 할 수 있다.

그런데 우리는 전혀 다른 곳에서 이 비슷한 얘기를 듣게 된다. 루카치다. "변증법적으로 사고하지 않는 자들만이 구체적 상황의 구체적 분석이라는 레닌의 관점의 근본원칙을 단순히 '현실정치Realpolitik'의 문제로만 인식한다. 맑시스트들에겐 구체적 상황의 구체적 분석이란 '순수' 이론의 반대가 아니다. 도리어 그것은 진정한 이론의 정점이요 극치이며 따라서 이론이 비로소 실천적으로 돌입하는 시점이다." 또 루카치는 레닌의 "방법의 정수"를 이렇게 말한다. "레닌은 결코 수많은 상이한 경우들에 '적용될' 수 있는 '일반규칙'을 수립하지 않았던 것이다. 그의 '진리'는 변증법적 역사접근에 입각한, 구체적 상황의 구체적 분석으로부터 형성되었다. ... 모든 상황에는 하나의 중심적인 문제가 있으며, 이 문제의 해결이야말로 그것에 의해 동시에 제기된 문제들에 대한 해답과 모든 사회경향들의 미래 발전에 대한 해결의 열쇠를 제공한다."(루카치 외 1985, 51, 97f.)[2] 그래서 '중심고리'가 중요한 것이다.

'구체적 상황의 사상가'로서 슈미트는 어떤 의미에서 '반혁명적 레닌'이었다.[3] 슈미트 매력의 원천은 이렇듯 구체적 상황에 대한 구체적 분

---

1   Carl Schmitt(2005), Frieden und Pazifismus? Arbeiten zum Völkerrecht und zur internationalen Politik 1924-1978, hrsg. von Günter Maschke, Berlin; Duncker&Humblot, 2005.

2   G. 루카치(2005), 「레닌, 그의 사상의 통일성에 관한 일 연구」, 루카치 외(1985), 『레닌』, 서울: 녹두출판사, 1985, 13ff.

3   흥미롭게도 울멘 역시 비슷한 언급을 하고 있다. "슈미트는 합법성을 내

석에서 나온 것이었다. 누구보다도 섬세하고 예민하게 시대정신을 읽었고, 분석된 결과에 근거하는 메시지를 '보수혁명가'는 물론이고 거리의, 익명의 실천가들에게 발신했다. 실천에 대한 강력한 요청이기도 했다. 반혁명적 방식으로 이론과 실천의 통일을 요구했던 것이다.

슈미트가 애용하는 슬로건중 하나가 시인 랭보의 이 구절이다. "정신투쟁은 인간들의 전투만큼 잔혹brutal하다."(SGN 533) 그렇다면 '전사' 슈미트는 이제 무엇을 가지고 싸울 것인가. 그래서 홉스가 중요하다.

"**개념과 구별**Distinktionen이 정치적 무기, 그것이 '간접' 권력의 무기라는 위대한 통찰은 이렇게 책의 첫 장만 넘겨도 알 수 있을 것이다."(Leviathan, 26, 강조는 인용자) 다시 말해 "홉스는 **개념과 구별을** 정치투쟁의 무기로 인식했다... 역사적으로 보자면 17세기 영국에서 홉스 정치이론의 상황은 매우 절망적이었다. 왜냐하면 그 개념들은 마키아벨리의 냉담하고 객관적인 격률들이 당시 이탈리아에서 그러했던 것만큼이나 영국의 구체적인 정치현실과는 모순적인 것이었다. 홉스가 창조한 정신적 무기는 자신의 명분에 복무하지 못했다. 그러나 헤겔이 말한 것처럼 무기는 전사의 본질이다."(Leviathan, 130f., 강조는 인용자) 비록 한계는 있

전의 무기로 전환시킨 것이 독일이 아니라 러시아의 업적임을 매우 잘 인식하고 있었다. 레닌의 1920년 전투 팜플렛인 『좌익급진주의, 공산주의 소아병』을 간과한 모든 합법성문제에 대한 고찰은 '시대착오적'인 것이다. 이 팜플렛이 슈미트의 정신적, 정치적 발전에 미친 의의는 결코 과소평가되어서는 안 된다. 슈미트에게 합법성과 정당성 문제는 베버, 합법성과 비합법성 문제는 레닌을 통해 의식하게 된 것이다. ... 자신의 독재론 책 초판 서문에서 볼 수 있듯이 레닌의 이 책을 슈미트는 출판 즉시 읽었다. 이 책은 슈미트에게 무엇보다도 서유럽 특히 독일과 영국의 공산주의자를 겨냥해 러시아 혁명가의 경험이라는 관점에서 이들의 의회주의에 대한 입장을 비판했기 때문에 흥미로운 것이었다."(Ulmen 1991, 413)

그림 1 홉스 리바이던의 표지

제1장 서론: 칼 슈미트 사상의 '정신적 토대' 또는 '시대의 정신적 상황'에 대하여

그림 2 홉스 리바이던의 표지 상단

표 1 홉스 리바이어던 도상 상단의 좌우

권력potestas	권위auctoritas
속俗	성聖
칼 sword	목장牧杖 stab

었지만 슈미트의 영웅 홉스는 정신투쟁, 정치투쟁, 이론투쟁, 사상투쟁의 전사였다. 그는 "모든 종류의 간접권력에 대항한 투쟁의 위대한 교사"이며 "참된 프로마코스promachos[4] 전사"이자, "고대 프루던스prudence의 유일한 리트리버retriever[사냥한 새를 물어오는 대형견-인용자]"였다(Leviathan, 132).

저 유명한 홉스의 리바이어던 책 표지의 주권자 리바이어던을 좌우로 옹위하는 상징물에는 바로 이 지식전사의 지위와 역할이 명료하게

---

4 '프로마코스'는 고대 그리스에서 팔랑크스phalanx 방진의 맨 앞줄에서 싸우는 전사 혹은 그 맨 앞줄을 의미한다.

표시되어 있다. 그래서 이 난해하기 짝이 없는 홉스의 도상을 먼저 해독해야 한다. 우선 가운데 휘장에는 『리바이어던 또는 교회국가 및 시민국가의 재료와 형태 및 권력Leviathan or The Matter, Forme and Power of a Commonwealth Ecclesiasticall and Civil』이라는 책의 제목이 씌어져 있다. 그리고 리바이어던 위에 표기된 구절은 이렇다. "41:33 땅 위에는 그것 같은 것이 없나니 두려움 없게 지음을 받았음이라[욥 41:24]Non est potestas Super Terram quae Comparetur ei. Iob. 41:24". 하지만 중세 성경과 현대 성경의 차이에 의해 이 구절은 실제[욥 41:33]에 해당된다. 그리고 한글 번역문에서는 아쉽게도 권력을 의미하는 라틴어 "potestas"에 해당되는 의미내용이 사실상 사상되어 찾을 수 없다. 이 도상의 좌우는 이렇게 배열되어 있다.

그리고 우측 하단 4번째 그림을 자세히 보면, 가장 왼쪽에 있는 삼지창에는 갈래마다 '3단 논법Syl-logis-me'이 3등분해서 새겨져 있다. 그 다음 중간의 창에는 좌우로 '내세(영)적Spirutual'과 '현세적Temporal'이, 가장 가운데 창은 좌우로 '직접적Directe'과 '간접적Indirecte'이 각인되어 있다. 가장 오른쪽 창은 좌우로 '실재적real', '지향적intentional'이 새겨져 있고, 그리고 가장 아래에 있는 것이 '딜레마Dilemma'다. 그리 보면 '구별'에 특별히 관련되는 것이 '내세적'/'현세적', '직접적'/'간접적' 그리고 '실재적'/'지향적' 이 3가지임을 알 수 있다. 앞의 2가지 범주에 대해서는 이미 홉스가 그의 책에서 이런 용례를 보이기 때문에 어렵지 않게 알 수가 있다. "현세적 권력이니 영적 권력이니 하는 구분은 말장난에 불과하다. 권력이 '직접적' 권력과 '간접적' 권력으로 나누어지면, 실제로 권력은 양분되고, 해로운 결과를 초래한다."(홉스 2012b, 273) 특히 홉스는 교황의 '간접권력'을 강력히 비판한다. 이에 반해 세 번째 범주는 확인하기 쉽지 않다. 여기에 대해 라스무센은 홉스의 이 개념은 토마스 아퀴나스의 '지향적 존재esse intentionale' 개념을 의미하는 것이라고 본다(Rasmussen, 2023). 예를 들어 토마스 아퀴나스의 경우 인간 지성의 특수성을, 절

그림 3   홉스 리바이던의 표지 좌측 하단

그림 4   홉스 리바이던의 표지 우측 하단

표 2   홉스 리바이어던 도상 하단의 좌우(강조는 인용자)

1. 성채	1. 교회
2. 왕관	2. 주교관
3. 대포	3. 파문장
4. 소총, 창, 깃발	**4. 3단논법, 개념구별 distintio, 딜레마**
5. 전장	5. 공의회 Konzil

대자를 추구하는 형이상학적 '지향성'에서 찾는 것 말이다. '3단 논법, 개

념구별distintio, 딜레마'등이 끝이 매우 잘 벼려진 창에 새겨졌다는 것 자체가 이것이 무기임을 상징하는 것이고, 공의회의 삼엄함은 전쟁터에 못지않다. 그래서 이 무기는 전사 즉 지식인의 본질을 나타내는 기표라 하기에 충분하다. 곧 '해석권력'을 놓고 벌이는 헤게모니투쟁이자, '정신투쟁'말이다. '개념과 구별'은 바로 이 '전사'의 무기다. 그것이 지식인의 본질이다.

지식 '전사' 슈미트 사상의 구조와 형태를 제대로 이해하기 위해서는 그 역사적, 사회적 전제에 대한 올바른 파악이 필수불가결하다. 슈미트의 사상 역시 '무'에서 나온 것이 아니기 때문이다. 나는 다음 6가지 정도를 슈미트사상과 영향을 주고받은 사조, 경향 그리고 담론으로 제시해 보고자 한다. 첫째, 독일의 19세기말~20세기 초 '정치적 세대'문제, 둘째, 1920년대 바이마르시대 독일우파 지식인의 중요한 '시대정신'이자 경향이었던 '보수혁명론', 셋째, 독일 '만다린Mandarine'론, 넷째, 독일사의 '특수경로Sonderweg', 다섯째, 그 과정에서 배태된 특수한 사회운동으로서 '인종민족Völkisch운동', 여섯째, 파시즘이론상의 몇 가지 문제 등이 그것이다.

§2. '정치적 세대' 문제

세대문제에 관한 한 이미 고전으로 간주되는 칼 만하임에 따르면[5] 계급이나 세대의 어떤 '위치설정Lagerung'은 출생이라는 생물학적 계기에 의해 주어져, 공통의 체험, 사고, 감각에 일정한 방향성을 부여한다. "계급

---

5   Karl Mannheim(1928), Das Problem der Generationen. 국역본은 만하임(2020). 이 책은 웹상으로도 접근가능하다.
https://www.1000dokumente.de/pdf/dok_0100_gen_de.pdf

위치와 세대위치(유사 출생연도에의 소속여부)는 그러므로 해당 개인의 특정 사회적-역사적 생활공간속에서, 특정한 위치설정의 결과에 따라 해당 개인들을 어떤 일어날 가능성이 있는 특정 운동공간 안에 제약하고 그렇게 함으로써 특정 종류의 체험과 사고, 역사과정에 대한 특정 방식의 개입을 강제한다는 공통점을 갖고 있다. 어떤 위치설정은 모든 체험, 사유, 감각, 행위 등의 종류와 방식 대다수를 우선적으로 배제하고 개별성의 작동 공간을 특정하게 한정된 가능성만으로 제한한다. 그러나 이 소극적 제한에 고정하는 것만으로 모든 것이 포착되는 것은 아니다. 적극적 의미에서 각 위치설정내에는 사회학자가 각 위치설정의 고유한 비중에 따라 이해적으로verstehend 포착할 수 있을 특정 태도, 감각 그리고 사유 방식으로 지향하는 하나의 경향이 내재한다. 이런 의미에서 우리는 각 위치설정 중 하나에 내재하는 경향에 대해 말할 수 있고, 이 경향은 위치설정의 고유성 자체로부터 규정되어지는 것이다. 하나의 특정 계급상의 위치에서 보자면 사회는 (언제나 반복되는 경험 속에서) 특정 측면Aspekt으로 나타난다. 하지만 사회적-정신적 공간을 채우는 체험, 사고 그리고 감각의 내용은 '통채로überhaupt' 거기에 있는 것이 아니라, 각각의 계급상 위치에 대해 그것들은 오직 하나의 '측면'으로 존재한다."(Mannheim 1928, 16)

  만하임의 관점이 특히나 흥미로운 것은 어떤 세대에 의한 '시대정신'의 형성과정에 대한 관찰 때문이다. 먼저 "19세기 초 복고시기와 독일 시민계층의 사회, 정치적 허약함으로 인해 우선 청년세대내 보수적 낭만주의 극極에 엔텔레케이아Entelechie[모든 생명체의 내적인 완성원리 혹은 그를 향한 힘-인용자] 구축이 더 유리해졌다. 이를 통해 사회적으로 자유부동하는 식자층Literatenschicht 대부분을 끌어들일 수 있었다. 1830년대부터는 7월 혁명과 산업화가 가속화되면서 이를 주도한 세대에서 새로운 자유주의적, 합리주의적 엔텔레케이아가 더 감염성이 높아졌다. 그래서 대다수 식자층이 이제 자유주의-합리주의 진영으로 옮겨 갔다.".

그렇다면 누가 시대정신을 장악하는 것인가. "이 식자층을 우선적으로 시야에 넣고 이러한 발전과정을 추적해 볼 때, 마치 한 때 오직 낭만적인 그 다음에는 오직 합리주의적인 '시대정신'이 있는 것처럼, 그리고 나아가 마치 이들 식자, 시인 그리고 사상가가 '시대정신'을 규정한다는 인상을 받게 된다. 결정적이고 방향을 규정하는 핵심 행위는 이들 속에 자리 잡고 있는 것이 아니라, 그 자체 언제나 존재했던 양극적 분열의 배후에 존재하는 훨씬 더 잘 짜인 사회적 행위자Träger들에 의해 이루어진다는 사실이다. 이 개별 흐름의 틈입에 의해 야기된 '시대정신'의 파동은 시대 상황에 의해 한번은 이쪽, 또 한 번은 저쪽의 극이 적극적인 세대를 불러일으킴으로써 나타난다. 이 세대는 그 뒤 '중간층'조차도, 특히 이 사회적으로 자유부동하는 식자층을 낚아채간다. 이 식자층의 막중한 의미 (종종 탁월한 사상가와 시인 덕분이기도 한)를 부인할 수는 없지만, 그렇지만 이런 방식으로 사회적 공간을 비추는 이 진정한 깊이와 형태가 저 모든 엔텔레케이아를 부여하는 것이다. 오직 식자층에만 맞춘다면, 정신 운동의 경향과 구조를 완전히 포착할 수가 없게 된다. 역사적, 사회적 흐름의 전체를 고찰해 볼 때, 그 어떤 배타적으로 낭만적이고, 배타적으로 합리주의적인 시대는 존재하지 않는 것이며 이 양극성은 적어도 19세기 이래 명백하다. 그러나 어떤 때는 이 방향, 어떤 때는 저 방향이 힘을 장악해 지배적인 것이 된다. 사회학적으로 이것이 의미하는 바는 ─다시 한 번 요약하자면─ 시대 상황에 의해 유리해진 그만큼만 어떤 때는 이쪽 극이 어떤 때는 저쪽 극이 하나의 세대 엔텔레케이아의 형성을 가능하게 만든다는 사실이다. 이것이 언제나 동요하는 중간층 즉 그 다른 무엇보다 가장 우선적으로 동시대 식자층을 끌어당긴다는 말이다."(Mannheim 1928, 38f.) '보수적 낭만주의'와 '자유주의적 합리주의'간의 긴장은 1920년대 독일의 시대상황에 의해 완벽히 한 쪽으로 전도되었다. 이때의 '세대 엔텔레케이아'가 '자유부동하는 식자층'을 매개로 중간층을 또한 완벽히 장악했다는 말이다.

바이마르공화국시기 독일의 '정치적 세대'

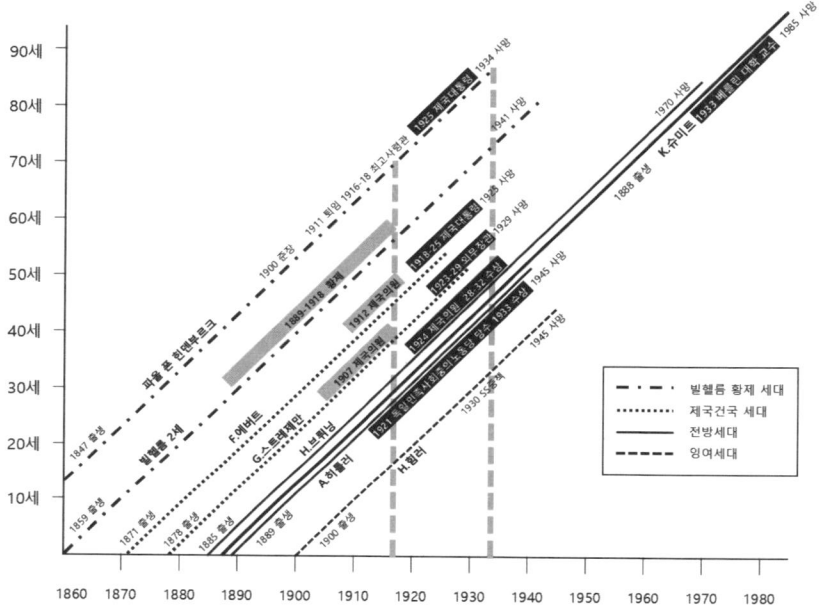

그림 5   바이마르공화국시기 독일의 '정치적 세대'

위의 그림은 포이케르트의 것을 슈미트를 넣어 약간 변형시킨 것이다(Peukert 1987, 28f.). 이 그림은 바이마르공화국을 기준으로 한 것이다. X축은 연도, Y축은 해당 인물의 자연연령을 나타낸다. 모두 4대에 걸친 정치 세대를 표시하고 있다. 그 각각을 간략히 살펴두자.

(1) '빌헬름황제 세대'다. 첫 줄에 있는 파울 폰 힌덴부르크대통령으로서 1847년 출생, 1866년 참전, 1900년 중장, 1911년 예편. 그 뒤 다시 1916~18년 제1차 대전시 최고사령관 역임 이후 1925 제국대통령, 1934년 사망했다. 둘째 줄의 빌헬름2세를 보면 1859년 출생, 1889~1918 황제, 1941년 사망했다. 여기까지가 '빌헬름황제 세대'다.

(2) '제국건국세대'다. 셋째 줄 프리드리히 에베르트를 보자면 1871년

30   칼 슈미트, 정치신학에서 지정학까지

출생, 1912년 제국의원 그리고 1918-1925년 제국대통령, 1925년 사망했다. 여기에는 넷째 줄의 G. 스트레제만 전 독일외무장관도 포함되는데, 그는 1878년 출생, 1907년 제국의원, 1923-1929년 외무장관, 1929년 사망한다.

(3) '전방세대'라 불리는 이 세대는 1880-1890년대 생들이다. 다섯 번째 줄 H. 브뤼닝은 1885년 출생, 1923년 제국의원, 1930-1932년 제국총리, 1970년 사망했다. 칼 슈미트는 바로 이 전방세대에 속한다. 그래서 이 책에서는 원문과는 달리 한 줄을 추가했다. 1888년 출생, 1933년 베를린대 교수, 프로이센 추밀원 고문, 1985년 사망했다. 이 세대에는 다름 아닌 아돌프 히틀러도 포함된다. 그는 1889년 출생, 1921년 독일민족사회주의노동당 당수, 1933년 제국총리, 1945년 사망했다.

(4) 여러 의미에서 이 네 번째 세대는 또한 '잉여 überflüssig 세대'라 불린다. 일곱 번 째 줄에 있는 1900년생 하인리히 힘러를 대표적으로 들 수 있다. 1945년 A급 전범으로 처형당했다.

칼 슈미트가 속한 1880~1890년대 생, 곧 전방세대는 '1914년의 이념' 즉 제1차 세계대전의 열광과 참극에 압도된 세대인데, 청소년기를 세기전환기에 보냈고, 가장 오래 전선에서 복무했다. 본격적인 직업 활동 및 가족관계도 전후에 비로소 시작되었다. 바이마르공화국을 주도한 '제국건국세대' 즉 구세대와 비교해 '제2 바이올린 zweite Geige' 역으로 사회에 진출했다. 우리가 알만한 인물을 들어보자면 이렇다. 독일공산당 KPD 에른스트 텔만(1886-1944), 히틀러, 1920년대 아방가르드문화를 주도한 발터 그로피우스(1883-1969), 칼 오시에츠키(Carl von Ossietzky, 1889-1938). 그리고 오스발트 슈펭글러(Oswald Spengler, 1880-1936), 에른스트 윙거(Ernst Jünger, 1895-1998), 마르틴 하이데거(Martin Heidegger, 1889-1976), 칼 야스퍼스(Karl Jaspers, 1883-1969), 그리고 게오르그 루카치(Lukács György, 1885-1971), 안토니오 그람시(Antonio Gramsci, 1891-1937), 베니토 무솔리니(Benito Mussolini, 1883-1945)등이 이 세대다.

'건국세대'와 '전방세대'이후 1900년 주변에 태어나 바이마르공화국 원로정치Gerontokratie에 맞서 청년세대의 권리를 한탄한 세대가 '잉여세대'다. 경제불황과 노동시장포화에 직면 '잉여정서'에 의해 전선세대가 누린 신화로부터도 배제된 채, 특히 경제공황에 직격타를 맞은 세대다. 히틀러 시절 실세중 실세였던 힘러뿐만 아니라, 당총재실 실장 마르틴 보르만, 게쉬타포를 상징하는 라인하르트 하이드리히(Reinhard Heydrich, 1904-1942), 독일공산당의 하인츠 노이만(1902-1937), 프랑크푸르트학파의 테오도르 아도르노(1902-1969)가 있다.

요컨대 슈미트는 독일 전방세대의 체험, 의식, 감각을 내면화하면서 사회화되었고, 또 이 세대의 정치적 방향성을 공유하면서 성장했다고 말할 수 있다. 그래서 만하임의 표현처럼 '자유부동하는 식자층'에 영향력을 행사해 세대 엔텔레케이아를 구축하는데 지대한 영향을 미친 그 세대 지식사회의 핵심중 일원이었다. 하지만 그 방향을 압도적으로 규정한 것은 "그들의 배후에 존재하는 훨씬 더 잘 짜인 사회적 행위자Träger들"이었다고 해야겠다. 이들이 바로 '인종민족Völkisch 운동'이라고 봐도 크게 무리는 아니다.

§3. '시대정신Zeitgeist'으로서의 보수혁명론[6]

1) '시대정신'과 보수혁명

'시대정신'이란 도대체 무엇인가. 부르디외의 아래 답변이 꽤나 적절해 보인다. "시대정신이라는 통일성 원리는 공통의 이데올로기적 모태, 공통 도식들의 체계다. 이 공통 도식들은 무한한 다양성이라는 외양을 넘어 통념들, 즉 사유를 구조화하고 세계관을 조직하는, 대략 등가적인 기본 대립들의 집합을 발생시킨다. 이 중 중요한 것만 들어 보자면, 문화와 문명의 대립, 독일과 프랑스의 대립, 또는 다른 관점에서는 독일과 세계시민주의의 패러다임인 영국의 대립, '공동체', 퇴니스의 게마인샤프트와 '인민'Volk 또는 원자화된 '대중'의 대립', 위계와 평준화의 대립, 지도자Führer 또는 제국Reich과 자유주의, 의회주의, 평화주의의 대립, 시골 또는 숲과 도시 또는 공장의 대립, 농부 또는 영웅과 노동자 또는 상인의 대립, 생명 또는 유기체와 기술 또는 비인간화하는 기계의 대립, 전체와 부분 또는 파편의 대립, 통합과 파편화의 대립, 존재론과 과학 또는 신없

---

6 보수혁명에 대한 간결한 소개로는 전진성(2001)을 참조. 김동하(2014)는 독일의 보수혁명론을 '서구안의 반서구주의'의 사례라는 흥미로운 관점으로 접근하고 있다. 그리고 보수혁명론자들의 반서구주의의 이유를 이렇게 설명한다. 그것은 "'문화'의 위기로 요약할 수 있는 제1차 대전후 독일사회에 닥친 정신적이고 문화적인 정체성의 혼란과 깊은 연관이 있다. 특히 자본주의적 산업사회의 모순으로 인해 파괴된 시민들의 일상적 삶의 위기와 영미식 자유주의와 의회주의의 폐해로 인한 국가의 위기와 정치의 혼란은 비스마르크 이후 형성된 민족 혹은 국가에 대한 감정의 훼손으로 연결되었고 이것은 문화적 정체성에 대한 사회적 요구로 연결되었다. 이런 상황에서 일련의 보수주의자들은 '민족'이라는 화두를 정치의 전면에 내걸면서 서구를 타자화하기 시작했다." 김동하(2014), 317ff. 317ff.

는 합리주의의 대립 등이 있다."(부르디외 2021, 47f.)

부르디외의 정의에서 출발해 보자면 보수혁명은 1920년대 바이마르공화국 시기 특히 우파 지식인의 사상트렌드, 사조思潮이자 프레임이었다. 보수혁명가들의 '철학'은 "근대성에 대항하는, 자유주의적이고 세속적이며 산업적인 우리 문명을 특징짓는 관념과 제도 복합체에 대항하는, 이데올로기적 공격"이자 "친프랑스적, 유대적, 진보주의적, 민주주의적, 합리주의적, 사회주의적, 세계시민주의적이라는 속성"을 지닌, 과거 시인 하이네로 상징되는 좌파 지성인들에 맞서 "신비적인 독일정신 Deutschtum의 회복, 독일인의 본래 특징을 보존할 수 있는 제도의 창조"를 목표로 삼는 민족주의적 이데올로기에서 출발했다(위의 책, 49). 이 보수혁명은 "결국 출발지점으로 되돌아오는 이중적 반半혁명"(위의 책, 111)인 바, "이중적 거부의 생산물로서 논리상 '보수혁명'이라는 자기-해체적 개념에 이르게 되는 사유는 구조적으로 애매하며, 이러한 구조적 애매성은 그 사유의 원천인 발생적 구조에 새겨져 있다. 그러니까 신비적이고 영웅적인 앞으로의 도주fuite en avant를 통해, 극복 불가능한 일련의 대립들을 극복하려는 절망적인 노력에 새겨져 있다." 이 혁명적 보수주의의 예언자 묄러 판 덴 브루크가 "게르만적 과거의 이상과 독일적 미래의 이상의 신비스러운 재결합을 설교하고 부르주아적인 경제와 사회의 거부와 코포라티즘을 향한 회귀를 설파"(위의 책, 63)했던 그래서 '제3의 길'을 자칭했고 이후 '제3제국'이 출현한 것은 우연이 아닌 것이다.

특히 이들 보수혁명가의 '출신성분?'이 흥미롭다. 즉 그들은 도대체 누구인가? "보수혁명가들은 대체로 국가의 행정관료라는 특권적인 지위가 가져다주는 위엄에서 축출된 부르주아나, 학교에서의 성공으로 품게 된 열망이 좌절된 소부르주아였다. 이들은 자신들의 모순적인 기대에 대한 신비적인 해결책을 '영혼의 혁명'인 '영적 재탄생'과 '독일혁명'에서 찾는다. 즉 민족의 구조를 혁명적으로 바꾸지 않고서도 민족을 '재활성화할' '영적 혁명' 덕분에, 현실적으로 또는 잠재적으로 탈계급화된 보수혁명가들은 사회질서 내에서 자기네의 특권적 위치를 유지하고자 하는 욕망과 자기네에게 이러한 위치를 내주지 않은 질서에 대한 반역을 화해시킬 수 있는 것이다. 동시에, 자기네를 배제한 부르주아 계급에 대한 적대감과, 자기네를 프롤레타리아와 구별되게 해 주는 가치들을 위협하는 사회주의 혁명에 대한 반감도 화해시킬 수 있게 된다."(위의 책, 53f.) 보수혁명가는 이렇게 '질서내에서 질서를 극복'하고자 욕망했던, 하지만 좌절한 소부르주아 그룹이었다.

원래 보수혁명개념은 스위스국적으로 나치친위대SS에 가입을 희망하다 실패한 슈미트의 제자이기도 한 아르민 몰러Armin Mohler가 1949년 박사학위논문에서 나치즘, 보수반동과 구분되는 어떤 정치적 스펙트럼의 공통분모로 도입한 개념이었다. '유사제파諸派 통합적 세계관'으로서 나치즘은 "보수혁명을 이데올로기적 무기를 편취하기 위한 보고寶庫"로 이해했다(Manemann 2002, 89). 보수혁명 개념은 '진성'나치와 보수 지식인을 구별하기 위한 목적이 전제된 것이다. "처음부터 어떤 옹호의 의도가 깔려 있는 것이다. 즉 극우적 입장과 이 입장을 가진 대다수 저술가들이 그저 나치즘의 단순한 '선구자Vorläufer', '개척자Wegbereiter' 혹은 '동반자Weggefärte'로 간주되는 것을 방어하는 것이 목적이었다." 또 다른 논자는 이 개념의 의도를 이렇게 비판한다. 하지만 "보수혁명적 친위대SS, 보안국SD 구성원이었던 베르너 베스트Werner Best [법률가, 2차 대전 당시 덴마크 총독-인용자]와 라인하르트 횐Rheinhard Höhn등이 좀 더 '귀족적인' 보수혁명가들 즉 예컨대 윙거, 사회학자 베르너 좀바르트(Werner Sombart, 1863-1941) 혹은 한스 프라이어(Hans Freyer, 1887-1969)하고 어떻게 구별되는 지에 대해 아무 말이 없다. 아마 나치당의 승리를 통해 이들이 권력을 장악했고 그 이데올로기를 실행에 옮긴 것 말고 실상 아무 차이도 없기 때문이다. 몰러는 또 나치즘의 '트로츠키스트'란 개념을 사용하는데, 보수혁명과 나치즘을 구별하기 위해 억지로 스탈린에 의해 박해받은 비스탈린주의 극좌를 이들과 동일시하지만 그러나 역사적으로 이러한 구분은 유지되기 어렵다. 이데올로기적으로나 인물로나 이 구분은 가능하지 않다."(Gross 2000, 338) 즉 이 책에서 자주 언급하게 될 베스트나 횐등 '진성' 나치들과 비교해 나치집권이후 여기에 가담하거나 우호적 태세를 취한 슈미트, 윙거, 좀바르트등을 '보수혁명'이라는 범주를 설정해 후자를 나치와는 다른 그룹으로 별도 분류해 결국 이들을 '구제'하려는 것이 의도라는 말이다.

2) 보수혁명과 생철학

슈미트뿐만 아니라 보수혁명가들의 철학적 혹은 메타이론적 기초로서 '생철학'이 미친 광범위한 영향에 대해서 짚어 둬야 할 필요가 있다. 생철학적 개념, 어휘, 사고, 감각등은 보수혁명가의 사상에 구성적인 의미를 가지고 있다 할 만하다. 당연히 이는 슈미트에게도 해당된다. "생철학은 독일에서 제국주의시대 전체에 걸쳐 지배적인 이데올로기였다. ... 생철학은 신칸트주의나 현상학처럼 하나의 학파를 이루거나 분명하게 경계를 지을 수 있는 경향이라기보다는 거의 모든 학파에 침투하고 있거나 최소한 영향을 주고 있는 일반적인 경향이라는 점이다. ... 한편으로는 심리학에서 사회학에 이르는 모든 사회과학이 생철학의 영향을 받고 있는데, 특히 역사서술, 문학사, 예술사가 생철학의 영향을 받고 있다. 다른 한편으로는 이 영향은 강단철학의 한계를 훨씬 넘어선다. ... [프랑스 베르그송, 앵글로색슨국가들의 실용주의 등]. ... 생철학은 제국주의 시대에 철학적 경향으로 등장하여 발전한 제국주의 시대의 특수한 산물이다. 즉 제국주의 부르주아지와 부르주아지에 기생하는 지식계급의 입장에 서서 사회가 발전하고 새로운 계급투쟁이 전개됨으로써 제기되는 문제들을 철학적으로 대답하려는 시도이다."(루카치 1997, 432f.)

  루카치는 '생'철학에서 '생'의 개념이 어떤 것인지 이렇게 말한다. "'생'이라는 개념은 특히 그것이 생철학에서 늘 그렇듯이 '체험'과 동일시되는 경우, 이 모든 어려움[인식론의 고전적 근본명제인 존재에 대한 의식의 관계-인용자]을 해결하는 열쇠를 제공해 줄 수 있었다. 체험, 인식기관, 직관, '본래적인' 객체(대상)로서의 비합리적인 것 등이, 명언적으로가 아니라 실제적으로, 주관적 관념적 철학의 불가지론이나 유물론을 방어하기 위해 필수불가결하게 된, 의식으로부터 독립된 실재에 대한 부정을 폐기해야만 할 필요없이 '세계관'에 필요한 모든 요소를 불러내올 수 있었다."(위의 책, 441) "생철학의 본질은 바로 불가지론이 신화로 바뀐 것에, 주관적 관념론이 신화의 사이비 객관성으로 바뀐 것에 불과하다. … 내외적으로 뿐만 아니라 역사적으로 중요한 고비들을 겪게 되는 시기가 임박했다는 감정이 일반적으로 만연되었다(니체가 이 점을 처음으로 공공연하게 드러내 말하였다). 그 때문에 사회적 발전이라든가 역사와 사회에 대해 무언가 내용적이고 긍정적인 것, 무언가 세계관적인 것을 말해야만 할 필요성, 즉 신칸트주의의 형식주의를 넘어서야 할 필요성이 생겼다."(위의 책, 444) 우리는 앞으로 슈미트의 결단주의가 '무로부터의 결단', 하지만 그것이 무엇을 위한 결단인지 또 정치적인 것의 '내용'이란 도대체 무엇인지에 대해 질문하고 여기에 슈미트의 답변부재가 그 사상의 치명적 약점이라고 주장하게 될 것이다. 그렇다면 일단 여기서는 생철학적 문제설정 및 유제와 그의 실존존재론적 정치개념의 관계에 대해 물어야 할 것이다. 슈미트가 가장 자주 사용하는 단어 중 하나가 '구체적'이라고 할 때, 이 '구체적인 것'의 개념은 생철학적 인식론의 중심범주인 '체험'이라는 범주와 연관되어 있고, 그리고 이 체험과 직관이 아주 '특권적'이라는 것에 주목할 필요가 있다. "체험철학이라는 것은 오직 직관에 따르는 것이므로, 그 직관능력을 지닌 사람들은 새로운 귀족계급의 구성원으로서 이른바 선택받은 사람들뿐이라는 것이다. 오성 및 이성 범주들은 민주주의적 천민성의 범주들이며, 반면에 진정으로 고귀한 인간들은 직관의 기초에 근거해서만 세계를 자기 속에 받아들인다고 공공연하게 말하게 된 것은 한참 뒤 사회적 대립들이 훨씬 첨예해진 시기였다. 기본적으로 생철학은 귀족주의적 인식론에 근거하고 있었다."(루카치 1997, 446) 이렇게 본다면 슈미트가 부지기수로 말하는 '구체'는 기본적으로 생철학적 체험과 다른 차원에 존재하는 것이 아니며 그것은 또한 '귀족주의적' 속성과도 분리되지 않는다.

제1차 대전 발발이후 생철학은 방향전환을 이룬다. 또 러시아에선 10월 혁명이 일어난다. 생 대 경직, 생 대 사, 즉 독일적 본질은 생동적인 것인 바, 생=전쟁 대 사=평화로 전쟁은 긍정적이며 독일적인 무엇이 된다. 생철학은 이 시대의 대표철학으로서 파시즘철학의 직접적 서곡이었다.

『서구의 몰락』의 작가 슈펭글러는 이성의 권능을 공격했다. "여기에서 슈펭글러의 의도적인 방법론이 생겨났다. 우리가 보게 될 것이지만, 그는 인과율과 법칙성을 거부하고, 그것들을 다만 특정한 시대의 역사현상으로만 인정되게 하고, 학문과 철학의 방법론에 대한 그것들의 모든 권한을 인정하지 않으면서, 인과율을 유추로 대체하면서, 유사성의 유희를 —종종 매우 피상적으로— 연구의 규준으로 삼았기 때문이다. 그리고 그는 인간지식의 모든 분야를 … 그의 역사철학에 이용했기 때문에 도처에서 유추를 수단으로 한 아마추어적인 유희같은 사실의 정돈을 방법론으로 선언하지 않을 수 없었다."(위의 책, 498f.) '유추'야말로 슈미트의 방법론적 시그니처라 할만하다. 그리고 역사로부터 모든 법칙성이 제거된다. "한편으로는 역사에서 진보의 개념을 배척하면서 …, 다른 한편으로는 모든 역사적 사건과 역사적 형상의 일회성과 무반복성을 역사학의 유일한 본질로 고양시키는 것을 내용으로 하고 있었다. 물론 이 일회성과 무반복성이 역사관계의 실제적 요소이긴 하다. 그렇지만 그것이 역사성의 유일한 정의로 확대되면, 즉 역사에서 모든 합법칙성의 요소들이 배척되면, 반동적인 왜곡이, 역사의 비합리화가 생겨난다."(위의 책, 500) 모든 것이 체험과 직관으로 연결되는 피상적이고 자의적인 인식론과 더불어 인과율이란 몰락하는 '서양의 현상'이자, 더 엄격히 말하자면 지나가버린 '바로크 현상'이다.

저 유명한 문화와 문명의 대립을 보자. "이 [문화와 문명의 -인용자] 대립은 오래전부터 반동적 독일 역사철학에서 커다란 역할을 행사해 왔다. 독일민주화에 대항했던 이념투쟁은 '문명'이라는 미명하에 자본주의의 모든 악, 특히 서구민주주의를 포용하면서 이 대립의 기치 아래 수행되었다. 그때에는 토착적이고 유기적인 진짜 독일문화는 서구민주주의에 대립된다고 했던 까닭이다. 여기서 슈펭글러는 반동적-프로이센 경향들을 근대적 형식의 억지로 꾸민 파라독스들로 통합하였다. 문명의 문제는 또다시 생철학적으로 전향되었다. 그것은 피어나는 생명인 문화와 반대로 죽음의 문제였다."(위의 책, 509f.)

에른스트 윙거는 당대 최고 베스트셀러중 하나인『노동자』라는 책에서 말했다."형상Gestalt이란 이미 오래전부터 생철학의 중심적인 카테고리 중 하나이다. … 여기에서 그것은 신화 창조적인 경향의 총괄개념으로서 나타난다. 윙거는 이미 형상들로부터 유래하는 방법론이 혁명적이라고 했다. '형상들에 대한 관찰은, 그것이 존재를 생의 총체적이고 통일적인 충일속에서 인식하는 한에 있어서는, 혁명적인 행위이다. …"(위의 책, 573f.) 이로써 생철학의 새로운 전투적 단계가 표현되고 있다. '형상'이란 개념은 또한 슈미트가 한 번도 내려놓은 적이 없는 개념이었다. 여기서 "비합리주의적인 사회적 선동을 위한 기초가 생철학적으로 마련된다. 시민의 죽은 세계는 '안정Sekurität'의 세계이다. 부르주아 문화에 대한 이러한 생철학적-선동적인 비판은 파시즘의 세계관적 기초를 다지기 위한 단계에서는 굉장히 중요하다. 이전의 안정되고 '결속된' 시대로의 복귀를 설교하는 다른 반동적인 흐름들과는 달리, 파시즘의 선동은 위기 자체로부터, 즉 모든 안정된 조건들의 해체로부터 출발한다. 그리고 "파시즘은 내적으로는 완전한 독재를 설립하고자하기 때문에, 그것의 주요 경향이 제국주의적 공격전쟁의 조직이기 때문에, 파시즘은 그러한 전투적인 니힐리즘에, 즉 개별인간의 실존 속에서 모든 안정된 것을 의식적으로 뒤흔들려는 데에 몰두한다. 따라서 '안정'의 이데올로기는 죽은 부르주아적 견해로서 여하튼 경멸되어야만 한다."(위의 책, 575)

형상으로서 노동자는 시민에 대해서 하나의 절대적인 타자이다. 여기에서는 이제 완전히 반역사적이며 역사를 철저히 파괴하는 윙거의 신비적인 역사관이 발견된다. "하나의 형상이 존재한다. 그리고 어떠한 발전도 그것을 증가시키거나 감소시키지 않는다. 발전사는 따라서 형상의 역사가 아니다. … 발전은 시작과 종말을, 탄생과 죽음을 알고 있는데, 형상은 바로 이러한 것들로부터 추출된 것이다. 역사는 어떠한 형상도 산출하지 않으며, 그것은 다만 형태와 더불어 변화할 뿐이다."(위의 책, 575f.) 우리는 또 '죽은' 시민과 미래의 '병사'라는 형상이 어떻게 대립되는지를 슈미트를 통해 보게 될 것이다. 하지만 이러한 '시민'의 형상은 윙거에서 먼저 발견된다. "우리는 따라서 또다시 살아있는 것과 죽은 것의 대립에 마주하게 된다. 죽은 것은, 경제와 사회, 안정성과 향락 그리고 내면성과 같은 모든 사회문화적 카테고리를 지니는 도회성Urbanität과 안정성이라는 부르주아 세계이다. 죽은 것은, 고전적 휴머니즘뿐만 아니라 실증주의와 같은 시민의 사고방식이다. 왜냐하면 그 속에서는 직관과 모험이 결여되어 있고 그리고 그것들은 따라서, 비록 내면적이기는 하지만, 영혼을 상실하고 있기 때문이다."(위의 책, 579)

생철학의 근본 범주는 나치즘의 혁명구호와 행동의 근거가 되었다. 후기생철학의 니힐리즘은 파시즘의 영웅적 리얼리즘의 기초가 된다. "생은 … 정확히는 키에르케고르의 추종자들이 말하는 바에 따라, 바로 결단을 의미하기 때문이다. 나치즘적 세계관의 토대 위에서의 행동이란 원칙적으로 비합리적인 것이고 원칙적으로 해명될 수 없는 것임에 틀림없다." 나치 이데올로그중 일인인 알프레드 보이믈러(Alfred Bäumler, 1887-1968)에게 행동이란 "그러나 결코 인식된 가치들의 실현 행위는 아니다. 진실하게 행동하는 자는 항상 불확실한 상태에 처해 있으며, 그는 니체가 말한 대로 '무지'하다. 바로 이와 같은 사실이 행위를 행위로 만들며, 행위는 결코 어떤 가치에 의해서 방해받지 않는다. 행위자는 스스로를 드러내며, 그의 특징은 결코 안전이 아니라 맹목적인 신뢰이다."(위의 책,

580f.) 즉 그것은 총통에 대한 "맹목적인 신뢰"인 것이다.

독일부르주아지가 파시즘으로 전화하는 과정에서 지배적인 세계관은 '생철학의 극단적인 그리고 급진적인 비합리주의'였다. 파시즘의 "구성적 요소들을 부르주아지의 반동적 통일전선에 주도적인 요소가 아닌 한 부분으로 받아들이려는 경향"이 있겠는데, 루카치에 따르면 이 경향은 히틀러집권 직전 슐라이허의 짧은 총리재임기에 가장 명확하게 나타났다고 평한다(위의 책, 600). "파시즘을 부르주아지의 반동적 통일전선에서 한 부분으로" 수용하려는 시도는 마찬가지로 '슐라이허의 사람'[7] 슈미트를 이해함에 있어 기억해 둘만하다.

전쟁의 사사화私事化 혹은 사소화些少化를 벤야민은 이들 보수혁명가가 패배를 "고백을 통해 내면화"해서 전쟁에서의 패배를 전쟁 그 자체보다 더 진지하게 다루는 데에서 찾아내고 있다. 핵심은 전쟁이 아니라 패배했다는 사실, 그리고 더 나아가 '전쟁의 상실'이다. "전쟁의 결과[패전]가 우리에게서 전쟁의 존재를 얼마나 변화시켰는지를 말하는 것이다. 이는 무엇을 의미하는가? 승자는 전쟁을 간직하며, 패자에게서 전쟁은 상실된다는 것이다. 나아가 이는 무엇을 의미하는가? 승자는 전쟁을 자신의 것에 덧붙이고 자신의 소유로 만들지만, 패배자는 전쟁을 더 이상 소유하지 못하며, 전쟁없이 살아야 한다는 것이다. 그리고 완전히 전반적으로 전쟁없이 살아야만 할 뿐만 아니라, 전쟁에 관한 어떠한 사소한 상황의 변화도, 전쟁에 관한 장기판 수의 어떠한 미세한 변화도, 전쟁 활동과 가장 동떨어진 일조차도 하지 못하고 살아야 한다는 것이다."(벤야민 2020, 304) 벤야민은 이들 전방 군인출신 독일 극우 보수혁명파에게 패전이 가져다준 전쟁의 '상실'에 대한 고통과 그 정신적 허기를 너무나 적확하게 발라내고 있다. 바로 이 자리에, 이 빈공간에서 벤야민은 이들이

---

7   여기에 대해서는 이 책의 5장에서 상술할 것이다.

전쟁이 끝났음에도 전쟁을 하는 "전후전쟁Nachkrieg" 즉 민병대Freikorps 로서 이들은 프랑스, 폴란드, 리투아니아군과 전쟁을 계속했고 이후 또 다시 국내정치투쟁을 계속했다. 그래서 벤야민은 처절하게 묻는다. "우리는 **철저히 우리의 방식으로 질문**할 것이다. 너희는 어디서 왔느냐? 그리고 너희는 평화에 대해 무엇을 아는가? 너희는 한 아이에게서, 나무에서 그리고 한 마리 동물에게서 한 번이라도 전장에서 전초병과 직면했듯이 평화와 조우한 적이 있는가? 그리고 너희의 대답을 기다릴 것도 없다. 아니다! 너희가 전쟁을 찬양할 능력이 없다는 것이 아니다. 오히려 너희는 너희가 행하는 것보다 더 열정적으로 찬양할 능력이 있다. 그러나 너희는 너희가 행하는 그 방식으로 전쟁을 찬양할 능력은 없을 것이다."(위의 책, 311, 강조는 인용자)

윙거등 "이들이 찬양하는 강인함, 비밀 엄수, 무자비함이라는 덕목이 실제로는 군인적인 덕목이라기보다는 검증된 계급투쟁 전사의 덕목이라는 사실이 선명하게 드러날 것이다. 여기서 우선 세계대전의 자원병의 가면 아래, 그 다음에는 전후 전쟁의 용병의 가면 아래 양성되었던 것은 실제로 믿음직한 파시즘의 계급전사들이다. 그리고 저자들[윙거 편 『전쟁과 전사』의-인용자]이 민족Nation이라고 생각하는 것은 바로 이 계급전사 신분에 의지하는 지배자계급인데, 이 지배계급은 누구에 대해서도 특히 자기 자신에 대해서 어떠한 책임도 지지 않으면서 가파른 절벽 위 왕좌에 올라앉아 있다. 이들은 얼마 지나지 않아 자기가 내놓은 상품의 유일한 소비자가 될 것을 약속하는 생산자의 스핑크스적 용모를 띤다. 이 스핑크스의 얼굴을 한 파시스트들의 민족은 새로운 경제적 자연의 신비로서 오래된 경제적 자연의 신비 옆에 서 있는데, 이 오래된 자연의 신비는 ―파시스트들의 기술 속에서 자신을 밝게 드러내는 일로부터 동떨어진 채― 자신의 가장 위협적인 특징을 드러내 보인다. 자연과 국가라는 두 힘이 여기서 만들어 내는 평행사변형 안에서, 대각선은 전쟁이다."(위의 책, 316f.) 결국 파시즘은 전쟁을 의미하는 것이었다.

그렇다면 보수혁명과 파시즘의 차이는 무엇인가.[8] "보수주의와 파

---

8 '보수혁명가'라고 해서 단순히 '정신혁명'만 주장한 것은 아니다. 나름의 실천적이고 행동주의적 분파도 있었다. 이런 지향의 대표적인 보수혁명가가 에드가 융(Edgar Jung, 1894-1934)이었다. "독일혁명의 정신적 전제는 나치즘 외부에서 창출되었다. 나치즘은 일정한 의미에서 이 거대한 작업공동체[즉 혁명세력-인용자]내 '인민운동 부서Referat'를 위임받은 것이다. 나치즘은 이 부서를 거대하게 구축했고, 또 자랑스러운 권력이 되었다. 이 사실에 우리 모두는 기뻐할 뿐만 아니라, 이렇게 성장하는 데 우리 역시 일조한 바 있다. 특히나 교양 계층에 있어 우리의 작은 기여는 독일인민이 민족사회주의적 후보들에게 자신의 표를 던질 그날을 위한 전제를 창출한 것이다. 이 작업은 성공과 외적인 반향을 포기했기 때문에 영웅적이었다. 나는 민족운동의 질박함Primitivität과 관구지도자나 돌격대지도자의 승리적인 전투력을 존중한다. 하지만 이들이 벼락출세했다고 해서 세상의 소금이 되었다거나 정신적인 전위투사를 무시해도 될 권리조차 확보한 것은 전혀 아니다."(Edgar Jung, Neubelebung von Weimar? in: Deutsche Rundschau, Juni 1932, 153ff.) 위는 Sontheimer(1978), 283에서 재인용했다. 융이 여기서 말하고자 하는 것은 나치당은 보수혁명운동이라는 '정신'투쟁의 '실행부서'일 뿐이라는 말이다. 즉 나치즘은 보수혁명의 성공을 위한 발판에 불과하다. 융은 나치의 '민족혁명'이 성공한 이후에도 나치당에 공개적으로 비판적인 발언을 이어나간, 반나치 극우의 대표적인 인물이다. 나치와 독일보수의 연립정권으로 시작한 나치정권의 부총리 파펜의 정치보좌역과 연설문 작성자로서 융은 1934년 6월 파펜의 '마르부르크 연설문'을 기초했다. 융은 이 연설문을 통해 '반나치즘 청년보수 반혁명'과 뒤를 이어 대통령 긴급조치를 통해 나치즘을 와해시킬 의도를 드러냈다. 에드가 융에 대해 히틀러와 그 측근은 극도의 분노를 드러냈고, 히틀러의 경쟁자인 '룀쿠데타 사건'을 조작한 6월 30일 이른바 '장검의 날'에 가장 먼저 게슈타포에 체포되어 총살당한 자가 융이었다.

시즘의 결정적 차이는 그 정치 및 조직개념에 있었다. 엘리트적이고 귀족주의적인 정서를 가진 보수적 '우익으로부터의 혁명'의 지지자들은 아무런 대중적 기반을 갖고 있지 않았다. 이들은 이에 반해 엘리트와 '권력의 앞마당' 특히 쿠데타와 권위주의적 독재의 수립('프로이센 사회주의'적인 의미에서)으로 함께 갈만한 장교와 정치가들 그룹에 대한 영향력확보에 치중했다. 이들은 동시에 파시스트 대중운동이 가진 천박하고 소시민적인 성격 그리고 압도적으로 주변부나 천민적인 사회계층출신의 졸부들 같은 파시스트 지도부의 오페레타같은 거동을 경멸했던 것이다. … 파시스트 지도부는 자신의 쪽에서 아돌프 히틀러의 원시적인 반유대주의적인 무도함보다는 이탈리아 파시즘의 까다롭기조차 한 이데올로기에 공감을 표하던 이 집단의 엘리트적이고 귀족주의적인 오만함을 경멸했다. 1944년 7월 20일 히틀러 암살 미수사건 이후까지도 히틀러는 이 프로이센독일의 귀족 대표자들에 대한 미움을 숨긴 적이 전혀 없었다."(Deppe 2016, 26f.)

§4. 독일 '만다린주의Mandarinentum'

독일의 학계 특히 인문, 사회과학 중심의 '학자계급academic class'에 대한 오래전 연구에서 독일태생의 미국 피츠버그대학 역사학 교수였던 프리츠 링거(Fritz K. Ringer, 1934-2006)는 '만다린모델'을 제안했다. 링거는 이 모델을 기본적으로 막스 베버의 이념형Idealtypus과 같은 것으로 혹은 보다 확실한 것을 발견해 나가는 과정을 뜻하는 '휴리스틱heuristic' 모델이라고 불렀다. 일종의 교육엘리트와 사회적 조건사이의 상관성을 연구한 결과라고 보면 된다. 링거의 핵심테제는 이러하다. "핵심주장으로 거슬러 가자면 만다린모델의 목적은 독일학계의 인문학자와 사회과학자의 견해를 독일 교양계급 전체의 사회사와의 관계 속에서 보자는 것이다.

나의 휴리스틱한 조건들에 따르면 만다린은 그 전형을 볼 때 오직 어떤 특정 조건하에서만 주도적인 역할을 달성할 수 있다는 것이다. 무엇보다도 만다린은 해당 국가의 물적인 발전의 특정 국면동안에만 기능적 지배 계급functional dominant class이 될 수 있고, 될 것이라는 말이다. 만다린은 일차적으로 그 사회의 경제조직이 농업과 완전 산업화 사이에 머문 수준일 때 번성한다. 이 과도적 단계에서 유동자본 중 새로운 소유권은 사회적 지위에 대한 자격요건으로 아직은 광범위하게 인정되지 않고, 토지소유에 대한 세습적 권리는 여전히 유효하지만 더 이상 절대적 전제조건이 아니다. 이러한 상황에서 교육배경과 전문직 지위는 귀족의 전통적 특권과 겨룰만한 사회적 지위를 주장할 유일하게 중요한 토대이다. 분명 기업가정신을 가진 중산계급이 적어도 자신의 독자성을 주장할 정도로 빨리 성장하기 시작한다면, 교육받은 비귀족은 다니엘 데포 또는 벤자민 프랭클린 방식으로 산업과 새로운 부를 옹호할지 모른다. 다른 한편으로 산업화가 느리고 국가에 의해 통제되면서 또한 전통적 사회조직이 장기간 존속한다면, 시민지식인이 배운 자의 권리에만 배타적으로 주의를 집중할 개연성이 높을 것이다."(Ringer 1990, 6f.) 독일 "만다린 자유주의 (교양자유주의)"는 19세기 1850-1860년대 특권적 중간 상층계급의 입장을 대변하기 시작했고 하지만 원래의 부르주아지에 대해서는 강한 혐오를 보였다. 모든 민주적인 사회운동도 거절했다. 이 과정에서 "만다린 자유주의의 지지자들은 스스로가 나라의 정신귀족이자 아무튼 상층계급의 일부인 것처럼 느꼈다. 교양 시민의 온건 분파들은 더 우측으로 이동했다. 실패한 혁명의 경험은 급진주의에 대한 반동을 강화시켰고, 반동정부 체제에 대한 모든 반대에도 불구, 왕조적-관료적 권력에 대한 타협 성향은 더욱 증대되었다." 이 성향은 1870-1880년대에도 지속되었고 비스마르크는 이를 정치적으로 이용했다. 그리고 만다린에게 기존체제에 대한 무조건적 지지를 요구했고, "독일 학문공동체 전부는 애매하게 보수적이면서 동시에 국가공무원같은 확고한 기성체제의 역할로 빠져 들었다."(위의 책, 127f.) 예컨대 "1920년대 정치에서 사회민주주의자들의 영향력은 만다린의 기능적 그리고 이데올로기적으로 지배적인 지위를 거의 아무것도 변화시키지 못했다. 이는 1918-1933년 사이 맑스주의 정당이나 결사체에 명시적으로 호감을 표시한 유명 학자는 5명이 채 되지 않는다는 상황으로부터 설명이 된다. 즉 철학자 에른스트 폰 아스터, 사회학자 칼 만하임, 국민경제학자 에밀 레데러 그리고 법학자 구스타프 라드브루흐와 헤르만 헬러가 그들이다."[9] 그리고 오직 극소수 독일 교수들만이, "1. 서구로부터의 지적 영향에 개방적이었고 홉스, 맑스, 뒤르켕, 스펜서 그리고 서구사회학을 진지하게 연구했으며 2. 노동자와 노동운동에 개인적 관계를 유지하거나 … 또는 3. '학계 바깥의 관변화되지 않고 제도화되지 않은 지식인, 예술가 그리고 작가의 세계'와 접촉을 하고 있었다. 그래서 그 결과 코포라티즘적으로 제약된 만다린의 세계, 프롤레타리아 공론장 그리고 바깥으로 밀려난 평등주의적 지식인사이에서 이리저리 오가며 통방通房하는 것이 가능할 수 있었다."(Brunkhorst 1987, 118f.)

역사학자 프리드리히 마이네케(1862-1954)의 전언을 통해 1920년대 당대 독일 대학가의 분위기를 엿볼 수 있다. "베를린의 젊은 대학생 운동을 추적했던 탓에 누구보다 그 사정을 잘 알 수 있었던 나의 동료가 이렇게 말했다. 10,000명의 학생 중 9,400명은 강의실, 세미나 그리고

---

9 에른스트 폰 아스터(Ernst von Aster, 1880-1948)는 철학자, 칼 만하임(Karl Mannheim, 1893-1947)은 사회학자이다. 국민경제학자 에밀 레데러(Emil Lederer, 1882-1939)는 유대인으로 훔볼트대학에서 해직된 뒤 뉴욕 뉴스쿨에서 재직했고, 법학자인 구스타프 라드브루흐(Gustav Radbruch, 1878-1949)는 바이마르공화국에서 법무장관을 지냈다, 헤르만 헬러(Hermann Heller, 1891-1933)는 유대인으로서 훔볼트대학 교수자리에서 해직된 후 망명중 사망했다.

연구소등에 조용히 앉아서 자기 공부나 시험에 열중이었다. 약 600명은 들떠 있었는데 이 중 400명은 극단적으로 민족주의적이고 반유대적이었다. 남은 200명은 공산주의자, 사민주의자, 민주주의자로 나뉘는데 대개 유대인이었다. 반유대주의는 40년 넘게 민족주의 학생운동에서 역할을 해왔다. 반유대주의는 유대인학생들을 더욱더 좌파 급진주의쪽으로 추동했고, 이 급진주의는 다시 **나이브하고 무비판적인 민족감정**에 새로운 공격지점을 제공해 주었다. 이 악순환은 잘 알려져 있고 분명 조금도 변하지 않은 채 지속되었다."(Ringer 1990, 240 재인용, 강조는 원문) 결국 당대 베를린의 학생중 6%만이 비유하자면 '운동권'이었고, 이중 우파가 4%, 좌파가 2%였으며, 좌파는 다수가 또 유대인이었다는 말이다.

그래서 바로 "이 만다린의 나라가 독일이다. 이들 만다린의 지배는 1860~1960년까지 계속되었다. 만다린은 애초부터 독특하게 비현실적, 가상적 그리고 언제나 그 어떤 유령같은 것 즉 실질 권력은 없는 문화적 헤게모니였다. 이것이야말로 만다린을 고대 중국의 식자들과 구분짓는 것이다. 유사성은 교육제도와 학위증명서의 이데올로기적 의미에 있다. 고대중국에서 시험Prüfung이란 막스 베버가 그렇게 말한 바, '독일에서 종교, 역사 그리고 독일어강의에서 어느 정도 규정에 맞춰진 성향 테스트Probe와 비슷한 어떤 것'을 표현하고 있다. 독일 만다린은 아카데미에서 교육받은 계급으로서 대학교수들 특히 구 철학부의 대학교수들이 그들의 간부사관Kader이었다."(Brunkhorst 1987, 14)

독일 만다린의 정신세계는 정신 대 지성Intellekt, 지성 대 이성 등 갖가지 이항대립적 코드에 의해 각인되어 있었다. "지성(식)인Intellektulle의 배제가 19세기 만다린의 정신과학적 이데올로기의 기초"를, "엘리트적elitär 서열화가 근대합리성의 **평등적egalitär** 기초를 파괴"했다. 그렇게 "만다린의 나라에서 **정신이 반反지식인**이 되었다."(위의 책, 7f., 강조는 원문) 보수 만다린에게 민주주의는 권위주의속으로 지양될 일이었다. "**낙관적 형이상학과 사회적 페시미즘의 보수적 동맹**(막스 호르크하이머)은 낡은 만다린에게는 공화국과 민주적 입헌국가 사상일체를 스스로에게서 추방하고 또 그렇게 강요받았을 때 권위적인 것 속에서 사상의 '지양Aufhebung'을 요구할 정도로 충분히 강력한 것이었다."(위의 책, 8f., 강조는 원문) 무언가 민주정에 대한 이데올로기적 보상이 필요하자, 독일의 '문화'가 만다린의 대안이 된다. "그들[만다린-인용자]은 물적으로 혁명적인 사회속에서 **보수적 문화**를 통해 민주적 합의관계의 부존재의 균형을 맞추고자 시도했다. 즉 이미 말한 것처럼 정신적 귀족정, 엘리트적 반지성주의, 형이상학적 낙관론, 사회적 비관주의 그리고 서구이념의 배제와 함께 말이다(위의 책, 11f., 강조는 원문). 그런데 이때 "민주적 의식을 대신해 교환가능한 출신 및 신앙의 힘이 등장해야만 했다. 이것이야말로 심각한 결과를 초래한 범주의 오류이다. 자의식은 양말이 아니기 때문이다. '찢어진 양말보다 구멍난 양말이 낫다. 하지만 자의식은 그렇지 않다'(헤겔)."(위의 책, 12) 헤겔의 '양말론'이 말하는 것은 자의식에 구멍이 나서 이를 의식하지 못한 채 시간이 가면 점점 더 커져 결국에는 자기파괴에 이른다는 의미다. 그렇게 독일의 보수적 만다린의 의식 역시 '구멍난 양말'처럼 되어 갔다.

만다린의 정신에 내장된 "반지성주의는 우익 및 보수적 사고에 **구성적인** 의미를 갖는다. 어떤 식으로든 반지성적이지 않은 보수주의란 존재하지 않는다. 추상이론과 갈 곳 없는 지적 유토피아주의에 대한 구보수적 경고에서부터 파시스트들의 치명적으로 단호한 지식인 적대에 이르기까지 스펙트럼은 광범위하다. 프랑코의 장군 밀란 아스트라인은 다음과 같은 전투구호로 스페인 내전을 개전했다. '죽음이여 만세, 지식인을 타도하라!'."(위의 책, 23, 강조는 원문) 좌파 반지성주의가 대개 '평등적'인 반면 우파의 그것은 언제나 '엘리트적'이다. 그래서 "만다린의 나라에서는 전혀 다른 상황이 벌어진다. 여기서는 이 상황으로 인해 엘리트적 반지성주의 모델이 나라의 정치문화에서 헤게모니 모델이 되었다."(위의 책, 29) 그리고 이 모델이 전적으로 정상적인 것으로 간주되었다.

독일만다린의 정신은 패권적이었다. "자신들의 문화 헤게모니 요구가 사실상 관철되었다는 점에 있어 독일만다린은 19세기 후반 이래 대단히 성공적이었다. 그들 상징권력의 근본도식, 정신과 지성의 배제적 이분법은 심지어 두 번째로 좌절한 혁명이후에 재삼재사 주변화된 평등적 지식인들조차도 —'정신적 인터내셔날' 창립 호소문에서 정신노동이라는 맑스주의적 범주에 이르기까지— 이 도식으로 되돌아갔다."(위의 책, 79) 그래서 심지어 '경제적인 것에 대한 정신적인 것의 우위'를 주장하기에 이른다. "이렇게 만다린은 '정신이 토대요, 경제와 이익은 상부구조'였다." 1933년 파시스트와 독일교수들간 거리는 "겨우 한 걸음ein kleiner Schritt도 채 안 되었고, 너무나 감격한 나머지 대다수가 한달음에 갈색제복 속으로 뛰어들 것처럼" 보였다. 슈미트 역시 어느덧 인종주의자로 변신해 총통주의를 설파하고 있었다. 또한 "하이데거의 사례[10]가 가르쳐 주는 것처럼 ... 자율적 이성을 뒤에 내버려 둔 채 '존재와 시간'에서 존재문제로 회귀하는 것은 형식상으로는 모든 비합리주의로의 대문을 열어놓기만 하면 충분했다. 그리고 나서 '결단'의 시간이 오자, 총통이 그 문을 지나 존재의 집으로 행진해 갔다." 그냥 1933년 그 때 "하이데거는 주류mainstream"였다(위의 책, 81f.). 슈미트 역시 '주류'였다. 그렇게 "나치가 되기 위해 독일 만다린은 계급을 배신할 필요조차 없었다. 모른 척해줄 수도 있는 그 정도 기회주의조차 애써 무릅쓰지 않아도, 저편 갈색강둑에 도달하기에는 충분한 많은 다리들이 준비되어 있었던 것이다."(위

---

10 '하이데거 케이스'는 다음을 참조. "하이데거 사유가 그 사유의 실상, 즉 '철학적' 질서상에서 '보수혁명'의 구조적 등가물이 아니라는 건 아니다—나치즘은 다른 형성 법칙에 따라 생성된 보수혁명의 또 다른 발현이며, 따라서 보수혁명을 오로지 철학적 연금술이 제공한 승화된 형식 아래서만 인정할 수 있었던 자들에게 현실적으로 수용될 수 없었을 뿐이다."(부르디외 2021, 173)

의 책, 82) 바이마르공화국 말기 "만다린들 사이에 기회주의가 만연했던 것은 분명하다. 하지만 기회주의가 모든 것을 설명할 수 있는 것은 아니다. 설명이 필요한 것은 오히려 기회주의의 규모 그 자체이다. 특히나 기회주의가 궁극적으로 자신들의 특수이익 속에서 보자면 특별히 기회주의적이지도 않은 그러한 현실에 눈을 감은 만다린의 망상의 정치와 기회주의의 그 규모가 합치될 때 말이다."(위의 책, 86) 이렇게 "칸트와 헤겔의 '비판적 관념론'에서 [한스] 프라이어와 하이데거의 '실존적 기회주의'로 가는 길은 **자율적autonom 이성의 지속적인 축출과 파괴**의 과정이었다."(위의 책, 87, 강조는 원문)

학문과 철학은 만다린의 고유 영역이었다. 전후에도 만다린의 문화 헤게모니는 굳건했다. 그것은 "과거 부정Verleugnung과 반공주의의 동맹"에 의해 가능했고, 하이데거 비판은 사실상 전무하다시피 했다. 전후 서독에선 당시 24살이었던 하버마스가 거의 유일하다시피 그의 전력을 문제삼았다(위의 책, 124f.). 당연히 칼 슈미트도 복권되었다. "만다린의 낡은 법치국가이데올로기에 접속해서 민주주의와 사회국가보다, 자유와 평등의 기본권보다 법치국가성을 절대적으로 우선순위에 두는 서독의 권위적 법률주의Legalismus가 칼 슈미트의 복권을 가능케 했다. 슈미트는 보수적 국법학자들중에 특별히 사랑을 받았고 무엇보다 내부의 적 선포 전략과 진정한 내전 투사를 안착시키는 데 아주 적합했다. … 낡은 우적도식은 정기적으로 '전체주의적인' 대 '자유주의적인' 민주주의식의 이분법과 함께 정착되었다."(위의 책, 144) 전후 독일 만다린주의는 딱 하나의 정식으로 요약된다. "자본주의 마이너스 계몽Kapitalismus minus Aufklärung"!(위의 책, 147) '1789년의 이념', 계몽에 대척적이었던 프랑스의 반동적 정통왕당파Legitimistes 죠세프 드 메스트르(Josept de Maistre, 1753-1821), 루이 드 보날(Louis de Banald, 1754-1840) 그리고 누구보다 슈미트의 '수호천사' 스페인의 도노소 코르테스(Donoso Cortes, 1809-1853)와의 정신적 후견과 연대에서 보자면 슈미트로서는 독일만다린의 반계몽적 근대프로젝트와 자신의 경제적 '자유주의'보다 이 정식에 더 어울리는 무엇을 찾기는 어렵다고 해야겠다. 루카치는 슈미트를 암시하며 이렇게 썼다. "옛날 독일 교수들은 호엔쫄레른가의 정신적 친위대라고 불리웠다. 그들은 그 뒤 정신적 돌격대SA와 친위대SS가 되었던 것이다."(위의 책, 712)

§5. 독일사의 '특수경로Sonderweg' 문제

1) 특수경로의 특성과 전개과정

바이마르헌법의 '아버지' 후고 프로이스(Hugo Preuß, 1860-1925)는 1919년 독일인의 특성을 이렇게 파악했다. "세상에서 가장 쉽게 지배되는 민족이 독일인이다. … 논변에 대한 잘 계발된 소질에 바탕한 평균적인 효율성과 지성을 갖춘 생기있고 활동적인 민족이다. 그러나 공적 사안에 관계해서는 당국의 의지에 의거하지 않고서는 혹은 그것에 반해 자발적으로 행동하는데 익숙하지 않을 뿐만 아니라 또 그럴 의지도 없는 민족이다. 거의 자기 자신과 일치된 의지를 수행하기라도 하는 것처럼 독일인은 명령을 수행함에 있어 탁월하고 그리고 오직 공식적인 지침에 따라서만 행동한다. 독일인의 효율성과 더불어 조직에 순응하는 이러한 태세야말로 조직으로서는 무엇과도 비교할 수 없는 최상의 질료를 제공하며 그 가장 순수한 형태가 바로 군대와 같은 유형이다."(Lukacs 1962, 60 재인용) 덧붙여 레닌의 말은 법과 규정에 대한 독일인의 뿌리깊은 공포를 잘 드러낸다. "독일인들은 입장권을 끊기 전에 어떤 기차역사도 점거하지 않을 것이다."(van der Pijl 1996, 14 재인용)

맑스는 그 청년기 특유의 예리함과 신선한 감각으로 유럽 3국의 비교사회론을 정식화해 내었다. 「헤겔법철학 비판 서문」에서 말이다. 역사 발전 단계를 달리하는 불, 영, 독 유럽 3국의 발전사와 사회사에 대한 이런 철학적 통찰은 지금도 의연 고전적이라 할 만하다. "프랑스와 영국에서는 문제가 정치 경제 혹은 부에 대한 사회의 지배라고 되어 있는 반면에, 독일에서는 국민 경제 혹은 국민에 대한 사적 소유의 지배라고 되어 있다. 따라서 프랑스와 영국에서는 그 최후의 결과에까지 나아간 독점을 지양하는 것이 문제이다. 독일에서는 독점을 최후의 결과로까지 몰고 가는 것이 문제이다. 거기에서는 해결이 문제인데 여기에서는 겨우 충돌이 문제이다. 이는 현대적 문제들의 독일적 형태들에 대한 충분한 일례, 우리의 역사가 마치 서투른 신병처럼 진부한 역사들을 보습교련補習敎鍊 받는 임무만을 지금까지 지니고 있었다는 것에 대한 일례이다. … 우리는 현대의 역사적 동시대인들이지 않은 채, 그 철학적 동시대인들이다. 독일 철학은 독일 역사의 이념적 연장이다. 따라서 우리가 우리의 실질적 역사의 미완성작들 대신에 우리의 이념적 역사의 유작, 즉 철학을 비판할 때, 우리의 비판은 현대가 다음과 같이 말하는 그 문제들 한가운데 서 있는 것이다. 그것이 문제이다. 선진 민족들의 경우에는 현대적 국가 상태와의 실천적 반목인 것이, 이 상태 자체가 부재한 독일에서는 무엇보다도 이 상태의 철학적 반영과의 비판적 반목이다. … 독일인들은 다른 민족들이 실행했던 것을 정치 속에서 사유했다. 독일은 다른 민족들의 이론적 양심이었다. 독일 민족의 사유의 추상과 오만은 항상 독일 민족 현실의 일면성 및 낙후성과 보조를 맞추었다. 따라서 독일 국가 제도의 현 상태가 구체제의 완성, 즉 현대 국가의 살 속 가시의 완성을 표현할 때, 독일 국가지國家知의 현 상태는 현대 국가의 미완성, 즉 그 살 자체의 손상을 표현한다. ….비판의 무기는 무기의 비판을 대신할 수 없다. 물질적 힘은 물질적 힘에 의해 전복되어야 한다. 그러나 이론 또한 대중을 사로잡자마자 물질적 힘으로 된다. 이론은 대인적對人的으로 증명되자마자 대중을 사로잡을 수 있으며, 그것이 근본적으로 되자마자 대인적으로 증명된다. 근본적이라 함은 사태를 뿌리에서 파악하는 것이다. 그런데 인간에게 있어서 뿌리는 인간 자신이다."

물질적 관계에 있어서 자유주의 "프랑스와 영국에서는 끝나가기 시작하고 있는 것이 독일에서는 지금 시작되고" 있는 현실, "독일인들이 다른 민족들이 실행했던 것을 정치 속에서 사유"한다는 것은 분명 기형적이다. 독일인의 정신적 지형은 종교개혁, 프로테스탄티즘에 의해 규정된 것이다. "역사적으로도 이론적 해방은 독일에 있어서 특별하게 실천적인 의의를 지니고 있다. 독일의 혁명적 과거는 요컨대 이론적이다. 즉 그것은 종교 개혁이다. 당시에는 승려의 머릿속에서 혁명이 시작되었던 것처럼 지금은 철학자의 머릿속에서 혁명이 시작된다. 확실히 루터는 헌신에서 나오는 예종을 확신에서 나오는 예종으로 대체한 결과, 헌신에서 나오는 예종을 극복하였다. 그는 신앙의 권위를 회복시킨 결과, 권위의 신앙을 타파하였다. 그는 평신도들을 성직자로 변화시킨 결과, 성직자들을 평신도들로 변화시켰다. 그는 종교성을 내적 인간으로 만든 결과, 인간을 외적 종교성으로부터 해방시켰다. 그는 심장을 사슬로 묶은 결과, 몸을 사슬로부터 해방시켰다. … 그러나 프로테스탄티즘은 과제의 올바른 해결은 아니었지만 과제의 올바른 설정이기는 했다. 더 이상 평신도와 그의 바깥의 성직자의 투쟁이 문제가 아니고, 평신도와 그 자신의 내적 성직자, 그의 성직자적 본성이 문제였다. 그리고 독일 평신도들의 성직자로의 프로테스탄트적 전화가 평신도 교황인 영주들을 그들의 승려 계급들인 특권층 및 속물들과 더불어 해방시켰다면, 성직자적 독일인들의 인간으로의 철학적 전화는 그 민족을 해방시킬 것이다. 그러나 해방이 영주에 머물지 않듯이 재화의 세속화도, 특히 기만적인 프로이센이 실행에 옮겼던 바의 교회 재산의 몰수에 머물지 않았을 것이다. 옛날에 독일 역사상 가장 급진적이었던 사건인 농민 전쟁은 신학에 부딪혀 좌초하였다. 신학 자체가 좌초된 오늘날 독일 역사상 가장 자유스럽지 못한 사실인 우리의 현 상태는 철학에 부딪혀 산산조각날 것이다. 종교 개혁 전날에 공식적 독일은 로마의 가장 무조건적인 노예였다. 독일 혁명 전날에 공식적 독일은 로마의 무조건적인 노예라기보다 프로이센과 오스트리아의, 시골 융커들과 속물들의 무조건적인 노예이다. … 따라서 독일은 언젠가 유럽적 해방의 수준에 서 있게 되기 전에, 어느 날 아침 유럽적 몰락의 수준에 있는 자신을 보게 될 것이다. 사람들은 독일을 기독교라는 질병을 앓고 있는 물신 숭배자에 비유할 수 있게 될 것이다."(맑스 1995, 10f.)

프랑스에서 자코뱅이 했던 일을 독일에서는 루터가 한 셈이다. 구체제의 권위를 타파한 것이 아니라 프로테스탄티즘 속으로 옮겨 놓는 일이었다. 독일의 특수발전 경로를 일컬어 독일학계에서는 '특수경로Sonderweg'론으로 개념화해 왔다. 아래 그 주요한 내용을 요약해 본다(아래는 Kühnl 1971, 64ff.를 주로 참조).

첫째, 베스트팔렌조약이후 등장한 파편화된 소영방체제이다. 독일에서는 계몽주의와 자유주의세력들이 그 어떤 국면에서도 예컨대 영국 혹은 프랑스만큼의 영향력을 행사하지 못했다. 이미 중유럽의 주요 수송로와 무역중심지가 미주대륙의 발견과 인도양 항로의 발견의 결과 대서양연안 국가로 이전하게 됨으로써 독일경제는 심각한 타격을 입게 되었고, 독일 도시는 정체하기 시작한다. 30년전쟁의 황폐화로 인해 독일 경제는 다시 한 번 후퇴하게 되고 그 결과 시민계급은 허약해졌으며 봉건귀족에 대항해 자주적 정치세력으로 형성될 수가 없었다. 이러한 사회경제적 그리고 정치적 후진성의 결과이자 이를 강화시키는 요인으로서 1648년 베스트팔렌 화의조약 결과 동등한 국제법적 승인을 획득한 수많은 소영방국가로의 제국의 파편화를 들 수 있다. 반면 여타 유럽 민족 예컨대 프랑스와 영국은 근대초기 민족국가로 자신을 구성해 내었고, 절대왕정의 도움으로 통일된 민족 영역을 만들어 내었으며 이와 더불어 무역과 상업의 발전을 촉진하고 있었다.

둘째, 독일 시민계급의 미성숙을 들 수 있다. 독일의 봉건귀족은 사회적, 정치적 그리고 이데올로기적으로 여전히 사회의 규정적인 요소로 온존해 있었다. 시민계급은 경제적으로 허약했을 뿐만 아니라 자신의 정신적 지평에서도 발전된 서유럽 국가와 비교해 협소했으며, 독일의 절대주의는 고작해야 이들의 '12절지Duodezformat'에 불과했고 봉건적, 농업적, 신분적 특색을 띠고 있었다. 프랑스 절대왕정이 봉건귀족의 권력을 박탈하고 궁정귀족으로 강등시키는 동안, 독일 절대왕정은 강력한 시민계급이라는 동맹파트너가 부재했기 때문에 특히 프로이센에서는 봉건귀족에 의존하고 있었다. 독일 농민층은 19세기까지도 자신의 농노를 가죽채찍으로 노동을 강요하는 지주의 감시, 감독하에 있었다. 시민계급은 자식이 관료출세의 길로 나가는 것을 최고의 명예로 생각하고 있었다.

셋째, 독일부르주아계급의 미성숙에 더불어 체제타협적인 루터주의에 의한 종교개혁을 들 수 있다. 그러한 조건에서 "시민계급의 정신적 해방운동의 대중적 토대를 확보할 수 없었다. 서구제국에서는 캘빈주의의 형태를 취하면서 자본주의 발전을 위한 이데올로기적인 동력을 제공하고 있었던 반면, 독일의 종교개혁은 루터주의Luthertum 형태로 발현되었는데, 루터주의는 '소영방 절대주의에 대한 복종을 종교적으로 미화'하고 이런 식으로 가신멘탈리티Untertanenmentalität를 확산시켰다. 계몽주의는 소규모 지식인그룹에 한정되어 있었고 혁명적, 정치적 실천 가능성을 전혀 갖지 못한 상태에서 민주적 인민주권을 국가주권론으로 곡해한 자연법학자 토마지우스Thomasius처럼 기존체제와의 타협을 모색하거나 아니면 대다수 고전가들처럼 추상적, 미학적으로 '내면 지향의 교양귀족주의적' 형태에 머물고 말았다."(위의 책, 66)

넷째, 독일 지식인의 정치적 실천의 회피를 들 수 있다. 이 시대의 대격변을 보면서 독일 지식인들은 부분적으로는 감격했지만 오직 사고, 즉 머리로만 참여했다. 예컨대 칸트, 쉴러, 헤겔. 헤르더, 횔더린처럼 말이다. 그래서 맑스의 야유처럼 독일인은 "역사적 동시대인이 되지 않으면서, 현재의 철학적 동시대인"이며, 독일인들은 다른 민족들이 실천했던 것을 정치 속에서 사유한다." 맑스는 이러한 실천의 회피 역시 정신사적인 뿌리를 따지자면 프로테스탄티즘속에 내면화된 권위주의와 연관되어 있다고 간파한 것이다(위의 책, 66).

독일식 특수발전의 역사적 전개 과정은 이러하다. "1814-1815년 프랑스가 패배한 이후 가뜩이나 허약한 자유주의 경향은 더 급속도로 퇴각하였고, 지주의 가부장적 재판권이 재도입되었으며 39개 국가로의 독일 분할은 승인되었다. 진보의 정신이 외부로부터 들어왔고 외국 점령군의 형상으로 등장했다는 사실을 놓고 반동들은 그것이 '본질에 벗어난', '비독일적'이라고 비방할 기회를 포착했다. 이 시기 철저한 자유주의 혹은 소시민적-민주적 급진주의보다는 길드적이며 낭만적-슈텐데(신분제)적 이상을 더 강력하게 지향하던 반대파의 선동에 따라 경찰과 사법부에 의해 단호하게 억압되었다. ... 그럼에도 불구하고 1830-1840년대는 독일 자유주의의 정점이라고 말할 수 있다. 특히 프로이센이나 오스트리아 반동의 속박에서 벗어나 있던 남부독일 공간은 칸트를 지향하던 로텍Rotteck과 벨커Welcker의 저술이 시민계층에게 엄청난 반향을 불러일으켰고, 학생 결사Burschenschaftum는 자유주의적 이상을 위해 적극적인 활동을 보였다. 1848년 프랑스에서 새로운 혁명의 물결이 파급되었다. 하지만 시민계급은 그사이 아래로부터 밀고 올라오는 프롤레타리아트 대중이 이미 거의 봉건 반동만큼이나 강해진 것에 대해 공포를 갖고 있었다. 독일사의 특수한 성격은 바로 여기에 있다." [맑스가 「헤겔 법철학 비판 서설」에서 말한 것처럼-인용자] "각 계급이 자기 위에 있는 계급과 투쟁을 개시하자말자, 자기 아래에 있는 계급과 투쟁에 연루되어" 그래서 그 계급은 "자신에 맞서는 [계급의] 한계를 채 극복하기도 전에 이미 자신 안에 한계를 만들고 만다는" 점이다. 그 결과 혁명은 언제나 시도의 절반에 머물렀기 때문에 언제든 프로이센 군부에 의해 별 어려움 없이 진압될 수 있었다. 1849년 제국헌법은 아무런 효력을 가지지도 못한 채 독일 자유주의의 한 특징적 문서로만 평가될 수 있었다(위의 책, 67). 이처럼 독일의 부르주아계급은 봉건귀족과 대항해 자신의 혁명을 수행하기보다, 프롤레타리아트 계급의 부상에 위협을 느껴 봉건계급과 유착해 버렸다.

1848-1849년 혁명이 실패한 이후 독일자유주의는 완전히 허리가 부러졌다. 루카치가 말하길 '이 패배는 이후 독일의 모든 국가 및 이데올로기 발전에 결정적이었다.' 이러한 침체는 1866년-1871년 프로이센 군사국가가 권위적 방식으로 이룩한 민족적, 경제적 통일에 대한 감격으로 바뀌었다. 향후 자신의 가장 강력한 정파를 민족자유주의적이라고 불렀던 독일자유주의는 자유주의적 이상을 거의 완전히 포기한다. 그런 뒤 프로이센 군부 특권계급의 덕성이라는 코드와 세계상을 수용했다. "황제의 관헌국가는 상공업을 진흥하고 동시에 임노동자를 억압함으로써 이들을 챙겨주었고 그 결과 의회주의 공화국보다 독일 시민계급의 소망에 더 부합해 주었다. 황제의 관헌국가에 대한 독일의회의 노예근성Servilität은 끝이 없었다. ...비합리주의는 경쟁자본주의에서 독점자본주의로의 이행기에 모든 자본주의 국가들을 장악했지만 그 어디에서도 독일만큼의 활약을 보인 곳은 없었다."(위의 책, 68)

　　독일에서 등장한 "후진성의 이상화는 역사와 사회가 비합리적으로 파악될 때 그리고 이성과 진보는 '비독일적' 혹은 파괴적이라고 폄하할 때 비로소 가능하다. 1870년 이후 세기전환기까지 엄청난 경제적 호황으로 인해 독일은 유럽 산업국가의 최첨단에 올라섰고, 이는 황제 관헌국가의 정치구조와 괴이한 대조를 이루었다. 그래서 전체를 유지하기 위한 이데올로기적 접착제Kitt로 극단적 비합리주의가 유용했던 것이다."(위의 책, 69) 이 점은 대단히 중요한 인식이다. "독일 시민계급은 따라서 여타 서구제국처럼 이전에 어떤 승리를 해 본 경험이 있는 그런 영웅적인 자유주의 국면을 겪지 못한 채 제국주의로 이행했다. 바로 이런 이유에서 독일 제국주의는 특히 공격적이며, 군국주의적 특성을 보였다. 반면 부르주아 민주정은 부르주아 혁명적 발전과정이 형식적으로나마 완성된 1918년 이후에도 확고한 기반을 갖추지 못한다. 칼 맑스는 한때 예언했다. '따라서 독일은 언젠가 유럽적 해방의 수준에 서 있게 되기 전에, 어느 날 아침 유럽적 몰락의 수준에 있는 자신을 보게 될 것이다.'

1933년 이후의 사건들은 이 진단을 초월하는 것이었다. 절망의 철학이 1929년 이후 몰락한 중간층의 진짜 절망과 만났을 때, 권력과 권위, 민족과 인종의 비합리적 우상화가 절망한 대중을 장악했을 때, 절망이 총통을 통한 기적적 구원에 대한 믿음으로 뒤집어 졌을 때, 비합리주의는 그 최종적 결론에 도달했다. 즉 파시즘말이다."(위의 책, 69)**11**

2) '지체'로서의 특수경로 I: 게오르그 루카치

독일사의 특수경로를 '지체Verspätung'개념으로 설명하는 두 가지 시도가 있다. 첫째는 게오르그 루카치의 『이성의 파괴』에서다. 둘째는 헬무트 플레스너(Helmuth Plessner, 1892-1985)다. 플레스너는 쾰른대학 교수로 있다가 부계가 유대인이란 이유로 해직된 뒤 망명생활이후 괴팅겐대학에서 정년을 맞았다. 지체테제가 등장하는 것은 그가 나치시절인 1935

---

11 또한 아래도 참조. "니체와 딜타이에서 시작해 또한 하이데거와 야스퍼스가 강단, 지식인의 살롱 그리고 카페에서 비합리적 비관주의에 대해 했던 모든 말들을 히틀러와 로젠베르크도 했다. …그것의 [나치철학의] 출발점은 대중심리학에 관한한 정확히 대중의 절망과 그로부터 귀결된 잔혹성과 기적에 대한 믿음인 바, 이 대중에는 최고급 지식인도 포함된다. 절망이 나치즘과 광범위한 대중의 사회심리적 연결고리라는 것은 운동의 실제 추동력과 그것의 대중속으로의 침투가 1929년부터 시작되었다는 사실을 보건데 명백한 것이다. 그것은 점차적으로 구체적인 사회적 형태를 취하게 되는 최초의 철학적 절망이 개별 실존에 대한 대대적인 위협이 되는 바로 그 순간에 시작되었다. 이 순간은 따라서 전술한 실천 방향에 대한 의도가 철학적 절망을 필사desperadoes의 정치로 변모시킬 가능성을 만들어낸 순간이었다. 필사의 정치는 이제 권위주의적 성향의 독일인의 낡은 예속적 본능에 다가갔고, 바이마르 민주주의는 이 본능에 아무런 감흥도 주지 못했다."(위의 책, 85f.)

년 네덜란드 망명중 집필한 저 유명한 『지체된verspätete 민족』이란 책에서다. 아래에서 이 각각을 간략하게 살펴보기로 한다.

먼저 루카치에 따르면 독일인의 비극은 그들이 "근대 부르주아적 발전노선에 너무 늦게 진입했다는 사실에 있다. 하지만 이는 너무 지나친 일반화인지라 역사적으로 구체화되어야 할 필요가 있다. 이르거나 늦은 입장入場 그 자체로 어느 것이 다른 것보다 좋다고 말할 수 없을 정도로 역사과정은 매우 복잡하고 모순적인 것이다. 우리는 단지 부르주아 민주주의 혁명만을 바라봐야 한다. 한편으로 영국인이나 프랑스인들은 각각 17세기와 18세기 말에 자신들의 부르주아 민주혁명을 쟁취함으로써 독일인을 훨씬 앞서갈 수 있었다. 그러나 다른 한편으로 러시아민족이 부르주아 민주혁명을 프롤레타리아 혁명으로 전환시킴으로써 오늘날 독일인에게 존재하는 고통과 갈등을 회피할 수 있었던 것은 바로 정확히 러시아의 지체된 자본주의발전의 결과였다."(Lukacs 1962, 37) '특수 발전경로'는 이미 농민전쟁(1525-1528년)에서 진보세력의 패배로 시작되어 30년전쟁(1618-1648)의 결과 더욱 강화되었다. "황제가 수행할 능력이 없었던 바로 그것을 농민혁명은 완수하고자 했다. 즉 독일통일, 가 일층 강해지는 봉건적 절대주의에 대항하는 원심적 경향의 청산말이다. 농민층의 패배는 바로 이 세력을 강화시켰다. 순수한 봉건적 파편성 대신 근대화된 봉건주의가 출현했다." 독일은 이후 유럽의 거대열강 사이에서 이해각축의 전장이자 또 희생자가 되면서, 정치적으로 뿐만 아니라 경제적 그리고 문화적으로도 쇠락해 버렸다. 그 독일은 16-17세기 거대한 경제적 그리고 문화적 고양에 동참할 수가 없었다. "여기에는 특히 물질적인 이유가 있다. 그러나 이 물질적 이유는 또한 이러한 독일적 발전만이 갖는 일정한 이데올로기적 특징을 규정한다. 첫째, 영국 또는 프랑스와 대립되는 소규모 독일 영방군주국에서의 삶이 갖는 사소성, 협애함 그리고 전망없음이다. 둘째, 이와 결부된 것으로 군주와 군주의 관료기구에 대한 훨씬 크고 구체적인 신민들의 종속성 ... 여기에 덧붙여 루터주의(이후에는 경건주의Pietismus 등)는 이 활동공간을 마찬가지 주관적으로도 협소화시켰고 외면적 예속성을 내면적 노예근성으로 전환시켰으며 그래서 프리드리히 엥겔스가 '예종적bedientenhaft'이라고 표현한 그러한 신민심리Untertanenpsychologie을 배양시켰다."(위의 책, 41)

이런 조건하에서 진보적, 부르주아 민주주의적 세력은 거의 발전할 수가 없었다. "당연히 그러한 나라에서는 그 어떤 부유하고 독립적이며 강력한 부르주아지가 생겨날 수가 없고 그 발전에 조응하는 진보적이며 혁명적인 지식인, 시민계급과 소시민계급은 서유럽 다른 나라와 비교해 궁정에 경제적으로 훨씬 종속되어 있었고 따라서 그들에게는 예종성Servilismus, 소심함Kleinigkeit, 굴복감Niedrigkeit, 비참함이 당대 유럽 어디서도 찾아보기 힘들 정도로 형성되었다. 경제발전의 정체기에는 독일에서 그러한 봉건적 신분서열제의 외부에 막 시작된 근대혁명의 가장 핵심적인 진보 세력인 평민적plebejisch 계층이 만들어지지 않았거나 만들어질 수 없었다. ... 18세기에 특히 그 후반기에 와서야 독일의 경제회복이 시작되었다. 이와 평행해서 부르주아계급은 경제적 그리고 문화적으로도 강화된다. 시민계층은 하지만 민족통일의 장애를 걷어 내거나 이 문제를 진지하게 정치적으로 제기할 만큼은 강하지 못했다."(위의 책, 41)

이제 대중의 자유와 민족통일에 대한 추동은 지배봉건계급과 대부르주아층에 의해 극단적 민족주의 형태로 외부의 적을 향하게 된다. "이 모든 근거에서 독일에서는 쇼비니즘적 선전이 다른 나라들보다 훨씬 신속하고 집중적으로 대중에게 영향을 미치게 된다. 정당하고 혁명적인 민족적 감격이 반동적 쇼비니즘으로의 전화를 한편으로 촉진하고 이는 왕정과 동맹한 융커계급과 대부르주아에게는 국내정치적 대중 기만을, 다른 한편으로는 민주혁명으로부터 가장 중요한 동맹자를 박탈하는 것을 용이하게 하였다"(위의 책, 48)

그 결과 민족통일은 인민대중의 활동이 아니라 반동적 프로이센 군부세력에 의해 1866-1871년 기간에 이루어졌고, 이 과정에서 권위주의와 민족주의의 이데올로기 혼합이 가일층 강화되었다. 루카치는 그러나 독일민족통일의 특수한 지체로부터 초래된 두 번째 발전경로를 석출해 낸다. "이 과정이 독일에서 지체되었다는 사실이 의미하는 것은 민족통일이 자본주의 매뉴팩처 시기가 아니라 근대자본주의 시대에 완수되었다는 것인데, 이는 또 다른 본질적인 의미를 가진 결과를 가져왔다. … 여기서 민주변혁이 영국과 프랑스의 고전적 혁명에서 흔히 그렇게 종결되곤 했던 바로 급진적인 평민적plebejisch, 프롤레타리아 분파에 대항한 투쟁 말이다. … 1848년 심각한 혁명이 일어나자 우리가 간략히 묘사했던 경제적 후진성과 민족적 분열상의 결과가 평민 대중의 허약함, 자신의 혁명에 대한 부르주아지의 배신으로 귀결되고 이로서 봉건적, 절대주의적 반동의 승리로 봉인되었다(위의 책, 53). 이 패배는 이후 "독일의 모든 국가적, 이데올로기적 발전에 결정적인 것이었다. 당대의 용어로 민주혁명의 중심문제와 관련된 문제설정은 이런 것이었다. '자유를 통한 통일'인가 '자유 이전에 통일'인가. 구체적 혁명의 최중요 문제와 독일내 프로이센의 미래 지위와 관련해서 보자면, '프로이센이 독일 속으로 흡수Aufgehen될 것'인가 아니면 '독일이 프로이센화할 것'인가의 문제였다. 1848혁명의 패배로 인해 이 문제의 해결책은 후자 쪽으로 귀결되었다."(위의 책, 53)

이런 전제에서 보자면 민족통일이 문제를 해결한 것이 아니라 오히려 첨예화시켰다. 그리고 "독일은 더 이상 경제 후진국이 아니었다. 그 반대로 제국주의시기에 독일 자본주의는 당시 유럽을 주도했던 영국자본주의를 추월했다." 독일은 미합중국과 더불어 가장 전형적인 선진 자본주의 국가가 되었다. 그러나 우리가 봤던 것처럼 동시에 민주적으로 후진적인 독일의 사회, 정치적 구조는 더욱 강화된다(농업관계, 사이비의회주의, 황제의 '사적 연대Regiment', 소영방국가체제의 잔재 등등)"(위의 책, 58).

루카치는 이 문제를 이렇게 총괄한다. "서구에서 민주 발전의 기초를 놓았던 근대초기 거대한 변혁이 독일에서는 수세기에 걸친 소영방적 전제의 고착화로 종결되었다. 독일의 종교개혁은 이 과정에서 예속성의 이데올로기에 근거를 제공해 주었다. 나폴레옹 지배로부터의 해방투쟁도 1848년에도 본질적인 것을 변경하진 못했다. 그리고 독일통일은 혁명적 경로가 아니라 '위'로부터 만들어진 것이었다. 따라서 '피와 철'이라는 역사의 전설과 호엔쫄레른가의 '미션'에 따라, 또 비스마르크의 '천재성'에 따라 독일적인 심리와 모랄은 거의 불변인 채로 남게 되었다. … 교회정치는 세계정치로 대체되었다. 관헌에 대한 독일인민의 신민성은 이 과정에서 극히 사소한 변화만을 겪었을 뿐이다."(위의 책, 56)

이 모든 것으로부터 루카치는 독일제국주의에서 특수한 공격성을 도출한다. "독일은 유럽을 주도하는 제국주의국가인 동시에 세계 재분할을 위해 가장 맹진하는 제국주의 국가가 되었다. 독일제국주의의 이러한 특성은 재차 지체된 그러나 매우 급속한 자본주의적 발전의 결과이다. 독일이 자본주의 열강중 하나가 되었을 때 식민지 분할은 이미 종결되어 가고 있었고 따라서 제국주의 독일은 오직 침략을 통해서만, 오직 식민지 탈환을 통해서만 자신의 경제적 비중에 걸맞는 식민제국을 만들 수 있을 뿐이었다. 따라서 독일에는 특히 '배고픈' '약탈적이고 공격적인, 식민지와 이익권의 재분할을 향해 격렬하게 그리고 가차없이 돌진하는 제국주의가 생겨났다."(위의 책, 63)

1918년 빌헬름제국의 붕괴와 바이마르공화국으로의 이행후에도 근본적 변화는 없었다. "제1차 제국주의 세계대전에서 빌헬름제국 시스템의 붕괴와 바이마르공화국 수립조차도 독일의 민주화, 광범위한 대중 속에 깊이 착근된 민주적 전통의 형성에는 아무런 근본적 전환을 가져오지 못했다. 첫째 이러한 정치적 민주화는 인민세력의 내적인 힘이라기보다는 군사적 붕괴로부터 초래된 것이다. 대부분의 독일부르주아지 세력은 한편으로는 강요된 상황에서 다른 한편으로는 공화국과 민주화를 통해 월슨대통령의 지지를 통한 좀 더 유리한 강화조건이라는 외교적 장점을 기대했기 때문에 이를 수용했을 뿐이다. … 둘째, 독일의 지체된 발전은 여기서도 영향을 발휘한다. 부르주아 민주혁명이 발발한 즉시 1918년 프롤레타리아트는 결정적인 사회세력으로서 임재했지만 강력한 개량주의와 당시 노동운동 좌익의 이데올로기적, 조직적 약세로 인해 독일의 혁신문제를 감당할 수는 없었다. … 개량주의와 동맹한 부르주아 좌파 정당은 혁명적 민주정의 실현이 아니라 공화국과 민주정이라는 구호 아래 그 본질은 '질서정당'이었고 이는 실천적으로 빌헬름 독일의 사회구조에 대해 가능한 한 최소한의 변화를 의미하는 것이었다(융커 장교단의 유지, 낡은 관료제, 대부분의 소영방, 농업개혁 회피 등등). 이런 상황에서 단 한 번도 민주적 교육을 받아 본 적이 없는 인민 대중속에서, 그 어떤 민주적 전통도 살아있지 않은 가운데 민주정에 대한 깊은 환멸이 급속히 생겨나고, 급속히 민주정에 등을 돌리는 일이 일어난 것은 놀라운 일이 아니다."(위의 책, 68f.)

결국 독일의 민족통일 즉 지체된 부르주아 민주혁명과 이와 상호작용하는 지체된 자본주의 발전의 특수한 조합이 독일근대사의 근본적인 특징이자 근대이후 독일 특수경로의 핵심이 되는 것이다. 지체된 자본주의 발전, 허약한 부르주아지계급, 소영방국가 난립으로 인한 민족적 파편화등으로 부르주아-민주혁명의 경로가 영국, 프랑스와는 상이한 경로로 전개되었다. 특히 파편화를 극복하기 위한 민족통일이 시대의 중심과제였지만 프로이센의 독일화 즉 프로이센 군사력에 기반한 '보나파르트주의' 왕정이 주도하는 위로부터의 통일방식이 관철되고 그 과정에서 이를 주도한 반동적 귀족계급의 정치적, 이데올로기적 프로그램이 사회속에 각인되었다. 실권없는 의회는 부르주아계급의 허약성의 결과이자 전제를 이루었고, 성공한 부르주아혁명의 부재는 대중의 민주적 훈련, 경험의 부재와 맞물려 있었다. 이와 결부된 의회주의의 부르주아혁명의 승리와 헤게모니가 담보되지 않은 상태의 민족통일은 지체와 후진성을 이상화하고, 이를 정상화하는 독특한 이데올로기적 혹은 '정신적' 조건을 창출해 내었다. 그리고 이러한 정신적 조건은 1848년 이전 시기의 반동적 낭만주의와 결합되어 1871년 독일제국 수립이후 독일만의 독특한 이데올로기적 환경을 규정하는 어떤 사조를 연출해 내었다.

3) '지체'로서의 특수경로 II: 헬무트 플레스너

플레스너의 '지체'테제[12]는 부르주아 민주혁명과 자본주의발전을 지체의 축에 두는 루카치의 입론과는 사뭇 다른 양상이다. 먼저 루카치가 확고한 맑스주의자인 반면, 플레스너는 맑스보다는 차라리 베버, 신칸트주의, 훗설의 현상학에 가깝다. 플레스너가 대표하는 이른바 '철학적 인간학'의 정치적 입장은 그래서 베버처럼 '리버럴 민족주의'라고 보는 게 맞을 것이다(Whaley 2020, 128ff.). 다음으로 루카치의 지체가 독일자본주의의 후진성에 근거한다면, 플레스너는 그보다는 중세후기 '독일정신'의 기형화에서 그 기원을 본다. 그리고 루카치에게 파시즘을 특징짓는 '비합리주의'는 단지 독일만의 현상이 아닌 반면, 플레스너에게 '히틀러'는 주로 독일적 현상이다. 그런 점에서 양자간에는 적지 않은 간극이 있다.

플레스너에게 1933년 독일의 비극을 가져온 '지체'는 3개의 내러티브와 서로 연결되어 있는 현상이다. 첫째는 신성로마제국에서 바이마르에 이르는 독일의 '국가이념'이며, 둘째는 루터주의의 영향이며, 셋째는 독일 철학이다.

17세기 유럽사에서 결정적인 사건은 독일의 30년전쟁(1618-1648)이었다. 독일 땅에서의 종교전쟁 기간 동안 서유럽은 시민사회형성의 결

---

12 Plessner(1982). 1935년 쥐리히에서 출판된 이 책의 원제는 '부르주아 시대 종말기 독일정신의 운명Das Schicksal deutschen Geistes im Ausgang seiner bürgerlichen Epoche'이었다. 이 제목이 1959년 수정 증보되어 재출간될 때 '지체된 민족. 부르주아 정신의 미혹성迷惑性'으로 바뀌어 오늘에 이른다. 즉 '지체된 민족'이 추가되고 '운명'이 '미혹성'으로 바뀐 것이다. 이 두 개의 표제사이에는 나치전성기와 동서냉전이라는 시대적 간극이 존재한다.

정적 계기를 만들어낸다. 독일과는 전혀 달리 서유럽 민족들에게 있어 이 시기는 '황금시대'였다. 이 시대에 종교성은 로마법, 휴머니즘, 르네상스 그리고 공화주의 사상에 문호를 개방했다. 플레스너에 따르면 이 나라들에서는 종교 및 정치 활동간의 상호 경계넘기가 하나의 계몽주의 문화로 자리 잡았지만, 독일은 이 경험이 국가법과 국제법 형성에 아무런 역할을 못했다. 비스마르크 정권기 국가이념이 생성되긴 했지만 '신의 은총'에 결박되어 있었고, 황제에 대한 종교적 대항 불가, 영토적 협소성, 소영방주의등으로 인해 독자적 국가이념 형성이 저지되었다. "정치적으로 무관심한 루터주의 즉 독일개신교라는 의무국교회적 조직과 영방군주의 동맹이 자유로운 감각의 전개를 저지하였다."(Plessner 1959, 42)

1차 대전 이후에도 독일은 자신만의 국가이념을 확보하지 못했다. 프랑스, 영국, 미국 등과는 전혀 달리 독일제국은 민족이 되기 위한 법과 국가이념과의 관계를 자신의 전통 속에서 만들어 내지 못했다는 말이다. 1871년 제국 건국도, 1918년 공화국 건국도 독일의 지체된 정치발전과 싸워야 했다. "양자 모두는 너무 늦게 왔고 양자는 유기적으로 성장한 정치 전통도, 종교적, 민족적 관점도 획득하지 못했다."(위의 책, 43)

자유, 민주주의, 민족자결, 진보, 세계평화등 '서구 특색의 정치적 휴머니즘의 가치체계'는 독일에서 바닥없는 가치절하를 경험해야 했고, 제1차 대전에서 서유럽과 미합중국의 승리, 국제연맹을 통한 승전의 영구화 그리고 러시아혁명등, "서구의 정치적 휴머니즘의 최종 결과" 앞에서 독일은 세계사적 결단을 해야만 했다. 2개의 상호 투쟁하는 제국 전통들 사이에서 자신의 처지가 갖는 출구 상실이 독일의 항의를 급진화시켰다, "2개의 전통사이에서 살 수 있을 가능성이 없는 상황"에서 말이다 (위의 책, 44f.).

"독일과 구유럽, 구유럽이 만든 유럽바깥 세계와의 갈등은 정치적 휴머니즘과의 투쟁을 통해 격화되었고, 그 휴머니즘의 뿌리와 번성은 16, 17, 그리고 18세기에 있었다. 따라서 중요한 사실에 대한 연구는 독일제국이 근대 민족의 형성과 전개에 결정적인 이 기간 동안에 이루어진 법 및 국가이념에 대해 자신의 전통 그 어디에서도 아무런 관계도 갖지 못했다는 점에서 출발해야만 한다. 19세기의 어떤 국가이념 없는 건국이자, 독일 민족의 제한적인 민족국가적 공고화가 이미 규정되어 있던 휴머니즘의 가치체계에 대한 의심이 생기던 시기에 이루어졌다. 국가이념의 결여는 독일인의 의식 속에 양대 제국 전통에 대한 적대를 환기시켰다. 세속화의 양상으로 갈수록 강화되는 민족의식은 독일에서 비스마르크의 제국건국이후에도 한 세기 전 프랑스와 영국 그리고 미합중국에서 찾아낸 그런 것과 같은 국가이념의 형태와 발판Halt를 발견하지 못했다. 여기에 대한 대용물로 그리고 동시에 제국국경과 민족경계간의 불일치와 관련해 낭만주의적 민족개념이 정치이념의 역할을 넘겨받았다."

플레스너는 국가이념의 부재때문에 독일민족을 독일국가 내로 통합하지 못했다는 첫 번째 내러티브에 두 번째 내러티브를 연결한다. "이 두 번째 선은 재차 독일에 특유한 자유교회적freikirchlich 신앙생활이 부재한 가운데, 가톨릭주의와 프로테스탄트 의무국교회Zwangstaatskirche라고 하는 종교적, 신앙적 이원론속에서 생성된 것이다. 이로부터 동시에 종교적 에너지의 재앙적이면서도 가공할 세속적 정신성Geistigkeit으로의 구축驅逐이 전개되었고 이것의 표현이 19세기 독일문화의 낭만주의적 태도이다. 신앙적 17세기, 합리주의적 18세기의 시작을 지배하는 교회적, 신학적 결속성이 순수 세속적 계몽주의가 아니라, 세속적이자 현세적인 세계 경건성Weltfrömmigkeit과 세속화된 프로테스탄트주의에 길을 비켜주었다. 그것의 표현형태가 그 어떤 철학과 과학 영역에서 그 어떤 종에 적합한artgemäß 혹은 인격결부적인persongebunden 세계관에 대한 추구이다. 두 번째 전개선은 세계관으로서의 문화와 그것 내지 민족의식에 대해 철학이 가진 특수한 의미에서의 종교적인 기능을 인식함으로써 종결된다."(위의 책, 45ff.)

계몽에 내재된 '해방적 충동'은 독일에서는 루터주의와 소영주 권위주의에 의해 저지된다. 그리고 그 '대용품Ersatz'이 바로 문화였다. "1789년의 이념은 교회와 신의 은총으로부터의 분리, 신정神政으로부터 개별자의 외적 해방, 인간의 자기결정과 뿌리내림Selbstverwurzelung에 대한 유언이다. 그것은 중세 보편주의 정신과 권력에 대한 투쟁속에서 근대 세계가 창출한 자신의 미래의미를 꿰뚫는 의지의 강령적 표현이다. 르네상스, 종교개혁, 민족국가와 의회주의의 생성, 합리적 자연법학설 그리고 자연과학은 그 전제이다. 그러나 이 원칙의 실현에 있어 루터주의 독일의 몫은 프로테스탄트적 지방교회 및 국교회주의에 가로막힌 나머지 한참 늦게 서야 효력을 발휘하기 시작했다. 이는 가톨릭 황제지위와 영역지배사이의 미결상태를 강화시켰고 서유럽으로부터 [독일]제국을 고립시켰다. 왜냐하면 부르주아적 자유가 발전함으로써 생긴 내적인 불균형이 강력한 저항을 제공했기 때문인데, 그것은 명백한 권력 및 신앙의 배분에 기초한 국가를 세울 수도 있을지 모를 일이었다." 이렇게 계몽의 이념은 영방영주 아래로 개별자의 종속—경제적 종속의 지속과 함께—에 의해 그리고 이와 결부된 지방교회주의에 의해 자신의 정치적 활동을 방해받으면서, 17-18세기가 지나는 동안 정신적인 것으로 방향전환하게 되고 이로써 루터주의 영향 밑으로 복속되게 된다(위의 책, 85f.).

    그런데 플레스너에 따르면 독일의 '문화' 개념은 아무튼 번역이 힘든 개념이다. "정신활동과 세속적 영역에서 그 활동의 소산에 대한 독일적 집합개념인 문화는 번역하기가 어려운 용어이다. 이 용어는 문명, 소양Kultiviertheit, 교양과도 혹은 노동과도 부합되지가 않는다. 이 개념 일체는 너무 냉담하고 편편하고 형식적 내지 '서구적' 혹은 하나의 영역에만 결부된 것이다. 이 개념등에는 19세기와 20세기 독일인의 의식속에 이 용어와 결부되고 종종 그 말의 열정적 사용을 이해하게 만드는 무게, 속이 꽉찬 충만함, 영혼이 실린 파토스가 결여되어 있다. 철두철미 세속적 틀속에 포함된 재화에 적용되는 특색에도 불구하고 이 말은 18세기 이성이란 말과 그 다음 시대정신, 생과 민족Volk와 같은 용어들 속의 종교적인 저의底意와의 연관을 보존하고 있다. 이 속에는 세속화한 경건성이라는 독일인 특유의 깊이가 표현되어 있는데, 그 기원은 세속적 노동과 직업활동에 대한 루터주의의 관계이다."(위의 책, 82)

독일개신교의 세속화와 위기는 18세기 말에 이르러 새로운 다른 현상을 만들어 낸다. 루터주의의 위기는 한편으로 문화와 학문을 숭배한다거나, 다른 한편으로 철학을 통해 새로운 의미를 찾게 만들었다. 즉 독일철학 말이다. 이것이 플레스너의 세 번째 내러티브다. 칸트는 무엇보다 기독교 세계사의 낡은 틀을 깨어버렸고, 헤르더, 괴테, 헤겔로 대표되는 각 세대들의 '독일운동'은 계몽을 대신해 '독일정신'을 강조했다. '비판'을 통해 시작된 칸트의 새로운 길은 헤겔이 말하는 '정신'의 자기해방으로서의 역사에 이르러 정점을 찍는다. 하지만 뒤를 이은 맑스, 키에르케고르, 니체는 혁명, 새로운 기독교, '선악의 피안'에서 '철학'에 대한 새로운 대안을 찾았고, 철학은 이제 기존의 권위를 잃었다. 철학은 더 이상 세계를 설명할 힘도 의사도 상실한 채, 눈앞의 '생'에 몰두하면서 '생철학'이 되었다(위의 책, 185ff., passim). 철학의 "하향 나선형운동"은 과학의 경향 변화에 병행하는 것이었다. 즉 신학은 역사학에, 역사학은 사회학에 대체되고 이제 남은 것은 생물학이다. 이것이 인간실존의 열쇠가 되었고, 19세기 말 이후 다윈주의가 지배적인 사고양식이 되었다. 생물학은 생철학과 결합되어 생은 곧 생존투쟁이 되고, 여기에 인종주의가 가세하면 이제 문제가 되는 것은 민족Volk, 인종, '블루보'[Blut und Boden, 피와 대지-인용자]다. 이렇게 근대 독일은 "권위주의적 생물학"의 시대에 살게 되었다(위의 책, 162ff., passim). 플레스너의 종착점은 "인종적으로 보존된 민족의 경계내에서 인류의 진정한 뿌리이자 운명"인 '피'에 대한 새로운 믿음이야말로 "독일의 정치적, 지적 전망으로부터 그리스-기독교 전통의 몰락에 대한 최후의 대응"을 대표하는 것이다."(위의 책, 210f.) 결국 독일 민족은 민족국가를 통해 자신의 통일성을 찾지 못하고, 이제 '철학'을 대신하는 사이비종교적인 인종 이데올로기에서 그 대용품을 찾은 것이다.

플레스너가 '늦은' 민족들 즉 스페인, 이탈리아 그리고 독일 3국에서의 민족개념이 갖는 각개 특수성을 비교하는 것도 흥미롭다. "유럽에는 17세기 이후 근대 국가의식의 발전에 참여하지 않은 3대 민족이 있는데 그것은 스페인, 이탈리아 그리고 독일이다. 왜냐하면 결정적인 그 시공간에 운명은 그 나라들에 적대적이었다. 스페인의 위대함은 침몰했다. 스페인의 반종교개혁적 정책, 가톨릭 기독교성의 혁신을 위한 투쟁, 그 보편성이념과 가장 신성한 제국에 대한 고수로 인해 스페인은 근대세계의 해체 세력에 저항할 운명을 지고 있다. 이탈리아는 교회국가, 스페인, 오스트리아에 의해 지배되는 개별영역으로 분열되어 있었다. ... 스페인인, 이탈리아인, 독일인에게 민족Volk이라는 말은 어떤 특별한 톤을 가지고 있었다. 프랑스와 영국의 언어는 스페인어의 푸에블로pueblo, 이탈리아어의 포폴로popolo, 독일어의 폴크Volk 개념과 유사한 의미를 갖고 있지 않다. 프랑스와 영국은 자신들의 국가이념에 의해 각인되어 있다. 커먼웰스Common-wealth와 네이션nation은 공공성, 시민성 그리고 단순한 민중적인 현존과는 대립되는, 거기에 가입하는, 동권자로서 수용되는 만인의 권리라는 정신에서 유래되는 공동체의 한 영역을 구성한다. 우리는 태생에도 불구하고 자신들의 결정에 관련해 프랑스인과 영국인이다. 어떤 누구라도 프랑스인과 영국인이 될 수 있다. 프랑스와 영국은 자신이 서약하면 되는 나라이고 정치적 고백의 국가이며 그래서 각인하고 적응하는 힘이다. 그러나 너무 늦은 민족들, 신성로마제국의 희생자들에게는 문제가 다르며 모든 각 민족에게 재차 특수하다. '스페인 민족pueblo'은 중세적 울림을 보존하고 있고 신분 및 빈부 차이에도 불구 신과 교회와 군주앞의 통일성을 보존하고 있다. 그래서 비낭만적이고 실재적이며 가톨릭적이다. '이탈리아의 인민'은 동일한 중세적 특성을 가지고 있지만, 여기에는 농촌과 도시국가의 전통, 로마의 인민populus romanus 그리고 그렇기 때문에 명확하지는 않지만 공화주의적 국가이념의 전통을 갖고 있다. 이 양자는 거리, 교회 그리고 광장, 만인의 만인을 위한 가시적 현존재인 지중해와 가톨릭적 삶의 형태의 표현이다. '독일의 민족Volk'은 다르다. 민족은 실재하지만 가시적이진 않다. 그것의 본질은 통일체이며 창조적 근거, 유기체의 이미지 속에서 움직이는 동일음Einklang이다. ... 피히테의 테제 즉 독일 민족Volk은 유럽의 여러 민족들 가운데 특히 프랑스와 비교해 하나의 고유한 의미를 갖는다. 왜냐하면 독일 민족은 성장한 언어를 가진 시원민족Urvolk이며 라틴화될 수 없는" 민족이기 때문이다(위의 책, 58).

플레스너는 파시즘을 이렇게 규정한다. "사실상 현재의 혁명적 의식은 3가지 방향으로 결과를 도출하기 시작했다. 낭만적으로 특징지어진 휴머니즘과 침몰하는 부르주아 세계의 교양 관념주의에 대항해 그 각각을 다른 각각에 엄밀히 말해 귀속시킬 수는 없다고 하더라도 아무튼 그 경향에 조응하는 3가지 급진주의가 작동하고 있다. 그것은 세계혁명적, 경제적 사회주의, 복음주의 국가(특히 독일의 영향하에 있는)에서의 계시의 방향 그리고 자유주의적 대체 형태 일체에 반대하는 신학의 급진화, 마지막으로 직접행동을 추구하면서 일체 토론을 몰아내는 '파시즘'과 결단주의, 이는 모든 인간적인 것들을 권력에의 의지의 관점하에, 만인의 만인에 대한 투쟁속에서 '전쟁의 잠재력potentiels de guerre'이 되는 자유주의의 잔재로, 투쟁과는 무관한 객관성의 영역을 자유주의적 잔재로, 그리고 문화 속으로 희생시킨다."(위의 책, 196) 사회주의, 급진신학 그리고 결단주의(파시즘)는 이렇게 모두 자유주의를 희생양 삼고 있다는 말이다.

지체라는 독일사의 특수적 전개는 또 다른 형태의 여러 관점으로 변주되기도 한다. 서구와 동구의 특수성에 대한 문제이다. 여기서 간략히 짚어두자. "러시아에서는 근세 서유럽 사회를 깊숙이 각인한 주요한 역사적 과정이 거의 전적으로 결락되어 있다. 여기에는 종교개혁 및 이와 결부된 종교의 세속화와 합리화, 휴머니즘을 통한 사상의 개인주의화, 계몽주의라는 보편적 운동, 정치적, 경제적 자유주의의 부상과 호모 에코노미쿠스의 해방, 의회입헌국가로의 이행과 이와 더불어 국가와 공민관계의 합리화, 경쟁적 제정당간의 관계와 정기적으로 등장하는 정부교체를 통한 국가권력의 상대화등이 그것이다."(Hoffmann 1984, 47) 이와 더불어 너무나 잘 알려진 그람시의 '시민사회개념'[13]이 있다. "동구에서는 국가가 모든 것이었고 시민사회는 초기단계에 머물고 있으면 허약한 젤리모양이다. 서구에서는 국가와 시민사회사이에는 균형을 이루고 있었다. 국가가 불안할 때면 우리는 즉시 어떤 시민사회의 구조를 발견하게 된다. 국가는 그저 성앞에 파놓은 해자에 불과한 것이었고 그 뒤에는 성채와 포곽의 강력한 연결망이 서 있다."(Q 7, 874) 마찬가지로 나치의 박해를 피해 망명중이던 루돌프 힐퍼딩의 미완의 유고「역사적 문제」(1940)에서도 맑스주의 역사이해를 재해석하고자 시도한다. "권력이란 생산관계를 의식적으로 지배하는 폭력, 국가권력"이다. 국가란 "집행권력으로 무장한 사회의 의식적 조직"과 사회의 관계를 말한다. 힐퍼딩은 사회적 과정을 "의식적으로 규제된 국가적인 영역" 대 "비국가적 staatsfrei이며, 자율적인 사회적 영역으로 구분했다(Lee 1994, 13; Hilferding 1982, 306). 사실상 그람시의 시민사회 개념과 흐름을 같이 한다. "예컨대 영국처럼 서구에서는 국가운영과 관련해서 가톨릭교회가 최고의 중요성을 가졌다. 그것은 국가 옆에서 유일하게 존재하는 그 경향에 있어 국가의 경계를 넘어서며 무제한 확장되는 조직이었다. 가톨릭교회는 그 자체로서 국가권력이 할 수 없는 그 장소에서 국가적이며 반半국가적인 기능을 수행했다." 그러나 게르만 즉 동구에서는 "팽창적 권력조직으로서 교회"는 "국가라는 권력조직의 경쟁자였고 이 권력조직들간의 대결과정에

---

13 자세한 것은 Lee(1994)를 참조.

서 국가라는 권력조직에 편입되고 본질적으로 거기에 복속되었다. 이는 하나의 강력한 중앙집권화된 국가권력을 전제로 한다."(Hilferding 1982, 312ff.) 이러한 유추에 의거 힐퍼딩에게도 국가와 교회사이 "비국가 영역의 대변자"로서 지식인의 투쟁이 등장한다.

    이러한 독일 나아가 서구와 동구의 특수성에 대한 인식은 또한 레닌에게서도 어렵지 않게 발견된다. 예컨대 공화주의문제[14]와 관련해 레닌은 이렇게 쓰고 있다. "유럽의 사회주의자 등에게 공화주의 전통은 매우 희박하다. … 대부분 공화주의적 선전이 약하다는 것이 프롤레타리

---

14   공화주의와 자유주의의 관계에 대해서는 다음을 참조. 비롤리(2006, 이하 숫자는 해당 쪽). "역사적 관점에서 본다면 공화주의와 자유주의의 관계는 일종의 파생관계이며 원작과 개작의 관계라 할 수 있다. 자유주의는 자신의 주요한 원리들, 특히 절대국가에 반대하여 제한국가를 옹호해야 한다는 원리를 공화주의에서 물려받았는데, 이러한 점에서 자유주의는 공화주의에서 파생된 교의라 하겠다."(126f.) 그리고 이론적 관점에서 보자면 자유주의는 공화주의의 대안이라기보다는 그 내용이 빈약해져 버렸거나 또는 자신의 일관성을 잃어버린 변질된 공화주의라 할 수 있다. … 이러한 점에서 공화주의는 고전적 자유주의보다 더욱 철저하고 일관된 형태의 자유주의적 사상이라 할 수 있겠다."(132) 아무튼 "레스 푸블리카res publica의 이상, 즉 어느 누구도 굴종하지 않도록 하고 어느 누구에게도 주종적 지배를 허락하지 않는 공동체라는 예나 지금이나 공화주의적 유토피아의 핵심이 되는 이러한 이상"이다.(114) 아울러 "좋은 레토릭 (말하는 기술)은 더욱 많은 시민들이 공적 영역에 참가하도록 유인한다. 스키너, 비롤리 등의 신공화주의자들은 객관적인 정답을 찾는 정치학이 아닌 자신의 주관적 입장을 효과적으로, 그리고 흥미롭게 피력하는 '말하는 기술', 즉 레토릭적인 정치학을 부활시켜야 한다고 믿는다. 그것이 레스 푸블리카의 형성에 직접 기여하기 때문이다."(122)

아 계급 일반의 완전한 승리에 대한 생생한 열망을 의미하지는 않는다. 1891년 엥겔스가 에르푸르트 강령의 초안을 비판하면서 독일노동자들에게 공화국을 위한 투쟁의 중요성과 그러한 투쟁이 독일에서 실현될 수 있다고 매우 강력하게 제시한 것은 근거없는 것이 아니었다."(루카치 1997, 776 재인용) 레닌은 또 『국가와 혁명』에서도 이렇게 말한다. 엥겔스가 에르푸르트 강령비판에서 '공화국문제'를 다루면서 "정부는 전능한 반면 제국의회와 다른 대의체들은 실질 권력이 없는 독일에서는 … 무엇이 확고해 진다면, 프랑스대혁명이 이미 보여준 것처럼 우리당과 노동자계급은 민주공화국의 형태로만 집권할 수 있다는 사실이다."(MEW 22, 235) 여기에 준거해서 레닌은 "민주공화국이 프롤레타리아트독재로 들어가는 직접 입구"라고 언급한다(Lenin, AW III, 532). 또한 「민주혁명에서 사민주의의 2개의 전술」(1905)에서는 이렇게 썼다. "구체적인 정치과업을 구체적 상황(정세)속에서 제기해야만 한다. 모든 것은 상대적이고, 모든 것은 흘러가며, 모든 것은 변화한다. 독일사민주의는 그 강령에 공화국의 요구를 제기하지 않았다. 독일에서는 이 문제가 사회주의 문제와 실천적으로 분리되지 않는다.(비록 엥겔스가 1891년의 에르푸르트강령초안에 대한 코멘트에서 공화국의 의미와 공화국을 위한 투쟁의 의미를 과소평가해서는 안 된다는 점을 경고했음에도 말이다)."(Lenin, AW II, 96)

§6. 이른바 '인종민족Völkisch'운동과 인종주의 문제

냉전시기 독일 비판적 지식인사회의 대부이기도 했던 볼프강 아벤트로트(Wolfgang Abendroth, 1906-1985)가 한 때 제1차 대전 후의 독일 정세를 보면서 이렇게 토로했다. "노동자조차도 어린 시절 유럽의 모든 부르주아국가의 학교에서 애국적 구호를 외치면서 길러졌다. 따라서 사회민주주의적 조직들 안에서 떠밀려 익힌 비판 의식과 더불어 이 국면에 황제에 대한 충성과 애국주의가 실타래처럼 뒤엉킨 어떤 잠재의식이 도처에 퍼져 있었다." 즉 이는 "사회주의적 의식에 대한 민족주의적 잠재의식의 승리"였다(Abendroth 1985, 146).**15** 사실 독일 노동운동에 대한 나치즘의 승리 또한 이 맥락에서 크게 벗어나지 않는다. 히틀러는 라우쉬닝Rauschning과의 대화에서 이렇게 말한 적이 있다. "'민족Naion'은 민주주의와 자유주의의 정치적인 표현입니다. 그러나 우리는 이러한 잘못된 구분을 벗어나서 그 대신 아직 정치적으로 사용되고 있지 않은 종족Rasse이라는 개념으로 이를 대체시켜야 합니다. 나는 종족만큼 과학적인 의미를 가진

---

15 사회주의적 의식과 민족주의적 잠재의식의 거대한 편차에 대해서는 일찍이 맑스 또한 언급한 바 있다. 1870년 4월 9일자 맑스가 지그프리드 마이어Sigfrid Meyer와 아우구스트 폭트August Vogt에 보낸 유명한 편지에서다. "영국의 공업, 상업 중심지에서는 어디든지 노동계급이 영국인 프롤레타리아와 아일랜드인 프롤레타리아라는 서로 적대하는 두 진영으로 분열해 있습니다. 평범한 영국인 노동자는 아일랜드인 노동자를 자기 생활수준을 떨어뜨리는 경쟁자로 보고 무척이나 싫어합니다. 영국인 노동자는 아일랜드인 노동자와 달리 자신은 지배 민족의 일원이라는 소속감을 느끼고 그래서 아일랜드를 억압하는 자국 귀족과 자본가의 수족이 돼 버립니다. 그럼으로써 영국인 노동자는 자신에 대한 그들의 지배를 스스로 강화하는 셈입니다. 영국인 노동자는 아일랜드인 노동자에 대한 종교적, 사회적, 민족적 편견을 품고 있습니다. 아일랜드인 노동자를 대하는 영국인 노동자의 태도는 과거 미국 남부의 노예주들에서 '가난한 백인'이 '흑인'을 대하던 태도와 거의 같습니다. ... 이런 적대는 언론, 설교, 만화, 신문 등 한마디로 지배계급이 동원할 수 있는 온갖 수단에 의해 인위적으로 유지되고 강화됩니다. 이 적대는 왜 영국인 노동계급이 자체의 조직을 갖추고도 완전히 무력한지를 이해할 수 있는 열쇠입니다. 이것이 자본가계급이 권력을 유지하는 비결입니다."(Marx/Engels 1975, 220ff.) 여기서는 캘리니코스(2020), 67f. 재인용.

것은 없다고 믿습니다. 정치가로서 나는 지금까지의 역사적인 토대를 부정하고 그 대신 완전히 새로운 반역사적인 질서를 세우며, 이것에 지적 토대를 제공하는 그러한 구상을 필요로 합니다."(루카치 1997, 779 재인용)

민족 나아가 '인종'―위 인용문에선 '종족'이라고 번역했지만―만큼, 나치즘의 종차 differentia specifica와 세계관 그리고 전략[16]을 잘 드러내는 개념은 없을 것이다. 이는 마치 반유대주의와 더불어 나치의 '진성' 여부를 가릴 리트머스시험지 같은 거라고 해야 할지 모른다. 또 그만큼 개념적인 혼란도 극심하다. 우선 프란츠 노이만의 분류법을 보자. 먼저 인종은 "오로지 생물학적 현상"이다. 반면 Volk는 인민과 민족을 다 포괄하는 개념이다. 즉 '(문화)민족/인민'이다. 이 개념은 문화적 요소를 포함한, 즉 공통의 핏줄, 공통의 지리적 공간, 공통의 관습, 공통의 언어 및 종교, 등 비록 각개 요소들이 역사적 시기와 상황에 따라 변화되기는 하지만 이런 것들이 Volk의 형성에 작용을 한다고 본다. 그런데 Volkstum [인종민족]개념은 독일인들이 가장 애용했던 것으로 Volk와는 달리 1차적으로 '생물학적 특징에 기초'하며 물론 문화적 요소들이 인종내 상이한 집단을 구분하기 위해서 사용된다. 반면 이와는 달리 Nation[민족]은 1차적으로 '정치적' 개념이다. 민족개념은 국가사고를 포함하는 데 국가가 없다면 Nation은 생각할 수 없다. 공통의 정치적 목표에 대한 의식을 소유하고, 통일된 정치적 의지를 형성하며 보존할 능력을 갖출 때, 하나의

---

16   "인류에 대한 인종주의적 분류와 등급화라는 기본사상은 세계문명에 대한 자유주의적, 인도주의적 이념에 대해서 뿐만 아니라, 통상적인 민족국가이념에 대해서도 어떤 급진적 대안을 의미하는 것이다. 이는 전통적 민족주의와 분리된 것으로, 인종적으로 우월한 민족의 생존권이 역사운동을 규정한다는 식의, 세계혁명 원칙으로서 인종주의의 역할에 대한 확신이다. 여기에 나치즘의 국내 및 대외정책에 대한 보편적이며 세계정치적인 사명감이 뿌리박고 있는 것이다."(Bracher 1976, 71f.)

Volk가 하나의 Nation이 된다고 보면 된다(Neumann 1988, 132).

그래서 이 사정을 감안해 개념적 혼란을 피하기 위해 아래처럼 표시해 보자.17 일단은 독일어 원문을 번역하지 않고 그대로 두기로 한다.

표 3 민족, 인종, '인종민족적völkisch'

정치학	↔	생물학
국가Staat – 민족Nation ⇌ Volk(인민+문화) ⇌ Volkstum(인민+생물학) ⇌ 인종Rasse		
staatlich	national	***"völkisch"***

그래서 문제는 Volk, Volkstum의 형용사인 "völkisch"란 개념이다. 지금도 독일에선 이 단어는 금기어다. 그래서 현재 독일의 '극우'정당 독

---

17 민족/민족주의 관련 개념을 번역해서 써야 하는 한국의 경우 이 혼란은 더 증폭되어 있는 것으로 보인다. 박찬승(2019)는 민족/민족주의 용어의 수용사를 '개념사적으로' 상세히 논한 바 있다. 1900년경 처음 우리나라에 등장한 것으로 보는데, 기본적으로 '원초주의적 민족'관, 즉 혈통, 언어, 종교, 문자, 풍속등을 공유하는 집단으로서의 민족개념의 수용으로 해석된다. 민족/민족주의 문제에 관련 국제학계의 경쟁, 대립되는 경향은 '근대주의modernism' 대 '영속/원초주의perennialism/primordialism'로 요약된다. 전자와 관련 앤더슨(2018), 홉스봄(1994, 2004)을 후자와 관련 스미스(2016)등을 참조. 특히 스미스의 책을 번역한 김인중은 '종족ethnicity'개념을 박찬승이 찾아 낸『조선왕조실록』에 일시 비친 예컨대 조선과 여진, 왜인 등 외족에 대한 경계짓기 개념인 '족류族類'로 번역해서, 'Ethno-symbolism'을 '족류상징주의'라고 옮겼다. 그리고 스미스의 핵심개념인 프랑스어에서 유래한 ethnie도 족류공동체로 옮겼다. 아무튼 한국에서의 민족/민족주의 개념의 수용사는 그 시작에서부터 이 개념의 '정치적 특성'보다는 영속/원초주의적 경향이 압도적이었다. 국내학계의 서구 민족론 수용에 기반하는 탈민족주의 담론에 대한 비판은 정수일(2021)을 참조.

일대안당AfD에선 이 단어의 터부를 깨자고 요구하고 그래서 논란이 재연되고 있다.[18] 그리고 히틀러의 『나의 투쟁』에서 가장 많이 등장하는 단어 중 하나가 바로 이 단어다. 나치즘의 정체성을 가장 잘 표현하기 때문이다. 하지만 유감스럽게도 이 단어를 모두 다 '민족적'으로 옮겼으니, 실은 우리는 그런 의미에서 보자면 히틀러를 오독하고 있는 셈이다. 예를 들어보자. 히틀러는 나의 투쟁 2권 9장 '돌격대의 의미와 조직에 대한 근본적인 견해'라는 데에서 이렇게 쓰고 있다. "민족주의 이념의 주장, 국가사회주의 독일노동자당의 수립과 함께 부르주아 정당과 같이 과거의, 기계적 부활을 목표로 하지 않고 불합리한 오늘의 국가 기구 대신에 유기적인 민족국가를 만들도록 하는 것을 목표로 하는 운동이 처음으로 출현했다."(히틀러 1976, 575f.) 여기서 벌써 우리는 나치즘 이해에 있어 근본적인 중요성을 지닌 2가지 문제에 직면한다. 첫째는 '국가사회주의노동당(Nationalsozialistische Deutsche Arbeiterpartei: NSDAP)'을 어떻게 번역할 것인가의 문제다. 이 문제는 나치즘을 제대로 이해함에 있어 핵심적인 문제중 하나다. 먼저 히틀러의 말을 들어 보자. "국가 그 자체는 목적이 아니다. 그러므로 본질적인 인식은 다음과 같다. '국가는 목적이 아니라 수단이다.' 국가는 물론 보다 높은 인류문화를 형성하기 위한 전제이긴 하나 그 원인은 아니다. 그 원인은 오히려 문화를 형성하는 능력이 있는 인종의 존재에만 있다."(히틀러 1976, 429) 어떤 정당이라도 자신의 지향과 노선을 압축한 당명에 목적이 아니라 수단에 불과한 것—즉 여기서는 '국가'—을 쓰지도 않고, 쓸 수도 없는 것이다. 따라서 그나마 '민족사회주의'가 이런 의미에서 '국가사회주의'라는 번역어보다는 좀 더 정확하다고 해야 한다. 둘째, 본래의 문제로 돌아가 보자. 위 인용문에서 히

---

18   https://de.euronews.com/2016/09/18/voelkisch-afd-und-die-sprache-der-nazis

틀러는 "민족주의 이념의 주장"을 밝히고 "유기적인 민족국가"를 목표로 설정했다. 그 해당 독일어 원문은 각각 "völkische Idee", "organische völkische Staat"이다. 이를 "민족주의 이념", "유기적 민족국가"라고 각각 번역한 것이다. 이제 다시 번역하면 "인종민족적 이념", "유기적 인종민족적 국가"가 그나마 좀 더 정확하다고 나는 본다. völkisch에 딱 맞는 우리말은 존재하지 않는다. 그러니 일종의 방편으로 '인종민족적'이라고 해두는 것이다. 아니면 차라리 "인종주의 이념", "유기적인 인종국가"라고 번역하는 것이 차라리 본래 어의에 더 어울린다. 왜냐하면 völkisch란 단어를 성분 분석해 본다면 인종이 주主요, 민족은 종從이기 때문이다. 혹은 기존 맑스주의적 민족문제 정식인 '민족적 형식에 계급적 내용'을 변형시켜, '민족적 형식에 인종적 내용'이라고 요약해도 좋을 것이다. 이런 역사적 맥락에서 벗어난 오역으로 '민족'이란 개념이 쓰지 않아도 될 누명을 덮어 쓰는 것을 피하기 위해 이러한 사정을 분명히 해둘 필요가 있다.

'인종민족'개념과 그 말에 내포된 그 무엇을 달성하기 위한 실천 즉 사회운동은 하루아침에 만들어진 것이 아니다. 그것은 위에서 본 독일사의 특수경로와 함께 전개되어 오다 20세기 초부터 본격적으로 형상화되기 시작한 것이다. 일반적으로 독일 파시즘사는 1919년 1월 나치당 및 독일노동당DAP 창당 때부터 시작하는 것으로 본다. 그러나 19세기 마지막 몇십 년간에 걸쳐, 빌헬름제국시기 독일과 오스트리아에서 제1차 대전이전부터 스스로 인종민족적이라 부르는 정치노선과 노선이 형성되었는지를 이해하지 않고서는 파시즘역사는 이해불가하다(Opitz 1996, 9). 이 인종민족적 노선이 출현한 배경은 2가지였다, 첫째, 자유경쟁단계에서 제국주의로 자본주의의 이행이다. 대략 1890년 이후 제국주의 대자본은 새로운 정치이데올로기에 대한 수요가 발생했다는 점이다. 둘째, 이 과정에서 국내정치적으로 자신의 이익을 관철하기 위해 전체 인민을 통합해 낼 새로운 정치이데올로기가 필요해졌다는 점이다. "제국주의 없이는 파시즘을 이해할 수 없다는 점은 하나의 종종 망각되는 단순한 명제이다. 그러나 마찬가지로 역사적으로 매우 구체적이며, 각국마다 특정하며, 상황에 의해 제약된 분화되는 제국주의이해를 국내정치적으로 관철하는 문제 즉 이 말은 파시즘의 각국 민족 통합문제—혹은 완전히 동일하지는 않지만 이것의 본질적인 것을 표현하는 대중기반 문제—를 모르고서 파시즘을 이해할 수는 없다."(위의 책, 9)

그래서 '부르주아 자유주의적 민족주의 또는 자유주의적 애국주의'는 독점자본의 팽창이익을 위해 '제국주의적 민족주의'로 정정되고, 재구성되어야 한다. 그러면 낡은 민족주의와 제국주의적 민족주의의 차이는 무엇인가? "제국주의 전단계 자유주의의 민족사상은 초기자유주의 일체와 마찬가지로 계몽주의의 평등사상과 결합되어 있었고, 19세기 전반 전시기 동안 독일제국 통일은 대다수 자유주의적 애국자들에 의해 각 민족의 하나하나의 이름에 귀속되는, 마찬가지로 자연적 권리(자연권)에 따라 그들 자신의 국가가 요구되었다는 점에 그 차이는 존재했다. 하지만 지금은 그 정반대의 것 즉 다른 제 민족만의 고유한 국가성을 제거하고 그것을 정치적으로 지배할 수 있을 자기 민족의 '권리'를 도출할 수 있는 어떤 민족사상을 말하는 것이다."(위의 책, 10f.)

그래서 첫째, 제국주의 전단계 부르주아 자유주의적 민족주의는 주권평등을, 둘째, 제국주의적 민족주의는 주권불평등을 전제한다는 말이다. 자본의 가치증식이해, 원자재 수급과 판매시장, 투자시장 확보를 위해 전민족적 의사를 결집하고 여기에 방향을 제시할 이데올로기가 요구된다는 것이다. 그렇다면 반드시 발생할 민족간의 불평등은 어떻게 합리화되는 것인가, 바로 여기서 사회진화론의 한계와 새로운 인종주의의 필요성이 대두된다. 사회진화론의 주요범주인 생존투쟁, 경쟁, 적자생존, 우승열패, 자기보존등은 '정치적 통합이데올로기'로서는 2가지 결함이 있는데 첫째, "냉소적 초도덕주의Amoralismus와 벌거벗은 권력사상의 숭배를 위한 도덕일체에 대한 거부"다. 하지만 하층대중, 소시민층은 기독교 도덕관, 계몽적, 자유주의적인 프롤레타리아 도덕관에 강력한 영향을 받고 있다. 사회진화론은 광범위한 하층계급이 자신과 동일시할 어떤 가능성도 배제하고 또 '가치적인 것' 일체를 거부하기 때문에 통합 이데올로기로는 부적합하다. 둘째, 사회진화론은 만인의 만인에 대한 투쟁속에서 자기보존과 생존이 각인의 법칙임을 가르친다. 이를 넘어서 대자본이 요구하는 계급포괄적이고 집단적인 또 전민족적 생존투쟁을 위한 집단주체 형성에 무능력하다. 따라서 "사회다윈주의는 제국주의적 민족주의가 필요로 하는 대외적 '생존투쟁'의 집단주체, '민족Nation'을 구성할 능력이 없었다. 사회다윈주의는 자기 자신의 전제에 의거해서 생이란 생존투쟁이며, 또 자기 자신의 투쟁을 수행할 뿐이지 전민족적으로 결속된 투쟁공동체를 형성해야만 하는 그 어떤 근거도 제시하지 못하는 명백한 개인 주체의 사상이다. 이 원래적 형태로는 사회진화론은 조국을 망각한 '당원놈들'과 '계급투쟁'에 대항할 제국주의적 민족주의의 국내정치적 공격방향을 이데올로기적, 이론적으로 정당화할 목적으로는 용도가 없었다."(위의 책, 12ff.)

    사회진화론은 그래서 이러한 기능적 결함으로 인해 '근대적' 인종주의와 결합함으로써 즉 인종민족적 방향과 파시즘으로 전화됨으로써 이를 극복할 필요가 있었다. "이러한 '근대적' 인종주의와 이제 사회진화론은 결합되었다. 이 융합이 할 일은 무엇인가? 이 융합은 사회진화론에 제국주의가 요구하는 집단적 '생존투쟁' 주체를 공급했다. 즉 이제 사회진화론에 고유한 생물학주의와 일치하는 사이비과학적으로 구성가능한 즉 인종주의적으로 입론된 '민족'이 그것이다. 사회진화론적 '생존투쟁'의 모든 주체는 이제 '모든 인종'이거나 혹은 인종적으로 이해된 모든 민족이다. 이 융합은 사회진화론으로 하여금 폐기된 전통적 가치영역 전부를 회수해 마음대로 주무를 수 있게끔 용인한다."(위의 책, 16) 인종주의는 사회진화론과의 결합을 통해 비로소 진정으로 "급진적이고 생물학적인' — 이데올로기사적으로 진정으로 '근대' 제국주의적인— 입론과 동시에 자신의 역동적 공격성을 획득한다."

또 인종주의는 반유대주의도 새롭게 재정의한다. 중세적, 종교적으로 입론된 반유대주의와 제국주의적, '근대적인' 인종주의적으로 입론된 반유대주의의 차이는 전자가 봉건적, 보수적인 반면 후자는 새로운 대부르주아-보수주의적 자유주의상의 초민족적 내지 반민족적 정신태세를 표현하는 것이다. 유대인 문제는 더 이상 단순히 종교의 문제가 아니라 '인종' 그리고 이로부터 결과된 '인종성'과 '인종정신'의 문제다(위의 책, 21). 이제 "모든 역사는 계급투쟁의 역사가 아니라 혈연공동체의 투쟁의 역사, 즉 인종투쟁의 역사, 인종적으로 이해된 민족의 역사이다."(위의 책, 24)

역사가 조지 모스는 누구보다 인종민족 운동의 기원과 전개를 역사학적으로 훌륭히 재구성하고 있다. 모스는 파울 드 라가르데[19](Paul de Lagarde, 1827-1891)와 율리우스 랑벤(Julius Langbehn, 1851-1907)을 이 운동의 창시자로 간주한다. 라가르데는 이 이데올로기를 근본구조와 관련 "민족Volk의 우위와 유대인의 악마화"로 보았다(Mosse 1991, 48). 또 랑벤은 "자연과 인종은 동일한 것"이며(벤자민 디즈레일리, "인종이 모든 것이다All is race"), 게르만적인 생의 정신은 반드시 인종주의적이어야 하고, "유대인은 독일인의 영원한 적"이다. 또 "국가가 아니라 민족이 독일민족Nation 건설에 있어 가장 중요한 의미를 가진 원래의 처소Stätte"라고 주장했다(위의 책, 55).

근대성의 위기에 대한 대응으로서 낭만주의, 게르만신앙, 물질문명비판, 산업화비판, 자본주의비판 등의 요소와 이 인종민족운동은 결합한다. 시작부터 낭만주의는 비합리적 기초에서 출발, 범신론적 우주비전

---

19 나치 공식 이데올로그인 로젠베르크에 따르면 나치즘은 "바그너, 니체, 라가르데, 챔벌레인"만을 진정한 시조로 인정한다고 했다(루카치 1997, 772).

이 게르만종교로 변형되고, 민족적 차이는 문화적인 것과 역사적인 것을 경과하면서 새로이 인종주의적 차원을 획득한다. 2가지 새로운 요소로서 한편으로 사이비과학으로 체계화된 인종주의사상과의 급속한 동화, 다른 한편 인종민족 이데올로기를 실천에 옮길 필요성이 제기되었다. 모스에 따르면 이 시점에서 오이겐 디데리히Eugen Diederich의 신낭만주의Neuromantik가 19세기말-20세기 초에 등장, 보수혁명계열『행동 Die Tat』지를 중심으로 확산되었다.(위의 책, 61) "독일 낭만주의적 인종민족적 이데올로기는 민족Nation속으로 더 깊이 침투한 하나의 준거를 확립"한다. 특히 프랑스의 모라스Maurras와 바레Barres와 비교하더라도, 일정하게 신낭만주의Neuromantik 요소를 공유하지만 독일 인종민족 운동은 역사적 정체성뿐만 아니라 신비주의, 강신술, 접신론Theosophie, 심령론Okkultismus, 게르만주의등 허다한 새로운 요소를 도입하고 있었다(위의 책, 77ff.).

인종론과 관련해 가장 중요한 인물은 그 누구보다 바그너의 딸 에바와 결혼한 휴스튼 스튜어트 챔벌레인Houston Stewart Chamberlain이었다. 이들에 의해 바이로이트는 "바그너영혼의 고향"이 된다. 바그너의 가극 '반지Ring-zyklus'는 "게르만인종의 복음서Evangelium"로 예찬되었다. 바그너 자신도 독일주의Deuschtum의 예언자로 행세했고, 나치 집권후 그의 딸 비니프레드Winnifred가 바이로이트축제를 계승해서 나치의 성지로 만들었다. 히틀러 자신도 챔벌레인의 찬양자였고, 챔벌레인의 책은 나치의 인종민족사상에 막대한 영향을 미쳤다. 신낭만주의가 그의 인종론에 학문적 외피를 제공했다. "포에지없는 과학, 문화없는 문명만큼 위험한 것은 없다." 챔벌레인의 책은 이 운동의 최애서이자 인종주의 사상의 "바이블"이었다(위의 책, 104f.).

이 운동이 독일혁명은 정신혁명이라고 선포했을 때 챔벌레인의 인종론이 그 준거틀이었다. 인종민족 운동은 역사적인 3대혁명 즉 루터의 종교개혁, 낭만주의자의 혁명 그리고 미래의 인종민족주의적 혁명을 말한다. 본질적으로 이 운동은 엘리트적 사고가 주였지만 제1차 대전 이후 당시까지 주변적이었지만 학생, 지식인, 사무직 계층을 감동시키고 그리고 나치즘과 결합되기 시작한다. 나치와 인종민족운동에 있어 독일인종은 완전체, 불변의 숭고함을 갖춘 인종이다. 그리고 흥미롭게도 나치즘은 다원주의와의 관계에 있어 오히려 진화의 원칙을 거절한다. 인종적 뿌리의 중요성을 강조하면서 그 뿌리가 강할수록 자연선별의 영향을 덜 받게 되기 때문이라는 주장이다(위의 책, 111, 115).

바이마르공화국시기의 '독일적 사상deutsches Denken'은 자본주의와 맑스주의에 대한 "제3의 길"을 모색하자는 것이었다. 독일혁명은 '정신적 개념'이자 '정신혁명'이다. 묄러 반 덴 브룩Moeller van den Bruck은 바로 이 "제3의 길의 예언자"였다. 그에 따르면, 독일적 사회주의는 중세 공동체정신과 독일민족의 문화적 고유성에 의해 조탁된 하나의 사회질서를 말하는 것이었다. 모든 인민은 자기 자신의 사회주의 형태를 갖고 있다고 주장하는 것이다. "독일적 사회주의란 어떤 하나의 국가와 경제의 신체적 상태이다. 이것은 혁명적으로 관철되어야만 하며, 하지만 그 이후에는 보수적으로 결속되는 것이다."(위의 책, 295f.)

1920년대 보수혁명가 묄러 반 덴 브룩은 유명한『제3제국Das Dritte Reich』에서 새로운 독일, 새로운 민족은 게르만적 과거와 위대한 독일의 미래가 결합되어 중세적 '천직Sendung' 의식의 전통이 재생될 새로운 시대에서, 부르주아 사회질서는 해체되고 네이션은 중세적 길드사상으로 회귀할 것이라고 예언했다. 또 '신분국가Ständestaat적' 신조직이 네이션에게 공동체적 공생의 장점을 제공할 것이라고 주장했다. 이들이 사고하는 독일혁명은 민주적이지만 의회주의적이진 않다. "의회민주제에 반대하는 인종민족적 저항은 인민의 참된 혁명을 방해하는 계급인 부르주아지를 거부하는 것과도 결합된다. 슈미트와 오스발트 슈펭글러는 부르주아 의회민주정부를 한정된 계급제도이자 다른 수단에 의한 사적 거래의 계속으로 간주했다. '양 저자는 시대의 감정을 표현했다. 무엇보다 칼 슈미트는 '독일혁명'의 유능한 이론가였다'." 이들 인종민족 운동은 독일의 신분국가 관념을 옹호한다. 이 신분질서가 국가와 사회사이를 매개하는 것이므로 의회와 정당 같은 대표기관의 필요성은 없어진다. 독일혁명가에게는 민족공동체Volksgemeinschaft야말로 진정한 사회주의였다(위의 책, 297).

인종민족주의자들은 신분국가 구조, 분트Bund[연맹] 그리고 '분트적 사고bündische Idee'를 유기적 공동체의 진정한 선구자이자 살아있는 형태로 간주했다. 이 신분국가는 독일혁명과정에서 폐기되는 것이 아니라 통합적 요소로서 지도자주의Führerschaft에 귀속되어야만 하는 것이다. 이 때 신분국가적 혹은 분트조직에 대한 이데올로기적 동의를 확보할 필요성이 제기되었다. 분트는 민족에 복무하는 모든 자들의 육체, 영혼, 정신을 통일하기 때문이다. 하지만 연맹개념에 따른 강력한 지도자주의개념은 신분국가의 기본발상과 모순된다. 지도자 이상을 전국적 수준에서 실현한다면 모든 신분국가적인 국가는 무의미해진다. 그런데 여기에 대해 슈미트가 나치집권 후 집필한『국가, 운동, 민족Staat, Bewegung, Volk』이란 저술에서 전개한 그의 논리를 보자면, 이탈리아 사례에 기반해서 두 개의 상충되는 세력을 하나의 책임성과 권한행사의 시스템 속에 결합시키자고 제안한다. 각개 신분조직에는 '민족신화'에 대한 자신들의 기여를 허용하는데, 여기서 모든 신분조직을 결속시키는 공통의 '끈Band'이 아리안인종이라는 것이다. 이 질서의 정점에는 지도자원칙 Führerprinzip이 존재한다. 통일된 민족의 세력들을 조정하는 '인종민족 Volkrasse'의 대표 구성원인 지도자는 카리스마적 인격에 기초해서 동료 시민 위에 존재한다. 지도자는 각개 신분조직들 간의 차이에 교량을 놓고 공통의 민족적 노력에 이를 결합시킨다. "지도자, 신분조직, 민족Volk은 신비적 인종통일체에 참여하는 것이다. 이들의 공통분모가 바로 게르만인종이다."(위의 책, 300)

조지 모스의 결론은 이러하다. 나치즘과 모든 인종민족 운동은 종교와 같다. 비합리적 신화이다. "비합리적인 것은 자신의 이데올로기적 틀의 경계내에 있는 합리적 행위속에서 간파된다. 이러한 종류의 합리적 행위는 정치적 실용주의와 현대적 기술을 적용함으로써 집행된다. … 근대성에 그다지도 저항했던 인종민족 이데올로기가 나치즘의 대중운동의 현대적 기술에 빨려들어 갈 수 있었다는 사실은 궁극적으로 그 이데올로기가 그 기술을 통해 실현되었기 때문이다. 개인적 및 민족적 영역에서 그와 같은 수치스러운 행위와 환멸이 없었더라면, 독일의 발전경로는 아마 다른 길로 갔을지도 모른다. 그럼에도 불구하고 가장 중요한 의문은 남는다. 왜 수백만 명이 인종민족적 부름을 따라 갔을까?"(위의 책, 332f.)

§7. 파시즘이론의 문제

루카치의 연구결과를 통해 "어떻게 히틀러에게서 확고한 철학적 반동의 사유동기 일체가 선동적으로 포퓰리즘화되고 또 비합리주의가 이데올로기적 그리고 정치적 발전의 '정점'에 도달하는 지가 이해될 수 있다."(Kühnl 1990, 96) 그리고 마찬가지로 다음도 그 연구결과에 포함된다고 볼 수 있다. "특정시기 특정 사회계층에서 그 분위기가 건강하고 객관적 비판으로 가는지 아니면 미혹, 기적에 대한 갈망, 비합리주의적인 가벼운 믿음이 지배적이 되는지는 지적 수준의 문제가 아니라 사회적 상태의 문제이다. 여기서 그 직전의 그리고 영향을 미친 이데올로기등이 아무 비중없는 역할을 하는 것이 아님은 자명하다. 이것이 비판으로의 경향인지 혹은 가벼운 믿음을 강화 혹은 약화시키면서 말이다. 그 기원을 프랑스대혁명에 대항하는 봉건-복고적이며, 반동-낭만적인 투쟁에서 찾아볼 수 있을 이 과정의 정점이 이미 우리가 본 것처럼 자본주의의 제국주의시대에 있다는 점은 단순히 독일에 한정된 것은 분명 아니다. 히틀러 현상에서 보는 것처럼 그 기원에서건, 우리의 현재에서 그것이 계속되는 것이건 이 과정은 사회경제적, 국제적 뿌리를 갖고 있는 것이며 그래서 비합리주의적 철학은 마찬가지로 국제적으로 등장한다. 우리는 하지만 그 과정은 그 어디서도 바로 히틀러 독일에서 만큼 그 악마적 위력을 지닌 적이 없었으며 약간의 아주 드문 몇 예외를 제외한다면 또 독일에서만큼 헤게모니를 장악한 곳도 없다는 사실을 볼 수 있었다."(Kühnl 1990, 97; 원문은 Lukacs 1962, 16 그리고 82f.)

하지만 파시즘연구자 라인하르트 퀸늘은 루카치가 『이성의 파괴』에서 전개한 특수경로론을 이렇게 평가한다. 한마디로 말하자면 맞지만 그렇다고 그것만으로는 파시즘이 다 설명되지 않는다는 것이다. 독일 특수경로론은 스페인, 이탈리아, 오스트리아, 일본 등등 유사 파시스트국가에 변형된 형태로 적용될 수 있는 그래서 의문의 여지없이 타당한 측면이 있지만, 필요 충분할 정도로 파시즘을 다 설명할 수 있는 것은 아니라는 말이다, 핵심적인 문제가 여전히 답변되지 않은 채 남겨져 있기 때문이다. 즉 루카치에게 "파시즘의 정확한 원인, 구조는 연구범위 밖에 있다". 비슷한 시기 자본주의 거의 모든 나라에서 파시스트 "운동"이 일어난 이유, 그것의 사회적 기원에 중산층이 동원되는 이유, 극단적 민족주의, 반맑스주의, 권위주의, 군국주의, 인종주의등 그 이데올로기적 구조, 지도자원칙 등 조직구조의 문제, 좌파 및 노동운동세력에 대한 테러적 지배체제의 등장이유, 그 지배방식의 사회적 내용, 여기에 대한 임노동자의 복종 등등, 특수성에도 불구하고 그 "본질적 공통점"이 특수경로론에서는 여전히 해명이 안 되고 있다는 말이다(Kühnl 1990, 97).[20]

---

[20] 루카치가 파시즘 내러티브의 중심에 배치한 비합리주의 문제는 다른 맥락에서도 접근이 가능하다. 예컨대 그 누구보다 "대중이란 늘 카이사르 쪽으로 향하게 마련이라고" 확신한 르 봉의 '군중심리' 비판을 들 수가 있다. "군중을 감동시키는 방법을 잘 아는 연설가는 언제나 그들의 감정에 호소하지 이성에는 절대 호소하지 않는다. 논리의 법칙은 군중에게 아무 영향도 미

퀴늘은 파시즘이론상에 있어 총 8갈래의 흐름을 석출해 낸다. 예컨대 파시즘은 1. 히틀러가 만든 산물론, 2. 민족적 특수성의 결과물론, 3. 중산층운동론(사회학적, 심리학적 파시즘론), 4. 전체주의론, 5. 현상학적 접근, 6. 근대화론, 7. 계급동맹론 (동맹파트너론, 다중지배론등), 8. 독점자본의 독재론 등 이렇게 8개의 이론적 변주를 들 수가 있다(Kühnl 1990).[21] 여기서 상호경합, 경쟁하는 저 수많은 파시즘 연구서와 여기서 제시된 분석틀 모두를 다 검토하는 것은 의미가 없으니만큼 주로 7번 '계급동맹으로서의 파시즘'론에 집중해서 그리고 이 책의 전개를 위해 필요한 만큼에 대해서만 언급해 두기로 하겠다.

치지 못하기 때문이다."(르 봉 2019, 134) "군중의 정신구조"로 볼 때, "군중의 여론과 신념은 감염으로 전파되는 것이지 이성적 추론으로 전파되는 것이 아니다."(위의 책, 151) 이러한 정신구조가 문제되는 역사적 맥락을 홉스봄은 이렇게 설명한다. "그러므로 1870년대 이후, 그러니까 대중정치가 출현하게 되면서부터 통치자들과 중간계급 관찰자들은 사회조직과 사회질서를 유지하는 데 '비합리적' 요소들이 얼마나 중요한 가를 새삼 확인하게 되었다."(홉스봄 2004, 504) 또 빌헬름 라이히가 "파시스트 이데올로기의 비합리적 본질의 폭로"를 시도한 것은 1933년이었다. 라이히는 "그 누구도 대중들의 비합리주의라는 문제를 제기할 생각을 하지 못했다"고 말한다. 그래서 그의 핵심테제는 "파시즘이 히틀러나 무솔리니의 행동이 아니라, 대중의 비합리적인 성격구조의 표현이라는 것이 오늘날에는 일반적이고 명백한 사실이 되었다"는 것이다(라이히 2006, 22). 요컨대 파시스트 이데올로기의 비합리주의와 대중의 그것은 '대중정치'라는 조건에서 상호작용하는 것이라는 말이다.

21 참고로 팩스턴은 파시즘해석을 두 가지 시각 즉 히틀러의 의지를 강조하는 '의도주의intentionalism'와 '구조주의structualism'로 구분해, 양극단을 배제한 일종의 종합에 대해 말하고 있다. 팩스턴(2004), 290f.

이미 한국에도 번역 소개된 요아힘 페스트(페스트 1998)와 정치학자 골로 만Golo Mann등의 '총통의 산물로서 파시즘'론은 방법적으로 "역사학의 대상은 일회적인 것, 개별적인 것, 비범한 인물이며, '역사를 만드는 것은' '위인'이라고 하는 역사주의Historismus"에 기초해 있다(위의 책, 53). 그리고 특히 최근 여기저기서 가장 많이 언급되는 '전체주의로서의 파시즘론' 역시 위의 경우처럼 "지배형태"에만 분석 시야가 제한되어, 파시즘의 기원과 원인 나아가 이 체제의 추동력, 이해관계, 목표 그리고 정책등에 대한 역사적 설명을 제시하지 못한다. 따라서 민주주의에 대한 파시즘의 위협에 대한 대응전략을 개념화하는 데에서도 이 접근은 적절한 틀을 제공하지 못하고 있다(위의 책, 145). 히틀러주의나 전체주의적 접근은 그럼에도 불구하고 어쩌면 가장 통속적인 파시즘 이해를 대표하고 있다고 봐도 될 것이다. 또 그런 의미에서 주류 담론을 이루고 있다고 평할 만하다.

하지만 파시스트 지배체제에 대한 전체주의론적 접근보다 훨씬 더 차별화되고 분화된 방법을 취하고자 하는 쪽이 다원주의론 나아가 '다중지배Polykratie론'이다. 파시즘을 다양한 사회세력이 서로 합종연횡하는, 경우에 따라서는 동맹도 체결하는 그런 다이내미즘을 분석하는 것이다. 상시 상호 연합하고 배제하는 다수의 "대척적인 축Antipode" 또는 "권위주의적 아나키"로서의 "다중지배Polykratie"가 형성된다는 것이다.[22] 하지만 이러한 접근법을 따르게 되면 통일된 단일한 정치적 의지와 파시스트 정책은 가능하지 않은 것이다. 이러한 분석틀은 아래와 같은 이유에서 파시스트 독재의 중심문제를 만족스럽게 해결할 수 없으며 그리고 이 체제의 성격을 전체적으로 잘못 보게 된다. 첫째, 모든 차이에도 불구하고 파시스트 권력카르텔은 체제의 기본구조(민주적 사회주의세력 일체의 억압을

---

22 이와 관련된 대표적 논자중 일인인 마르틴 브로샤트의 책도 국내에 번역 소개되어 있다. 브로샤트(2011)의 이 책은 원래 1969년에 출판된 것이다.

목적으로 하는 테러독재)와 폭력적 억압에 대해서는 일치했다. 논란이 되는 것은 지배의 방식과 팽창의 방향과 전술이었다. 둘째, 파시스트 침략정책을 히틀러의 사상과 의지에서 도출하려는 시도는 파시즘을 총통의 생산물로 파악하려는 다른 모든 시도들과 마찬가지로 잘못된 것이다. 대외정책에 있어 범죄적이며 대량학살의 성격은 독일제국의 제국주의적 목표와 바이마르 시기 대외정책과 비교해 파시스트 프로그램의 연속선상에서 봐야 한다. "1933년 이후 시기의 제국주의를 독일제국주의의 연속성으로부터 분리해 내고 특유하게 파시스트적인 것으로 입증하려는 시도일체에 있어 오직 이데올로기적 근거 즉 인종 이데올로기상의 차이만 있다는 결론만 도출할 뿐이다."(위의 책, 226f.)

따라서 특히 독일제국주의의 대외팽창에 대해서는 좀 더 짚어둘 필요가 있다. "독일제국주의가 이미 제1차 대전에서 추진했던 팽창계획은 그러므로 히틀러의 사상으로 환원될 수 없음은 자명하다. 당시 히틀러는 그저 알려진 것처럼 보잘 것 없는 상병上兵, Gefreiter에 불과했다. 구조적으로 매우 유사한 제2차 대전에서의 독일제국의 제국주의적 목표는 빌헬름제국 이래 사회적 이익과 권력집단의 연속성 속에서 설명되어야 한다. 마찬가지로 파쇼이데올로기의 핵심요소, 독재의 수립 그리고 국내정책을 히틀러의 인성과 사상으로부터 설명하는 것은 불가능한 것이다. 파쇼이데올로기의 본질적인 계기 일체는 1918년까지의 독일사회 안에 이미 만들어져 있던 것이다. 극단적 민족주의와 인종주의 및 권위주의와 마찬가지로 군국주의와 제국주의도 이와 마찬가지다. 이러한 이데올로기는 빌헬름제국의 제국주의 세력들이 사회민주주의에 대한 억압정책과 광폭의 팽창목표에 정당성을 부여하고 이를 위한 대중의 지지를 얻기 위해 이용한 것이다. 히틀러는 제1차 대전 때 이러한 이데올로기에 포섭된 수많은 자들 가운데 일인이었고 이 이데올로기를 자신의 신앙고백으로 만들었다. 1918년 이후 이 이데올로기는 모든 반동극우 집단의 공유물이었고 이를 이용해 노동운동의 사회주의세력을 패배시키고 진압했

다."(위의 책, 59)

독일제국주의는 1914년 이전부터 새로운 원자재 공급처, 판매시장 그리고 값싼 노동력을 획득하고 유럽에서 헤게모니를 쟁취하기 위한 강력한 팽창계획을 수립하고 있었다. 이 목적을 위해 제1차 대전을 수행했고 1918년 패전이후에도 이를 포기한 것이 아니었다. 이미 1926년 제국방위군 지도부는 전쟁계획을 수립하고 있었고 1933년 국내반대파가 제거된 뒤 재계와 금융계의 계획안과 주도를 통해 다시금 추진되었다.

그리고 "1933년 독재수립은 최종적으로 히틀러만에 의해서도, 파시스트 대중운동의 힘만을 통해서도 충분히 설명되지 않는다. 왜냐하면 ―1932년 11월 선거이후― 나치집권은 나치당이 다시 하락세를 보이던 그 시점에 일어났기 때문이다. 비로소 이때 히틀러가 제국총리로 지명되었고 파시스트 정당에 권력이 이양되었다. 이미 광범위하게 확산된 '권력장악Machtergreifung'이라는 개념은 오도된 것으로서 파시스트 프로파간다 슬로건을 나이브하게 되풀이하는 것이다. 실상은 파시스트 정당의 지도자에게로의 '권력이양Machtübertragung'이었다."(위의 책, 60)

제국주의와 더불어 파시즘은 자본주의와의 연관을 시야에서 놓친다면 더더군다나 제대로 설명될 수가 없을 것이다. 아이언 커쇼Ian Kershaw에 따르면, "맑스주의 연구자건 비맑스주의 연구자건 크게 보자면 자본주의와 나치즘 등장 사이에 2가지 구조적 연관성이 있다는 데에서 출발한다. 첫째, 재계 엘리트가운데 가장 영향력있는 분파의 경우 나치의 정치적 부상 훨씬 이전부터 무엇보다 노동자계급의 억압을 통해 수익성을 복원할 수 있는 보다 더 매력적인 권위주의적 대안이 있다면 바이마르공화국을 붕괴시킬 준비가 되어 있었다는 점은 명백하다. 둘째, 1930년대 초 경제공황에 의해 여러 면에서 쪼개지고 방향을 상실한 산업부문에서는 나치에 대해 특별한 호감을 갖지 않았던 산업 분파들조차도, 불황이 첨예화될 조짐속에서 자본주의체제를 재건할 수 있을 어떤 정치적인 틀을 유지하기 위해 적어도 나치의 연립정부 참여를 수용할 태세가 증가했다. ... 여기서 우리에게 중요한 것은 자본의 이익을 보존할 수 있을 국가형태를 모색함에 있어 재계 대다수에게 나치는 자신들의 선택에 대한 해결책이라기보다 말하자면 차라리 마지막 희망같은 것이었다."(Kershaw 2002, 80f.) 존-레텔(Sohn-Lethel, 1973) 역시 이렇게 언급한다. "무엇보다 파시스트 정권이 가져올 것이라고 공약하고 따라서 이 정권에 대한 자본가들의 공동의 이해에 근거를 제공해 줄 것은 경제 문제 해결을 위한 2가지 정치적인 반대급부였다. 첫째, 무엇보다 남동유럽으로의 독일자본의 시장확대에 복무할 정치적 확장의 장기적인 관철이다. 둘째, 독일자본의 축적 가능성을 비약적으로 개선하기 위해 임금비용수준에 걸맞는 독일 노동자층에 대한 테러적 규율확보이다." 이것이 "자본과 파시즘의 동맹"의 기초를 이루었다(Kühnl 1990, 185 재인용). 이를 위해 무언가 새로운 대안이 마련되어야만 했다. 이 시기 경제위기로 인해 가장 심한 타격을 입은 사회에서는 자본주의 생산관계의 변혁을 희망하는 노동계급의 압박을 제거하기 위해서 법치국가적 제도와 고전적인 부르주아 국가성격에 기반한 민주적-의회주의적 형태를 권위주의 국가로 단순히 환원시키는 것만으로 이제 더 이상 충분치 않았다. 독일제국의 대통령독재시기에 이는 매우 분명해졌다. 그 사이 "자본은 강력한 독과점으로 집중되었고 이 독과점은 시장경쟁을 권력경쟁(과 권력균형)으로 대체하였다. ... 이렇게 독점자본주의시기에 들어와 지배계급의 모든 분파들 내에서 일반적으로 자유주의 자본주의 상승기에 유래된 사고방식과 법형태를 구축하고, 극단적인 경우 장기적인 사회경제적 위기시 아예 이것을 완전히 제거해 버리려는 경향이 형성되었다."(Abendroth 1970, 251f.)

결국 "파시스트 독재 수립에 관한 한 비맑스주의적 연구자 상당수조차도 맑스주의적 연구자와 다음에 대해선 의견 일치를 보고 있다. 파시스트당은 그 어디서도 자력으로 권력을 장악할 수 없었고, 오히려 권력장악을 위해선 지배계급의 지지 혹은 경제, 국가기구 그리고 군부내 전통적 엘리트의 지지가 필요했었다."(Kühnl 1990, 183)

제3제국의 권력구조는 일면 다차원적이고 '다중지배적'이다. 따라서 히틀러와 그 나치지도부 일파만의 수중에 장악된 중앙집중화된 명령경제와 하나의 단일한monolith 국가를 전제하는 '전체주의'모델도, 마찬가지 단일론적 모델 즉 파시스트 국가를 금융자본의 '직접' 대변자이자 가장 공격적인 지배형태로만 간주하는 경제주의적 해석모델도 이 책에서는 선호되지 않는다. 그 대신 프란츠 노이만등이 발전시킨 모델 즉 "서로 다른 그러나 상호 의존적인 블록들"간의 "불문협약ein ungeschriebener Pakt에 의해 하나의 권력 카르텔이 나치정권에서 형성"되었다고 본다. 이 '권력카르텔'은 일종의 계급 내지 세력동맹을 의미한다. 이 카르텔은 "초기에는 나치블록(나치운동의 서로 다른 분파를 포괄하는), 대경제 Großwirtschaft(대지주를 포함하는) 그리고 제국방위군이라는 삼각형이었다. 하지만 대략 1936년부터는 제4의 그루핑이 여기에 더해진다고 말할 수 있을 것이다. 이는 나치블록이 2개의 분파로 분화되기 때문인데 즉 원래의 당조직과 갈수록 강력해지는 친위대SS/보안국SD/비밀경찰Gestapo의 복합체. '권력카르텔' 내부에서 이 블록은 제3제국의 종말때까지 온존했고, 상호 의존관계도 지속되었지만, 독재의 진행과정에서 '카르텔'내부에서의 상호관계와 그 비중은 변하는 것이었다. 거칠게 말해 나치블록내 특히 친위대/ 보안국/ 게쉬타포의 권력이 확장되는 방향으로의 변화였다. 그리고 카르텔내부에서 결코 의미상실 또는 완전한 복속은 아니지만 이에 상응한 '대경제'와 국방군지도부의 상대적 지위의 약화였다."(Kershaw 2002, 96)

§8. 이 책의 구성에 관하여

"왜 슈미트? 왜 지금?"(Ulmen/Piccone 1987, 3) 1985년 슈미트 사거직후 영미권의 '좌파'들이 물었다. 또 '우파'도 물었다. "우리에게 이러한 칼 슈미트가 왜 필요한가?"(크바리치 외 1986, 24) 하지만 '시대의 정신적 상황' 은 2024년 똑같은 질문을 하게 만든다. "왜 지금 또 슈미트?" 하지만 이 번에는 뭔가 약간 다른 것의 실마리라도 잡고자 한다면 질문하는 방식을 새롭게 할 필요는 있을 것이다. 혹시 그것이 벤야민식의 결기라면 더 좋 을 것이다. "우리는 철저히 우리의 방식으로 질문할 것이다."(벤야민 2020, 311) 이 책은 슈미트의 전기가 아니며, 혹 '슈미트주의의 사용설명서'는 더더구나 아니다. 우선은 이렇게 오랜 동안 국제적으로 논란이 되어 온 인물에 대해서, 슈미트가 '수입'된 때가 어언 일제식민지시기라고 하는 그 연원에 비추어 이상하리만치 한국에선 '유행을 타지 않았던' 그의 사 상의 특정 부면이 아니라 전면全面[23]을 '알아보고자' 한 것이다.

    1951년 전시에 이후 유신시절 법무장관을 지낸 황산덕은 슈미트의 『3종의 법학 사상』을 두고 이런 평을 한 적이 있다. "우리 민족은 고정된 이 헌법 조문에 항상 새로운 생명을 주입하면서 우리에게 바른 질서의 이념을 제시해 주는 '위인'을 가져야 한다. 그는 사심을 가져서는 아니되 고 반대로 공정하고도 열렬한 애족심을 가져야 한다. 이러한 위인이 헌 법정신의 밑에서 우리 민족의 나아갈 길을 밝혀줄 때에 그것은 아마 한 국에 있어서의 '구체적인 질서의 이념'을 가장 근사하게 표현하는 금언

---

[23] 슈미트의 유고중 1958년 6월 5일자 일기에 자신의 생애를 시기구분 해 놓은 것이 있다. "1. 유아기: 1888-1900년, 자우어란드 외딴 아이펠모젤 란지역Eifel-Moselanisch 가톨릭주의 2. 소년기: 1900-1907년, 인문적 교양 을 갖춘 탈전체화enttotalisiert된 개종사제주의 3. 청년기: 1907-1918년, 빌 헬름시대 특색과 신칸트주의에 입각한 탈헤겔화된 대프로이센주의 4. 성인 기: 1919-1932년, 바이마르 특성의 자유민주주의에 대한 강한 민족적 반발(반 反베르사이유)에 입각한 탈프로이센화된 독일주의".(Quaritsch 1988, 105) 이 렇게 보면 이 책은 슈미트의 생애주기상 "성인"이후의 저작에 집중되어 있다.

이 될 수도 있을 것이다."(하스하겐 외 2001, 246)[24] 우리가 이 책에서 보게 될 근대의 눈높이에서의 비판적 독해와는 많이 동떨어져 있지만, 한국에서의 슈미트 수용사라는 점에서 '위인'급으로 슈미트가 언급되는 건 눈에 띈다.

우리 현대 정치사에서 슈미트는 실상 '내부인'이다. 유신헌법 기초에 관여한 것으로 알려진 갈봉근은 슈미트 사거 직후 독일에서 슈미트가 우리 헌법에 미친 영향에 대해 발표했다. 그에 따르면 슈미트의 영향중에는 "대한민국의 정치적 통일체의 형태로서의 '민주적 기본질서' 위배에 대한 헌법적 제재규정과 국가보안법"과 "우리 헌법상의 국가긴급권, 예외 사태에서의 대통령의 지위에 관한 규정과 그 실제"를 또한 들고 있다(갈봉근 2014, 323). 국가보안법과 긴급조치! 슈미트는 1975년 디터 그로와 클라우스 피게와의 한 대담에서 자신이 뉘른베르크전범 군사법정 심문관에게 한 말을 소개했다. "만일 당신이 나에게 히틀러에 대한 책임을 지운다면, 당신은 쟈코뱅당원들의 책임을 루소에게도 지워야 할 겁니다."(하스하겐 외 2001, 218) 단두대의 이슬로 사라진 '백장미단'의 젊은 뮌헨대 학생들과 박정희의 사법살인[25]으로 교수형 당한 '인혁당 재건위' 8인은, 히틀러에게도 박정희에게도, 그 누구에게도 따져 물을 책임자가 없는 것일까. '내부인'으로서의 슈미트는 이렇게 '문제적으로' 우리 옆에, 아주 가까이 와있었던 것이다.

슈미트를 "어떻게 연구하면 좋은가"에 대해 슈미트 복권에 충실한 크라비치는 3개 진영을 소개해 준다. 첫째는 슈미트를 나치로 보는 쪽이다. 그래서 범죄자. 제3제국 청산이 학문의 과제라고 보고 슈미트를 연구 대상으로 삼는 쪽이라는 말이다. 둘째는 슈미트의 저술 중 1933년

---

24 원래 이 글은 『전시과학』 제2호, 1951년, 68ff.에 실린 것이다.

25 당시 법무장관이 황산덕이었다.

이전이나 1945년 이후를 중심으로 오직 "그 언명이 옳은가 아니면 그른가 하는 것"만 보자는 쪽이다. 그리고 '구체적 질서사고'나 국제법 문제 같은 1933년 이후의 저술은 별도의 연구가 필요하다. 셋째는 법학과 분리된 국가론이나 정치학이론을 연구의 중점으로 삼는 쪽이다(크라비치 외 2014, 28f.).

하지만 마네만은 주로 앵글로색슨 학계를 중심으로 5개의 연구방향을 구분한다. 첫째는 슈미트 사상과 이론의 역사적인 맥락에 대한 연구, 둘째, 슈미트와 다른 사상가와의 비교연구, 셋째, 좌파적 시각에서 정치철학적인 연구 넷째, 슈미트 레거시를 미국에 도입한 우파지향적인 연구, 다섯째, 정치이론가로 간주된 슈미트 연구 등이다(Manemann 2002, 208).

"철저히 우리의 방식으로 질문"하자는 벤야민의 권고를 따르면 굳이 위의 어느 하나에 나의 연구를 귀속시킬 생각은 없다. 여러 방향과 분과를 참고하고 대화하고 또 질정하면서 전개해 보고자 하는 것이다.

이 책의 '중력중심'은 아무래도 '정치적인 것의 개념'에 있다. 그래서 이와 연관되는 5개 범주 즉 적敵, 전쟁, 권력, 국가, (헌)법을 추출해 일종의 구조분석을 시도한다. 여기에 슈미트 동시대인 3인의 비판을 별도로 의논했다. 이 중 현실주의 현대국제정치학의 비조라고 할 모르겐타우(모겐소), 미국 네오콘의 원조 중 일인으로 간주되는 레오 슈트라우스 그리고 칼 뢰비트다. 모르겐타우의 슈미트 탄핵 즉 —그 자체로 지성사의 일대 사건이라 해도 될— 자신의 이론을 '표절'했다는 고발에 대해서도 자세히 다루었다(제2장). 그리고 정치사상, 이론진영에서 활발히 논의되는 주권의 문제를 '예외, 결단, 독재'의 3요소로 나눠 토론하고(제3장), 소위 '좌파 슈미티안'에 의해 논의된 바 있는 슈미트의 자유주의비판과 관련 슈미트의 의회론과 무엇보다 그의 민주정 개념을 상설했다(제4장).

이 책에서는 슈미트의 전기적 행로에서 3개의 변곡점을 1933년, 1936년, 1945년으로 설정했다. 이 앞뒤의 논의가 일종의 구조분석이라면 이 3개의 장은 '역사적인 것'이며 '전기적인 것'이다. 그래서 제5장에서는 1933년과 1936년을 사건으로 다룬다. 즉 나치의 정권장악일인 1933년 1월 30일을 전후한 슈미트의 정치적 행로를 가능한 한 미시적으로 추적했다. 그 다음 이른바 '슈미트 파일' 혹은 친위대SS '보안국파일 SD-Akte' 즉 슈미트에 대한 SS의 사찰기록을 면밀히 분석했다. 1933-36년 시기를 이렇게 분석한 이유는 다른 무엇보다, 슈미트의 나치여부에 대한 좀 더 견고하고 실체적인 결론을 내려 보기 위해서다. 1936년 슈미트가 '숙청'되었다고 해서 그가 나치즘과의 관계를 청산한 것은 전혀 아니다. 즉 1937년 이후 나치정권하에서 슈미트의 이론적 소산, 광역, 제국, 지정학으로 요약될 그 내용을 재구성했다. 최근 슈미트의 국제관계론이 새롭게 주목받는다는 점에서도 상당히 비중있게 다뤄져야할 부분이다(제6장). 국제관계와 국제법에 있어 슈미트의 적상敵像은 이미 1920년부터 일관된 것이다. 나치시기에 형성된 것도 아니고 나치시기 이후라고 그 본질이 달라진 것도 아니라는 게 이 책의 판단가운데 하나이다. 그것은 반反 '바이마르-베르사이유-제네바', 여기에 반'뉘른베르크'가 추가된다는 것이다. 그래서 슈미트의 영어생활 심문 기록을 가능한 한 상세하게 분석했다. 나는 슈미트의 반유대주의가 지표면보다 '한 층 아래'에 임베딩embedding되어 있다는 관점을 갖고 있다. 하지만 이 말이 슈미트에 대한 전범추정이 타당하다는 말은 아니다. 실제 '법리'라는 측면에서 슈미트를 뉘른베르크에 송치한 것은 무리였다는 것이 나의 판단이다. 그리고 이 장에서는 전후 슈미트의 각종 자기항변을 수집해서 정리했다(제7장). 제8장은 '후기슈미트'를 다룬다. '열전'에서 '냉전'으로 옮겨간 슈미트의 또 하나의 주저인 『대지의 노모스』를 중심으로 『빨치산론』, 『정치신학 II』을 상론했다.

제2장
'결국은' '정치적인 것의 개념'

§1. '정치적인 것'의 개념

1) '정치적인 것'의 개념과 우적友敵[26]테제

이미 20세기 정치사상에서 '고전적' 지위를 획득한 것으로 운위되는 슈미트의 『정치적인 것의 개념』은 슈미트의 출판된 많은 저술들이 그런 것처럼 짧은 소논문의 형태를 취하고 있다. 그것은 단지 8개의 장으로 이루어진 어떻게 보면 한편의 논문일 따름이다. 또한 여기에는 3개의 판본이 있다. 처음 발표된 『사회과학과 사회정책논총』의 논문, 1932년 그리고 1933년 각각 수정, 개고를 거친 버전이다.[27] 다시 말해 단순한 전재轉載가 아니라, 1927년-1933년, 즉 바이마르공화국의 붕괴와 파시즘의 집

---

[26] 역어선택에 대해 언급해 둘 필요가 있겠다. 국내에서는 흔히 '적과 동지'라는 역어로 옮기는 경우가 많다. '우적'이라는 한자말 조어를 이 책에서 선호하는 이유로는 첫째, 이하 보게 되겠지만 경제적인 것, 미학적인 것, 도덕적인 것의 구별 기준으로 슈미트가 제시한 것을 각각 '손익', '미추', '선악' 등으로 옮긴 탓에 여기에 '라임'을 맞추기 위함이다. 둘째, 이보다 더 중요한 이유로 독일어의 '친구Freund'는 '동지'와 등가물이 아니기 때문이다. '모든' 동지는 친구일 가능성이 상당하지만, '모든' 친구가 동지인 것은 분명 아니다. 동지는 친구의 높은 단계를 뜻하는 경우가 빈번하고, 친구가 아니면서도 동지가 되는 것도 마찬가지 흔하다. 슈미트 자신이 별도의 친구론을 개진한 적이 없고, 적과 친구는 그의 이론체계상 심각한 불균형 관계에 있다. 이런 사정으로 나는 독일어의 'Freund'를 가장 단순히 친구란 의미의 '우友'로 옮겨 '우적'이라고 표기했다는 점을 밝혀둔다. 물론 여기에는 슈미트를 처음 알았을 때부터 이렇게 배우고, 듣고, 말하던 것이 몸에 익어버린 점도 적잖이 역할을 했다.

[27] 이하 BP1은 1927년, BP2는 1932년, BP3은 1933년 본을 말한다. 이 글에서는 1932년 본 즉 BP2를 주 텍스트로 한다.

권이라는 독일사의 운명적 변화를 예민하게 반영하고 있다는 점에서 섬세한 분석이 요구된다. 특히『정치적인 것의 개념』이 이미 당대에 격론을 불러일으킨 책으로서 파시즘 대중운동의 '교과서'가운데 하나였다는 점에서도 그러하다. 그렇다면 과연 슈미트의 '정치적인 것'의 개념이 무엇인지에서 논의를 시작해 보자.

잘 알려진 것처럼 슈미트의 '정치적인 것의 개념'은 유명한 다음 문장에서 출발한다. "국가개념은 정치적인 것의 개념을 전제한다."(BP2, 20, 이하 숫자는 해당 페이지) 그러므로 "정치적인 것의 본질이 잘못 이해된다면", "인민의 정치적 지위"로서의 국가는 제대로 이해될 수가 없다(20). 그것은 무엇보다 "민주주의"의 결과이다. 즉 국가는 18세기 절대주의 국가, 19세기 '중립' 국가, 20세기 '전체국가'로 변화되었다. 따라서 "국가적=정치적이라는 등식은 국가와 사회가 상호 침투하고 모든 지금까지의 국가적 업무가 사회적으로 되고 역으로 모든 지금까지의 '오직' 사회적 업무는 국가적으로 됨에 따라 틀리거나 잘못된 것으로 되었다."(24) '국가와 사회의 동일성'에 기반한 20세기 '전체국가der totale Staat'의 출현과 더불어 "**모든 것**은 적어도 그 가능성에 있어 정치적이며 그리고 국가에 준거해 '정치적인 것'의 특정한 구분특성을 입증하는 것은 더 이상 가능하지 않다."(24, 강조는 인용자)

슈미트의 정치적인 것의 개념은 그 자체로 20세기 초 고전적 민족국가의 위기에 대한 하나의 지적 반응이었다. 슈미트가 지적하듯, '민주주의' 즉 보통선거권의 관철과 노동자 정당의 정치적 진출, 대중정치의 출현, 봉건적 특권의 폐지 등 유럽사회에 밀어 닥친 '민주화물결' 특히 제1차 대전 이후 제2제국의 붕괴와 최초의 공화정 곧 바이마르공화국의 등장은 그 자체로 하나의 거대한 위기였다. 사회전반의 급격한 정치화와 '개입주의국가' 즉 국가가 개입하지 않는 영역이 거의 없는 조건에서, 사적 영역에서 분리된 국무國務=정치라는 전통적 도식은 더 이상 현실적이지 않다. 좌우를 막론하고 이러한 상황은 그 자체로 새로운 현상이자, 전통적 사회과학으로 보더라도 하나의 거대한 도전이었다. 슈미트의 '정치적인 것의 개념'의 재구성 요청 역시 여기에 대한 하나의, 특히 보수적 위기대응책의 모색으로 읽을 수 있다.

이러한 상황을 어떻게 이론적으로 가공해낼 것인가는 단지 슈미트만의 관심사는 물론 아니었다. 예를 들어 동시대인 막스 베버의 '정치단체politischer Verband론', 그람시의 '시민사회론' 모두 이 범주에 속한다. 기본적으로 '사회자유주의sozial-liberal'의 정치노선을 견지했던 막스 베버는 '정치적인 것'과 '정치지향적인politisch orientiert 것'을 구분하면서, **특수한** 하나의 정치단체로 국가를 위치지은 다음 국가와 다른 정치단체 예컨대 정당과의 종차를 '정당한 물리력의 독점' 곧 그 '수단'에서 찾고 있다(Weber 1972, 30). 다른 한편 맑시스트였던 그람시는 차라리 이탈리아적-라틴적 정치사상 전통에서 협의의 국가와 시민사회를 구분, 양자를 '통합국가'라는 개념틀에 위치지우고자 시도하였고, '국가와 혁명'이라는 레닌적 문제설정을 '국가(=정치사회+시민사회)와 혁명'으로 확장하여 혁명전략을 재구성하고자 시도했다(Lee 1994).

이와 비교해 슈미트의 입론전략은 그 자체로 대단히 독특하다.[28] 즉 '정치적인 것'의 **개념**을 재구성함으로써 위기에 봉착한 국가를 새롭게, 급진적으로 개조하는 위기대안을 모색한다는 것이다. 어떤 의미에서 슈미트에 와서 국가와 혁명이라는 마찬가지 레닌의 문제설정은 '국가와 반혁명'으로 전환된다고도 말할 수 있을 것이다. 정치적인 것의 개념의 재규정을 통해 구성된 새로운 국가야말로 내전적 위기상황을 종식시킬 수 있다는 말이다. 슈미트는 20세기 초 '정치적인 것'의 위기를 초래한 가장 중요한 정치현상인 정당[29] 자체와 새롭게 주체로 등장한 대중과 국가사

---

28 그람시와 슈미트에 대한 비교는 이해영(2002)를 참조.

29 여기에 대해서는 1910년 처음 출간된 미헬스의 정당론을 참조할 것.

이의 매개기능을 승인하기를 거부하면서 대중과 국가의 직결直結을 원한다.[30]

그렇다면 과연 슈미트의 '정치적인 것의 개념'은 그의 반혁명전략을 충족시키기에 적절한 것인가. 정치적인 것과 국가의 전통적 관계의 위기를 재차 정치적인 것의 '정치신학적', '형이상학적' 개념재구성을 통해 돌파하고자 한 전략은 그 자체로 '순환론적' 동어반복의 위험을 개념가공과정에 내재하고 있다.[31] 우선 슈미트의 논리구조를 삼단논법적으로 풀어보자.

  a: 정치적인 것이 국가의 '전제'이다.
  b: '모든 것'은 (적어도 그 '가능성'에 있어) 정치적이다.
  c: '모든 것'은 국가의 전제이다.

여기서 도출된 '모든 것이 국가의 전제'라는 논리적 결론은 그 자체로 사족이며 아무런 진술가치를 가지지 못한다. 여기에다 슈미트이론의 중심논리 즉 아래에서 보게 될 우적논리를 대입해 보면 그 딜레마는 더욱 또렷해진다.

Michels(1989).

30 이 '직결' 시도는 『현대의회주의의 정신사적 상황』(1923)에서 개진된 슈미트의 중심테제 가운데 하나인 "독재는 반자유주의적이지만 반드시 반민주적인 것은 아니다"(GLP, 22)에서 찾아진다. 그 어떤 매개도 없이 '민중의 의지'는 독재자에 의해 '민주적으로' 대변될 수 있고, 이 때 민중의 '환호송acclamatio' 즉 민중의 '자명하고 거부할 수 없는 현존재' 혹은 거기 있음 Dasein에 의해 표현될 수 있다는 것이다.

31 순환론에 대한 또 다른 지적으로 Heller(1928), Vollrath(1989), Hofmann(1995).

a: 정치적인 것이 국가의 '전제'이다.
b: 우적구별은 정치적인 것의 '기준'이다.
c: 우적구별은 국가의 전제이다.

여기서 우리는 '모든 것은 국가의 전제이다'와 '우적구별은 국가의 전제이다'라는 2개의 논리적 결론을 도출할 수 있다. 이로부터 결국 '모든 것'이 '우적구별'이라는 최종 결론을 얻을 수 있다. 또 이것이 슈미트 정치사상이 논리적 일관성을 유지하기 위한 유일한 방법임에 분명하다. 그렇다면 과연 '모든 것'은 '우적구별'인가. 물론 이 자체가 고도의 우적 형이상학이자 우적 환원론임에는 말할 나위가 없다. 나아가 문제는 다음에서 더욱 심각해진다. 기본적으로 반규범주의자이자 진리상대주의적 입장에 서있는 슈미트로서 다음의 진술은 어쩌면 당연하다. "**모든** 정치적 개념, 관념 그리고 말은 논쟁적polemisch 의미를 갖는다. … 특히 '정치적'이란 말의 언어사용조차도 논쟁적 성격에 의해 지배된다."(31f.) 이렇게 본다면 '정치적인 것' 자체도 '논쟁적'이란 말이다. 여기서 '논전적'이라고 번역해도 무방할 '논쟁적' 이라는 말은 어원적으로 그리스어의 polemos 즉 전쟁에서 유래된 말이라는 데에서 알 수 있듯이, 아직 확정되지 않은 것, 전쟁 또는 다툼이 끝나봐야 알 수 있는 것이라는 함축을 갖고 있다. 그래서 이 말을 '전쟁적'이라고 옮기는 것도 가능하다. 슈미트가 정치적인 것의 기준으로 제시한 우적구별 역시 마찬가지로 '정치적'이며 '논쟁(전)적'이라는 말과 다름 아니다. 결국 슈미트의 논리는 '모든 것=정치적인 것=우적구별=논쟁적인 것'의 모양이 되고 만다. '정치적인 것'이 '정치적인 것'의 '기준' 또는 '본질'이 되는 전형적인 순환론과 동어반복의 덫에 빠지게 된다는 것이다. 이처럼 전제와 결론, 원인과 결과, 규정하는 것과 규정되는 것이 서로 물고 도는 궁극적으로는 아무 말도 아닌 것이 되는 순환논리 딜레마에서 슈미트의 우적형이상학은 자유롭지 못하다. 뿐만 아니라 슈미트는 우적구별을 정치적인 것의 '**최종적**

(letzt) 구분'(26)으로 제시한다. 그러나 슈미트 자신의 논리에 따라 우적 구별조차도 정치적이고 논쟁적이라면, 이는 결코 최종적일 수가 없다. 왜냐하면 '논쟁(전)'의 정의상 그것은 논쟁(전)이 끝나고 나서야 비로소 알 수 있는 것이기 때문이다.

그렇다면 이 논리적 딜레마를 도대체 어떻게 해결할 것인가. "국가, 공화국, 사회, 계급, 나아가 주권, 법치국가, 절대주의, 독재, 계획, 중립 또는 전체 국가 등과 같은 말들은 **누가** 구체적으로 그러한 말들에 의해 적용되고, 패퇴되고, 부정되고 그리고 반박되어야만 하는지를 모른다면 전혀 이해될 수 없는 것들이다."(31, 강조는 인용자) 문제는 바로 이 구체적 '누가'에 있다. 어차피 '모든 것=정치적인 것=우적구별=논쟁(전)적인 것'이라면, 다시 말해 정치적인 것의 개념이 모든 것에 다 적용가능하고 또 전쟁이나 투쟁에 의해 결정되는 것이라면, 결국 그 진리성은 결코 그 어떤 개념내재적 기준이 아니라 복수의 '누가' 사이의 투쟁에 의해 결정되는 것일 수밖에 없다. 그렇다고 할 때 슈미트의 '정치적인 것의 개념'은 이미 그 자체로 '누구'를 이미 전제하고 있고 또 그런 한에 있어서 그 '누구'를 위한 정치프로그램이자 전략일 수밖에 없다. 물론 그것은 곧바로 현실정치의 문제이기 때문에, 이론의 차원에서 이 '누구'를 확정하는 것은 불가능하다. '누구'는 히틀러일 수도 있고, 아니면 바이마르 마지막 총리 슐라이허일 수도 있다. 슈미트에게 중요한 것은 그 누구의 '기능'이며 그것이 곧 '독재'라는 점이다. 누구는 동시에 그 대자적 차원을 갖는다. 다시 말해 슈미트의 정치적인 것의 개념은 바로 '누가 적인가'라는 대단히 구체적이며, 실존적인 질문과 분리되지 않는다. 당장 여기서는 제1차 대전의 결과 독일에 강제된 전후질서, 볼쉐비즘 나아가 바이마르공화국의 자유주의를 지목해 두자. 중요한 것은 슈미트의 정치적인 것의 개념은 결코 단순 개념론이 아니라, 언제나 구체적인 '적'을 염두에 둔 투쟁강령이자 실천지침으로서 동시대에 받아들여졌고, 슈미트자신 이것을 회피하지 않았다는 점이다.

'국가의 정치독점'이 해체된 새로운 조건에서 그렇다면 이제 사회의 여타 영역과 비교해 '정치적인 것'을 구별 짓는 것은 도대체 무엇인가. "정치적인 것에 대한 개념규정은 오로지 특정한 정치적 범주들의 발견과 확정을 통해서 얻어질 수 있는 것이다. 즉 정치적인 것은 인간 사고와 행동의 서로 다른, 상대적으로 자립적인 영역들 특히 도덕적인 것, 미학적인 것, 경제적인 것에 대해 고유한 방식으로 작용하는 자신만의 고유한 기준들을 가지고 있다. 따라서 정치적인 것은 모든 고유한 의미에서의 정치행위가 환원될 수 있는 고유한 최종적 구별속에 존재해야 한다. … 정치행위와 동기들이 환원될 수 있는 특정한 정치적 구별은 우적의 구별이다. 이 구별은 진을 빼는 정의 혹은 내용 진술이라는 의미에서가 아니라 **기준**이라는 의미에서의 하나의 개념규정이다. 이것이 다른 기준들로부터 도출되지 않는 한에 있어서, 이 개념규정은 정치적인 것에 대해 다른 대립쌍들의 상대적으로 자립적인 기준들에 상응한다. 즉 도덕적인 것에 있어 선과 악, 미학적인 것에 있어 미와 추등."(26f.)

즉 '정치적인 것'의 '기준'은 우적의 구별, 더 정확히 말해 구별하는 행위에 있다. 그것은 인간 집단간의 "결합과 분리, 결사와 해체의 극단적 집중강도Intensitätsgrad를 표현"한다(27). 슈미트에게 있어 정치적인 것은 사회내의 어떤 특정 공간이나 '전문영역Sachgebiet'에 국한되는 것이 아니다. 그 동기가 종교적이든, 민족적이든, 경제적이든 관계없이 그 인간집단이 서로 결합되고, 분리되는 '강도'에 따라 얼마든지 정치적으로 될 수 있는 것이다. '정치적인 것의 지점' 다시 말해 어떤 집단이 정치적으로 되는 지점은 이처럼 인간집단간의 이합집산에 따른 '거리두기의 강도'에 의해 규정된다는 말이다.(60) 이 '강도'는 대단히 격렬한 것이다. "심각한 경우Ernstfall를 지향하는 우적그루핑은 언제나 정치적이다."(39) 그래서 '정치적인 것의 실존성'(60)에 비추어 볼 때, 우적의 구별은 '존재적seinsmäßig' 현실인 것이다.

이 너무나 유명한 문장들은 슈미트의 정치적인 것의 개념의 중핵을 이루는 것들이다. 그렇지만 이 역시 마찬가지로 해결되지 않은 다수의 문제로부터 자유롭지 않다. 첫째, 슈미트는 여기서 정치적인 것의 '기준'으로 우적구별을 제안한다. 그런데 흥미롭게도 1927년 텍스트에서 슈미트는 이렇게 쓰고 있다. "정치행위와 동기들이 환원될 수 있는 특정 정치적 구별은 우적의 구별이다. 이 구별은 정치적인 것의 **영역**에 대해 다른 영역 즉 도덕적인 것에 있어 선과 악, 미학적인 것에 있어 미와 추 등과 같은 상대적으로 자립적인 대립쌍에 상응한다."(BP1, 4. 강조는 인용자) 다시 말해 우적구별은 정치적인 것의 특정 영역인가 기준인가. 물론 1932년 본의 여러 곳에서 슈미트는 우적구별의 개념적 지위와 관련해 '기준', '본질', '정의', '영역'이라는 말도 혼용하고 있고, 1933년 본에서는 '기준'이라는 말에 더해 '특징 Merkmal'이라는 말도 사용한다(BP3, 1). 분명한 점은 우적구별을 1927년 본에서처럼 특정 '영역'이 아니라 '기준'으로 사용하면서, 슈미트는 경향적으로 우적구별이 단지 특정영역에 국한된 문제가 아니라 전 사회를 포괄하는 일반 원칙으로 만드는 즉 자신의 '발견'을 확장하고자 하는 의도와 분리되지 않는다는 점이다.[32] 특수

---

32 흥미롭게도 슈미트는 헤겔 변증법의 '양질전화의 법칙'을 원용하기도 한다. "종종 인용되는 양질전화의 법칙은 전적으로 정치적 의미를 갖고 있으며, 모든 '영역'으로부터 정치적인 것의 지점과 아울러 인간집단화의 질적으로 새로운 강도에 도달했다는 인식의 표현이다. 이 법칙의 고유한 적용사례는 19세기에 있어 경제적인 것에 관계한다. '자율적이며' 소위 정치적으로 중립적인 영역인 '경제'에서 지속적으로 그와 같은 양질 전화 즉 지금까지 비정치적인 것 그리고 '객관적인 것'이 정치적으로 됨이 완료되었다. 여기서 예를 들어 경제적 점유가 어떤 특정량에 도달했을 때, '사회적' (더 정확하게는 정치적) 권력 Macht이 되고 소유 propriété는 권력 pouvoir이 된다는 것이다. 우선적으로 오직 경제적 동기에서 시작된 적대집단간의 계급대립은 계급투쟁이 된다"(62)

성에서 보편성으로의 개념 확장이 일어난다는 말이다. 우적구별은 이로써 정치, 경제, 도덕, 미학등 복수의 하위체계가운데 어느 하나에 국한되는 현상이 아니라, 다른 영역 모두를 포괄하는 하나의 일반적이며 심층적인 구분으로 확장되고, 이는 정확히 1933년을 전후한 당시 바이마르 공화국의 붕괴와 히틀러 집권의 현실정치적 변화와 궤를 같이 하고 있다. 첨예화된 국내정치적 위기와 사회적 대립의 격화로부터 발생한 정치적 수요에 대한 하나의 이론적 대응으로 읽힐 수 있다는 말이다.

둘째, 슈미트의 정치적인 것의 개념이 가진 결정적 약점은 만일 정치적인 것의 기준이 우적구별이라 한다면, 그렇다면 **우적구별의 기준**은 도대체 무엇인가라고 질문할 때 그 전모가 드러난다. 과연 어떤 기준에서 적과 친구가 구분되는가. 그러한 구분의 '합리적' 혹은 객관적 기준은 무엇인가. 여기에 대해 슈미트는 이렇게 답한다. "그것[적-인용자]은 바로 타자der Andere, 국외자der Fremde이다. 적이 극단적 경우에는 미리 결정된 일반적 규범화나 '무관한' 그리고 따라서 '비당파적인' 제3자의 판결에 의해 결정되는 것이 아닌 그와 같은 갈등이 가능한 특히 그 강도에 있어서 실존적으로 다르거나 외부적인 어떤 것이라는 사실은 그 본질을 충족시킨다."(27)**33** 그렇다면 저 타자 등이 적이라는 판단이 옳다는 것은 어떻게 알 수 있는가. "올바른 인식과 이해의 가능성, 그리고 함께 논의하고 판단할 수 있는 권한은 오직 실존적 분담과 참여에 의해 주어진다."(27) 즉 판단의 참과 거짓이 문제가 되는 것이 아니라, 그 결정 혹은 결단의 한 '부분'Teil을 실존적으로 '갖고 있거나'— 즉 분담Teilhabe— 아니면 '받았거나'—즉 참여Teilnahme— 했는지 여부이다.

슈미트에게 있어 적대성은 외부인의 타자성Anderssein 그 자체에서

---

33 나치 집권후인 1933년 본에서는 적의 규정과 관련 '타자', '국외자'라는 표현과 함께 '이종자' 즉 '종이 다른 자der Andersgeartete'라는 표현을 통해 적개념의 인종주의적 확장을 시도한다(BP 3, 8).

나오며, 일방의 실존이 '위협'받을 때, 그 일방은 '실존적 결단'을 통해 이 위협을 제거하지 않으면 안 된다. 따라서 적대행위나 투쟁은 어떤 규범적, 객관적 기준을 통해서 이루어지는 것이 아니다. 그리고 그 행위의 정당성은 그 기준을 통해서 판결할 수 있는 것이 아니라, 단지 그 위협받고 있다고 판단한 일방의 결정만으로 족하다. 적대성은 인간 실존의 전제조건인 것이다. 슈미트로서는 양차 세계대전에서 패배한 독일의 전쟁책임을 완강히 거부하는 것은 당연한 논리적 귀결이다. 패전 그 자체로부터 윤리적, 법적 책임이 도출될 수는 없다는 말이 된다.

슈미트에게 있어 정치적인 것의 개념에 법과 도덕이 개입할 여지는 없다. 정치는 법과 도덕으로부터 분리되어 그 자체로 우적 형이상학으로 규정된다. 그러나 그의 이러한 정치적인 것의 개념이 갖는 무내용성[34]은 동시에 그의 정치적 기회주의를 설명하는 사상의 내인이 된다. 슈미트의 반규범주의적, '생철학적 실용주의'[35] 입장에서 중요한 것은 오직 정치적 실존이며, 따라서 바이마르공화국의 붕괴와 나치의 집권이라는 정치적

---

34 여기에 대한 대표적 지적으로 Hoffmann(1995), 114.

35 위의 책. 바이마르공화국 보수주의에 있어 이미 앞의 제1장 서론에서도 다루었지만 '생'개념은 그 자체 애매하고 정의되지 않은 채 사용되던 일종의 핵심적인 '유행개념'이었다. 그 개념의 기능은 다음에 있었다. "이데올로기화된 생철학은 ... 인간의 본성과 이에 내재한 죽음에 대한 공포를 기초해 한마디로 자기 자신의 입장을 고양시키기 위한 수단이자 또 자신의 입장에 부합되지 않는 모든 현상을 비방하기 위한 대립물로서 언제나 긍정적으로만 이해되어야 하는 그러한 생개념을 적용한다."(Sontheimer 1994, 60) 슈펭글러 역시 이렇게 말한다. "생이야말로 처음이자 마지막인 것이다. 역사에서 언제나 문제가 되는 것은 다름 아닌 생과 권력에의 의지의 승리인 것이지, 진리, 발명 혹은 돈의 승리는 아닌 것이다. 세계사야말로 세계법정이다."(위의 책, 57 재인용)

격변 과정에서 슈미트가 커다란 내적 동요없이 파시즘으로 넘어갈 수 있었던 것은 이러한 배경에서 그다지 놀라운 일이 아니라 할 수 있다.

그 가공할 정도로 극단까지 밀어부친 슈미트의 정치적 존재론 혹은 정치적 실존주의는 그의 '결단Dezision' 개념에서 극명히 표출된다. 다시 말해 '무엇을 위한' 혹은 '무엇에 반대하는' 결단이 아니라 단지 **'결단을 위한 결단'**이 문제가 되며, 중요한 것은 내용이 아니라 결단했다는 **사실** 그 자체가 된다.[36] 슈미트가 스스로 동일시하기를 원했던 홉스의 '현실주의적 비관주의'와는 또 다른 '근대적', '적극적 허무주의'가 슈미트사상의 기저를 이루고 있음을 비판하며, ―이하 상술할― 철학자 칼 뢰비트는 슈미트를 '기회원인론적 결단주의'라고 비판한다.[37] 슈미트의 결단 형식주의가 갖는 정치적 내용에 대한 급진적인 무차별성이 곧 '모든 규범에의 구속'에 대한 허무주의적, 기회원인론적 부정이 되며, 이는 정치적 결단의 내용과 결과에 대한 이론적 기초를 제공한다. 결국 사상적 기회원인론과 정치적 기회주의의 접속은 이렇게 준비된 것이었다.

---

36 이러한 '결단주의'는 슈미트의 동시대인이자 오랜 벗이며, 슈미트와 동급의 '보수혁명가'라 할 에른스트 윙거에게도 발견된다. 윙거는 1927년 이렇게 쓰고 있다. "무엇을 위해 여기 있는지, 아마 우리는 결코 알 수 없을 것이다. 소위 모든 목표라는 것은 규정의 구실에 불과하며, 우리가 여기 있다는 사실 자체가 중요할 뿐이다. … 다른 모든 것보다 오직 하나 즉 **단호함** Entschiedenheit이라는 덕목만을 요구한다는 것이 중요하다. 의지할 수 있고, 믿을 수 있다는 것이 문제가 되는 것이며, 이는 이 의지와 믿음이 공급하는 내용과는 전혀 별개이다. 이렇게 오늘날 공동체는 이런 상태이다. 즉 다른 무엇보다 극단적인 것이 더욱 강렬하게 맞닿고 있다."(Löwith 1984, 43 재인용)

37 여기에 대해서는 이 장의 아래 §2의 3) 슈미트와 칼 뢰비트에 대한 부분을 참조.

셋째, '구별'의 방법적 지위가 문제가 될 수 있다. 이와 관련 슈미트의 동시대인이자 당대의 가장 영향력있는 신헤겔주의자 B. 크로체를 참고해 보자. 신헤겔주의적 자유주의 입장에서 크로체는 헤겔변증법이 '대립의 이론'과 '차이의 이론'을 혼동했음을 비판하면서, 그 결과 헤겔은 예컨대 예술, 종교, 철학등의 "자율성을 승인하고 정신의 상이한 형태에 고유하고 올바른 가치를 부여할 가능성을 박탈"했다고 본다(Croce 1909, 98f). 이러한 오류를 정정하고 나아가 대립의 변증법을 기각하고 차이의 변증법으로 이를 대체하기 위해 크로체는 '정도의 이론teoria dei gradi'을 제안한다. 즉 대립물의 결합에서 테제 a가 안티테제 b에 의해 지양되었다 하더라도 그것은 단지 메타포적 의미에 불과하다. 반면 자신이 말하는 차이의 변증법 또는 '정도의 이론'에서는 테제 a가 안티테제 b로 지양되었다는 것은 '독자적으로는 부정되었지만, 의존적으로 보존'되는 즉 그 정도의 차이로서 여전히 존재한다는 말이다(위의 책, 74f).

물론 20세기 초 크로체의 저작들이 이미 독일에 번역, 소개되어 있었고, 정치적인 것의 개념에 '강도'나 '정도'개념을 사용하고 있지만 슈미트가 크로체의 '차이의 변증법'이나 '정도의 이론'에 의해 영향을 받았다고 보기는 어렵다.[38] 특히 슈미트에게 우적구별은 인간실존의 항구적 전제조건으로 규정되고 있기 때문에, 그것은 변증법적 논리의 대상 바깥에 있다. 그럼에도 불구하고 여기서 '구별'이라는 개념이 '차이'를 전제함은 의문의 여지가 없다. 문제는 차이가 반드시 적대로 진화하지 않으면 안 되는 논리필연적 근거가 없다는 것이다. 타자성 곧 아我가 비아非我가 아니라는 차이로부터 적대성 자체가 도출될 수는 없다는 말이다. 변증법 논리에서 특수성의 범주에 드는 차이는 합일(동일성)과 모순대립으로의 전개가능성을 동시에 품고 있는 개념이다. 그러므로 차이가 반드시 생사

---

38 여기에 대해서는 본 장의 제 2장 2절 1) 한스 모겐소 부분을 참조.

를 건 투쟁으로 전개될 가능성은 적어도 논리적으로 볼 때 가능한 **하나의 코스**이며, 슈미트는 이러한 일면을 극단적으로 과장한 것에 지나지 않는다. 나아가 철저하게 일국주의적 국가주의Etatismus에 고정된 슈미트의 시야에서 다른 일국내에서 발생할 우적구별의 가능성을 보지 못하며, 한 국가내의 적이 다른 국가내의 적과 이해가 일치하는 경우를 전혀 보지 못한다. 자신의 이론이 타당하기 위해서는 일국내의 적을 완전히 섬멸한 뒤 다른 국가의 적과 대처해야 하는 마치 '프로크루스테스의 침대'처럼 이론이 현실을 설명하는 것이 아니라, 역으로 이론에다 현실을 맞추기 위해 현실변경을 강요하는 오류를 범하게 된다는 것이다. 특히 슈미트가 항상 '구체적 현실'을 강조하지만 바로 그 구체적 현실의 정치에서 우적구별이 적을 판별하는 행위인 동시에 동지를 확보하는 즉 인간집단은 언제나 분리, 대립하지만 동시에 결합, 동맹하기도 한다는 점을 전혀 설명하지 못한다는 것이다.

넷째, 논리학적으로 보자면 슈미트의 우적은 기본적으로 '현상'이다. 더 정확히 말하자면 우와 적은 '현상의 형태들'이다. 문제는 그렇다면 이 현상형태가 어떤 '사회적 관계'로부터 발생, 전개, 소멸되는 지를 설명하는 것이 된다. 맑스가 말하는 것처럼 [부르주아 정치경제학은] "단 한 번도 **왜 이 내용이 저 형태를 취하는 지**, 그래서 왜 노동이 가치속에 그리고 노동의 척도가 그 노동생산물의 가치크기 속에 포함된 지속시간으로 표현되는 지에 대해 질문조차 한 적이 없다."(MEW 23, 95, 강조는 인용자) 그래서 보자면 도대체 어떤 사회적 내용이 우적이라는 형태를 취하는 지, 여기에 대해 슈미트 역시 "질문조차 한 적이 없다"는 말이다.

이 질문에 대한 가장 단순하고 경험적인 그리고 알아듣기 쉬운 답변은 조지 워싱턴의 말이다. "인간본성에 대해 조금의 지식이라도 있다면 인류의 거의 대부분에게 이익interest이야 말로 통치의 원칙이며 거의 모든 사람이 많건 적건 그 영향아래 있다는 사실을 확신하게 될 것이다. 공공의 가치라는 동기들은 일시적이고 또는 특별한 경우에 전혀 이익과 무관하게 행동하게끔 만든다. 하지만 이 동기들만으로는 사회적 의무의 정제된 요구와 의무에 순응하도록 하는 데에는 충분치 않다. 공공선을 위해 사적인 이익 또는 혜택에 대한 모든 생각을 희생할 사람은 거의 없다. 이러한 것을 두고 인간성의 타락이라고 외치는 것은 부질없는 짓이다. 모든 연령과 나라의 경험에 비추어 볼 때 이는 사실로 입증되는 것이다 ... 이 금언maxim의 선제적인 진실에 기초하지 않는 그 어떤 제도도 성공하지 못할 것이다."(Morgenthau 1973, 9 재인용) 다시 맑스로 돌아가 보자. "물질적 생활의 생산양식이 사회적, 정치적 그리고 정신적 생활의 과정을 조건 짓는다"등등 이 모든 역사유물론적인 언설들은 특히 "물질적 이해가 지배하는 현대 세계에 관련해서는 타당한 말"이다. 하지만 "가톨릭주의가 지배했던 중세, 정치가 지배했던 아테네와 로마에서는" 그렇지 않다. "중세가 가톨릭주의로, 고대가 정치로 생활했던 것이 아니라는 것은 자명하다. 어떻게 자신의 생활을 영위하는지 그 종류와 방식이 역으로 왜 저기서는 정치가, 여기서는 가톨릭주의가 주역할을 하는지 설명해 준다."(MEW 23, 96) 이 사고 전통에서 보자면 결국 대개 물질적인 것으로 표현되는 이해(익)이야 말로 우적의 인간 조건의 기초에 해당된다고 말하게 될 것이다. 그러므로 이해관계는 우적현상의 기초가 된다. 우적은 그것의 현상형태이다. 그리고 이해관계라는 내용이 왜 필연적으로 우적의 형태로만 현상하는 것인지는 일반이론적으로 답하기보다 오로지 구체적인 분석을 통해 답할 수 있는 문제이다. 따라서 문제는 우적보다 한층 더 깊은 곳에 있는 이해관계 그리고 더 깊이 들어가 본질적이며 핵심적인 이해관계를 발견해 내고 이로부터 이론을 구성하는 것이다. 우적의 현상은 그 자체로 현실에 대한 기술적descriptive 규정일 뿐이지, 우적의 발생을 인과적으로 설명할 수는 없다는 말이다. 전쟁을 보더라도 전쟁은 우적구별 때문이 아니라, 우적관계의 근저에 있는 이해관계의 충돌에서 발생하는 것이다. 이해를 기준으로 우와 적이 구별되는 것이지, 우적구별이 이해관계를 규정하는 것이 아니라는 말이다. 또 전쟁을 설명할

변수도 아니다. 바로 그렇기 때문에 클라우제비츠가 『전쟁론』 제2편 제3장에서 이렇게 쓰고 있는 것이다. "그래서 우리는 전쟁이란 기술이나 과학의 영역이 아니라, 사회적 생활의 영역에 속하는 것이라고 말한다. 전쟁이란 유혈적으로 해결되는 대규모 이익Interesse의 분쟁을 말한다. 오직 이 점에서만 전쟁은 여타의 분쟁과 상이할 뿐이다. 그 어떤 기술Kunst보다 전쟁은 무역과 비교하는 것이 더 나을 것이다. 무역 역시 인간사이 이익의 분쟁이라 할 것인데, 이 무역은 더 큰 기준으로 볼 때 일종의 무역으로 간주될 수 있을 정치와 **훨씬** 더 가깝다. 정치는 전쟁이 자라나는 자궁이다. 마치 태아에 살아있는 피조물의 속성이 그런 것처럼, [전쟁의 자궁인-인용자] 정치안에 전쟁의 윤곽이 숨겨져 암시되어 있는 것이다."(Clausewitz 1991. 303, 강조는 원문)

2) '정치적인 것'의 개념과 전쟁
(1) 정치적인 것의 '전제'로서의 전쟁 개념
슈미트에게 있어 적과 친구라는 이항대립binary opposition은 그렇지만 전혀 비대칭적이다. 범주적으로 특권화된 적에 비해 친구는 슈미트의 정치적인 것의 개념에 있어 전혀 주변적이다. 그렇다면 이제 적이란 무엇인가. "적이란 오직 하나의 적어도 경우에 따라 다시 말해 그 실체적 가능성에 있어 마찬가지로 상대방과 맞서는 투쟁하는 인간의 전체를 말한다. 적이란 그와 같은 인간의 전체 특히 전 인민에 준거점을 갖고 있는 모든 것이 공적으로 되기 때문에 오로지 공적公敵만을 의미한다. 적은 공적hostis을 의미하지 넓은 의미의 사적inimicus을 의미하는 것은 아니다."(29) 그리고 적의 구체적 의미는 어디서 발견되는가. "친구, 적 그리고 투쟁은 특히 물리적 죽임의 실체적 가능성에 준거해서 그 현실적 의미를 갖는다."(33) 바로 적대의 극단적 실현이 전쟁이다. 이 전쟁이란 것은 '누가 적인가'에 대한 정치적 결단을 전제한다. 그런 의미에서 "전쟁은 결코 정치의 목표나 목적이 아니며 혹은 내용은 더군다나 아니다. 전쟁은 인간행위와 사고를 고유한 방식으로 규정하고 이를 통해 특정한 정치적 태도에 영향을 미치는 바로 실질적 가능성으로서 언제나 존재하는 **전제**이다."(34f., 강조는 인용자)

　이렇듯 전쟁은 정치의 전제이다. 그것은 결코 어떤 규범적인 것으로서가 아니라 '실존적인 것'으로 이해되어야 한다. "전쟁, 투쟁하는 인간의 죽을 태세, 적의 편에 서있는 다른 인간에 대한 물리적 죽임 이 모든 것은 그 어떤 규범적 의미가 아니라 단지 실존적 의미 특히 그 무슨 이상적인 것, 강령 혹은 규범성이 아니라 현실의 적에 대한 현실의 투쟁 상황이 갖는 현실성속에서 그러하다."(49) 적개념과 전쟁개념은 나아가 불가분인 관계이다. "친구와 적 그리고 투쟁이라는 개념은 이것들이 특히 물리적 죽임의 실체적 가능성에 준거하고 그 가능성을 가질 때 비로소 현실적 의미를 획득한다. 전쟁은 적대의 결과이다. 왜냐하면 이 적대는 어떤 다른 존재의 존재적 부정이기 때문이다. 전쟁은 적대의 극단적 실현에 불과하다. 전쟁은 일상적인 것이거나 정상적인 것일 필요가 없을 뿐만 아니라, 이상적인 것이거나 소망스러운 것일 필요도 없다. 그러나 적 개념이 의미를 갖기 위해서 전쟁은 실체적 가능성으로 존재해야만 한다.(33) 오직 정치적 통일체로서 국가만이 전쟁할 권리 즉 교전권jus belli 을 갖는다. "본질적으로 정치적 통일체로서 국가에게 교전권 즉 경우에 따라서 자신의 결단에 의거해 적을 규정하고 격퇴할 수 있는 실질적 가능성이 귀속된다."(45)

　전쟁이 정치의 '전제'로 파악되면서 우적구별은 이제 그 정점에 도달한다. 전쟁의 부재는 곧 정치의 부재이며, 그런 한에 있어 인간 실존의 부정이다. 그것은 어떤 형태로든 '제한·보존Hegung'되어 왔고 또 그러해야만 한다. 그렇지만 현대전쟁에 와서는 '위대한 유럽공법의 시대' 곧 프랑스대혁명 이전 근대 초기 1555년 아우크스부르크 강화의 결과 종교전쟁이 종결된 이후 약 250년의 시기에 그러했던 것처럼, 더 이상 '정적', 즉 정당한 적justus hostis을 승인하지 않고 법적 '응징'의 대상으로 파악한다는 것을 슈미트는 일관되게 비판한다.[39] 한마디로 적은 범죄자가 아니라는 것이다(11). "그 어떤 경우라 할지라도 유럽국제법상 보존된 gehegt 전쟁을 반동적이며 범죄적인 것으로 경멸하고, 대신 적과 범죄자를 더 이상 구별하지 못하는 아니 더 이상 구별하지 않으면서 혁명적 계급적대와 인종적대를 정전의 미명하에 풀어놓은 것은 인본주의라는 의미에서도 결코 진보라 할 수 없다."[40](12)

슈미트는 반규범주의적 전쟁개념의 입장에서 정전正戰론을 일관되게 부정한다. "전쟁개념에 정의가 포함되지 않음은 그로티우스 이래 일반적으로 인정"되는 것이며, "정전을 요구하는 것" 자체가 "정치적 목적"을 전제하는 것에 불과하다(50). 또 모든 인민이 '오직 정당한 이유에서만' 전쟁을 수행한다는 것은 너무나 당연한 일이기 때문에 전쟁의 어느 일방이 '정당성'을 독점하는 것은 있을 수 없는 일이다. 그에게 중요한 것은 정전이 아니라 '정적' 개념이다. 전쟁의 탈규범화의 결과 전쟁은 '보통 하는 일'business as usual로 되고, 반면 적은 자신의 실존적 존재증명을 위해 나선 동급, 동격의 파트너로 된다. 이러한 논리의 결과 슈미트는 첫째, 제1차 대전 이후 창설된 국제연맹이 전쟁을 부정하고 오직 '특정한' 전쟁만을 승인한 것은 결국 제1차 대전 이후 승전국위주의 국제질서를 정당화하기 위한 시도에 불과하다고 비판하는 것이다. 즉 "국제연맹은 어떤 한 국가 또는 국가 연합이 다른 국가들을 겨냥한 제국주의의 이데올로기적 도구일지 모른다."(56f.) 둘째, 슈미트의 정적론은 2차 대전 이후 그 자신 잠재적 피고로 출석해야만 했던 뉘른베르크 전범재판을 비

---

39   자세한 것은 이해영(1995)참조.

40   여기서 적과 범죄자의 구별을 강조함에도 슈미트가 나치독일에 의한 유대인학살이라는 범죄에 명시적 유감과 책임을 표시한 적은 사실상 없다. 슈미트와 유대인문제와 관계에 대해서는 Gross(2000)을 참조.

판하는 것으로 이어진다. 전쟁과 범죄를 구별할 것을 요구하는 슈미트에게 전범재판 자체가 하나의 넌센스였다. 연합국의 '차별적 전쟁개념' 속에 포함된 '정전이념에 대한 정면투쟁'(G, 292)을 고민하는 그에게 정전론 속에 포함된 '전쟁의 인간화'가 전쟁의 모습을 일부 완화시킬지 몰라도 그 이면에는 '섬멸전이라는 극단적 현상형태'로 귀결될 '적의 탈인간화', 곧 적으로부터 그 인간성을 박탈함으로써 더욱 격렬하고 반인간적인 결과를 초래할 수 있음을 비난한다(G, 270). 따라서 그에게 전쟁 "범죄자보다 더 나쁜 것은 [전쟁을-인용자] 범죄시하는 자Kriminalisierer"(G, 307) 다시 말해 전승국인 것이다.

알려진 것처럼 '전쟁이란 다른 수단에 의한 정치의 계속'이라는 클라우제비츠의 명제는 전쟁이론의 준거점이다. "전쟁이란 다른 수단에 의한 정치의 계속에 불과한 것이다. 전쟁은 하나의 정치적 행동일 뿐만 아니라 하나의 진정한 정치적 수단이며 정치적 거래의 계속이자 다른 수단에 의한 정치적 거래의 수행이라고 본다. 전쟁에 고유한 것으로 남는 것은 단지 그 수단이 갖는 고유한 성격과 관계해서이다."(Clausewitz 1963, 22) 클라우제비츠에 따르면 전쟁은 기본적으로 "정치의 생각을 다른 종류의 문자나 언어로 표현한 것"에 불과하며 "자신의 고유한 문법을 가지고 있지만, 자신의 고유한 논리를 갖고 있지는 않은" 것이다(위의 책, 217). 정치가 전쟁의 '척도'이자 동기인 한에 있어, 전쟁의 목표는 결코 적의 섬멸이 아니라 정치적 목적의 달성에 있는 것이다.

클라우제비츠의 경우처럼 전쟁을 정치의 **수단**으로 보는 것과 슈미트의 경우처럼 전쟁을 정치의 **전제**로 보는 것과는 전혀 다른 결과를 초래한다. 전쟁이 철저하게 수단가치인 한에 있어 전쟁은 그 모태라 할 정치에 의해 통제 가능한 행위가 되는 것이며, 반면 전쟁이 정치의 전제인 한에 있어 전쟁은 정치가 존재하는 한 언제나 불가피한 것으로 된다. 클라우제비츠에게 정치는 "전체사회의 모든 이해의 대변자"(위의 책, 218)로 간주된다. 또한 "정치가 전쟁을 낳는 것"(218)이라 할 때, 다른 수단에 의해 정치적 목적이 달성 가능할 경우 전쟁이 절대적인 것은 아닌 것으로 된다. 반면에 전쟁을 정치의 전제로 설정할 때 정치가 존재하기 위해서는 전쟁 역시 그러해야만 하는 것이다. 그 결과 "클라우제비츠의 정치개념이 혁명에서 복고로의 이행기의 반영이라면, … 슈미트의 정치적인 것의 개념은 … 파시즘이라는 절대 폭력의 상황으로 이어지는 세기전환기 국가간 교류에 있어 독일 정치의 적대적인 지향을 함축한다." 따라서 슈미트가 "폭력을 낳는 사회적 조건의 철폐가 아니라, 오히려 '전체국가의 형태를 띤 직접적 폭력지배를 정당화"하며 "안으로는 파시스트 국가와 밖으로는 제국주의 섬멸전쟁의 대변인"이 되는 것이다(Diner 1980, 456f.).

역사적으로 볼 때 슈미트의 전쟁관은 프로이센 군국주의의 명백한 연장에 위치한다. 1934년 나치 집권 후 집필한『국가조직과 제2제국의 붕괴』라는 소책자에서 슈미트는 이렇게 쓰고 있다. "병사와 자유주의적 시민, 프로이센 군대와 시민사회는 동시에 세계관, 정신적 그리고 윤리적 교양, 법사상의 대립 특히 국가구조와 조직의 근본출발점의 대립을 의미한다."[41] '병사'와 '시민'은 그 자체로 '세계관'뿐만 아니라 '본질을 달리하는wesensverschieden 인간유형'(위의 책, 26, 재인용)으로 규정되고, 군대는 그 자체가 바로 국가이며 동시에 '독일의 국가이념'이다. 제1차 대전이후 제2제국 즉 빌헬름제국의 붕괴는 '병사에 대해 시민이 승

---

41 Sombart(1997), 25f. 재인용. 독일사회학의 태두가운데 한 사람인 베르너 좀바르트의 아들인 좀바르트의 이 책은 가장 신랄한 슈미트 비판서 가운데 하나로 꼽힌다. 정신분석학적 방법을 통해 '제2제국의 상속자'이자 '제3빌헬름 세대'의 일인으로 슈미트를 위치 짓고 '슈미트증후군'을 1880년대에 출생한 '독일남성'의 공통된 '질병'이라고 비판하고 있다. 이들 사상의 근본동인은 서구'문명'에 대한 '독일정신'의 심각한 위협과 이로 인한 '실존적 공포'라는 것이다. 슈미트외 좀바르트가 예로 드는 '독일 남성'은 히틀러, 슈펭글러, 윙거, 하이데거, 벤(G. Benn)등이다.

리'한 결과이다. 병사 대 시민이라는 뚜렷한 이분법은 '프로이센 병사국가' 대 '시민사회'로 확장되고, 전자야말로 독일의 선택임이 강조된다. 군국주의는 서구적 **지성**과 서구적 **문명** 대 독일적 **정신**과 독일적 **문화**의 대립 구조속에서 재생산되고 바로 이것이 군국주의로 이해되는 것이다.(위의 책, 28)

이러한 독특한 당대 독일 보수 지식인 사회의 담론구조는 전형적으로 토마스 만에게서도 발견된다. 제1차 대전 직후 토마스 만은 이렇게 쓰고 있다. 과거 우리는 서구의 "... 정치적 민주주의의 증오, 화해할 수 없는 죽음의 증오가 평화로운 국제교류라는 이불아래에서, 신의 광활한 세계에서 우리를 향해, 우리의 국가시설, 우리 영혼의seelisch 군국주의, 질서와 권위와 의무의 정신을 향해 저주스럽게 작동하고 있었음을 눈치 채지 못했다."(Mann 2002, 57) "정치자체를 사랑할 수 없다는 아주 단순한 이유 때문에 결코 독일인민이 정치적 민주주의를 사랑할 수 없다고 확신"하는 만에게 '관헌국가Obrigkeitsstaat'야말로 "독일인민에게 적합하고, 편안한 바로 그들이 원하는 국가형태"이다(위의 책, 51). 그렇다면 그가 말하는 관헌국가의 구체적 모습은 어떠한가. "아동시절 나는 국가를 내 상상속에서 사람모습으로 그려보곤 했다. 그는 검은 턱수염을 기르고 꽉 조이고 엄격한 연미복을 차려입었으며, 가슴에는 별을 달고, 자신의 권력과 규율을 나타내기에 알맞은 군대계급과 학위를 갖춘 인물을 상상하였다. 바로 폰 슈타트 박사 장군님General Dr. von Staat이었다."(위의 책, 261) 이처럼 토마스 만의 상상속에 재구성된 국가는 장군이자 박사이며 귀족인 즉 군-학-작爵 의 복합체이며 그리고 이것이 그가 말하는 '영혼의 군국주의' 곧 독일적 군국軍國의 평균적 형상이었다. 그렇지만 반'바이마르-제네바-베르사이유' 투쟁 즉 바이마르공화국의 정치적 자유주의, '서구적' 보편주의에 기반한 국제연맹, 제1차 대전 이후의 전후질서를 상징하는 베르사이유조약에 반대하는 1920-30년대 슈미트의 '입장과 개념'이 '병사'를 주체로 호명하고 '전쟁'을 방법으로 선택한 이상 그것은 단지 '영혼의 군국주의'일 뿐만 아니라 '구체적' 섬멸전쟁 즉 '총력전totaler Krieg'을 예비하는 길을 열고 있었다.

슈미트의 '정치적인 것의 개념'은 정의상 국내정치에 대한 국제정치의 우위에 기반해 있다. 여기에서 그의 개념구상이 갖는 국내정치적 차원의 문제점이 지적될 수 있다(Hofmann 1995, 115). 즉 슈미트가 말하는 '**이차적** 정치적인 것의 개념'(30)이 문제가 된다. 우적구별은 국내적 차원에서도 타당하다. "국가의 국내적 평화유지의 필요성으로부터 위기 시에는 정치적 통일체로서 국가는 그것이 존재하는 한 스스로 '내부의 적'을 규정한다"(46) 슈미트는 내부의 적에 대한 내전의 현실적 가능성을 부정하지 않는다. "일국내에서 정당정치적 대립이 '유일한' 정치적 대립이 된다면, 그 대립이 '국내정치적'으로 극단의 정도에 도달했다는 것을 말한다. 다시 말해 대외 정치적 우적구별이 아니라 국가 내적 우적구별이 무장충돌에서 결정적이 된다는 것이다."(32) 이때 투쟁의 실질적 가능성은 국가간 전쟁이 아니라 '내전'에 의해 결정된다. 그러나 알려진 것처럼 바이마르공화국의 현실은 수많은 정당의 난립과 이로 인한 정치적 불안으로 점철된 역사였다. 바로 이 지점에서 "국가=주권=결단=국내에서 내전의 종식"(G, 3)이라는 등식 곧 결정적인 정치적 통일체로서 국가의 역할이 문제가 된다. 이 조건이 충족되지 않는다면 슈미트가 말하는 우적구별은 현실이라기보다 그저 하나의 요청에 불과할 뿐이다. 그렇다면 그러한 국가는 어떤 국가인가. 히틀러 집권 직전에 집필된 '독일에서 전체국가의 발전'이란 글에서 슈미트는 이렇게 쓰고 있다. "전체국가는 동시에 극히 강력한 국가를 말한다. 전체국가는 파시스트 국가가 스스로를 '전체국가'stato totalitario라 부르는 것처럼 그 질과 에너지라는 의미에서 전체적이다. 다시 말해 전체국가라는 말을 통해 의미하는 바는 우선 새로운 권력수단을 오직 국가에만 귀속시켜 국가의 권력강화에 복무케 한다는 말이다. 그러한 국가는 그 내부에 그 어떤 국가에 적대적이며, 국가를 방해하거나 혹은 국가를 분열시키는 세력을 용납지 아니한다. 전체국가에서는 새로운 권력수단이 자신의 적들과 파괴자들에게 넘어가고, 자신의 권력이 그 무슨 자유주의, 법치국가 혹은 그 무엇에게도 잠식될 것이라는 것은 생각할 수도 없다. 바로 그러한 국가가 우적을 구별할 수 있는 것이다."(BP2, 212f.)[42] 물론 이 글이 히틀러 집권 직전에 집필되었다는 점에서 바이마르공화국 말기의 두 총리 곧 파펜과 슐라이허의 '국가비상사태계획안Staatsnotstandsplan'를 통해 바이마르공화국에 대한 보수적 위기대안의 모색으로 새로운 '권위주의 국가'를 언급한 것일 수도 있다.[43] 나

---

42 슈미트가 '전체국가'라는 개념을 처음 사용한 것은 1930년 12월 5일 제국경제협의회 강연에서라고 알려져 있다. 슈미트의 전체국가개념과 관련 1932년 11월의 '강한 국가와 건강한 경제'라는 강연도 참고. SGN, 71ff.

43 히틀러 집권 직전인 1932년 8월 당시 파펜Papen내각에서 처음 입안되었고, 이후 12월 슐라이허Schleicher 내각에서 다시금 제기된 바 있는 국가비상사태안은 원래 제1당으로 급부상한 나치당과 독일공산당사이의 대립격화 속에서 당시 집권 보수세력의 위기대안으로 검토된 것이다. 즉 비상사태를 선포한 뒤 의회를 해산하고 총선을 무기한 연기하며 군대를 동원 나치당과 공산당의 저항을 무력진압한다는 구상인데 1933년 1월 당시 대통령 힌덴부르크가 이를 거부하고 히틀러를 총리로 지명함으로써 결국 실패로 돌아갔다. 최근의 한 연구는, 슈미트가 국가비상사태 입안과정에 핵심적으로 개입한 것은 맞지만, 슈미트는 파펜의 '귀족주의적' 개헌시도에 반대하였고, 나아가 히틀러집권에 반대한 슐라이허와 함께 바이마르 헌정질서자체의 파괴를 원한 것은 아니라고 주장하고 있다(Berthold 1999). 그리고 잘 알려진 '슈미티안' 귄터 마쉬케의 편집자 주를 참조(SGN, 89ff.). 결국 이러한 주장은 슈미트를 히틀러 집권하 부총리를 지낸 파펜이 아니라 1934년 '룀사건' 당시 히틀러에 의해 무참히 살해된 슐라이허 편에 세움으로써 결과적으로 슈미트를 히틀러와 분리시키기 위한 '슈미트주의자'들의 잘 알려진 '전략'과 무관하지 않다. 더 상세한 내용은 이 책의 제5장에서 다룬다.

아가 구나치 진영에서 슈미트의 논적이었던―아래 5장에서 상론할― 오토 퀠로이터Koellreuter가 지적한 것처럼 민족사회주의적 사고는 국가가 아니라 '생물학적 생활단위로서 민족'을 중심에 놓는다는 점에서 그의 전체국가론은 '인종민족적'이지 않으며, 따라서 국가사회주의와 부합되지 않는다고도 볼 수 있을 것이다.[44] 그러나 그 무엇에도 불구하고 슈미트의 우적구별은 그 개념의 정의상 그 어떤 '내부의 적'도 용납하지 않는다는 점에 본질이 있다. 설사 그것이 내부의 적의 폭력적 제거를 수반한다고 해도 사정은 마찬가지인 것이다.

(2) 국제연맹의 '차별적 전쟁'개념 비판

서서히 전쟁위기가 고조되던 1938년 집필된 『차별적 전쟁개념으로의 전환Die Wendung zum diskriminierenden Kriegsbefriff』(2판, 1938)에서 슈미트는 이렇게 선언했다. "낡은 질서는 해체되고 이를 대신할 새로운 질서는 여전히 등장하지 않았다는 사실이 너무나 명확하게 드러났을 뿐이

---

[44] Koellreuter(1933), 65. 히틀러의 '민족사회주의 국가관'에 따르면 국가는 그 자체가 목적이 아니라 목적을 위한 수단이다. "국가의 목적은 동종同種의 인간의 공동사회를 육체적, 정신적으로 유지하고 조성하는 데 있다."(히틀러 1981, 379) 이와 관련 1936년 집필된 '정치'라는 백과사전의 한 항목에서 슈미트는 흥미로운 입장변화를 보인다. "일반적인 의미에서 '정치' 개념은 지금까지 흔히 국가와 국가권력에 준거하여 규정되어 왔다. … 이러한 견해는 오늘날 더 이상 타당하지 않다. 오늘날은 **민족Volk이 정치적 통일체의 정상개념**이다. 그러므로 오늘날의 모든 결정적인 정치적 개념들은 민족을 통해 규정된다. 통일된 전체로서 민족의 삶의 문제에 관계되는 모든 것은 정치적이다."(SGN, 133, 강조는 인용자) 슈미트의 개념기회주의는 1936년 이후 우적구별은 민족에 결정적인 지위를 내어 주고, 마찬가지 결단이라는 예외개념은 민족이라는 '정상개념'에 그 자리를 내주었다.

다."(diskriKrieg, 1, 이하 숫자는 해당 쪽수) 즉 위기의 일반적 전형을 말하고 있는 것이다. 그래서 현재 세계정세의 불안이 개념의 문제에도 반영되어 있다. 과거나 지금이나 언제나 그런 것처럼 '국제법의 역사는 전쟁개념의 역사'임이 드러났다. 국제법은 그저 "'전쟁과 평화의 법' 즉 jus belli ac pacis"이다. 국제법이 "국가적으로 조직된 독립된 민족의 법"인 한, 다시 말해 전쟁이 국가간 전쟁이며 국제내전이 아닌 한에 있어, 국제법은 미래에도 '전쟁과 평화의 법'으로 남을 것이라고 진단한다.(1) "오늘날 열강들은 공개된 전쟁과 실제의 평화사이에서 중간단계와 중간개념을 모색할 수많은 좋은 근거를 갖고 있다. '전체전'[45]이란 정식이 의미하는 사실은 특히 그러한 중간단계에 다가간다. 그러나 이는 그저 저 멀리 내다놓거나 지연에 불과한 것이고, 이렇게 한다고 전쟁개념과 관련된 새로운 문제가 해결될 수 있는 것은 결코 아닌 것이다. 결정적인 것은 무엇보다도 전쟁의 정의로움이 어떤 전쟁의 전체성Totalität에 속한다는 점이다. 정의가 없다면 전체성에 대한 모든 요구는 공허한 자기만족이거나 역으로 현대의 확장된 정의의 전쟁은 그 자체로 전체전인 것이다."(1)

전체전 혹은 총력전은 '확장된 정전'이다. 윌슨의 대독선전포고로부터 국제법의 역사에 차별적 전쟁개념 문제가 등장했다. 근대이전 스콜라주의 신학자나 그로티우스와는 완전히 다른 방식으로 정전문제가 제기되었다. "국제연맹이란 것이 혹 논할 만한 가치가 있다고 한다면 본질적으로 그것은 하나의 합법화의 체계라는 점이다. 국제연맹은 정전여부에 대한 판단을 특정장소에 독점시키고, 차별적 전쟁개념으로 선회하면서 전쟁의 합법과 불법여부에 대한 결정을 특정세력에게 부여하였다. 즉 국제연맹이 이 형태로 존속하는 한, 초국가적이며 초민족적 권리 주장하

---

45 일반적으로 총력전으로 번역되는 'totaler Krieg'은 문맥에 따라 전체전으로 옮기기도 한다. 여기에 맞추어 'totaler Staat'도 '전체국가'로 흔히 총체성으로 쓰는 'Totalität'도 '전체성'으로 옮긴다.

에 수행될 최고수위의 '전체적total' '정전'을 준비하는 도구에 불과할 뿐이다." 그래서 국제연맹이 보편적 세계질서를 대표할 수 없다는 것. 오히려 국제연맹이 정전, 부정전뿐만 아니라 도대체 전쟁과 비전쟁조차 구별 못할 정도로 위기를 초래하고 있다. 국제연맹과 보편국제법을 결합시키는 사고는 "일종의 변증법적 필연"으로 상황을 에스컬레이션시키고 있다고 맹렬히 비판하고 있다(diskriKrieg, 2).

여기서 슈미트는 제1차 대전 후 베르사이유 체제에 대한 수정주의 혹은 국제정치적 '신지역주의'를 대변하고 있다. 이를 통해 베르사이유 레짐이라는 '현상의 평화적 변경'을 위해 국제연맹의 리버럴 보편주의에 대항할 항변수단으로서 일종의 특수주의, 제국개념 그리고 광역(대공간)개념을 제안하는 개념의 정치를 하고 있는 셈이다. 그리고 앵글로색슨 전쟁개념에 맞설 새로운 전쟁개념이 필요하다는 말이다. "전쟁개념이 모든 국제법의 중심이자 최후의, 진정한 시금석이 되었다."(diskriKrieg, 37)

국제연맹에 의한 차별적 전쟁개념의 도입은 결국 '행성적planerisch' 전쟁으로 에스컬레이션될 위험을 증대시켰다. "국가적으로 조직된 민족으로 구성된 국제법공동체의 국제법질서가 교전권jus belli의 최종결정권자로서의 국가와 이로부터 도출된 비차별적 전쟁 및 중립개념에 기초한다고 할 때, 국제법적 척도가 되는 차별의 도입은 비차별적 전쟁개념뿐만 아니라 전쟁개념 일체를 철폐하는 것이다. 따라서 오늘날 실제 문제는 당장 정전이냐 부정전이냐, 허용되는 전쟁이냐 아니냐가 아니라 전쟁이냐 비전쟁이냐이다. 민족간 대 '행성적' 대결의 심도는 마지막 근본개념과 딜레마 즉 전쟁이냐 비전쟁이냐에 도달한 지경이 되었다. 마찬가지 중립개념도 아직 중립이란게 존재하는가, 아닌가라는 양자간에 택일해야 할 정도까지 전개되고 있다."(diskriKrieg, 41)

그 결과 국제연맹은 2가지 모순에 직면했다. "국제연맹을 통해 차별적 전쟁개념을 국제법에 도입하려는 모든 시도는 오늘날 ... 2가지 커다란 모순에 봉착한다. 제네바 국제연맹과 전쟁개념 일체사이 모순, 현대국제법의 상태에서 보편주의와 연방주의사이 모순이 그것이다."(diskriKrieg, 42ff.) 그래서 "한 국제법질서가 실제로 초국가적인, 다시 말해 제3국에까지 실효 적용되어 정의의 전쟁과 부정의의 전쟁을 구별하는 즉시, 정의로운 측에서의 무장행동은 법의 실현, 집행, 제재, 국제사법 또는 경찰인 것이며, 반면 부정의한 측의 무장행동은 적법과정에 반하는 저항, 반란 또는 범죄인 것으로, 어찌 되었건 이로 인해 **'전쟁'이라는 전승된 법질서**überkommene Rechtsordnung와는 다른 것이 된다."(diskriKrieg, 42f.; FoP, 556, 강조는 인용자) 차별적 전쟁개념으로 인해 '전쟁이라는 법질서'는 이로써 와해된다.

국제연맹은 3가지 전쟁개념을 담지하고 있는데 첫째, 법집행 또는 제재를 위한 전쟁, 둘째, '용인된' tolerierte 전쟁 그리고 셋째가 '금지된' 전쟁이다(diskriKrieg, 44). 전쟁이 국가 대 국가의 그것이 아니게 되면서 나타난 "전쟁의 탈국가화Entnationaliserung와 차별적 전쟁개념 도입의 또 다른 재앙적 결과는 이러한 연관속에 최소한 시사되어 있다. 즉 국가적으로 조직된 인민의 자기완결적인 내적 통일체라는 전통적 국제법의 전제가 파열되었다는 사실말이다."(diskriKrieg, 45) 홉스가 말하길 "당신은 한 나라를 파문할 수 없다" 만일 "교황이 국가를 파문한다면 그것은 단지 자기 자신을 파문하는 것이다." 하나의 인민(민족) 전부를 '인류 본래의 적hostis generis humani'이라고 선언할 수 있는가. '전쟁의 초국가화' 즉 초국가적 실효성을 요구하면서 제재나 징벌조치가 감행된다면 국가와 인민사이의 자기완결적 통일성은 외부에 의해 붕괴되는 것을 의미한다. 인민에 대해서가 아니라 그 각각의 통치자나 추종집단을 겨냥하더라도 이들이 국가와 그들의 인민을 대표하기를 중단하게 되는 것이다. 부정전을 수행하는 당사국은 제재의 대상이자 강도국가, 악의 축으로 되면서 결국 범죄적인 정부와 무죄 인민으로 해체분열되어 버릴 것이다. 이것은 차별적 전쟁개념 도입으로 인한 전쟁개념의 폭발/해체의 그 이면이다.

"국제연맹이 국제법적으로 허용전쟁과 불허전쟁을 구별함으로써 차별적 전쟁개념은 적어도 맹아적으로는 제도화되었다. 이에 의해 전통적 국제법 질서 전부가 근본에서 흔들렸지만 그렇다고 신질서가 창조된 것은 아니다. 이것은 오직 새로운 세계전쟁을 통해서는 실현가능한 새로운 세계지배주장이 제기된 것일 뿐이다."(diskriKrieg, 47) 신세계질서는 **신세계전쟁을 통해** 실현가능하고 이는 새로운 세계지배요구를 의미한다.

슈미트에게 전쟁이 곧 법질서인 유럽공법시대의 전통국제법에서 전쟁은 주권국의 권리, 명예, 존엄이며, 적은 범죄자가 아니라 국가이자 국제법 주체이다. 교전권에 기반한 정치조직이 존재하는 한 이는 유효했다. 그런데 국제연맹의 연방Bund개념에는 연방내부에서의 교전권 포기가 포함되어 있다. "현대 국제법의 발전단계로 볼 때 연방주의와 보편주의는 규범주의적-논리주의적으로 상호조화가 될 수 있다, 그러나 어떤 제도적-구체적 실현에 접근하자마자 즉각 그 모순이 드러난다." 국제연맹의 연방주의가 전시를 상정해 내부통제를 더욱 강화하는 "이러한 상황이 지속되는 한 정전/부정전 구별의 도입은 구체적으로in concreto 단지 국제연맹의 전쟁과 기타 전쟁의 구별 도입 이후 전쟁과 적대의 심화를 초래할 것이다. 우리가 윌슨대통령의 태도에 기초해 세계전쟁에서 얻었던 경험이 다시 반복될지도 모른다. 이 상황에서 국제연맹을 언제나 '작동하는' 즉 다시 말해 보다 명확하게 전쟁상황을 겨냥한 조직으로 심화하는 쪽으로 연방화를 추진하는 것은 정전/부정전 구별을 더욱 깊고 날카로운, 더욱 전체적인total 우적구별을 초래하는 결과로 귀결될 것이다. ... 다시 전쟁이 발발하고 아마 이 전쟁은 '인류의 최종 최후의 전쟁'이자 어쨌든 이로 인해 더욱 심화되고 첨예하고 전체적인 전쟁이 될 것이다."(diskriKrieg, 49f.)

슈미트의 전망은 극히 우울하다. 하지만 본인의 말로 그것은 과거의 보수반동적 개념을 고수하자는 것이 아니라고 주장한다. "우리는 18-19세기 전쟁개념이 불변일 수 없고, 국제법적 신질서와 공동체가 필수적이자 불가피하며, 그리고 무엇보다 유럽 민족들간의 진정한 공동체가 현실적이며 실효적인 국제법의 전제라는 것을 우리는 안다. … 우리의 비판이 향하는 곳은 근본적 신질서와 이 과제를 위한 작업이 아니다. 우리가 국제법적 고찰에 기반해 부인하는 것은 진정한 민족공동체라는 목표가 아니라, 제네바 국제연맹과 보편적 세계질서를 특징짓는 그 방식으로 이루어진 불명확하고 비현실적인 특정한 혼성체이다. 국제연맹에 의한 법과 불법에 대한 결정의 제도화, 연방화 그리고 구체화는 우리가 보기에 하나의 사도Irrweg이다. 그것들은 우리에게 '없는 것 보다 낫지'가 아니라 진정한 국제공동체에 있어 없는 것보다 더 나쁜 것으로 모두의 앞길을 가로막고 있는 것과 다름없다."(diskriKrieg, 52f.)

(3) 노모스론적 전쟁개념: '정적正敵'과 전쟁의 '제한 · 보존Hegung'

그럼 다시 한 번 '전체적敵-전체전-전체국가'의 개념고리중 전체전(총력전)에 대한 슈미트의 개념을 짚어 보자.[46] 슈미트에게 전체전이란 먼저 첫째로 어떤 전쟁의 힘관계상 긴장이 극단적이어서 마지막 예비자원을 포함 모든 가용자원과 섬멸적 전쟁수단의 가차없는 투입으로 적에게 가할 결과와 관련 전체적이다. 둘째, 전쟁은 양방 혹은 어떤 일방에게만 전체적일 수 있다. 지리적 여건이나 전쟁술, 지배적인 정치적 근본원칙에 의해 18세기 궁정전쟁처럼 '부분전'인 것도 있을 수 있다. 셋째, 전쟁수행과정에서 전쟁의 성격이 변할 수 있다. 제1차 대전에서 독일의 경우 영국 국민개병제 도입과 더불어 전체전으로 성격이 변했다. 넷째, 전체전을 추구했지만 이로 인해 생길 전체적 리스크를 회피한 경우가 있다. 예컨대 1923년 코르푸분쟁, 1931년 만주사변, 1936년 대 이탈리아 경제제재, 스페인내전의 경우다. 그래서 전체전으로 가는 중간단계, 과도단

---

46 C. Schmitt(1937), Totaler Feind, totaler Krieg, totaler Staat(1937), in: FoP, 481ff.

계가 존재한다.

슈미트에게 '육지 : 바다' ≒ '병사 : 시민' ≒ '독일 : 영국'이라는 일련의 대당對當 즉 지정학적 대립의 메타포가 존재유형의 정신적 대립구도로 그리고 현실의 교전당사국으로 연결되어 이어지는 것을 쉽게 관찰해 볼 수 있을 것이다.

전쟁의 종류를 보자면 첫째, 육전인데 국민총동원 체제와 인민무장이 수반된다. 둘째, 해전인데 영국의 경제통상전에서 볼 수 있다. 이는 비전투원에 대한 전쟁을 포함하고, 경제전의 형태를 띠면서 중립국과의 통상관계도 전쟁에 끌어들인다. 셋째. 공중전이다. 당시의 시점에서 아직 완전한 체계를 갖추지 못했지만 이는 현대전의 3차원상의 본질적 요소라고 슈미트는 평한다.

그래서 독일의 경우 영국과는 달리 "병사 자신은 모범적으로 전쟁의 전형적 형상이 되고 인종민족적 본질유형의 강화된 표현형태"이다, 그런데 "오늘날까지 유럽민족의 역사는 영국식 해전과 대륙식 육전의 대립에 의해 지배되고 있다." 독일로 보자면 병사의 지위가 민족의 전체유기체에서 결정적인 의의를 가진다(FoP, 483). 그런데 "영국 해전은 전체적 적대의 능력이라는 점에서 전체적이었다. 곧 종교적, 세계관적, 영혼의, 도덕적 힘을 동원해, 영-스페인전 즉 게르만 대 로만, 프로테스탄트 대 가톨릭, 캘빈주의 대 예수교의 대립을 전개했고 그리고 영-나폴레옹전쟁에서는 해전에서 나폴레옹이 좌절했고, 영-독일전에서는 세계적인 프로파간다를 전개했다. 즉 문명, 인류, 민주제, 자유라는 이름으로 막대한 정신적, 도덕적 에너지를 동원, 프로이센-독일 '군국주의'에 대항해 스펜서류 역사상을 전파하는, 다시 말해 봉건에서 무역과 경제로, 정치적인 것에서 경제적인 것으로, 병사에서 산업으로, 전쟁에서 평화로의 발전을 인간진보라고 프로파간다했다. 그리하여 '프로이센-독일적인' 의미에서 병사는 진보와 평화에 방해가 되는 그 자체eo ipso '봉건-반동적인', '중세적인' 피규어로 치부되었다."(FoP, 484)

나아가 "영국해전은 자신만의 특수성으로부터 완전한, 자기완결적인 국제법체계를 발전시켰고, 19세기 대륙국제법의 상응 개념에 대항하여 자신만의 개념으로 이를 관철시켰다. 전투원과 비전투원을 구별하는 대륙적 개념을 거부하는 앵글로색슨의 적개념, 소위 경제전쟁을 끌어들이는 앵글로색슨 전쟁개념이 존재한다. 한마디로 이와 같은 영국 국제법의 근본개념과 규범은 마찬가지로 그 자체 전체적이며, 그 자체 전체적인 세계상의 확실한 표식이다."(FoP, 484) 병사 대 시민의 대당이 헌법적 이상의 대립이라는 점을 슈미트는 이렇게 설파한다. "영국의 헌법이상은 마지막으로 병사의 시민에 대한 복종을 세계관적 원칙으로 고양시켰고, 19세기 자유주의의 전개속에서 유럽대륙에서도 관철되었다. 이 헌법이상이라는 의미에서의 문명은 시민적zivil, 부르주아적인 것으로 본질적으로 비병사적 이상의 지배이다. 이러한 관념에 기초한 헌법이란 것은 언제나 시민적-부르주아적 시스템이며, 클레망소의 유명한 정식에 따르자면 병사는 이 시스템을 위해서 시민적 부르주아 사회를 방어하고 민간의 지도에 근본 원칙적으로 복종함으로써 비로소 존재근거를 갖는다. 프로이센 병사국가는 이러한 부르주아적 헌법이상에 대항해 100년에 걸쳐 국내정치에서 투쟁해왔다. 병사국가는 결국 1918년 이러한 부르주아적 헌법이상에 굴복했다. 1848년-1918년의 프로이센-독일의 국내정치사는 군대와 의회간의 부단한 갈등, 군대조직, 특히 국방예산을 둘러싼 정부와 의회간의 끊없는 투쟁이었다. 이 투쟁에서 대외정책적 필요성이 아니라, 국내정치적 타협이 피할 수 없는 독일의 전쟁준비를 지배했었다. 군조직과 군비축소의 세목전부를 대외정책적 '조약'을 통해 확정지은 베르사이유 늑약Diktat에 대항해 프로이센-독일 병사국가 및 군조직과 군비축소의 세목전부를 국내정치적으로 기속되게 규정했던 병사국가의 내부의 적들 사이에 50년동안의 국내정치적 계약이 선행되었다. 부르주아사회와 프로이센 병사국가의 분열은 전쟁부와 군지휘부간의 부자연스러운 분리와 각종의 파편화로 귀결되었다. 이 파편화의 최종근원은 언제나 영국에서 직접 혹은 프랑스와 벨기에를 거쳐 수입된 부르주아적인 헌법이상과 그 기원에 있어 독일적이고 병사적인 헌법이상의 대립이었다."(FoP, 485)

독-영, 영-독전쟁은 그러므로 그저 국가간 전쟁이 아니라 '육지 대 바다'의 지정학적 대결이면서, 병사 대 시민이라는 헌법이상 그리고 문화 대 문명의 충돌이자 나아가 정신사적인 격돌이 되는 것이다. 영독대결은 그래서 상호 피할 수 없는 이른바 '전체적'을 상대로 한 '전체전(총력전)'이라는 말이다. 다가온 제2차 대전을 목전에 두고 슈미트의 전체전 모델은 개념적으로 클라우제비츠가 말한 '절대전'개념으로 에스컬레이션되고 있었다. "전쟁의 동기가 크고 강할수록 그 동기는 인민의 전존재를 더욱더 포괄한다. 전쟁에 앞서 긴장이 격렬할수록, 전쟁은 더욱더 전쟁의 추상적 형상에 접근하고, 더욱더 적의 섬멸이 문제가 되며, 더욱더 전쟁목표와 정치적 목적이 합치되게 되며, 전쟁은 더욱더 순수하게 전쟁적이 되며, 더욱더 정치적으로 보이게 된다."(FoP, 486 역주).[47] 클라우제비츠의 언급을 하나 더 보자. "정치가 전체와 자신의 존재를 포괄하는 거대한 이익에서 출발할수록, 상호간 존재와 비존재의 문제가 제기될수록, 정치와 적대성은 더욱더 합치된다. … 그러한 전쟁은 대단히 비정치적으로 보이며 그런 이유로 그런 전쟁을 정상전!으로 간주하게 된다. 그러나 여기서는 다른 전쟁과 마찬가지로 정치적 원칙이 결여된 것이 자명하다. 정치적 원칙은 폭력과 섬멸의 개념과 완전히 합치되어 우리 목전에서 사라져 버린다."[48] 여기서 우리가 짚어 둬야 할 것은 클라우제비츠에

---

47 클라우제비츠의 원문은 Clausewitz 1991, 211.

48 클라우제비츠가 폰 뢰더소령 Major v. Roeder에게 보낸 1827년 12월 22일자 편지. Zwei Briefe des Generals v. Clausewitz – Gedanken zur Abwehr, MwR 1937, Sonderheft, 8.

게 있어 '정치적인 것'과 전쟁의 관계 문제이다. 양자의 질적, 양적 관계는 어떤 고정비의 관계가 아니다. 위에서 말하듯 '전쟁의 동기'가 강렬하고, '이익'의 규모가 커질수록 양자의 관계는 어떤 추상적인 절대치로서의 '절대전'에 더욱 접근해서 섬멸전의 형태를 취하게 된다는 말이다. 정치의 개입, '정치적 거래Verkehr'에 의해 현실의 여러 '마찰'에 의해 '절대전'은 '현실전'으로 양질적으로 변화된다. 다시 말해 양자의 관계는 항상 조건에 따라 운동하는 '변증법적인' 어떤 것이다. 그런 의미에서 클라우제비츠에게 '절대전'은 "하나의 극단Extrem이자 하나의 경계개념Grenz-begriff으로서 '현실전' 일체가 여기에 맞추어 측정되어야 하는 것"이다(FoP, 486). 그리고 클라우제비츠적 의미에서 정치는 전쟁에서 폭력량을 조절하고 소분小分하는 기능을 하는 것이다(FoP, 489). 하지만 제2차 대전은 분명 양단간에 가부를 결정해야 하는 절대전이었다.

슈미트의 『대지의 노모스』(1950)는 후기로 넘어가는 중간기착지이자 또 그 시점까지의 그의 지적 소산에 대한 결산 보고서같은 느낌을 주는 그의 주저이다. 그리고 지금의 시점에서 보더라도 국제관계이론에 대한 상당히 유용한 함의와 통찰을 제시해 준다. 이 장에선 우선적으로 그의 전쟁개념에 집중해 본다.

그는 국가간 전쟁 즉 국가전을 결투에 유추해 이렇게 말한다. "결투가 제도로 승인되는 곳에서는 결투의 정의는 마찬가지로 형식으로부터 그 정당사유justa causa[49]를, 구체적 질서로부터 추상적 정의규범을 예리하게 분리시킨다는 점에 있다. 다시 말해 결투가 정당한 이유는 정당한 것이 언제나 승리하기 때문이 아니라, 형식의 보존 속에 특정한 보장이 존재하기 때문이다. 그 형식은 결투하는 인물들의 자질, 투쟁의 경계 짓기에 영향을 미치는 특정 절차의 준수, 특히 동수 증인의 투입등이다.

---

[49] '명분' 혹은 '정당한 원인'으로 옮겨도 무방할 것이다.

법은 여기서 전적으로 제도적인 형식이 되었고, 그것은 결투에 응한 명예로운 신사들이 불편부당한 증인들 앞에서 정해진 형식에 따라 신사적 행동에 합의한다는 데에 존재한다. 그 결과 결투신청défi이 선전포고가 아닌 것처럼 침략행위도 범죄가 아니다. 다른 자에게 결투를 신청한 자가 실제 침략자일 이유는 전혀 없다. 이런 식으로 유럽내에 적용되는 국제법상 국가전 또한 그 이상적 형식으로 전개되고, 여기서 중립국은 불편부당한 증인으로 역할을 한다. 따라서 국가간 국면의 유럽국제법적인 의미에서, 유럽전쟁법 규칙에 따라, 유럽땅에서 벌어지는, 유럽국제법상 승인된 국가들의 군사적으로 조직된 군대가 수행하는 모든 국가전은 정당하다."(Nomos, 115)

결투라는 '형식', '구체적 질서' 즉 제도는 그 사유의 정당성 여부와 정의로움과는 무관하게 어떤 합의된 것으로서 범죄를 구성하지 아니한다. 결투와 국가간 전쟁의 '유추Analogie'에서 출발, 슈미트는 국가간 전쟁의 상대 즉 적은 섬멸의 대상이 아니다. 적hostis≠범죄자≠반도rebellis인 것이다. "그렇게 유럽국제법에 있어서 국가개념의 도움으로 전쟁의 보존Hegung[50]에 성공했다"(FoP, 114) 이는 위대한 업적이다. 또한 이를 통한 내전의 청산, 국가간 '결투'로 전쟁은 '보존'되고, 이것은 "상대적 이성의 왕국으로 정당화"되는 것이다. "주권자의 평등은 서로를 동권의 전쟁파트너로 만들었고 섬멸전 방식과 거리를 두게 되었다."

정적justus hostis개념은 우적이 공히 상호간 정당성을 주장할 수 있고, 제3국 또한 여기에 증인으로 자리잡을 것이므로 국제법적 중립이 가

---

50 독일어 Hegung은 한국어로 번역이 매우 어렵다. 영어로는 "전쟁의 봉쇄 혹은 경계안에 가두기containing or fencing in war"(Carl Schmitt(2007), Theory of the Partisan, 64)로 번역했다. 그래서 Hegung은 전쟁을 어떤 울타리나 경계안에 집어넣어 이를 그대로 둔다는 의미에서 나는 경계짓기 혹은 문맥에 따라 '제한·보존'이라고 번역했다.

능하다. 정당사유를 구유한 정전만이 국제법적으로 허용된다는 것은 자명하다. "그러나 전쟁의 정의는 이제 더 이상 신학적, 도덕적 또는 법적 규범상의 특정내용이 아니라, 동일평면에서 상호 전쟁을 수행하고, 전쟁행위에도 불구 상호간 반역자나 범죄자가 아니라 정적으로 간주되는 그런 정치조직의 제도적, 구조적 특질속에 존재한다. 달리 표현하자면 전쟁의 권리는 오직 전쟁당사자의 교전권jus belli이라는 특질에만 존재하며, 이러한 특질은 상호간 전쟁행위를 하는 자들은 동권의 주권자라는 점에 있다."(Nomos., 115)

전쟁은 정당사유를 갖춘 정전이 아니라, 동등한 권리인 교전권을 가진 정적 곧 주권자들간의 결투가 된다. '유럽공법 Jus Publicum Europaeum'상의 '국가간' 국면에서 달성한 거대한 진보에 의해 유럽에서의 전쟁은 제한Umgrenzung되고, 보존되었다. 영역국가의 '구체적 공간질서'를 통해 유럽의 대지는 특정한 국제법적 지위를 획득하고, 교회도 봉건도 아닌, 중세적 정전개념도 로마법도 아닌 공통의 국가관계의 국제법이 약 300년 동안에 걸쳐 성립되었다. 유럽내부에서의 전쟁은 '탈신학화'되고, 전쟁은 '합리화'Rationalisierung, '인간화'Humanisierung 즉 전쟁의 국제법적 보존이 가능하게 되었다. 이렇게 "정전의 문제와 정당사유의 문제가 분리되고, 법적-형식적 범주하에 놓인다."(Nomos, 113)

유럽공법을 통해 유럽역내에서 전쟁을 울타리 경계내로 제한하고 보존한 것은 유럽의 성과로 상찬된다. 종교전쟁의 최악의 잔혹성과 일탈, 중세에서조차 정전론의 위험성에 직면 1139년 라테란 공의회의 사례처럼 기독교국가간 전쟁을 제한하고자 시도되었다. 그래서 국가간의 전쟁, 국가전은 종교전쟁과 내전과는 확연히 구별되는 제3의 범주로서 '순수' 국가전이 등장한다. '형태상 전쟁Krieg in Form'은 "영역상 명확한 국경으로 구별되는 유럽국가 자체간의 전쟁이 되고, 유럽이라는 공동의 대지위에서 유럽의 '가족'을 구성하면서 이를 통해 서로 정적으로 간주될 수 있는 공적 인격체personae publicae로 상상된 공간단위간의 대결이 되었다. 그럼으로써 전쟁은 결투 비슷한 어떤 것이 되었고, 유럽 땅을 상호 분할하면서 유럽공법을 상호 구성하는 영토상의 특정 도덕적 인격 사이의 무기사용이다. 반면에 이러한 전지구적이긴 하지만 여전히 유럽중심적인 공간질서에 있어서 지구상의 여타 비유럽 땅은 자유롭게, 다시 말해 유럽국가에 의해 자유롭게 점거될 수 있는 것으로 취급되었다." 유럽역내의 "주권자는 상호 그자체로, 즉 상호 승인하는 자로 승인한다. 오직 그렇게 함으로써만 정적개념은 새로운 구체적 의미를 획득한다. 이 정적개념에는 정전개념과는 전혀 상이한, 더욱 고차적인 질서의 힘Ordnungkraft이 부여된다."(Nomos, 116)

1648년 베스트팔렌조약이후, 새로운 공간질서, 새로운 국제법의 새로운 법주체로서 국가는 법적 개념으로 이제 불가항력적인 것이 된다. 이 국가는 본질적으로 통일된, 자기완결적인 영역공간속에서 유럽역내에서 '완벽한 인간magnus homo'으로서 형식에 있어서는 법주체로서 주권적 '인격'이 된다. 주권적 인격으로 국가는 각각 모두가 동등하게 그 어떤 더 상위의 권력이 없는 까닭에 교전권의 담지자간의 이런 상태는 기본적으로 무정부적인 것이다. 그러나 결코 무법적인rechtlos 상태는 아니다. '각인은 자신의 문제에 있어 자신의 판관Par in parem non habet jurisdictionem'이고, 자신의 계약에 기속되며 계약의 해석은 자기 자신의 일이다. 각인은 각인을 향해 동등한 주권자이며, 각인은 동등한 전쟁권 jus ad bellum을 갖는다. 이로부터 새로운 비차별적 전쟁개념이 존재한다. 이 개념은 교전국은 국제법적으로 동권이며 즉 양자가 정적으로서 법적 도덕적으로 동등 차원에서 행동하며 적과 범죄자개념을 서로 분리하는 것을 가능하게 한다(FoP, 119).

"그런데 저러한 동권의 주권자사이에 어떻게 국제법 질서와 전쟁의 경계내 보존이 가능한가?"(Nomos, 120) 유럽공법의 국가간 시대국면에서 발전한 구체적인, 실체적-정치적인 형태, 제도, 관념이 "이 모든 주권자들을 포괄하는 유럽중심적 공간질서가 갖는 구속력"속에 존재한다. "이 노모스의 핵심은 확정경계를 가진 국가영역으로 유럽대지를 분할하는 것에 있다." 그것은 1) 유럽 국제법적 영토지위Boden-Status, 2) 비유럽이라는 무주지, 3) 해양. 이는 유럽국간의 세력균형 사상이 담지한 공간구조이다. 주권적 영역국가(국가라는 용어는 항상 1492-1890년 시기와 결부된 구체역사적 의미이다)는 이 시대구분의 유일한 '질서형성적ordnungsstifend' 조직이었다.

슈미트에게 1713-1914년은 유럽공법의 시간이다. "모든 국제법질서는 본질적으로 하나의 공간질서이므로 나름의 탄력적 방법과 절차를 만들어 낸다. 예컨대 새로운 강국과 국가의 승인, 새로운 [영역]획득의 공고, … 이 모든 것은 영역변경과 재분할을 정당화하면서 기존질서 전부의 유지와 지속에 기여한다. 기존질서의 본질적이고 구조적인 핵심은 항상 하나의 경계짓기이자 하나의 공간질서이다."(Nomos, 157) 또한 이 모든 국제법질서는 "자신의 기초가 되는 노모스, 그것의 공간구조, 질서와 장소확정Ortung의 통일을 보존하지 않으면 안 된다. 이때 전쟁, 사투, 탄압 그리고 수없이 많은 종류의 폭력사용이 변화를 끌어내기 위한 수단으로 승인되는 것은 근본적으로 가능하고 종종 필수적이기조차한 것이다. 하지만 그런 이후 이러한 것들은 경계지워진eingehegt 과정에 있다. 즉 이것은 전체로서의 포괄적 공간질서를 문제삼지는 않는다. 전쟁 그 자체가 아니라, 다만 지금까지의 전쟁 경계짓기를 침해하고 이를 부정하는 전쟁수행의 방법과 목적이 질서를 파괴하는 것이다."(Nomos., 157)

특정 공간질서의 수호자인 열강간의 전쟁은 기존 공간질서를 파괴하고 새로운 것을 가져 온다는 점에서 '전체적'이다. 전쟁은 폐기가 아니라 보존됨으로써 유럽 국제법의 업적이 된다. "유럽국제법의 본질은 전쟁의 경계짓기였다. 그러한 전쟁의 본질은 하나의 경계지어진 공간안에서 증인입회하에 연출되는 질서잡힌 힘의 측정이었다. 그러한 전쟁은 무질서에 반대되는 것이다. 그 전쟁에는 인간의 힘으로 할 수 있는 질서의 최고형태가 존재한다. 그러한 전쟁은 상승하는 보복의 악순환 즉 상호절

멸이라는 무의미한 목표를 향하는 허무주의적 증오와 복수행위를 막을 유일무이한 보호막이다. 섬멸전의 제거 또는 회피는 힘의 측정을 위한 하나의 형태를 발견함으로써만 비로소 가능해진다. 이는 다시 상대방이 동등한 차원의 적으로, 정적으로 승인됨으로써만 가능하다. 이로써 경계짓기의 기초가 마련되는 것이다. … 전쟁의 폐기가 아니라 경계안에 가두기야말로 법의 본래의 성공이며 지금까지 국제법의 유일한 업적이었다."(Nomos, 158)

이와 비교해 제네바 국제연맹은 오히려 중세 무정부주의보다 못하거나 나쁜 것이었다. 중세 무정부주의적 방식은 장소확정과 질서 속에 존재하는 진정한 법을 알고 있었고 또 보존했다. 이 법이 유의미한 전쟁을 섬멸전과 구분하고 허무주의적 법률화라는 백지상태 tabula rasa에 대항해 구체적 질서의 가능성을 구제할 가능성을 제공해 주기 때문이다(Nomos, 159). 유럽공법의 공간질서는 곧 '세력균형'을 의미한다. "포괄적 공간질서의 기속적 성격은 이 공간질서를 세력균형으로 파악할 때 즉시 이해된다. 정치적 세력균형이란 관념은 당연히 유럽국가군의 포괄적 공간질서를 표현한다는 의미를 갖고 있었다.… 유트레히트 평화조약(1713)에서 19세기 말까지 유럽국가들의 세력균형은 유럽국제법의 기초이자 보장으로 당연시되었다. …유럽의 세력균형이라는 관념에는 유럽대지의 승인된 공동의 공간질서가 정식화되어 있다. …그 모든 비판과 정치적 남용에도 불구하고 바로 여기에 세력균형관념 자체의 거대한 실천적 우위가 존재하는 바, 이 안에 전쟁의 경계짓기를 작용시키는 능력이 들어 있기 때문이다."(Nomos, 160f.)

강대국 Großmächte이란 공동의 공간질서에 가장 강력하게 참여하는 자를 일컫는다. 그래서 "다른 강국에 의한 강국으로서의 승인이 국제법적 승인의 최고형태다. 그 속에 승인하는 자들은 가장 높은 수준에서 상호 승인하는 자로서 자기를 승인한다." 강대국으로서 일본승인은 1894년이기도 하고 1904/5 러일전쟁이기도 하다. 일본이 승리한 양 전쟁을 국제법을 끌고 가는 소수 강대국클럽에 가입하기 위한 '입회경기Rezeptionspartie'라고 말할 수 있다. "동아시아의 강국과 더불어 아시아에서 더 이상 유럽중심적이지 않은 신세계질서로의 이행이 시작되었다."(Nomos, 163) 그래서 강국으로의 승인은 우선 공간질서에 관한 것이며 하나의 국제질서의 공간구조에 관련된 중요과정이다. 이는 "강대국이라는 승인은 교전권과 정적으로 승인받는다는 것에 그 최대 의의를 갖고 있을 뿐만 아니라, 특정 공간질서에 관련된 이유에서도 그러하다. 강대국으로서의 승인은 신국가나 정부승인 못지않은 국제법상의 중요한 법제이다. 강대국으로의 승인은 육지취득의 문제에 대해 가장 중요한 국제법상 법제도 Rechtsinstitut이다."(Nomos, 163)

표 4 슈미트의 노모스론적 전쟁개념

중세	근대	현대
정전justum bellum	정적	정전
정당사유	정당사유	정당사유
종교전쟁, 내전	국가전	세계대전
섬멸전	제한전 ('제한·보존')	섬멸전
	유럽공법 (1713년 유트레히트조약 – 1914년)	국제연맹
차별적 전쟁개념	비차별적	차별적
	전쟁의 '인도화', '합리화'	침략전쟁 불법화

슈미트 정치사상에 있어 '정치적인 것'은 처음부터 끝까지 그 사상의 중심 자리에 위치한다. 그리고 그 기준으로서 '우적구별'은 불가피한 것이고 또 소멸불가한 것이다. 언제나 문제가 되는 것은 '우'가 아니다. 위험하지 않기 때문이다. 언제나 '적'이 문제가 된다. 그런데 그 적은 정당한 적이다. 정적이다. 그래서 그 적 또한 소멸될 수 없는 가치의 담지자다. 왜냐하면 정당하기 때문이다. 그리고 정치적인 것, 적에 이은 삼위일체의 또 다른 하나인 전쟁은 이 정적이 수행하기 때문에 이 또한 소

멸될 수 없다. 단 이때의 전쟁은 '경계'안에 위치해야 한다. 그래야 인류에게 수많은 고통과 비극을 가져다주었고, 또 앞으로도 줄 것인 섬멸전과 구분되어 슈미트의 전쟁개념에 다시금 정당성을 부여할 것이기 때문이다. 클라우제비츠에게 정치와 전쟁은 목적과 수단의 변증법 속에 묶여 있는 것이다. 그러나 슈미트에게 전쟁은 정치적인 것의 '전제'이기 때문에, 정치적인 것이 존재하자면 그 전제인 전쟁 또한 폐기될 수 없는 것이다. 아니 슈미트가 이룩한 것은 평화가 아니라 전쟁이라는 개념을 '지킨 것'이다. 그 전쟁은 또한 정적들간에 일어나는 것이고 또 '보존'되는 것이다. 이렇게 슈미트가 '지킨' 전쟁은 적의 항구적 존재증명의 계기로서 또 '정치적인 것'의 전제로 영구히 개념적으로 '방부처리'되어 있다. 그리고 '정치적인 것'(우적구별)-'정적'-'(전쟁의) 제한·보존'은 슈미트의 '철의 삼각지대'라 할 만하다.

하지만 슈미트에 의해 전쟁사적으로 유트레히트 또는 베스트팔렌 조약에서 19세기 말 또는 제1차 대전 직전까지 이상화된 준거로 제시된 그 역사공간은 매우 심각한 역사적, 이론적 한계를 노출하고 있다. "그 시대에 '유럽내 전쟁의 제한·보존'은 진정 어불설성이다. 유럽패권을 놓고 벌인 합스부르크가 스페인과 프랑스의 전쟁, 영국에 대한 계속적으로 실패한 스페인의 함선원정전(1588년 스페인 아르마다의 붕괴), 위그노전쟁(1562-1598), 네덜란드 독립전쟁(1566-1609), 30년전쟁(1618-1648) 그리고 영국혁명전쟁(1640-1660)등으로 유럽은 더 이상 도저히 저지할 수 없는 피바다에 빠져 있었다. ... 슈미트는 그러나 프란시스 드레이크Francis Drake의 명제 '우호선 너머에 평화는 없다'를 식민피해자에 대해서 뿐만 아니라 식민세력 서로간의 경쟁속에서 영구전쟁상태와 사실상 무정부상태로 해석하는 한에 있어서는 옳다. 이들이 여기서 20세기 국제법질서에 대해서도 어떤 결론을 도출하기를 원했는지, 식민주의의 실상은 착취의 무정부상태였다. 즉 식민지는 중심부에서의 자본주의 생산양식으로의 이행을 가능케 하고 역시 여기서 산업혁명의 전제를 창출한 막대한 자본

축적의 원천이었다. 이 원천을 둘러싼 투쟁에서 경쟁자들에 의한 정복지의 착취 속에서 부족함이 발생하지 않도록 경쟁자들은 자발적으로 어떤 제한도 두지 않았던 것이다."(Paech/Stuby 2001, 55)

또 '식민지 해방사적'으로 '강대국클럽' 가입 혹은 승인이 '육지취득Landnahme'의 문제에 대해 '가장 중요한 국제법상 법제도'라고 함으로써 그의 방대한 개념체계가 참으로 맥없이 주저앉는 것을 목도하게 된다. 그가 말하는 위대한 유럽공법의 시대는 전쟁을 '보존'한 것도 아니거니와 나아가 비유럽사회에 대한 전대미문의 폭력과 수탈의 다른 이름이었다. 슈미트는 단 한 번도 이에 대해 진지한 성찰의 흔적을 보여주지 않는다. 조금의 주저나 성찰도 없이 자신의 개념체계에서 비서구 사회를 추방하고 또 유럽공법의 명예와 존엄을 위해 비서구사회를 가차없이 유린한다. 그것이 제국주의이고 식민주의임을 언급조차 하지 않은 채 말이다. 그래서 그 '가치'의 관점에서 보자면 특히 그의 전쟁개념은 그냥 구제불능 수준으로 제국주의 침략을 미화한 것 그 외 다른 무엇이라 부르겠는가.

3) '정치적인 것의 개념'과 권력

슈미트에게 있어 국가와 권력은 '정치적인 것 —적— 전쟁'의 삼위일체에 비교해 기본적으로 외재적인 것들이다. 즉 슈미트의 이론체계에 있어 구성적인 의미를 지니지 못한다는 말이다. 그리고 그런 의미에서 그 자체로 흥미로운 현상임이 분명하다.[51]

---

[51] 이 지점에서 슈미트의 동시대인이기도 한 역사가이자 외교관이었던 E. H. 카아Carr(1892-1982)의 이론을 비교해 보는 것도 아주 흥미롭다. "정치란 항상 권력정치power politics이다. 통상적으로 말하는 '정치적'이란 용어는 국가가 행하는 모든 행위에 적용되는 것이 아니라, 권력의 갈등을 포함하는 문제에 한정된다. 이 권력의 갈등이 해소되고 나면 그 문제는 더 이상 '정치'

1947년 4월 29일 뉘른베르크 수감시절, 슈미트는 심문관이었던 로버트 켐프너의 심문질의서 즉 '제국장관과 제국총통실 비서실장의 지위'에 대한 답변서를 작성했다. 이 답변서를 더욱 전개 발전시킨 글[52]에서 슈미트는 이렇게 쓰고 있다. "히틀러 운전사는 장군 서열인데, 나폴레옹 3세의 시종 마부나 황제 빌헬름 2세의 운전사에게 이런 지위를 부여한 적은 없다. 히틀러의 개인적 권력지위는 전권Allmacht을 요구하고 나아가 전지성全知性을 내포한다. 전권이야 그렇다 해도 전지성은 가공의 것이다."(VA, 481) 즉 "정치권력이 유일 장소나 유일 인격의 수중에 집중될수록 이 장소나 인격에의 접근은 가장 중요한 정치적, 조직적 그리고 헌법적 문제가 된다."(VA, 480)

슈미트의 히틀러 파시즘 비판은 히틀러 개인의 전횡을 주로 겨냥한다. 그런 점에서 우리가 서론에서 본 '권력 카르텔으로서의 파시즘'이란 명제와는 상당한 격차가 있음을 전제하고 봐야 한다. "히틀러와 그에게 접근가능하거나 개인적으로 접촉하는 모든 자들이 높아질수록, 이런 특권층에 속하지 않는 제국장관은 한낱 행정 관료로 추락한다. 1937년 이

가 아니라 '행정'의 문제가 된다. ... 그러나 국가 간의 관계에서 권력이 포함된 혹은 포함되었다고 생각되는 문제가 발생하는 순간 문제는 '정치적'이 된다. 권력을 떠나서 정치를 정의할 수 없는 한 권력은 항상 정치의 필수 요소라고 말해도 무리가 없다. 정치문제는 (기술적 혹은 법률적 문제와 달리) 문제의 내용을 안다고 해서 이해할 수 있는 것이 아니다. 무엇보다 누가 당사자인가를 아는 것이 매우 중요하다. 같은 문제라도 고립된 소수의 사람들이 제기하는 것과 막강하고 조직된 노동조합이 제기하는 것은 정치적으로 같은 사실이 아니다."(카아 2011, 133) 카아에게 '정치적인 것'이란 곧 '권력에 관계된 것'이라 할 만하다.

52   Carl Schmitt, Der Zugang zum Machthaber, ein zentrales verfassungsrechtlichens Problem(1947) in: VA, 480ff.

래 제국각의는 소집된 적이 없다. 정치권력의 최정상과 추락하는 최고위층사이 '장관보다 위에 있는' 새 조직, 특히 이런 종류의 권력충원과 권력행사란 극단적으로 개인적인 특성에 걸맞은 그런 조직에 의해 메꾸어져야할 빈 공간이 만들어 진다."(VA, 432)

히틀러정권은 공조직보다는 사유화된 권력 측근이 훨씬 중요했다. 최요직은 비서실Kanzlei 즉 관청Behörde이 아닌 '최고위급 참모'들이었다. 그 중 정권의 3대 축, 즉 당, 군, 정Staat 각각에 상응하는 복수의 비서실이 존재했다. 즉 총통비서실Kanzlei des Führers, 대통령비서실Präsidialkanzlei도 중요하지만, 개인적 권력의 최정점의 3대 연결고리는 당총재비서실Parteikanzlei, 방위군최고사령부(OKW: Oberkommando der Wehrmacht), 제국총리비서실Reichskanzlei등이었다(VA, 432). 여기서 총통비서실 비서실장인(ChdRK: Chef der Reichskanzlei)인 마르틴 보르만Martin Bormann은 제국장관(RM: Reichsminister)이 아닌 제국장관'급'이었다. 그가 바로 "국가와 유일 권력자, 유일 권력자와 국가 간의 연결점"이었다. 국가라고 표시된 행정조직은 히틀러정권의 기본원칙에 따르자면 당보다 서열이 뒤에 있다. 이러한 '국가의' 관청기구는 실무 집행을 보장하며 전쟁에 따르는 방대한 관리업무의 수행에 있어 당보다 더 중요한 원래적 의미의 행정부였다(VA, 433). '제국장관 겸 총통비서실장RMChdRK'이 법규명령을 제국관보에 공시함으로써 형식적 합법성을 준수하게 된다. 그런 의미에서 당무, 군무가 아니라 국무적 성격을 갖는 데, 여기에는 비밀명령과 비밀법률도 포함된다. 특히 총통령Führer-Erlaß 그리고 여타 법규정과 비교 최고효력을 가진 지시Anordnung는 총통명령Führer-Befehl과 달리 '제국장관 겸 총통비서실장'이 부서해서 제국관보에 공시했다.

전후에 슈미트는 이런 히틀러권력의 초법성을 교황에 견주어 비판하고 있다. "히틀러정권의 의도적인 주관주의와 근본적 비정상성은 실제 유례가 없을 뿐만 아니라 비교 불가한 것이다. 로마가톨릭교회의 수장 즉 교황이 로마가톨릭교회 교리상 무류無謬라고 할 때, 교황의 무류성은 하지만 동시에 가장 명약관화한 것, 특히 일반적 확증에 한정되어 있고 그것의 [교황좌의 교도권] 행사는 가장 분명하며, 나아가 가시적 형태(교황좌의 장엄 선언에 따라 ex cathedra)에 구속된다. 이에 반해 히틀러는 모든 종류의 일반적이며 개별적인 명령을 발하고, 원하는 대로 법률을 공표하며, 공개이건, 비밀이건, 구두로건, 문서로건, 두 사람 사이건 본인에게 적합한 그 어떤 때건 상관없이, '총통명령'을 빙자하는 것은 실제 그 누구에 의해서도 통제될 수가 없었다. 로마가톨릭교회의 무류의 수장인 교황은 후계를 본인이 지명할 수가 없다. 교황은 천년이 넘는 관행과 교회법학자의 교설에 따라 후계자 지명 방식만을 일반적으로 정할 수 있을 뿐이다. 이에 반해 히틀러는 세상 당연한 일인 것처럼 1939년 9월 1일 자신의 후계자를 지명했다. 이 황당무계한 진행에 독일 내 극소수만이 국법상, 헌법상의 우려를 표명했다는 점에 대해 나는 전율할 뿐이다. 다른 한편 그 외에 1933년 3월 24일자 수권법이 1937년, 1939년 연장되고 특히나 1943년 5월 10일 수권자 자신의 권한판정에 따라 또 연장되는, 법적으로 완전히 부조리한 결론에서 보듯이 히틀러정권은 요식적인 합법화와 관련 간혹 기이한 걱정도 하곤 했다"(VA, 436)

그래서 지존의 집무실 앞 "복도와 권력정점에의 접근권을 둘러싼 투쟁은 매우 격렬한 권력투쟁이며 이를 통해 인간의 권력과 무권력의 내적 변증법이 완성된다."(VA, 438) 최고 권력자에 대한 '접근권' 문제에 대해 슈미트는 그 후 다시 한 번 이를 상론한다. 그런데 바로 여기서 그의 권력개념을 좀 더 자세히 들여다 볼 수 있다. "왜 인간은 인간에게 복종하는가? 복종은 하지만 자의적인 것이 아니라 그 어떤 동기에 의해서 주어진 것이다. 그렇다면 인간은 왜 권력에 동의하는가? 많은 경우 신뢰 때문에, 다른 경우 공포 때문이기도 하고, 또 희망과 절망 때문이기도 하다. 그러나 항상 인간은 보호가 필요하고 인간은 이 보호를 권력에서 구한다. 인간의 견지에서 보자면 보호와 복종의 결합이야말로 권력에 대한 유일한 설명이다. 누군가를 보호할 권력이 없는 자는 복종을 요구할 권

리도 없다."(GüMacht, 14)

권력은 보호와 복종의 문제다. "맞다. 동의는 권력을 만든다. 하지만 마찬가지로 권력도 동의를 만든다. 이때 동의는 그 어떤 경우에도 비이성적이거나 비도덕적인 것은 결코 아니다. ...권력이 권력에 복종하는 자 모두의 완전한 동의에 의해 행사되고 그렇지만 일정한 자신만의 의미를 가질 때 권력은 소위 잉여가치를 갖는다는 것을 말하고자 한다. 권력은 자신이 획득한 동의의 총량이상이며 마찬가지 권력이 만든 생산물의 총합이상이다. ... 현대의 권력소유자는 카를대제나 바바로사황제보다도 자신의 권력에 필요한 동의를 만들어 낼 더 많은 무한정한 수단을 갖고 있다. ... 내가 말하고자 하는 것은 여기서 권력이란 권력을 창출해 낸 동의에 대해서조차, 자신만의 독립된 어떤 존재라는 사실이다. 내가 지금 보여주고자 하는 것은 권력은 권력소유자 자신에 대해서조차 그렇다는 점이다. 권력은 권력을 장악하고 있는 인간 개개인 각자에 대해서 하나의 객관적인, 자기고유법칙을 가진 존재라는 말이다."(GüMacht, 15f.) 그런데 이게 무슨 말인가? "이 말은 매우 구체적인 어떤 것을 말한다. 가공할 권력자 또는 인간의 몸이라는 한계, 인간 지성의 불완전함 그리고 인간 영혼의 허약함에 속박된다는 점을 분명히 해야 한다. 최고 권력을 가진 자라고 해도 우리처럼 먹고 마셔야 한다. 또 병들기도 하고 늙기도 한다."(GüMacht, 16)

권력은 권력자와 별개 분리된 하나의 자기법칙성을 가진 것이다. 그렇다면 이 법칙성과 권력자가 처한 권력과 무권력Ohnmacht의 불가피한 내적 변증법은 무엇인가. "인간 권력의 내적 변증법을 볼 수 있다. 권력자에게 발표를 하거나 정보를 제공하는 자는 그가 부서副署책임을 가진 국무위원이거나 간접적으로나마 권력자의 귀를 빌릴 수 있는 자이거나를 막론하고 이미 권력의 한 부분을 갖고 있는 것이다. 그가 한순간이나마 결정권을 쥐고 있는 그 개인에게 인상이나 동기를 매개해 주는 것만으로 충분하다. 이런 식으로 모든 직접권력은 즉각적으로 간접적인 영향력아래에 복속되는 것이다. ... 모든 직접권력의 공간앞에는 간접적 영향력과 간접 권력의 앞방, 권력자의 귀로 통하는 접근로, 권력자의 영혼에 다다를 복도가 만들어진다. 이와 같은 앞방이나 복도가 없는 인간의 권력은 존재하지 않는다."(GüMacht, 17f.)

그래서 "응접실, 뒷계단, 주변공간, 지하공간이건, 문제의 본질은 명백하다. 인간권력의 변증법은 조금도 변하지 않는다. 어찌되건 이 권력의 전실前室에는 세계사의 진행과 더불어 휘황하고 잡다한 회합들이 만들어지는 것이다. 바로 여기에 간접적인 것들이 집결한다. ... 권력의 최정점과 마찬가지로 특정지점, 특정인물 또는 특정집단에 권력이 집중되면 될수록, 권력 정점에 이르는 복도와 입구 문제가 첨예화된다. 이 앞방을 쥐고 있거나 복도를 통제하는 자들 사이의 투쟁은 이제 더욱더 격렬해지고 집요해지고 소리가 나지 않게 된다. 간접 영향력의 안개 속에서 벌어지는 이 권력투쟁은 인간의 권력 모두에 본질적인 것만큼이나 피할 수 없는 것이다. 바로 이 안개속에서 인간의 권력이 지닌 내적 변증법이 완성된다."(GüMacht, 19)

여기서 질문이 제기된다. "직접, 간접 권력중 어느 것이 좋은지 모르겠다." 슈미트의 답변이다. "나는 여기서 간접적인 것은 인간 권력의 변증법적 발전에 불가피한 한 단계에 불과하다고 본다. 직접 권력이 한 개인의 인격에 집중될수록 권력자는 더욱더 고립된다. 복도는 권력자를 땅으로부터 단절시킨다. 그 뒤 권력자를 성층권같은 곳으로 보내 버린다. 여기에서 권력자는 자신이 권력을 행사하는 모든 다른 인간들을 만나지 못하며, 이 인간들 역시 권력자를 만나지 못하는 그래서 그는 자신을 간접적으로 지배하고 있는 자들만을 만날 뿐이다. 극단적인 경우에 이것은 흔히 기이한 방식으로 명백해진다. 이것은 하지만 권력장치를 통한 권력자의 피할 수 없는 고립에 따른 극단적인 결과일 뿐이다. 직접권력과 간접영향력의 항상적 순환 속에 있는 일상생활속 수많은 단초속에서도 동일한 내적 논리가 관철된다. 그 어떤 인간의 권력도 이러한 자기

유지와 자기소외의 변증법을 피할 수는 없다."(GüMacht, 20)

그렇다면 권력은 중립적인 어떤 것인가. "… 대개 인간들은 너무나 당연하게 답할 것이다. 권력은 내가 가지고 있을 때는 선이고, 나의 적이 가지고 있을 때는 악이다." 여기서 대담자의 질문이다. "권력은 선하지도 악하지도 않은 그 자체 중립적인 것이지 않은가? 선한 인간의 손에 있을 때 권력은 선이고 악한 인간의 손에 있을 때 악"이지 않은가. 슈미트의 답이다. "그렇다면 어떤 인간이 선한지 악한지 그 구체적인 경우에 누가 결정하는가? 권력자 자신 아니면 어떤 타자? 누가 권력을 갖고 있다는 말의 의미는 다른 무엇보다 그가 누가 선한지 악한지를 결정한다는 말이다. 이것이 권력이다. 어떤 타자가 이것을 결정한다면 그 타자가 바로 그 권력을 갖고 있거나 아니면 이 권력을 어찌 되었건 요구한다는 말이 된다."(GüMacht, 23)

어떤 인간의 선악을 누가 결정하는가. 권력이다. 그렇다면 인간의 선악을 판단할 판관으로서 권력은 선한 것인가. "내가 말하고자 하는 것은 인간에 대한 인간의 권력이 선하다는 것이 아니다. 마찬가지로 권력이 악하다는 말도 아니다. 특히 권력이 중립적이라는 말은 더더구나 아니다. 사유하는 인간인 나로서는 권력이란 내가 가졌을 땐 선하고, 적이 가졌을 땐 악하다고 한다면 참으로 수치스럽기조차 하다. 내가 말하고자 하는 것은 권력이란 모든 인간에게 심지어 권력자에게조차도 하나의 자립적 실재이자 모든 인간을 권력의 변증법 속으로 끌어넣는다는 점이다. 권력은 권력의지 전부보다, 인간의 선함 전부보다 그리고 다행스럽게도 인간의 악함 전부보다 더 강하다."(GüMacht, 29)

그런데 여기서 권력 역시 역사적인 것임을 언급해 둘 필요가 있다. 7세기에 그레고리교황이 말했다. "하느님은 최고 권력이자 최고 존재이다. 모든 권력은 하느님으로부터 나오고 그 본질에 있어 신적이며 선한 것이고 앞으로도 그렇다. 악마가 권력을 가졌다 하더라도 이것이 권력인 한에 있어 신적이며 선한 것이다. 악마의 의지가 악한 것이다. 그러나

이 언제나 악하고 악마적인 의지에도 불구하고 권력은 그 자체 신적이고 선한 것이다."(GüMacht, 24) 지상의 모든 것이 하느님에게서 나오고 하느님의 것이면 권력 또한 마찬가지다. 하지만 야콥 부르크하르트는 이렇게 말한다. "... 루이14세, 나폴레옹 그리고 혁명적 인민정부를 생각해 볼 때, 권력은 그 자체로 악한 것(프리드리히 슐로서)[53]이며, 그 어떤 종교를 고려하지 않은 채 모든 개인에게서 박탈한 이기주의의 권리가 국가에 귀속되었음이 이제 자명해진다." 슈미트는 '어떤 본질적인 것'의 변화가 그레고리교황 시기와는 다른 루이14세, 나폴레옹, 프랑스혁명정부 즉 근대에 들어와 발생했음을 지적한다. "지난 세기에 인간 권력의 본질이 극히 특수한 방식으로 폭로되었다고 나는 믿는다. 다시 말해 권력의 악마성 명제가 19세기 이후부터 확산되었다는 점은 특이한 것이다. 권력이 신이나 자연으로부터 기원한 것이 아니라 인간들 사이에 합의한 어떤 것이라고 할 때 권력문제는 해결되었거나 혹은 그 문제성이 제거entschärfen되었을지도 모른다고 우리는 생각해 볼 수 있다. 신이 죽었고 늑대가 더 이상 아이들에게 공포의 대상이 아니라면 인간은 무엇을 더 두려워하겠는가? 권력의 인간화가 완성된 것으로 보이는 시대 이후 즉 프랑스대혁명 이후부터 권력은 그 자체로 악이라는 확신이 도저히 막을 수 없을 정도로 확산된다. 신은 죽었다는 선고와 권력은 그 자체로 악이라는 또 다른 선고, 이 양자는 동일한 시대 동일한 상황에서 기원한 것이다. 기본적으로 이 양자는 동일한 것을 말하고 있다."(GüMacht, 25)

본디 권력은 인성人性과 물성物性 양 측면을 갖는다. 슈미트는 인성과 관련해서 권력과 인간 특히 권력을 가진 자 즉 권력자를 분리시킨다. "당신에 대해서도 당신이 만든 권력은 하나의 객관적인, 자기법칙적인

---

[53] Friedrich Christoph Schlosser(1776-1861), 독일역사가, 하이델베르크대학 교수.

존재eigengesetzliche Größe다. 이것은 권력을 만든 모든 인간 각자의 비좁은 신체적, 지적 그리고 영적인 수용능력을 무한 초월한다."(GüMacht, 28) 인간으로부터, 인간의 의지로부터 자립화된 어떤 객관으로서 권력은 권력자보다 강하다. 그런데 히틀러권력의 초법성과 무법성을 슈미트가 비판할 때 히틀러는 대상이 되는 권력자임에 틀림없다. 권력자 히틀러를 무한초월하는 권력은 어떤 것일까. 무법적 권력을 무너뜨리기 위해 싸워야 한다면 도대체 무엇과 그리고 누구와 싸워야 하는 것일까. 히틀러권력이 초법적이라면 이 말은 분명 선이 아니라는 것인데 이때 히틀러가 악이고 히틀러 아닌 그 누군가가 선이라는 것을 누가 결정하는가.

또한 권력은 물성으로도 접근해 볼 수 있다. '무기는 전사의 본질'이다(헤겔). 인간은 동물보다, 인간의 무기는 동물의 무기보다 더 위험하다. 인간의 위험성은 무엇보다 인간의 무기의 위험성을 말한다. 원자탄, 수소탄이 1650년 홉스시대의 장창과 비교해 훨씬 더 위험한 것은 당연하다. 근대 이후 인간의 인간에 대한 위험성도 초고도로 상승했다. 홉스적인 시나리오에 따르면 근대국가는 약한 개별존재, 소인이 모여 거인을 이룬 것이다. 이 거인은 소인의 권력을 무한 초월하며, 이로써 새로운 '리바이어던' 곧 '기계중 기계'machina machinarum가 탄생한 것이다. 약한 인간이 모여 만든 강력한 초인으로서의 리바이어던은 자신에게 주어진 극강의 권력수단이자 도구 즉 무기를 갖고 누군가의 선악을 판단한다는 것이다.

슈미트에게 권력은 어떤 객관적인 것이며, 정의상 '권력은 권력자보다 더 강한 것'이다. 그것은 권력자로부터 분리자립화된 것이다. 권력이 어떤 누구의 선악을 판단한다. 그러면 우리가 지금까지 논해 온 '정치적인 것'의 기준이 우적이라면 마찬가지로 권력이 우적을 판단하는 것이지 그 외 어떤 다른 범주가 슈미트이론에서 소환된 것은 없다. 분명 권력보다 '정치적인 것'이 훨씬 넓은 개념임에는 분명하다. 하지만 양자의 관계는 정의되지 않은 채, 또 맞물리지 않은 채 헛돌고 있다. 양자간의 '내적 변증법'은 있는 것인가. 권력은 정치적인 것으로부터 '도' 자립화된 자기법칙적인 객관적인 대상인가. 권력은 정치적인 것에 대해 구성적 지위를 갖는 우적구별로부터 자유롭다. 아니 자유롭게 내버려져 있다. 권력은 선악을 결정할 뿐 그 자체 선악의 피안에 위치한다. 그리고 정의되지 않은 채 우적의 차안에 놓여 있다.

권력은 정치투쟁의 목표이다. 그런데 권력과 권력자가 분리되면 어떻게 정치투쟁이 가능할 것인가. 슈미트는 지존에의 '접근권'으로 권력문제를 부각하면서 이를 1인 권력자라는 매우 인적인 범주로 ―그래서 파시즘이론의 측면에서 보자면 많이 부족한― 협소화시켰다. 그러면서 자본의 경제권력 같은 거대한 구조적 권력을 시야에서 치워버렸다. 게다가 권력과 권력자를 분리함으로써 권력을 초현실적인 공간으로 위리안치시켜 버린다.

적어도 명시적으로 슈미트가 말하고 있는 것은 아니라 하더라도, 우적과 선악을 결정하는 것이 결국 권력 특히 권력자의 기능이라면 적어도 정치적인 것의 관점에서 보자면 선악, 우적은 도덕적인 문제가 아니라 정치적인 문제라는 말이 되고, 선악, 우적의 기준 자체가 정치화되면서 객관기준은 부존재의 영역으로 넘어간다. 그리고 여기에는 상대주의의 깊은 수렁이 기다리고 있다. 하지만 이때의 권력을 곧 해석권력 혹은 헤게모니라고 정의한다면 그나마 형편이 좀 나을 수는 있겠다.

4) '정치적인 것의 개념'과 '전체국가'

슈미트의 '전체적인 것'의 개념은 무엇을 말하는 것인가. 1937년 집필된 「홉스와 데카르트에 있어서 메카니즘으로서의 국가」[54]에서 이렇게 쓰고

---

54 Carl Schmitt(1937), Der Staat als Mechanismus bei Hobbes und Decartes, in: SGN, 139ff.

있다. "'전체적'이란 말은 개인적 자유에 대한 여러 가지 종류의 광범위한 징발이나 제거를 의미할 수도 있고, 기본적으로 시민적 자유의 적용공간에 대한 전통적인 경계의 상대적 변경을 의미할 수도 있으며, 중앙집권화, '권력분립'이라는 전통적인 실정헌법적 개념의 변화, 종래의 권력의 분리나 구별의 폐지, 목적으로서의 전체성, 수단으로서의 전체성 등등을 모두 의미할 수 있다."(SGN, 140)

여기서 홉스의 국가개념이 준거가 되고 있다. "홉스에 있어서 국가는 그 전체로서 인격이 아니라 주권적, 대표적 인격이 단지 '거인'인 국가의 혼에 지나지 않기 때문에, 메카니즘화의 과정은 이러한 인격성을 통하여 저지되지 않을 뿐 아니라 오히려 비로소 처음으로 완성되는 것이다. ... 물론 국가는 육체와 영혼을 가진 그 전체로서 하나의 인조인간 homo artificailis이며, 그 자체로서 기계이다. 국가는 재료와 제작자, 소재와 기술자, 기계와 기계의 제작자가 동일한, 말하자면 인간의, 인간에 의해 제작된 도구이다. 그에 따라 영혼 역시도 인간이 인공적으로 만들어낸 기계의 단순한 구성요소이다. 따라서 최종결과물은 '거인'이 아니라, '거대한 기계'. 국가가 지배하고, 또 보호하는 인간의 현세적이고 육체적인 존재의 안전보장을 위한 거대한 메카니즘이 된다. ... 17세기에 생성되어 전유럽 대륙에서 관철된 국가는 실제에 있어서 하나의 인간의 작품이고, 이전에 존재했던 모든 종류의 정치적 통일체와 구별되는 것이다. ... 법은 실정법으로 되고, 합법률성Gesetzlichkeit이 합법성Legalität으로 되며, 합법성은 국가라는 기계의 실증주의적 기능양식이 되었다."(SGN, 144f.) 여기서 "그래서 나는 근대의 '전체적' 개념들은 개념으로서의 의미를 가진 것이 전혀 아니라, 신화로서의 의미를 가지고 있으며, 따라서 전체화란 신화화를 의미(SGN, 146)"한다고 말한다. 하지만 홉스의 국가가 영구 타당한 것은 될 수가 없다.

슈미트는 1941년 제2차 세계대전이 한창일 때[55] 다음처럼 주장하고 있다. "국가는 모든 민족과 시대에 타당한 보편 개념이 아니라, 역사적인 특정 시대에 구속된 구체적 개념이다. 그리고 '국가'라는 말을 통해 국가 시대의 전형적 관념을 다른 시대와 상황에 투사하는 것은 비록 그것이 허위라고는 말할 수 없을지 몰라도 오류임은 명백하다."(VA, 383) 이러한 '국가 개념의 시대 구속성'에 비추어 볼 때, 슈미트의 시대를 규정한 그 특정한 국가 개념은 다름 아닌 그의 '전체적 국가'이다.

그래서 "완벽한 '비정치Nichtpolitilk'라는 경험에는 다음과 같은 인식, 즉 모든 문제는 잠재적으로 정치 문제라는 인식이 침투해 있다. 독일에서 우리는 19세기적 사유로는 전혀 이해할 수 없는 모든 경제적·문화적·종교적 그리고 기타 인간 존재의 전 영역의 정치화를 경험하고 있다. 국가를 경제화하려는 수년의 시도가 끝난 이후 현재 역으로 경제가 전적으로 정치화된 것으로 보인다. 현재 우리는 전체적 국가라는 실질적이며 명쾌한 정식을 파악할 수 있다고 믿는다."(PuB, 211)[56] 슈미트에 의하면 이미 오래전부터 "정치적인 것은 전체적인 것"(PuB, 213)이었다. "그 사이 우리는 정치적인 것이 전체적인 것이라고 인식하게 되었고, 그 결과 어떤 것이 비정치적인지 아닌지에 대한 결단 ─누가 그 결단을 내리는지 그리고 어떤 입증근거로 그것을 치장하든지 간에─ 역시 언제나 하나의 정치적 결단임을 알게 되었다."(PT1, 2판 서문, 7) 새로운 것은 단지 과학기술의 진보에 기초한 새로운 기술 수단이다. 즉 이 전체적 국가는 다음과 같은 경험적 현실, 즉 19세기와는 비교되지 않을 만큼의 새로운 군사기

---

[55] Carl Schmitt(1941), Staat als konkreter, an geschichtliche Epoche gebundener Begriff, in: VA, 375ff.

[56] Carl Schmitt(1933), Weiterentwicklung des totalen Staates in Deutschland, in: PuB, 211ff.

술 수단과 영화, 라디오 등 대중매체의 비약적인 발전으로 말미암아 국가가 엄청난 양의 권력 자원을 축적하게 된 현실에 기초한다. 바로 이 전체적 국가야말로 '진정한 국가'이며 '강력한 국가'이다. 슈미트에 따르면 이 전체적 국가는 일정한 역사적 진화 경로를 밟아온 것이다. 그것은 3단계로 나누어진다. 첫째로 17~18세기의 절대국가, 둘째로 19세기 자유국가 내지 중립국가, 셋째로 국가와 사회의 동일성에 기초하는 전체국가가 그것이다(PuB, 173).[57]

20세기 국가를 보는 데 있어 국가 및 헌법 이론적으로 결정적인 것은 국가와 경제의 관계이다. 광범위한 국가 개입주의의 출현으로 말미암아, 국가 중립성이라는 19세기 자유주의적 가설은 더 이상 타당하지 않은 것이다. 그런데 여기서 슈미트는 정치사상에 익히 알려진 이른바 '홉스의 질문', 즉 '만인의 만인에 대한 투쟁의 상태에서 어떻게 사회통합을 이루어낼 것인가'를 연상시키는 다음과 같은 문제를 제기한다. "이제 국가는 흔히 말하는 것처럼 사회의 자기조직이다. 그러나 여기서 그렇다면 어떻게 스스로 조직하는 사회가 통일체Einheit에 도달할 수 있으며, 그러한 통일체가 진정 '자기조직'의 결과로 출현하는지의 여부이다."(BP2, 176) 새롭고 강력한 전체적 국가, 그것이 그의 답변이었다. 이를 통해 국가와 사회는 전면적으로 재결합해야 한다.

그런데 독일의 바이마르공화국, 즉 '다원주의적 정당국가'는 "강도Intensität와 정치적 에너지가 아니라, 순수 양적인 의미에서, 한낱 크기라는 의미에서만" 전체적일 따름이다. 전혀 양립할 수 없는 "다섯 개의 대립되는 세계관, 국가 형태 그리고 경제체제"를 지향하는 그 자체로 자기완결적이며 '전체적인' 정당의 난립으로 독일 의회는 더 이상 의회가 아

57　Car Schmitt(1931), Die Wendung zum totalen Staat, in: PuB, 166ff.

니며, 선거 역시 더 이상 선거가 아닌 그야말로 완전한 무기력을 보이고 있는, 양으로만 전체적 국가일 뿐이다. 이로 말미암아 "인민의 의지는 다섯 개의 채널과 다섯 개의 서로 다른 방향으로 분열되어 있고, 그 결과 하나의 흐름으로 결집되지 못하고" 있는 것이다(BP2, 215). 이 독일형 전체적 국가는 파당적 이해관계에 매몰되어 경제와 국가를, 국가와 기타 영역을 구분하지 못하는 국가아닌 국가일 뿐이다. 그러므로 진정한 새로운 통일체는 바이마르 저편에 존재하는 것이다. 즉 독일의 국가 현실에 직면하여 슈미트는 새로운 대안을 모색한다. 이탈리아 파시즘을 전적으로 긍정하면서 그는 한 서평에서 다음과 같은 질문을 제기한다. "오늘날 한 국가가 경제적·사회적 대립과 이해에 대해 우월한 제3자höhere Dritte 역할을 하는 것은 가능한가(이것이 파시스트 국가의 요구이다). 또는 국가는 필연적으로 그 경제적·사회적 계급의 무장한 하수인Diener에 불과한 가(잘 알려진 마르크스주의적 명제). 아니면 국가는 일종의 중립적 제3자, 즉 중립적이며 매개적인 권력인 가(일정정도 오늘날의 독일에서 사실상 그런 것처럼)."(BP2, 125) 슈미트의 정치적 선택은 물론 사회 계급의 요구에 대항하여 "국가의 존엄과 민족적 통일"을 관철할 수 있는 '우월한 제3자'로서의 새로운 국가였다. 즉 "파시스트 국가는 중립적 제3자가 아니라 우월한 제3자로서 결단한다."(BP2, 128) 그렇다면 그 힘과 에너지는 어디서 나오는가? 이탈리아와 관련하여 슈미트는 민족적 감정, 무솔리니의 개인적 에너지, 재향군인 운동 등을 열거한다. 그런데 바로 이러한 '권위적 국가'는 그렇다면 노동자의 사회주의적 이해와 자본가의 이해중 어디에 봉사해야 하는가? 바로 이 지점에서 파시즘 국가의 포퓰리스트적 성격이 여실히 드러나고 있다. "나는 이 국가가 진정한 국가가 되는 만큼 장기적으로는 누구보다 노동자에게 유익해야 한다고 생각한다. 왜냐하면 오늘날 바로 이들이 인민이며 국가는 다름아닌 인민의 정치적 통일체라는 바로 그 이유에서이다. 단지 약한 국가만이 사적 소유의 자본주의적 봉사자이다."(BP2, 129) 결국 인민의 정치적 통일을 유지할 수 있는 이탈리아 파시즘을 모델로 하는 '강한 국가'의 건설이 슈미트의 정치 전략적 옵션이었다.

슈미트의 새로운 전체적 국가는 인민Volk의 정치적 통일체다. 1938년에 집필된 「국제법적 중립성과 인종민족적 전체성Völkerrechtliche Neutralität und völkische Totalität(1938)」(FoP, 617ff.)이라는 글에서 그는 국가와 민족의 전체성문제는 하나의 유행어가 되었다고 언급한다. 심지어 "맨체스터 자유주의와 관련해 보자면 루스벨트대통령의 뉴딜은 암울한 '전체주의'이다."(FoP 618) 실제 루스벨트 초기 독일파시스트들은 뉴딜을 높이 평가했다. 그러면서 슈미트는 당시 젊은 그리스 법학자 게오르그 다스칼라키스Georg Daskalakis의 언급을 긍정적으로 인용하고 있다. "전체국가는 고유한 국가형태가 아니라 국가생활의 한 계기일 뿐이다. 부연하자면, '모든 국가유형에서 하나의 특정방향으로 잇따라 발생하는 어떤 긴장에 의해 특징지어지는 한 순간'이다. 잠재적으로 모든 국가제도는 전체적이고 전체성을 통해 특정 위험 상황속을 통과해 나간다. 전체성이라는 유행어로 요약된 발전현상이 너무나 잡다하다손 치더라도, 좀 더 근본적으로 고찰해 볼 때 한 가지는 즉시 인식가능하다. 즉 한 민족 혹은 한 인종민족적 국가의 전체성은 무엇보다 자기 자신에 준거하는 사안이라는 점이다. 한 민족이 전적으로 자기 자신을 자각할수록 그 민족은 자신의 고유한 유類에 기반해 마찬가지 자신의 경계를 인식하고 다른 민족의 고유한 유와 경계를 각성하며 제3의 민족과의 분쟁속에서 한 민족의 국제법적 중립성에 대한 이해의 공고한 기초가 비로소 생성된다."(FoP, 618) 결국 슈미트의 전체적 국가는 어떤 한 민족의 '자기준거적인' '인종민족적' 국가로 귀결된다. 슈미트가 이제 "더 이상 국가가 아니라 인민이 정치적 통일체의 정상개념"(SGN 133)이라고 했을 때, 국가는 전체국가로서 바로 이 인민이 인종민족적으로 주체가 되는 그러한 '뉴노멀'을 지향한다. 결국 전체적 국가는 바로 인종민족적 국가를 말한다.

2차 대전이 끝난 한참 뒤에도 슈미트는 예컨대 『정치신학 II』에서 정치적인 것에 의해 국가가 규정된다고 말한다. 그리고 그것의 유일기준은 연합과 분열의 강도, 즉 우적구별이다(PT2, 22). 정치적인 것은 곧 전체적인 것이다. 그리고 그 전체적인 것은 인종민족적이다. 비록 더 이상 '인종민족적'이란 금기어를 이후에는 사용하진 않지만, 적어도 나치독일의 슈미트에게는 그렇다.

5) '정치적인 것의 개념'과 헌법: '체계System'로서의 슈미트 헌법론
(1) '정치적인 것'과 헌법이론

슈미트는 『헌법이론(1928)』서문에서 집필의도를 스스로 '체계System의 시도'라고 표현한 바 있고, 2차 대전 이후 1954년 서문에서는 '진정한 체계적 이론Systematik'이라고도 표현했다.[58] 그렇게 보면 슈미트가 특별히 자신의 사상을 어떤 자기완결적인 체계로 구축하고자 한 예는 드물다. 하지만 유일한 예외가 그의 헌법이론이다. 여기서 슈미트의 주적은 한스 켈젠과 같은 자유주의 학파였다. 이들의 법실증주의는 헌법이론상의 근본문제를 일반국가학(정치학)으로 구축하는 바람에 이 일반국가학에서 헌법이론은 국가이론일반과 철학적, 역사학적, 사회학적 제문제 사이에서 애매한 지위에 놓이게 되었다고 비판한다(Verf, XI). "헌법의 시민적 법치국가적 구성부분은 정치적 구성부분에 단지 첨가된 것에 불과함에도 불구하고 전체헌법과 혼동되고 있다는 점"이 특별한 난점이다(Verf, XIII).

헌법개념은 시민적 법치국가의 헌법이념과 일치하는데 이것이 슈미트가 보기엔 바로 자유주의적 헌법관인 것이다. 그러나 "시민적 법치국가는 '정치적인 것'을 뒤로 물리고" 있다. "시민적-법치국가적인 것은 전체 국가헌법중 단지 일부분만을 형성하고, 나머지 부분은 정치적 실존

---

[58] 슈미트의 헌법론은 아주 오래전 김기범에 의해 번역되었다. 칼 슈미트(1976), 『헌법이론』, 김기범 역, 1976.

의 형태에 대한 실정적positiv 결단을 내포한다는 것을 알 수 있다. 이에 따라서 현대 시민국가의 헌법은 항시 2개의 부분으로 구성되는데, 한편으로 국가에 대항하여 시민적 자유를 보호하기 위한 법치국가적 제원칙과 다른 한편으로 정치적 구성부분인데 이로부터 각각 고유한 **국가형태**(군주정, 귀족정, 민주정 또는 혼합국가)를 추론해 낼 수 있다."(Verf, 41, 강조는 원문) 즉 슈미트에게 정치적인 것이 헌법이념에 있어서도 명확히 우위에 있는 것이다. "정치적인 것은 인민의 정치적 통일체 즉 국가로부터 분리될 수 없다. 그리고 국법을 탈정치화한다는 말은 국법을 탈국가화한다는 것에 다름 아니다. 법치국가적인 것은 모든 현대헌법의 그저 일부분일 뿐이다."(Verf, 126) 현대적 시민적-법치국가적 헌법은 그 원리에 있어 부르주아 개인주의에 상응한다. 헌법국가는 곧 부르주아 법치국가로 성립한다. 인신의 자유, 사적 소유, 계약자유, 상업과 영업의 자유등 시민적 자유등에 있어 국가는 "엄격히 통제된 사회의 시종으로 등장한다."(Verf, 126)

이 때 "헌법=**국가형태**이다". 여기서 형태라는 용어는 "어떤 존재적인 것Seinsmäßiges, 즉 하나의 상태Status이지, 합법규범적인 것Rechtssatzmäßiges 또는 규범적으로 그랬어야만 하는 것[Gesolltes 당위]을 표시하는 것은 아니다"(Verf, 5) 당위에 대한 존재의 우위, 일관된 정치적 존재론, 정치적인 것은 존재적인 것으로서, 결국 정치적인 것으로부터 인민의 정치적 실존의 형태로서 국가형태가 도출되는 것인 바, 이것이 법치국가적 요소들보다 우위에 있다는 말이다. 헌법이론의 핵심 역시 정치적인 것에 있다. 당연히 리버럴 시민사회에 대한 국가의 우위이고 이 국가형태는 정치적인 것에 의해 규정되는 것이다.

헌법 역시 정치적 존재론에서 생성되는 것이다. "헌법은 그 규범의 진실성이 타당성의 근거가 될지도 모를 그러한 규범에 근거를 두는 것이 아니다. 헌법은 정치적 **존재**로부터 솟구쳐 오른 자기 존재의 양태Art와 규범에 대한 하나의 정치적 결단에 그 근거를 두고 있다. '의지'라는 용어는 규범적 혹은 추상적 진실성에 종속되는 것에 대립하여 … 본질적으로 실존적인 것이다. 헌법제정권력은 정치적 의지 다시 말해 구체적인 정치적 존재다."(Verf, 76)[59] 법률은 본질상 명령인가 이성인가를 떠나 "헌법은 하나의 결단이고 모든 종류의 헌법제정권력은 필연적으로 명령이 되지 않을 수 없다."(Verf, 76) 헌법률Verfassungsgesetz[60]은 헌법제정권력

---

[59] '의지'와 관련해 다음 일련의 이항대립 도식을 참조(Verf, 76).

권력postesta 권위autoritas

인민popolus 원로원senatus

황제Kaiser 교황Pope

속secular 성sacer

합법성legality 정당성legitimacy

동일성Identität 대표Repräsentation

의지voluntas 이성ratio

명령Befehl 규범Norm

[60] 헌법과 헌법률의 구별은 "근대 입헌주의가 이룩한 본질적인 성취에 대한 투쟁선언Kampfansage이다. 이 성취는 말하자면 헌법바깥에는 어떤 정당한 정치권력도 존재해서는 안 된다는 원칙이다. 이 원칙은 모든 정치권력은 헌법에 의해 외적으로 구속되고 제약될 뿐만 아니라 헌법에 의해 구성되고 정당화된다는 것을 의미한다. 예컨대 군대, 관료제 혹은 교회등에 대해 지배의사를 표시한 그 모든 전前헌법적이고 헌법외적인 권력들은 입헌국가의 관점에서 보자면 정당성이 없다. 슈미트의 이론은 이러한 성취를 취소시킨 것이다. 슈미트가 실존적인 정치적 결단의 의미에서 '헌법'이라고 표시한 것은 그 정당성은 헌법조문과 그 규범성이 아니라 전정치적이고 헌법에 선행하는 인민의 동질적 통일체의 상태와의 동일성에 관계하는 정치세력들에 대한 참조라는 의미 그 이상이 될 수가 없다."(Preuß 2001, 152) 슈미트가 헌법과 헌법률을 구별함으로써 첫째, '정치적인 것'을 인민의 실존에다 위치지웠

의 '집행적 규율ausführende Normierung'이며, 그것은 헌법제정권력의 정치적 결단을 전제로 하는 것이다. 헌법제정의지는 인민의 '직접적인' 의지이다. 그것은 어떠한 헌법률적 절차보다 선행하고 또 그 위에 존재한다. 헌법률, 심지어는 헌법도 헌법제정권력을 부여할 수 없고 또 그 발동의 형태를 사전에 정할 수 없다(Verf, 84).

정치적 구성요소와 법치국가적 구성요소로부터 이원주의적 법률개념이 유래된다고 할 때, "정치적이라는 것은 법치국가와는 반대로 국가라는 정치적 실존형태와 지배 조직의 구체적인 형성방식으로부터 유래한 법률의 개념을 의미한다. 법치국가적 관점에 있어서는 법률은 본질적으로 규범이다 … 정치적 법률개념의 의미에 있어서의 법률은 구체적인 의사와 명령이고 또 주권의 행위Akt이다. 그러므로 군주정원리의 국가에 있어서는 군주의 의지가 법률이고, 민주정에 있어서의 법률은 인민의 의사이다. '법률은 인민이 욕망하는 것이다lex est quod populus jussit'. 철저

다. 이로써 인민주권의 이념과 헌법의 민주적 정당성에 손쉽게 접속해서 바이마르 헌법의 자유주의와 구분할 수 있게 되었다. 둘째, 헌법은 인민의 정치적 결단으로 헌법률은 '부차적인 것'으로 설정해서 이 헌법률과는 달리 헌법적 결단에 관한 한 입법부의 헌법개정 권한 바깥에 배치했다. 이러한 설정의 논리적 귀결은 비상사태시 정치적, 실존적 결단으로서의 헌법을 수호하기 위해 헌법률적 규범은 정지시킬 수 있다는 것이다. 셋째, 헌법은 이로써 '진정한 근본원칙'이자 '초법적인 가치'를 포함하는 것인 반면, 헌법률은 의회내 산술적 다수에 의해 개폐할 수 있는 것이다(Preuß 2001, 150f.). 슈미트는 이런 논리에 근거해서 1932년 대통령독재를 통해 바이마르 헌정을 구제할 '마지막 시도'를 도모했다고 주장하게 된다. 즉 나치당과 공산당이 합해서 의회과반수를 넘긴 상황에서 '헌법'의 개정은 반헌법적 정당의 산술적 다수에 의해 가능하지 않다는 논리를 제공하게 되는 것이다. 여기에 대해서는 이 책의 5장을 참조.

하고 완결된 법치국가는 정치적 법률개념을 구축하고 구체적으로 실존하는 주권에 대신하여 '법률의 주권'을 세우고자 노력한다. 다시 말해 주권의 문제에 대해 실제 답변하지 않고 어떤 정치적 의사가 정당한 규범을 실정적으로 효력을 가지는 명령으로 만들 수 있는가의 문제를 미해결의 상태로 방치하려고 노력한다. 이것은 은폐와 허구를 초래할 수밖에 없다."(Verf, 146) 법률의 주권은 인민의 주권을 대체할 수가 없는 것이다.

개인의 자유권 예컨대 언론출판의 자유, 의사표현의 자유, 예배, 집회, 결사, 단결의 자유 등 기본권도 '비정치적 성격'을 상실할 수 있음을 시사한다. "결사의 자유가 노사단체[Koalition, 노조와 사용자단체] 즉 상호 투쟁하면서 파업과 직장폐쇄와 같은 특정 사회적 권력수단을 통해 대립하는 그런 결사체로 발전하게 될 경우, 정치적인 것의 지점Punkt des Politischen에 도달하게 되어 그 결과로서 개인주의적 기본권과 자유권은 존재하지 않게 될 것이다. 단결권, 파업권 또는 직장폐쇄권은 자유주의적 법치국가적인 의미에서 자유권이 아니다. 한 사회집단에게 명시적인 헌법률적 규정에 의해서건, 묵시적인 관행상 묵인에 의해서건 그러한 투쟁가능성이 내맡겨지게 될 때, 자유주의적 법치국가의 근본전제가 탈락되고 '자유'는 이때 개인의 원칙적으로 무제한적인 활동가능성이 아니라 사회적 조직에 의한 사회적 권력의 방해받지 않는 남용을 의미하게 될 뿐이다."(Verf, 165f.) 사회적 투쟁과정에서 결사의 자유등 기본권이라 하더라도 '정치적인 것의 지점'에 도달하게 되기 때문이다. 이는 기본적으로 슈미트가 가지고 있는 반노동적인 거부와 배제 특히 '사회적 권력'에 대한 반감의 여과없는 법적 표현이다.

또한 국가공민권은 '시민'citoyen을 전제한다. 왜냐하면 본질적으로 정치적 성격을 가지기 때문에 개인주의적 기본권과는 다른 것이다. 이 권리는 그래서 외국인에게 적용될 수 없다. 왜냐면 이 경우 "정치적 공동체와 통일체는 중단될 것이며 우적구별의 가능성이라는 정치적 실존의 본질적 전제가 탈락하기 때문"(Verf, 167)이라고 설파한다.

아래 표는 슈미트 헌법론이 준거하는 씨이에스의 헌법제정권력과 스피노자 그리고 슈미트의 개념을 비교한 것이다.(Verf, 79f.) "능산적 자연에 대한 유추로서 헌법제정권력의 형이상학은 정치신학의 학설에 속한다."(Verf, 80) 이 슈미트 법학에 내장된 정치신학에 대한 비판으로 사회민주주의 계열의 베를린법대 교수였던 헤르만 헬러의 다음 구절을 인용해 둘 필요가 있다. "언제나 정치 이론이 실재론적 존재ens realissimum, 곧 정치 사건의 부동의 운동자(움직이지 않으면서 움직이는 자)에 대한 물음에 대답하고자 시도하는 곳에서는, 사실상 그것은 신학을 하는 것이며 주제넘게도 유일신교의 대용품 역할을 하는 것이다. 현대 정치학은 모든 철학과 형이상학을 포기함으로써 국가 철학과 구별되는 것이 아니라, 모든 정치적 경험이 가능한 것을 경험적으로 설명하고 그와 동시에 논리적, 형이상학적 사변의 도움을 받지 않고 문제를 해결하려고하기 때문에 국가 철학과 구별된다."(헬러 1997, 82)

표 5   헌법제정권력과 제정된 권력

씨이에스Sieyès	스피노자	슈미트
헌법제정권력 pouvoir constituant	능산적 자연 natura naturans	헌법
제정된 권력 pouvoir constituè	소산적 자연 natura naturata	헌법률

그래서 지금까지의 슈미트의 의논은 다음 같은 흐름도로 표현해 볼 만하다(Verf, 79f.).

인민 → 인민의 의지 → 정치적 통일체 = 국가 → 헌법제정권력 → 헌법

씨이에스의 헌법제정권력에 따르면 인민nation의 직접적 의사표현

의 자연적 형식은 집합된 군중의 찬성, 반대의 외침 즉 '환호송Akklamation'[61]이다. 헌법제정권력의 주체로서 인민은 '고정된, 조직화된 심급'이 아니다. 시청도 관청도 아니다. 인민의 "약점은 인민이 스스로 형태화하거나 조직화하지 않은 채, 자신의 정치적 형태와 조직에 대한 근본문제를 결정해야 한다는 점이다."(Verf, 83)

그래서 "독일인민은 1918년 11월에 기존에 존재하던 군주정적 원리를 부정하였다. 이 말은 당연히 공화정을 의미하는 것이었다. 그러나 이로써 이 공화정의 그 이후의 형성가능성—즉 시민적-법치국가적 (입헌적) 민주정이냐 아니면 사회주의적 평의회 공화정이냐—의 문제는 아직 답변된 것이 아니었다. 시민적 법치국가적 공화정에 대한 거부Nein는 정황에 따라서는 재차 다른 것을 의미할 수도 있는 것이었다. 예컨대 왕정복귀, 독재, 평회회제도 혹은 그 어떤 다른 정치형태 말이다. 인민의 헌법제정의지는 언제나 가장 근본적인 가부에 대해서만 말할 뿐이며 이를 통해 헌법의 내용을 이루는 정치적 결단을 내리는 것이다."(Verf, 84) 즉 당시 독일인민의 선택은 최종적인 것이 아니며 이는 다른 선택 옵션 역시 얼마든지 가능했다는 것을 함의한다. 11월 혁명의 결과는 군주정의 붕괴이후 부르주아 민주주의냐 사회주의냐의 문제 나아가 시민적 법치국가가 부정된 이후 어떤 정치체제를 인민들이 선택할지도 전적으로 열린 문제이며, 그래서 모든 것이 가능하다면 파시즘도 역시 배제되지 않는 선택 옵션이 된다.

(2) 대표와 동일성 문제

인민의 정치적 통일체는 구체화되어야 하고 이때 2개의 상호 대립되는 '형상화의 원칙'이 있다. 그것이 동일성과 대표이다. "국가는 인민의 특

---

61 슈미트의 '환호송'개념에 대한 본격적인 비판은 이 책의 제8장 &4. 『정치신학II』와 '정치적인 것'에서 상론할 것이다.

히 무엇보다 그 정치적 통일체의 하나의 특정 상태Status이다. 국가형태는 이 [정치적] 통일체가 형상화되는 특수한 종류Art이다, 모든 국가개념의 규정 주체는 인민이다. 국가는 하나의 상태 특히 무엇보다 하나의 인민의 상태이다. 그렇지만 인민은 상이한 2가지 방식으로 정치적 통일체에 도달해 이를 유지한다. ... 자신과의 직접적 동일성속에 현존하는 존재로서 인민은 정치적 통일체이다. 매 현존하는 인민들의 정치적 통일체로서 자기 자신과의 동일성의 원칙은 인민없는 국가란 존재하지 않으며, 현존하는 존재로서 인민은 언제나 실제로 거기에 있어야만anwesend 한다는 점에 기초하고 있다. 여기에 대립되는 원칙은 인민의 정치적 통일체는 그 자체로서 결코 실제 동일성속에서 그 자리에 있을 수 없으며 따라서 어떤 인간에 의해 인격적으로 **대표되어야만** 한다는 생각에서 출발한다. 왕정, 귀족정 그리고 민주정, 왕정과 공화정, 왕정과 민주정 등등 그것이 어떤 종류의 것이건 간에 모든 국가형태의 진정한 구분은 바로 이 **동일성과 대표**라는 결정적인 대립으로 환원된다."(Verf, 205)

인민이 거기에 출석했다면 동일성이 문제될 일은 없다. 즉 민족으로서의 인민이 여기 있다 – 'Die Nation ist da'. 이 인민은 대표될 수 없고, 그럴 아무런 이유도 없다. 루소를 연상하면 된다. 그런데 여기서 문제가 되는 것은 대표의 개념이다(Verf, 208ff.). 대표란 이런 것이다. 첫째, 대표는 공공성의 영역에서만 존재한다. ("의회는 사람들이 그 고유의 활동이 공공영역 속에서 행해진다고 믿는 한도에서만 대표의 성격을 갖는다. ... 그렇지 않다면, 인민의 정치적 통일체의 대표가 될 수 없다.")(Verf, 209) 둘째, 대표는 규범적 과정, 절차, 수속이 아닌 실존적인 것이다. 셋째, 정치적 통일체는 전체로서 대표될 뿐이다. 넷째, 의회는 독립적이다. 그러나 직원, 대리인, 수임자는 아니다. 다섯째, 절대군주도 인민의 정치적 통일체의 대표에 불과하다. 여섯째, 국가는 정치적 통일체로서 2개의 형성원칙의 결합에 기초한다. (가) 동일성의 원칙, 즉 인민이 자기고유의 정치적 의식과 국민적 의지로 말미암아 우적구별 능력을 가질 때, 하나의 정치적 통일체로서 자신과 현존하는 인민이 동일시될 수 있다는 원리이다. 이때 우적구별이 동일성 원칙의 전제가 된다. (나) 정치적 통일체가 통치에 의해 표현되는 대표의 원리이다. 이 2가지 형상화의 원칙의 차이에 따라 여러 국가형태가 규정된다(Verf, 209ff.).

그러면 동일성의 원리는 어떤 것인가. 여기서 슈미트의 가장 강력한 증인으로 소환된 이가 바로 루소다. 특히 루소의 『사회계약론』이다. "루소의 사회계약론에서는 완전한 동종성同種成, Gleichartigkeit이야말로 국가의 원래의 기초이다. 인민이 원하는 것은 바로 인민이 그것을 원하기 때문에 선한 것이다. 만인이 동일한 것을 원한다. 그래서 그 누구도 실제로는 다수결에 복종하는 것이 아니다. 만일 다수결에 복종한다면, 자신의 진정한 그리고 더 선한 의지에 그저 속은 것뿐이다. 일반의지는 각개의 다수에 복종하는 쪽으로 진행되는 것은 아니다. 왜냐하면 다수의지, 심지어 그것이 전체의지라 하더라도 부패할 수 있는 것이며 그런 연후에 더 이상 하나의 일반의지로 귀결되지 않기 때문이다. 인간은 다수가 다수라서가 아니라, 인민의 실체적 동종성이란 것이 너무나 거대해서 바로 저 평등한 실체로 인해 만인이 평등한 것을 원하기 때문에 복종하기를 원하지 않는다. 국가는 그러므로 계약이 아니라 인민의 동질성과 자기 동일성에 근거를 두고 있다. 이것이야말로 민주주의 사상의 가장 강력하고 철저한 표현이다. 쟈코뱅 독재의 실천속에 이러한 민주적 평등이라는 전제가 갖는 의미가 드러난다. 즉 정적政敵은 그 어떤 '덕vertu', 즉 올바른 정치적 신념도 그 어떤 '시민정신civisme'도 갖추지 못했다. 정적은 애국자도 아니며 따라서 법외자hors la loi다. 하나의 불평등이 그 필연적인 상대개념인 정치적 평등에 도대체 어느 정도나 상응하는지 바로 이 자코뱅독재에서 특히 여실히 드러난다."(Verf, 229f.)

슈미트는 인민의 자기동일성 원칙을 강력히 주장한다. 그래서 "민주정이란 지배자와 피지배자, 치자와 피치자, 명령자와 복종자의 동일성을 말한다."(Verf, 234) 양자 간에는 어떤 '질적 차이'도 없다. 양자는 그

"실체Substanz에 있어 민주적 평등과 동질성" 안에 머물러 있어야 한다. 양자는 "본질적 전제"로서 "실체적 평등" 즉 "일인이 지배하고 통치한다고 해서 그가 인민의 동일성과 동일성 일반으로부터 이탈해서는 안 된다. 그 결과 지배자 혹은 통치자의 권력 또는 권위는 인민이 접근할 수 없는 그 어떤 고도의 자질이 아니라, 지배받거나 통치받는 그리고 그러한 방식으로 진정 **스스로를** 통치하는 자들의 의지, 위임과 신임에 기반하게 된다. 그렇게 함으로써 민주정은 인민의 자기지배라는 언어용법이 비로소 그 사상적 의의를 획득하게 된다."(Verf, 235)

나아가 동일성은 '실존적인 것'이다. "순수 민주정에서는 단지 실제 참석한 인민의 자기동일성만이 존재하지 대표는 존재하지 않는다. '동일성'이라는 용어는 그 어떤 규범적이고 도식적인 혹은 가상의 평등과는 구분되는 인민의 정치적 통일체라는 실존적인 것das Existentielle을 표시한다. 민주정은 정치적 실존의지를 구유한, 정치적 실존의 그 전체와 세목에 이르기까지 자기 동종적인 인민을 전제한다. 이 전제하에서 본다면 루소가 한 말 '인민이 원하는 것은 언제나 선이다'는 것은 철저히 옳다. 이 명제는 규범적인 이유에서가 아니라, 인민의 동질적 존재로부터 볼 때 옳다는 것이다."(Verf, 235)

민주정의 정치형태상 원리로서 자유와 평등을 보자. "국내정치적으로 오직 평등만이 민주정의 원칙으로 유효하다. 국내정치에서 자유는 시민적 법치국가의 원칙이며 이 원칙은 왕정, 귀족정 또는 민주정이건 정치적 형태 원칙에 변형적으로 첨가되는 것이다."(Verf, 224) 그래서 평등의 체계적인 설명으로부터 민주정의 개념이 도출되는 것이다. 헌법상 자유, 평등이 민주적 원칙으로 병렬되지만 실은 이 두 원칙은 전제, 내용. 결과에 있어 상이하며 심지어 대립되는 것이다. 법치국가적 구성요소로서 자유는, "거기서는 모두가 똑같이 자유"로울 뿐이다(Verf, 225). 그러므로 "민주정이라는 특정 국가형태는 평등의 특정하고 실체적인 개념위에서만 확립될 수 있다."(Verf, 226)

인간이 평등하다는 데에서부터는 어떤 특정한 구분도 나오지 않는다. "평등에 대한 민주정적 개념은 하나의 정치적 개념이고 모든 진정한 정치적 개념과 마찬가지로 하나의 구별의 가능성에 준거를 갖는다, 그러므로 정치적 민주정은 모든 인간의 무차별성이 아니라, 오직 하나의 **특정 인민**에의 소속성에 근거한다. 여기서 한 인민에의 소속성은 오직 매우 상이한 계기들에 의해 규정될 수 있다."[62] 민주정의 본질에 속하는 평등은 "안으로만 방향을 돌린다." 그래서 "국가소속원이 아닌 자는 민주적 평등개념에 해당되지 않는다."(Verf, 227) 당연히 여기서 말하고자 하는

---

62   "인민개념의 특수성은 인민이 형태를 갖추지formiert 않고 그리고 결코 완전히 형태를 갖출 수formierbar 없는 존재라는 점에 있다."(Verf, 242) 그리고 그 "인민은 공공성의 영역에서만 존재하는 개념이다. 인민은 공공영역에서만 등장하며 인민은 공공영역을 만들어 낸다. 인민과 공공영역은 상호 존재하게 한다. 즉 공공영역 없이는 어떤 인민도, 인민없이는 어떤 공공영역도 있을 수 없다. 더군다나 인민은 자신의 **참여**Anwesenheit를 통해 공공영역을 만들어 낸다. 오로지 참여한, 실제로 집회에 집합한 인민이 인민이며 공공영역을 창조한다. 그리고 인민은 대표될 수 없다는 루소의 유명한 테제에 담긴 올바른 사상은 바로 이 진실에 기초해 있다. 인민은 참여해야 하기 때문에 대표될 수가 없고 참여자가 아니라 불참한 어떤 것만이 대표될 수 있을 뿐이다. 참여한 실제 집회에 집합한 인민으로서 인민은 가능한 최고수준의 동일성으로 순수민주정 안에 현존한다. 즉 에끌레시아(ekklesia 의원)로서 그리스 민주정의 시장에서, 로마의 포럼에서, 집합한 남성 또는 군대에서, 스위스의 주회에서 말이다."(Verf, 243)
슈미트에 따르면 시민적 법치국가적 헌법상의 민주정은 진정한 인민집회의 환호송을 완전히 무시하고 집회권을 시민적 자유권으로 혼동한다. 이 사실상 자유주의적 민주정은 주권자가 군주이건 인민이건 이를 무시하는 것이 특성이라고 비판한다.

대상은 외국인과 같은 타자이다.

  1789년 프랑스대혁명은 프랑스 민족Nation을 전제했다. 프랑스대혁명의 헌법은 시민적 법치국가의 원칙들과 인민의 헌법제정권력이라는 민주적 원칙을 결합한 것이다. 19세기 민족사상은 국민개병제와 보통선거권을 통한 정치적 재건과 국가의 민주정화로 귀착되었는데 이 제도에 포함된 평등의 실체는 '민족적인 것'에 존재한다. 그리고 프랑스혁명의 민주정의 전제가 바로 이러한 '민족의 동질성'이다. 슈미트가 『헌법이론』에서 개진하는 민족론은 의외로 상식적이다. "민족이란 인민개념 일반에 비해 특별한 정치의식을 통해 개별화된 하나의 인민을 의미한다. 민족의 통일과 이 통일을 향한 의식에는 여러 상이한 요소들이 기여하는 바, 예컨대 공통언어, 공통의 역사적 운명, 전통과 기억, 공통의 정치적 목표와 기대등이 그것이다. 여기서 언어는 어떤 하나의 매우 중요한 요인이지만 이것만으로 결정적이진 않다. 이보다는 역사적 삶의 공통성과 이 공통성에 대한 의식된 의지, 감동적인 일대 사건과 목표 등이 오히려 척도가 된다. 진정한 혁명과 승리한 전쟁 등이 언어상의 대립을 극복하고 같은 언어를 사용하지 않더라도 민족에 대한 공동소속감의 근거가 된다." 민족적인 것을 민주적 평등의 실체로 파악한다면, 이로부터 민족자결원칙이 도출된다고 본다. "시민의 민족적 동종성을 통해 민주정의 전제를 확보한 민주국가는 소위 민족자결원칙Nationalitätsprinzip에 합치되는 바, 이 원칙에 따르자면 일 민족이 일 국가를 형성하고 일 국가는 일 민족을 포괄한다. 민족적으로 동질적인 국가는 그렇게 되면 어떤 정상적인 것으로 나타나고 이러한 동질성이 결여된 국가는 비정상적인 것으로 평화를 위협하는 것을 갖고 있는 것이 된다. 바로 이런 식으로 민족자결원칙은 평화의 전제이자 '국제법의 기초'가 되는 것이다."(Verf, 231f.)

  민족이 "민주적 평등의 실체"이고 시민의 "민족적 동종성"을 통해 민주정의 전제가 확보된다는 슈미트 헌법론에서의 입론을 다시 한 번 짚어 보자. 첫째, 여기서 피력된 슈미트 민족개념은 '인종으로 정의된 민족

nation defined as race'이라는 나치즘의 민족/인종개념과 분명 상이한 일반통설에 따른 민족개념으로서 인종주의적 요소가 드러나 있지 않다. 그의 민족개념의 핵심은 "특별한 정치의식"이다. 둘째, 역사상의 어느 시점 X를 상정해 보자(아래 그림참조). 그 시점 이후부터 인민은 존재해 온 것이다. 하지만 민족nation은 1789년 이후 비로소 역사의 주체로 등장한다. 이 시점 이후 인민은 슈미트에 따르면 "특별한 정치의식"을 갖춘다면 '민족'이 될 수 있는 것이다.

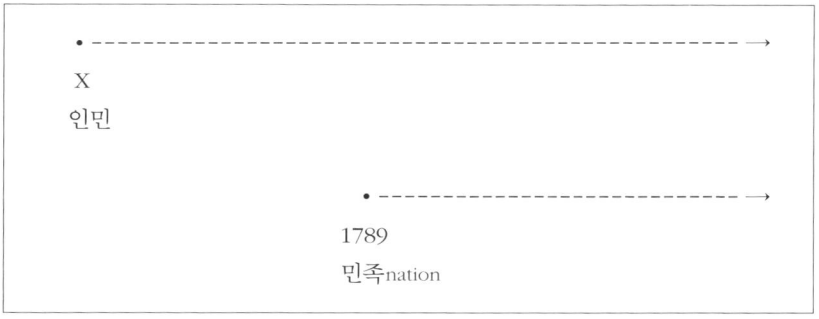

그러므로 민족은 특정 정치의식이 탑재된 인민, 그런 한에 있어 인민=민족이다. 그 민족의 동질성 혹은 동종성은 '정치적인 것', 즉 그것은 특별한 정치의식이 동질성 혹은 동종성의 기초가 된다. 나아가 민주적 평등의 '실체'가 된다. 언어, 역사, 기억, 전통, 정치적 과제 등이 열거되지만, 지금 여기서 **인종적 동종성은 전혀 언급되지 않는다**. 민족적 동질성은 결국 정치적 동질성을 의미한다. 셋째, 민족적 동질성에 볼쉐비키는 프롤레타리아트의 동질성으로 이를 대체하려는 시도가 있다. 민족동질성을 계급동질성으로 대체하는 것이 성공적이라 해도 "정치적 개념으로서의 민주정의 구조는 여전히 불변"이고, "일국적 대립을 대신해서 프롤레타리아트국가와 자본주의국가간의 대립이 등장하고, 따라서 우적그루핑은 새로운 집중강도를 획득하게 될 것이다."(Verf, 234) 넷째, 민주정

의 평등개념은 본질적으로 동종성이고 인민의 동종성이다. "민주정의 중심개념은 인민이지 인간이 아니다. 그래서 '인민 민주정이지 인간 민주정'은 아니다. 계급도 인민 개념을 대체할 수 없다. 계급이 진정한 우적 그루핑을 확립하고 이때 더 이상 경제개념이 아니라 투쟁하는 계급은 본질적으로 경제적인 존재가 아니며 정치적 존재가 된다. 계급이 승리한다면 계급이 민족이 아니라 국가의 인민이 된다."(Verf, 234)

지금까지 본 것처럼 루소의 치자/피치자의 동일성 테제는 슈미트의 민주주의해석과 이해에 구성적인 의미를 갖는다. 그런데 슈미트는 이를 동질성 그리고 동종성으로 '번역'했다. 아래는 이를 나타낸 것이다.

> 동일성Identität → 동질성Homogenität → 동종성Gleichartigkeit → ?

민주정에 대한 가장 강한 정의에서 출발 그는 자유개념을 기각하고[63] 평등개념을 주역으로 삼아 평등의 실체적, 실존적 근거를 민족에서 발견한다. 평등의 실체로서 인민의 특별한 정치적 의지의 표현물인 민족

---

63 이런 기각이 가능한지에 대해서 슈미트의 제자인 키르쉬하이머가 강력한 문제제기를 한 바 있다. Kirchheimer(1976), 113ff. 참조. 슈미트는 자신의 헌법이론에서 평등만이 민주정 일체의 전제라고 가정한다. 그러나 평등만이 민주제를 정당화시키는 것은 아니다. 평등요구는 자유요구가 ―이때 자유란 "아무런 방해도 받지 않고 형성된 주체의 의사와 국가의 의사가 매 사안별로jeweilig 일치하는 것"으로 정의― 형상을 갖게 되고, 가능한 한 다수가 자유로울 때 평등요구의 원칙들은 납득할 만하게 된다. 헌법이론에서 자유개념은 규범창출과정과 나아가 개인 생활영역에 대한 규범내용에도 관계한다. 자유는 1. 정치적 자유("국가내의 자유") 2. 개인적 자유("국가로부터의 자유")로 나뉜다. 또 개인적 자유는 또 개인 자신의 자유와 개인의 집단형성의 자유가 있다. 그 결과 첫 번째 개인적 자유는 정치적 의사형성

이 동종성을 궁극적으로 담보해 준다는 말이다.

하지만 나치집권 직후 슈미트는 『정치적인 것의 개념』 1933년 판에서 이렇게 새로운 구절들을 첨가한다. "타자와 **이종자**Andersgeartete는 엄격히 '비판적인', '객관적인', '중립적인', '순과학적인' 태도를 보이거나, 유사한 엄폐물 밑에 숨어 자신의 타자적 판단을 혼입시킬 수 있다. 그의 '객관성'은 단순히 하나의 정치적 은폐이거나 아니면 본질적인 것 일체가 결여된 완벽한 무관계성이다. 정치적인 결단을 함에 있어 올바른 인

의 방해받지 않을 자유라는 의미에서 "공민의staatsbürglich 자유"를 의미하는데 여기에는 언론, 사상. 집회결사의 자유가 속한다. 이는 정치적 권리에 대한 필수적인 보완, 즉 투표권과 공무담임권에 대한 보완으로서 국가내 자유의 당연한 구성요소가 된다. 다른 한편으로 이 개인적 자유권은 개인의 사적 자유 공간의 전제인데, 여기에는 소유와 종교자유가 포함되고 그 외 비정치적인 다른 자유권도 여기에 포함시킬 수 있다. 그래서 3가지 자유 즉 정치적 자유, 공민적 자유, 사적 자유를 들 수가 있는 바, 뒤의 2가지가 개인적 자유(=공민적 자유 + 사적 자유)라고 말할 수 있다. 특히 민주정에 필수적인 것이 정치적 자유와 공민적 자유이다(114ff.). "슈미트의 자유개념은 압도적으로 개인적 자유에 멈춰져 있는데, 여기서 개인적 자유란 고립된 개인의 자유영역과 다른 개인과 함께 있는 개인의 자유영역으로 나눠져 있다. 슈미트는 개인의 비국가staatsfrei 영역이라는 의미로 자유영역을 파악하고, 개인의 의사형성 및 특히 민주정에서 정치적 의사형성에 대한 관계 혹은 무관계에 대해 질문하고 있지 않기 때문에, 공민적 자유와 사적 자유의 차이가 등장하지 않는다. 여기서 물론 우리의 의미에서 사적 자유는 개인적 태도상의 특정한 의도를 통해 표현되는 것인데, 이 의도가 개인만의 혹은 다른 개인과의 관계에서인지 여부는 중요하지 않다. 슈미트에게 정치적 자유는 그 범위에 따라 달라지는 것이긴 하지만, 정치적 자유가 갖는 의미는 정치적 요구가 평등요구의 상관개념Korrelat이 될 때 비로소 확보된다(116).

식과 이해의 단순한 가능성 그리고 이와 함께 공동발언과 평가의 권한조차도 오로지 실존적 분담과 동참 그리고 진정한 참여에 기초한다. 따라서 오로지 참가자 자신만이 극단적 갈등상황에 스스로 대처할 수 있는 것이다. 특히 생의 **존재적인 자신만의 종Art**을 구제하기 위해 그들 각각은 오직 타자의 다름Anderssein이 구체적으로 제시된 갈등상황 속에서 실존의 자신만의 종의 부정을 의미할 것인지 그래서 방어하든지 아니면 격퇴될 것인지를 오직 스스로 결단할 수 있다."(BP 3, 8, 강조는 원문)

그래서 기존의 우적구별에서, 우=자신eigen, 적=타자fremd '존재의 종Art des Seins'이라는 즉 우적구별의 기준에서 아타我他에 종種의 차원이 추가되는 것이다. 그렇게 보자면 적이란 '나라는 존재의 종'Eigene Art des Seins을 '존재적으로'(BP3 14, 20, 23, 37) 부정하는 자가 된다. 즉 이로써 동종성이 종동성種同性으로 치환되는 인종주의적 일대전환이 일어나는 것이다. 이렇게 적은 외부자, 타자 그리고 종이 다른 자, '이종자Andersgeartete'가 된다.

동종성Gleichartigkeit → 종동성Artgleichkeit

동종성Gleichartigkeit을 1933년 나치집권 직후 종동성Artgleichkeit으로 변경한 것은 단순히 독일식 '파자破字놀이'따위로 보기엔 너무나 엄중한 정치적 변신의 사상적 시그널이라 할 만하다. 이로 인해 슈미트사상 특히 동종성 단계까지의 그것을 일부 효력정지 즉 스스로 자신의 사상을 방기한 이유로 우리가 기각해야 하는지 아직은 결론을 서둘 필요는 없겠다.

슈미트는 치·피치자, 지배·피지배자의 동일·동질·동종성이라는 매우 강력한 전제를 그 가장 완성되고 완결적인 수준에서 특히 '실체론적으로' 아울러 '실존적'으로 해결해 보고자 시도했다. 민족안에서의 실체적 평등이 그 열쇠였다. 설사 그렇다 하더라도 이는 현실적용의 문제에 봉착할 수밖에 없다. 즉 "민주정내부에서 통치의 문제"가 제기된다는 것이다. "민주국가가 국가로 존속하는 한" 치·피치자, 지배·피지배자의 "분화"는 없어지지 않는다. "통치하고 명령하는 인격들Personen이 인민의 실체적 동종성안에 머물러 있기만 한다면, 심지어 여타 국가형태와 비교해 본다 하더라도 치·피치자의 상이성Verschiedenheit은 … 엄청나게 강화되고 상승될 수 있다. 이 인격들이 자신들도 소속된 그 인민의 동의와 신임을 찾아낸다면, 그 어떤 가부장적 왕정 또는 신중한 과두정보다 이 인격들의 지배는 더 엄정하고 강력할 것이며 그들의 정부는 더 결단력이 있을 것이다."(Verf, 236) 그렇다. 이 "분화"는 "인민의 실체적 동종성"이라는 조건을 충족시킨다면, 치자와 피치자사이엔 "상이성"만 있을 뿐이다. 심지어 어떤 지배하는 인격이 "인민의 동의와 신임"을 찾아낸다면 어떤 국가형태 못지않게 강력하고 결단력이 있을 것이다.

뿐만 아니라 "민주정에서 문제가 되는 것은 통치와 피통치간의 불가피하고 객관적인 상이성으로 인해 통치하는 인격들이 질적으로 구분되고 격리되는 쪽으로 이해되어서는 안 된다는 점이다."(Verf, 237) 통치자가 '특수층'이 되어 민주정의 질적, 실체적 평등을 즉 민주정의 '전제의 전체Totalvoraussetzung를 위태롭게 해서는 안 된다. 이들은 "단지 인민으로부터vom Volk가 아니라 인민들에 의해durch das Volk" 구분될 뿐이다. 치·피치자의 동일·동질·동종성이 민주정의 실체적 전제인바 민주적 통치로 인한 치·피치자의 '분화'는 이렇게 오직 동일·동질·동종성의 범위내에서만 일어나야 한다는 말이다. 개념적으로 비민주정은 슈미트의 정의상 비동일·이질·이종을 함축한다. 따라서 민주정의 실체적 전제를 방어하기 위해서는 치·피치자의 '분화'가 동일·동질·동종성을 위협해서는 안되는 일이다, 피치자에겐 분명 그것이 엄연히 비동일·이질·이종이라도 말이다. 특히 슈미트는 민주적 동일성 관점은 국가내부에서 실체적 동종성 '내부에서' 모든 것이 일어난다고 전제하고 이를 "내재성 사고'라 명명한다. "내재성Immanenz으로부터의 이탈은 동일성의 부정이다"(Verf, 237) 그것이 무엇이든 일체의 "초월성Transzendenz은 동질성을 위협"한다(Verf, 238).

어떤 민주정이든 최소한의 사회적, 사회경제적 동질성은 그 사회가 유지되기 위한 필수전제이다. 특히 계급적 이질성이 확장될수록 사회문제는 확산될 것이고 이는 결국 정치권력을 위태롭게 하기 마련이다. 하지만 지금까지 우리가 지켜 본 슈미트의 개념전략은 철저하게 사회경제적 차원[64]과 계급문제를 우회하거나 배제하면서 거의 배타적으로 민족이 평등의 실체인 것처럼 논리를 전개하고 있다.

인민의 정치적 의지에 기반한 헌법제정권력이라는 창대한 시작은[65]

---

64 그런 점에서 『사회계약론』 제3권 제4장 '민주정'에서 이렇게 쓰고 있음에 주의해 볼 필요가 있다. "게다가 이런 정부[민주정-인용자]에 필요한 것들을 겸비하기란 얼마나 어려운가? 첫째로 국가가 아주 작아서, 인민이 편하게 모이고 시민 각자가 다른 모든 시민을 쉽게 알 수 있어야 한다. … 다음으로 신분과 재산에서 **상당한 정도로 평등**해야 한다. 그렇지 않으면 권리와 권한의 평등이 오래 지속될 수 없을 것이다."(루소 2020, 84, 강조는 인용자) 루소가 민주정의 사회경제적 조건으로 언급한 것은 "상당한 정도로 평등"이었다.

65 이와 관련 슈미트의 헌법이론에 대해 Lenk et al.(1997)은 이렇게 비판한다. 슈미트는 한편으로 의회를 통한 헌법의 개정 불가능, 즉 헌법의 신성불가침을 누구보다 옹호함으로써 소위 '전투적streitbar 민주주의'
의 정신적 아버지로 간주된다. 하지만 다른 한편으로 동시에 헌법옆에 혹은 헌법위에 있는 헌법제정권력을 주장함으로써 영구 혁명적 요소를 자신의 헌법이론에 장착했다. 이를 통해 자유주의자와는 달리 헌법을 파괴하더라도 성공하기만 하면 '좋은 법'으로 정당화할 여지를 열었고, 그 이후에는 '기존 질서의 신학자'로 극보수적인 태도를 취한다. "슈미트의 결단주의는 물론 특수한 종류의 것이다. … 정치적인 것의 실존적 고양Überhöhung은 모든 강력하지만 지독한 사소성으로 인해 결말은 미미하다. 또 과도하게 추상적인 '정치신학적' 인민은 환호송의 주체로 호명되었을 뿐 구체적 과정속에서 주체로 스스로를 조직하는 과정은 통째로 소거되어 버렸다. 정치신학적 설정에서 보자면 신의 정치적 지위를 승계한 인민의 권능과 권한이 할 수 있는 일이란 그 시점을 예측할 수 없는 그 어느 순간에 등장 환호송을 부른다든지, 정해진 주기마다 찾아오는 선거에서 정해진 리스트 중에서 어느 하나에 투표한다든지 혹은 아주 가끔의 국민투표에 가부로 답하는 것 이상의 역할을 찾아볼 수가 없다. 결국 슈미트의 인민은 개념이고, 그 실체성을 주장하지만 결국 슈미트의 실체도 개념이다.

§2. 슈미트와 동시대인들의 비판

1) 슈미트 대 한스 모겐소(모르겐타우)(1904-1980)

그림 6 한스 모겐소(모르겐타우)

한 정치적 통일체를 절대주의의 기초로 만들어 이를 통해 강력한 '전체국가'는 대피용요새처럼 규범화된다. 관헌국가적 권위가 질서촉진적인 심급으로 작동하는 한 특히 우리세기에 등장한 현상 즉 국가불의와 국가테러와 같은 현상은 애시당초 소거되어 버렸다."(107f.) Lenk et al.(1997), 83ff.

(1) 만남

1980년 사망하기 얼마 전인 1978년 한스 모겐소(모르겐타우는 독일식 발음)는 자신의 지적 편력에 관련된 그다지 길지 않은 자전적 에세이를 남긴다. 당시까지 그 어디에서도 찾아 볼 수 없었던, 특히 우리의 주제와 관련 비상한 관심을 끌 수밖에 없는 칼 슈미트와의 교유록이다. 다소 길지만 세계 지성사에 보기 드문 광경인지라 전문 인용하려고 한다.

"그것이 설혹 일시적이고 부정적인 것이라 하더라도 내가 베를린대학 공법학 교수 칼 슈미트로부터 영향을 받았다는 것은 불가피한 것이었다. 전간기戰間期 그 어떤 독일 정치사상가도 슈미트만큼 광범위한 지적 능력을 갖추고 있지 않았다. 하지만 원칙의 결핍과 나치 주인들에 대한 굴종에 있어 슈미트를 능가할 자가 있는지도 의문이다. 슈미트는 신칸트주의자로 출발해 그 뒤 가톨릭 정치철학, 자유민주주의, 권위주의 그리고 나치즘을 수용했다. 2차 대전이 끝난 뒤 슈미트는 빼어난 독창성과 명석함을 보여주는, 예컨대 게릴라전의 성격과 국제법의 새로운 양상을 조명하는 등 풍부한 학문적인 성과를 이어갔다.

나치집권기 슈미트는 총통의 의지가 최고법이라고 주장하면서 히틀러의 1934년 유혈숙청의 적법성을 옹호했다. 독일법학계의 공식출판을 위해 슈미트는 프로이센 보수당을 창당한 프리드리히 율리우스 슈탈에 대한 논문을 집필했다. 여기서 슈탈에게 자신이 창안한 유대식 발음의 이름을 부여하고, 그의 유대계 조상들을 너무나 부정직하고 천박하고 통속적인 방법으로 악용함으로써 법학계의 슈트라이허Streicher라고 평할 수 있을 정도다. 슈트라이허와는 달리 슈미트는 자신의 명성과 학문의 특권을 가지고 당시 자신이 지지했던 것을 믿었다고 주장할 수는 없을 것이다. 하지만 자신의 자서전에서 슈미트는 나치정권붕괴직후 24시간 수감되었던 부당함에 대해 한탄하고 있다.

이 엄청난 특권을 가진, 지적으로는 충분한 자격이 되는 사람을 나의 학문 경력 초창기에 스치듯이 만난 적이 있다. 1927년[원문은 1921년-인용자] 슈미트는 독일 정치사상계에 충격적인 반향을 불러일으킨 『정치적인 것의 개념』[원문은 「The Concept of Politics」-인용자]이라는 소책자를 출간했다. 위에서 말한 것처럼 최종 제목에는 드러나 있지 않지만 내 박사학위 논문은 부분적으로는 이 책에 대한 하나의 답변으로 구상된 것이었다. 그러나 슈미트는 그것이 무엇인지 즉시 간파하고 나의 처녀작에 대한 몇 안 되는 상찬의 서한 중 하나를 나에게 보낸 적이 있다. 당연히 너무나 기쁜 나머지 나는 슈미트에게 인터뷰를 신청했다. 기대에 들떠 나는 그와의 만남을 기다리고 있었다.

실망은 엄청난 것이었다. 슈미트의 아파트계단을 내려오면서 나는 그의 집과 옆집 문간 사이에 기대어 멈춰선 뒤 스스로에게 말했다. '살아있는 가장 사악한 인간을 방금 만났어'. 같은 공법학교수였던 칼 빌핑거[원문은 Karl Bilifinger-인용자]도 동석했고 그리고 그의 호의 덕분에 성사된 인터뷰는 자발성이라곤 눈꼽만치도 찾아볼 수 없는 일급의 선전홍보물일 뿐이었다. 만남은 모든 세세한 데까지 연출된 것이었고, 냉담하고 부자연스럽고 부정직한 가식, 그리고 오로지 저 명석하고 독창적인 학자의 캐릭터를 캡슐에 담아 드러낸다는 점에서만 가치가 있는 것이었다.

그러나 슈미트는 여전히 나에게 칭찬을 아끼지 않았다. 그는 내 학위논문에서 제시된 새로운 명제들new propositions을 참고해서, 하지만 그 원저자를 익명성의 베일에 숨겨둔 채 「정치적인 것의 개념」 제2판 개정판을 냈다."(Morgenthau 1978, 67f.)

원저자 혹은 출처를 "익명성의 베일" 다시 말해 출처를 밝히지 않은 채 슈미트가 모르겐타우의 "새로운 명제들"을 활용했다는 모르겐타우의 증언은 현대적 연구윤리의 관점으로 보자면 슈미트가 모르겐타우를 '표절'했다는 의미다.

(2) 모르겐타우의 표절 주장

어떤 부분은 앞에서도 이미 언급한 바 있지만, 먼저 슈미트의 『정치적인 것의 개념』의 3가지 판본(1927, 1932, 1933년판)상의 관점변화를 간단히 요약해 보자. 슈어먼이 개략한 바를 도식화해 보면 이렇다(Scheuerman 1999, 225ff.).

---

①{BP1(1927) → BP2(1932)} 〉 ②{BP2(1932) → BP3(1933)}

이 도식이 의미하는 바는 슈미트 BP의 관점상의 변화를 놓고 볼 때 ① 〉 ② 즉 BP1에서 BP2로의 변화가 BP2에서 BP3으로의 변화보다 그 폭이 더 크다는 말이다. 이를 두고 슈어먼은 ①을 '근본적 이동fundamental shifts'이라고 보고, ②를 다음 절에서 보게 될 슈트라우스의 1932년 논문이 영향을 준 것이라고 해석한다. 바로 ① 즉 '근본적 이동'을 가져다 준 것이 모르겐타우의 1929년 박사논문이라는 것이다(위의 책, 227).

BP1(1927)은 기본적으로 '정치적인 것'에 대한 '영역Gebiet모델'인 데 반해, BP2(1932)는 '집중강도의 정도Intensitätsgrad모델'이다. BP1은 '정치적인 것'을 "하나의 뚜렷하고 독립적인 가치영역"으로 그리고 "순수 정치"로 파악하는 데 반해, BP2는 "집중의 정도degree of intensity"로 본다. 여기서 "집중이란 언제나 정도의 문제"를 의미한다(위의 책). BP1에서는 전쟁을 77회 언급하면서, '정치적인 것'을 대외정책으로 환원하고 있다. BP2에서는 '정치적인 것'이 국내정치 분쟁까지를 포괄하는 그래서 외교와 내치 모두를 다 포함할 수 있게 되었다. 집중강도모델을 채용함으로써 상당한 개념전략적 이득을 확보했으며 그 결과 슈미트의 '정치적인 것'의 모델은 실로 국내외정치를 다 포괄하는 유비쿼터스 개념이 될 수 있었다는 말이 된다.

그러면 이제 모르겐타우의 표절주장의 논거를 좀 더 상론해 보기로 하자. 1933년 당시 28세의 유대인 모르겐타우는 독일에서 퇴직당한 뒤 스위스로 이주 그 뒤 스페인을 거쳐 1937년 뉴욕으로 간다. 그가 스위스에 체류하던 시절 불어로 집필한 책이 『정치적인 것의 개념과 국제분쟁론La Notion du politique et la theorie des defferends internationaux』(1933)이었다. 슈어먼에 따르면 모르겐타우의 집필 의도는 슈미트의 지적, 정치적 파산을 보여주기 위한 것이었다. "슈미트는 모르겐타우의 저작에서 직접 차용했다. 슈미트가 자신의 박사논문에서 실제로 표절plagiarized했다는 모르겐타우의 놀라운 고발은 1933년 저작 『정치적인 것의 개념과 국제분쟁론』에서 처음 표면화된다. 나치 슈미트가 자신의 핵심 통찰의 일부를 도용했다는 사실에 직면 모르겐타우 자신의 '정치적인 것의 개념'의 우월성을 입증해야할 필요성이 있었다."(위의 책, 238)

모르겐타우의 1933년 불어로 집필된 소책자는 그의 사후 30년이 지난 뒤 영역되었다(Morgenthau 2012). 이 영역본에서는 다시 한 번 슈미트에 대한 모르겐타우의 평이 언급된다. 슈미트는 "살아있는 최악의 인간the most evil man alive"이자, 정신과 영혼의 중심이 완벽히 결여된complete lack of a 'geistig-seelisches Zentrum' 인간이라는 말이다.[66](위의 책, 7) 영문본의 역자들은 자신의 해제에서 모르겐타우가 슈미트에게 증정한 박사논문의 이 구절을 재인용하고 있다. "그 목적에 기초해 정치적 문제와 비정치적 문제를 구별하는 것은 불가능하다고 우리는 말해야 한다.

---

66 여기서 재인용한 이 구절의 출처는 모르겐타우의 미간행초고이다. H. J. Morgenthau(1932), Der Kampf der deutschen Staatalehre um die Wirklichkeit des Staates, (미간행초고 1932).

정치적인 것의 개념은 특정 목적에 기속되지도 않고 어떤 목적으로부터도 배척될 수 없기 때문이다. ... 정치적인 것의 개념은 고정된 실체를 가지고 있지 않다. 그것은 오히려 어떤 종류의 실체에도 첨부될 수 있는 어떤 형상이자 **어떤 질**quality**이며 색조**coloring**인 것이다.**"(Morgenthau 1929, 67, Morgenthau 2012, 8 재인용, 강조는 인용자)

이 유사한 논지가 1933년『정치적인 것의 개념과 국제분쟁론』에서 다시금 언급된다. "그 대상에 따라 정치적 문제와 비정치적 문제를 구별하는 것은 불가능하다고 결론 내려야 한다. 왜냐하면 정치적인 것의 개념은 반드시 특정 대상에 내재한 것이 아니며 마찬가지로 반드시 다른 특정 대상으로부터도 부재한 것이 아니기 때문이다. 정치적 분쟁의 영역은 따라서 그것이 포괄하는 사안의 성격에 관련지어 항구적으로 정의될 수가 없는 것이다. 어떤 문제도 그 대상 때문에 반드시 정치적이라고 간주될 수도 없다. 오히려 어떤 문제라도 그 대상의 외부에 존재하는 상황에 따라서 정치적 성격을 **획득**acquire할 수 있다는 말이다. 정치적인 것의 개념은 영원히 규정될 수 있는 그런 고정된 내용을 갖는 것이 아니다. 그것은 차라리 어떤 대상에도 특유할 수 있고 어떤 대상에도 약간의 선호에 따라 첨부될 수 있는 그러나 그 중 어떤 것만에 필연적으로 첨부되지는 않는 그런 **어떤 질**qualtity**이자 색조**tone이다. 어떤 문제는 특히 쉽사리 그리고 자주 이런 색조를 띨 수 있지만, 어떤 문제도 스스로, 오직 그 성격만으로 이러한 색조를 갖게 되는 것은 아니다. 어떤 주어진 문제가 오늘 정치적이라고 해서 내일도 이러한 특성을 갖게 되는 것은 아니며, 반면 다른 여타 문제가 갑자기 최우선의 정치적 이슈가 될 수도 있다."(Morgenthau 2012, 100, 강조는 인용자)

그렇다면 우리가 정치적이라고 간주하는 사안이 갖는 이러한 특정 질과 색조는 어디에 존재하는가. 특히 이 질과 색조는 대상에 유착되는 것이 아니라면 말이다. "정치적 문제는 국가와 연결된 것이라는 데에서부터 우리의 관찰을 시작해 보자. 어원상의 의미에 기초한 그러한 정의는 너무 많이 나갔을 뿐만 아니라 그 외에도 일상어법에도 맞지 않음을 확인했다. 일반개념에 적합한 좀 더 정교한 정치적인 것의 개념은 광의의 어원적인 정치적인 것의 개념의 요소뿐만 아니라, 협의의 정치적인 개념의 특정 질을 강조하면서 어떤 특징을 통해 이 의미와 구별되어야만 하는 것이다. 따라서 정치적인 것의 일반 개념 내부에서 정치적 성격이 더 명징하고 더 강력하게 표출되는 그런 개념을 확증해야만 한다. 그래서 우리는 정치적인 것 일반으로부터 국가행위의 대상이 국가와 연결되어 있다는 사실 속에 포함된 특정 요소를 석출해 낼 수 있어야 한다. 이로부터 만약 일반 정의와 특수 정의 사이의 관계와 관련 우리가 방금 언급한 것을 견지한다면 이런 결론이 나온다. 즉 국가행위의 대상과 국가 사이에 존재할 수 있는, 그리고 정치적인 것의 2개의 개념, 즉 일반적 (어원적)이고 특수한 (용어의 자구적 개념에 상응하는) 개념에 조응하는 2종의 연계가 갖는 차이의 기준은 국가행위의 대상과 국가사이 연계의 집중정도degree of intensity에 존재한다.**67** 이 연계가 밀접할수록 (더 직접적일수록), 엄격한 의미의 (자구적 의미의) 정치적 문제가 존재하게 된다."(위의 책, 101)

    모르겐타우는 특히 정치적인 것의 개념의 '실체성'을 부인한다. 그런 점에서 슈미트의 존재론적 이론체계와는 상당한 편차가 있다. "이러

---

67   여기 각주를 보면 모르겐타우가 슈미트와의 만남이후 그의 저작을 면밀히 추적하고 있었음을 알 수가 있다. "칼 슈미트의 원래의 「정치적인 것의 개념」(Archiv ... 1927)에 등장하지 않았던 이와 같은 '정치적인 것'의 개념은 별도로 출판된 이 논문[1927년 판 「정치적인 것의 개념」(BP1)을 말함 - 인용자]의 재판에 도입되었다. 그리고 모르겐타우는 슈미트의 다음과 같은 이후 저작에서도 이를 찾아 볼 수 있다고 말하고 있다. 「국가윤리와 다원주의 국가」(베를린 1930), 「헌법의 수호자」(튀빙엔, 1931), 특히 「후고 프로이스, 국가개념과 독일국법학에서의 지위」(튀빙엔, 1930).

한 정치적인 것의 개념이 가진 특징적 요소는 그래서 오직 어떤 색조, 특정한 뉘앙스에만 존재하지, 특정 실체적 성격에 있는 것은 아니다. 정치적인 것은 다양한 정도로 모든 주제대상subject matter에서 찾아볼 수 있는 어떤 질이라는 것인데, 이는 열이라는 질이 모든 인체에서 찾아 볼 수 있는 것과 같은 이치다. 열이 나는 것이 다른 인체와는 다른 한 인체만의 본질이라고 말할 수 없는 것처럼, 국제관계상에 주어진 어떤 한 주제가 그 본성에 있어 오직 하나의 정치적 성격을 가졌다고 더 이상 말할 수는 없는 것이다. 이 경우나 저 경우나 문제는 집중강도의 문제이며 그것의 정도는 이 집중강도를 결정하는 환경에 따라 달라진다. 오직 한 가지 차이만 있을 뿐이다. 수은 온도계와 그 눈금을 가지고 우리는 시간상의 한 순간에 체온을 객관적으로 잴 수가 있다. 그러나 정치영역에서는 그러한 객관적인 측정이라는 것은 없다. 매 특정 케이스마다 우리는 다양한 집중강도와 관련, 우리가 가진 지속적 경험에 의존하는 다소 신뢰할 만한 느낌에 대한 판단에 기초해 국가행위의 이런 저런 대상이 국가를 터치하는touch 그러한 집중강도를 평가할 수가 있다는 점은 분명하다."(위의 책, 102)

  모르겐타우의 목적은 슈미트식 개념에 대한 '내재적 비판'에 있다. 즉 슈미트가 도달하고자하는 목적이 그가 사용한 수단으로는 결코 도달하지 못한다는 것을 보여줌으로써, 슈미트의 원칙과 추론의 논리적 모순을 보이고, 슈미트 이론의 결론과 전제가 모순되는 것을 입증한다는 것이다. 그래서 이러한 '내재적' 비판을 통해 그 이론 자체가 근거한 토대를 허물겠다는 말이기도 하다(위의 책, 108).

(3) 슈미트의 '정치적인 것의 개념' 비판

표 6   슈미트의 '정치적인 것'과 '비정치적인 것'

①정치적인 것	②우友 ↔ 적敵
①비정치적인 것 ↓ 경제적인 것 도덕적인 것 ↑ 미적인 것 …	②익益 ↔ 손損 ②선善 ↔ 악惡 ②미美 ↔ 추醜

모르겐타우의 비판은 먼저 슈미트의 언급되지 않은 2개의 결정적인 개념적 가정을 2개의 대립에서 찾는다(Scheuerman 238). 첫 번째 대립은 위 표의 ①에서처럼 '정치적인 것' vs '비정치적인 것' 즉 여기서는 경제적인 것, 도덕적인 것, 미적인 것 사이에서다. 두 번째 대립은 위 표 ②에서 보는 우적, 손익, 선악, 미추의 대립이다. 이 각각은 물론 상이한 가치 영역을 표현하는 것들이다.

하지만 이 2가지 대립은 슈미트 입론 속에서 붕괴했다는 것이 모르겐타우의 비판이다. 그 이유는 슈미트가 2번째 대립이 1번째 대립을 설명해 준다고 가정하기 때문이다. 즉 예컨대 우적과 손익이 다르기 때문에, 이를 '기준'으로 한 '정치적인 것'과 '경제적인 것'도 다르다는 말이다.

먼저 대립 ①을 보자면 서로 다르다는 것은 자명하다. 하지만 '정치적인 것'으로서 정치적 분쟁은 가정이나 직장 어디서도 나타날 수 있다. 분쟁은 그것의 집중적이고 강력한 형태일 뿐이다. 그리고 가사분쟁이나 노사분규처럼 그것은 그 집중강도에 따라 고유한 정치적인 것의 양상을 얼마든지 보일 수가 있는 것이다. 다시 말해 얼마든지 우적관계도 형성될 수 있다는 말이다. 슈미트의 "정치적인 것의 개념은 '나쁜 형이상학bad metaphysics'으로서, 집중적인 정치분쟁의 경험적 기원을 흐리게 한다. 정치영역의 기준을 우적으로 보는 것은 개념적으로 자의적인 것이다. 이는 정치생활의 두드러진 특징을 포착하지 못하는 것"이다. 모르겐타우의 "집중강도모델과 우적구별의 접합이 문제가 없으리라 보는 것은 오류"일 뿐이다. 모르겐타우의 집중강도로서의 정치모델과 우적구별은 결합될 수 없다(위의 책, 239f.).

둘째, 다음 대립 ②를 보자. 슈미트는 익히 알다시피 '정치적인 것'의 기준으로 우적을, '도덕적인 것'의 기준으로 선악을 제시했다. 도덕적인 것의 기준인 선악은 도덕적인 것이라는 '가치'영역 즉 도덕성을 갖고 있느냐(=선), 없느냐(=악)를 말하는 다른 방법에 불과하다. 쉽게 말해 '도덕적인 것'의 구별 기준 자체가 '도덕적'이라는 말이다. 손익이라는 경제적 기준으로 경제적인 것을, 미추라는 미적 기준을 가지고 미적인 것을 구분해야 한다. 즉 이러한 동어반복적 구조로 인해, 경제적인 것, 도덕적인 것, 미적인 것의 기준이란 것이 그 가치영역의 기본 '가치'구성물의 동어반복적 재기술에 불과해진다는 것이다.

셋째, 슈미트 이론의 "내적 결함은 정치적인 것의 기준으로서 우적구별에도 적용된다. 우적구별은 정치적인 것과 정치적이지 않은 것, 혹은 정치적 가치를 갖고 있는지 아니면 없는지에 대한 자명한 표현이 아니다. 예컨대 정치적인 것의 기준이 '적극적 주권행사' vs '소극적 주권행사'에는 있다고 결론내리면 안 되는 것인가." 모르겐타우에게 핵심은 "우적구별이 자신과 경합하는 가치영역 즉 도덕, 미학, 경제에 대해 슈미트가 부여한 기준과 동등한 논리적 설득력을 갖고 있지 않다는 점이다." 적어도 도덕, 미, 경제의 기준은 동어반복적인 추론과 연역을 재현하기는 했지만 말이다(위의 책, 240).

이와 관련 모르겐타우의 주장을 좀 더 들어 보자. 우적구별은 주로 '정치적인 것'과 '정치적이지 않은 것'의 대립을 표현하기 위해 우적이라는 인격화된 범주를 제시했다. 그런데 바로 여기서 범주론적 착종과 혼란이 발생한다. 도덕적인 것(선악), 미적인 것(미추), 경제적인 것(손익)의 기준은 모두가 '비인격적impersonal' 범주이다. 우적이라는 기준은 손익, 선악, 미추라는 기준보다 '더 특화된 개념화수준' 혹은 추상수준을 표현한다. 그래서 비정치적인 것의 구별 기준 역시 정치적인 것의 구별기준인 우적의 추상수준에서 제시되어야 하는 것이다. 예컨대 선악이라는 기준을 인격적 속성을 통해 표현하면 '성인 대 악인'이 될 것이고, 또 손익이라는 기준도 '절약' 대 '낭비'가 아니라. 절약자(예컨대 '자린고비') 대 낭비자(예컨대 '마리 앙뚜아넷')식으로 제시되어야 한다. 미적인 것도 마찬가지다. 우적과 동등한 추상수준에서 미추가 아니라 미녀 대 추남의 대립식으로 말이다(위의 책, 240f.). 하지만 여기서 언급해 둘 것은 성인 대 악인, 절약자 대 낭비자 그리고 미녀와 추남 그 어떤 가치의 담지자도 서로 목숨을 건 '실존적' 대립을 하지는 않는다는 점이다.

그렇다면 이제 정치적인 것이 우적을 가르는 기준이 될 수 있는 것인지, 혹은 우적으로 구별되는 것은 모두 다 '정치적인 것'인지를 보자. 정치적인 것과 우적의 순수 논리적 관계를 다이어그램으로 표시해 보면 이렇다.

표 7 우적과 정치/비정치적인 것의 다이어그램

	정치적	비정치적
우	①	②
적	③	④

즉 ①정치적인 친구, ②비정치적인 친구, ③정치적인 적, ④비정치적인 적 식으로 순수모형이 가능하다. 순 논리적으로 보자면 슈미트가 정치적인 것의 기준이 우적구별이라고 했을 때, 비정치적인 것은 우적구별이 되지 않는다는 것을 말하는 것이다. 그래서 위 다이어그램 상의 ②와 ④의 영역은 배제되거나 정치적 의미를 가지지 못한다.

하지만 모르겐타우는 이렇게 주장한다. 적은 정치적 의미를 가질 수도, 아닐 수도 있다. 친구도 마찬가지다. 우리는 단지 친구라는 용어에 의존해 누군가가 정치적 의미나 가치를 갖고 있다는 생각을 구체화하거나 인격화할 수는 없다. 마찬가지로 적의를 통해 정치적 가치의 있고 없고를 언급할 수 없다. 슈미트 프로젝트의 저변에 놓인 개념논리는 슈미트 자신의 것과는 다른 결론을 낳는다. 자율적 가치영역으로서 정치라는 슈미트 개념을 재확인하려는 체계적 시도는 당연히 매우 정치적인 '위대한 정치인' 대 매우 비정치적인 '냉담한 쁘띠부르주아' 사이의 대립을 만들어 낸다. 왜냐하면 이때 전자는 정치적 속성의 인격적 체화를 대표하고, 후자는 그 속성의 부재를 대변한다. 슈미트 자신의 체계의 개념틀 내에서조차도 우적해석은 정치적으로 중요한 혹은 중요하지 않은 또는 정치적 가치를 가진 혹은 아닌, 또 어느 정도나 정치적으로 중요하고 가치를 가졌는지를 구분할 수가 없다. 슈미트에게 적은 동질적 친구의 특정 공동체를 향해 생사위협을 대표한다. 슈미트적인 적은 정치적 의미가 없다고 말할 수는 없다. 마찬가지로 슈미트의 '친구'는 아마도 '외부'의 적에 대항해 생사투쟁에 있어 동맹을 체결한 그러한 자에 연관될 것이다. 친구와 친구 사이의 관계는 슈미트적 의미에서 친구와 적보다 정치적으로 항상 덜 중요하거나 또 의미가 덜 할 것이다(위의 책, 241f. passim).

　　우호와 적대라는 범주는 다른 개인과 집단의 목적과 열망을 고려하는 성향에 관계된다. 우호와 적대는 인간 실존의 수많은 영역에서 일어날 수 있다. 여기서 모르겐타우가 말하고자 하는 핵심은 우적범주는 정치적 경험의 본질을 포착할 수가 없다는 것이다. 우리는 '아름다운 시의 친구'도 '종교의 적'도 '자연의 친구'도 될 수 있다. 우적범주는 인간실존을 구성하는 가치영역에 관련 근본적으로 중립적이다(위의 책, 242). 물론 우리는 '정치적' 우적을 말할 수 있다. 정당은 '사회주의의 친구'이거나 '중국의 적'이 될 수 있다. 하지만 이것이 슈미트가 사용한 우적용어와 같은 의미는 아니다. 그것은 타자의 모든 것과 관계하는 행위자가 가진 '속성dispositon'에 관계한다. 슈미트의 명제, 정치적인 것과 아닌 것의 개념적 대립에 우적구별이 조응한다는 것은 모르겐타우에게는 잘못된 것이다. 정치적인 것과 정치적이지 않은 것 각각이 우와 적 각각에 조응한다고 볼 어떤 논리적 필연성도 없다. 이런 점에서도 우적범주는 손익, 선악, 미추등과 유추될 것이 아니다. 슈미트의 우적구별은 정치적 존재의 핵심을 포착하는데 실패했다(위의 책, 242).

슈미트의 범주는 "과학적으로 정치적인 것의 내용 규정과 다른 가치 영역과의 경계설정을 위해서 쓸모가 없다. 덧붙여 우적구별은 이러한 종류의 근본적 구분도 그 파생적인 것의 구분도 될 수 없다. 반대로 이 모든 가치영역에 공통된 기능적 요소로 우적구별은 근본적 범주와 그 어떤 경우에도 비교될 수 없는 완전히 상이한 논리구조를 갖고 있을 뿐이다."(Morgenthau 2012, 118)

당시 여전히 약관의 모르겐타우는 슈미트의 학자적 양심뿐만 아니라 동시에 그 사상의 중핵이라 할 '정치적인 개념'역시 탄핵하고 있다. 그와 동시에 모르겐타우는 2차 대전 이후 자신의 정치적 리얼리즘을 암시하는 정식을 찾아낸다. "정치적인 것의 개념은 사회학적으로 볼 때 심리학적 요소로서 권력에의 의지will to power에 기초한다. 권력에의 의지는 3가지 측면을 갖는데 획득 권력의 유지, 확장, 주장manifest이 그것이다". 그리고 "모든 대외정책은 권력의지일 뿐"이다. 권력의 유지, 확장, 주장은 각각 대외정책에 있어 현상유지, 제국주의, 위신prestige정책에 상응한다(위의 책, 106). 따라서 "특정한 의미에서 정치적인 것은 [국가행위]의 대상과 국가사이에서 국가의 권력의지에 의해 창설된 연관의 특정한 집중강도 속에 존재한다." 일반적 의미에서 정치적인 것은 자신의 권력을 유지, 증대, 선언하기 위한 국가의 의지이기 때문에 권력의지의 요소는 하이폴리틱스라고 불리는 더욱 질적으로 세련된 방식과 더 강한 정도로 정치적인 것의 개념으로 나타나야만 한다."(위의 책, 120)

미국으로 망명한 뒤 모르겐타우는 자신의 유럽시절에 대해 언급하는 것을 몹시 기피했다고 한다. 그가 『국가들간의 정치Politics among Nations』의 제2판 서문에서 밝혔듯이, 1947년에 집필된 그의 주저는 "20

년간의 지적 경험을 요약"한 것이라고 했다. 그리고 그것은 "국제정치의 본성과 서구 민주국가들이 실행에 옮긴 잘못된 외교정책 수단에 대한 고독하고 또 일견 효과도 없는 성찰의 경험"이었다(Morgenthau 1973, xiii). 이 책에서 그는 '정치적 리얼리즘의 6대 원칙'이란 것을 '발표'했다. 그 두 번째를 보면 "정치적 리얼리즘이 국제정치의 전경을 헤쳐 나갈 길을 모색하는 것을 도와줄 주요한 표식은 '권력을 통해 정의된 이익interest defined in terms of power'이라는 개념이다. 이 개념은 국제정치를 이해하기 위해 노력하는 이성과 이해되어야 하는 사실들 사이의 고리를 제공해 준다. 이 개념은 경제(부에 의해 정의되는 이익으로 이해되는), 윤리, 미학 혹은 종교등과 같은 기타 영역과 분리된 행위와 이해의 자율적 영역autonomous sphere으로 정치를 설정한다."(위의 책, 5) '정치적인 것의 개념'과 관련된 슈미트와의 논전에 대한 일체의 흔적도 말끔히 소거된 채, 이제 모르겐타우는 '이익'개념에 확고히 기초해 정치를 그 무슨 '집중강도' 등과도 일체 단락된 '자율적 영역'으로 명확히 규정한다. 그리고 막스 베버를 호출한다. "관념이 아니라 이익(물질적이든 정신적이든)은 인간행위를 직접적으로 지배한다. 그러나 이 관념이 만들어 낸 '세계의 이미지'는 아주 자주 이익의 다이내미즘이 어떤 궤도로 움직일지를 결정하는 스위치의 역할을 한다." 그리고 권력 또한 그것이 사용되는 "내용과 방식"은 정치적 문화적 환경에 의해 결정되는 것이다(위의 책, 9). 그리고 국제정치의 행위자 문제도 확고히 결정되었다. "국제관계의 일반적 성격에 적용되는 것과 마찬가지로 현대 외교정책의 최종 준거점이 민족국가라는 데에도 적용되는 것이다. 리얼리스트들이 정치적 행위를 판단하고 지도하는 그 영속적 기준이 바로 이익이라고 진정으로 믿고 있지만, 이익과 민족국가의 현대적 연관은 역사의 산물이며 따라서 역사의 과정에서 소멸될 것이다. 현재는 정치세계가 민족국가로 분할되어 있지만, 현대세계의 기술 잠재력과 도덕적 의무에 더욱더 부합되는, 전혀 다른 성격을 가진 더 큰 단위에 의해 대체될 것이라는 가설과 리얼리스트의 입장은 그 어느 것도 상충되지 않는다."(위의 책, 10) '리얼리스트'라면 예컨대 슈미트적 의미에서의 제국이나 광역이 등장할 가능성을 전혀 부인할 필요가 없지만, 지금의 세계사에서 외교정책의 핵심 준거점은 의연히 이익을 추구하는 민족국가라는 것이다. 이렇게 모든 것은 '모르겐타우'가 '모겐소'가 됨으로써 투명하고 단순화되었다.

2) 슈미트 대 레오 슈트라우스(1899-1973)

모겐소와 함께 시카고대학에서 가르쳤던 정치철학자 슈트라우스와 칼 슈미트의 관계를 새롭게 조명해 이를 공론의 장으로 끌어낸 것은 무엇보다 하인리히 마이어의 책이었다(Meier 1988). 그리고 이 양인 관계는 21세기 들어 미국에 부시 주니어 정권이 등장하면서 다시금 주목을 받게 된다. 슈트라우스 자신은 생전에 누려보지 못한 놀라운 실로 글로벌한 시선이 집중된 것은, 다른 무엇보다 부시정권 출범과 동시에 슈트라우스의 제자라 할 만한 "슈트라우스주의자Straussian"들이 대거 정권의 요직에 진출했기 때문이다. 말하기 좋아하는 음모론자들은 심지어 '부시정권을 슈트라우스의 괴뢰'라고도 말했고, 1980년대 레이건 당시의 제1차 네오콘 운동에 이어, 부시정권을 제2차 네오콘 운동이라고도 했다. 독일 역사학자 빈클러는 나치집권 이전의 '보수혁명'에 빗대어 이와 유사성을 언급하기도 했다.[68] 슈

그림 7 레오 슈트라우스

---

[68] 슈트라우스와 네오콘의 관계에 대해서는 많은 연구들이 있지만 특히 게르하르트 슈푀를의 아래 글이 흥미롭다. 뉴욕타임즈의 이 기사는 독일 『슈피겔』지의 기사를 번역한 것이다. Spörl(2003)이 네오콘 운동은 현재의

미트의 '보수혁명'과 슈트라우스의 '신보수혁명'식의 유추 말이다.

　　1934년 10월 10일자 슈트라우스가 베를린에 있는 자신의 친구 야콥 클라인에게 보낸 편지를 보면 이렇게 말한다. "칼 슈미트의 최근 팜플렛 [『3종의 법학적 사고』을 말하는 것이 분명해 보임- 하인리히 마이어의 주]을 읽었어? 이제 슈미트는 당연히 출처를 인용하지 않았지만, 내가 서평에서 주장한 논거에 따라 홉스의 결단주의를 버리고 '질서사고'로 갔어. 퀼로이터에게 여기에 대해 알려 줄까 봐."(Meier 1988, 138 후주Nachbemerkung) 이에 대한 1934년 10월 13일자 친구의 답변은 이렇다. "내가 긴급히 충고하건대, 퀼로이터에게 이 사실을 알리지 마. 여기서 한가지만이 있을 수 있을 거야. 절대침묵." 이후 슈트라우스는 런던에서 로젠탈 E. I. J. Rosenthal에게 보낸 1935년 5월 10일자 편지에서 이렇게 토로하고 있다. 슈미트가 아마도 "그 사이 나치가 된 까닭에", "어떤 유대인에게 자신의 논거를 의탁하고 있다는 점을 고백하는 것이 불가능했다는 정상참작의 사유를 제시"했을 수도 있겠다고 말이다. 이 흥미로운 짧은 후주에서 하인리히 마이어는 또 한 명의 증인을 소환한다. 1933년 12월 6일 마르부르크Marburg에서 칼 뢰비트는 자신의 대학 동문이자 친구인 슈트라우스에게 편지를 쓴다. 두 사람은 마르부르크대학에서 하이데거에게 동문수학한 관계였다. 당시 하이데거의 세미나에는 한나 아렌트는 물론이고 마르쿠제도 있었다. 슈미트에게서 홉스에 대한 논문으로 박사학위를 쓴 "베르너 벡커Werner Becker하고 오늘 말해 보니 슈미트가 원칙적인 반유대주의에도 불구하고 이 이유 때문에 너한테 답장하지 않은 것은 아닐 거라고 해. 하지만 1) 슈미트가 '프로이센 국가 추밀원 고문'으로 엄청나

바이든 정부까지도 계승되고 있다. 특히 트럼프에서 바이든으로 미네오콘이 갈아타면서 바이든 정부의 외교정책의 중심부를 장악하고 있다는 말이다. 여기에 대해서는 제프리 삭스의 코멘트가 참고가 될 만하다(Sachs, 2022). 여기에 대해서는 이 책의 결론부에서 다시 다루게 될 것이다.

게 바쁘고 2) 베커 말에 따르면 추천할 만한 영국의 홉스 연구자를 알지 못한다고 말하네."(위의 책, 138)

이 짧은 에피소드는 두 가지를 우리에게 시사하고 있다. 첫째, 모르겐타우나 슈트라우스 둘 다 모두 유대인이라는 점에서, 그 시점 승승장구하던 슈미트에게 이들과의 학문적 교류나 교제는 분명 달갑지 않은 일이었고, 나치집권 이후부터는 이것이 상당한 정치적 리스크가 될 수 있는 일이라는 점이다. 둘째, 양인 중 모르겐타우는 '국제재판'을 주제로 박사학위 논문을 막 끝낸 뒤 이를 슈미트에게 증정하고자 송부한 상태였고, 슈트라우스는 홉스를 주제로 한 교수자격 논문을 준비 중에 ―슈트라우스는 1921년 마르부르크대학의 신칸트학파 에른스트 카시러에게서 박사학위 논문을 마친 상태였다― 슈미트의 추천서를 받아 록펠러재단 장학생으로 파리 유학을 계획하는 중이었다. 즉 당시로선 둘 다 젊은 학문 후속세대에 속한 연구자였다. 아직은 슈미트의 학계 권위를 뛰어넘어 발언하기에는 충분치 못한 상태였다.

그런데 여기서 과연 슈트라우스의 아래에서 다루게 될 슈미트 서평에서 개진된 논증으로 인해 슈미트가 '결단주의'를 포기했는지는 또 다른 문제다. 오히려 그것보다 나로서는 슈미트의 '기회원인론적' 태도가 작용했을 거로 보인다.[69] 즉 과거 1927년 "슈미트의 공격방향은 하나의 적만을 시야에 놓고 특수한 파토스에 기초한 정치적인 것이 이 적으로부터 일체 독자성을 박탈하고 그리고 이 적이 도덕과 법의 규범과 '질서'하에 굴복해야"(BP1, 30) 했던 데 반해, 1932년 슈미트는 이미 '자유주의 시대'를 '회고'할 수 있다고 믿었다는 것이다. "중요 전문영역의 중립화와 탈정치화에 대해 '그 어떤 전문영역에 비해서도 냉담하고 잠재적으로는 모든 영역을 포괄하는 전체국가'안에서 그사이 강력한 대항행위자가 성장하였다."(BP2, 24) 그에게는 '모든 것이 적어도 그 가능성에 비추어 정

---

69 여기에 대해서는 후술할 본 장 칼 뢰비트 절의 마지막 부분을 참조.

치적이다.' 이 상황을 지켜보면서 슈미트는 공세로 전환한다. 정치적인 것에 대한 특정한 '고유 영역'을 주장하는 대신 슈미트는 이제 '전부'를 겨냥하게 된다. 그 사이 영역개념은 집중강도 모델로 대체되었고, 정치적인 것의 집중강도 개념을 통해 슈미트는 내전과 혁명을 포착할 가능성을 획득한다. 그래서 영역개념을 포기하면서 슈미트는 자신의 정치적인 것의 개념을 '내전에 대처할 수 있게끔bürgerkriegsfähig' 만들었다."(BP2, 31)

슈트라우스의 「칼 슈미트의 '정치적인 것의 개념'에 대한 논평」이라는 논문은 저 유명한 『사회과학과 사회정책 논총』 1932년 8-9월호에 실린 것이다.[70] 이하 슈트라우스의 논지를 개략해 본다.

(1) 자유주의란 정치적인 것의 부정이다. 따라서 반자유주의는 정치적인 것의 긍정을 의미하는 바, 이때 자유주의에 대한 철저한 논박은 자유주의가 "제거하지 못하고 단지 은폐한" 것에 불과한 정치적인 것을 복원하는 일이다(위의 책, 100, 이하 숫자는 재수록된 마이어책의 쪽수).

(2) 하지만 이를 위해서는 "자유주의 사고의 놀랄만한 논리적 체계성"을 다른 체계로 대체해야 이것이 비로소 가능하다(101).

(3) 슈미트 연구의 난점은 바로 이러한 "자유주의 사고의 체계성"이 "오늘날 유럽에서 다른 어떤 체계에 의해서도" 대체되지 않은 상태에서, 슈미트 자신도 자유주의적 사고의 요소들을 사용하지 않을 수 없을 가능성이 존재한다는 점에 있다. 그래서 슈미트가 과연 어떤 점에서 자유주의의 지배적 견해와 구별되는가를 주의 깊게 봐야 한다(101).

(4) 슈미트는 "정치적인 것의 **본질**"이 무엇인가에 대한 문제를 "정치적인 것의 특수성"이 무엇인가라는 문제로 이해하고 있다. 그래서 여

---

[70] Strauss 1932, 732ff. 이 논문은 Meier(1988), 99-125에 재수록되어 있고, 한국어로도 번역되어 있다. 김효전(역), 『정치적인 것의 개념』, 155쪽 이하.

기서 슈트라우스에 따르면 특수성이란 "정치적인 것의 종차differenzia spezifica"를 구명하는 것인 바, 이 문제에 대한 자유주의적 답변이 갖는 문제점을 논증하고자 하는 것이다. 정치적인 것의 종차를 규정하는 고유한 "자유주의적 답변"은 '속屬, Genus'이다. 이 '속'이 바로 '문화'다. 자유주의는 인간생활의 여러 가지 영역의 "자율성"을 승인하는 것이다. 문화의 여러 "전문영역"가운데서도 정치적인 것은 이런 단순 전문영역이 아니다. 인간생활의 여러 영역의 "자율성"을 고려할 때, 그렇다면 정치적인 것의 '기준'은 무엇인가. 슈미트에게 그것은 우적이다. 선악, 미추등과 비교해서, 슈미트에게 우와 적중 "적의 요소가 명확하게 우월적 지위"를 갖는다. 이 우월성은 적개념에 "투쟁의 현실적 우발가능성"이 포함되어 있다는 것에서 유래한다. 즉 이 투쟁의 우발 가능성은 예컨대 '긴급사태'라는 가장 극단적 가능성에서 인간생활의 특수한 정치적 긴장이 획득되는 것이다. 그리하여 정치적인 것이란 다른 영역과 비교해, 단순 병렬적인 상대적으로 독립된 자율성의 영역이 아니라 "척도가 되는maßgebend" 것이다. 즉 동등하지도 유사하지도 않다는 말이다(102, 105).

(5) '문화'의 기초는 '자연상태'다. 슈미트에 따르면 자연상태는 정치적 상태를 말하는 것이다. 왜냐하면 정치적인 것은 투쟁 자체보다는 투쟁의 현실적 가능성에 의해 규정된 행동에 연관되며, 정치적인 것은 그래서 모든 문화의 기저에 있는 자연상태로서 곧 전쟁상태를 의미한다. 이로써 정치적인 것의 종차가 속한 '속'이 해명되는 것이다. 정치적인 것은 인간 상태의 하나이며 특히 인간의 자연상태 결국 인간의 근본적이며 극단적인 상태 그 자체를 말하는 것이다(106f.). 홉스의 자연상태가 '개별' 인간의 전쟁상태를 의미한다면, 슈미트의 자연상태는 집단 특히 '민족Völker'의 전쟁상태를 의미한다. 홉스의 자연상태=전쟁상태이기 때문에 이로부터 탈피해야 하는 것인 반면, 슈미트에게는 자연상태=전쟁상태=정치적인 것으로서 전자가 부정이라면, 후자는 긍정으로 완전히 다른 것이다. "홉스가 비자유주의에서 자유주의의 기초를 발견한다면, 슈

미트는 자유주의 세계 안에서 자유주의 비판을 시도한 것이다."(109) (슈미트는 BP1에서 홉스를 일러 "참으로 위대한, 아마 유일하고 진정한 체계적 정치사상가"라고 했다. BP2에서는 그런데 "한 사람의 위대하고 진정한 체계적 정치사상가"라고 하면서 뉘앙스의 차이를 보인다. 홉스는 그래서 슈미트적 의미에서 보자면 "반정치적 사상가 그 자체"이다(109, 각주 1).

(6) 슈미트에게 정치적인 것은 평가될 수도, 하나의 이상으로 측정될 수도 없는 "인간에 의한 다른 인간의 물리적 살육의 현실적 가능성과 관련해서 구성되는 것"이다. 슈미트의 정치적인 것의 긍정은 홉스가 자연상태를 비판적으로 기술한 것과 대립된다. 슈미트에게 정치적인 것은 "인간생활의 근본적 성격, 운명 그 자체로서 벗어날 수 없는 어떤 것"이다. 그것은 "운명"이다. 인간이 정치적인 것을 포기한다는 것은 인간적인 것을 포기하는 것이며, 동시에 인도적인 것을 그만두는 것, 전쟁을 저주하고 전쟁을 못하게 하는 것은 자기기만일 뿐이다. 정치적인 것은 가능성이자 현실성이며 또 필연성이다. 왜냐하면 인간의 본성과 함께 주어진 것이기 때문이다(111).

(7) "인간의 위험성테제는 정치적인 것의 긍정의 궁극적 전제이다. 인간의 위험성이 확고할수록, 정치적인 것의 필연성도 확고해진다."(113)

(8) 슈미트는 말한다 "우적구별이 단순한 우발성Eventualität에 따라 중단된다면, 그 때는 정치로부터 순결한 세계관, 문화, 문명, 경제, 도덕, 법, 예술, **오락Unterhaltung** 등만 남고, 정치도 국가도 존재하지 않을 것이다." 여기서 우리는 오락이란 말을 강조했다. "정치적인 것의 적들은 오락의 세계를 만드는 것을 넘어 쾌락의 세계, 진지함Ernst을 잃어버린 세계로 향한다." 이런 "최종적으로 평화주의화된 지구"란 정치없는 세계이다. "슈미트가 정치적인 것을 긍정하는 것은 정치적인 것의 위협 속에서 인간 생활의 진지함이 위협받는다고 보기 때문"이다(118f., 강조는 원문). 이런 세계를 슈미트가 원할 리 없다.

(9) 슈미트가 근대를 탈정치의 시대라고 했을 때 그 말은 정치가

19-20세기에 들어와 그 이전 16-17세기와 비교해 운명이 되는 정도가 덜하다는 것을 의미하는 것이 아니다. 인간은 그 이전보다 더 "투쟁하는 전체"가 되었다(119).

(10) 정치적인 것의 인정 = 자연상태status naturalis의 인정 = 전쟁상태status belli의 인정이다. 하지만 이는 가상에 불과하다. 슈미트에게 "자연상태의 인정은 전쟁상태의 인정이 아니라 현상유지status quo에서 생기는 안정Sekurität을 포기하는 것"을 말한다(121). 여기서 말하는 "현상유지에서 생기는 안정"은 이런 것이다. "모든 새롭고 거대한 충격, 모든 혁명과 개혁, 모든 새로운 엘리트는 금욕과 자발적 혹은 비자발적인 빈곤에서 나온다. 이 때 빈곤이란 다른 무엇보다도 현상유지에서 생기는 안정을 포기하는 것이다. 원시기독교와 기독교 내부의 모든 강력한 개혁, 곧 베네딕트파, 클루니파, 프란치스코파, 재세례파와 청교도뿐만 아니라 특유한 종류의 단순 원칙에 기초한 모든 참된 부활, 모든 참된 원칙으로의 회귀ritornar al principio, 훼손되지 않고 부패하지 않은 자연으로의 회귀는 기존 현상의 안락과 편안함과 비교해 문화적 혹은 사회적 무Nichts로 나타난다."(BP 2, 93)

(11) 정치적이라는 것이 의미하는 것은 "긴급사태"에 대응하는 것이며, 정치적인 것의 시인은 투쟁 그 자체를 인정한다는 것이지, "**무엇을 위해wofür** 싸웠는지는 전혀 상관없는 것이다." 이는 마치 "**어떤** 결단을 했는지"는 전혀 중요하지 않은 것과 마찬가지다. 자유주의는 모든 '진정한 확신'을 그것이 법질서와 평화를 신성시하는 한 존경하고 관용적이다. 정치적인 것을 그 자체로 시인하는 자는 모든 '진정한' 확신 즉 전쟁의 현실적 가능성을 향한 모든 결단을 존중하고 관대하다. 즉 정치적인 것의 승인은 이로써 그 "뒤집어진 표식의 자유주의"임이 입증된다. 그래서 자유주의의 일관성의 체계성은 대체되지 않고 있다(123, 강조는 원문).

정치적인 것의 시인은 반자유주 슈미트의 출발점이다. 자유주의에 대한 근본적 비판을 준비하는 것이다. 슈미트의 모델 피규어인 도노소 코르테스는 불구대천의 적인 무정부주의를 존경한다고 했다. 슈미트가 말하고자 하는 반자유주의 투쟁도 결국에는 그가 말하는 '인간적인 것들의 질서'이다. 슈미트의 자유주의비판은 "자신의 원래 의도에서 벗어나 자유주의로 둘러싸인 차원에 결박되어 있다는 것"이다. 이러한 "실패Versagen"는 우연이 아니라 "원칙의 필연적인 결과"이다. 슈미트가 주장하는 여러 원리는 자유주의적인 전제에 결부되어 있다(124f.). 슈미트가 "자유주의 세계 내에서 자유주의 비판을 감행"했다는 말은, "그의 자유주의비판은 자유주의 지평에서 수행된다는 것, 그의 비자유주의적 경향은 지금까지 극복되지 못한 "자유주의사고의 체계성Systematik'에 의해 중단되었다는 것"을 의미한다. 그래서 홉스에 대한 적절한 이해에 기반해야 자유주의에 대한 발본적인 비판이 가능할 것이다(125).

　　슈트라우스의 예리하고 또 현란한 반대토론에 대해 페리 앤더슨이 흥미로운 개입을 했다. "찬탄이기도 책망이기도 한 비판에서 스트라우스는 이렇게 주장한다. 슈미트의 칭찬할 만한 자유주의 거부는 홉스 국가론에 대한 자유주의의 철학적 영향을 오인한 것이며 ... 슈미트는 그저 '자유주의 마이너스'liberalism with a minus sign만을 만들어 내었을 뿐이다. 필요한 것은 '자유주의를 넘어서는 지평'이었다. 그럼에도 불구하고 슈미트의 텍스트 내에 여기에 대한 암시를 찾을 수는 있다. 즉 슈미트가 순정한 자연으로 되돌아가는 것 속에 놓여 있는 '인간적인 것들의 질서'에 대해 말할 때 말이다. 슈트라우스가 말하는 것은 자유주의적 문화개념이 망각한 것이 바로 이 자연 질서였다는 것이다. 슈트라우스가 말한 종교적 배경에 대한 암시를 강조하기 위해 자기 저작의 다음 판본에서 몇 가지를 조용히 정정함으로써, 슈미트는 이러한 이의제기를 자신의 다음 행보에 받아들였다. 슈미트 역시 히틀러 집권 이전 슈트라우스의 프랑스행을 도와주었다. ... 1934년 슈트라우스는 런던으로 이주한다. 런던에서 슈트라우스가 불평하기를 슈미트가 신질서하에서 법이론에 대한 첫 번째 저작[『3종의 법학적 사고』를 말함-인용자]에서 결단주의를

넘어 나가라는 자신의 제안을 아무런 인정 표시도 없이 수용했다는 것이다."(Anderson 1992)

3) 슈미트 대 칼 뢰비트(1897–1973)

슈트라우스와 마찬가지로 뢰비트 역시 독일계 유대인이었다. 그리고 하이데거 밑에서 동문수학한 사이이기도 했다. 슈트라우스는 나치집권 전 파리를 거쳐 영국으로 간 뒤, 이후 미국으로 이주해 시카고대학에서 철학을 가르쳤다. 반면 뢰비트는 나치집권 뒤 1934년 일본으로 가서 동북제대에서 가르치다 이후 뒤늦게 미국으로 간다. 독일계 정신적 난민들이 다 거쳤던 뉴욕의 뉴스쿨에서 가르친 뒤, 전후에 비로소 독일로 귀국해 하이델베르크에서 철학교수를 지냈다.

앞서 본 모르겐타우는 슈미트와의 지적 대결에서 이후 슈미트의 정치적인 것의 개념을 완전히 청산하고, '권력으로 정의되는 이익' 혹은 권력이라는 이익개념으로 국제법보다는 국제정치학에서 정치적 리얼리즘을 제창했다. 반면 슈트라우스는 분명 모르겐타우보다는 슈미트의 자유주의와 의회주의비판에 좀 더 우호적이었다고 볼 수 있다. 슈미트의 자유주의비판의 자유주의 미청산이 오히려 그가 비판하는 핵심 지점이었다. 반면 지금 보게 될 슈트라우스보다 좀 더 근본적이고 대결적이라 할 뢰비트의 슈미트 비판은 슈미트 연구사에서 하나의 획기라고 할 만하다. 이 글은 나치집권 이후인 1935년, 아직 마르부르크대학에서 학생들을 가르치다 록펠러재단의 장학금으로 이탈리아 로마에 체류할 시점에 휴고 피알라Hugo Fiala란 필명으로 발표된 논문이다. 나치정권 내 이력이 절정을 향해 가던 슈

Karl Löwith
그림 8 칼 뢰비트

미트의 변질을 지켜보면서 나온 글이라는 점에서 더욱 흥미롭다.[71]

슈미트는 낭만주의를 기회원인론Okkasionalismus이라고 비판한다. "낭만주의적 태도를 가장 명료하게 고유한 개념으로 표현하자면 그것은 occasio다."(PolRo, 22) 슈미트는 "낭만주의는 원인causa과 어떤 관계도 맺을 수 없다는 특성"을 갖는다고 본다. 낭만주의는 인과율 즉 원인, 결과와 적합한 관계를 맺을 수 없다(PolRo, 120).

occasio란 용어는 어떤 계기, 기회, 동기, 우연 혹은 '기연機緣'이라고도 번역된다. 반대말을 통해 그 고유 의미를 찾아보자면 그것이 방금 말한 원인 즉 causa다. causa가 원인이라면 occasio는 기회 원인이다. 그것은 결과로부터 분리 자립화한 사건의 우발적 일어남을 의미한다. 인과의 강고한 결합을 통해 비로소 질서가 만들어지는 것이라고 한다면 causa는 어떤 계산 가능한 인과성의 강제, 어떤 하나의 규범Norm에 대한 구속성, 일관성과 질서의 부여, 합목적성과 주로 관계된다. 이에 비해 occasio는 일종의 "해체하는 개념"(PolRo, 22)이다.

슈미트의 낭만주의비판의 핵심이 바로 기회원인론이다.[72] 그리고

---

[71] Löwith 1984, 22ff. 국역본은 김효전 역 『합법성과 정당성』, 230쪽 이하를 참조.

[72] 슈미트는 『정치적 낭만주의』에서 이렇게 말한다. "낭만주의자들의 정치이념의 전개를 개관함으로써 우리는 낭만주의적 세계 및 생활감각은 완전히 판이한 정치적 상황 및 심지어 대립되는 철학적 이론과도 결탁될 수 있음을 알게 되었다. 혁명이 임박했을 때 정치적 낭만주의는 혁명적이 되고, 혁명이 종결되면 그들은 보수적으로 변하며, 명백한 반동복고시기가 도래했을 때 그들은 그러한 정치상황에서조차도 낭만적 측면을 내온다. ... 이러한 **정치적 내용에 있어 지조없는 변신Wandelbarkeit은 우연적인 것이라기보다 기회원인론적인 태도의 어떤 결과이자, 수동성을 그 핵심으로 하는 낭만적인 것의 본질에 그 근거를 두고 있다.** 물론 모든 반혁명 이론이 공유하는 의식적인 '실행

그의 정치신학은 특히 도노소 코르테스의 긍정적 수용을 위해 '주권적 결단주의'를 주조해 낸다. 하지만 기회원인주의는 슈미트의 '기회와 정세에 따른 그의 행동의 이면'과도 무관할 수가 없다(Löwith 1984, 32). 그래서 "낭만주의의 성격을 이렇게 규정함으로써 슈미트는 동시에 자기 자신도 규정한 것이다. 그 자신의 결단주의Dezisionismus가 바로 기회원인적이기 때문이다". 즉 슈미트의 결단 역시 낭만주의적 occasio개념과 마찬가지로 규범에의 모든 구속을 거부한다는 점에서 말이다(위의 책, 36).

슈미트에 따르면 4세기에 걸쳐 인간실존Dasein의 정신적 중심은 '신학 – 형이상학 – 인간주의적 도덕das humanistische Moral – 경제'의 순으로 전개되어 왔다. '정치적인 것'이 중심영역Zentralgebiet인 적은 없었다. 왜냐하면 "정치적인 것 자체는 특수한 전문영역이 아니며 따라서 결코 어떤 가능한 중심영역도 아니"(BP 2, 14, 26)기 때문이다(위의 책, 34).

슈미트자신의 정치이론에는 "'척도가 되는 중심영역'에 기초하고 있는, 슈미트가 맑스의 과학적 사회주의를 지탱하는 기초로 제대로 파악

Machen'이나 정통왕당파 이론의 정적주의Quietismus와 낭만적인 것의 정치적 수동성을 동일시하는 것으로 볼 수도 있다. ... 말브랑슈로부터 ... 무조건적인 모든 활동성을 제거하는 수동주의로 직접 가는 길이 열린다. 그렇게 해서 낭만적인 것의 주관화된 기회원인주의 역시 그가 맞닥뜨린 것과 동행하게 되고, 그의 유기적인 수동성을 어떤 적극적인 경륜있는 정치가의 자신의 정치적 과제와 목표로부터 도출된 주저함Hemmungen을 구분하는 것은 전혀 어렵지 않다. 그 기준은 옳고 그름 사이에서 결단할 능력이 있는지 없는지 여부이다. 그 능력이야말로 그것이 자연법과 인간법에 기초한 혁명적인 것이건 역사적 권리에 기초한 보수적인 것이건 모든 정치적 에너지의 원칙이다. 정통왕당파의 철학조차도 옳고 그름의 차이를 승인하고, 권리와 벌거벗은 사실적 권력의 차이에 대한 자연법적 구분에 따른 역사적 기득권만을 내세울 뿐이다."(PolRo, 160f. 강조는 인용자)

했던 결단의 형이상학뿐만 아니라, 키에르케고르의 권위정부에 대한 종교적 결단을 지탱하는 신학적 기초도 없다. 그렇다면 물어보자. 16세기 신학도 17세기 형이상학도 그리고 전혀 그럴 리 없겠지만 18세기 인간주의적 도덕을 믿지 않고 오직 결단의 힘만 믿는다면 슈미트의 '까다로운 도덕적 결단'은 무엇에 대한 믿음이란 말인가." 뢰비트는 여기에 대한 각주에서 이렇게 덧붙이고 있다. "충성, 내적 규율, 명예등의 진정 도덕적 범주들이 슈미트 정치사상을 규정하는 것은 그가 결단주의로부터 퇴각Zurückstellung한 이후인 『3종의 법학적 사고』부터의 일이다."(위의 책, 37f.)

"슈미트가 키에르케고르를 강조하는 것은 오로지 키에르케고르의 '예외'에 대한 일견 옹호론 때문이다. ... 슈미트가 키에르케고르를 거론하는 이유는 그가 '정상상황'이 아니라 극단적인 '한계상황'을 지향하기 때문이며 이것이 '구체적 생의 철학'에 상응한다는 것이다." 하지만 이에 대한 각주에서 뢰비트는 이와는 정반대로 슈미트는 나치집권 이후 출간된 『3종의 법학사고』 62쪽에서 "어떤 삶의 상황이라는 구체적 현실 [어떤 구체적 삶속에서 부딪치는 상황의 실제-인용자]은 **정상** 상황에 맞추어진 자연적 질서개념을 통해 포착되어야 한다."(강조는 원문)고 말한다(위의 책 38). 그렇게 한 사람의 개념의 중심이 나치집권 전후에 맞추어 '예외'에서 '정상'으로 대선회를 감행하는 그 자체 아주 '예외적인' 개념상황이 벌어지고 있음을 뢰비트는 지적하는 것이다.

슈미트는 예외가 정상상황보다 더 '흥미롭고', 예외는 규칙을 확증할 뿐만 아니라 규칙은 오로지 예외를 통해 산다고 말한다. 슈미트가 이를 입증하기 위해 키에르케고르를 소환한 것은 그렇지만 매우 임의적이고 자의적인 것이었다. "바로 그 이유로 슈미트는 키에르케고르에도 관심을 갖는 것이다. 하지만 키에르케고르가 예외가 보편적인 것과 자신을 설명하며 일반적인 것을 제대로 연구하고자 한다면 진정한 예외를 찾아보기만 하면 된다고 말했을 때, 그는 단 한 번도 예외 그 자체를 정당화하기를 원했던 것은 아니다. 키에르케고르가 1848년의 정치적 예외상태를 정치적으로가 아니라 기독교적 권위를 위해 결단하고자 했다는 사실을 무시하고, 슈미트가 키에르케고르을 인용할 때, 자기 생각에 맞지 않는 부분을 임의로souverän 삭제했다는 사실은 슈미트의 성격을 제대로 보여주는 일이다. 그가 삭제한 부분은 이렇다. '정당한 예외는 일반적인 것 속에서 화해하며' 그리고 '일반적인 것은 예외에 대항해 근본적으로 논전적polemisch이다.' 슈미트는 이를 뒤집어 예외를 일반적인 것에 논전적으로 대항시켜 놓고 있다. 키에르케고르 자신은 결코 정상적인 것과 일반적인 것에 대한 사고를 포기한 바 없으며 오히려 그는 '피상적으로 가' 아니라 '강한 열정'을 가지고 사고하고자 한 것이며, 그에게 예외란 일반적인 것과의 관계에 있어서만 정당한 것이다." 키에르케고르는 따라서 "예외와 한계상황을 단순히 규칙과 정상상태의 상위에 둔 것이 아니다".

슈미트는 '형이상학적 상'이 정치조직과 같은 구조를 가지며, 이것을 '주권개념의 사회학'이라고 했다. 그래서 '형이상학이 한 시대의 가장 집중적이고 명확한 표현'이라는 것이다. "하지만 이 명확한 표현을 슈미트 자신에게서는 찾아 볼 수가 없다. 그 이유는 슈미트 자신만의 역사구성에 적합한 정치적인 것의 현대적 전체성에는 어떤 투명한 형이상학적 기초와 고유한 '논쟁주제' 즉 하나의 척도적인 '전문영역'이 결여되어 있기 때문이다."(위의 책, 38f.)

그래서 슈미트의 자유부동하는 결단은 "스스로 내린 결단에 의해 다름 아닌 순간을 지나치게 엄격하게 강조함Funkturalisierung으로써 모든 위대한 정치운동속에도 포함되어 있는 '평화로운 존재das ruhende Sein'를 만나지 못하게 될, 본인 자신도 인식한 위험에 노출될지도 모른다. 이 뿐만 아니라 설혹 이것이 비낭만적-결단주의적 형태라 하더라도 이 결단은 기회원인주의가 본질적이기 때문에 애시당초 피할 수 없을 정도로 이 위험에 처해 있다. 슈미트가 대변한 것은 주권적 결단의 정치였고, 이 정치의 내용은 그렇지만 그저 주어진 정치상황이라는 우발적 기회원인으로부터 유래된 것이며 그리고 그로부터 '인간적인 것들의 질서'(BP2, 81)가 생성되는 플라톤의 정치의 본질에 대한 개념처럼 '원천적으로 올바르고 정당한 것에 대한 '완전한 지식의 힘'에서 나온 것이 아니다."(위의 책, 40)

슈미트가 강력히 부정함에도 불구하고 그렇다면 정치적인 것은 '영역'인가 아닌가. "정치적인 것에 **대한** 슈미트의 중립적인 발언방식은 키에르케고르가 미적인 것과 종교적인 것에 **대해** 말할 때처럼, 정치적인 것이란 슈미트의 부인에도 불구하고, 하나의 고유한 전문영역이 아닐까 하는 의구심을 불러일으킨다. 그러나 이것이 명확히 정식화되지 않은 채 남아있는 그 깊은 이유는 다음에 있을지도 모른다. 정치적인 것이 모든 특정한 전문영역을 넘어서고 그리고 모든 것을 동일한 방식으로, 탈정치화처럼 오직 반대방향으로만 중립화하는 어떤 하나의 전체안에 있는 것이 아니라면, 도대체 정치적인 것이 어디 존재며, 어디에서 찾을 수 있는지를 슈미트도 사실 말할 수 **없는 것**이 아닌가 말이다. 슈미트에게 '전체국가'의 긍정적 의미는 중립적 내지 자유주의적 국가의 논전적 부정을 통해 나오는 것이다. 그리고 이 국가는 따라서 헤겔의 '보편' 국가에서처럼 시민사회의 구체적 계기를 포괄하는 것이 아니라, 정치적 위급상태 Ernstfall로부터 국가뿐만 아니라 사회도 전체화한다.(BP2, 12)"(위의 책, 강조는 원문)

슈미트가 국가본질은 '절대적인 무'로부터 만들어진 결단으로 환원된다고 서술하는 경우, 이러한 '능동적 니힐리즘'은 슈미트 자신과 그와 가까운 20세기 독일정신에 특유한 것이다(위의 책, 42).[73] 슈미트에 의

---

[73] 하이데거는 윙거의 『노동자』에 대한 주석에서 이 책은 "능동적 니힐리즘(니체)의 국면"에 속한다고 말한 바 있다(부드디외 2021, 71).

한 모델변경에도 불구하고 여전히 해결되지 않은 수많은 문제가 남아 있다. 슈미트의 신제품이 가진 표절논란을 제외한 여러 장점에도 불구하고 모델변경에 따른 개념운용상의 모든 문제를 말끔히 해결한 것은 아니다. 어떤 것에도 기속되지 않는 결단의 허무주의적 근거는 정치적인 것의 개념에서 완벽하게 드러난다. 주권적 결단개념이 모든 중심적인 전문영역과 분리되어 버린다면 남는 것은 무엇인가. 그 어떤 무엇을 위한 결단이 아니라 결단을 위한 결단만 남아 이것이 모든 전문영역과 분리된다면 결국 모든 것을 초월하는 것은 전쟁뿐이다(위의 책, 43f.).

슈미트에게 "국가란 그 용어상 의미와 역사적 현상에 의거해 볼 때, 인민Volk의 특수하게 종화種化된[74] ... 상태이자 특히 결정적인 경우에는 척도가 되는 상태이다." 전쟁은 인간의 생사여탈적인 상태인 바 이는 정치적 긴급사태 혹은 위급사태시, 인간의 생사가 달린 그 상태에서 인간이 존재한다는 사실 혹은 사실성이라는 점에서 이는 최종적인 것이라 더 이상 토론이 가능하지 않다. 하이데거의 현존재 분석학처럼 정치적인 것의 분석이 기초하는 최종적 사실성, 순수사실, 낭만파 정치인의 기회원인 원칙와 유사한 주권성를 가진다(위의 책, 45). 우적구별을 보자면, 우=자신의, 적=타자의 존재의 종'Art des Seins'을 말한다. 적이란 이때 나 자신의 존재의 종을 존재적으로(BP 3, 14, 20, 23, 37) 부정하는 자이다. 그런데 제1차 대전시 종이 다른artverschieden 튀르키예는 독일의 친구였고, 종이 같은artgleich 영국은 독일의 적이었다. 이 말은 우적간 이합집산의 그루핑―'자유주의 사회학적' 개념인―이 소위 '존재의 종'이 아니라 전쟁 발발 시점의 역사적 상황과 정치적 조건에 달려있는 것이 아닌가라고 묻게 만든다.

74　'geartet'는 '어떤 성질의' 그런 의미지만 여기서는 Art가 가진 특정 문맥을 파악하고 일관성을 유지하기 위해 '종으로 나눠진', '종에 따라 분류된'이라는 의미에서 '종화된'이라 옮긴다.

슈미트에게 적은 외부자, 타자, 이종자(BP2,14, BP3, 8)라고 부를 수 있는 것인가. 우적구별이 실존적이고 존재적이고 본질적이라면 "특정 민족은 영원히 특정 타민족의 친구이거나 적이며", "중립은 정치적으로 의미가 없고 전쟁의 회피는 정치적으로 올바른 것이 될 수 없다"(BP2, 22, BP3, 16)는 것이다. 슈미트는 정전론을 거부한다. "슈미트의 정치적인 것의 개념은 그 어떤 종류의 도덕적, 형이상학적 전제를 갖고 있지 않다." 슈미트는 그러나 자신의 정치적인 것의 정의는 호전적, 군국적, 제국주의적, 평화주의적인 것이 아니라고 한다. 하지만, 분명 반평화주의적이라는 점에서 의문의 여지없이 호전적이다. '프로이센 병사국가'는 슈미트에게 독일제국의 진정한 실체를 이룬다. 뢰비트가 말하듯 슈미트는 '순수'정치개념을 BP2에 와서 삭제했지만 그의 정치적인 것의 개념은 이후에도 여전히 무전제의 존재론적 의론을 유지하고 있다. '순수'정치론은 청산되지 않은 채 남아 있다.

오로지 전쟁상황에서만 물리적 죽임과 물리적 희생의 최종 결과가 요구되는지 여부를 결단할 수 있는 것이라면, '존재적인' 적은 오직 기회원인적으로 즉 적이 자신의 실존을 문제시하고 부정하는 것을 통해서 그러나 존재의 특수 종과는 무관하게 결정하는 것이 아닌가? 그러나 적은 자신의 '실존형태' 혹은 존재의 '종'이 아니라 벌거벗은 실존, 공적-정치적 현존재의 벌거벗은 사실factum brutum로서 부정되는 것이다(위의 책, 48f.).

하지만 슈미트에게 "우적의 근본구별 자체는 그 자체 아무런 특정한 것을 갖는 것이 아니라, 인간존재속의 특정 차이와 공통점 모두를 가로지르고 넘어서서 포괄하는 것으로, '순수' 실존적인 의미에서이다. 그것은 왜냐하면 **도대체 무엇에 대한wovon 집중강도인지** 언급하지 않은 상태에서, 근본구별이란 가능한 이합집산의 '오직' 극단적인 '집중강도'일 뿐이기 때문이다." 물론 우리는 적대성의 객관적 내용이 비인격적이고 한정되지 않을수록, 정치적 긴장이 슈미트적인 의미에서 더욱 집중적으로 '정치적'이라고 말할 수 있다. 왜냐하면 이 집중강도란 것 자체가 인간의 정치적 현존재에 대해 그 어떤 아무런 특정한 것과 개별적인 것이 아니라, 순수한 존재인가 비존재인가에 관계하기 때문이다. 이러한 "전쟁이라는 위급사태에서처럼 정치상황의 극단적인 첨예화를 슈미트는 자신의 정치적 존재개념의 기초로 삼았다. 이는 하이데거의 실존존재론과 일치하는 바, 이에 따르면 현존재의 '근본운명' 또한 마찬가지로 '그것이 있다daß es ist'와 ―그것이 무엇을 위해 그런지 알지 못한 채― '있어야만 한다zu sein hat'속에 놓여 있다. 바로 이 '내가 분명 있다daß ich überhaupt bin'와 내가 있지 않은 것은 아니다 내지 하나의 정치적 통일체가 분명 있다가 여기와 저기에서 원래 근본적인 것으로 유효하다. 왜냐하면 전체적인 것과 발본적인 것Radikale은 무엇이 존재Was-Seing하는가와 관계해서는 아무 상관이 없기 때문이다. .... 이러한 순형식적 결단이 정치적 **내용** 일체에 대해 갖는 발본적인 무상관성의 귀결은 모든 내용은 서로 똑같은 값을 갖는다는gleich-gültig 점이다. 이는 정치의 정점으로서 전쟁이라는 슈미트의 실존정치적 근본개념을 특징짓는다."(위의 책, 49f., 강조는 원문)

슈미트는 BP2에서 이렇게 말한다. 곧 "정치적인 것은 인간생활의 무수한 많은 서로 다른 영역으로부터, 종교적, 경제적, 그리고 다른 대립으로부터 자신의 힘Kraft을 끌어 올 수 있다. 정치적인 것은 그 어떤 자신만의 전문영역이 아니라, 종교적, 민족적(인종 혹은 문화적 의미에서), 경제적 혹은 기타 종류의 동기로 인한 그리고 서로 다른 시기의 서로 다른 결합과 분리에 작용하는 인간의 연합의 **집중강도**를 표현할 따름이다."(BP 2, 26)(강조는 원문)(Löwith 1984, 49) 슈미트는 여기서 새로운 집중강도 모델을 도입해서 기존의 우적구별에 결합한다. 하지만 그럼에도 우적개념과 동일한 문제를 반복해서 노정할 뿐이다. 즉 우적구별의 기준이 그 어떤 중심영역의 부재, 혹은 도덕적, 형이상학적, 가치론적 전제 일체와 분리된 채 이로 인한 기회원인적 성격을 존치하고 있다. 마찬가지로 외부이식된 집중강도 모델 역시 '무엇에 대한 집중강도'인지를 문제설정에서부터 아예 사상시켜 버렸다. 그러면서 정치적인 것의 개념과 관련 정치적인 것의 기능, 역할이 '힘'을 끌어온다는 것을 확인하고 있다. 정치적인 것은 결국 힘이자 에너지다. 그것이 어떤 정치적 내용을 갖는지는 상관이 없는 것이다.

그리스에서는 타자와 이방인이 아니라 야만인이 그 본래의 적이었다. 그들과의 분쟁만이 전쟁polemos이었다. 헬레네족과의 경우처럼, 내전staesis은 아니다. 이에 대해 "슈미트는 양의적 상황에 처하게 된다. 전쟁에 맞추어진 자신의 정치개념을 어떤 특정한 것이자 독자적인 것으로 입증하기 위해, 슈미트는 한편으로 —자기 자신만의 역사적 상황에 더 이상 맞지 않는— 적대성이 객관적으로 내용을 갖춘 그런 적대성으로 되는 그런 실체성을 포착해야만 한다. 다른 한편으로 그가 신이 바라고 자연적으로 주어진 차이에 대해 믿는 것보다 더 많이 기회원인적으로 사고하는, 현대적이며 낭만주의이후 시대 인간으로서 슈미트는 이 실체적 전제를 재차 상대화하고 자신의 모든 근본구별을 형식실존성속으로 되옮겨 놓아야만 한다. 그 결과 우적구별이라는 결정적인 정식은 **실체적으로** 이해된 적대성과 **기회원인적으로** 이해된 적대성인지, 동종적인 것과 이종적인 것이 문제가 되는지 아니면 기회원인적으로 동맹을 맺는 자—함께 또는 대립해서—만 문제가 되는지를 도무지 알 수 없는 그런 적대성 사이에서, 이리저리 결단하지 못한 채 동요한다. 슈미트는 이 양의성이라는 동요하는 기반 위에 자신의 정치적인 것의 개념을 구축했고 그것의 본질특성은 더 이상 폴리스 안의 삶이 아니라 전쟁법ius belli일 뿐이다."(위의 책, 50f., 강조는 원문) 우적구별의 전제이자 결과는 적대성, 그런데 이 적대성이 실체적인지 기회원인적인지 그 사이에서, 무결단상태에서 슈미트의 개념은 동요한다.

슈미트의 소위 종동성이 신 앞의, 도덕 앞의, 법 앞의 평등을 대체한다. 종외자Artfremde를 정치적으로 지도할 수 없다. 하지만 정치적인 것의 개념 어디에서도 이 종동성의 특정 종Art을 지정하지 않았다. 단지 한 곳에서만 종동성을 인종이라는 의미에서 '어떤 하나의 인종민족적 평등'으로 이해하고 있다. "슈미트의 정치적인 것의 개념은 반자유주의적일 뿐만 아니라, 반유대적이며, 그것도 자신이 인정하는 것 이상이다."(위의 책, 55)

슈미트는 『정치적인 것의 개념』 2판과 3판에서 맑스, 레닌, 루카치는 삭제하고 보수주의자 슈탈을 소환했다. "그러나 상이한 각판본의 모든 개정 원칙은 항상 슈미트의 상황구속적이며 그래서 각각 논쟁적인 결정을 특징짓는 기회원인론이다."(위의 책, 56-57)

슈미트는 지금까지 그랬던 것처럼 "1934년 저작 「3종의 법학적 사고」에서 '규칙 사고' 또는 '법률적 사고'라는 비인격적 규범주의뿐만 아니라 본인 자신이 대변해 왔던 인격적이며 독재적인 결단주의, 즉 결단 사고를 기각하고, 이제 '구체적이며', 특정하게 '독일적인' 질서 및 형상 사고의 변호인이 되었다. 이 변화무쌍한 슈미트 사고상의 가장 최근의 변신은 일견 지금까지 말한 모든 것을 뒤집는 것이지만, 실제로는 슈미트 정치사상의 철두철미 *기회원인론적인* 특성을 확인시켜주는 것에 불과하다. 이러한 결단을 포기한다고 해서 슈미트가 자신에게 진정성이 없는 것은 전혀 아니다. 왜냐하면 어떤 정치적 상황에서 예측할 수 없는 방식으로 그때그때 자신에게 떠오르는 것을 진정성을 가지고 숙고하면서, 만약 슈미트 사상이 즉 극단적인 규범주의(1917년 국가의 가치에 대한 그의 저작)에서 시작해, 정치적인 것의 결단주의적 개념을 거쳐(1927년), 질서사상으로 전개되는 그 과정 어디에선가 진정성을 유지했다면 말이다. 그런 식으로 이전에는 '예외'라는 비정상적 상황이 '결정적'이었지만, 이제는 올바르고 정의로운 정치사상에 대해서는 '정상적인', 안정된 상황이 그리고 '정상적 인간'이 결정적이다. 규준적인 안티테제는 이제 더 이상 규범과 결단 사이가 아니라 규범과 질서 사이에 있다. 이로써 정치적 개념은 과거에 지녔던 논전적이라는 본질적 특성을 상실했다. 정치적 개념은 긍정적인 신국가질서에 걸맞게, 나치혁명을 통한 정치적 결단이 내려진 뒤에는 그 본질이 긍정적으로 변화되었다. 한 때의 주권적 결단은 일단 내려진 다음에는 새로 생성된 구체적 질서에 순응했다."(위의 책, 59)

슈미트의 사상과 영혼의 중심은 기회원인주의적 '일관성'에 의해 장악되어 있다. 조성된 정세에 걸맞게 자신의 사상과 사고를 변형, 순응하는 능력을 말하고, 이는 심지어 그의 중심개념에까지도 영향을 미친다. 그것은 또한 물론 전부는 아니지만 그의 정치적 기회주의도 상당 부분 설명해준다. 하이데거 강연의 한 수강생이 결단을 촉구하는 하이데거에게 위트를 남겼다. "난 결단했어. 그런데 무슨 결단을 했는지는 모르겠어."(위의 책, 64)

제3장
주권이란?: 예외, 결단, 독재

§1. 예외라는 방법

1922년 『정치신학』에서 슈미트는 이렇게 말한다. "근대 국가론의 모든 주요한 개념은 세속화된 신학적 개념이다. 예컨대 전지전능한 신이 전능한 입법자가 되면서 신학에서 국가론으로 전이된 근대 국가론상 주요 개념의 역사적 발전 때문만이 아니라, 또한 그것에 [신학적 개념에] 대한 인식이 이 [국가론적] 주요 개념들의 사회학적 고찰에 필수적인 바로 그 체계적 구조를 이룬다는 점에서 그렇다는 말이다."(PT1, 43) 이어서 슈미트는 신학에서의 '기적'과 법학에서의 '비상사태 Ausnahmezustand'와 '유추적 analog 의미'를 가지고 있음을 말한다. 바로 '체계적 구조'를 찾아내는 작업을 슈미트는 '유추' 또는 '개념사회학 Soziologie von Begriffen'이라 부른다. 슈미트가 제안하는 방법으로서의 개념사회학을 보자면, "주권개념과 같은 하나의 개념만을 놓고 보더라도 과학적 결과에 대한 전망을 갖고 있다. 법생활에 밀접한 실용적 이해관계를 지향하는 법적 개념을 뛰어넘는 최종적인, 그 근본에서 포착된 radikal 체계적 구조를 발견하고, 이 개념구조를 특정시기 사회구조에 대한 개념적 통찰과 비교하는 것도 개념사회학에 포함된다. 여기서 근본에서 포착된 개념이라는 이념적인 것 das Ideelle이 사회학적 현실의 반영인지, 아니면 사회적 현실이 특정한 종류의 [이념적인 것의] 결과라고 사고할 것인지 그리고 그 결과로 말미암아 행동하는 것으로 파악되는 것인지는 여기서 고려하지 않는다. 오히려 양자가 정신적이지만 그러나 실체적으로 geistig aber substantiell 동일하다는 것을 입증하는 것이 중요하다. 즉 예컨대 17세기 왕정이 데카르트적 신개념에 '반영된' 실제적인 것 das Reale으로 표현된다면 그것 역시도 주권개념의 사회학이 아니다. 그렇지만 왕정의 역사적-정치적 유지 존속이 당대 서유럽 인류의 의식 상태 전부에 조응하고, 그리고 여기서 역사적-정치적 현실의 법적 형상화를 통해 그 [개념의] 구조가 형이상학적 개념의 구조와 일치하는 그러한 개념을 발견할 수 있다는 것을 보여주는 것은 다름 아닌 해당 시대 주권개념의 사회학에 속한다고 할 수 있다. 그렇게 함으로써 그 시대의 의식에 대해 왕정은 그 이후 민주정에서 그러한 것만큼의 자명함Evidenz을 획득할 수 있는 것이다. 따라서 이러한 법개념의 사회학적 전제는 그 근본에서 포착한 [발본적] 개념성이자 다시 말해 하나의 형이상학적인 것과 신학적인 것에 이르기까지 밀어붙인 결과이다. 특정 시대가 만들어낸 세계의 형이상학적 이미지는 그 세계가 갖는 정치조직의 형태로 즉각 분명해지는 것 바로 그것과 동일한 구조를 갖고 있다. 그러한 동일성의 확인이야말로 주권개념의 사회학이다. 그것은 … 실제로 형이상학은 한 시대의 가장 집중적이고 명료한 표현임을 입증하고 있다."(PT1, 50f.) 다시 말해 17세기 왕정에서 신=왕이라는 '형이상학'이 바로 당대의 사회구조와 조응하는 것처럼, 20세기 민주정에서 신=주권자라는 형이상학은 여기에 조응하는 사회구조를 갖는다는 말이 된다. 사회 내지 정치구조와 '형이상학적 상像'의 '정신적이지만 실체적인 동일성'을 증명하는 일이 바로 개념사회학이며 나아가 슈미트의 정치신학이 되는 것이다. 또 여기서 놓쳐서 안 되는 대목은 '정신적인 것'과 '실체적인 것'의 관계이다. 정신 대 지성, 문화 대 문명식의 저 오래된 독일적인 이항대립의 역사에서 보자면 이렇게 정신적인 것을 실체화하자는 철학적 개념 기동은 동시에 '독일적인 것'을 존재론적으로 확보, 강화하려는 '시대정신'과 궤를 같이 한다는 점이다.

유추에 대해 보자면, 이미 서론에서 언급한 것처럼 "법학에서 예외상태는 신학에서 기적과 유추적 의미를 갖는다. 이러한 유추적 위치를 의식함으로써 지난 수세기에 걸친 국가철학적 이념의 발전이 비로소 인식될 수 있다. 왜냐하면 근대 법치국가의 이념은 이신론Deismus, 즉 기적을 지상에서 추방하고 기적 개념에 내포된 직접 개입을 통해 예외를 인정함으로써 생겨날 자연법칙의 중단을 마찬가지로 거부하는 그런 신학이자 형이상학과 더불어 관철되기 때문이다. 계몽주의적 합리주의는 모든 형태의 예외를 기각시켰다. 따라서 반혁명진영의 보수적 저술가들은 자신들의 유신론적 확신과 유신론 신학과의 유추를 통해 군주의 인격적 주권을 이데올로기적으로 지지하고자 시도했다."(PT1, 44) 슈미트의 예외는 이처럼 그 출발에서부터 반계몽, 반합리주의를 함축하고 있고, 또한 반혁명과 내락(內諾)의 관계였다.

신학에서 '기적' 개념과 국가론에서 '예외' 개념은 동일한 지위를 갖는다. 합리주의에 대한 슈미트의 공격은 특히 이 '예외' 개념에서 정점에 도달한다. "예외가 아무것도 증명하지 못하며, 오직 정상적인 것만이 과학적 관심의 대상이 될 수 있다고 말하는 것은 일관된 합리주의일지 모른다. 예외는 합리주의적 도식의 통일성과 질서를 혼란시킨다."(PT1, 20) 그러나 "다름 아닌 구체적 생의 철학은 예외와 극단적 사례에 대해 물러서는 것이 아니라, 최고도로 여기에 관심을 가져야만 한다. 구체적인 사람의 철학에 있어 예외는 역설에 대한 하나의 낭만적 아이러니로서가 아니라, 평균적으로 반복되는 것에 대한 명쾌한 일반화보다도 한층 깊이 있는 통찰력이 갖는 그 모든 진지함에 있어 규칙보다 중요하다. … 정상적인 것은 아무것도 증명하지 못한다. 반대로 예외는 모든 것을 증명한다. 예외는 규칙을 확인할 뿐만 아니라 규칙은 오로지 예외를 통해서 살아갈 수 있다. 예외를 통해 현실적 삶의 힘이 반복을 통해 경직되어 버린 관성의 껍질을 깨뜨린다."(PT1, 21)[75] 슈미트의 예외 개념은 그의 이

---

75 "이러한 경우[결정적 상황-인용자]가 단지 예외적으로 출현한다고 해서, 그것의 규정적 성격이 없어지는 것이 아니라 오히려 그것을 입증한다. 오늘날 전쟁이 과거처럼 빈번하거나 일상적이지 않다고 하더라도, 전쟁이 빈도와 일상에서 감소했지만 오히려 그 엄청난 총력적 규모로 볼 때 그 정도에서 동일하거나 오히려 더욱 강화되었다. 마찬가지로 오늘날에도 전쟁의 경우는 여전히 '심각한 경우'로 볼 수 있다는 것이다. 다른 경우와 마찬가지로 여기서도 바로 그러한 예외상황이야말로 특히 결정적이며 그리고 사물의 핵심을 폭로해주는 의미를 갖고 있다고 말할 수 있다. 왜냐하면 진정한 투쟁속

른바 '결단주의Dezionismus'을 입론함에 있어 관건적인 방법적 지위를 지닌다. 왜냐하면 그에게 있어 "주권자란 예외 상황에서 결단을 내리는 자"(PT1, 13)를 의미하기 때문이다(PT1, 21).

이 강력한 예외주의는 의당 결단주의와 불가분이다. 즉 "예외에 대한 결단이야말로 두드러진 의미에서의 결단이다. 정상적으로 타당한 법조문에서 표현하는바 일반 규범은 절대적 예외를 결코 포착할 수 없을 뿐더러 따라서 진정한 예외의 경우에만 주어지는 결단을 남김없이 입증하지 못한다."(PT1, 13)[76] 그런데 여기서 이 결단하는 주체가 바로 '주권자'이다. "주권자가 이 최종적 결단을 독점한다. 바로 여기에 법학적으로 정의하자면 강제 혹은 지배독점이 아니라 결단독점으로 보아야 될 국가 주권의 올바른 본질이 있다."(PT1, 19)

그러나 슈미트에 따르면 예외 상황은 단순한 카오스나 무정부 상태를 의미하는 것은 아니다. 이 경우에도 비록 법질서는 아닐지라도 질서는 엄연히 존재하는 것이다. 그렇지만 "여기서 국가의 실존은 법규범의 타당성에 대해 의심할 바 없는 우위를 시험한다. 결단은 그 어떤 규범의

에서 비로소 우적의 정치적 그루핑이 갖는 극단적 결과가 나타나기 때문이다. 이러한 극단적 가능성으로부터 인간생활은 고유한 정치적 긴장을 획득한다."(35)

76 "그러므로 이것은 척도적인maßgebend 인간 집단화이며 따라서 정치적 통일체는 그것이 존재하는 한 언제나 결정적 통일체이며 예외상황이라고 할지라도, 척도가 되는 경우에 대한 결단이 개념 필연적으로 언제나 그 결단과 함께한다는 의미에서 '주권적'이다."(39) 슈미트는 자신의 이러한 결단주의를 스페인의 반혁명 사상가 도노소 코르테스와 결부시킨다. 코르테스에 대한 슈미트의 관심은 각별하다. 한 일기(1947년 9월 29일)에서 슈미트는 이렇게 적고 있다. "그는 내 수호천사중 한 명이다. 하느님이 말씀하시길 그의 적은 나의 적이다."(G, 21)

구속으로부터도 자유로우며 그 원래적 의미에서 절대적이다. 예외 상황에서 국가는 자기 유지의 권리에 의거해 법을 정지시킨다. … 정상적인 경우에 결단의 자립적 계기가 최소한으로 물러나는 것처럼, 예외 상황에서 규범은 제거된다."(PT1, 18f.) 초규범적인 예외 상황을 통해 국가는 자신의 '절대적' 존재 근거를 확보한다. 그러므로 위기 상황에서 국가의 초법적 행위는 그 자체로 정당화될 수 있는 것이다. 이는 당시의 정치 현실, 즉 바이마르공화국의 위기를 '대통령독재'를 통해, 나아가 결국 총통 독재로 이어지는 독일 보수주의의 위기 대안을 대변하는 논리로 이어진다.

　　예외와 결단의 정치신학은 동시에 '정상적인 것만을 학문적 관심의 대상'으로 보는 합리주의에 대한 대항프로젝트이므로 그것은 결단의 내용에 대한 '합리주의적' 요청으로부터 자유롭다. "결단을 관할하는 지위가 있다는 사실이, 결단을 상대적으로 그리고 상황에 따라서 절대적으로 그 결단의 올바름과 별개로 만들며 의심이 있을 수 있다는 더 이상의 토론을 단절한다. 결단은 지금 당장은 논증을 필요로 하는 입증과 분리, 독립적인 것으로 되며 또 자립적인 가치를 갖는다. … 규범적으로 고찰할 때, 결단은 무無에서 태어난다."(PT1, 37f.) "어떻게wie 결단했는가"보다 "결단했다는 사실자체daß"가 더 중요하며, 결단은 그 어떤 토론을 통한 정책결정과정이나 아래로부터의 동의로부터 자립화된 채, 규범이 결단을 낳는 것이 아니라 반대로 결단이 규범을 창출하는 대규모 전복이 일어난다.

§2. 결단[77]

슈미트의 정치 이론은 서구 자유주의와 바이마르 공화국의 위기에 의해 철두철미 각인되어 있다. 그리고 부르주아 국가의 위기를 '국가성'의 시대 종언으로 이해한 뒤, 슈미트는 국가개념의 전제가 되는 '정치적인 것의 개념'을 새롭게 재정의함으로써 일종의 위기대안을 구상했다. 그 정치적인 것의 개념의 '기준'이 우적이 된다는 것이다. 정치적인 것은 더 이상 국가가 아니라 인민을 준거로 재구성되어야 한다. 슈미트는 인민에게 우적구별의 실존적 결단을 요청한다. "한 인민이 정치적인 것의 영역에 존재하는 한, 비록 극단적인 경우라 할지라도 … 우적구별을 규정

---

[77] 호프만은 '정당성' 개념을 중심으로 슈미트 정치철학의 전개를 시기구분하고 있다. '합리적 정당성'(1912-1922), 실존적 정당성(1923-1933), '인종적 정당성'(1934-1936), 역사적 정당성(1937-)이 그것이다. 특히 슈미트 결단주의가 갖는 바이마르 이전 시기와의 연속성을 강조하면서 초기 저작인 『법률과 판결』에서의 '목적합리적 정당성론'(Hofmann 1995, 39)과 슈미트의 교수자격논문인 『국가의 가치와 개인의 의미 Der Wert des Staates und die Bedeutung des Einzelnen』에서의 '가치합리적 정당성원칙'(위의 책, 74)을 석출한다. 뒤를 이어 『정치신학 I』에 와서 "절대적 예외상태에서의 구체적, 결단주의적 목적설정의 비합리주의"로의 전환을 말하고 있다.(위의 책, 77). 하지만 슈미트 초기저작에 대한 집중 분석을 통해 울리히 합파스트Ulrich Habfast는 호프만이 이 '전환'의 이유를 제대로 설명하지 못하고 있음을 지적한다. "법에 대한 결단주의적 결정의 모순적 관계는 … 이론의 비일관성이 아니라 규범비합리성과 법적 구속의 동시성이라는 프로그램 혹은 개념전략의 일부"라고 해석한다. Habfast(1998), 140을 참조. 그리고 아래 논문도 참조. 윤재왕(2016), 337ff.

하지 않으면 안 된다. 여기서 인민의 정치적 실존의 본질이 있다. 인민이 더 이상 적을 구분할 능력과 의지가 없을 때, 인민은 더 이상 정치적으로 존재하지 않는 것이다."(BP2, 80) 결단이야말로 인민의 존재증명이다. 부르주아 의회주의 국가의 위기에 직면해, 정치 영역을 더 이상 국가가 아니라, 인민 대중에 직접 '접속'시켜, 이들에게 우적의 결단을 촉구한다. 인민의 우적 결단과 그 집행의 가능성은 '교전권'으로 표현된다. "교전권, 즉 경우에 따라 자신의 결단에 의거하여 적을 규정하고 그 적과 투쟁할 수 있는 현실적 가능성은 본질적으로 하나의 정치적 통일체로서 국가에 귀속되는 것이다"(BP2, 45) '정당한 물리력의 독점'이라는 베버의 잘 알려진 국가 규정은, 이제 전쟁을 선포하고 수행하기 위한 '정치적 결단의 독점'이라는 형태로 전환된다. 그렇지만 슈미트의 정치 개념은 역사적으로 볼 때 프롤레타리아트라는 이질적 사회 계급의 정치 영역 진입에 대한 일종의 대응이라는 모습도 가진다. 그러므로 국가가 정치적 '최고 단위'로 존재하기 위해서는 국가의 정치 독점을 해체하는 이러한 세력이 극단적 적대 행위, 곧 내전의 당사자가 되는 것을 저지하지 않으면 안된다.

　　인민의 결단의 법적 효력은 규범이나 논증과는 전혀 다른 것이다. "… 규범적으로 봤을 때 결단이란 무에서 태어난 것이기 때문이다. 결단의 법적 효력은 하나의 근거에서 비롯된 결론과는 전혀 다른 것이다. 결단의 법적인 힘은 논증의 결과와는 다른 어떤 것이다. 규범의 도움을 받아 귀속되는 것이 아니라 그 반대이다. 즉 바로 그 하나의 귀속점으로부터 규범이 무엇이며 규범의 올바름이 무엇인지가 규정되는 것이다."(PT1, 37) 그래서 홉스가 여기서 소환된다. "진리veritas가 아니라 권위auctoritas"가 법을 만든다(PT1, 38f.). 홉스는 결단주의와 인격주의가 결합된 증인이다. "17세기 추상적 자연과학성의 가장 일관된 대표자가 이렇게 인격주의적 이라는 점은 주목할 만하다. 이는 홉스가 철학자이자 자연과학적 사상가로서 자연현실을 파악하고자 한 만큼, 법사상가로서 사회적 삶의 실제 현실을 보고자 했다는 사실로부터 설명된다. … 홉스가 찾고

자 했던 형식은 구체적인 어떤 하나의 특정한 심급에서 출발하는 결단 속에 있다. 결단이 가진 자립적 의미로 인해 결단의 주체는 결단의 내용에 대해 자립적 의미를 갖게 되는 것이다. 법생활의 현실성과 관련해서는 누가 결단하는가가 문제가 된다. 내용적 올바름의 문제와 더불어 [결단의] 권한Zuständigkeit의 문제가 있다. 결단의 주체와 내용의 대립 그리고 주체의 고유한 의미 속에 법적 형식의 문제가 놓인다. 이것[법적 형식]은 선험적 형식이라는 아프리오리a priori한 공허함을 갖는 것이 아니다. 왜냐하면 법적 형식은 법적으로 구체적인 것으로부터 발생하기 때문이다."(PT1, 39f.)

홉스를 통해 결단의 주체와 내용의 분리를 선언한 슈미트가 다시 증인으로 불러내는 이가 반혁명적 가톨릭주의이다. 이들 사상의 중심이 바로 결단이다. "반혁명의 국가철학을 특징짓는 것은 이런 의식이다. 즉 시대가 결단을 요구한다는 것이며, 1789년과 1848년의 양대 혁명간에 그 최후의 극단까지 상승한 에너지를 통해 결단 개념이 그들 사상의 중심에 등장했다. … 모든 것이 하나의 위대한 이것이냐 저것이냐로 정식화되며 그 엄격함으로 영원한 대화가 아니라 독재를 향해 울리고 있다."(PT1, 59) 부르주아지의 '영원한 대화'가 아니라 이제 독재를 향한 울림이 문제다. "무정부주의는 '인민은 선하고 정부는 부패했다'가 중심 명제다. 그러나 드 메스트르는 정반대로 사직Obrigkeit은 존속하기만 한다면 그 자체로 선하다고 선언한다. 모든 정부는 존립하는 한 선하다. 그 이유는 다음에 있다. 사직 권위의 단순한 존재 속에 하나의 결단이 있고 결단은 가장 중요한 것보다 더 중요한 것은 어떻게 결단했는가보다 결단했다는 것 바로 그것이기 때문에 결단은 그 자체로 가치가 있다. '우리 관심은 어떤 한 문제가 이러저러한 방식으로 결단되어야만 한다는 점에 있는 것이 아니라 문제는 지체없이 그렇게 결단해야만 한다는 데에 있다'. 실제로 드 메스트르에게는 어떤 오류도 없다는 것과 어떤 오류도 기소될 수가 없다는 것은 똑같은 것이다. 즉 본질적인 것은 그 어떤 고등의 심급도 결단을 검증할 수가 없다는 점이다."(PT1, 61) 독재는 그래서 동시에 결단이 된다. 그것은 또 '검증'될 수도 없다.

하지만 이 대단한 결단주의는 1933년 나치'혁명'이후 다소 조급한 결말을 맞는다. 결단주의를 처단하는 결단 역시 그 주체는 본인이다. 슈미트말이다. 슈미트는 나치집권 후 『정치신학』 2판 서문에서 이렇게 적어두었다. "규범주의자가 변질됨으로써 법을 국가관료제의 단순한 기능 양식으로 만들어 버리고, 결단주의자는 순간을 기능화함으로써 모든 위대한 정치운동에 포함된 평화로운 존재ruhendes Sein를 놓치고 마는 반면에, 고립된 제도적 사고는 주권없는, 봉건신분제의 성장이라는 다원주의로 귀결된다."(PT1, 18, 1933 2판 서문) 결단은 영원히 '순간'의 일이라, 새로운 제도, 혹은 '구체적 질서'가 등장하면 자리를 내줘야 하는 일이다. 그래서 이 말은 슈미트의 결단주의란 것이 이 '구체적 질서'가 무너지면 또 다른 질서를 위해 그때 다시 등장할 것을 예기하는 것 외에 다른 방법은 없을 것이다.

유추, 예외, 결단 그리고 독재로 이어지는 슈미트의 개념 흐름은 기본적으로 그의 반합리주의라는 프리즘을 통해 보자면 어떤 연관의 고리로 연결된다. 그것은 단지 슈미트'만'의 것이라기보다, 당대 바이마르 시기 부르디외가 말하는 이른바 '철학장'의 주류이지만 독일적 '토속방언' 같은 비합리주의 생철학의 자장에서 생성, 전파된 일종의 철학적 하비투스였다. 여기에 대해서는 이미 이 책의 제1장 서론의 3절 '시대정신으로서의 보수혁명론'에서 루카치의 소론을 빌려 충분히 상설했기 때문에 다시 반복할 필요는 없을 것이다.

아무튼 루카치는 슈미트 사상의 특성을 이렇게 요결한다. 비스마르크 및 빌헬름제국의 반동적 이데올로그들이 "온갖 위험을 무릅쓰고 그 시대의 현상유지를 옹호하였고, 슈미트는 그의 앞에 놓인 현상태에 대한 열정적인 적대자이다. 따라서 형식적, '정신사적'으로는 반대이다. 그러나 실은 둘 다 상이한 상황하에서, 격렬성의 면에서는 동일하게, 민주주의에 대항하는 것이며, 이 경멸적인 현상태란 바이마르공화국과 베르사이유 평화의 상황이다. 슈미트의 선행자들이 반동적 제국주의자들로서 그들의 현상태를 옹호했던 것과 꼭 마찬가지로, 슈미트는 반동적 제국주의자로서 현상태에 대항하였다." 그래서 슈미트의 "실존철학적인 치장"과 "'생'이라든가 이른바 역사적 구체성에 부단히 아양을 부림에도 불구"하고 슈미트가 모든 정치적 관계를 우적이라는 도식으로 환원시켰던 "극히 빈약한 모형틀"은 "그의 사유의 실존철학적 토대와 상응하여, 어떠한 합리성도, 아울러 내용의 구체성"(루카치 1997, 708)도 담보하지 못했다.

우적구별이라는 "슈미트식 법철학의 중심 개념들에서 우리는 실존주의적 개념 형성이 어디로 귀착하는 지를 분명하게 볼 수 있다. 즉 한편으로는 극히 빈약하고 내용없는 추상성과 다른 한편으로는 비합리주의적 자의를 합일시키는 것이 귀착점이다. 바로 친구와 적이라는 슈미트의 대응짝이 사회 생활의 모든 문제를 해결할 수 있다고 강변하며 등장하면서, 그의 공허함과 자의성이 명약관화해진다. 그렇지만 바로 그 때문에 그것은 독일 이데올로기가 파시즘화되는 시기에 극히 효과적인 것"이었다. 궁극적으로 슈미트는 "독일제국주의의 혁신에 대한 동경에 그 기초를 둔, 친구와 적의 개념을 구상하고는 히틀러를 무조건 긍정하기에 이른다."(위의 책) 슈미트의 여기까지의 분석은 바이마르 의회주의의 불가능과 독재로의 이행의 불가피성을 입증하기 위한 것이 목적이었다. 민주주의와 의회주의의 위기, 이 항구적 위기는 대통령독재라는 예외상황의 필연성을 만들어낸다, 히틀러 이전시기 슈미트는 다른 무엇보다 이 문제 즉 독재의 필연성을 정당화하는 데 집중하고 있었다.

§3. 대안으로서의 대통령독재

1921년에 출판된 『독재론』의 제2판 서문(1928)에서 슈미트는 이렇게 적고 있다. 1928년은 또 슈미트의 『헌법이론』이 출판된 해이기도 했다. "바이마르 헌법 제48조에 따른 제국대통령 독재에 대한 나의 논변은 전적으로 본서에서 수행된 역사적이면서 국가이론적인 연구에 기반한다."(Dik, X) "헌법사와 헌법이론에 대한 깊은 연구가 없이는 그러한 독재의 해석문제도, 일반적인 문제도 과학적으로 다루어질 수는 없다."(Dik, XI) 바이마르 헌법 제48조 대통령독재 문제는 우리가 뒤에서 다시 다루게 될 것이다. 일단 여기서는 1921년의 독재론과 1928년의 헌법론이 바이마르공화국 위기에 대한 대안으로서 대통령독재론과 불가분의 관계를 이루고 있음을 언급해 두기만 하자.

슈미트에 따르면 독재는 '국가론 및 헌법론의 중심개념'임에도 여전히 혼란스럽고 또 불명확한 개념이라고 말한다. 그래서 1793년 프랑스 대혁명기 쟈코뱅이 말한 것처럼 "사람들이 끊임없이 독재에 대해 말하고 있다on parle sans cesse de dictature"고 했는데 바로 지금도 그렇다는 말이다. 이는 제1차 대전 직후 공화주의혁명에 의해 독일 제2제국이 붕괴한 바로 그 시점을 말하는 것이다.

1917년 러시아혁명과 뒤이은 내전상황에서 맑스주의 진영에서는 공산주의라는 최종목표로의 이행에 있어 프롤레타리아트독재는 이를 위한 기술적 수단이며, 이는 최종적인 것이 아니라 이행기에 한정된 것이라고 말한다. "독재는 특정목적에 도달하기 위한 하나의 수단이다. 그 내용은 이루고자하는 목표에 대한 관심에 의해 다시 말해 상황에 의해 규정되는 것이므로, 독재를 그저 일반적인 의미로 민주정의 철폐라고 정의할 수는 없다. 다른 한편으로 그 이념에 따라 보건대 독재란 하나의 이행 과정이기 때문에 오직 예외적으로만 그리고 상황의 강제하에서만 등장해야 한다고 공산주의자들은 주장한다."(Dik, XVI)

독재는 예외다. 즉 기존헌법을 철폐함으로써, 기존질서를 부정함으로써 예외적인 것이 된다. "독재는 필연적으로 예외상태라면 정상적인 것으로 이해되는 것을 열거함으로써 그 개념이 가진 서로 다른 가능성을 드러내 보일 수 있을 것이다. ... 무엇을 규범으로 간주할 것인지는 기존 헌법 또는 어떤 정치적 이상을 통해 실정적으로 규정될 수 있다. 그러므로 계엄상태는 실정 헌법규정의 철폐라는 이유로 독재를 의미하고, 혁명적 관점에서 보자면 기존질서 전체가 독재로 표현되고 이로써 이 독재개념은 국법적인 것에서 정치적인 것으로 전환될 수 있다."(Dik, XVI)

모든 독재는 규범으로부터의 예외라는 말이 의미하는 바는 "어떤 임의의 규범을 우발적으로 부정한다는 말이 아니다. 개념의 내적 변증법은 아래에 위치한다. 독재가 역사적-정치적 현실속에서 확보해야만 하는 것이 규범의 지배라고 할 때, 바로 그 규범이 부정된다는 점이 바로 그것이다. 실현되어야 하는 규범의 지배와 그 규범의 실현방법 사이에는 그래서 대립이 존재할 수 있다. 법철학적으로는 바로 여기 즉 법의 규범과 법실현의 규범이 분리될 그 가능성 일반에 독재의 본질이 존재한다."(Dik, XVII)

독재는 법을 실현하기 위해 법을 위반한다. 독재의 문제는 법학 일반에서 체계적으로 다루어진 적이 없는 '구체적 예외의 문제'다(Dik, XVIII). 독재는 어떤 최고권위의 수권이라는 형태상 특징을 갖는다. 그렇다면 어떤 최고권위가 독재라는 예외를 허용하는 것인지가 문제가 된다. 독재는 달성해야 할 목적에 의해 모든 것이 정당화되는 구조이다. "구체적으로 이루고자 하는 성공의 관점에서 보자면 모든 것이 정당한 것이기 때문에, 요구되는 것은 독재의 경우에 수권의 내용은 무조건 그리고 오로지 문제의 상황에 의해 규정된다."(Dik, XVIII) 모든 것은 상황에 달려 있다는 것이다. 이로부터 '임무/권한, 재량/수권, 위임/권위'의 절대적 동일성이 도출된다. 그런 의미에서 "모든 독재자는 어떤 특수한 의미에서 필연적으로 위임자Kommissar다."(Dik, XIX) 슈미트 『독재론』의 주제이자 목적은 독재개념을 법학적으로 설명하기 위해 2개의 독재 즉 바로 이 '위임적kommissarisch 독재와 주권적souverän 독재'를 구분하자는 데 있다. "이 구분은 이론적으로 근대초기 종교개혁Reformation-독재에서 이론적으로 인민의 헌법제정권력에 기초하는 혁명-독재로의 이행에서 구성된 것이다. 18세기에 서양 기독교 역사에서 최초로 독재개념이 출현한다. 이 개념에 따르면 독재자는 위임자에 불과하지만, 헌법에 의해 제정된 권력이 아니라, 인민의 헌법제정권력이 지닌 그 특성 때문에 인민을 향해 자기정당성을 가지면서도, 그 자신에게 임무를 부여한 자 Auftraggeber 곧 인민에 대해서조차 명령하는 직접적으로 인민의 위임자 Volkskommissar이자 또 독재자다."(Dik, XIX)

지금까지 본 것처럼 슈미트에게 '독재는 곧 예외상태'를 말한다.[78] 그리고 또 '주권자란 곧 예외상태를 결정(단)하는 자'를 말한다. 그러므로 이로부터 독재자가 곧 주권자라는 논리적 결론이 도출되는 것은 아주 자연스럽다. 하지만 독재에는 2가지 종류 즉 위임독재와 주권독재가 있는데, 전자에서 후자로의 이행을 입증하는 것이 슈미트의 주된 의도라고 보면 되겠다. 그런데 이를 위해 슈미트가 소환한 유력한 증인이 다시금 루소다. 슈미트에 따르면 루소의 『사회계약론』 중 독재에 관한 장은 피상적인 논변으로만 채워져 새로운 것이라곤 찾아보기 어렵다고 불만을 제기한다. 그러나 이 '자코뱅의 성경'을 '체계적으로 연구'할 때 비로소 '새로운 독재 개념의 표식'을 찾게 될 것이라고 말한다. 여기에서는 따라서 슈미트의 루소해석에만 한정해서 과연 루소가 슈미트의 새로운 독재 개념의 준거가 될 수 있는지를 따져 보고자 한다.

---

78 여기서 발터 벤야민의 슈미트에 대한 관심을 언급해 두자. 모노(2016)는 벤야민에 의한 슈미트의 '예외' 개념의 3가지 전복에 대해 말하고 있다. 이는 첫째로, 벤야민의 「역사개념에 대한 테제」 그 8번째에서 말하는 '피억압자의 전통la tradition des opprimes'이다. 두 번째 전복은 "벤야민은 '아래로부터en bas' 사유하고, 반면 슈미트는 '위로부터en haut' 즉 권력의 관점에서 사유"한다는 점이다. 세 번째 전복은 예외상태는 파시스트가 아니라 '반파시스트' 정치의 조준점이 되어야만 한다는 것이다. Monod(2016), 32f.

슈미트는 이렇게 쓰고 있다. "루소는 독재를 '하나의 중요한 위임 commission'이라고 불렀다. 위임개념은 루소국가론의 '입 밖으로 말하지 않은unausgesprochen' 근본개념이다. 이 개념은 국가를 상대로 해서는 어떤 권리도 없이 오직 의무만 존재하며 말 그대로 모든 국가최고권의 발동은 위임적으로만kommissarisch 일어난다는 것을 표현하는 것이다."(Dik, 123) '위임' 개념은 루소 국가론의 '입밖으로 말하지 않은' 근본개념이고, 그리고 독재는 '중요한 위임'이다, 여기에 슈미트의 루소 해석의 핵심이 있다.

그러면 누가 위임자인가. "군주도 인민의 의원Abgeordnete도 독재자도 위임자다. 독재자는 외부를 향해 명령하지만 독재자도 위임자이기 때문에 그는 (국내적 관계에서) 자기 자신에게 다시 명령해야 한다. 루소의 사회계약론에는 또 하나의 흥미로운 피규어가 등장하는데, 이 피규어가 루소 독재개념에 대해 갖는 풍부한 내용적 관계는 지금껏 대체적으로 간과되어 왔다. 그것이 바로 입법자législateur다. 양자 즉 입법자도 독재자도 비상하고 예외적인Extraordinäres 어떤 것이다. 하지만 루소에 따르면 입법자는 헌법의 바깥이나 앞에 존재하는 반면, 독재자는 하나의 기존 법질서의 합헌적 정지를 말한다. 루소에 있어 입법자는 위임자는 아니다."(Dik, 125)

입법자와는 달리 슈미트에게 인민의 대표자와 대리인은 고작해야 위임자일 뿐인 것이다. "인민이 행하고 원하는 것은, 인민의 임의에 맡겨지고, 인민의 의지에 상응하는 목적 달성을 위해 활동하는 자는 오로지 위임적으로만 활동할 수 있다. 이 인민의지에는 어떤 대리Delegation도 대표Repräsentation도 없으며, 마찬가지로 이 의지의 집행에 대한 권리도 없다. 혹 그런 것이 있다면, 인민의 대표자와 대리자도 실은 위임자일 뿐이다(III 15:5, 루소 2022, 117). 행정부에는 대표가 있을 수 있다고 하지만,[79]

---

[79] 이 구절에서 슈미트는 루소의 III 15:8 (3권 15장 8번째 문단)을 의미하는 것으로 보인다. 국역본 루소 『사회계약론』, (김영욱 역), 118f.쪽을 참조.

행정부라는 것은 그저 아무런 의지를 갖지 못한 법률의 팔[도구-인용자]에 불과하며 마찬가지로 그 본질에 있어 위임일 뿐이다. ... 그 무엇보다 루소 자신의 모든 관념을 지배하는, 모든 국가기관의 활동을 임의로 취소하고, 무조건 종속되는 위임의 기능으로 전환시킨 바로 이것만큼 루소의 국가절대주의를 입증해 주는 것은 없을 것이다."(Dik, 125)

결국 위임독재에서 주권독재로의 이행은 입법자와 독재자가 결합됨으로써 가능하다. 그리고 이는 『독재론』의 슈미트가 주장하는 그 핵심에 해당된다. "입법자는 국가밖에 그러나 법안에, 독재자는 법밖에 그러나 국가 안에 있다. 입법자는 아직 [헌법에 의해] 제정되지 않은 법에 다름 아닌 것이며, 독재자는 [헌법에 의해] 제정된 권력이라 해야 한다. 입법자에게 독재자의 권력을 부여해서, 한 명의 독재적 입법자 그리고 한 명의 헌법제정적 독재자를 구성할 수 있게 하는 그런 연결 관계가 등장하는 바로 그 즉시 위임독재는 주권독재로 된다. 이 연결 관계는 내용적으로 보자면 사회계약론의 결론이 되는 관점이지만 루소는 그것을 아직 하나의 특수한 권력 즉 헌법제정권력이라고 부르지 않고 있을 뿐이다."(Dik, 126)

여기까지의 대강에 비추어 그렇다면 루소가 슈미트의 독재 기획에 적합한 인물인지를 살펴볼 필요가 있다. 루소는 저 유명한 『사회계약론』 제3권 15장 5번째 문단에서 이렇게 말한다. "주권은 양도될 수 없는 바로 그와 같은 이유로 대표될 수도 없다. 주권은 본질적으로 일반의지 안에 있는 것이며, 의지는 결코 대표될 수 없다. 의지는 그 자체이거나 아니면 다른 것이다. 중간은 없다. 인민의 대리인députés[80]은 따라서 인민

"법은 일반의지의 선언일 뿐이므로 입법권에서 인민이 대표될 수 없는 것은 분명하다. 하지만 법에 적용된 힘일 뿐인 행정권에서 인민은 대표될 수 있고 대표되어야 한다."

80   여기서 député를 프랑스대혁명시기 국민공회를 연상해 '대의원'으로

의 대표자가 될 수가 없다. 인민의 대리인은 위임자일 뿐이다. 즉 대리인은 그 무엇도 최종적으로 결정할 수 없다. 인민이 직접 비준하지 않은 모든 법은 무효다. 즉 결코 법이 아닌 것이다. 영국인은 스스로가 자유롭다고 생각한다. 전혀 잘못된 것이다. 의회의 의원들을 선출하는 동안에는 그렇다. 선거가 끝나면 영국 인민은 노예가 된다. 아무것도 아닌 것이다. 그들이 자유로운 그 짧은 순간 동안, 그 자유를 사용하는 것을 볼 때 그들이 자유를 상실하는 것은 당연하다."[81]

루소의 입론은 아래와 같이 표현해 볼 수 있을 것이다. 이를 루소의 제I식이라고 하자.

| 루소의 제I식　　대표자≠(대리자=위임자) |

옮길 수도 있을 것이다.

[81]　여기에 붙어 원문을 함께 인용해 둔다. "La souveraineté ne peut être représentée, par la même raison qu'elle ne peut être aliénée ; elle consiste essentiellement dans la volonté générale, et la volonté ne se représente point : elle est la même, ou elle est autre ; il n'y a point de milieu. Les députés du peuple ne sont donc ni ne peuvent être ses représentants, ils ne sont que ses commissaires ; ils ne peuvent rien conclure définitivement. Toute loi que le peuple en personne n'a pas ratifiée est nulle ; ce n'est point une loi. Le peuple anglais pense être libre ; il se trompe fort, il ne l'est que durant l'élection des membres du parlement ; sitôt qu'ils sont élus, il est esclave, il n'est rien. Dans les courts moments de sa liberté, l'usage qu'il en fait mérite bien qu'il la perde."
http://www.ac-grenoble.fr/PhiloSophie/wp-content/uploads/ebooks/rousseau_contrat_social.pdf, 73, (III 15^5). 국역본 117쪽 이하.

반면 위에서 본 바대로 슈미트는 루소『사회계약론』의 같은 페이지 'III 15:5' 즉 제3권 15장 5번째 문단을 인용하는데 의미를 약간 한정해서 이렇게 말한다. "혹 그런 것이 있다면, 인민의 대표자와 대리자도 실은 위임자commissaires일 뿐이다(III 15:5)." 이를 슈미트의 제1식이라고 하자.

슈미트의 제1식	대표자=대리자=위임자

나아가 루소는 제4권 6장 "독재관 제도"에 대한 별도의 장에서 독재문제를 논한다. 외부로부터의 위협에 의해 '조국의 안녕이 문제될 때' '신성한 힘'은 정지될 수 있다. 그리고 이는 2가지 방식으로 가능하다. "만약 여기에 대처하기 위해 정부의 활동을 확장시키는 것만으로 충분하다면, 정부 구성원의 일인 혹은 2인에게 권한을 집중시킨다. 그래서 이때 변경되는 것은 법의 권위가 아니라 법의 관리 형태에 지나지 않는다. 위협이 엄중한 나머지 법기관이 그것을 보장함에 있어 장애가 될 정도라면, 그때는 일체의 법을 침묵시키고 주권을 일시 정지시킬 그런 최고지도자 일인un chef suprême을 지명한다. 이 경우 일반의지는 명백하다. 그리고 인민의 최우선 의도가 국가가 패망해서는 안 된다는 점에 있다는 것도 자명하다. 이러한 방식을 통해 입법권은 정지되는 것이지 철폐되는 것이 아니다. 입법권을 침묵시킬 행정관magistrat은 입법권이 말하게 할 수는 없다. 행정관은 입법권을 지배dominer하는 것이지 그것을 대표représenter할 수는 없다. 행정관은 모든 것을 할 수 있다. 단 법만은 예외이다."[82]

---

82 해당 원문이다. "Si pour y remédier il suffit d'augmenter l'activité du gouvernement, on le concentre dans un ou deux de ses membres. Ainsi ce n'est pas l'autorité des lois qu'on altère mais seulement la

바로 이 '행정관'이 '최고행정관직'을 의미하고, '법이 부여한 무제한의 권한'을 구유한 바로 독재관이다. 이 독재관은 슈미트도 언급하는 '중요한 위임'의 결과이다. "그런데 이 중요한 위임이 부여되는 몇 가지 방식과 관련해서, 그 기간을 일회에 한해 매우 단기로 고정하되 결코 연장되어서는 안 된다는 점이 중요하다. 독재가 설립된 위기 동안에 국가는 곧 파괴되든지 아니면 구제된다. 그래서 임박한 필요가 사라지면 독재는 폭정이 되든가 아니면 무의미해진다. 로마에서 독재관들은 6개월 이상을 넘지 않았고, 이 기한 전에 대부분 사퇴했다. 이 기한이 더 길었더라면 십인위원들이 기한을 일 년 연장했듯이 이를 연장할 유혹을 가졌을 수도 있다. 독재관은 자신을 선출하게 만든 필요에 대처할 시간만을 가졌을 뿐, 다른 계획을 고려할 그럴 시간을 가지지 못했다."[83]

---

forme de leur administration. Que si le péril est tel que l'appareil des lois soit un obstacle à s'en garantir, alors on nomme un chef suprême qui fasse taire toutes les lois et suspende un moment l'autorité souveraine ; en pareil cas la volonté générale n'est pas douteuse, et il est évident que la première intention du peuple est que l'Etat ne périsse pas. De cette manière la suspension de l'autorité législative ne l'abolit point ; le magistrat qui la fait taire ne peut la faire parler, il la domine sans pouvoir la représenter ; il peut tout faire, excepté des lois."(위의 책, 97, IV 6:4) 국역본은 152쪽 이하.

83   다음은 불어 원문이다. "Au reste, de quelque manière que cette importante commission soit conférée, il importe d'en fixer la durée à un terme très court qui jamais ne puisse être prolongé ; dans les crises qui la font établir l'Etat est bientôt détruit ou sauvé, et, passé le besoin pressant, la dictature devient tyrannique ou vaine. A Rome les dictateurs ne l'étant que pour six mois, la plupart abdiquèrent avant

그래서 루소의 의론을 다시 정리하면 이렇다. 이를 루소의 제II식이라고 하고, 두 개의 식을 함께 표시하면 이러하다.

> 루소의 제I식　대표자 ≠ (대리자=위임자)
> 루소의 제II식　대표자 ≠ (독재관=위임자)

루소에게 있어 '중요한 위임'에 의해 창설된 독재관직은 그렇지만 입법권=주권을 '대표'할 수 없음은 자명하다. 하지만 슈미트에게는 "군주도 인민의 의원Abgeordnete도 독재자도 위임자다". 따라서 위에서 본 슈미트의 제I식과 이 제II식을 함께 표시하면 이러하다.

> 슈미트의 제I식　대표자=대리자=위임자
> 슈미트의 제II식　군주=의원=독재자=위임자

분명 루소건 슈미트건 독재가 위임의 결과임은 분명하다. 하지만 슈미트는 이 의미를 변형하고 확장시켰다. 그리고 그 논리적 재구성의 결과는 더 이상 루소적이라고 보기 어려울 정도에 달한다. 여기서 특히나 그가 『정치신학I』에서 던진 또 다른 테제를 융합시켜 본다면 양자의 차이는 더욱 더 벌어진다. 즉 "주권자란 예외상태를 결정하는 자"다. 예외상태 혹은 위기상황에서 이 위기 대안으로 창설되는 것이 독재관이기 때문에 이 독재관이 결국 예외상태를 결정할 수밖에 없다. 혹은 예외상

---

ce terme. Si le terme eût été plus long, peut-être eussent-ils été tentés de le prolonger encore, comme firent les décemvirs celui d'une année. Le dictateur n'avait que le temps de pourvoir au besoin qui l'avait fait élire, il n'avait pas celui de songer à d'autres projets."(위의 책. 99, IV 6: 11) 국역본은 155쪽을 참조.

태를 지배하는 자가 그러므로 국가를 지배한다. 왜냐하면 언제 예외상태에 들어가야 하는 지, 그런 연후 문제의 상황에 따라 요구되는 것이 무엇인지를 이 자가 결정하기 때문이다. 그리하여 모든 법은 이 상황을 언급하는 곳에서 종결된다."(Dik, 17f.)

　루소에게 있어 독재관은 오직 위기의 '필요'에 의해 설립된 임시직이기 때문에 결코 인민의지의 대표자가 될 수 없는 것이다. 하지만 슈미트는 위 제I식에서 대리인(대의원 혹은 의원)도 위임자이고, 대표도 위임자라고 정의해 루소에 대한 독창적 해석인지 비루소적 왜곡인지, 무의식적 오독인지 의도적 오독인지 관계없이 거대한 의미확장 혹은 변형을 감행했다. 그리고 제I식과 제II식을 연결해서 파악할 때 결국 '독재(자)=대표(자)=주권자'라는 전혀 다른 해석의 지평이 열리게 되는 것이다. 그렇게 루소가 '입 밖으로 말하지 않은' 것이 아니라 슈미트 자신의 주장을 루소의 권위를 빌려 '입 밖으로 말하고 있는' 것이다. 지금까지의 허다한 슈미트 연구에서 이 부분이 거의 전적으로 간과되었다는 점이 의아할 정도다.

　슈미트의 위임독재 대 주권독재라는 개념은 헌법에 의해 제정된 권력 대 헌법제정권력과 어떤 '유추'의 관계를 이룬다. "위임독재자는 헌법에 의해 제정된 권력의 무조건적 행동위임자이지만, 주권독재는 헌법제정권력의 무조건적 행동위임이다."(Dik, 143) 슈미트는 또 이 관계를 스피노자의 '능산적 자연과 소산적 자연'(Dik, 139)의 관계와도 '유추'시킨다. 그리고 특히 헌법제정권력 개념은 '기계적 합리주의'로는 단순히 파악될 수가 없다. 문제는 인민이나 민족같은 새로운 권력의 주체다. "인민, 민족nation, 모든 국가 제도의 원초적 힘은 항상 새로운 기관을 구성한다. 그[인민, 민족, 원초적 힘이 가진-인용자] 권력의 알 수 없는 깊이의 무한한 심연에서부터 이들이 언제나 분쇄할 수 있으며 그 속에서는 이들의 권력이 결코 최종적으로 제약되지 않는 언제나 새로운 형태들이 생성된다. 이들은 무엇이나 원할 수 있고 그 원하는 것의 내용은 항상 헌법규정의 내용과 동등한 법적 가치를 지닌다."(Dik, 139)

물론 슈미트가 도달하는 곳은 19세기 국가철학의 전개에 있어 인민의 역할에 대한 가톨릭 국가철학이고 또 이들의 독재관이다. 맑스주의적 프롤레타리아트독재에 이르는 경로와 완전히 대척적인 가톨릭보수주의의 독재와 조르주 소렐의 '합리적 독재'도 슈미트의 툴박스에 채워 넣는다. '국민공회의 실천' 즉 '1793년 프랑스대혁명'의 경험도 단지 프롤레타리아트독재만을 의미한다는 식으로 해석독점을 허용할 이유는 없는 것이다. "이보다 더 흥미로운 것은 가톨릭 국가철학자 곧 보날, 괴레스, 도노소 코르테스의 독재관이다. 왜 그런가 하면 이들이 절대주의와 자코뱅주의에 의해 창출된 권력집중과 그 핵심에 있어 독재라고 할 근대국가속에서 —그래서 당연히 독재에 의해 극복될 수 있을— 합리주의의 소산을 보고 있기 때문이다. 이 위대한 가톨릭들은 이로써 그 논변의 구체세목에 있어서 프롤레타리아트독재의 지지자들과 조우한다. 이 프롤레타리아트독재개념에서 본질적인 것은 이 개념이 어떤 과업의 근거를 제시하기 위해 그리고 내재적 역사운동에 자기 대립되는, 기계적 장애물을 제거하기 위해 유기적 역사발전으로부터 하나의 예외를 구성한다는 데에 있다. 내재적이며 유기적인 발전개념을 통해 기계주의적이며 중앙집중적 국가에 대항하는 대립물이 생성된다. 인민의 헌법제정권력이라는 가정은 오로지 프롤레타리아트와 인민이 동일할 때 비로소 유지된다. 비합리성의 철학에 의한 지성주의적이며 기계적인 합리주의에 반대하는 투쟁은 이후 조르주 소렐에 이르러 무정부주의적 결론에 도달하게 되는 바, 이는 바쿠닌과 크로포트킨의 사상에 중요한 철학적 기반을 제공해 주었다. 계획된 서열구조에 따라 구축된 모든 조직은 이 투쟁에서 외부로부터 역사 발전 속으로 개입하기 위한 지성주의적 시도로 등장한다. 그리고 이 조직은 독재라고 명명되는 데 따라서 가톨릭교회 조직이 신학적 성직자와 이들이 지도하는 신도층의 분리를 독재라고 하고, 반면 그외 근대 국가비판이 문제가 되는 바로 소렐에게서 1830년대 역사-정치적 신문들에 나타났던 문장이 단어 하나하나 그대로 등장한다. 그러나 소렐에게 독재의 그 가장 순수한 실행은 1793년 국민공회의 실천이었고 소렐은 이것을 자신의 역사적 의미에 대한 직관에 따라 행동하는 프롤레타리아트의 '창조적 폭력violence créatrice'과는 다른 합리적 독재의 전형으로 구분했다."(Dik, 144, 각주22)

슈미트는 '1793년 프랑스'가 바로 주권독재라고 말한다. "프롤레타리아트독재 요구에서처럼 독재개념은 그 이론적 특수성속에 이미 존재하고 있었음은 물론이다. 맑스와 엥겔스가 수용한 관념은 물론 라파예트, 카베냑, 나폴레옹 3세의 독재라든가 마찬가지로 정부, 가두, 언론, 자본, 관료제의 독재에 대해 말하면서 1830년 이래 잡다한 인물이나 추상적 개념에 갖다 붙이던 당대 통용되던 정치적 유행어를 활용한 것에 불과한 것이었다. ... 이 개념이 19세기 철학과의 체계적 연관 속에서 그리고 세계대전과의 정치적 연관 속에서 여하히 전개되어 왔는지에 대해선 별도의 기술에 맡겨 두겠다. 하지만 여기서 언급해 두어도 좋을 것은 일반국가론의 관점에서 고찰해 볼 때, 인민과 동일화된 프롤레타리아트의 독재는 국가가 '사멸'한 뒤의 어떤 경제 상태로의 이행기로서, 국민공회의 이론과 실천이 기초하고 있던 주권독재개념을 전제한다는 점이다. 무국가로 가는 이러한 이행기의 국가이론에 대해서도 엥겔스가 1850년 3월 공산주의자동맹의 실천사업과 관련 이 동맹 인사말에서 요구했던 것 즉 '1793년 프랑스에서처럼'과 똑같은 것이 유효하다는 것이다."(Dik., 201f.)

루소의 우익적 전유를 통해 슈미트가 기대했던 것은 사회계약론에 탑재된 정치적 에너지일 것이다. 이를 위해 독재는 인민의지를 대표할 수 없다고 본 루소를 일정하게 해체하고 이를 자신의 헌법제정권력에 기초한 주권독재속으로 통합시키기를 원했다. 루소에게도 독재는 예외이자 분명 위임이다. 하지만 이 예외는 공화국의 엄중한 위기와 그것의 극복을 통한 공화국 정체의 보존이라는 목적에 의해서만 정당화될 뿐이다. 그 이상도 이하도 아니다. 독재라는 예외는 어떤 경우에도 공화국의 인민의지를 대표도 대체도 할 수 없는 것이다.

슈미트의 『독재론』(1921)은 다른 무엇보다도 1917년 이후 프롤레타리아트 독재론의 대두상황에 대한 위기반응의 일종이었다. 계급운동의 진출에 의해 18세기 주권개념의 위기와 동요라는 조건에서 헌법제정권력의 주체인 인민을 재소환해서 계급독재에 대항할 새로운 주체를 구성하고, 다른 한편으로 부르주아민주정의 위기에 대해 다른 급진적 혹은 보수혁명적 대안으로서 독재를 권고하는 것이다. 좌파의 '1793년'에 상응할 우파의 '1793년'을 구성하자는 것이다. 일종의 반反프롤레타리아트 독재 선언으로도 읽을 수 있다. 그래서 주권독재 대 계급독재라는 프레이밍을 통해 즉 계급독재에 대응하는 대항프로젝트구상이었다. 뒤에 보게 될 바이마르 48조는 그 옵션 가운데 하나였다.

바이마르 시기 생산해낸 슈미트의 개념들, 개념장치, 개념도구들 예컨대 '결단-주권-독재-예외'는 하나의 내적으로 긴밀히 연결된 개념세트로 일종의 공성전=기동전의 무기라고 한다면, 반면 1933년 히틀러 캠프로의 터닝 이후의 개념들 예컨대 '질서(제도)-제국-광역-노모스'는 수성전=진지전의 무기라고 표현할 수도 있다. 전간戰間과 전중戰中을 연결하는 중심고리는 의연히 '정치적인 것'의 개념이다. 한편으로 그것은 바이마르와 베르사이유-제네바 타도를 위해, 다른 한편으로 그것은 독일제국의 팽창주의 이데올로기로 작용한다. 개념은 이렇게 무기가 된다.

제4장

의회와 자유주의 비판

§1. 자유주의 비판의 역사적 배경

1914-1945년을 가로지르는 역사적 사회적 조건은 다른 무엇보다 첫째, 양차 즉 1, 2차 세계대전이라는 총력전, 둘째, 러시아 10월 혁명, 셋째, 1920년대 말의 세계대공황 넷째, 파시즘의 등장과 자유주의의 조락, 주로 이 네 가지에 의해 규정된다. 이는 전쟁, 혁명, 공황, 파시즘이라는 네 개의 키워드로도 풀이된다. 칼 슈미트의 사상세계도 이에 따라 반응, 진화하고 또 전화해왔다.

제1차 대전 직후 독일을 비롯 선거를 통한 자유주의적 입헌정부가 확산되는 듯했지만 역사학자 홉스봄이 말하는 1914-1945년 '파국의 시대'동안 정치적 자유주의는 전면 후퇴를 겪고 있었다. 제2차 대전 이후인 1945-1989년 기간 동안 자유주의에 대한 위협이 주로 공산주의로부터 나왔다면, 이 기간 동안은 우익 파시즘이 그 위협의 진원지였다. 그리고 "1930년대에 파시즘은 미래의 물결로 보였다."(홉스봄 1997, 161) 특히 나치즘 등장 이후 이 추세가 더욱 가속화된 결과, 전 세계 64개 독립국 중 1920년 최소 35개국, 1938년 17개국, 1944년 12개국에서만 선거를 통한 입헌정부가 들어설 수 있었다. 당시 '자유주의적 민주주의' 체제를 위협한 세력은 군사쿠데타를 제외하고, 다음 3가지였다. 1) 구식 권위주의와 보수주의, 2) '유기적 국가주의' 혹은 코포라티즘(포르투갈 1927-1974년, 오스트리아 1934-1938년, 스페인 프랑코정권), 3) 파시즘, 즉 히틀러집권 이후 비로소 국제공산주의의 우익판인 국제파시즘세력이 등장한다.

그런데 파시스트와 비파시스트 우파의 주된 차이는 파시즘이 아래로부터의 대중 동원에 기반한다는 점이다. 파시즘은 본질적으로, 전통적 반동주의자들이 개탄했고, '유기적 국가주의'(코포라티즘)'자들이 회피하고자 했던 민주주의와 대중정치의 시대에 속했다. "파시스트들의 수사로 보나, 스스로를 사회의 희생물로 여기는 사람들에 대한 호소로 보나, 사회의 전면적 변혁에 대한 요구로 보나, 심지어는 의도적으로 사회혁명가들이 사용했던 상징과 명칭들을 변형한 것... 으로 보나 파시스트들은 반혁명의 혁명가였다."(위의 책, 159) 또한 파시즘은 "18세기 계몽주의와 프랑스혁명의 유산에 대해서 원칙적으로 적대적이었으므로 공식적으로 근대성과 진보를 믿을 수 없었지만, 실제적인 문제에서는 광적인 신념들을 기술적 근대성과 결합시키는 데에 전혀 어려움을 느끼지 않았다. ... 파시즘은 승리를 거둔 반자유주의였다."(위의 책, 169f.)

슈미트의 반자유주의는 그러므로 나름의 시대정신을 표현하는 것으로서, 슈미트가 서있던 자리는 '승리한 반자유주의자'들이 있는 곳이었다. 그것은 정치적 반근대이자 '반혁명의 혁명'이었다.

§2. 의회주의, 위기와 비판

1923년 『현대 의회주의의 정신사적 상황』(GLP)이라는 소책자에서 개진된 슈미트의 자유주의와 의회주의에 대한 비판은 그 치열함과 발본성에 있어 아마 오늘날까지도 가장 가차없는 부르주아 민주주의 비판 가운데 하나이자 또 가장 놀라운 파괴력을 가진, 좌우를 통털어 가장 '전복적'인 유형 중 하나라고 평해도 크게 틀리지 않을 것이다.

슈미트에 의하면 좌우협공의 처지에 빠진 자유주의적 의회주의의 위기의 진정한 원인은 외부적인 데 있는 것이 아니라, 의회주의 자체에 내장되어 있는 것이다. 즉 "볼쉐비즘을 억압하고 파시즘을 격리한다고 해서 현대 의회주의의 위기가 추호라도 극복되는 것은 아니다. 왜냐하면 이 위기는 이 양대 적이 출현한 결과로 만들어진 것이 아니기 때문이다. 이 위기는 양대 적 이전에 이미 와 있었고 이 적들이 사라져도 계속될 것이다. 이 위기는 현대 대중민주정의 결과와 최종적으로는 도덕적 열정에 의해 유지되는 자유주의적 개인주의와 본질적으로 정치적 이상에 지배된 민주적 국가감정 간의 대립에서 기원한 것이다. ... 그것은 자유주의적 개별인간 의식과 민주적 동질성 사이의 그 심층에 있어 극복될 수 없는 대립인 것이다."(GLP, 23).

슈미트는 현재 문제가 되는 위기를 3가지로 본다. 첫째는 민주정의 위기다. 둘째는 현대국가의 위기다. 마지막 세번째가 바로 의회주의의 위기다. "이 책에서 문제가 되는 의회주의의 위기는 사회주의와 민주정조차도 서로 결합되었던 것처럼, 민주정과 자유주의는 일시적으로 서로 결합될 수 있다는 점, 그러나 이 자유주의적 민주정은 권력을 장악하는 즉시 이 구성요소들 중에서 어떤 하나로 결단해야 한다는 점에 근거하고 있다. 이는 현대 대중민주주의는 본질적으로 자유주의적 요소들을 포함하고 있기 때문에, 마치 사회적 민주정이 실제로는 사회적-자유주의적-민주정인 것과 동일한 이유이기 때문이다. 민주정에서는 오로지 평등한 것의 평등과 평등한 것에 소속된 자들만의 의지가 있을 뿐이다. 다른 모든 제도들이란 무슨 수를 쓴다 하더라도 인민의지에 대해 고유한 가치와 원칙으로 대항할 능력이 안되는 그저 본질을 잃어버린 사회공학적 임시변통책으로 변해 버렸다. 현대국가의 위기는 대중과 인류에게 민주정이란 아무런 국가형태가 아니며 마찬가지로 민주정은 민주적 국가로 실현될 수 없다는 점에 근거한다."(GLP, 21f.)

슈미트는 이 위기를 배경으로 한 자신의 저작의 목적이 어디에 있는지를 전혀 숨기지 않는다. "본 연구의 학문적 관심은 현대 의회제의 최종 핵심을 확인 또는 반박하고자 하는 것이 아니라 그것을 타격하는 것이다. 이를 통해 현재 지배적인 정치사회적 사유의 과정이 현대 의회주의의 체계적 생성 기초를 전혀 파악하지 못하고 있다는 사실로부터, 이 제도가 도덕적으로나 정신적으로나 도대체 어디까지 자기 기반을 상실했으며, 그저 자기 무게라는 기계적 관성으로만 간신히 지탱하고 있는 속빈 장치에 불과한 것인지 자명해지리라 본다. 오직 이 사유과정이 상황을 제대로 의식한 다음에야 비로소 개혁안이 어떤 지평을 획득할 수 있을 것이다. 현대 의회주의와 관계 맺고 있는 민주정, 자유주의, 개인주의, 합리주의등 이 모든 개념들을 보다 잘 구별하는 것이 필수적이다. 이것은 이 개념이 잠정적인 특징묘사나 유행어가 되기를 멈추고, 궁극적으로는 전술적, 기계적 문제들에서 벗어나 어떤 정신적 원칙에 도달함으로써 이전처럼 가망없는 시도가 또다시 공허하게 끝나버리지 않게 하기 위해서이다."(GLP, 30)

그렇다면 의회란 도대체 무엇인가. 여기에 대해 슈미트는 1928년 『헌법이론』에서 간결히 답하고 있다. "의회제도는 민주정의 동일성원칙의 결과도 적용도 아닌, 현대 부르주아 법치국가적 헌법 본래의 통치시스템으로서 그 헌법에 귀속된다. … 이 시스템은 … 부르주아 법치국가의 본질에 속하며 비로소 그 완성품에 속하는 그 전형적이고 고유한 혼합체이다. 그것은 독립된 정치형태도 아니며, 어떤 특수한 국가형태도 아니며, 특수한 정부형태도 아니다. 그러나 의회제는 자칫 깨지기 쉬운 균형을 유지하고 있는 상이한 정부 및 입법형태를 이용하고 혼합하는 시스템이다."(Verf, 304)

자유주의 비판에 있어 슈미트의 핵심테제는 볼쉐비즘 나아가 특히 파시즘이 반자유주의적이긴 하지만, 반민주적이지 않다는 데에 있다. 오히려 선거 정치를 통한 정당성 창출이 반민주적이라는 것이다. "볼쉐비즘과 파시즘이 모든 독재가 그런 것처럼 반자유주의적이지만, 그렇다고 반드시 반민주적인 것은 아니다. 민주주의의 역사에는 수많은 독재자, 카이사르가 존재했었고, 지난 세기 자유주의적 전통에 알려지지 않은 방법으로 인민의 의지를 형성하고 또 동질성을 창출한 사례들이 얼마든지 존재한다. 인민이 오직 다음과 같은 방법, 즉 각각의 시민이 극히 비밀리에 그리고 완벽하게 고립된 채, 다시 말해 사적 영역과 무책임의 영역에서 나오지 않은 채… 자신의 표를 던지면, 그 각각의 표를 계산하여 산술적 다수를 선출하는 식으로 자신의 의사를 표명한다는 말은 19세기 자유주의적 원칙과는 달리 혼돈 속에서 도출된 비민주적 관념에 속한다. … 인민은 공법 개념이다. 인민은 공공 영역Publizität 속에서만 존재할 뿐이다. 1억 명의 사인이 만장일치로 합의한 의견이라 하더라도, 그것이 곧 인민의 의지는 아니며 공론도 아니다. 인민의 의지는 반세기에 걸쳐 그렇게 치밀하게 구축해 온 통계기구보다, 연호Zuruf, 환호송를 통해서, 자명하며 반박의 여지조차 없는 현존Dasein을 통해 오히려 훨씬 더 민주적으로 표명될 수 있다."(GLP, 22)

민주정이란 이렇듯 "비밀투표의 집계시스템과는 다른 어떤 것"이다. "기술적일 뿐만 아니라, 마찬가지 생기vital적인 의미에서 **직접** 민주정에게는 그저 자유주의적 사유과정의 산물에 불과한 의회란 단지 하나의 인공기계Maschinerie"에 지나지 않는 것이다(GLP, 22f.). 슈미트의 생철학적 구성에 있어 살아 있는 인민의 환호송을 통한 직접적 현존이야말로 의회라는 일개 인공물의 집계체계보다 민주정의 개념에 훨씬 더 가까운 것이다.

§3. 의회와 '토론계급'

의회주의는 자유주의의 소산이다. 그리고 그것은 '토론'에 의한 통치를 말한다. 이는 민주정과 의회주의가 분리되어야 하는 또 다른 이유이다. "의회주의, 토론에 의한 통치goverment by discussion에 대한 믿음은 자유주의 사유세계에 속한다. 민주정에 속한 것이 아니다. 양자 즉 자유주의와 민주정은 현대 대중민주정을 구성하는 이질적 합성체를 인지하기 위해서 상호 분리되지 않으면 안 된다."(GLP, 13)

슈미트의 '수호천사' 도노소 코르테스[84] 역시 의회주의비판의 유력

---

84 슈미트는 1922년 이래 도노소 코르테스에 대해 4편의 글을 남겼다. 슈미트에 따르면, "그럼에도 천재적인 기지와 직관에 있어 그는 19세기의 가장 위대한 정치사상가 중 일인이라 할 만하다. 이미 1848년 장차 사회주의 혁명은 런던이 아니라 페테스부르크에서 발발할 것을 예견한 이 사람은

한 준거 인물이다. 도노소에게 부르주아지는 다름 아닌 '토론하는 계급 una clase discutidora'이다. 이것이 본질이다(PT1, 63). 자유주의는 '그리스도냐 바라바냐' 이 결정적인 질문에 답할 능력이 없다. "그러한 자유주의는 코르테스가 보기에 비일관성과 타협적 태도로 인해 그저 일시적인 막간에 존속할 뿐인데, 이때에도 그리스도냐 바라바냐 하는 질문에 회의연기안이나 조사위원회설치안 정도로만 답할 뿐이다."(PT1, 66)

1848년에 사회주의와 슬라브주의의 결합이 미래세대의 결정적인 사건이 될 것을 간파하기도 했다. 모든 것을 조합하는 구성을 통해 그는 그 최종적인 정치적 결과속에서 인간의 정신적 동기를 감지하면서 이제는 비근대적이 되어버린 스타일로 인해 간혹 신학적인 것에 스스로를 잃어버리기는 하지만, 그럼에도 예가 드문 정치사상가에 포함된다고 봐야 한다. 게다가 도노소가 현대 의회주의 비판사상의 결정적인 모든 관점을 최종적으로 정식화한 것도 여기에 포함될 것이다."(Donoso, 77) 양인의 관계에 대한 상세한 분석은 Arias(1997)를 참조할 것. "한편으로 가톨릭신자로서 독일의 국법학자는 자신의 신앙고백을 정치적으로 해석함에 있어 도노소의 난점을 관찰했다. 칼 슈미트는 가톨릭적인 기본을 벗어나지 않으면서 현실에 적응하는 무엇보다 도노소가 시도한 그 방식에 있어서 이 스페인의 사상가가 이룩한 정신적인 성과에 매료되었다. 마찬가지로 그의 환멸과 좌절도 이 독일 국법학자에겐 모두가 교훈이 되었다. 바로 여기에서 가톨릭적인 전제하는 정신적인 그리고 실존적인 친근성에 결맞은 도노소와의 동일시가 생성된 것이다. 다른 한편으로는 도노소의 분석을 현재화하고, 탈신학화해서 이용가능하게 만들고 또 정치적, 법학적인 분석에도 적용가능하게 만들었다. 다른 모든 해석들과 마찬가지로 슈미트의 도노소 수용은 논란이 되고 또 시대정신에 의해 각인된 것이다. 칼 슈미트는 아마 의도적으로 자신의 도노소 수용이 논쟁적인 수수께끼로 남기를 원했을 것이다. 슈미트는 아마 이런 방식으로만 도노소의 사상이 생존할 수 있다고 분명 인식하고 있었을 것이다."(Arias 1997, 251)

토론은 의회의 본질과 같은 것이다. "의회의 존재이유는 루돌프 스멘트의 적확한 표현을 빌자면 '역동적-변증법적인 것Dynamisch-Dialektische' 즉 정당한 국가의지를 그 결과물로 도출할 대립 개념과 의견의 대립 과정속에 있다. 의회의 본질적인 것은 그러므로 당장은 민주정을 생각할 필요가 없는 논변과 반대 논변의 공개적 협상, 공개 논쟁과 공개토론, 의회토론Parlamentieren이다. 여기에 슈미트는 프랑스 의회주의의 대표자 기조Guizot의 표현도 자유주의적 법치의 본질적인 특징으로 인용하고 있다. 즉 첫째, '권력'은 언제나 토론을 강요받고 있기 때문에 그래서 공동으로 진실을 찾아야 하며, 둘째, 모든 국가생활의 공개를 통해 '권력'을 시민 통제하에 두고 셋째, 언론자유를 통해 시민들 자신이 진실을 발견하고, 이를 '권력'에게 말해야 한다(GLP, 43).

하지만 결단과 결전은 결코 토론으로 해소될 수 있는 것이 아니다. "입법부만이 아니라 전체 인민들이 토론하고 인간사회가 거대한 클럽으로 변화되며 진리란 이런 식으로 투표에 의해 저절로 도출되는 것에 정치 생활의 이상이 존재한다고 진정 믿지 않을 수 없다. 도노소는 이것이야말로 책임회피이자 언론과 사상의 자유에 과도한 중요성을 부여하고 그래서 궁극에 가서는 결단할 필요가 없게 만드는 하나의 방법으로 간주한다. 자유주의가 모든 정치적 세부사항을 토론하고 협상하듯이, 자유주의는 형이상학적 진리마저도 하나의 토론 속으로 해소시켜 버린다. 자유주의의 본질은 결정적인 대결과 유혈 결전을 의회토론으로 전환시킬 수 있고 영원한 토론을 통해 영원히 보류시킬 수 있다고 기대하고 협상하고 기다리면서 결국 죽도 밥도 안 되는 그런 어정쩡한 것에 불과하다(PT1, 67).

독재는 토론의 반대다. 그것은 언제나 극단적 경우를 전제하고 최후의 심판을 기다리는 코르테스의 정신적 유형에 속하는 결단주의에 속한다. "도노소는 부의 권력에 기초한 가족의 해체와 같은 최후의 결과들을 염두에 두고 있었다. 왜냐하면 그는 신학적인 것과 함께 도덕적인 것이 도덕적인 것과 함께 정치이념이 소멸하고 직접적이고 자연적인 생명과 문제없는 '육체'성이라는 천국의 피안속으로 모든 도덕적이고 정치적인 결단이 마비되어 갈 것이라고 보았기 때문이다."(PT1, 68)

§4. 민주정과 의회주의

이미 앞에서 논의했던 것처럼, 슈미트에게 민주정은 의회주의비판에서도 관건적이다. 그리고 그의 민주정 이해는 마찬가지 동질성 테제에 근거하고 있다. 그리고 제2장의 5절 '정치적인 것의 개념과 헌법'에서도 본 것처럼 '평등의 실체'에 대한 슈미트의 논리는 여기서도 되풀이되고 있다. '평등한 것은 평등하게, 평등하지 않은 것은 평등하지 않게'! "실재하는 모든 민주정은 평등한 것은 평등하게, 그 불가피한 결과로 인해 평등하지 않은 것은 평등하지 않게 취급한다는 점에 기초하고 있다. 그러므로 민주정에는 필연적으로 첫째는 동질성 그리고 둘째는 긴급한 경우 이질적인 것의 분리 또는 제거가 포함된다. … 민주정의 정치적 힘은 외국인과 평등하지 않은 것, 동질성을 위협하는 것을 제거하고 격리시킬 수 있다는 점에 있다. 그러므로 동등성의 문제에 있어서는 추상적이며 수리논리학적인 장난질이 아니라 **평등의 실체**가 문제된다. 그 실체는 물리적, 도덕적인 특정 자질에서 발견될 수 있는데 예컨대 공민의 미덕areté, 고전 민주정의 비르투virtus를 들 수 있다. … 19세기 이후에는 그 실체는 무엇보다 특정 민족에의 소속성 즉 민족적 동질성에 존재한다."(GLP, 13f. 강조는 원문) 하지만 흔히 생각하는 사회내 경제적 평등은 이 동질성을 구성하지 아니한다. "민주정의 정치적 실체는 단순한 경제적인 것 속에 존재할 수 없다. 경제적 평등에서는 그 어떤 정치적 동질성도 나오지 않는다. 물론 부정적인 의미에서 지나친 경제적 불평등이 기존 정치적 동질성을 폐기하거나 위태롭게 할 수는 있다."(GLP, 14, 각주1)

역시 문제는 자유주의에 있다. "인간으로서 인간 만민이 평등하다는 말은 민주정이 아니라 특정 종류의 자유주의이자, 국가형태가 아니라 개인주의적, 인간적 도덕과 세계관일 뿐이다. 근대 대중민주정은 이 양자의 불명확한 결합에 기초하고 있다."(GLP, 18f.) 루소 사회계약론의 국가구성 역시 이 서로 다른 양자를 일관성 없이 병치한다는 점에서 자유주의적이다. 하지만 '일반의지' 개념의 전개에 있어 진정한 국가는 인민의 동질적인 정도가 그 본질에 있어 만장일치에 도달할 때에만 존재할 수 있다는 점을 루소는 인식했다. 그래서 어떤 정당도, 특수이익도, 종교적 차이도 심지어 '금융제도Finanz'조차도 인간을 서로 분리시키는 것이라 존재해서는 안 된다. "동질성은 동일성이 될 때까지 고양됨으로써 모든 것이 자명해 진다."(GLP, 19)

민주정이란 일련의 동일성에 기초하는 것이다. 치자와 피치자, 지배자와 피지배자의 동일성, 국가권위의 주체와 객체의 동일성, 인민과 인민의 의회 대표의 동일성, 국가와 주기적으로 투표하는 인민의 동일성, 국가와 법률의 동일성, 마지막으로 양적인 것(숫자상 다수 혹은 만장일치)과 질적인 것(법률의 정당성)의 동일성 등이다. 그렇지만 "이 모든 동일성은 손에 잡히는 실재라기보다 동일성의 승인에 기초한다. 법률적으로나 정치적으로나 사회적으로나 실질적으로 평등한 어떤 것이 아니라 동일화가 문제가 된다는 말이다. 선거권확대, 선거주기단축, 인민결의의 도입과 확장 등 한마디로 직접민주정의 경향과 제도 전부는 위에서 언급한 것처럼 철두철미 동일성사상에 지배되는 것으로서 일관되게 민주적이지만, 어떤 절대적, 직접적, 모든 순간에 현실에 실재하는in realitae 동일성에 도달해 본 적은 단 한 번도 없다. 실제 평등과 동일화의 결과 사이에는 항상 거리가 있다는 것이다."(GLP, 35f.)

선거를 통한 의회 정치를 핵심으로 하는 대중민주주의적 현실에서 인민은 오로지 양자택일을 제외한 다른 모든 정치과정에서 사실상 추상화된 무권력적 존재일 뿐이다. 인민 대중의 정치적 의사 형성이란 그래서 오직 "평등한 자에 속한 자", 즉 사실상 특권 계급들만의 말의 성찬 속에서 소외되어 있을 뿐이다. "민주주의에는 단지 평등한 자의 평등만이 그리고 평등한 자에 속한 자의 의지만이 있을 뿐이다. 그 외 다른 제도들이란 그 어떤 인민의 의지 표명에 자신만의 가치와 원칙으로 대응할 능력이 없는 본질 없는 사회공학적 미봉책에 불과하다. 현대 국가의 위기는 대중 및 다중민주주의를 통해 그 어떤 국가 형태도, 마찬가지로 그 어떤 민주주의적 국가도 실현할 수 없다는 데 근거하고 있다"(GLP, 22) 그래서 "질문은 오직 위에서만 하고, 대답은 오직 아래로부터만 나온다."(LuL, 88) 그렇다면 이제 민주주의에 남는 것은 무엇인가. "민주적으로 조직된 서로 다른 인민들 또는 사회적이며 경제적인 집단들은 단지 추상적으로만 동일한 주체, 즉 '인민'을 가지고 있다. 구체적으로 대중은 사회학적, 심리학적으로 이질적이다."(GLP, 34) 그래서 의회주의하에서 치자와 피치자. 지배자와 피지배자의 '동일성'이라는 민주주의 이론상의 가설은 단지 추상적인 것에 지나지 않을 뿐이다.

민주정은 그래서 스스로를 철폐함으로써 즉 독재로 전화되는 것이 '운명'이다. "의사형성 자체의 문제로 철폐되는 것이 민주정의 운명이라 하겠다. 민주정의 힘으로 이룬 정치의 내용을 고려하지 않아도 급진민주주의자에게 민주정은 그 자체로 고유한 가치를 가진다. 하지만 민주정을 철폐하기 위해 민주정이 이용될 위험이 존재한다면, 급진민주주의자들은 다수에 대립하면서도 민주주의자로 남을 것인지 아니면 스스로 포기하든지 중에 결정해야만 한다. ... 민주주의자가 소수파가 되는 상황은 매우 빈번하다. 이들이 소위 민주적 기본 원칙에 입각해 여성선거권을 옹호하고 난 뒤 다수 여성이 민주적으로 투표하지 않는 일도 발생한다. 그러면 저 낡은 인민교육 프로그램이 전개된다. 즉 인민은 올바른 교육을 통해 자신의 의사를 올바로 인식하고 올바로 형성하며 올바로 표현하는 데로 인도할 수 있다. 이것이 의미하는 바는 실제 교육자가 적어도 일시적으로는 자신의 의사와 인민의 그것을 동일하게 만든다는 것에 다름 아니다. 이것은 그러나 이 문하생들이 바라는 바의 그 내용이 마찬가지로 교육자에 의해 규정된다고 말하는 것은 전혀 아니다. 이 교육이론의 결론은 독재 즉 앞으로 설립하고자 하는 진정한 민주정의 이름으로 민주정의 중단이다. 이론적으로 이는 민주정을 철폐하는 것이 아니다. 독재가 민주정의 반대개념이 아니라는 점에 유의하는 것은 중요하다. 그러한 독재자에 의해 지배되는 이행기에서조차도 민주적 동일성은 지배할 수 있고 인민의 의지만이 척도가 된다."(GLP, 37)

슈미트의 정치신학 역시 의회주의와 민주정이 결합했던 것은 19세기적 조건이며, 이제 민주정과 의회주의는 서로가 없이도 존재할 수 있는 것이며, 또 민주정이 독재와 대립되는 것이 아니라는 결론을 예비한다. "19세기에 의회주의와 민주정은 양자가 같은 의미로 간주되게끔 상호 결합되었기 때문에 이러한 민주정에 대한 논평이 선행되어야만 했다. 우리가 근대 의회주의라고 부르는 것 없이도 민주정이 그리고 민주정 없이도 의회주의도 존재할 수 있다. 또한 민주정이 독재에 그런 것처럼 독재도 민주정의 결정적 대립물이 아니다."(GLP, 41) 그래서 "의회가 자명한 진리의 제도에서 한낱 실용, 기술적 도구가 되어버렸다면, 이제 필요한 것은 설혹 그것이 공공연히 드러나기 시작하는 독재에 의한 것이 아니라 하더라도, 그 무슨 절차를 통해, 그것이 잘못될 수 있고 그리고 그런 뒤에 의회는 척결될erledigt 것이라는 점을 사실을 통해via facti 드러내 보여줄 필요가 있을 것이다."(GLP, 13)

§5. 선거와 정당

'부르주아 법치국가적 헌법'상 민주정은 진정한 인민집회의 '환호송'(이 책 8장 4절 참조)을 완전히 무시하고 집회의 권리를 '시민적 자유권'으로 혼동하고 있다고 슈미트는 질타한다. 이 민주정은 주권자가 군주이건 인민이건, 주권자를 무시하는 것이 이 헌법의 특성이라는 것이다. 헌법률적으로 규범화된 기능인 선거와 투표는 '비밀개별투표'를 말하는 것이고 이는 궁극적으로는 "자유주의적 개인주의의 표현"이다(Verf, 244). 하지만 이는 민주정과 모순된다는 것이 슈미트의 입장이다. 즉 "그렇지만 비밀개인투표를 그 본질에서 정당하게 이해하고, 그것이 원리적으로는 자유주의적 개인주의의 사고권에 속해 있고 민주정의 정치적 원리와는 모순이 된다는 것을 명백히 해 두는 것이 필요하다. 그 이유는 비밀개별선거와 개별투표의 극단적인 실시는 국가공민 즉 citoyen을, 다시 말하면 특별히 민주정적이고, 즉 정치적인 피규어를 사적인 것의 영역에서 ―그 사적인 것이 그의 종교이건 또는 그의 경제적 이익이건 또는 양자를 합한 것이건 간에― 사적 의견을 표시하고 투표를 하는 사인으로 만들기 때문이다. 비밀개별투표는 결정적인 순간에 투표하는 공민이 고립되는 것을 의미한다. 현존하는 인민의 집회와 모든 환호송은 이 방법으로는 불가능해지고, 집합한 인민과 투표의 결합은 완전히 파열되게 된다. ... 언젠가는 독창적인 발명을 통해 모든 개개 인간들이 자기 집을 떠나지 않은 채 항시 정치적 문제에 대한 그들의 의견을 기계를 통해 표시하게 되고, 이 모든 의견이 자동적으로 중앙부처에 기록되고 그 후에 사람들은 단지 읽어서 집계하기만 하면 족하도록 되지 않겠는가라고 상상할 수도 있는 것이다. 이렇게 되는 것은 특별히 강력한 민주정이라고 볼 수는 없을 것이고 국가와 공공성이 철저히 사사화되는privatisiert 것에 대한 증명이 될 것이다. 그것은 공론이 될 수 없다. 그 이유는 수백만 사인들의 일치된 의견이라고 할지라도 공론을 산출할 수는 없고, 그 결과는 단지 사견의 집계에 불과한 것이기 때문이다. 이러한 방법으로서는 총의, 즉 일반의지가 아니라, 단지 모든 개인의사의 집계, 즉 전체의지만이 성립할 뿐이다"(Verf, 245f.) 이런 방식의 투표로 인해 공민은 일개 사인으로 변환되고 "선거비밀은 이 변환이 시작되고 민주정이 사적인 것의 자유주의적 보호 속으로 왜곡이 일어나는 바로 그 지점이다. 아마 여기에 현대 부

르주아 민주정의 비의Arcana 중 하나가 숨어있지 않는가 싶다."(Verf, 246)

비밀개별투표의 방식으로 집계된 '사견' 더미로 인민의지 곧 '일반의지'가 형성되는 것은 아니다. 마찬가지 공론이 형성되는 것도 아니다. "공론은 환호송의 현대적 방식이다. … 공론이 환호송으로 해석될 수 있다는 사실에 공론의 본질과 정치적 의미가 놓여 있다. 환호송없는 국가가 존재하지 않는 것처럼, 공론없이는 어떤 민주정도 국가도 존재하지 않는다."(Ver, 247) 모든 민주정에는 정당, 웅변가 선동가 그리고 출판, 영화등 대중조작의 기술과 방법이 존재한다. 그러나 바로 여기에는 언제나 "비가시적이며 무책임한 사회세력들이 공론과 인민의 의지를 좌지우지할 위험이 항존한다. 그렇지만 마찬가지로 여기서 문제에 대한 해결책은 모든 민주정의 본질적 전제 속에 놓여 있다. 민주적 동종성의 실체가 존속되고 인민이 우적구별이 가능한 정치의식을 보유하고 있는 한 이 위험은 크지 않다는 것이다."(Verf, 247)

문제는 바로 '사회세력'에 있다. 혹은 이를 '간접권력'이라고도 한다. "교회와 이익단체등 '간접'권력이라는 낡은 적대자가 이 세기[19세기]에 정당, 노조, 사회단체등 현대적인 형상으로 한마디로 '사회세력'으로 재출현했다. 그것은 입법의회와 법률국가로 가는 도정에 있어 세력을 키웠고 리바이어던을 자신들의 선박 앞에 묶어두었다고 믿을 수 있었다. 이 일은 그 근본구조는 개인적 자유권의 카탈로그에 두고 있던 헌법체계를 통해 어렵지 않게 해내었다. '자유로운' 즉 통제받지 않고 눈에 보이지도 않는 '사회' 세력에게 넘겨주기 위해, 헌법체계를 통해 담보된 소위 자유로운 사적 영역이 국가로부터 분리되었다. 이 서로 완전히 이질적인 세력은 정당체계를 형성해 … 이 체계의 핵심은 언제나 교회와 노조이다. 국가와 비국가적 사회의 이원주의로부터 사회다원주의가 생겨나고 이 안에서 간접권력은 힘들지 않게 승리를 자축할 수 있었다. '간접적'이라는 말이 여기서 뜻하는 바는 스스로 위험을 감수하지 않는, 야콥 부르크하르트의 적확한 말을 빌자면 '이전에는 학대당하고 경멸받았던 속세의 권력들'이었다. 간접권력은 국가명령과 정치적 위험, 권력과 책임, 보호와 복종의 명확한 일치를 가리키며 간접적이지만 그래서 더 이상 집중적인 지배의 무책임성에서 벗어나 정치권력의 모든 이점을 챙기면서도 어떤 위험도 감수하지 않는다는 것이 바로 이 간접권력의 본질에 해당된다. 이러한 전형적인 일거양득식의 간접적 방법은 자신들의 행동을 정치와는 다른 어떤 것 다시 말해 종교, 문화, 경제 또는 사적인 것으로 넘겨 버리고 국가성이 가진 모든 장점을 자신의 이익을 위해 악용한다. 그리하여 그들은 리바이어던과 투쟁하면서 그것을 이용하여 마침내 이 거대한 기계를 파괴한 것이다."(Leviathan, 116f.)

　　의회의 일상적 입법활동도 정당정치와 경제적 이권에 의해 장악되었다. "정당명부식 비례대표제는 유권자와 의원간의 연관을 폐지하고 정당기속[Franktionszwang, 의원의 당론투표원칙 -인용자]은 필수불가결의 수단이 되고 그리고 소위 대표원칙(제국헌법 제21조, 즉 '의원은 전인민의 대표자이다. 의원은 오직 양심에 복종하며 위임에 구속되지 아니한다.')은 무의미해졌다. 더욱이 의원 본래의 활동은 의원총회 결과에 따른 공개 협상이 아니라 소관 상임위와 심지어 의회내 상임위 심의가 채 종결되기도 전에 핵심결정은 원내대표들의 밀실회담 아니면 아예 원외 위원회에서 이루어진다. 그 결과 모든 책임의 전가와 회피가 나타나고 궁극적으로 의회시스템 전체가 정당과 경제적 이해당사자에 **지배되는 그런 최악의 모습으로 변모된다.**"(GLP, 28f.) 오늘날 "의회에 대한 정당조직의 우위는 인민과 마찬가지로 정당조직은 아무것도 대표하지 않으면서 항상 참여하고 현존하는 한에 있어서만 민주정의 동일성 원칙에 상응한다는 점에 근거하고 있다. 반면 의회는 자신의 존재의미를 오로지 대표에서만 찾을 수 있는데 그 대표로서의 성격을 사실상 상실해 버렸다. 설혹 그것이 그저 인민의 *일부분이라* 할지라도 진정한 동일성이 비진정한 대표보다 우위에 있다는 것은 당연한 것이다."(Verf, 247f. 강조는 원문)

§6. 의회, '대표'로서의 실격

이제 "의회는 점차 정치적 통일체의 대표가 되기를 멈추었다. 의회는 유권자 대중의 이익과 분위기의 대변자가 되었고, 정치 지도부를 선발한다는 생각은 수백 명 당료의 의회를 정당화시키지 못하고 직접적으로 대중의 신임을 받는 정치지도부를 찾게 되는 결과를 초래한다. 그러한 지도부를 발견하는 데 성공한다면 새롭고 강력한 **대표**가 창출되는 것이다. 그러나 이 지도부는 의회에 대항하는 대표를 의미하게 된다. 대표가 되고자 하는 의회의 전통적 요구는 이로써 제거되어 버린다."(Verf, 314, 강조는 원문)[85] 여기서 슈미트는 또 하나의 분리를 시도한다. 의회주의는 민주정 뿐만 아니라 대표제와도 분리 가능한 것이다. "19세기에 나타난 혼

---

[85] 여기서 한국에서 흔히 '대의제 민주주의'라는 식으로 오역된 '대표'개념에 대한 이관후(2016)의 지적은 타당하다. "그러나 일본 번역어 '대의'라는 개념에서는 대표되는 사람들의 의지가 반영되어야 한다는 의미보다는, 대표자들이 의논을 통해서 그들의 이익을 수호한다는 맥락이 강하다. 이 논의에 참여하는 사람들은 우리와 같은 사람이 아니라 우리보다 월등히 뛰어난 어떤 사람들이다. 'representation'이 '대의'로 번역될 때에는 이러한 함의가 분명히 포함되어 있었다. 이를 통해 대표에 대한 다양한 관점들은 '대의', 곧 나보다 뛰어난 누군가가 나의 이익, 혹은 더 큰 어떤 이익을 위해 대신 의논한다는 뜻으로 이해된다. 바로 이러한 맥락에서 'representative'도 대표자가 아니라 대의사, 곧 '대신 의논하는 선비'라는 용어로 자리 잡은 것이다. 여기에는 주권이 대표될 수 없다든지, 계급의 이해를 반영할 수 있어야 한다든지, 유사성을 가진 사람 중에서 대표자가 나와야 한다는 개념이 들어설 자리가 없었다. 결과적으로 우리의 대의민주주의에서는 대표제와 민주주의가 상호모순적인 결합을 하면서 나타났던 긴장과 갈등, 역동성을 찾아보기 어렵게 되었다." 이관후(2016), 22.

동에 특징적인 것이 대표제Repräsentativsystem와 의회주의를 등치시키는 것이다. 대표개념은 결코 일반적으로 인식되지 않는 어떤 심오한 문제의식을 갖고 있다. 본 연구의 관심에서 보자면 의회주의에 대해서만 언급하고 진정한 **대표**개념의 특정한 특수성을 간략히 시사하는 것만으로도 충분할 것이다. 대표는 본질적으로 공개성의 영역에 귀속된다. (원래 사법적 성격을 갖는 대리Stellvertretung, 위임Auftrag, 위탁Mandat등과는 다르다). 그리고 대표개념은 대표되는 자뿐만 아니라 대표하는 자 그리고 면전에서 대표되는 그런 자 모두에게도 어떤 인격적 존엄을 전제한다. 아주 간단하고 전형적인 예를 하나 들자면, 18세기에 왕은 자신의 대사(귀족이어야 한다)를 통해 다른 왕의 면전에서 대표되는 데 반해, 경제적이거나 다른 업무상으로는 에이전트Agent가 이를 맡는다. ... 실제 의회는 전인민의 대표이기 때문에 유권자에게 종속되지 않는다. 왜냐하면 유권자는 인민 전체가 아니며, 네이션nation도 아니기 때문이다. 하지만 점차적으로 인격의 개념으로 더 이상 생각할 수 없게 되자, 다시 말해 19세기가 경과하는 과정에서 사람들은 각각의 유권자 또는 투표하는 시민(혹은 그 중 다수)의 총합을 그 상위의 우월한 총인격으로서 인민 또는 네이션과 객관적으로 혼동하게 되었고 또한 인민의 대표 및 대표 일반에 대한 의미도 잃어버리게 되었다. 이미 1815-1848년 기간 동안 독일에서 전개된 대표를 둘러싼 투쟁에서 이런 혼동은 이루 형언할 수 없는 지경이었고, 의회가 왕의 면전에서 인민을 대표해야 하는 것인지 ... 아니면 의회가 왕의 옆에서 네이션을 대표하는지 도대체 알 수가 없었다."(GLP, 44f., 각주3, 강조는 원문) 이런 경로로 의회, 민주정, 대표는 서로 무관한 그리고 없어도 되는 어떤 것으로 해체의 길에 접어들었다.

그런데 오늘날 의회주의의 실상을 보자면 의회는 사실상 그 '정신적 기초'를 상실한 상태다. 이로써 "의회주의가 자신의 정신적 기초를 포기했고 발언, 집회 및 언론자유, 공개회의, 의원 면책 특권 등의 체계 전부가 존재이유를 상실했음을 보기 위해서는 못해도 역사적 상황에 대한 충분한 의식을 가져야만 한다. 정당 혹은 연정으로 구성된 소수 혹은 극소수의 위원회는 밀실에서 결정하고 대자본가의 이익단체의 대리인들이 극소수로 이루어진 위원회에서 결정하는 것이 수백만 일상의 삶과 운명으로 보자면 그들의 정치적 결정보다 훨씬 더 중요하다. … 오늘날 오래된 자유주의적 자유권 무엇보다 표현과 언론자유를 포기하기를 원하는 자가 많지 않음은 분명하다. 그럼에도 불구하고 유럽대륙에서는 이러한 자유가 실제 권력소유자를 진정 위태롭게 할지도 모를 그런 곳에서 아직 존재한다고 믿는 자는 더 이상 다수가 아니다. 적어도 신문기사나 집회연설이나 의회논쟁에서 진정성있고 정당한 입법과 정치가 만들어 질 것이라는 신뢰는 거의 최소한에 불과하다. 그러나 그것은 의회자체에 대한 신뢰이다. 공개성과 토론이 의회운영의 실제 현실에서 공허하고 무의미한 요식행위가 되어 버린 이상, 19세기에 만들어진 의회는 지금까지의 기초와 의미를 상실한 것이다."(GLP, 62f.)

슈미트가 최종적으로 의회주의의 사망선고를 내린 곳은 그의 『헌법이론』에서다. 그는 현대 민주정에서 의회주의의 '이념적 ideell 전제'의 붕괴를 이렇게 논하고 있다. 첫째, 토론은 소멸되었다. 의회는 논변을 통해 상대방을 설득하고 그 논쟁의 총결산으로 공개된 전체회의에서 의결이 이루어지는 그런 합리적 상호소통의 장이 아니다. 개별의원의 입장은 고정되고 당론이 강제된다. 정파들은 계산된 표를 가지고 대립한다. 둘째, 공공성 Öffentlichkeit은 소멸되었다. 의회는 "밀실협상에서 결정된 결과를 공개회의 석상에서 투표로 공표하는 일종의 관청 Behörde으로 변했다." 셋째, 의회와 의원의 대표로서의 성격은 소멸되었다. "그 결과 의회는 더 이상 정치적 결정이 이루어지는 장소가 아니다. 가장 중요한 결정은 원외에서 이루어진다. 의회는 이제 국가 관청기구로 사안을 기술적으로 전달하기 위해 존재하는 사무처 Bureau로 기능한다."(Verf, 318f.)

독일의 근대는 서론에서 충분히 상론했다시피 지체된 자본주의 발전, 허약한 부르주아계급, 소영방국가 난립으로 인한 민족적 파편화 등으로 인해 부르주아-민주혁명의 경로가 영국, 프랑스와는 매우 상이하게 전개된 것이 특징이다. 특히 소영방주의적 파편화를 극복하기 위한 민족통일이 시대의 중심 과제였지만 프로이센의 독일화 즉 프로이센 군사력에 기반한 '보나파르트주의적' 왕정이 주도하는 위로부터의 통일방식이 관철되고, 그 과정에서 이를 주도한 반동적 귀족계급의 정치적, 이데올로기적 프로그램이 사회속에 각인되었다. 실권없는 의회는 부르주아계급의 허약성의 결과이자 전제를 이루었고, 성공한 부르주아혁명의 부재는 대중의 민주적 훈련, 경험의 부재와 맞물려 들었다. 이와 결부된 의회주의적 부르주아혁명의 승리와 헤게모니가 담보되지 않은 상태의 민족통일은 지극한 지체와 후진성을 이상화하고 또 이를 정상화하는 독특한 이데올로기적 혹은 '정신적' 조건을 창출해 내었다. 그리고 이러한 정신적 조건은 1848년 이전 시기의 반동적 낭만주의와 결합되어 1871년 독일제국 수립이후 독일만의 특수한 이데올로기적 환경을 규정하는 어떤 사조를 연출해 낸다. 이 사조는 1920년대 보수혁명기에 와서 또 하나의 변곡점을 맞으면서, 처음에는 의회주의와 자유주의를 밀어내고 그 이후에는 민주주의 자체를 제물로 삼아 독일은 파시즘으로 직진하는 것이다. 그 변곡점에 슈미트의 의회주의 비판이 자리 잡고 있었다.

제5장
'전향1933' 하지만 '숙청1936'

§1. 바이마르공화국 말기의 몇 가지 역사적 조건

홉스봄에 따르면 그 어원에 있어 "민족주의라는 말 자체가 바로 1890년대에, 새로 부상한 이들 반동의 대변인들을 표현하기 위해서 만들어진 것이었다. 중간계급과 하층 중간계급의 전투성은 급진적 우파의 것으로 바뀌었는데, 주로 민주주의와 자유주의 이데올로기가 지배적이지 않은 나라들에서나 … 실제로 서구 자유주의의 중심국들―영국, 프랑스, 미국―에서는 혁명전통의 헤게모니로 인하여 이렇다 할만한 어떠한 대중적 파시스트 운동도 출현하지 못했다. 미국 인민주의자들의 인종주의나 프랑스 공화주의자들의 국수주의를 원형적 파시즘과 혼동하는 것은 잘못이다. 이들의 운동은 좌파에 속했던 것이다." 그래서 독일을 비롯 제1차 대전 후 급진우파의 부상은 일반적으로 사회혁명과 노동계급의 힘에 대한 대응이자 특수하게는 10월 혁명과 레닌주의에 대한 반응이었고 특히 전선에서 돌아온 귀환병들 Frontsoldat은 "그 시대 람보들이 급진적 우파를 충원한 타고난 신병들이었다." 그러나 여기서 중요한 점은 이런 의문이었다. "제1차 세계대전 종전 이후 우파의 반발이 왜 하필 파시즘이라는 형태로 결정적인 승리를 거두었는가 하는 것이다." 제1차 세계대전 종전 이후에 그러한 운동들에게 기회를 준 것은 구체제의 붕괴와 구지배계급 및 그 계급의 권력, 영향력, 헤게모니 기구의 붕괴였다. 이러한 것들이 무사했던 곳에서는 파시즘이 전혀 요구되지 않았다(홉스봄 1997, 180f.). 그리고 프랑스 급진우파 '악시옹 프랑세즈' 등은 1940년 패전 이후에 비로소 성장한 것이었다. 시민계급의 충성대상의 상실과 사회혁명에 대한 우려가 중요했다. "광적인 극우파가 승리할 최적의 조건은 오래된 국가와 더 이상 작동할 수 없게 된 그 국가의 통치기구, 미몽에서 깨어나 방향을 잃고 불만을 품은 대다수 시민들이 더 이상 충성을 어디에 바쳐야 할지를 알지 못하는 상황, 강력한 사회주의운동이 실제로는 사회혁명을 달성할 위치에 있지 않지만 사회혁명을 일으킬 우려가 있거나 그러할 우려가 있는 것으로 보이는 상황, 1918-20년의 강화조약들에 분개하는 민족주의적 움직임이 존재하는 상황이었다. 이는 무력한 기존의 지배 엘리트층이 급진적 극우파에 의지할 마음이 생기는 상황이었다."(위의 책, 182)

'파시스트 혁명' 따위는 존재하지 않았다. 독일, 이탈리아, "이 두 파시스트 국가 중 어느 쪽에서도 파시즘은 '권력을 정복'하지 않았다. ... 두 경우 모두 파시즘은 구체제의 묵인이나 사실상 (이탈리아에서처럼) 구체제의 주도로, 다시 말해서 '합헌적인' 방식으로 권좌에 올랐던 것이다." 하지만 "파시즘의 새로운 점은, 일단 집권한 뒤에는 기존의 정치 게임 방식을 따르기를 거부하고 가능한 경우에는 완전히 권력을 인수했다는 데에 있었다. 권력의 전면적 이동, 즉 모든 경쟁자의 제거는 이탈리아의 경우(1922-28)가 독일의 경우(1933-34)보다 다소 더 오래 걸렸지만, 일단 그 작업이 완수되고 나면 파시즘 특유의, 인민주의적인 최고 '지도자Duce', 총통Führer의 무제한적 독재를 원칙적으로 제한할 길이 국내에서는 더 이상 존재하지 않았다."(위의 책, 182)

자본주의 체제의 관점에서 보자면 "나치즘의 가장 중요한 성과는 다른 어떤 정부보다도 효과적으로 대공황을 이겨낸 것이었다. 왜냐하면 나치의 반자유주의는 사람들을 자유시장에 대한 선험적인 믿음에 내맡기지 않는다는 긍정적인 면을 가졌던 것이다. 그럼에도 불구하고, 나치즘 체제는 기본적으로 새롭고 다른 체제라기보다는 개조되고 활력을 되찾은 구체제였다. 그것은 ... 눈에 띄게 역동적인 산업체제를 이룩한 비자유주의적 자본주의 경제였다. 이탈리아 파시즘 체제는 훨씬 더 공공연하게 기존 지배계급을 위한 체제였다. 그것은 독일에서처럼 대공황의 충격에 대한 반응으로 그리고 바이마르 정부들이 그러한 충격을 극복하지 못한 데에 대한 반발로 생겨났다기보다는, 1918년 이후의 혁명적 소요 상태로부터 스스로를 지키기 위해서 생겨난 것이다."(위의 책, 184) 이처럼 파시즘은 자본가에게 어떤 확실한 이점을 제공해 준 것이다. 첫째, 좌파 사회혁명 세력을 말살하거나 패배시켰고, 둘째, 노동조합을 제압하고,

파시스트 '지도자원칙'을 사업장에 적용하면서 이를 정당화시켰고, 셋째, 노동운동을 파괴시킴으로써 자본가에게 엄청난 추가 이익을 가져다주었다. 미국의 경우 1929-1941년 국민총소득 중 상위 5%의 지분이 20%로 하락한 반면, 파시즘에 의해 노동운동이 붕괴된 독일 상위 5%의 점유율은 오히려 15% 증가했다. 넷째, 파시즘은 산업경제를 활성화하고, 근대화시켰다(위의 책, 184ff.).

그런데 전간기 자유주의의 몰락 이유는 무엇인가. 여기에 대해 홉스봄은 그 이전에 우선 파시즘과 민족주의를 동일시하는 오류부터 지적한다. 대개 파시스트 운동이 민족주의적 열정과 편견에 호소하는 경향이 있는 것은 분명한 사실이지만, 다른 한편 수많은 나라에서 반파시즘 대중동원은 전중기에 오히려 '좌파애국주의'를 낳았다. "그 시기에 추축국에 대한 저항은, 파시스트 및 그 협력자들을 제외한 정치적 스펙트럼 전체를 포괄하는 '국민전선'이나 정부에 의해서 수행되었다. 대체로 말해서 그 나라의 민족주의가 파시즘 편에 서느냐 안 서느냐는 추축국의 승리로 얻는 것이 많으냐 잃는 것이 많으냐 그리고 공산주의나 다른 국가, 민족, 인종집단(유대인, 세르비아인)에 대한 증오가 독일인이나 이탈리아인에 대한 혐오보다 크냐 작으냐에 달려 있었다. 이를테면 폴란드인들은 러시아인과 유대인에 대한 반감이 강했음에도 나치 독일에 별로 협력하지 않았던 반면, (1939-41년부터 소련에 의해서 점령당했던) 리투아니아인들과 일부 우크라이나인들은 적극 협력했던 것이다."(위의 책, 195)

전간기 자유주의적, 의회주의적 민주정의 광범위한 몰락과 퇴조는 첫째, 제1차 대전 이후 대부분의 나라에서 민주주의 국가 자체가 희소했고, 또 안정적인 경우도 거의 없었다. 따라서 민주정이 일반적으로 합의 가능한 정통성을 확보하지 못한 상태였다. 둘째, '인민'의 다양한 구성요소들이 서로 양립할 수 있는 조건이 부재했고, 더군다나 제1차 대전 이후 시민들의 집단은 '인종-민족적인 차이나 종교적인 차이에 의해 배타적으로 분열'되는 사례가 오히려 증가했다. 셋째, "민주주의 정부가 통치하는 데에 많은 일을 할 필요가 없는 것이었다. 의회는 통치하기 위해서라기보다는 통치하는 사람들의 권력을 통제하기 위해 생겨난 것이다. 의회 역할은 광범위하게 축소된 반면, 행정부는 비대화되었다." 넷째, "부와 번영이었다. 1920년대의 민주주의 정체들은 혁명과 반혁명 또는 민족갈등이 가한 압박으로 무너졌고 1930년대의 민주주의 정체들은 공황의 압박으로 무너졌다". 민주정이란 "서로 화해할 수 없는 집단들 간의 불화를 공식화하는 장치였다. … 독일에서처럼 위기의 시기에 의회 내의 과반수세력이 전혀 없었던 경우에는 의회 밖으로 시선을 돌리려는 욕구가 압도적으로 우세했다." 이러한 상황에서 "의회민주주의가 자갈밭에서 자라는 연약한 식물"인지라, "양차 세계대전사이에 의회민주주의가 현실적이고 설득력있는 것으로 느껴지던 경우는 매우 드물었다. 의회민주주의의 투사들조차 자신없이 이야기 했다."(위의 책, 197ff.)

전간기가 의회주의와 자유주의의 역사적 좌절로 특징지어진다면, 같은 시기 독일은 바이마르공화국의 등장과 몰락으로 요약된다. 언론인이자 작가이기도 한 제바스티안 하프너(2016)는 바이마르공화국 14년사를 아래 3시기로 구분한다. 제I기 1919-1924년: 동요기, 제II기 1925-1929년: 상대적 안정기, 제III기 1930-1932: 쇠락기(하프너 2016, 195).

그림 9 파울 폰 힌덴부르크(1847-1934)

제I기는 무엇보다 좌우파의 쿠데타 시도가 되풀이되고, 우파에 의한 정치적 암살이 횡행했으며 또 빈번한 정권교체로 특징지어진다. 사회경제적으로는 전후의 극단적인 하이퍼인플레이션이 등장했다. 이 시기의 구조적 특징으로 다음

두 가지를 들 수 있다. 첫째, 바이마르공화국은 기본적으로 오로지 3개의 정당 즉 사민당, 독일민주당, 중앙당Zentrum 3당의 공화국이었다. 이들 3당이 의석의 3/4을 이루는 연정을 구성했다. 하지만 "공화주의자 없는 공화국"이었다. 오직 중도좌파만이 공화국에 찬성했다. 1920년대 중반부터 우파, 중도우파, 사민당 주도 대연정 등이 부침을 거듭한다. 공화국은 "아예 실패한 것처럼 보였다." 둘째, 사실상 바이마르공화국을 주도한 정당은 사민당이었다. 하지만 그 내면을 보자면 그저 "공화국처럼 보이는 군주국"을 이끌었을 뿐이다. "모든 사회적 요소를 과거 그대로 놓아두고, 군주국가의 하부구조를 손상시키지 않은 채 고스란히 지키고, 원래 통치하던 계층이 계속 통치하도록 그대로 두었다." 기본적으로 사민당은 빌헬름 제국의 군대, 관료, 사법부, 교회, 대학, 농민, 기업가 등을 거의 그대로 두었지만, 이들은 거의 한결같이 거부로 일관했다. 가장 호의적인 구엘리트층도 소극적 협력, 군대는 냉담한 중립, 대학생과 교수, 교사는 '반공화파, 군주제 지지, 민족주의, 보복주의' 입장이었다. 개신교는 우파였고 연정 파트너인 가톨릭은 극히 유보적인 태도였다. 전체적으로 바이마르는 "공산주의자가 되지 않은 노동자들의 공화국이었고, 기업가들 대다수는 이 나라에 아무 관심이 없었다."(하프너 2016, 196 passim)

그림 10 바이마르공화국 시기 사민당, 나치당 그리고 공산당의 정치포스터

제5장 '전향1933' 하지만 '숙청1936' 257

제II기는 제1차 대전의 영웅이자, 독일민족주의당이 내세운 반동적 제정지지자인 힌덴부르크가 국민직선으로 대통령에 당선되면서 시작된다. 힌덴부르크 재임 5년 동안 바이마르는 안정된 것처럼 보였고, 프리드리히 에베르트와 사민당의 공화국과는 완전 판이했다. 1925-28년 동안에는 중앙당, 독일국민당, 민족주의자등 우파 정당연합이 주도했다. 중도좌파가 아니라 중도우파 연정에 의해 공화국은 두 발로 선 것처럼 보였다. 물가는 안정되고 화폐개혁도 이루어졌으며 미국자본의 유입으로 약간의 경제호황도 가능했다. 하지만 1928년 중도우파가 대패, 사민당 주도하에 우파 리버럴까지 망라하는 대연정이 들어섰다. 대연정은 좌우 충돌 속에 취약성을 드러내기 시작했고 이는 1928-30년 초까지 계속되었다. 이미 80세가 넘은 힌덴부르크 대통령은 너무 연로했던 터라 재선을 기대하기도 어렵고 문제는 제2의 힌덴부르크도 없었다는 사실이었다. 우파의 불안이 시작된다. 이 때 왕정복고 계획이 등장한다. 군부실세인 슐라이허 장군이 이 안을 준비하기 시작했다.

슐라이허 장군은 중앙당의 신임 당수인 우파성향인 하인리히 브뤼닝을 접촉했다. 힌덴부르크의 남은 임기 동안 개헌, 의회무력화 그리고 1918년 이전의 제정시대로 복고하는 안을 내놓았다. 대통령이 임명한 총리 중심으로 쿠데타를 일으켜 순수 대통령제 개헌을 하자는 것이었다. 1929년 10월 대공황이 터졌다. 마침 대연정에 참여한 독일인민당 대표이자 외무장관인 스트레제만이 사망했고, 정부는 붕괴되었다.

제III기는 1930년 3월 힌덴부르크가 슐라이허의 계획대로 브뤼닝을 총리로 지명하면서 시작된다. 브뤼닝은 헌법 48조에 긴급명령권에 의거 전권을 대

**그림 11   쿠르트 폰 슐라이허
(1882–1934)**

통령으로부터 위임받았다. 브뤼닝의 임무는 쿠데타였다. 하지만 브뤼닝은 다른 계획이 있었다. 대공황을 틈타 경제위기를 의도적으로 악화시켜 베르사이유조약이 강요한 전쟁배상금을 털어낼 계획이었다. 쿠데타는 연기되었고, 드디어 1930년 7월 의회는 해산되고, 9월 선거에서 전혀 의도하지 않았던 일이 벌어진다. 히틀러의 나치당이 18%를 득표 제2당으로 급부상한 것이다. 나치당이 급부상한 첫째 이유는 대공황으로 인한 빈곤문제였다. '히틀러, 우리의 마지막 희망'이 된 것이다. 두 번째는 민족주의의 재부상이었다. 그 어떤 정당도 나치당만큼 민족주의 감정과 자부심 그리고 복수심을 선동하고 동원해내지는 못했다. 셋째는 히틀러 본인이었다. "전후 여러 해 동안이나 수많은 사람이 지도자를 갈구했다. 가혹하면서도 영리하고, 질서를 만들어내고 민족의 기강을 바로잡고, 정당 체제를 종결시키면서 스스로 단독 지배권을 차지하고 그것을 제대로 다룰 줄 아는 인물을. 그것도 특히 외교적이고도 전투적인 사람이어야 했다." 히틀러는 바로 이 시대정신을 체화한 인물처럼 보였다. 슐라이허는 왕정복고를 위해 브뤼닝에게 군주제 쿠데타 완결을 재촉했다. '꾸물거리는 자' 브뤼닝은 먼저 전쟁 배상금 문제를 해결하고자 했다. 그리고 히틀러에 비해 '차악'으로 간주되던 브뤼닝을 사민당은 묵인, 방조해 주었다. 그런데 문제는 인내를 잃은 슐라이허가 다시 힌덴부르크를 설득해 브뤼닝을 밀어내기로 한 것이다. 그래서 원래의 계획을 완수할 대타로 '만들어 낸' 인물이 프란츠 폰 파펜이었다. 중앙당 우파에 속한 무명의 귀족 출신 의원이었다. 1932년 6월 '남작들의 내각'이란 별칭의 정부가 구성되었다. 즉시 쿠데타가 개시되었다. 의회를 해산했고, 그 뒤 7월 말 선거에서 나치당은 37%를 득표 독일 제1당으로 부상했다. 공산당도 함께 강화되었다, 1932년 7월 반국가 양당으로 인해 의회는 정부 구성이 불가능했다. 파펜은 위헌을 무릅쓰고 의회를 재차 해산했다. 이미 파펜은 7월 '프로이센 쿠데타Preußenschlag'를 실행에 옮겼다. 바이마르 연정이 합법적으로 권력을 잡고 있던 프로이센 주정부를 군대를 동원 와해시키고 본인이 제국전권위원Reichskommissar이 된 것이다. 소규모 쿠데타였다. 파펜, 힌덴부르크, 슐라이허의 왕정복고 시나리오는 작지 않은 약점이 하나 있었다. 그것은 황제로 세울 후보가 없었다는 것이다. 유일한 후보가 바이에른의 왕세자 루트프레히트 폰 바이에른이었다. 하지만 그는 바이에른의 왕이 될 수 있을지 몰라도 독일제국의 황제는 될 수가 없었다. 왜냐하면 왕조를 교체해야 했기 때문이다. 방법은 새로 대통령이 된 힌덴부르크가 대리황제가 되는 것이다. 하지만 이 또한 힌덴부르크가 너무 노쇠한 탓에 그가 죽고 난 다음이 보이지 않았다. 나아가 이 계획은 좌우파의 강력한 반발을 불러올 것이고, 나치와 공산당의 강력한 대중동원력을 감안할 때 10만에 불과한 제국국방군으로 이런 군부쿠데타는 현실적으로 감당하기가 어려웠다. 슐라이허는 계획을 포기했다. 대신 그는 자신의 싱크탱크역할을 하던 『행동Die Tat』지의 젊은 저널리스트 그룹을 통해 새로운 개념, 즉 단순한 정당연합으로 이루어진 복고가 아니라 군대, 노조, 청소년 연맹이 결합된 새로운 미래정부를 도모했다. 그리고 나치당의 핵심조직가 그레고어 슈트라서를 영입해 나치당을 분열시키고자 했다. 일종의 '신분국가Ständestaat' 혹은 '독일식 파시즘' 같은 것이었고, 왕정복고와는 다른 것이었다. 1932년 11월 말, 파펜을 실각시키면서 쿠데타 계획은 연기되고 슐라이허 자신이 총리로 등장한다. 총리가 된 슐라이허의 모든 계획은 다 수포로 돌아갔다. 1933년 1월 말 슐라이허가 의회해산을 요청했지만 이번에는 힌덴부르크가 거절한 것이다. 파펜이 배후에서 작용하고 있었던 것이다. 파펜은 히틀러를 기본적으로 귀족의 관점에서 보았다. 히틀러를 자신의 '남작들의 내각'에 '청강생'으로 불러주면 그가 좋아할 것이라고 오판했다. 하지만 히틀러는 과거 1932년 8월 파펜의 부총리 제안을 거절했다. 1933년 1월 30일 힌덴부르크는 히틀러를 총리로 지명했다. 파펜은 권력의 지존은 여전히 대통령이니 명목상 히틀러가 총리이고 자신이 부총리를 맡더라도 대통령이 자기편이라면 아무 문제될 게 없을 거라고 판단했다. 파펜은 히틀러가 총리가 되고

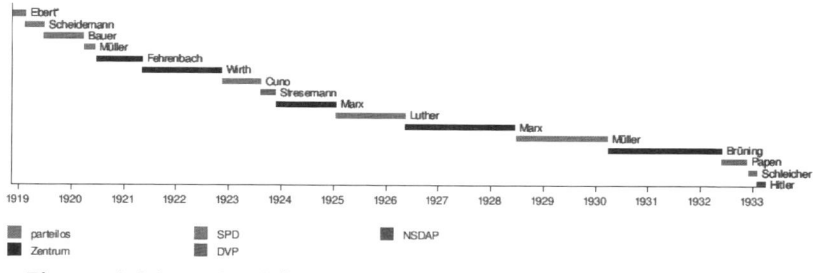

그림 12 바이마르공화국의 총리 1918–1933

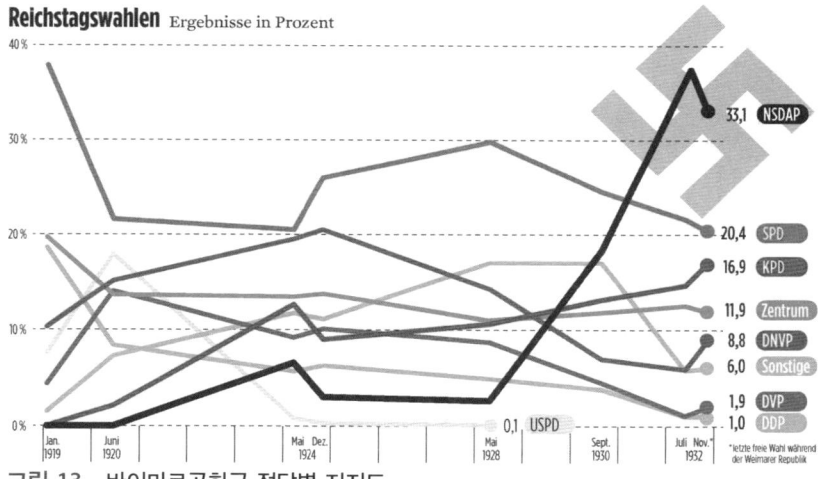

그림 13 바이마르공화국 정당별 지지도

공산당KPD, 독립사민당USPD, 중앙당Zentrum, 농민인민당BVP, 독일민주당DDP, 독일인민당DVP, 기타군소정당Sonstige, 독일민족인민당DNVP, 민족사회주의노동당 NADAP; 나치당은 1928년 3%에서 1933년 44% 득표

누군가 이를 힐난하자, 거만하게 이렇게 답한다. "당신이 잘못 생각하신 게요. 우리가 그를 참가시킨 거지."(이상은 하프너 2016, 20ff.)

§2. 바이마르 마지막 3년과 슈미트의 이른바 "마지막 시도"

바이마르공화국의 마지막 3년 즉 1930-33년, 공화국은 다시금 위기국

제5장 '전향1933' 하지만 '숙청1936' **261**

그림 14 독일제국지도 1919–1937년

면으로 접어든다. 1930년 9월 선거가 그 전형이었다. 민족사회주의독일 노동자당NSDAP 즉 나치당이 18%, 공산당이 13%를 획득하면서 의회주의 정치공간은 현격히 축소되어 더 이상 의회 과반수에 기반한 정부구성이 불가능하게 되었다.[86] 이제 바이마르헌법 제25조[87], 제48조[88], 제

---

[86]　1930년 9월 14일 제국총선에서 민족사회주의당 즉 나치당이 18.33%를 획득 대약진한다. 군소정당을 제외하고 보자면, 전통적으로 사민당과 중앙당과의 연정에 참여해 온 독일민주당DDP이 3.78%, 그보다 더 우익적인 독일민족인민당DNVP이 7.03%를 기록했다. 반면 사민당은 24.53%, 그리고 중앙당은 11.8%를 얻었다. 나치당과 더불어 세를 신장한 독일공산당 KPD이 13.13%를 득표한다.

[87]　제25조 [대통령의 의회해산권]

53조[89] 즉 대통령의 긴급조치권과 의회해산권에 기반한 '대통령독재' 혹은 '긴급명령독재Notverordnungsdiktatur'가 시작되었다. 대통령의 긴급명령권에 기반해서 구성된 내각이 바로 대통령제 내각Präsidialkabinett이다. 대통령독재 시스템하에서 의회는 입법과정에서 전적으로 배제된다, 대

---

(1)국가대통령은 국가의회를 해산할 수 있다. 단 동일 원인으로 인한 해산은 1회를 넘을 수 없다.
(2)새로운 선거는 해산 후 60일 이내에 행한다.
88 제48조 [위헌·공안침해의 방지를 위한 조치]
(1)각 주중에 제국 헌법 또는 법률에 의하여 부여된 의무를 이행하지 아니하는 자가 있을 때에는 국가대통령은 병력을 사용하여 그 의무를 이행시킬 수 있다.
(2)국가 내에 있어서 공공의 안녕과 질서에 중대한 장해가 발생하거나 또는 발생할 우려가 있을 때에는 국가대통령은 공공의 안녕과 질서를 회복하는 데 필요한 조치를 하고 필요 있을 때에는 병력을 사용할 수 있다. 이 목적을 위하여 대통령은 일시적으로 제114조 제115조 제117조 제118조 제123조 제124조 및 제153조에 정한 기본권의 전부 또는 일부를 정지할 수 있다.
(3)본조 제1항 또는 제2항에 의하여 실행한 모든 조치에 대하여 국가 대통령은 지체없이 이를 제국의회에 보고하여야 한다. 제국의회의 청구가 있을 때에는 그 조치는 효력을 잃는다.
(4)급박한 사정이 있는 경우에 있어서는 각 주 정부는 그 영역 내에 있어서 임시로 제2항에 정한 조치를 할 수 있다. 이 조치는 제국 대통령 또는 제국 의회의 청구가 있을 때에는 그 효력을 잃는다.
(5)상세한 것은 국가법률로 정한다.
89 제53조 [총리 및 장관의 임면]
제국총리는 제국 대통령이 임면한다. 장관은 총리의 제청에 의하여 제국 대통령이 임면한다.

통령제 내각은 1930년 사민당 주도 대연정의 총리인 밀러가 사임한 뒤, 힌덴부르크 대통령이 브뤼닝을 후임으로 임명하면서부터다. 브뤼닝은 1932년 나치 돌격대 금지등 문제로 슐라이허와 갈등을 빚게 되고 그 결과, 파펜이 후임으로 지명되었다. 파펜 역시 1932년 6월부터 반년을 채 못 채우고 '총리제조기' 슐라이허 본인이 총리가 되면서 밀려나고 말았다. 하지만 슐라이허 역시 1933년 1월 30일자 히틀러에게 자리를 내주고 물러난다. 그 직후 3월 선거에서 나치당은 44%를 얻어 과반수에 미달했지만, 독일민족인민당DNVP이 주도한 '흑백적黑白赤 투쟁전선KSWR'의 8%를 더해 과반수 확보에 성공하면서 대통령제 내각은 종결된다. 1933년 11월 다시 선거가 실시되지만 이는 국제연맹 탈퇴 여부를 묻는 국민투표와 함께 오직 일당 즉 나치당의 단일후보 선거였다. 다시 말해 3월 선거는 나치독일 12년 동안 마지막 선거이면서 이와 더불어 선거제도 자체가 폐지되어 버린다.

브뤼닝-파펜-슐라이허 이 3총리는 그러므로 바이마르 자유주의의의 위기와 종말을 대표하는 이름들이다. 하인리히 브뤼닝(1885-1970), 프란츠 폰 파펜(1879-1969)은 가톨릭 중앙당 출신의 정치인이고 특히 파펜은 귀족가문출신이었다. 이 두 사람을 총리로 옹립하는 데 결정적인 역할을 한 자가 쿠르트 폰 슐라이허(1882-1934)라는 전형적인 바이마르의 정치군인이었다. 앞에 본 바이마르헌법의 '25조-48조-53조 공식'을 통해, 힌덴부르크의 아들 오스카 폰 힌덴부르크, 대통령실 실장 오토 마이스너, 슐라이허의 '양부'로 통하던 빌헬름 그뢰너장군과 함께 슐라이허는 힌덴부르크 대통령의 '카마릴라Kamarilla'(최고 권력자의 최측근 가신) 그룹의 핵심 일원에 해당된다. 슐라이허는 독일 국방군의 정치적 해결사 역할을 하면서 국방부의 장관실 실장을 지내기도 했다. 이때 중앙당 대표 브뤼닝을 대통령제 내각의 총리로 픽업해서 끌어들일 때도 이 내각이 '반맑스주의적', '반의회주의적' 그리고 사민당에 대한 반대를 강조했던 바 있다. 결과적으로 히틀러의 권력 장악에 '디딤돌' 역할을 한 셈인 대통령제 내각의 3인 총리의 정치는 기본적으로 민주적 정치과정과는 무관한 비민주적 대통령독재를 목표로 하는 일종의 '잠행성creeping 쿠데타'로 성격 규정할 만하다.[90]

슈미트는 이 바이마르공화국의 마지막 권위주의 3인 총리 중 파펜과 슐라이허의 헌법정치와 연관되어 있고, 누구보다 '슐라이허 쪽 사람'으로 간주되곤 한다. 특히 슈미트는 이 시기 파펜이 총리로 지명된 직후 실행에 옮긴 이른바 프로이센 쿠데타Preußenschlag이후 '프로이센 대 제국Preußen contra Reich'간 권한쟁의 심판사건에서 '제국측' 즉 파펜정부를 대리한 변호인이었다. 그리고 비선을 통한 파펜과 슐라이허 대통령독재 정부의 비공식 법률자문이기도 했다. 히틀러 집권이후 슈미트는 나치정권의 '계관(어용)법학자Kronjurist'였다. 하지만 '계관법학자'라는 호칭은 이미 바이마르말기 대통령독재기에도 적용되어야 한다. 라이프치히 국사재판소의 사건 심리과정에서 슈미트는 명실상부 전국적 인물로, 법학계의 스타로 부상했다. 우리에게 중요한 것은 그러므로 바이마르 말기의 슈미트와 나치정권 초기의 슈미트, 즉 '2인의 슈미트' 사이의 관계를 어떻게 설정하고 또 정의할 것인지의 문제다.

정식명칭 '자유국가 프로이센Freistaat Preußen'은 독일제국의 영토 2/3, 인구 3/5을 차지하고 있었다. 그리고 제국 수준과는 달리 이 '붉은 프로이센'은 사민당과 노조의 아성으로 간주되었다. 1932년 주의회 선거 결과는 제국의회와 동일한 성질의 것이었다. 1932년 4월 24일 선거의 결과는, 나치당 36.67% 162석, 사민당 21.19% 94석, 중앙당 15.28% 67석, 공산당 12.89% 57석, 독일민족인민당 6.98% 31석 순이었다. 나치당이 의문의 여지없는 제1당이었다. 정치 지형의 양극단이 의석수 기

---

[90] https://en.wikipedia.org/wiki/Kurt_von_Schleicher. '잠행성 쿠데타'란 표현은 역사학자 에버하르트 콜프Eberhard Kolb의 것이다.

준 과반수를 차지해 주정부 구성이 불가능했다. 그리고 나치당과 공산당 사이 의사당내에서 유혈전투가 벌어지는 상황이었다. 기존 사민당-중앙당의 브라운-제베링Braun-Severing 주연정이 '사무관리상으로geschäfts-führend' 임기를 계속하고 있었다. 힌덴부르크대통령은 7월 20일 긴급명령권을 발동 신임 파펜총리를 프로이센주 '제국전권위원'을 겸직케하고, 기존 프로이센 주정부의 브라운주지사를 비롯한 각료전원을 해임한다. 이것이 프로이센 쿠데타의 시발점이었다. 프로이센 주정부는 이에 대항해 라이프치히 국사재판소國事裁判所 Staatsgerichtshof에 권한쟁의심판을 청구하기에 이른다. 이때 피청구인 즉 제국정부의 대리인이 슈미트를 위시한 유대인인 에르빈 야코비Erwin Jacobi, 공법학교수인 칼 빌핑거 Carl Bilfinger였다. 반면 프로이센 정부의 대리인이 잘 알려진 사회민주주의자인 베를린대학 헤르만 헬러교수, 바이마르헌법의 대표적인 주석가인 게르하르트 안쉬츠Gerhard Anschütz 그리고 프로이센 내무부를 대표해 아놀드 브레히트Arnold Brecht국장이 출석했다. 집중심리 이후 그 해 10월 25일 내려진 결정은 '일부위헌'이었다. '솔로몬의 지혜' 같은 이 결정은 한편으로 제국측이 전권위원 임명의 권한이 있지만, 다른 한편으로 그 '수권'의 범위가 현 프로이센 주지사와 그 각료의 대표 권한을 박탈할 정도에 미치지 못한다는 것이었다. 고도로 정치적인 결정이었다. 이 결정의 결과 베를린에는 3개의 정부가 존립하게 되었다. 첫째, 제국정부, 둘째, 대통령 긴급명령에 의해 설치된 프로이센 제국전권위원의 정부 셋째, 기존의 프로이센 브라운-제베링 주정부가 그것이다. 일반적으로 이 결정은 파펜정부의 패배로 비춰질 수밖에 없었다. 그리고 제국측을 대리한 슈미트 역시 이 결정을 정치적, 개인적 패배로 받아들였다(Balakrishnan 2000, 169f.).

'독일현대헌법사에서 최대의 헌법재판'(Seiberth 2001, 9)인 '프로이센 쿠데타' 사건은 이 시기 슈미트의 사고와 사상 그리고 정치적 실천에 어떤 돌발적인 것이 아니었다. 그리고 바이마르공화국의 존망적 위기 속에서 어떤 이론적 입장에서, 어떤 실천적 대안을 제안한 것 역시 일정한 연속과 단절의 계기로 파악되어야 한다는 말이다.

이미 슈미트는 국사재판소에 의한 '헌법의 재판적 보장'과 관련해 "더 이상 재판가능하지 아니한 문제까지 사법을 확장하는 것은 오히려 사법을 해치게 될지 모른다"는 관점에서 "정치의 사법화가 아니라 사법의 정치화Politizierung der Justiz"에 대한 우려를 표명한다(Hüter, 22). 그것은 기본적으로 "입법자의 사항인 정치적 결정을 법관에게 맡기는 것은 그 국법상의 지위를 변경하지 않고서는 불가능하기" 때문이다(위의 책, 37). 슈미트에 의하면 "헌법의 수호자의 지위는 이제 바이마르헌법의 적극적인 의미에 따라서 전개되지 않으면 아니"되는 사안이었다(위의 책, 70).

정치적 결정은 그러므로 재판의 형식으로 판단 받을 일이 아니다. 그것은 '중립적, 중개적 권력pouvoir neutre et intermédiaire'에 의해 배제되든지 아니면 중재, 조정되는 것이어야 한다. 바이마르헌법에 따르면 이 기능을 수행할 자가 바로 제국 대통령이다(위의 책, 137). 그래서 헌법상 "국가원수는 그에게 부여되는 권한들을 초월하여 국가적 통일과 그 통일적 기능 발휘와의 연속성과 불변성을 대표하는 것이며, 또한 국가원수는 전통, 도덕적 명망, 일반적 신뢰와 같은 이유들 때문에 … 특수한 권위를 가져야 한다."(위의 책, 136) 이 '특수한 권위'와 관련 슈미트는 이는 '로마원로원의 권위'auctoritas와 같은 것으로 단순한 권력potestas과는 다른 것이라 말한다. 이 제국 대통령의 '중립적, 중개적 권력'으로 인해 헌법 48조상의 대통령의 권한이 설명될 수 있다고 보고 또한 사민당출신 프리드리히 에베르트 대통령과 힌덴부르크는 이 역할을 잘 수행했다고 주장한다(위의 책, 139). 또한 중립적 제3자의 권력이 없다면 "사회적 및 경제적 대립"의 화해는 "합법적으로 운영하는 한" 즉 합법적인 틀 내에서는 불가능한 것이다(위의 책, 142f.).

가장 중요한 것 중 하나는 제국이 "단지 바이마르헌법이 기초하고 있는 민주적 원칙에 상응한다는 그것만으로도 대통령은 헌법의 수호자인 것이다. 제국 대통령은 독일 국민 전체에 의해서 선출된다. … 그리고 입법 심급에 대한 권한(특히 제국의회 해산과 국민투표 부의)은 그 성격에 비추어 하나의 '인민에 대한 호소'에 불과한 것이다. 제국 대통령이 국민투표나 정당 정치적으로도 중립의 기관이자 권능이 됨으로써 현행 제국헌법은 다름 아닌 민주적 원칙에 입각해서 사회, 경제적 권력집단의 다원주의에 대항하는 균형추가 되고자 하는 것이며 하나의 정치적 전체로서 인민의 통일성을 보존하게 되는 것이다. … 바이마르헌법은 아무튼 이러한 시도를 대단히 의식적으로 특히 민주적 수단을 통해 감행한다. 이 헌법은 사회의 집단조직에 의한 중개가 아니라 직접적인 행위 능력을 갖춘 전독일 인민이 하나의 통일체라는 점을 전제한다. 이 통일체는 자신의 의사를 표현할 수 있으며 결단의 순간에는 다원주의적 분열을 넘어 결속하고 자신을 관철시켜야 한다. 헌법은 제국 대통령의 권위에 무엇보다 스스로를 독일인민의 정치적 전체의사와 결합하고 이를 통해 독일인민의 합헌적 통일성과 전체성의 수호자이자 보존자로서 행위할 가능성을 부여하고자 한다. 이 시도의 성사여부에 오늘날 독일 국가의 유지와 존속이 달려있다."(위의 책, 159) 대통령은 이렇듯 의회의 정당정치로부터, 또 사회세력으로부터 헌법을 지키는 초당파적, 초계급적, '중립, 중개' 권력으로, 예외로 우상화된다.

『합법성과 정당성』은 1932년 7월 10일 탈고된 것으로 되어 있다. 즉 프로이센 쿠데타 전에 말이다. 하지만 슈미트는 프로이센 쿠데타를 사전에 감지했던 것으로 보인다. 그래서 7월 25일 파펜총리가 프로이센 연정을 분쇄한 닷새 뒤 열린 각의에서 슈미트가 이 조치를 정당화해 줄 것이라고 선언했던 것이다(Balakrishnan 2000, 164).

이 글에서 정식화된 슈미트의 대표적 테제 중 하나는 의회민주정 혹은 '의회주의 입법국가'에서 "관료주의의 기능양식"에 불과한 합법성에 정당성이 등치되어, 대립되고 있다는 주장이다. 또 "합법성이란 원래서양 합리주의의 본질적인 한 부분으로서 정당성의 현상형태 중 하나이기는 하지만, 그러한 정당성과 절대적으로 대립물이 아니"라는 것이다(VA, 346). 이 합법성이란 것은 산술적 다수결의 결과에 불과하다. 그것은 '기능주의적 무실체와 무내용'에 다름 아닌 것에 의해, 즉 그저 51% 조건만 충족되면 확보되는 의회민주주의적 '입법국가'의 정치과정의 산물이다. 그래서 이 51%는 합법성의 이름으로 나머지 49%를 '강간Vergewaltigung'함으로써, 치자-피치자, 명령자-복종자 사이의 '민주적 동질성'은 붕괴되어 버린다. '전인민의 실체적 동질성', '분할되지 않는 민족적 동종성'이라는 전제가 탈락될 때, 이 산술적 다수결에 의해 '실체적 정의'는 실현될 수가 없는 것이다. 이런 측면에서 보자면, 『합법성과 정당성』(LuL)(1932)은 『현대의회주의의 정신사적 상황』(1923)의 속편인 동시에 데칼코마니의 나머지 한 쪽이라 부를 만하다. 1923년 현대 의회주의의 고전적 원칙의 해체를 말했다면, 거의 유사한 내전적 상황을 배경으로 이제 의회주의 붕괴의 실천적 결과에 대해 말하고 있는 것이다(Mehring 2009, 285).

'정치적 잉여가치' 혹은 '합법성에 따르는 초합법적 프리미엄'에 부수되는 작은 프리미엄의 사례로 슈미트는 프로이센 주정부를 들고 있다. 즉 "어떤 다수당이 차기선거에 대비 선거법 규정을 자당에는 유리하게 경쟁정당에는 불리하게 바꿀 수가 있다. 프로이센 주의회의 아슬아슬한 다수파가 선거기간 막바지인 1932년 4월 12일[선거일은 4월 25일 이었다-인용자] 운영규정 20조Geschäftsordnung(§20) 변경을 의결해 차기 선거에서 주지사 선출을 의도적으로 어렵게 만들었다. 이는 사실상 의회내 다수파가 더 이상 존재하지 않음에도, 사무관리 내각 즉 합법적 권력 소유를 계속할 기회를 확보하고 반대로 정적들로부터는 이 기회를 박탈하기 위한 것이었다. 오늘날 다수의 주에서 수개월 심지어 수년간 집권하고 있는 '사무관리 내각'은 이 글에서 관심을 갖고 있는 과거 일시 취득한 권력소유에 따르는 일종의 프리미엄에 대한 특별히 교훈적인 실례들을 보여 준다. 이 운영용 내각은 예컨대 프로이센 헌법이 규정한 것과 같은 일체의 '진행중인 사무'만을 처리하는 것은 아니다. … 진행중인 사무와 모든 사무를 구별하는 것이 어렵다는 이유로 '진행중인 사무'를 '모든 사무'로 읽어 버리고, 사무관리 내각을… 정규 의회의 내각과 등치시킨다. 이런 식으로 그저 상대 당이 명확한 다수 의석을 획득하지 못하는 한 이를 이유로, 지금은 다수파가 아님에도, 그 이전의 다수파가 국가권력을 수단으로 점유하고 있는 것이다. 그렇다면 여기서 이를 내적으로 정당화하는 것은 더 이상 민주적 다수결원칙이 아니라, 과거 한 때 합법적으로 획득한 국가권력을 사실적으로 점유하고 있다는 점에 있다. 기회균등이 아니라, 운좋은 점유자beautus possidens만 남게 된다. 이와 같은 권력 점유에 따른 프리미엄이 결정적인 정치적 의의를 획득하고 당파 정치적 권력유지를 위한 당연한 수단으로 이를 남김없이 이용해 먹는 그 정도에 따라, 기회균등의 원칙과 함께 의회주의적 입법국가의 합법성 원칙은 일체의 신뢰를 상실하게 되는 것이다. 실제 그렇게까지 된다면 결국 합법성의 체계 전부가 제거되는 바로 그 순간에 누가 마지막에 합법적 권력을 손에 쥐고 그 뒤 자신의 권력을 새로운 기초위에 구성할 것인지 궁극적으로는 오직 그것만이 문제가 될 뿐이다."(LuL, 37)

　　사민당 등 프로이센 주정부의 '사무관리 내각'은 단지 관행이라는 이름의 합법성을 찬탈한 권력점유에 불과하다는 신랄한 비판이었다. 그래서 슈미트는 여기서 파펜정부의 프로이센 쿠데타의 정당성 사유를 프로이센 사민당-중앙당 연정의 '사무관리 내각'이라는 꼼수를 성토함으로써 드러내 보이고자 한다. 합법성의 정치적 잉여가치라는 말이다. 파펜이 각의에서 언급한 것처럼 슈미트는 프로이센 쿠데타를 합리화하는 글을 1932년 8월 1일자 『독일법률신문Deutsche Juristen Zeitung』에 기고했다.[91] 그 제목 「프로이센주에 대한 제국 전권위원 임명의 합헌성Ver-

---

91　Carl Schmitt(1932), Die Verfassungsmäßigkeit der Bestellung fassungsmäßigkeit」이 함의하고 있듯이 한마디로 '합헌'이라는 말이다. 슈미트는 합헌론의 근거로 2가지 '본질적인 관점'을 제시한다. 첫째, 제국정부에 대한 주정부의 '충성의무'다. 그리고 위 『합법성과 정당성』에서 개진했던 관점을 되풀이한다. "정당이 '합법성'을 … 그들에게 유리한 결과가 되도록 '수정하는' 것은 도덕적으로 뿐만 아니라 헌법상으로도 허용되지 아니한다. 왜냐하면 그것은 기회균등이라는 의회주의적인 합법성 체계의 존재와 그 합법성 체계의 정의 원리"를 파괴하기 때문이다(헌법과 정치, 267). 프로이센 사민-중앙당 연정의 '쿠데타 비슷한 사건'은 그러나 '원리상' "아직 제48조의 요건을 충족시키지 못한다". 이보다 프로이센의 수도이자 제국의 수도인 베를린의 내전적인, 구체적인 정치상황이 더 문제가 된다. "결단은 그것이 정치적일수록 그때그때의 구체적인 전체상황에 의존"한다. 이 때 제국이 존속하는 한 '초당파적인' 제국 대통령의 결단은 합헌성이 추정된다는 것이다.

둘째, "본 소송의 진정한 쟁점이 나치당과 공산당이라는 두 개의 정당의 정치적인 평가에 관련된 것은 명백"하다. 여기서 슈미트는 2가지 사례를 언급하고 있다. (1) 1930년 국사재판소가 심리한 튀링겐주 대 제국사이 헌법분쟁이다. 제국 내무장관이 나치당이 최초로 정부구성에 참가한 튀링겐 주경찰에 보조금지급을 거부한 사건이다. 즉 튀링겐에 대한 경찰보조금 지급이 제국의 안전과 질서에 중대한 위험을 초래할 것이라는 이유였다. 이에 대해 국사재판소는 제국의 손을 들어 주었다. (2) 또 하나 슈미트가 언급하고 있는 선례가 1923년 독일의 혁명적 위기 상황에서 당시 사민당출신 대통령 프리드리히 에베르트가 발동한 헌법 제48조 긴급명령권이다. 1923년 초 전쟁배상금문제로 연합군에 의한 루르지

---

eines Reichskommissars für das Land Preußen, in: Deutschen Juristen-Zeitung, 37. Jhg Heft 15 (Berlin, den 1. August 1932), 이 글은 카를 슈미트(2020)(김효전 편), 『헌법과 정치』, 부산: 2020, 263ff.에 번역되어 있다.

방의 군사적 점령, 극단적인 인플레와 경제위기를 배경으로 독일 전역에 파업과 항의가 확산된다. 특히 작센주, 튀링겐주 그리고 함부르크에서 공산당을 중심으로 혁명운동이 매우 활발해 진다. 작센과 튀링겐의 경우 사민당 좌파 소수 정부가 공산당의 묵인하에 집권하고 있었다. 1923년 10월 무장봉기가 확산될 조짐을 보이자 에베르트 대통령은 헌법 48조에 의거 긴급명령권을 발동 제국전권위원과 제국국방군을 파견해 공산당과의 연정을 주장하는 사민당 좌파계열 주지사를 제거하고 전권위원이 주 정부 권력을 인수했다.[92]

그래서 보자면 1923년의 에베르트 대통령 사례는 독일공산당을, 1930년 국사재판소 결정은 나치당을 겨냥한 것이었다. 기본적으로 이 문제는 "다원적 정당국가의 위험"의 문제이다. 다시 말해 정당으로부터 기회균등을 박탈한다면 "모든 의회주의적인 국가체제의 기반은 파괴되며, 모든 정당에게 평등한 기회를 부여하는 그 헌법이 붕괴"된다. 그러나 다른 한편으로 "반국가적인 정당에게 실제로 평등의 기회를 주고 그들에게 국가의사 형성의 합법적인 기회를 무기로서 그 손에 맡기는 것은 물론 전혀 있을 수 없을 것이다."(헌법과 정치, 267) 그래서 공공연한 내전 위기 속에서 제48조를 통해 제국의 통일성과 주정부의 합헌적인 지위를 지키는 것이 제국 대통령과 제국정부의 의무이다. 그래서 "이 소송은 제국의 주와 주들에 대한 투쟁은 아니다. 또한 통일국가와 연방국가의 대립도 아니다. 소송의 진정한 당사자는 제국 대 프로이센도 아니며, 또는 주 대 주도 아니다. 그렇지 않고 제국과 국가 대 정당과 정파이다."(헌법과 정치, 268) 그런데 우리가 이 지점에서 제기할 수밖에 없는 의문은 과연 나치당도 방금 슈미트가 말한 그런 기회균등을 이유로 합법성이라는

---

92 '독일의 10월'에 대한 개요는 아래를 참조. https://en.wikipedia.org/wiki/German_October

무기를 손에 쥐어줘서는 안 될 그러한 "반국가적 정당"인가 하는 문제다. 이 질문은 슈미트의 '전향'을 풀이할 핵심 질문이라고도 할 수 있다.

제2차 대전 전후 슈미트는 『합법성과 정당성』에 유례없이 긴 후기를 첨부했다. 여기서 그는 "이 저작은 누가 헌법의 적이고 친구인지를 묻기를 거부하는 법학계로부터, 바이마르헌법의 마지막 기회였던 대통령제를 구제하기 위한 하나의 필사적 시도였다. 대통령제는 법학계에 자신의 헌법사적 집중강도Intensität를 부여했다."(VA, 345) 정치적인 것이 우적의 집중강도에 달려 있는 것처럼, 헌법은 대통령제에 대한 우적의 집중강도에 의해 결정된다는 말로도 이해될 수 있다. 그래서 물론 자신의 시도는 이 '마지막 기회'를 살리고자 한 것이라는 의미로 보면 될 것이다.

이어서 "한 정당이 합법성이라는 문을 들어선 다음, 들어온 그 문을 잠궈 버리는 과정이야말로 합법 혁명의 모델케이스라는 것을 여기서 아주 확실하게 인식했고 확증했다. ... 당시 그것은 항의이자 간청이었다. 이 저작의 결론은 경고의 외침이었다. 마지막 문장―즉 '그 다음엔 진리가 복수하리니'―은 진정 절박한 비명이었다. 그때 이 절박한 비명은 메아리에 그치고 말았다. 하지만 이 저작을 모른 채 그리고 그 운명을 평가하지 않은 채, 바이마르헌법 대통령제의 역사를 쓰는 일은 맞지 않고 또 무능한 것일 거다."(VA, 345) '필사적 시도'에서 '절박한 비명'에 이르기까지 전후 슈미트의 자기이해 방식을 잘 나타낸다. 얼핏 바이마르헌법 수호를 위한 마지막 전사의 모습으로 보인다.

1933년 1월 30일 운명의 날 직전 그 결정적인 주에 대표적인 독일의 정당 및 원내 지도자 일인이 어떻게 합법성과 비합법성을 사고했는지는, 중앙당의 당대표였던 카스Kaas 주교이자 교수가 슐라이허 제국총리에게 보낸 1월 26일자 공개서한을 보면 잘 알 수 있다. 슈미트는 여기에 대해 이렇게 말하고 있다. "... 카스는 여기서 이른바 국가비상사태Staatsnotstand와 선거일정 연기와 관련 법적인 구성에 대해 이야기 하면서, '칼 슈미트와 그 추종자 일당들의 국법 전부를 상대화시키려는 근본 경향'에 대해 제국정부를 향해 분명하게 경고하고 있다. 카스가 이 추종자 일당들을 일러 도대체 누구를 말하는 것인지 —이러저러한 학설의 몇몇 대표자들인지 당시 내 친구들인 포피츠, 오트Ott 그리고 마크스Marcks인지 아니면 누군지— 나로선 알 길이 없었다. 카스가 나의 헌법률적 구성에 대해 아는 것이 있는지 여부 또한 나는 알 수가 없다. … **국가비상사태에 관한 얘기에 나는 결코 가담한 적이 없다**. 왜냐하면 그로 인해 헌법의 합법성을 헌법의 적들에게 팔아넘기는 것임을 나는 알고 있었고, 그리고 나는 합법적 권력점유에 따르는 프리미엄과 결부된 합법적 가능성이라는 것이 전혀 소진된 바 없다는 의견이기 때문이다. … 1933년 1월 26일자 카스주교의 공개서한으로 보자면 히틀러가 제국총리로 지명된 것이 위기로부터의 진정한 합법적 출로가 틀림없어 보인다."(VA, 345, 강조는 인용자)

과연 그렇다면 이제 슈미트가 국가비상사태와 관련된 계획이나 논의에 진정 결코 관계한 적이 없고, 또 대통령제가 과연 바이마르헌법을 구제할 '마지막 기회'였는지를 살펴보기로 하자. 에른스트 루돌프 후버(Ernst Rudolf Huber, 1903-1990) 전 라이프치히대학 교수는 슈미트의 제자이면서 슈미트 못지않은 나치정권의 '계관법학자' 중 일인이다. 바이마르공화국 말기 1932년 7월 프로이센 쿠데타 직전부터 그해 말까지 그는 슈미트를 가장 지근거리에서 지켜보면서 그의 여러 심부름과 자잘한 일까지 수행한 측근이었다. 그는 우선 " 비밀을 유지하는 것이 너무나 당연하기 때문에 나는 프로이센 쿠데타의 사전계획에 슈미트가 가담했는지 그리고 어떤 일을 했는지에 대해 결코 알고자 하지 않았다. … 제국정부가 나중에 그에게 라이프치히 재판에 제국측의 중심적인 대리인을 맡겼다는 것은 대충 그렇게 된 것이 아니다. 그것을 넘어 이후 반년 동안 슈미트가 정치적으로 움직인 그 모든 것에 있어 '7월 20일'[프로이센 쿠데타의 날-인용자]이 바로 키워드다. 1933년 1월 말 제국을 지키고자 했던 모든 노력이 수포로 돌아갔을 때, 슈미트는 '7월 20일은 여기까지'라고 소리

쳤다."(Huber 1988, 38)

슈미트의 사거 직후인 1988년 개최된 국제 심포지움에서 후버는 총 3종류의 '국가비상사태계획안Staatsnotstandsplanung'이 존재했었다고 말한다. 제1안은 1932년 9월안이었다. 그 출발은 제국국방부 장관실 Ministeramt의 실장인 폰 브레도von Bredow소장 휘하의 방위국장Wehrmachtabteilung 즉 정치국 국장인 오이겐 오트Eugen Ott중령이 지시받은 '헌법 제48조의 계속 적용'에 대한 프로젝트였다. 위에서 슈미트가 친구라고 말한 오트중령이 말하자면 슈미트의 카운터파트였다. 8월 30일 완성된 국가비상사태계획안 초안('9월안')이 파펜총리, 가일Gayl 내무장관, 슐라이허 국방장관을 거쳐 힌덴부르크대통령 재가를 위해 제출된다. 그 주요 내용은 (1) 새로 선출된 의회개원 약 2주 후에 제국의회는 해산한다. (2) 제국의회 재선거 일정은 무기한 연기한다. 그 이유는 반헌법적 양대 정당 즉 나치당과 공산당의 제거를 기대할 수 없기 때문이다. (3) 만일의 사태에 대비하기 위해, 모든 주의 경찰력은 제국의 최고명령권자에게 귀속된다. (4) 양대 반헌법 정당을 금지하고 지도부를 제거하기 위한 긴급명령을 준비한다(Huber 1988, 41f.).

파펜총리는 그 해 11월 다시 한 번 비상사태계획안을 실행에 옮기고자 시도하지만 이번에는 슐라이허의 반대에 부딪혀 좌절한다. 이 11월 안의 좌절에는 빈젠츠 뮐러Vinzenz Müller대위의 '워게임'"—즉 비상사태계획에 반대하는 양대 급진 정당의 무장봉기가 일어날 경우 제국군대와 경찰이 이를 제압할 수 없다는 결론—"도 작용을 했다.[93] 후버의 증언

---

[93] 오트의 1932년 11월 말 '워게임' 결과보고서의 내용은 이렇다. "제국 내 정치상황이 계속 첨예화됨에 따라 제국방위군 지도부는 좌우익의 테러에 대응해 제국군대가 장차의 예외상태를 감당할 수 있을 지에 대해 검증했다. 본인은 제국국방부 정치국 국장으로서 이 문제를 워게임 연구를 통해 해명하도록 승인을 득했다. ... 동프로이센에 대한 국경선의 보호조치가 우선이

에 따르면 파펜이 실각하고 슐라이허가 신임총리로 등판한다는 소식이

다. 베르사이유조약에 의한 국경선은 첨예한 논란거리이며 폴란드와의 관계는 매우 긴장되어 있다. 급진 폴란드 활동분자들이 독일 국내 상황의 긴장을 이용해 동프로이센 공략의 기회로 활용할 가능성이 매우 높다. 분쟁발생시 동프로이센 사단은 제국영토와 단절되어 자력으로만 버텨야 하는 데 따라서 방위능력이 있는 최대한 다수의 주민들을 활용해서 허약한 국경방어를 수행하도록 강요받게 된다. 그러한 지원부대의 압도적 다수는 나치당원의 대오 중에서 충원되어야 하는데, 이를 위해 동프로이센 방위군 지도부는 특히 청년층에 접근해야 한다. 나치즘에 대한 긴급조치가 발동되면 이 병력은 모두 이탈할 것이다. 군은 따라서 2개의 과업에 직면해 있는데, 첫째는 폴란드에 대항해 국경방어를 수행하고, 둘째 긴급 조치시 국내전선에 나머지를 투입해야 한다. 국내분쟁 발생시 군은 심각한 위험에 직면하는데 고립된 동프로이센에서 나치의 영향권으로부터 이들을 분리하는 것은 성공할 가능성이 거의 없기 때문이다. … 함부르크지역에서는 부두노동자의 총파업이 예상된다. … 동원 가능한 경찰, 제국육군과 해군은 몇 되지 않는다. … 라인-루르지역에서는 3가지 결과에 대해 검증을 해야 한다. 광산과 중공업의 중단, 라인강 선박운행 중단, 분리주의 책동의 부활이다. 이 지역의 상황은 특히 위험한데, 무장 해제된 지역에 제국군대의 투입은 긴급 상황이라도 금지되어 있기 때문이다. 질서 유지 기능은 오직 주경찰에 맡겨져 있는데 과거의 루르지방 소요사태 시에 보았듯이 주경찰은 너무 허약하다는 것이 입증되었다. … 연구결과로서 나는 제국국방장관에게 명령받은 비상사태에 즉각 대응하기 위한 일체 준비에 착수할 것을 보고했다. 그러나 면밀한 숙고를 통해 확인되는 것은 제국과 주의 질서 유지군이 나치와 공산주의자에 맞서 헌법 질서를 유지하고 국경을 방위하기에 그 어떤 경우에도 충분치 않다는 점이다. 따라서 국방장관의 의무는 제국정부가 군사적 비상조치를 감행하는 것을 저지하는 것이다."(Kühnl 1980, 169ff.) 나치집권 후 오트중령은 일본대사로 근무했고 전후 이 메모를 재작성한 것으로 보인다. 아무튼 객관적인 국내외 정세로 볼

전해진 다음 날 슈미트에게 당시 명망있는『행동Die Tat』지의 편집장 한스 제러Hans Zehrer, 에른스트 윙거 그리고 오이겐 오트와의 회동에 대해 보고했다. 이 자리에서 슐라이허의 등장은 제국을 구할 '마지막 시도letzter Versuch'라는 얘기를 나눴다고 전달했더니, 슈미트가 매우 심각하게 이를 받아 들였다고 말한다.

슐라이허는 집권 직후 위헌소지가 있는 비상사태계획보다, '전선횡단Querfront' 전략을 내세워 젊은 좌파그룹은 물론 특히 나치당의 좌파인 그레고어 슈트라서를 영입할 계획을 세웠지만 결국 실패한다. 그리고 1932년 7월 11일선거와 11월 7일 선거 각각 나치당 37.3%, 33.09%, 공산당 14.6%, 16.9% 사민당 21.6%, 20.4%, 중앙당 12.4%, 11.9%을 기록하고 있었다.

후버의 회고에 따르면 사실상 과반수를 넘긴 반헌법 정당으로부터의 압박이 가중되는 상황에서 3번 째 계획안이 1933년 1월 20일 만들어진다. 기존의 의회해산, 총선무기 연기에 반헌법적 양당을 제거하기 위한 다른 가능성이 여기에 추가되었다. 이 안은 오트중령의 부관인 헤르만 뵈메대위의 의견서 형태로 남아 있다. "경로Weg1"은 9월안의 반복이다. "경로2"는 대통령 긴급명령으로 제국의회 개회를 강제로 연기하는 안이다. "경로3"은 대통령의 성명을 통해 반헌법적인 제국의회의 예상되는 총리불신임안만 불인정하고 현 대통령 내각을 추인하는 것이다. 여기에 오트는 경로1을 지지하고 슐라이허 역시 여기에 동의했다. 1월 27일 슐라이허그룹에 속하는 국방부 장관실의 홍보장교이자 슈미트가 친구라고 호칭한 에리히 마크스가 슈미트를 방문 대통령이 입장을 바꿨음을 통보했다. 그렇게 공화국을 구제할 '마지막 시도'는 좌절한 것이다(Huber

---

때 바이마르 말기 비상계엄조치를 통한 대통령독재안 즉 쿠데타안은 그 어떤 정치적 선의라기보다 정치적 힘관계로 인해 포기된 측면이 더 크다고 볼 수 있다.

1988, 47ff.).

하지만 3번째 국가비상사태계획안과 관련 후버의 회상은 새로운 연구에 의해 부인된다. 이 3번째 계획안을 기록한 것은 슈미트의 지시를 받은 그의 제자 호르스트 미하엘Horst Michael이었다. 미하엘이 정리한 1월 20일자 문서의 제목은 이렇다. 「'헌법을 지키고' 구제하기 위한 목적으로 일할 의사가 없는 제국의회의 방해로부터 일할 능력이 있는 대통령제 정부를 어떻게 지켜낼 것인가」 이 문서의 내용은 이렇게 요약된다. "제국의회 해산과 재선거를 회피하기 위해서 2가지 경로를 제안할 수 있다. 〈경로I〉 최대한의 헌법위반을 수반하는 어려운 길. 강제정회(헌법 제24조 위반) 아니면 의회를 해산하되 재선거일정 연기(헌법 제25조 2항 위반) 〈경로II〉 최소한의 헌법위반을 의미하는 온건한 길. 헌법 제54조를 자연적인 발전의 방향으로 진정성있게 해석하는 것 (즉 불신임투표는 오로지 긍정적 신뢰기반을 만들어 낼 수 있는 다수에게만 적용된다)."(Seiberth 2001, 255)[94]

---

94 「바이마르헌법」

제24조 [정기회의 집회]
 (1) 제국의회는 매년 11월 제1수요일에 제국정부소재지에서 집회한다.
 (2) 제국대통령 또는 제국의회의원 3분의 1 이상의 청구가 있을 때에는 제국의회의장은 이보다 앞서 의회를 소집하여야 한다.
 (3) 제국의회는 폐회 및 재집회의 날을 정한다.

제25조 [대통령의 의회해산권]
 (1) 제국 대통령은 제국의회를 해산할 수 있다. 단 동일 원인으로 인한 해산은 1회를 넘을 수 없다.
 (2) 새로운 선거는 해산후 60일 이내에 행한다.

제54조 [신임, 불신임]
제국총리 및 장관이 그 직무를 수행함에 있어서는 제국의회의 신임을 필요로 한다. 제국의회가 명시한 결의에 의하여 불신임을 표시한 때에는 총리 또

헌법 제48조에 의거 제국 대통령이 긴급명령권을 발동할 경우 의회는 여기에 대해 긴급명령권 철회를 의결하거나, 헌법 제54조에 의거 제국 총리 불신임안등으로 이에 항변할 수 있다. 그러면 대통령은 헌법 제25조에 의거 의회해산으로 다시 이에 대항할 수 있다. 하지만 60일 이내에 재선거를 실시해야 한다. 당시 1932년 7월과 11월 선거에서 보듯이 재선거를 하더라도, 이른바 '반헌법적인' 양대 정당 즉 나치당과 공산당이 의회 다수를 점할 가능성을 배제할 전망은 매우 불확실하다. 따라서 의회해산보다는 긴급명령권을 발동하되, 여기에 대항해 의회가 총리불신임안을 제출하더라도, 이때의 불신임안이 이른바 '긍정적 신뢰기반'을 만들 수 있는 것이 아니기 때문에 무시한다는 말이다. 그래서 '일하는' 정부 대 '일할 능력이 없는' 의회라는 대립구도를 만들어 상황을 타개하는 것이 무기한 총선연기하 의회 해산안보다는 그나마 차선책에 해당한다는 말이 된다. 슈미트는 바로 이 제2안을 선호한 것이 분명하다고 보인다.[95]

바이마르 종말기 그 몇 달 슈미트는 대통령독재의 숨은 비공식적 법률자문이자 계관법학자로서 "이후 단 한 번도 도달할 수 없는 정치적 영향력을 행사"했다(Balakrishnan 2000, 171). 하지만 독재란 것이 독재자의 의사에 종속되는 것이므로 힌덴부르크가 그것이 무엇이든 슈미트가 직간접적으로 입안한 국가비상사태계획안을 거부함으로써 결국 모든 것

는 장관은 사직하여야 한다.

[95] Berthold(1999)에는 쿠데타에 관련된 모두 4건의 문서가 수록되어 있다. (1) 이미 언급한 제국국방부의 1933년 1월 20일자 비상사태계획안 관련 메모 (2) 위에서 언급한 슈미트의 제자 호르스트 미하엘의 '문서Papier' (3) 대통령 힌덴부르크의 집회연설문 초안 (4) 이 사태관련 정치적 주장을 위한 '핵심어들Stichworte'이 그것이다. (1)을 제외하고, (2)-(4)는 모두 슈미트의 유고에서 발견된 것들이다. Berthold(1999), 78ff.

은 종결되었다. 슈미트가 대통령독재라는 이름의 쿠데타의 핵심 디자이너 중 일인이었다는 점[96]에는 의문의 여지가 없다. 슈미트의 좌절감은 이 시기 그의 일기에 이렇게 표현되고 있다.

[1933년 1월 22일 아침] "너무나 슬프고 우울하다. 오트는 제국의회를

---

96   역사가 빈클러는 이렇게 평가한다. "'국가비상사태'라는 개념은 늦어도 1932년 7월 31일 이후의 독일현실을 아주 적확하게 표현해 준다. ... 8월 30일자 비상사태 계획안의 입안자들에게는 하지만 헌법의 핵심을 보존하는 것보다 전혀 다른 무엇이 문제였다. 즉 권위주의 정권 수립을 위해 국가위기를 이용하는 것 말이다. 1932년 8월 말 정부와 정당등에서 위기의 출로에 대해 논의했음에도, 결국 위기에서 벗어난 것이 아니라, 위기속으로 더 깊숙이 끌려들어갔다."(Winkler 1994, 520) 잘 알려진 역사가이자 작가 토마스 만의 아들이기도 한 골로 만의 이 시기 평가도 들어볼 만하다. "이미 1932년 여름 경 슐라이허는 '길들이기'와 히틀러와의 권력분할을 바랬지만, 그때는 힌덴부르크와 파펜이 원하지 않았다. 그러나 당시 나치운동의 극단적 에너지가 정점에 도달했을 때, 만일 슐라이허 자신이 국방장관을 맡으면서 히틀러와의 합의와 연립정부로 갔었더라면, 아마 나치혁명은 실제 일어났던 것보다 반년 더 일찍 일어났을 뿐이지, 다른 그 어떤 것도 아니었을 것이다. 마찬가지로 똑같은 것이 1932년 12월 또는 1933년 1월 파펜대신 슐라이허와 히틀러가 합이 맞았을 경우에도 해당된다. 장군[슐라이허를 말한다]이 '아마츄어 기수騎手, Herrenreiter'['남작들의 내각'이라 불리던 파펜내각을 비꼬는 말이다 - 인용자]보다 교활한 악마를 더 잘 다루었을지도 모른다는 가정은 우리가 보기에 전혀 잘못된 것이다. 1932년의 중앙당-나치 연정이 1933년 보수-나치 연정과 비교해 달랐을지도 모른다는 가정 역시 우리가 보기에 전혀 잘못된 것이다. ...슐라이허건 파펜과의 조합이건 선동적 독재에 대한 진정한 대안이 아니었다. 대안은 오직 하나였다. 즉 민주주의."(Mann 1965, 96f.)

해산하고 재선거를 바라고 있다. 나는 의회주의의 마지막 죽음이 두렵다. 사민주의와 다중지배polycracy. 브라운[프로이센 주지사-인용자]과 카스는 히틀러에게 가고 있다. 그들의 승리다. 부르고뉴 와인에 취했다. 대화는 끊어졌다."

[1933년 1월 26일 아침] "젊은 나치돌격대원SA 디트리히 쉐퍼가 수행해서 6시쯤 슬픈 기분으로 귀가했다. 쉐퍼는 나에게 라이프치히 국사재판소 결정에 관련된 멋진 성탄절 카드를 보낸 적이 있다. 그가 말하길 히틀러가 총리에 지명되기를 헛되이 기다리는 돌격대는 죄가 없다. 그는 현 정부는 오로지 테러를 통해서만 공산주의자를 굴복시킬 수 있는데 그럴 능력이 없는 거 같고, 오로지 민족사회주의자들만이 그 일을 해낼 수 있겠는데, 그리 멀지 않았다고 생각하고 있었다."

[1933년 1월 27일 아침] "마크스와 저녁을 먹었다. … 마크스도 매우 스트레스를 받고 있다. 믿기 어려운 일이 일어났다. 힌덴부르크 신화는 이제 끝났다. 결국 이 노인네는 막마옹MacMahon[97]이었을 뿐이다. 가공할 상황이다. 슐라이허는 실각하고, 파펜 아니면 히틀러가 오고 있다. 노인네는 마침내 미쳐 버렸다. 무섭게 추운 밤 11경에 귀가했다."(Balakrishnan 2000, 174f. 재인용)

좌절과 분노속에 그는 신질서를 대기하고 있었다. 바이마르공화국의 붕괴는 슈미트에게 어쩌면 '의도하지 않은 결과'였다. 그러면 과연 슈

---

[97] 파트리스 드 막마옹Patrice de MacMahon(1808-1893), 프랑스군의 원수로서 1875-79년 프랑스대통령을 지냈다. 보불전쟁에서 프로이센에 패해 항복했다. 파리코뮌 진압을 총지휘했다. 보수적 왕당파였지만 쿠데타를 지지하진 않았다.

미트의 계획과 구상이 바이마르헌법을 구할 '마지막 시도'였을까. 슈미트가 진정 그것을 원했다면 그가 구하고자 한 것은 바이마르헌법 자체라기보다 그 헌법의 '대통령제' 혹은 대통령독재였을 뿐이다. 광의의 민주주의가 아니라 독재였단 말이다. 대통령독재는 바이마르헌법이 추정한 예외상황에 맞춰진 것이었다. 결코 정상상황이 아니었다. 예외는 어떤 경우에도 정상을 대체하진 못한다. 정상이란 이때 바이마르 민주주의일 것이다. 의회민주주의 혹은 부르주아 자유민주주의라고 해도 될 것이다. 슈미트의 프로젝트가 혹 성공했다면 그것은 대통령독재를 통한 바이마르의 계속 이상이 아니다. 하지만 대통령독재는 1930-1933년 매우 특수한 역사적 조건 즉 대공황과 계급투쟁의 격화에 의해 일시적으로 조성된 것일 뿐이다. 이 상황이 항구적일 수는 없다. 이 특수상황이 영속하지 않는 한 슈미트의 프로젝트 역시 실패가 예정된 것일 뿐이었다. 어떤 의미에서 프로이센 쿠데타와 국가비상사태계획은 병렬 진행되는 것이었다. 만일 1932년 9월, 11월 그리고 1933년 1월 그 중 하나 국가비상사태계획안이 성공했다면 이는 나치당이건 공산당이건 합하면 사실상 의회 다수를 구성하는 정치세력을 무력으로 분쇄하는 일이 일어났을 수도 있다. 왜냐하면 국가비상사태계획안은 이 가능성을 예정하고 있었기 때문이다. 그리고 바이마르공화국의 국방부 정치군인들은 이 상황을 염두에 두고 '워게임'을 통해 도상훈련도 한 바가 있다. 그 어떤 점으로 보나 슈미트는 정치적 거리상 공산당보다 나치당에 가깝다. 하지만 이 말이 바이마르 종말기 슈미트가 나치정권을 선호했다는 의미가 아니다. 일종의 '플랜B'로 보자면 그렇다는 의미다. 여기서 문제는 권력의 논리다. 슈미트의 영향력은 바이마르헌법 특히 그 독재조항에 기반하고 있다. 그래서 바이마르헌법이 존치되는 것이 권력과 영향력의 관점에서 보면 보다 소망스럽다. 게다가 의회민주주의하에서 합법성이라는 '정치적 프리미엄'을 포기하는 것은 전혀 '합리적' 선택이 아니다. 확실한 현재보다 불확실한 미래권력 나치를 당장 정치적으로 선택할 가능성은 당연히 높지 않다. 슈미트는 권력의 논리상 나치가 제거되기를 원했을 수도 있다. 이는 사상이론의 문제가 아닌 것이다. 특히 프로이센 쿠데타는 제국-프로이센 이원주의Dualismus제거를 명분으로 삼았지만 실상은 좌파를 제거하거나 그 기반을 붕괴시키는 것이 목적 중 하나였다. 그리고 이제 원내 1당인 나치당을 무력으로 제거할 수 있다면, 바이마르는 계속될 수 있었을 것이다. 그래서 이런 관점에서 보자면 슈미트가 굳이 나치당에게 권력을 넘겨줘야 한다고 볼 이유는 존재하지 않는 것이다.

바이마르 대통령독재개념은 구조적으로 바이마르헌법의 '이중권력'에서 비롯되는 것이다. 즉 인민들의 투표에 의해 의회와 대통령을 직접 선택했다는 말이다. 견제와 균형이라는 자유주의의 원리에 기반한 것이다. 하지만 여기서 슈미트가 언제나 강조하는 저 아포리즘 즉 예외상황에서 '누가 결정하는가'에 대한 답변은 언제나 회색지대에 남겨져 있었다. 슈미트의 헌법정치가 집요하게 파고든 지점이 바로 여기다. 여기에 대해 바이마르 이중권력은 답할 수 없었다. 이는 단순히 바이마르만의 문제가 아니라 다수의 이른바 '자유민주주의 헌법체계'를 선택한 적지 않은 곳에서 나타나는 문제이기도 하다.

분명 사상이론적으로 슈미트는 나치즘 친화적이다. 적어도 반보, 많게는 몇 보만 가면 그곳이 나치즘인 것이다. 그리고 그 중 많은 것은 단순히 슈미트와 나치뿐만 아니라 바이마르 정치 지형의 중간지대에까지 광범위하게 산포된 개념요소이기도 하다. 예를 들어 반자유주의, 반의회주의, 반정당주의, 반법치국가, 반연방주의, 반볼쉐비즘 그리고 전후 질서를 규정한 베르사이유체제, 제네바 국제연맹 그리고 무엇보다 바이마르 공화주의 등에 대한 반대가 그것이다. 하지만 이런 연속의 지점뿐만 아니라 단절의 지점 또한 존재한다. 단적으로 반유대주의, 인종주의, '지도자사상'등이 당대의 시대정신을 대표할 만큼 광범위하게 공유되었다고 보기는 어렵다. 그렇다면 과연 '대통령독재의 계관법학자'가 이제 '나치즘의 계관법학자'로 '존재이전'에 성공할 수 있을 것인가. 과연 그 연착륙 과정이 궁금해지는 것이다. 그리고 역사적으로, 경향적으로 보더라도 브뤼닝의 실각은 '깊은 역사적 단절'을 의미하는 것이었다. "1932년 5월 30일 대통령제의 온건하고 의회주의적으로 관용적인 제1국면이 종결되었다. 이제 권위적이며, 노골적으로 반의회주의적인 제2국면이 시작되었다."(Winkler 2000, 510) 파펜정부에 이르러 대통령독재의 제2국면 즉 노골적인 반의회주의국면이 개시된다. 그렇게 보면 이런 독재화 경향은 시간과 함께 더 강화되었고, 국가비상사태안이나 프로이센 쿠데타는 모두 그것의 표현으로 볼만하다. 그래서 어떤 냉소주의자가 '이 독재(대통령독재)나, 저 독재(파시스트독재)나' 뭐가 다른가라고 묻는다면 과연 어떤 답변을 준비할 것인가.

§3. '전향' 그리고 '나치 슈미트'

이제 나치 슈미트에 대해 말해 보자. 나치가 집권했다고 해서 슈미트가 곧바로 그 품으로 달려간 것은 아니라 해야겠다. 히틀러에 대한 그의 판단도 그러했다. 3월 20일자 그의 일기에는 이렇게 기록되어 있다. "그[히틀러-인용자]가 비둘기인지 뱀인지 아직은 모르겠다."(Mehring 2009, 305 재인용-) 사민당과 공산당이 배제된 가운데 3월 23일 수권법이 가결되었다. '제2의 합법혁명'인 것이다. 슈미트의 전향에 있어 앞서 본 『합법성과 정당성』의 후기에서 슈미트가 당시 친구라고 부른 3인 즉 국방부 장관실의 오트, 홍보장교 마크스 외 또 다른 일인인 요하네스 포피츠가 등장한다. 정통 프로이센 관료출신인 그는 바이마르 마지막 3년 동안 슈미트와 가장 가까운 일인이었다. 히틀러 집권 이후 무임소 장관으로 제국내각의 일인이자 동시에 프로이센 주정부의 재정담당 전권위원이었다. "포피츠는 내 오래된 친구였습니다. 수년 동안 가장 가까운 친구였죠. 그가 나에게 이런 전보를 보냈죠. '내일 오후 5시 베를린 장관실', 그러고 나서 나는 함께 하기로 한 거죠. 그것은 동시에 히틀러와의 협력이기도 했습니다."(Tommissen 1975, 107)[98]

　3월 5일 의회 해산 후 실시된 총선에서 나치당이 43.9%를 얻어 '흑백적 투쟁전선'과 연정 원내과반수를 확보하고, 3월 27일 수권법이 가결되면서 사실상 대세는 불가역적이 되었다. 이제 이 '민족혁명'을 승인하는 문제만 남는다. 그리고 친구인 포피츠의 전보, 나아가 파펜 당시 부총리의 공식서한과 함께 이제 선택의 문제만 남았다. 여기서 라이프치히 국사재판소 결정에 대한 반감도 적지 않게 작용했을 것이다. 그래서 나치정권이 추진하는 이 제국총독법을 통해 모든 지방정부와 의회를 해산하고 제국내무장관이 파견한 전권위원하에 복속시키는 안을 입안하는 것은 나름대로 일관된 것이었다. 그래서 이 내무장관실에서 열린 회의에 포피츠, 내무차관 프릭, 부총리 파펜 그리고 누구보다 괴링 등이 참석했고 이로써 슈미트의 전향은 이제 확정되었다. 바로 그 달 나치당에 가입하자는 하이데거의 권유를 받은 뒤, '세기의 지성' 두 사람은 5월 1일 당

98　이 구절을 인용한 슈미트의 전기를 쓴 메링은 다음과 같은 흥미로운 각주를 첨부해 두었다. 즉 인쇄용으로 개고하지 않은 미간행 원래 버전은 다르다는 것이다. "내 오랜 친구가 전보를 보냈을 때, 나는 그냥 그것을 했습니다. 당신이 질문한 '히틀러와의 협력', 그것은 히틀러와의 협력이었습니다. 그러나 그것을 어떻게 평가하고 판단할 지는 당신에게 맡기겠습니다." 슈미트는 "이 대화에서 이 질문에 대한 정확한 답변으로 자신의 협력이 시작된 날짜를 1933년 4월 3일이라고 적시하고, 자신의 1933년의 2개의 법률안(제국총독법률Reichsstatthaltergesetz, 프로이센군郡, Gemeinde에 관한 법률)에 대한 공동작업에 대해 말했다. 그리고 한스 프랑크 [히틀러의 법무장관-인용자]와의 협력에 대해서는 단지 암시만 했다. "그리고 나서 이 사람[한스 프랑크장관-인용자]이 쾰른으로 왔고, … 이때부터 일이 시작되어 … 그 뒤에도 계속 되었죠."(Mehring 2009, 655)

원 가입을 위해 늘어선 장사진에 몸을 섞어 마침내 나치당원이 되었다.[99] 그 시점 친구 포피츠장관도 그리고 에른스트 윙거도 그의 제자 대다수도 아직 당원이 아니었다는 점에 비추어 상당히 이례적인 것이기도 했다.

　　나치 슈미트가 정권으로부터 받은 최고의 명예직은 비록 아무 실권이 없기는 하지만 괴링이 지명한 프로이센 국가추밀원 고문직이었다[100]. 그리고 그 직후 최대 논적이기도 한 한스 켈젠의 동의하에 쾰른대학 교수로 임명된 지 한 학기 만에, 사민당원이자 라이프치히 국사재판소 재판에서 프로이센주정부를 대변했던 베를린대학 법학교수 헤르만 헬러가 쫓겨난 자리에 그 후임으로 베를린대학교수로 임명된 것이다. 명실상부

99　아래에서 다루게 될 SS가 작성한 사찰보고서「슈미트 파일」에는 이 상황이 좀 다르게 기록되어 있다. 구나치인 "쾰로이터에게 당가입이 합당한 건지 문의한 이후 현재 하이델베르크대학에 있는 빌펑거와 함께 동년 1933년 4월 나치당원이 되었다."(Documents, 121)

100　나치독일 12년 동안 원래는 일종의 상원이기도 한 프로이센 국가추밀원Preußischer Staatsrat은 단 6회 소집되었을 뿐이다. 그것도 1936년 이후부터는 단 한 번도 소집된 적이 없고, 2차 대전 후 해산되었다. 프로이센 주지사인 괴링에 의해 임명된 국가추밀원 고문관은 약 80명인데, 그 면면을 보면 당연직으로 프로이센주정부 장, 차관, 나치당 관구Gau사령관, 나치돌격대SA, 나치친위대SS의 최고위 간부 등이 있다. 여기에 지명직으로 극소수의 기업인, 교수, 작가, 예술인 등이 포함된다. 슈미트의 친구 포피츠는 프로이센 재무장관이므로 당연직으로 포함되어 있었다. 슈미트 외 우리가 알 수 있는 사람은 저 유명한 베를린 필하모니의 지휘자 빌헬름 푸르트뱅글러가 사실상 유일하다.
https://de.wikipedia.org/wiki/Liste_der_Mitglieder_des_preu%C3%9Fischen_Staatsrates_(ab_1933)

제3제국의 계관(어용)법학자로 공식 추대된 것이다.

나치집권의 해인 1933년 출판된 『국가, 운동, 민족』이라는 소책자는 이제는 거의 읽히지도, 주목받지도 못하는 '나치 슈미트'의 저작이다. 그 내용이 너무나 나치적이라는 것도 이유 중 하나라 하겠다. 하지만 당대에는 광범위하게 읽혔고, 또 국외자들에겐 마치 이탈리아 파시스트정권의 죠반니 젠틸

그림 15　헤르만 괴링 (1893-1946)

레(Giovanni Gentile, 1875-1944)처럼 슈미트가 독일나치즘의 국사國師처럼 보이게 하는 것이었다(Barakrishnan 2000, 184). 슈미트는 신생 나치정권의 '법적 갱신Rehctserneurung'의 명실상부한 이론가였다.

나로서도 나치로 변신翻身한 슈미트의 강령적 문건으로 지금까지의 자신의 이론적 성과물을 재확인하는 동시에 자신의 사상을 '1933년의 이념'에 순치시킨 저작으로 지금보다는 더 적극적으로 평가해야 한다는 생각이다. 한편으로는 물론 곡학아세의 표본이기도 하겠지만, 다른 한편으로는 자신을 어떻게든 승자의 클럽에 배치하고자 하는 욕망의 표현이기도 했다. 그리고 '바람보다도 더 빨리 눕는'(김수영) 지식인의 속성을 입증이라도 하는 양, 실로 놀라운 속도로 나치즘의 지식 도구상자를 채우는 그 민첩함도 빠트릴 수 없는 이 저작의 '미덕'중 하나다.

바로 몇 달 전까지만 해도 바이마르헌법을 '구원'하고자 했던 슈미트는 1933년 3월 24일의 「수권법Ermächtigungsgesetz」 즉 「국가와 민족의 긴급상태를 극복하기 위한 법률」은 일종의 '잠정헌법'이며, 이에 따라 바이마르헌법은 이제 그 효력이 정지되었다고 선언한다. 바이마르헌법은 "자유민주적 사고세계 일체가 붕괴되고, 예컨대 반국가적 기도, 자살에 도달하는 세계관적 중립과 평등을 위한 무차별적 정당 건설, 정

치적 광고, 의사, 신념, 활동의 자유 즉 국가의 적과 친구를, 같은 민족Volksgenosse과 다른 종족Artfremde을 구별하지 않는 것이 더 이상 존재하지 않는다면 바이마르헌법은 더 이상 자신이 아닌 것이다."(SBV, 5)[101] 수권법은 마치 "군주가 양위하거나 퇴위를 선언할 때 충성선서가 명확히 면제되는 것에 대한 공화주의적 유추"라고 했다. 이러한 "독일혁명은 합법적이다, 다시 말해 구헌법의 절차에 비추어 형식적으로 올바른 것이었다."(SBV, 8)

"현 국가의 정치적 통일체는 **삼원적dreigliederig 총괄**이다. 이 통일체는 19세기 이래의 자유민주적 국가 도식과는 근본적으로 구별되고, 특히 무엇보다도 그 세계관적 전제와 그 일반적 원칙에 있어서 뿐만 아니라, 구체적 국가건설의 그 모든 본질적인 구성과 조직노선에 있어서도 그러하다."(SBV, 11, 강조는 원문) 국가, 운동, 민족이라는 세 단어 "그 각각은 정치적 통일체의 전체를 나타내는 데 사용할 수 있다. 그러나 동시에 그것들은 이러한 전체의 어떤 특수한 측면과 특정한 요소 역시 표시한다. 그렇다면 협의의 국가는 정치적, 정태적 부분, 운동은 정치적, 동태적 요소, 그리고 민족은 여러 정치적 결단에 의해서 보호되고 비호되어 성장하는 비정치적 측면으로 간주된다."(SBV, 11f.) 국가, 운동, 민족은 "구별되지만 분리되지 않고, 결합되어 있지만 어느 하나로 용해되지 않는다."(SBV, 25)

삼원적 접근은 새로운 20세기적 국가구조를 말하는 것이며 이는 자유민주주의적 이원적 국가형식과 헌법형식을 초월하는 것이다. 무엇보다도 이원적 접근은 국가 대 개인, 국가 권력 대 개인의 자유, 국가 대 국가로부터 자유로운 사회, 정치 대 비정치적 사적영역이라는 대립에 근거

---

101   이 소책자는 여기에 번역되어 있다. 카를 슈미트(2020), 『헌법과 정치』, (부산: 2020).

하는 것이다. 이러한 이원성은 부르주아법치국가의 헌법에 지나지 않는 것이다. "국가와 개인의 대립에 기초하는 '법치국가'의 이분적 구조는 정치적으로 강력하지만 비국가적인 혹은 초국가적인 조직에 의해 장악되어 있고 또 장차 그러할 현실에 대항하여 정치 및 사회생활상 전혀 부적절하고 대처가능하지도 않다. 이러한 이원적 구조는 고작 합법성과 비합법성만을 구별할 수 있을 따름이지, 그 외에 있어서는 법과 불법도 적과 친구도 구별할 수가 없다."(SBV, 26)

나치국가의 조직과 관련 이 글에서도 역시 제국과 주의 관계가 문제가 된다. 먼저 여기서 본인이 직접 개입해서 그 초안을 작성한 '제국총독법'을 언급하면서 제국의 우위와 총통의 정치적 지도하에 개별주는 수족과 움직이는 그래서 '군주, 왕조적 연방국가'와 '다원주의적 정당연합국가Parteienbundesstaat'는 바야흐로 극복되기에 이르렀다고 주장한다. 프로이센 쿠데타 관련 라이프치히 국사재판소 결정은 바로 이러한 연방주의를 연장보존하기 위한 시도에 불과한 것이다. 이 점 관련 슈미트는 히틀러가 『나의 투쟁』에서 언급한 '가면으로서의 연방주의'를 잊지 말 것을 충고한다(SBV, 18f.).

둘째, 프로이센 쿠데타를 통해 당시 바이마르정부는 '강력한 권력조직이자 명령 메카니즘인' 프로이센국가를 되찾아 오고자 한 것이다. 그러나 "제국국방군과 프로이센국가의 권력기구에 기반하고 있었던 양 정부 즉 소위 '권위주의적' 파펜과 슐라이허 정부는 정치적 진공 즉 정치적 지도의 진공을 메꿀 수가 없었다."(SBV, 31) 이 결정이 바이마르 체제를 복구시키거나 이 정부가 할 수 없는 것을 할 수 있도록 한 것은 아니었다. 하지만 이 판결은 "국가의 적을 국가의 적이라고 지목하고 그 위험성을 제거하기를 거부했다. 1933년 1월 30일 제국 대통령이 민족사회주의운동의 지도자 아돌프 히틀러를 제국총리로 지명하자 비로소 독일제국은 정치적 지도를 복원하고, 독일국가는 반국가적 맑스주의를 섬멸할 힘을 확보하게 되었다."(SBV, 31)

셋째, 민족사회주의 국법의 핵심개념은 '지도'에 있다. 하지만 개인주의적이고 자유주의적인 법사상에서 '충성의무'는 더 이상 법적 의무가 아니라 도덕적, 정치적인 의무로 되어 버린다. 프로이센 쿠데타에서 프로이센 주정부가 제국에 제기한 이러한 항변이 '승리의 개가'를 거두었다. 충성의무는 법적 의무임에도 법과 정치를 자유주의적으로 분리하면서 그 본질을 파괴해 버렸다는 것이다. 바이마르체제의 전형적인 옹호자 중 일인은 이 충성의무를 심지어 '감상적인 것Sentimentales'으로 냉소했다. "민족사회주의자와 공산주의자를 정치적으로 동등한 단계에 놓는 것은 '법'을 '정치'와 구별되는 것으로 보는 이런 견해에도 해당이 된다. 위험하기 짝이 없는 독일국가의 생사여탈적인 적Todfeind인 공산주의 조직을 독일민족운동과 구별하는 것은 '법 앞의 평등'에 저촉되는 것이자 '법률적' 혹은 '법학적' 평가에 대립되는 '정치적' 평가로 간주되었다. 이 지점에 법과 정치를 자유주의적으로 대립시키는 자유주의의 반국가적 핵심을 파악할 수 있는 것이다. 국사재판소는 독일 제국을 향해 1932년 10월 25일 결정에서 이런 입장으로 엄격한 '법적이고 중립적인' 입장을 견지하면서, 결정을 회피하고자 했다."(SBV, 37)

'지도자원리Führertum' 사상은 근본적인 중요성을 가진다. 지도는 나치법개념의 핵심이다. "일치된 독일민족의 **종동성Artgleichheit은** 독일민족의 정치적 지도라는 개념에 대하여 불가피한 전제이며 기초이다. 인종에 관한 사상은 1933년 라이프치히에서 개최된 민족사회주의 독일법률가대회 석상에서 총통이 행한 힘찬 폐회 연설과 독일법률전선Deutsche Rechtsfront의 지도자 한스 프랑크의 탁월한 인사말에서도… 이는 이론적으로 깊이 궁구한 요청인 것이다. 동종성이라는 원칙이 없으면 민족사회주의적 국가는 존속할 수 없으며 그 국가의 법률생활도 생각할 수 없을 것이다. 왜냐하면 이 원칙이 없으면 민족사회주의의 국가는 그 모든 제도 즉시 … 또 다시 자유주의적 내지는 마르크스주의적 적에게 팔아넘길 것이기 때문이다."(SBV, 42, 강조는 원문)

이러한 민족과 인종귀속성이란 것의 관점에서 보자면 "다른 종족 Artfremder은 가령 어떻게 비판적으로 행동하고 얼마나 명민하게 노력하더라도, 또한 책을 읽고 책을 쓴다고 하더라도 그 사람이 **종족을 달리하기 때문에**weil er anders geartet ist 생각하거나 이해하는 것도 달라지는 것이며, 모든 결정적인 사고 과정에서 역시 그 자신의 종Art이 가진 실존적 조건들 속에 머무는 것이다. 그것이 '객관성'이라는 것의 객관적 현실이다.(SBV, 45, 강조는 원문) 그래서 "종동성없이 전체적 총통국가totaler Führerstaat는 하루라도 존속할 수 없는 것이다."(SBV, 46)

슈미트의 롤러코스트 곡예를 방불케하는 신속한 전향은 그 본질에 있어 '정치적인 것'이었다. 즉 우적그루핑을 통한 '적의 교체'에 있었다. 그것은 동시에 슈미트의 선택이자 결단이었다. 적의 교체는 그 어떤 새로운 발견이나 이론적 연구의 결과에 의해 도출된 것이 아니었다는 말이다. 이론 내재적인 필연성과는 무관한 것이었다. 하지만 그렇다고 해서 그 결단이 어떤 '무無'에서 나온 것도 물론 아니다. 사상이론적으로 볼 때 '우로 1보'가면 만날 수 있었을 나치즘이었지만, 정치적으로 보자면 얼마든지 적이 될 수 있는 것이 '레알폴리틱Realpolitik'의 세계다. 나치당이 바이마르 말기 3년의 대통령독재론자와 그 세력의 적이 될 수 있는 것은 아주 당연한 일이다.

나치 본류의 입장에서도 히틀러정권의 출발은 나치당과 독일 극보수 우파와의 연립형태이었기 때문에, 보수우파를 영입해 그 자신들의 외연을 확장해 지지기반을 다지는 것도 당연히 요구되는 과정이었다. 슈미트가 언급한 것이 사실이라면, 나치법무장관 한스 프랑크가 당시 쾰른대학 교수였던 슈미트를 찾아간 것도 이런 맥락에서 충분히 이해될 만한 것이다. 자신들의 정치적 필요에 의해 당시 독일 법학계의 가장 명망있는 보수적 이론가인 슈미트를 자신의 진영에 끌어들임으로써 챙길 '정치적 잉여가치'말이다. 여기에 어떤 면밀한 사상검증은 당장 필요한 것이 아니었다. 슈미트의 입장에서야 '파펜 아니면 히틀러의 승리'로 인한 영향력 상실의 위기에서 나치측에서 오히려 접근해 이전 시기 못지않은 '권력자로 통하는 통로'가 열린다면 전혀 거부할 일도 아니었을 것이다.

『국가, 운동, 민족』은 1920년대 바이마르시기 슈미트의 이론적 소산에 낯설고, 또 다소 이질적이기 조차한 '새로운 요소'를 수용하고 있다. 하지만 나치즘으로 보자면, 예컨대 인종주의(반유대주의)와 지도자원칙 Führertum등과 같은 새로운 요소들이야말로 자신들의 시그니쳐같은 것이었다. 이미 앞에서도 본 것처럼, 반자유주의, 반의회(정당)주의, 반연방주의, 반규범주의 그리고 물론 반맑스주의는 이미 공유된 요소들이고 여기에 무엇보다 '정치적인 것'의 우위는 그 가장 첨두에 둘 가치이자 관점이었다. 그래서 『국가, 운동, 민족』에서 슈미트는 이 다소 이질적인 요소를 서슴없이 수용하면서 일종의 충성맹세를 내외에 공표한 것이다.

1933년 정권교체 직후 발표한 글에서 슈미트는 권력과 동의의 문제를 언급한다. 진정한 권력은 진정한 동의를, 또 진정한 동의는 진정한 권력을 만들어 낸다는 말이다. 특히 "안정된 권력"이 진정한 동의를 만들어 낸다. 그렇다면 슈미트 스스로 권력과 동의의 진정한 관계를 인식하기 위해 "새로운 상황"을 지켜보면서 쓴 글이라고 했다. 신생권력은 이제 '안정'되어야 한다. "현대의 기술발전을 통해 현대국가의 권력수단은 끊임없이 증대된다. 이 권력수단은 마침내 모든 합법적 권력소유에 입각한 정치적 프리미엄을 강화시켜 합법권력이 합법성 자체보다 우위에 서게 된다. 하지만 동시에 하나의 낡은 문제가 새롭고 저 깊은 곳에서 제기되어 올라온다. 그것은 국가권력과 인민의 동의 및 자발성과의 관계문제다. 여기서 각종 법이론과 국가이론적으로 중요한 개념들 예컨대 인민의 동의, 승인, 자발성, 추종의지, 환호송 그리고 인민의 신뢰등이 고려된다. 간단히 요약해서 이를 '인민의 동의 Konsens'로 표현한다면, 이로부터 일련의 단순한 정식들이 도출된다. ... 진정한 권력은 진정한 동의를 그리고 진정한 동의는 진정한 권력을 만들어 내는 것이다. 무엇보다 안정된 권력은 인민의 가장 확실하고 진정한 동의를 발견한다."(VA, 369f.)

나치 슈미트의 나치정권 전반기에 집필된 글은 다분히 정세적이고 또 프로파간다 성격이 강하다. 여기에 비추어 1934년의 『3종의 법학적 사고』는 '합법적 민족혁명'의 안착과 관련 슈미트 이론의 새로운 출발을 알린다는 점에서 꽤 중요하다. 이 글은 1934년 2, 3월 '독일민족사회주의 법률가동맹Bund Nationalsozialistischer Deutscher Juristen'등에서의 강연에 기초하고 있다.

모든 법률가는 의식하건 아니건 아래 3종의 법개념 어디 하나에 근거한다. 첫째는 규칙이고 둘째는 결단이며 셋째는 '구체적 질서와 형상화'가 그것이다. 이 사고방식은 역사적으로도 아래 사례와 특성을 드러낸 바 있다. 첫째, 규범(규칙, 법률)은 추상적 규범주의를 둘째, 결단은 결단주의를 셋째, '구체적 질서와 형상화'는 '중세 아리스토텔레스, 토마스 아퀴나스적인 자연법'(dreiArt, 7ff.)으로 표현된다. 그리고 첫째는 '비인격적인unpersönlich' 것에서 객관성의 준거를 찾는 데 비해, 둘째는 '인격적 persönlich' 셋째는 '초인격적überpersönlich'이다(dreiArt,12).

"중세게르만 사상은 철두철미 구체적 질서사상"이었다. 그러나 15세기 이래 독일의 로마법 계수는 독일법학자들에게 추상적 규범주의를 촉진하고, 두 번째 자유주의적-입헌주의적 헌법규범주의의 수용은 "독일적인 실정헌법적 사상을 독일내적 문제가 갖는 구체적 현실로부터 분리"된 '법치국가적' 규범사상으로 만들어 버렸다. 이렇게 법사상이란 것도 특정 시대와 특정 민족에 따라 상이하다(dreiArt, 9).

슈미트가 여기서 노모스 개념을 도출하는 것은 그의 사상전체에 있어 구성적인 의의를 갖는다. 구체적 질서사상에서 '질서'란 먼저 규칙 또는 규칙의 총합이 아니다. 반대로 규칙이 질서의 구성요소이자 수단이라는 말이다(dreiArt, 11). 그런데 여기서 "노모스Nomos는 '법law', 법률Gesetz, 규칙 또는 규범이 아니라, 규범이자 결단이자 특히 질서로서의 법Recht을 의미한다."(dreiArt, 13) 그리고 "진정한 노모스"는 "노모스가 바로 전체적이며, 포괄적인 법의 개념을 구유한 하나의 구체적 질서이자 공동체를 의미"할 때 비로소 말이 되는 것이다(dreiArt, 14).

　이 질서는 '정상'개념에 기속되어 있고, 이 질서로부터 규범도 도출되는 것이다. 문제가 되는 것이 이 질서인 것이다. "우리가 알기에 규범은 **정상** 상황과 **정상** 유형을 전제한다. 모든 질서, 마찬가지로 '법질서'도 구체적 정상개념에 기속되어 있는데, 이 질서는 일반규범에서 도출되는 것이 아니라 이 일반규범이 자신의 질서에서 생겨나고 그리고 자기 자신의 질서를 위해 나타나는 것이다."(dreiArt, 19, 강조는 원문) 질서, 노모스는 이제 예외가 아니라 '정상'을 전제한다. 나치집권과 더불어 슈미트는 이렇게 사상의 곡예를 마다하지 않는다.

　질서 사고는 동시에 '제도적 사고'를 의미한다. "독일인에게 제도Institution란 용어는 외래어로서의 단점만을 다 갖추고 있어 장점이라고는 찾기 어렵다. 이 말은 시설Einrichtung, 기관Anstalt, 유기체Organismus 등의 개념 각각이 뜻하는 바를 약간씩은 다 포함하고 있긴 하지만 그렇다고 이 중 하나로 번역할 수는 없다. ... 그래서 '제도적 사고'라는 조어는 지난 세기 규범주의, 결단주의 그리고 이 양자를 합성한 실증주의에 대항하는 한낱 보수반동이라는 낙인이 너무나 강하게 찍혀있고 오해와 더불어 너무나 진부한 이의제기에 노출되어 있다. 더군다나 제도에 대한 오류Haurious의 이론은 제자인 G. 르나르Renard에 의해 신토마스주의 Neo-Thomismus와 결부되어 전형적인 로마-가톨릭 이론처럼 보이게 되었다. 하지만 그러한 오해와 협애화 때문에 구체적 질서 및 형상화사고의 힘찬 시동이 혹여 저지된다면 매우 유감스러운 일일지 모른다. 각개 민족은 자신의 종과 역사적 전통에 걸맞은 용어, 개념 그리고 형태 속에서 전통적 사고와 대결한다. 이 위대한 통찰중 하나는 민족사회주의운동 덕분이다. "그래서 나는 법사상에 있어 제3의 그리고 현재적 유형을 '제도주의적' 사고가 아니라, 구체적 질서 및 형상화 사고라고 표현할 것을

제안하고자 한다."(dreiArt, 48)**102**

　새로운 질서사고의 적용으로 공법 분야에서도 19세기 사고방식과 완전히 결별한 신질서가 생성되었고, "새로운 국법 및 행정법에서 **지도자원칙**Führergrundsatz이, 이와 함께 구체적 질서 및 형상화사고를 통해서만 이해될 수 있는 충성, 복종, 규율 그리고 명예와 같은 개념도 관철되었다. 3가지 질서계열—국가, 운동, 민족—속에서 정치적 통일체가 형성된다."(dreiArt, 52, 강조는 원문) 이뿐만이 아니라 "신분제도의 구축은 지도, 규율 그리고 명예 사이 불가분의 연관이라는 사상이 더욱 강력하게 집행되었고, 그로 인해 지금까지 '권력분립'의 원칙에 기반하는 규범주의도 극복되었다." 노동법과 관련, '임금협약Tarifverträge'부문에서도 '사적 계약관념'이나 '개인주의적 계약과 권리관계사고'를 1934년 1월 20일 새로운 질서사상에 근거한 '민족노동질서법'을 통해 극복할 수 있게 되었다. 이 법률은 "의도적으로 사용자Arbeitgeber와 고용자Arbeitnehmer라는 말을 더 이상 사용하지 않고, 임금협약 대신 임금질서Tarifordnung를 말한다. 기업가, 사무직 그리고 노동자는 특정 사업장의 지도자와 종사자Gefolgschaft로서 이 양자는 공동으로 사업장의 목표와 국가와 민족의 공동이익을 위해 노력하는 것이다. 이 양자는 공동질서와 공법적 성격을 갖는 공동체의 지절Glieder인 것이다."(dreiArt, 53)

　역사적으로 보자면 "절대군주제의 시대였던 17세기에는 홉스의 결단주의가, 18세기에는 이성법적 규범주의가, 19세기 이후에는 국가와 부르주아사회의 이원주의적 특정 관계와 국가와 사회로 분열되어 예외상태와 합법성 사이에서 양자택일해야 했던 정치적 통일체의 이원적 zweigliedlich 구조가 당대 지배적이었던 법실증주의라고 하는 결단주의

102　모리스 오류의 제도주의에 대해서는 아래 논문이 유용하다. 김충희 (2010).

와 규범주의의 결합을 설명해 준다. 국가와 탈국가적staatsfrei 사회라는 이러한 이원구조가 사라지자, 이 구조에 속하던 법학적 사고유형도 마찬가지로 탈락되어야 한다. 현대국가는 더 이상 이원적으로 국가와 사회로 분할되지 않고 3개의 질서계열 즉 국가, 운동, 민족위에 구축된다. 특수질서 계열로서 국가는 정치적 통일체안에서 정치적인 것의 독점체가 아니라 단지 이 운동을 지도하는 자의 한 기관Organ일 뿐이다. 이렇게 구축된 정치적 통일체에서는 종래의 결단주의적 혹은 규범주의적 혹은 양자결합적인 실증주의적 법사상은 더 이상 적합지 않다. 이제 국가적, 인종민족적völkisch, 경제적 그리고 세계관적인 수많은 상황에서 비롯되는 수많은 새로운 과업과 새로운 공동체의 형태에 부합되는 구체적 질서 및 형상화사고가 요청되는 것이다."(dreiArt, 55) 이 사고는 무엇보다 "새로운 유형의 법사상으로의 이행", 신세기의 공동체, 질서, 형상화에 맞출 수 있어야 한다.[103]

---

[103] 전후 슈미트는 「자유권과 제도적 보장」이라는 본인의 1931년 논문에 대한 후기에서 다시금 제도문제를 언급하고 있다. 여기서 그는 제도개념에 대한 단독저작은 여전히 없다고 말하면서, 오류의 제자 조르주 르나르의 제도에 대한 알려진 저작은 오류의 학설에 포함된 독창적이며 법학적인 단초들을 "신토마스주의적, 신학적 성찰"로 왜곡하고 있다고 말한다, 그리고 "헌법자체의 본질을 제도적 보장속에서 간파할 수 있다. 이는 구체적 질서사상의 이론에 상응하는 것으로 규범주의적인 기능화와 결단주의적 단순화 모두를 극복하기에 적합하다. 법학적 사고 3종 중—규범주의, 결단주의 그리고 제도주의—에 구체적 질서사상 형태의 제도주의야말로 규범의 서열과 추상적인 규범통제라는 혼종hybrid개념에 기반한 규범주의에 비교해 실정헌법적 사유에 훨씬 더 적합하다." 나아가 전후 독일에서의 사회학적 제도주의 확산에 대해서도 언급한다. 아놀드 겔렌과 헬무트 쉘스키등의 제도주의로 결정적인 전환을 이루어 냈지만, 이들은 "통합에 대해 말하면서도 제도적 보

프란츠 노이만(Franz Neumann, 1900-1954년)은 독일 1918년 혁명에 직접 참여하기도 했던 독일 사민당과 노조의 변호사였다. 유대인 박해를 피해 나치 집권 후 런던을 거쳐 미국으로 망명, 뉴욕의 사회조사연구소에 들어가면서 '프랑크푸르트학파'의 일원이 되었다. 전후에 콜럼비아대학 교수로 재직하다 사고로 세상을 떠났다. 그가 뉴욕에 있을 때, 본인 말로 '독소전쟁이 발발했을 때' 탈고한 나치즘에 대한 방대한 분석결과가 『베헤못Behemoth』이란 제목으로 출간된 책이다.[104] 나치가 여전히 집권 중인 1942년에 나왔다. 독일나치즘에 대한 고전이라 할 만하다. 실무경험을 갖춘 노동변호사이자 법률가로서 이후 정치학으로 학위를 했다. 노이만에게 나치정권은 책제목처럼 '베헤못' 즉 성경의 욥기에 나오는 '수괴水怪'다. 즉 괴물이라는 것이다. 그 자체로 '무법'이다. 나치법 체계에 대한 노이만의 비판은 아주 신랄하다.

자유경쟁단계의 자본주의는 복수의 동등, 동권의 경쟁자의 시장내 존재를 전제로 한다. "삼권분립과 마찬가지로 법의 보편성, 법관의 독립성은 그러므로 자유경쟁의 필요를 초월하는 내용을 갖는다." 하지만 '독점자본주의 시대'의 법이론과 법실무는 결정적인 변화를 맞게 된다. 국가가 유일당, 유일독점의 지배하에 있을 때 '보편 규범'의 정립은 불필요하다. "1918-1932년의 시기는 자유권학파의 교리에 대한 거의 보편적인 승인"에 의해 특징지어진다. 하지만 그 이후 "법의 합리성과 예측가능성의 파괴, (계약에 대한 명령적 사고의 부분적 승리에 의한) 계약체계의 제한, 실제 법조문에 대한 일반조항Generalklausel의 승리"라는 특징을 갖는다. 또

장이론과 법학사고 3종에서 제시된 법학적 작업은 간과하고 있다"고 불만을 토로한다(VA, 172f.).

104 Neumann(1988)의 이 책 미국 초판은 1942년에 나왔고, 베헤못이란 제목으로 그 확장판이 1944년 출판되었다.

이 일반조항을 가리켜 노이만은 '은밀한 자연법'이라고 부른다(Neumann 1988, 516). "법외 가치질서에 준거함으로써 법의 형식 합리성이 파괴되고, 판사에게 방대한 재량자유를 부여한 결과 법적 판결과 행정사이의 경계가 파괴되었다. 행정적 결정 즉 정치적 결정이 정식 민사법원의 결정이라는 형식을 띠게 되었다(위의 책, 515f.). 슈미트 역시 이 '일반조항'이 '일 년여 전부터' 독일에서 논란이 되고 있음을 말한다. 이 일반조항이란 "예컨대 '양속gute Sitte', '신의성실Treue und Glauben', 기대가능성 Zumutbarkeit과 기대불가능성, 중대사유wichtiger Grund등과 같은 불특정 개념일체, 초법규적인 규준"등을 의미한다. 하지만 슈미트는 이런 일반조항이 실정법적 안정과 예측 가능성을 위협한다는 견해는 배척한다. 오히려 이것이 "개인주의적이고 부르주아적인 거래사회가 아니라 민족전체의 이익에 관련"될 때, 단 하나의 '실증'법도 변경할 필요 없이 법 전체를 사실상 변경하는 것이 된다. 그리고 이 일반조항에는 "하나의 새로운 법률적 사고방식"이 관철될 수 있고, 이는 "기존 실증주의에 대한 정정으로서가 아니라, 새로운 법학적 사고유형의 특정한 수단"으로 간주될 수 있는 것이다(dreiArt, 48f.).

  나치즘은 법의 보편성뿐만 아니라 판사의 독립성 그리고 소급효금지를 완벽히 파괴했다. 일반조항의 비중은 더욱 더 확대되었고, 법률은 지도자의 명령 외에 아무것도 아니다. 소급효금지뿐만 아니라 법치국가의 근본원칙인 법앞의 평등은 더 이상 승인되지 않는다. 법은 특정 정치적 목적달성의 수단으로 도구화되어 파시스트국가의 법이론이 결국 결단주의에 다름 아니라고 할 때 법은 이로서 '지배의 비법arcanum dominationis'에 불과한 것이다(Neumann 1988, 517f.).

  나치즘의 법이데올로기는 "제도주의의 형태로 등장하거나 혹은 칼 슈미트와 여타 다수가 일컫듯이 '구체적 질서와 형상 (혹은 공동체) 사고'이다. 제도주의는 결단주의뿐만 아니라 규범적 실증주의에 대립되는 것으로 설정된다."(위의 책, 518) 제도주의학파의 대표자 중 일인이자 오류의 제자인 르나르에 의하면 "제도는 하나의 유기체, 하나의 공공복리에 복무하는 법적 구조다. 제도는 단순한 관계 이상인 것으로 '존재Sein'이다. 제도는 하나의 전체un tout인데 그 전체 안에서 개별자들이 통합된다. 제도적 관계란 '내면화intériorisation, 공유consortium, 서로 몸의 일부 invicem membra'를 말한다."(위의 책, 519)

그래서 "국가는 그 속에서 힘의 평행사변형Kräfteparallelogramm이 작용하는 하나의 제도이다. 국가는 유기적으로 하위 공동체에 기초하는 하나의 공동체가 되었다. 이 국가가 행사하는 권력은 더 이상 외적인 것이 아니며 주권은 탈락한다. 주권은 조직화된 공동체 자체의 권력이 된다. 마찬가지로 공법과 사법의 근본적 분리는 더 이상 존재하지 않는다. 먼저 공적으로도 사적으로도 유효하지 않은 사회법이 그 다음에는 통일된 체계로서 법체계 전부가 공동체법으로 선포된다."(위의 책, 519)

제도주의는 "독점경제의 법이론으로서 법이론의 가면을 벗겨버린다. 동시에 그 가면을 쓴 자 즉 소유자의 가면을 벗겨버린다. 제도주의자들은 더 이상 소유자가 아니라 제도에 대해 말한다. 그들은 더 이상 법인격이 아니라, 사업장, 기업가에 대해 말한다. 국가인격Staatsperson도 사라지게 한다. 왜냐하면 국가인격 개념은 실증주의 국법이론에서 특정 사회집단이 국가인격의 관할권을 가지고 실제 주권을 행사한다는 사실을 은폐한다. 하지만 정치권력이 파시스트 국가의 경우처럼 집중되어 있다면 국가인격개념과 주권개념을 제거하고 총통이 지도하는 공동체를 통해 이를 대체할 것이 권고된다. 그런 다음에 국가는 '형상'이 되고 또 국가는 '독일 민족의 정치적 형상'으로 표현되는 것이다."(위의 책, 520f.) 이렇게 되면 국가는 제도이자 '하나의' 공동체 전부를 의미하게 되고, 이 공동체의 최고 주권자가 총통이 된다는 말이다.

나치즘에 이르러 이렇게 "사회적 관계로부터 제도의 완벽한 분리가 완성된다. 지도적 독일이론가가 이렇게 썼다. '제도주의의 지절화경향 Gliederungstendenz은 먼저 민족의 몸Volkkörper속에서 파괴시켜야 하는 변증법적인 집단의 형성에 의해 표현된다. 즉 그것은 노동자와 기업가, 세입자와 임대자, 도시와 농촌 등인데, 이런 것들은 흔히 제국의 신분적인 지절을 통해 종합적으로 폐절될 것이다."(위의 책, 521)

슈미트에서 보듯 나치들은 제도주의라는 말을 회피하는데 그 이유는 신토마스주의와 거리를 두기 위해서라고 한다. 그런 뒤 이 이론을 "법률적 질서 및 형상 또는 공동체사상으로 표현하는 것"을 선호하는데, "구체적 상황의 요청에 의해 형태가 만들어진 사상이라는 의미에서 사물을 형상화하는 사고Sachsgestaltungsdenken"라고도 한다. 노이만에 따르면 "제도주의가 파시스트국가의 영역을 지배하지만 혼자서는 아니다. 결단주의적 요소도 계속되고 있는데, 이는 합리적 법률을 정치적 명령으로 대체함으로써 엄청나게 강화되었다." 그렇다고 할 때 이 결단은 누가 하는 것인가. "이 결정은 당, 군, 관료, 산업자본가등 상이한 여러 기구들이 총통을 통해서 내리는 것이다."(위의 책, 522) 즉 우리가 서론에서 논한 권력카르텔로서의 파시즘을 말하는 것이다. 그리고 "법의 일반성에 대한 절대부정이 민족사회주의 법이론의 핵심이다. 따라서 그 어떤 권력분립도 존재할 수 없다. 국가의 권력은 불가분의, 분할될 수도 없는 하나의 전체이며 이것은 '지도의 통일성'이란 범주를 통해 파악된다. … 민족사회주의 법의 핵심과제는 민족의 몸Volkkörper이라는 존재의 보존에 있다. 그래서 생물학적인 차이를 강조해야만 하며, 사회적 혹은 시민권과 같은 법적 평등은 부정한다."(위의 책, 523)

나치 형법의 자의성은 예컨대 1933년 조작된 제국의사당 방화사건 직후 힌덴부르크 대통령령으로 공포되고 이후 일상화된 게슈타포의 이른바 '예비검속Schutzhaft'을 통해 시민적 자유권의 소멸로 귀결되었다. 형사재판을 통해 피의자의 무죄가 밝혀졌다 하더라도, 게슈타포와 관련된 처분과 사건의 경우 그 예비검속한 피의자를 임의로, 임의의 기간 동안 강제수용소로 송치할 수 있게 되어 있다(Neumann 1988, 524). 이처럼 나치형법은 법이 아니라 지시와 명령에 기초한 '자의적인 결단주의'이며, "법이란 형태를 빌린 테러를 통한 대중조작과정"에 다름 아니기 때문에 이렇게 "전체국가의 이념은 인종제국주의 사상으로 전이"되게 되는 것이다. 처음 나치형법은 '권위주의적' 단계에서는 '의지' 즉 주관적 의지가 범죄자를 만드는 것으로 해석했다. 그 다음 단계로 넘어가면 이런 '의지이론'이 기각되고, 이제 형법이론은 생철학적 "생기주의Vitalismus와 칼 슈미트의 '구체적 질서사고'를 결합시킨 '현상학파phänomenoligishce Schule'가 장악한다. 예컨대 절도는 그 행위와 의도에 따라서가 아니라 그 사람의 '인격'으로 판결한다는 것이다. 즉 절도범은 '그 본질에 있어' 절도범이다. 절도 행위는 그 본질이 '현상'한 것이다. 판사는 유무죄를 자신의 '직관'에 의존해 판결한다. 나치형법은 전통형법에다 '권위주의' 경향, 일반조항 등이 더해진 혼합물이었다. 특별히 여기서 '건강한 민족감수성gesunde Volksempfinden'이 강조된다. 도덕과 법의 경계는 사라지고 모든 판결행위는 '인륜의 후광'으로 하는 것이다(위의 책, 525).

노이만에게 법과 법률은 서로 다른 2가지 개념 즉 정치적인 개념과 합리적인 개념으로 구분되는 것이다. 전자는 곧 의지voluntas, 주권자의 의지를 말한다. 하지만 합리적 법과 법률개념은 이 기원만이 아니라, 그 형식과 내용에 의해서도 규정된다. 이때 법과 법률은 동시에 이성ratio이다. 그러므로 법과 법률이란 의지이면서 동시에 이성이다. 이성으로서의 법은 다시 두 가지로 규정되는데 그것이 실체법과 절차법이다. 그 실체는 자유, 평등, 안전 등과 같은 '자연법'적 요청에 상응하고, 절차는 형식에 있어서의 보편성을 의미하는 것이다(위의 책, 509f.). 노이만에 의하면 나치법은 이성으로서의 법과 법률을 파괴한 것이다. 결국 그렇다면 "이런 시스템에 법이란 이름을 붙이는 것이 합당한가? … 나치법체계는 테러에 의한 대중조작의 기술에 다를 바 없다. 오늘날 형사법정은 게슈타포, 국가검찰 그리고 폭력의 우선 집행자인 사형집행인Henker의 합작이고, 민사법정은 우선적으로 독점주의적 경제단체의 집행에이전트가 되었다."(위의 책, 530)

대개 모든 왕조가 그러했듯이, 모든 정권도 권력교체 뒤엔 자신만의 내러티브로 역사를 재구성하길 원한다. 슈미트의 역사 수정주의도 그런 것이다. 1934년 간행된 『제2제국의 국가조직과 붕괴. 병사에 대한 시민의 승리』[105]에서 1918년 제2제국 "붕괴의 가장 깊고 본래적인 원인", 그 "파멸의 진정한 원인"에 대해 묻고 있다. 슈미트가 먼저 전제하는 것은 "독일민족은 다른 민족에 드문 병사적 특성"을 가지고 있다는 점이다. "병사국가Soldatenstaat인 프로이센에서는 이러한 본질적 특성이 정치적으로 형상화되며, 그렇게 됨으로써 정치적 통일체로서의 독일 민족의 존속이 가능"해졌다는 말이다(헌법과 정치, 355). 한마디로 제2제국 붕괴의 원인은 프로이센 병사국가와 시민적 입헌국가사이의 모순과 대결에서 전자 즉 병사국가가 패배한 때문이다. 그리고 자유주의적 시민국가의 '사후승리'가 바로 바이마르헌법이라는 것이다. 역사적으로 1848년 이후 문제가 되는 것은 단순히 정권차원이 아니라, "본질적으로 상이한 인간유형들 간의 무한히 깊은 충돌"이었던 것이다. "독일인의 형상 그 자체"가 문제가 된 것이다. 자유주의적 공민의 등장과 함께, 이제는 두 가지 인간유형의 충돌이 문제가 된다는 말이다. "프로이센 병사국가와 시민적 입헌국가라는 이원주의의 배후에는 '정부'를 두고 벌이는 일반적인 국내 정치상의 투쟁과는 다르면서도 심층적인 어떤 것이 자리잡고 있다. 이 이원주의는 **서로 모순되는 지도, 교양 그리고 교육에 대한 전체적인total**

---

[105] Carl Schmitt(1934), Staatsgefüge und Zusammenbruch des zweiten Reiches. Der Sieg des Bürger über den Soldaten, Berlin: Hanseatische Verlagsanstalt, 1934. 이 소책자는 2011년 귄터 마쉬케가 새로이 서문과 주석을 달아 새로운 판형으로 재간한 바 있다. PDF버전은 https://fr.scribd.com/document/643412196/Carl-Schmitt-Staatsgefuge-und-Zusammenbruch-des-zweiten-Reiches-pdf 국역본으로는 『헌법과 정치』, 354ff.

요구를 둘러싼 화해할 수 없을 정도의 대립에 뿌리박고 있다. 자유주의적 공민으로 발전하게 되면서 **인간유형의 대립**, **피와 대지Blut und Boden에 대항하는 교양과 소유**의 대립이 비로소 가시화되었다. 그 뒤를 따라 움직이는 독일 **노동자Arbeiter**가 이 문제를 더욱 첨예하게 만들었다. 노동자는 독일인으로서 가진 병사적 특성을 보유하고는 있었지만 외부의 지도에 복속되어 있었다. 그렇게 노동자는 비스마르크의 프로이센-독일제국에 저항하는 투쟁을 하는 과정에서, 자유주의적 입헌주의를 이용해 부당한 이익을 챙기는 자, 말하자면 중앙당의 가톨릭 정치와 국제 맑스주의적 정치의 도구가 되어 버린 것이다."(SuZusamm, 13, 강조는 원문) 두 가지 인간유형, 즉 병사 대 시민은 당대 유행하던 언어로 표기하면 '블루보 Blut und Boden'[106] 대 '소유과 교양'의 대립이 된다. 독일 민족주의 대 비독일 자유주의의 대립이라는 말이다. 여기서 슈미트는 또한 에른스트 윙거의 '노동자'개념[107]을 가져와 이를 계급, 계층과 연결된 복합어가 아닌 단순 남성명사로 표기하는데, 이 때 노동자는 나치 집권이전까지는 기본적으로 시민과 병사의 외부에 있는 제3의 범주로서 독일 사민당과 맑스주의 좌파의 한갓 '도구'에 불과하다는 것이다.

---

106 나치깃발에서 하켄크로이츠(갈고리십자가)의 바탕색과 배경색이 되는 '적赤과 흑黑'이 바로 블루보에서 유래된 것이다.

107 윙거에게 독일인에게 진정한 형상은 시민이 아니라 군인이다. "진정한 형상의 소유자인 독일 전방군인들이 바로 독일인들을 대표했다." 윙거, 벤야민(2020) 49. 윙거의 책은 1932년 처음 출간된 것이다. 윙거에게 노동자는 시민사회에 의해 전투가 아니라 오직 협상을 위해서 오도된 대상일 뿐이다. 하지만 노동자가 자신을 '형상'으로 인식 이를 뿌리칠 것을 재촉하는 것이다. 그래서 그는 "노동자의 형상속에 사람들이 지금껏 추정해왔던 것보다 더 많은 것이 감춰져 있지 않을까?"라고 묻고 있다. 여기 국역본은 유감스럽게도 발췌본이다.

시민 대 병사의 형상으로 재구성된 역사상像에서 앞에서 본 프로이센 쿠데타는 프로이센국가를 바이마르체제에서 분리시킨 일이었다. "낡은 국가의 힘이 그 정도는 충분했고, 이 프로이센 쿠데타의 날은 독일 국방군의 영광의 날이 되었다."(SuZusamm, 44) 하지만 그렇다고 독일제국을 '정치적으로 지도'할 정도는 아니었다. "독일의 구원은 1918년 붕괴 세력에 대한 저항과정 속에서 생겨난 독일민족 자신, 민족사회주의적 운동에서 나왔다. 이미 저 1932년 7월 20일의 프로이센 쿠데타는 민족사회주의 운동이 누구도 막을 수 없을 정도로 전진함으로써 가능했던 것이다. 1933년 1월 30일 세계대전을 이끈 원수[힌덴부르크를 말함-인용자]가 어떤 독일병사를 바로 저 정치적 병사인 아돌프 히틀러를 독일제국총리로 지명했다. 전체성을 요구하면서 등장한 운동의 지도자가 독일 제국총리가 됨으로써 자유민주적 헌법체계를 이미 벗어나 버린 것이다. 그 지도자에게 독일제국의 국가권력 전부를 쥐어줌으로써 새로운 헌법의 지반을 향한 그 첫걸음을 내딛은 것이었다. 독일민족은 이제 명확한 국내 정치적 결단을 내리기 위한 길로 들어서서 백년의 부르주아 입헌주의로 인한 혼란에서 해방되고, 규범적인 헌법 외피를 내던져 독일의 국가질서를 혁명적으로 건설하는 일에 착수할 것이다."(SuZusamm, 46)

나치의 국제법 대변자이자 이데올로그로서 슈미트는 「민족사회주의와 국제법」(1934)에서 현행 국제법과 민족사회주의의 관계에 대해 언급한다. 사상과 이론의 구조가 현실의 구조를 최소한 반영하는 것이라면, 그 구조에 함의된 인식은 사태의 전개방향을 적어도 암시해 준다고 할 수 있다. 그래서 보자면 베르사이유 늑약Diktat에 의해 독일은 "어떤 특수한, **법적으로 비정상적인 상태에** 있다는 것, 즉 독일은 **동권의**gleich-berechtigt **국가가 아니다**라는 점이다." 독일이 "권리를 박탈당하고, 멸시받고 있다는 점", 그래서 "국제법질서 전체를 향해 동등한 권리부여에 대한 우리의 요구는 근본적 의미를 갖는 것", 이것이 모든 것의 중심이라는 것이다(FoP, 391, 강조는 원문). 베르사이유 체제라는 부정의의 질서를 반박하기 위해 슈미트는 2개의 역사적 비교사례를 언급한다. 첫째, 25년이나 걸려 반나폴레옹 전쟁에서 승리한 유럽열강은 "정의롭고, 프랑스의 주권을 존중하는 국제법질서를 찾아낸 결과, 베르사이유조약처럼 제1차 대전 이후시기의 잘난 척하는 국제법 운영을 하지 않고서도 한 인간의 생애만큼 외교적으로 유럽의 평화를 확보해 냈다." 둘째, "1871년 승리한 독일제국은 패배한 프랑스를 그 즉시 주권국가로 국제법공동체의 정규자격을 갖춘 일원으로 대우했으며, 어떤 누구도 패전국의 명예를 박탈하고, 지속적으로 비무장을 강제하고 그리고 비주권국가로 대우한다고 생각조차 한 적이 없었다." 그래서 이때에도 꽤 긴 기간의 평화의 시기가 시작되었다(FoP. 397). 사실을 말하자면 슈미트가 항변근거로 제시한 2가지의 역사적 사례는 그 자체로 틀린 것은 아니다. 여기에 슈미트는 또 한 가지 흥미로운 사례를 들고 있다. 이번에는 소련의 법학자다. "볼쉐비키 소비에트 국가와 종을 달리하는 자본주의적-자유주의적 국가 간에는 그 어떤 국제법 공동체도 존재하지 않는다. 또한 그 어떤 평화도 존재하지 않고 오직 휴전만 있을 뿐이다. 이는 마치 과거 튀르키예인과 기독교인인 사이에 국제법 공동체도 평화도 존재하지 않고, 오직 휴전만 존재했던 것과 마찬가지로 말이다."(FoP, 399) 독일이 정당한 유럽의 일원임에도 마치 유럽민족권의 바깥에 있는 것처럼 부당대우를 받는다는 말이다.

독일의 현재는 따라서 오로지 현상의 변경을 통해서만 치유될 수 있다. 하지만 "베르사이유체제를 진정한 법제도라는 존엄으로 치장해 준 제네바 국제연맹은 진정한 합법적 **수정 가능성**을 창출할 능력이 없음이 입증되었다."(FoP, 400, 강조는 원문) 국제연맹규약의 개정을 통한 합법적 개정 즉 평화적 현상변경이 가능하지 않다는 말이다. 마찬가지로 "평화의 진정한 기초가 마련되지 않았음에도 **전쟁예방체계**를 만들려고 하는 시도" 역시 심각한 것이다. "누가 침략자인지에 대한 질문에 대한 답변은 그 모든 다수의 불가침조약에 있어서 … 구체적 경우에 스스로 결정을 내릴 수 있는 강대국의 손 안에 있다. … 현대식으로 잘 무장한 프랑스군이 전차와 대포를 앞세우고 독일의 루르지방으로 진군한다고 하더라도, 그것은 '법적으로' 침략이 아니라, '평화적' 조치일 뿐이다."(FoP, 401)

따라서 제네바 국제연맹은 "연방Bund도 진정한 공동체도 아니다. 그저 낡은 스타일의 기회주의적 동맹Bündnis에 지나지 않는다. 그 동맹은 1914년 세계대전으로 귀결된 그런 동맹체제Allianzsystem말이다. 이로써 제네바 국제연맹이 시도했던 제도적으로 보장된 신질서의 최후의 가상은 사라져 버렸다."(FoP, 404) 그 결과 독일은 더 이상 독일에 "적대적인 베르사이유 체제의 강력한 무장이나 가공할 강제수단에 기만당하지 않을 것"이며, 우리의 투쟁을 계속할 것임을 천명한다. 나치독일의 베르사이유 체제에 대한 항변은 아주 강력한 정당성 논리에 기반하고 있다. 그리고 평화적 수단에 의한 현상변경이 사실상 불가능하다고 이미 주장하고 있는 것이다. 슈미트의 말처럼, 1814년 메테르니히의 '유럽협조체제Concert of Europe'나 1871년 비스마르크가 구축한 유럽질서의 왕조적 동질성에 기초한 포용성와 비교해 1919년 베르사이유체제는 분명 흠결이 있다. 그리고 그 흠결을 정정할 경로와 수단을 슈미트에 따르면 법실증주의적 사고 즉 '약속은 지켜져야한다'라는 '근본 규범'를 고집해 구체적 상황속에서 언제나 중요한 '사정변경의 원칙'이나 '핵심이익의 유보'등의 가능성을 철저히 배제하고 봉쇄함으로써 스스로 운신의 공간을 없애버린 것이 결국 문제다. 이미 이 정치의 실패속에 새로운 전쟁이 잉태되고 있었던 셈이다.

히틀러와 히틀러의 국가사회주의에 대한 어떤 '정신적' 우월감, 그것은 독일 보수 만다린의 파시즘에 대한 일반적 태도의 표현이었다. 그리고 그것은 히틀러 집권에 대한 당시 보수적 지배 엘리트의 히틀러 '길들이기'와도 맥락을 함께 한다. "히틀러 권력장악에 수반된 환상 가운데 하나가 '길들이기' 개념이다. 이 개념은 보수적 권력집단 특히 제국 국방군 내에서 1930년 이래 표방되었고, 이 개념에 따르자면 독일민족사회주의노동당의 '긍정적' 요소와 보수적 기득권층이 결합되어야만 한다는 것이다."(Thamer 2002, 97) 하지만 슈미트는 단순한 '협력자collaborateur'가 아니라, 자발적으로 '나치화' 혹은 이른바 동조화Gleichschaltung되면서 여기서 훨씬 더 나가고 있다.

1934년 6월 30일 히틀러가 나치 친위대SS와 군부를 동원, 소위 '민족혁명'의 계속을 주장하던 잠재적인 당내 최대 경쟁자이자 나치 돌격대 SA 대장인 에른스트 룀Röhm과 바이마르공화국 마지막 수상이었던 슐라이허를 비롯한 일부 보수 반대파등 약 백 명을 일거에 제거해 버린 친위 쿠테타 곧 룀사건[108] 직후, 슈미트는 저 유명한 '총통이 법을 수호한다'라는 글을 발표한다. "최고 재판관으로서의 지휘권Führertum에 의거 위험한 순간에 총통이 직접 법을 창출할 때, 총통은 최악의 남용으로부터 법을 수호하는 것이다. ... 진정한 지도자는 언제나 재판관이기도 하다. 지휘권으로부터 재판권이 나온다. ... 사실 총통의 행위야말로 진정한 재판권이다. 총통의 행위는 사법부에 귀속되는 것이 아니다. 그 자체가 바로 최고의 사법부이다."(PuB, 228)

어떤 법적 근거도 없이, 순수 정치적 '판결'에 의해 집행된 이 대학살극을 일러 슈미트는 "법률적으로 정치적 통치행위Regierungsakte가 갖는 본질적인 특수성"(PuB, 230)이라고 했다. 그렇기 때문에 "자유주의적 법치국가와는 달리 총통국가에서는 입법, 행정, 사법이 상호 불신 속에서 대립하고 견제하지 않는다. 이외에도 '통치행위'가 정당하다는 것은 그 행위가 다른 무엇과 비교할 수 없을 정도로 효력을 가져야만 하는 바, 이 행위를 통해 총통은 총통으로서의 최고권한과 재판권을 통해 입증한 것이다."(PuB, 230)

---

[108] 룀사건은 히틀러의 권력기반을 획기적으로 강화시킨 결정적 전기가 된 사건이었다. 잠재적인 모든 반대파를 물리적으로 제거한 이후 독일은 총통국가로 확고히 자리 잡게 된다. 자세한 설명은 Frei(2002)와 Thamer(2002)를 참조.

바이마르공화국 당시 우파의 단골 프로파간다 소재가 좌파들의 '등 뒤에서 칼꽂기'에 의해 즉 좌파의 배신때문에 패전했다는 레퍼토리였다. 이를 '단검암살의 전설Dolchstoßlegende'라고 한다.[109] 룀사건 직후인 7월 13일 제국의회 연설에서 히틀러 역시 이 역사적 기억 즉 기억의 정치를 통해 이를 합리화했다. 멀지 않은 과거 프로이센 쿠데타 당시 『독일법률가신문Deutsche Jusristen-Zeitung』 기고를 통해 했던 그 똑같은 것을, 마찬가지로 이번에는 이 신문의 1934년 8월 1일자 기고를 통해 히틀러의 친위쿠데타를 슈미트 또한 합리화하고 나섰다. "1917년 가을 법적 사고에서 혼란을 일으킨 독일의원들, 특히나 공산주의자들이건 자본가들이건, 무신론자들이건 사제들이건 놀라울 정도로 한 목소리를 내면서 독일의 정치적 운명을 그 절차상의 허구와 왜곡에 팔아넘길 것을 요구했고, 당시 정신적으로 무너진 독일관료조직은 그러한 '법률적' 요구가 갖는 정치적 의미를 단 한번이라도 정서적으로 느껴본 바 없었다. 아돌프 히틀러의 행위를 겨냥해 독일의 적들 다수가 유사한 요구를 들고 나올 것이다. 하지만 그들은 오늘의 독일 국가는 자신의 우적을 구별할 힘과 의지를 갖고 있다는 사실을 들어본 적조차 없을 것이다."(PuB, 231) 결국

---

109 1918년 8월까지만 해도 독일의 대중들은 독일이 이기는 것으로 알고 있다가, 10월 초에 군부가 휴전청원을 하자 제국정부가 전쟁을 포기했음을 알게 된다. 11월 9일 사민당정부로 교체되고 해병들의 반란이 일어나 혁명은 성공하고 황제는 망명했다. 그래서 대중들에게는 결국 "우리는 전쟁에 이기려는 참이었다. 그런데 그동안에도 언제나 합의 평화만 바라던 약삭빠른 놈들이 정권을 잡더니 전쟁을 포기해 버렸다. 그러자 혁명이 일어났고, 이어서 우리를 전투 불능 상태로 만드는 휴전협정이 체결되었다." 이와 같은 대중심리적 조건에서 이른바 단검의 전설이 만들어진다. 당시 독일군 지휘부에서 퍼뜨린 이런 낭설을 히틀러 등은 굳건히 믿고 있었다. 하프너(2016), 163.

룀사건은 "하급지도자가 저지른 죄 즉 신의위반"(PuB, 230f.)에 대해 독일 민족운동의 유일지도자이자 민족의 정치적 의사를 대변하는 유일당의 총재로서 히틀러가 재판권을 행사한 '통치행위'이고 따라서 그 어떤 '절차' 특히 형사소송법상의 심리대상이 될 수가 없다는 말이다. 이렇게 나치 돌격대 내부에 결집된 파시스트 대중운동의 이른바 '반자본주의적-혁명적' 분파와 한 때 자신이 비공식 법률자문으로 밀착해 있었던 슐라이허 전총리에 대한 명백히 불법적인 국가테러를 총통의 법'수호'행위로 합리화함으로써 슈미트는 곡학아세의 세기적 모범을 시전했다.

슈미트는 1933년 3월 선거 이후 나치당에 가입한 소위 '3월의 전사자Märzgefallene'**110**중 하나였다. 그때까지 85만 명에 불과하던 나치당원은 이들 덕택에 2백만이 추가되었다. 그래서 당원가입을 중단한 1933년 5월 1일 그날 자로 하이데거와 함께 나치당에 가입한 '신나치' 슈미트는 1936년 말 '숙청'될 때까지 나치의 '어용법학자'로서 눈부신 활약을 펼친다. 그 어록중 일부이다. "모든 독일법은 … 오직 민족사회주의 정신에 의해 지배되어야만 한다. … 모든 해석은 민족사회주의적 의미에서의 해석이어야만 한다."(Schmitt 1934, 717) 슈미트는 총통절대주의의 신봉자로 등장한다. "국가를 민족사회주의 세계관의 수단으로 간주하는 공동체에서 법률은 총통의 계획이자 의지이다… ."(위의 책, 713) 곧 총통이 바로 '법'이다.**111** 그래서 "오늘날 독일 법조인은 총통의 조력자이다. … 민족사회주의 법과 총통의 계획과 의지는 오직 민족사회주의자들에 의해서는 인식되고 지켜질 수 있다. … 총통은 국가기관이 아니라, 민족의 최고 재판

---

110 이 말의 어원에 대해서는 아래를 참조. https://de.wikipedia.org/wiki/M%C3%A4rzgefallene

111 Carl Schmitt(1934), Nationalsozialismus und Rechtsstaat, in: Juristische Wochenschrift 1934.

관이자 최고 입법자이다." 그리고 당강령은 핵심적인 '법원法源'으로 간주된다. "민족사회주의독일노동당 강령은 진정한, 다시 말해 우리의 가장 중요한 법원이다. 그 강령은 오늘날 이미 유효한 법이다."[112](Schmitt 1936a, 181, 184f.)

슈미트 연구에 있어 피해갈 수 없는 운명적인 질문 가운데 하나가 K. 존트하이머Sontheimer가 던진 "칼 슈미트가 반유대주의자란 겁니까, 아니라는 겁니까?"라는 것이다(Quaritsch 1988, 13). 1933년 집권과 함께 독일 내 유대인의 사회적 차별에 나선 나치정권은 1935년 9월 뉘른베르크 전당대회를 맞아 이른바 '혈통보존법'을 발의한다. 이 법에 따라 기존의 '국적'이외에 '제국시민권'을 제정해서 유대인을 배제함으로써 이들과 순수 '아리안'사이에 완전한 정치적, 법적 권리의 차별을 선언한다.[113] 이러한 점차 급진화되는 반유대주의 분위기에 부응해 1936년 10월 민족

---

112 Carl Schmitt(1936a), Aufgabe und Notwendigkeit des deutschen Rechtsstandes, in: Deutsches Recht 1936.

113 사회적 차별, 정치적 차별, 경제적 차별, 그리고 '최종해결Endlösung 단계로 이어지는 나치의 유대인 문제에 대한 자세한 기술과 분석은 Krausnick(1999)을 참조. 사실 반유대주의는 그 자체 당대의 '독일이데올로기'였다. "1890년 전후해 독일에서 형성된 문화는 '독일이데올로기' 곧 급진적인 반근대 사고방식, 자유주의, 자본주의 그리고 사회주의에 대한 거부, 오래전 멸망한 세계에 대한 노스탈지아적 열정으로 표현된다. 민주주의에 대한 저항, 단결되고 정의로운 민족공동체의 복원을 위한 호소 역시 여기에 속한다. 이러한 정치적 지향은 극단적 민족주의와 식민지 및 제국적 충동 그리고 전쟁에 대한 감격, 전산업시대의 도덕적 코드의 유지와 병행된다. ... 이러저러한 방식으로 이 정치적 태도는 언제나 반유대주의와 결부되어 있었다."(Volkov 1978, 31)

사회주의법수호자동맹 산하 대학교수집단수호자Reichgruppenwalter 즉 사실상 의장으로서 슈미트는 『유대정신과 투쟁하는 독일법학』이라는 대규모 심포지움을 조직한다.

약 100여명의 예상보다 적은 법학자, 경제학자들이 참석한 이 대회 개회사는 총통에서 시작한다. 즉 "우리는 총통이 [『나의 투쟁』에서-인용자] '유대적 궤변'에 대해 말한 것을 언제나 새롭게 등장하는 거짓 위장과 신물나는 말들을 피하기 위해서라도, 우리는 우리 자신에게 그리고 우리 학생들에게 재삼재사 각인시키지 않으면 안됩니다." 대회를 주관한 슈미트의 폐회사도 역시 총통이다. "재삼재사 나는 긴급한 부탁말씀을 드리고 싶습니다. 아돌프 히틀러의 『나의 투쟁』에서 '유대인 문제'에 대해 말한 모든 문장, 특히나 '유대적 궤변'에 대한 총통의 상설을 읽어 보시기 바랍니다. 이번의 우리 대회에서 각 분야의 전문가들이 학문적으로 해주신 탁월한 발표들이 총통의 거기에서 간명하게, 어떤 인민동지들도 이해할 수 있고 또한 아주 남김없이 상세하게 얘기되고 있습니다."(JudenRw, 14, 33)

또 개회사에서는 "이탈리아 음악이 위대한 독일음악가 헨델, 바흐, 모차르트에 미친 영향이 맑스와 하이네로부터 시작된 유대인에 의한 감염과 동렬에 있는 것처럼 보이게 됩니다." 즉 유대인은 우리 독일인에게 단순히 '종이 같은 자Artverwandte'나 인접 민족 같은 외부자Fremde가 아니라 '종이 다른 자Artfremde'들인데 이를 독일인이 제대로 구별 못해 항상 감염에 노출되기 쉽다는 말이다(JudenRw, 16). 그런데 다시 폐회사에서는 "칼 맑스와 그로부터 시작된 영향력이라는 케이스는 우리 독일인에게는 원래 프리드리히 엥겔스 또는 부르노 바우어 또는 루드비히 포이어바흐 또는 아마도 헤겔의 케이스라는 점입니다. 바로 여기에 비극적 문제가 자리잡고 있습니다. 부퍼탈Wuppertal출신의 독일인 엥겔스[엥겔스의 고향이 부퍼탈이다-인용자]가 맑스라는 유대인에게 그렇게도 완벽히 예속되는 것이 도대체 어떻게 가능하단 말입니까."(JudenRw, 33)

이 대회 폐막사에서 슈미트는 단순히 학문적 인식이 아니라 '실천적 문제'로 법무장관 한스 프랑크가 제시한 다음 세 가지를 말한다. 첫째는 관련 분야에서 유대인 명부를 작성하는 문제다. 누가 유대인이고 아닌지를 정확히 알아야 한다는 말이다. 두 번째 실천적 문제는 정확한 명부에 근거해 유대인 저자의 장서를 배제하는 일이다. 셋째는 '인용문제'다. "나아가 결정적인 것은 인용문제입니다. 바로 이러한 학술대회 이후 유대계 저자를 인용한다는 일은 더 이상 가능하지 않습니다. 유대계 저자를 유력한 증인이나 혹은 어떤 한 분야에서 일종의 권위로서 인용하는 것은 무책임한 일일 수 있다는 것입니다. 유대계 저자는 우리에게 설사 그것이 '순수 학문적인' 것이라 하더라도 어떤 권위도 갖고 있지 않습니다. ... 인용문제를 이러한 방식으로 해결한 연후에 비로소 우리는 더 이상 유대인에 의해 감염되지 않을 하나의 독일적인 법학 저술을 갖게 될 것입니다. 인용문제는 그러므로 실천적인 문제일 뿐만 아니라, 나아가 원칙적인 문제입니다. ... 인용문제는 그러므로 결코 부차적인 사안이 아닙니다. 오늘날 유대인 문제에 있어 부차적 사안이란 더 이상 존재하지 않습니다. 진정한 세계관투쟁이 시작되자마자, 모든 것이 극히 긴밀하고 내면적으로 연관되었습니다. 객관적인 근거에서 유대인 저자를 인용하는 것이 불가피하다면, 그때는 오직 '유대인'이라는 말을 첨가한 뒤에 가능할 것입니다. 단순히 '유대인'이라는 말을 붙이는 것에서 성스러운 구마의식Exorzismus이 시작됩니다."[114] 넷째로 유대정신이 독일정신에 미

---

114 Carl Schmitt(1936), Eröffnung und Schlußwort. Das Judentum in der Rechtswissenschaft. Anspachen, Vorträge und Ergebnisse der Tagung der Reichsgrupe der Hochschullehrer NSRB am 3. und 4. Oktober 1936, Berlin; Deutsche Rechtsverlag, 1936.(이하 JudenRw) 슈미트의 개회사는 Eröffnung der wissenschaftlichen Vorträge durch den Reichsgruppenwalter Staatsrat Professor Dr. Carl Schmitt, in; Das Ju-

친 영향을 다루는 새로운 박사논문 테마를 개발해야 한다. 즉 법제사나 헌법사 그리고 또 민소법이나 형소법 그리고 유대정신과 법치국가의 개념등에 대한 테마 말이다(JudenRw, 29f.).

'엑소시스트' 슈미트가 여기서 언급하고 있는 사례가 '유대인 켈젠 Kelsen'이었다. 슈미트는 「파시스트와 민족사회주의 법사상」이란 이 시기의 글[115]에서 '인종문제'를 '당의 우위'와 함께 나치즘과 (이탈리아) 파시즘을 구분짓는 가장 중요한 세계관상의 차이점이라고 언급한다. 이 말을 좀 진지하게 받아들인다면 슈미트의 사상은 따라서 파시즘이라기보다는 나치즘이란 말이다(Mehring 2009, 373 재인용). 그의 이러한 명백한 반유대주의와 인종주의, 히틀러에 대한 절대적 충성에도 불구하고 슈미트의 정치적 캐리어는 그 해를 넘기지 못했다. 특히 그해 12월 나치 친위대 기관지『흑색 군단Das Schwarze Korps』에 슈미트에 대한 공개비판이 있은 뒤 슈미트는 추락한다.

전후 어딘가에서 슈미트는 랭보Rimbaud의 싯귀를 자주 인용한다. "정신의 투쟁은 인간들 사이의 싸움만큼 잔인하다."(SGN, 533)[116] 즉 여

---

dentum in der Rechtswissenschaft, Heft 1; Die deutsche Rechtswissenschaft im Kampf gegen den jüdischen Geist, Berlin 1936, 14-17. 폐회사는 Carl Schmitt, Die deutsche Rechtswissenschaft im Kampf gegen den jüdischen Geist. Schlußwort auf der Tagung der Reichsgruppe Hochschullehrer des NSRB vom 3. und 4. Oktober 1936, in: Deutsche Juristen-Zeitung, 41(1936), 1193-1199에 각각 실려 있다.

115 Carl Schmitt, Fashistische und nationalsozialistisches Rechtsdenken, in: DJZ 41(1936), 619-620.

116 "Le combat sprituel est aussi brutal que la bataille d'hommes, mais la vision de la justice est le plaisir de Dieu seul. ('정신의 투쟁은 인간들 사이의 싸움만큼 잔인하다. 그러나 정의의 전망은 오직 신의 기쁨일

기서 유대정신과 독일정신의 투쟁은 향후 벌어질 참극을 선취하고 있다. 학문세계 혹은 정신세계에서 슈미트가 요구하는 것은 순수 반합리주의 혹은 지적 반달리즘의 한 종말점을 가리킨다. 이로써 슈미트의 반유대주의적 정치신학은 실은 우적의 신학정치의 1933년까지 비공개된 판본에 불과하다는 것도 의미한다. 이렇게 '정신'속에서 우적의 정치학은 정점을 향해 달리고 있었다. 그리고 그것은 내부의 적인 좌파가 축출됨으로써 외부의 적, 유대인과 볼쉐비즘을 소환하고 있었다. 1936년 슈미트의 총통에 대한 환호송은 하지만 정점에서 추락을 또한 암시하고 있었다.

참고로 이 기간 동안 슈미트의 공식 직함은 이러하다. 베를린대학 교수, 프로이센 국가추밀원 고문Staatsrat, 독일법률가신문Deutsche Juristen-Zeitung 편집인, 독일법아카데미Akademie für Deutsches Recht 정회원, 독일민족사회주의법률가동맹(BNSD: JBund Nationalsozialistischer Deutscher Juristen, 1928-1936)과 1936년 이를 재편한 민족사회주의법수호자동맹(NSRB: Nationalsozialistischer Rechtswahrerbund, 1936-1945)[117] 산하 제국대학교수집단Reichsgruppe Hochschullehrer 제국집단수호자Reichsgruppenwart. 특히 민족사회주의법수호자동맹NSRB은 '제국법지도자'이자 제국법무장관 한스 프랑크가 최고직위였다. 이 조직의 변호사집단지도자는 발터 라에케Walter Raeke였다. 이 자리는 1936년 이후 파울 리터부쉬Paul Ritterbusch교수에게 승계된다. 이 동맹은 변호사, 판사, 검사 등 법률에 관련되는 모든 종사자를 총망라한 약 10만 명의 맹원을 둔 나치독일의 직업단체로서『독일법Deutsches Recht』이라는 기관지를 발행했다. 또한 1934년 5월이후 슈미트는 당대 명망있는 법률신문인『독일법률가

뿐이다')."(SGN, 548) 편집자 주를 참조.

117 자세한 것은 아래를 참조.
https://de.wikipedia.org/wiki/Nationalsozialistischer_Rechtswahrerbund

신문』의 편집인이었다. 1930년대 슈미트의 이력에서 특히 중요한 것은 제국법무장관 한스 프랑크와 제3제국의 '비밀' 후계자였던 괴링과의 관계이다. 정치적 역할은 거의 없지만 대단한 명예직이었던 프로이센 국가추밀원 고문으로 슈미트를 임명한 것은 다름 아닌 괴링이었고, 1936년 SS에 의해 슈미트가 공개 비판받을 때 그의 '목숨'을 구해준 것도 괴링이었다.

§4. 숙청 1936

1936년 슈미트의 놀라운 추락은 단순히 우발적 사건이 아니라 꽤 긴 시간 동안 치밀하게 준비한 어떤 작용의 결과였다. 그것은 무엇보다 다음 '음모 3총사'가 주도한 것이었다. 오토 쾰로이터O. Koellreutter[118], 라인하르트 횐 R. Höhn[119], 칼 아우구스트 에크하르트K. A.

그림 16 오토 쾰로이터

---

[118] 오토 쾰로이터(Otto Koellreutter, 1883-1972), 나치집권후 뮌헨대학 법학교수, 학장을 지낸 나치당원이었다. 슈미트와 함께 '총통국가의 이론가'로 활동했다. 전후 미군정에 의해 해직된다. 바이에른주 탈나치화심사에서 예비심사에서는 3등급인 '최소가담자Minderbelastete'로 분류되어 2년 집행유예를 받았지만, 그 뒤 이의제기후 열린 나치행위 특별재판소Spruchkammer 심리에서 2등급인 '주요가담자Hauptschuldiger'로 5년 노동교화형을 선고받은 뒤 13개월 복역 후, 다시 4등급 '단순가담자Mitläufer'로 분류된 뒤 석방되었다. https://de.wikipedia.org/wiki/Otto_Koellreutter

[119] 라인하르트 횐(Reinhard Höhn, 1904-2000) 1933년 나치당원 및 SS대원, 1933-35년 SS 보안국본부SD-Hauptamt 과장, 횐의 직속상관이 저

Eckhardt[120]가 그들이다(Rüthers 1990, 125).

먼저 그렇다면 '슈미트 케이스Fall Schmitt'가 어떤 역사적, 정치적 맥락에서 발생했는지에 대해 질문해 보자. 1936년 9월 뉘른베르크 전당대회—이른바 '명예Ehre의 전당대회'—를 앞두고 나름 나치주류와는 달리 법치국가와 '조치국가'사이의 균형을 추구하던 독일민족인민당 DNVP 몫의 프란츠 귀르트너Gürtner 당시 법무장관이 나치당의 법지도자 Rechtsführer이자 슈미트의 멘토였던 한스 프랑크로 교체된다는 추측이 돌았다. 여기에 대해 전교육차관이자 이후 내무차관이 되는 빌헬름 스툭카르트Willhem Stuckart의 보고를 언급하면서 횐은 8월 26일자로 하이드리히에게 이렇게 보고했다. "[제국총리실의-인용자] 람메르스Lammers차관도 비슷한 점을 시사했다. 길게 보면 이는 피할 수 없다는 의견이었다.

악명높은 라인하르트 하이드리히(1904-1942) 게쉬타포 국장이었다. 이후 제국보안본부RSHA 제1국장을 지낸 베르너 베스트Werner Best와 함께 슈미트 숙청에 관여했다. 1934년 하이델베르크대학 법학부 교수자격논문 마쳤고, 1939-45년 베를린대학 국가연구소 소장을 지냄. 전쟁말기에 SS장성으로 진급했고, 전후에는 신분을 위장 잠적하다 이후 '하르츠부르거 모델Harzburger Modell'이라는 고위경영자과정을 개발해서 당시 독일기업 경영에 상당한 영향을 미쳤다. https://de.wikipedia.org/wiki/Reinhard_H%C3%B6hn

120   칼 아우구스트 에크하르트(Karl August Eckhardt, 1901-1979) 나치당원, 1933년 SS대원이 된다. 베를린대학 중세사교수, 이후 법학교수를 지냈다. 1936년 SS내에서 독일국방군기준 중위급에서 이후 소령급이 되었고, 1935년 이후 SS 보안국SD내에서 라인하르트 횐의 부서에서 활동했다. SS 총사령관 힘러Himmler의 측근이었다. 종전시 전쟁포로가 되고, 이후 교수직에서 해직된다. 전후에는 독일법제사 분야에서 집필등의 왕성한 활동을 했다. https://de.wikipedia.org/wiki/Karl_August_Eckhardt

프랑크 제국장관[한스 프랑크는 당시 무임소장관이었음 - 인용자]도 최근 아주 가까운 측근들에게 이에 대해 이야기했다. 이로부터 발생하는 가장 심각한 위험은 슐레겔베르거Schlegelberger대신 추밀원고문 슈미트가 차관이 되는 것이다. 수툭카르트가 제안한 것은 이런 내용이다. 첫째, 그가 즉 스툭카르트가 [제국총리비서실장인-인용자] 보르만Bormann을 개인적으로 만나 프랑크가 어떤 일이 있어도 그리고 그 어떤 형태로도 슈미트와 같이 일하지 않는다는 조건에 대해 말하기로 한다. 만일 슈미트가 들어가면 정치적 가톨릭주의에 팔아넘기는 일이 뒤따를 것이기 때문이다. 둘째, SS 제국지도자[하인리히 힘러를 말한다-인용자]가 자기 쪽에서 즉시 보르만이나 부총통[루돌프 헤스-인용자]을 접촉해서 이의를 제기한다."(SGN, 464, 또한 Blasius 2001, 172)[121]

여기서 횐이 첨부한 자신의 의견은 이렇다. "상황은 사실 슈미트가 가능한 모든 수단을 동원해 일을 진행시킬 것이라는 것이다. … 슈미트는 프랑크에게 딱 들러붙어서 어떻게 해서든 자신을 데리고 가게 할 것이다. 이는 프랑크의 멘탈리티나 슈미트가 프랑크 부인의 강력한 지원을 받고 있다는 점에서 쉽게 가능할 것이다. 게다가 당의 핵심부는 칼 슈미트의 위험성에 대해 알고 있지 않다. 슈미트가 가진 탈출구중 하나가 법무차관이 되는 것이라는 점은 이미 여러 경로로 알려져 있다. 따라서 스툭카르트의 제안에 동의하는 것이다. 슈미트에 대한 별도의 보고서가 현재 준비중이다."(SGN, 464)

원래 보안국SD은 1931년 라인하르트 하이드리히에 의해 설립된 것이다. 정식명칭은 제국 SS 지도자청 산하 보안국Sicherheitsdienst des

---

[121] 이 결정적인 문건은 아래에서 보게 될 「슈미트파일」 222-223쪽 (Documents, 222f.)에 '프랑크를 제국법무장관으로 지명'이라는 제목으로 보안국 국내파트SD-Inland 제2국 제2과Amt II 2에서 '지급Eilt'으로 작성한 것이다.

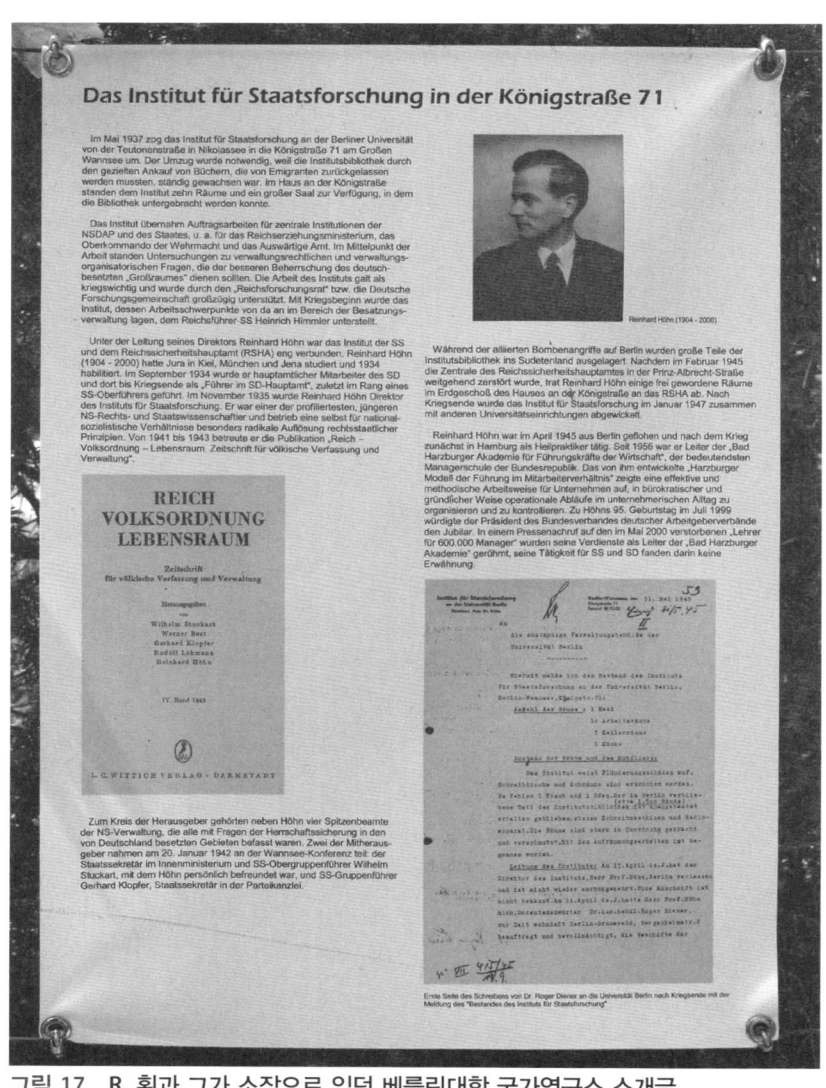

그림 17 R. 횐과 그가 소장으로 있던 베를린대학 국가연구소 소개글

Reichsführers-SS인데 이를 줄여 SD라고 불렀다. 친위대SS와 나치당의 최초의 정보조직으로서 1933년 나치집권 이후부터 1939년 제국보안본부 RHSA내 총 7부중 하나로 통폐합될 때까지 별도의 조직을 유지했다. '보안국 국내파트'SD-Inland와 '보안국 국외파트'SD-Ausland로 구분되는데, 당시 SS소령 횐이 '보안국 국내파트' 제2국 제2과AmtII/2의 책임자였다.

그리고 흰소령은 제국과 나치당내 정치적 반대파에 대한 첩보를 수집 이를 게쉬타포에게 이첩하는 역할을 했다. 에크하르트는 1935년 이후 SS 제국지도자 힘러의 측근이면서 SS 중위계급으로 흰소령의 부서에 배치된 상태였다. 흰이 SS에 가입했을 당시 하이드리히는 비교적 소장파 우익지식인을 중심으로 '브레인 트러스트'를 구축 자기 주변에 포진시키고 있었다. 예컨대 베르너 베스트(이후 SS 중장, 덴마크 총독등), 오토 올렌도르프(제국보안본부 제3부 국내파트 부장), 발터 쉘렌베르그(제국보안본부 제6부 국외파트 부장)를 들 수 있는데 흰 역시 이들의 일원이 된다(Rüthers 1990, 81ff.). 이 중 쾰로이터는 가장 연장자이면서 이미 1920년대 초반부터 독일우익운동에 깊이 개입해왔던 인물이고, 흰이나 에크하르트는 나치정권에서 장래가 촉망받는 최핵심부의 엘리트 중간간부였다. 이들에게 슈미트와 같은 나치집권후 나치가 된 '3월의 전사자'들은 기회주의자에 다름 아니며 특히 이들로 인해 나치세계관이 유대주의, 교회뿐만 아니라 보수파등도 포함한 3방향으로부터 위협받는다고 보고 있었다(Rüthers 1990, 91).

여기에 망명 유대인 그룹의 집요한 반슈미트 공격도 불에 기름을 붓는 격이었다. 특히 슈미트의 제자이기도 했던 발데마 구리안Waldemar Gurian이 스위스 일간지나 『독일편지Deutsche Briefe』라는 매체를 통해 '신나치' 슈미트의 기회주의 행보를 낱낱이 폭로하고 나섰다. 구리안의 전략은 '슈미트의 적은 슈미트Schmitt gegen Schmitt'라는 데에 있었다 (Mehring 2009, 378). 슈미트 자신의 수많은 말과 글을 활용 결국 스스로가 스스로를 탄핵하게 만드는 방법이다. 그래서 구리안은 '과거의 슈미트가 지금의 나치권력자와 나치운동을 얼마나 혐오'했었는지, '슈미트가 과거 정치적 가톨릭주의 즉 중앙당과 그리고 유대계 친구, 동료들과 어떤 관계였는지' 등을 볼 때 슈미트는 진정한 나치가 될 수 없다, '결국 슈미트는 나치즘을 자신의 정치적 목적을 위해 이용해 먹는 것에 불과하다'식으로 접근했던 것이다. 이렇게 슈미트의 기회주의를 경멸하면서 동

그림 18　E. A. 에크하르트

시에 이런 자를 등용한 나치를 냉소하는 전략이었다(Rüthers 1990, 94). 그럼에도 슈미트는 법무장관이 귀르트너에서 프랑크로 교체될 경우 슐레겔베르거대신 법무차관이 될 것을 실제로 기대하고 있었던 것으로 보인다(Rüthers 1990, 92). 하지만 1936년 12월 3일 마침내 SS기관지 『흑색군단』에는 '부끄러운 명예회복Ehrenrettung'이라는 긴 사설이 게재된다. 그리고 다음 주 12월 10일 다시 한 번 '점점 더 부끄럽다!'는 제하의 사설이 실린다(Anonymus 1936a).

　　SS측이 슈미트를 비판하는 지점은 주로 세 가지였다. 첫째, 슈미트는 1916년 독일 년들이 전선에서 싸울 때 시인 테오도르 도이블러의 『오로라Nordlicht』에 관한 연구에서 처음으로 인종Rasse에 대한 견해를 개진했다. 사설의 인용문을 보면 슈미트는 당시 이렇게 썼다. "인종설의 저 모든 낭만주의는 유사한, 즉 말하자면 형태론적 사변에 근거하고 있다. 자신을 현실정치가라고 부르기를 좋아하는 사람들은 자연과학적인, 소위 정확한 인종차이를 주장하지만, 실은 그들조차 도덕적 해석을 하고 있을 뿐이다."(Nordlicht, 14) 사설에 따르면 슈미트는 "유대인과 특수관계를 이어갔다. 그는 유대인의 친구였고, 유대인은 그에게 길을 열어 주었다. 슈미트는 유대인에게 책을 헌정했다. 슈미트 교수가 자신의 사상을 책으로 펴내기 전에 그것을 논문 형태로 유대인 빌헬름 푹스가 편집하는 가톨릭 월간지 『호흐란트Hochland』에 기고했다. 유대인 에리히 카우프만과 모리츠 율리우스 본은 슈미트와 인생 동반자였고, 유대인 후고 프로이스는 슈미트가 잠시 재직했던 베를린 상과대학Handelshochschule 그의 선임자였다. 슈미트는 프로이센 대 제국 재판에서 슐라이허의 반동적 막간幕間정부를 위해 유대인 야코비와 한편이 되어 싸웠다." 이 모든 것이 슈미트의 인종관이 불철저함을 입증하는 것이다.

둘째, 그의 정치적 가톨릭주의다. 슈미트는 정치적 가톨릭주의와 중앙당을 적극 지지했고 이후 브뤼닝의 중앙당 정부에도 기여했다. 슈미트는 이렇게 쓴 적이 있다. "정치상황이 변할 때마다 외관상 모든 원칙들이 같이 변하는데, 변하지 않는 단 한 가지가 있다. 그것이 가톨릭주의의 권력이다."[122]

셋째, 그의 기회주의다. 그의 '결단사상'은 지적인 이론분야에서만이 아니다. 슈미트의 결단사상에 대한 버전으로 보자면, 그는 개인적 결단을 하는 것조차 포기했다. 슈미트의 구호는 "기다려, 기다려, 모든 것이 실제 그 정도가 될 때까지!" 마침내 1933년 1월 30일이 되어 일이 그

---

[122] 이 구절은 슈미트의 『로마가톨릭주의와 정치형태』의 해당 구절을 패러디한 것이 분명하다 하겠다. "의회주의와 민주주의측이 19세기 전체를 통털어 되풀이했던 비난은 가톨릭정치가 그 끝을 알 수 없는 기회주의에 다름 아니라는 것이었다. 그 유연함은 실상 놀라운 것이다. 가톨릭정치가 적대하는 흐름과 집단을 서로 묶어 내고, 상이한 나라들의 상이한 정부와 정당들과 연정을 맺었는지 수천 번도 더 비난받았다. 그것은 이러저러한 정세에 따라 절대군주주의자 또는 폭군방벌론자Monarchomachen와도 제휴하고, 1815년 이후 신성 동맹때에는 반동의 보루이자 모든 자유주의자들에게는 자유의 적이었고, 또 어떤 다른 나라들에서는 특히 언론과 교육의 자유라는 바로 그 자유를 격렬히 옹호했으며, 유럽의 왕정에서는 왕위와 제단의 결탁을 설교하고, 스위스 칸톤의 농민 민주정 혹은 북미에서는 전혀 다른 편에 서서 확고한 민주정을 주장했다. … 어떤 가톨릭교인은 다른 교인들이 악마라고 부르는 사회주의의 동맹이며 사유재산의 신성함을 대표하는 부르주아지가 무법의 범죄단체로 간주하고 있음에도 어떤 가톨릭교인은 볼쉐비키와 담담하게 협상을 하고 있었다. 정치상황이 변할 때마다 외관상 모든 원칙도 변한다. 그러나 단 하나 가톨릭주의의 권력만 빼고 말이다."(RK, 6f.)

정도가 되자, 슈미트교수도 비로소 아무런 위험없이 자신을 위해 결단을 내릴 수 있었다. 슈미트의 인성과 그의 성장과정을 잘 아는 자들은 입 다물고 경악 속에 슈미트가 어떻게 갑자기 민족사회주의 이념의 수호자로 부상할 수 있었던가를 지켜보았다. 이제 유대인에 대한 결단이 내려졌다. 슈미트도 마찬가지 이제는 '반유대주의자'임이 입증되었다. 그렇게 "유대주의가 정신생활에 미치는 해악적인 영향에 대한 적확한 말들을 찾아내기 시작했다." 그리고 아무 말 없이 슈미트는 자신의 저서에게 유대인 동료의 글 인용과 그들에게 부여한 '상찬Lobpreisung'을 삭제했다. 이제 더 이상 기다리지 않았다. "결단은 내려졌다. 국가, 운동, 민족. 슈미트 교수는 '자기사상의 전제'를 발견했다. 많이 늦기는 했지만 말이다." 그렇다면 이제 "시민 칼 슈미트는 스스로를 극복했다. '그는 줄맞춰 행군하는 것을 배우고 있다.' 우리는 완전히 감격하면서 병사 칼 슈미트를 보고 있다." 참으로 신랄한 야유였다.

그래서 그들의 결론은 이렇다. "진정한 성과는 오직 **명확한 개인적 태도**에서 나온다는 것이 민족사회주의의 기본원칙이다. 이 기본원칙은 칼 슈미트교수의 학설에서도 검증되어야만 한다. 칼 슈미트가 민족사회주의적인 학문으로 가는 진짜 입구를 찾아내는데 진정으로 성공했단 말인가? 칼 슈미트 교수는 이렇게 소리칠 모든 이유를 다 가지고 있다는 것이 우리의 생각이다. 즉 '**주여 나의 결론으로부터 나를 지켜주소서**'."(Anonymus, 1936b, 강조는 원문)

1936년의 '슈미트 케이스Fall Schmitt'와 슈미트에 대한 SS의 사찰기록은 한편으로 '권력자로 통하는 통로'를 갈급했던 한 지식인의 궤적을, 다른 한편으로 권력의 관점에서 필요에 따라 지식인에게 어떻게 접근하는지를 실증해주는 아주 흥미로운 그리고 예가 드문 그런 국가기록물이다. 이 기록은 베를린-리히터펠데Lichterfelde 연방문서보관소Bundesarchiv 분류기호 'R 58, Nr. 854'에 마이크로필름으로 보관되어 있다. 그렇다면 이제 이 마이크로필름안의 세계를 들여다보기로 하자.

앞에서 본 것처럼 1936년 당시 SS 제국지도자Reichführer는 하인리히 힘러였다. 그 직속부하인 하이드리히가 SS그룹지도자[123]였다. 그 보안국 국내파트 제2국 제2과 '독일생활영역Deutsche Lebensgebiete' 담당 과장은 SS돌격대지도자Strumbahnführer(국방군 소령급)[124]인 라인하르트 휀이다. 문서의 생성처는 보안국 본국SD-Hauptamt으로 되어 있고, 문서 표지에 영문으로 「칼 슈미트파일Documents Carl Schmitt」이라고 적혀 있는 걸로 봐서 전후 미군이 노획한 'SD파일SD-Akte'에서 분류한 것으로 보인다. 파일은 먼저 슈미트의 인적사항에 대한 개괄로 시작된다. 숫자는 해당 페이지의 쪽수이다. 4-10쪽에 걸친 슈미트 이력에 대한 SS의 서술을 일별하면 아래와 같다.

"이혼과 재혼 후 슈미트는 파문당한 뒤 교회와의 외면상의 결별로 귀

---

[123] SS의 계급체계는 이른바 '지도자Führer원칙'에 따라 편성되어 군과 별개다. 장성급에서는 최상급집단지도자Oberstgruppen(군 상급대장급), 상급집단지도자Obergruppen(군 대장급), 집단지도자Gruppen(군 중장급), 여단지도자Brigadenführer(군 소장급)가 있다. 라인하르트 하이드리히가 마지막 역임했던 제국보안본부장의 위치가 사실상 상급대장의 계급이라고 볼 수 있다.

[124] SS장교의 계급 체계중 먼저 영관급을 보자. 상급지도자Oberführer(군 상급대령급), 군의 대령보다는 위지만 소장보다는 아래인 계급이다. 당시 육군과 공군에는 준장계급이 없었다. 연대지도자Standartenführer(군대령급), 상급돌격대지도자Obersturmbannführer(군중령급), 여기서 돌격대Strumbann는 군의 대대에 상응한다. 돌격대지도자Sturmbannführer(군소령급). 다음 위관급을 보면 최상급돌격지휘자Hauptsturmführer(군대위급), 돌격Strum은 중대에 상응한다. 상급돌격지도자Obersturmführer(군중위급), 하급돌격지도자Untersturmführer(군소위급)의 순이다.

결되었다. 하지만 그는 이전과 마찬가지로 내면적으로는 가톨릭주의와 강력하게 결합되어 있었다. 슈미트의 정치활동의 특징은 이러하다. 1924년 예나에서 열린 국법학자 모임에서 그는 도래할 독재에 대해 전적인 지지의사를 표명했다. 1930년 그는 유대인 후고 프로이스Hugo Preuß의 독자적인 정신을 칭송하고, 프로이스의 생애와 저작은 자유로운 시민교양과 국가 헌법 사이의 깊은 연관을 입증한 것이라고 했다. 브뤼닝과 중앙당과 슈미트는 매우 밀접히 연결되어 있었다. 파펜과도 연결되어 있었다. 그리고 [사민당과 중앙당 연정인-인용자] 브라운Braun의 프로이센정부에 대항한 법률분쟁에서 [제국측인] 파펜정부를 옹호했다. 이 때 유대인 야코비와 함께 의견서를 작성했고 권력 장악후 재빨리 야코비와 결별했으며 야코비가 유대인인 줄 몰랐다고 주장했다. 권력장악 이전 제국방위군Reichswehr의 쿠데타 가능성에 근거를 제공하는 사적인 문건을 작성했다. 그가 정기적으로 지난 모든 총리들에게 취임축하를 보냈다는 이야기는 이에 비추어 볼 때 개연성이 매우 높아 보인다. 민족사회주의에 대항해 슈미트는 언제나 명확히 입장을 표명했다. 1932년 기쁜 나머지 손을 비비면서 händereibend 확언했다. 히틀러는 이제 중앙당과 손을 잡게 될 것이고, 그러고 난 뒤 장담컨대 반년 안에 끝장날 것이다. 1933년 1월 30일 슈미트는 선언했다. '오늘 제국 대통령이 민족적national 독일을 히틀러에게 팔아넘기는 배신을 했다verraten.' 권력장악 이전 슈미트는 헌법개정 법률을 통한 근본적인 개헌은 불가능하다는 근거를 제시하기 위해 시도했다. 왜냐하면 이것은 개헌Verfassungrevision이 아니라 헌법교체Verfassungwechsel이며, 헌법교체의 가능성을 창출하는 것이 헌법규정이 갖는 의미가 아니라는 이유에서이다."(Documents, 4f.)

계속 이어서 보기로 하자. "민족사회주의의 승리가 사실로 되고, 슈미트에게도 민족사회주의적 운동의 활동과 과제가 더욱 커지고 위력적인 것으로 보이게 되자, 이러한 인식에 맞추어 슈미트도 새로운 국가에서 직책을 맡게 된다. 그는 프로이센 국가추밀원고문으로 임명되었고, 독일법 아카데미 회원이자 대학위원회 대표가 되었다. 헤스의 참모부에서 그는 법률전문가로 활동한다. 민족사회주의 법수호자동맹NSRB내에서 자신의 권력지위를 대폭 강화했고, 이 동맹의 전공분야와 정책적인 작업전반에 영향력을 행사할 수 있게 된다. 특히, 저작권 그리고 발명권 Erfinderrechte분야 (발트만)을 제외한 학문적이고 법정책적 문제전반의 처리와 법정책에 따른 교육훈련Schulung이 그에게 맡겨졌다. 법수호자동맹 해당분과의 장으로서 슈미트는 이제 더 이상 라에케Raeke[125]가 아닌 제국장관 직속에 배치되었다."(Documents, 6f.)

이제 슈미트는 외면상으로 보자면 민족사회주의자가 되었다고 생각할 수도 있을 것이다. 그러나 반드시 그런 것만은 아니었다. 예를 들어 당시까지 법수호자동맹과 교육부가 공동으로 주최한 교과개혁 학술회의에서, 에크하르트Eckhardt교수의 보고에 따르면, 슈미트는 헥켈Heckel, 라이케Reicke, 될레Dölle, 랑에Lange, 스톨Stoll, 담Dahm 그리고 베버 Weber교수의 참석에 특별한 가치를 두었고 교과개혁 대학학술회의의 전체회의 발표자로 라이케와 바이얼레Beyerle, 랑에, 베버교수를 염두에 두고 있었다. 에크하르트는 그 직후 슈미트에게 다음과 같은 강력한 항의 서신을 보냈다. "당신이 제안한 명단을 보고 놀랐습니다. 1) 담Dahm에 대해선 당신도 알다시피 아무런 이의가 없습니다. 2) 헥켈, 라이케, 될레, 스톨, 바이얼레 그리고 베버에 대해 저로선 인간적으로 좋은 사람이고 일부는 탁월하다고 봅니다. 하지만 그럼에도 이들 전부는 민족사회주이

---

125 발터 라에케(Walter Raeke, 1878-1959), 제국의회의원, 독일민족사회주의법률가동맹 변호사위원회 위원장, 독일법전선 상임부위원장등으로 활동하다 프리메이슨이력이 발각되어 모든 직위에서 해임되었다.

자가 아니며 더군다나 이들 중 다수는 민족사회주의와 거리를 두고 있다는 점을 확실히 할 수밖에 없습니다. 당신이 이들 중 한 둘만을 지명했다면 나는 항의를 하지 않았을 겁니다. 하지만 당신은 8명 중 6명을 이렇게 채우고자 한다는 것이 놀라울 따름입니다. 3) 랑에[126]를 동시에 두 번씩이나 추천하는 것은 저로선 전혀 납득되지 않는 일입니다. 귀하께선 몇 주 전 랑에가 애시 당초 나의 교과개혁에 대한 작업을 온갖 방법을 써가며 훼방을 놓고, 법학 교수들 사이에서 일종의 민족사회주의자들에 대항하는 '법학자 고백전선Bekenntnisfront'를 조직하고자 했다는 사실을 언급하면서 나에게 랑에를 비난했었습니다. 당신은 자신과 랑에간에 오간 매우 확실한 서신을 나에게 보여주었고, 프랑크법무장관에게 이 사실을 보고하는 것에 대해 나에게 권한을 위임했습니다. 나는 그 직후 ―킬대학의 나의 동료들에 대한 저질적인 공격 및 평가와 랑에가 『독일법학』지에 게재하고자하는 절대적으로 반동적인 논문을 동시에 언급하면서― 프랑크장관뿐만 아니라, 나의 장관[에크하르트가 횐과 같은 부서에 소속되어 있고 또 힘러의 측근이라는 점에서 힘러를 말함-인용자]에게도 보고하고 이에 대해 주의를 요청했습니다. 프랑크장관은 횐을 통해 랑에에게 논문게재가 불가하며, 이와 관련 [독일법] 아카데미의 기관지에도 통보할 것을 지시했습니다. 교육부에서도 랑에의 학장직 임기가 연장되지 않을 것이며, 랑에의 표를 산정하지 않을 것이라고 통지했습니다(지금까지 민법교수 초빙때 대부분 그렇게 했었던 것과는 달리). 그리고 이제 귀하께서는 나와 마찬가지로 랑에의 고루한 성향과 반동적 경향을 확신하고 있으면서도 이 사람을 이런 방식으로 편파적으로 추천하기를 원하시는 겁니까. 나는 그런 정치(혹은 책략)을 절대 이해할 수가 없습니다. 그리고 거기에 그 어떤 경우에

---

126 하인리히 랑에(Heinrich Lange, 1900-1977), 민법교수, 1932년 나치당원, 1934 브레스라우대학교수, 이후 뮌헨대학, 전후 나치정권 '단순조력자'로 분류, 뷔르츠부르크대 교수로 정년했다.

도 협력하고 싶은 생각도 없습니다."(Documents, 8-9)

　에크하르트는 1932년 나치당에 가입하고 이후 1933년 SS에 가입했다. 당시 그는 1928년 27세 나이로 킬대학 정교수로 있다가 베를린대학을 거쳐 1933년 이후 본대학 교수였다. 그리고 제국교육부 대학국의 핵심 자문위원으로서 법학, 정치학, 경제학, 역사학등 분야 교수임용에 막강한 영향력을 행사하고 있었고, 그래서 1935년 SS에 뒤늦게 합류한 탓에 계급은 소위급인 하급돌격지도자Untersturmführer에 불과했지만, 국방군 원수급인 SS제국지도자 힘러의 '개인 스텝'이 될 수 있었다. 또 에크하르트는 특별히 자신의 SS신분을 노출시키지 말고 활동하라는 지시 하에 움직이고 있었다. 1935-37년 교육부 대학 자문위원으로서 여러 대학 교수임용에 깊이 관여하면서 킬대학 출신의 교수임용에 관여하기도 했고, 1941년 힘러의 40세 생일을 맞아 스툭카르트, 베스트와 함께 기념문집을 편찬하기도 한다(Rüthers 1990, 84ff.). 즉 라인하르트 횐이나 에크하르트 모두 나치정권의 최고급 두뇌이자 법률부문 엘리트였고, 그것도 1930년대 중반을 지나면서 나치독일의 모든 권력의 중핵으로 부상하던 SS의 핵심라인으로서 단순히 SS계급과 관계없이 슈미트를 견제하고 탄핵하기에 충분한 권력자원을 구비하고 있었다고 봐야 한다.

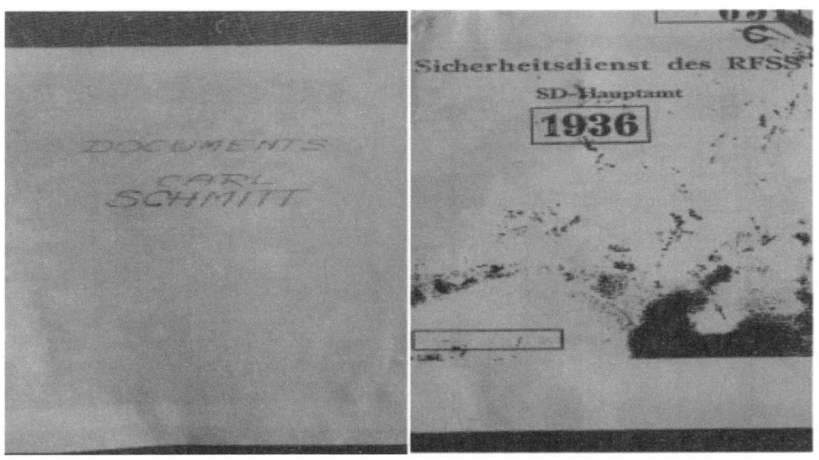

그림 19 '슈미트파일'의 표지

12월 10일자 『흑색군단』에 기사가 나간 직후인 1936년 12월 14일자로 뮌헨 보안국SD 남부상부지구Oberabschnitt Süd에 '지급사안'으로 보낸 서한을 보면 "특히 쾰로이터를 통해 칼 슈미트에 대한 다음 관련 상세 사항에 대해 즉각 조사해서 보고할 것"을 지시한다. 발신자는 보안국 본국 제2과 제2계SD-Hauptamt II 22이며 발신인은 '하급돌격지도자'로 되어 있다. 1933년 이후 쾰로이터가 뮌헨대 교수로 재직중이었기 때문에 보안국 뮌헨지부를 선택해서 추정컨대 에크하르트가 이 문서를 기안했을 거로 보인다. 이 문서는 특히 3가지에 대해 즉 "1. 그와 가톨릭과의 관계 2. 그와 1933년 이전 유대인과의 관계 3. 그와 파펜. 브뤼닝, 슐라이허와의 관계"를 조사할 것을 지시한다(Documents, 17).

12월 15일자 첨부서류와 함께 프로이센주지사 괴링중장과 차관 쾨르너Körner에게 보안국 본국 제2과 제2계를 발신자로 보고서한이 송부되었다. 그 중 괴링에게 보낸 보고서에는 슈미트가 가톨릭과 밀접히 결탁되어 있으며, 정치적 변신과정에서 유대계 학자와도 결부되어 있음을 지적한다. 그리고 이것이 "슈미트의 학설이 민족사회주의와 합치가능한지vereinbar, 아닌지"와 관련해서 논란을 야기하고 있다고 보고했다. 더 큰 문제는 슈미트가 "현재 민족사회주의자로서 정치적, 정신적 생활에서 매우 중요한 역할을 하고 있다는 점"이다. 특히 슈미트의 애제자인 퀸터 크라우스가 『청년과 법』지에 기고한 논문에 의하면 "칼 슈미트 학설의 내적인 일관성은 오직 그 순수 가톨릭적인 내용에서 찾아볼 수 있으며 그와 민족사회주의와의 결합은 단순히 오로지 외면적인äußerlich 것일 뿐이다"라고 매우 인상적으로 기술했다고 보고하고 있다(Documents, 20). 슈미트의 박사과정 지도학생이자 조교이기도 했던 퀸터 크라우스는 SS측이 슈미트의 가톨릭주의와의 연관을 입증하기 위해 가장 자주 애용하던 소스였다.

'슈미트파일'에는 여러 버전의 슈미트 탄핵사유서가 등장한다.

1) 제1버전은 쾨르너차관에게 보낸 서한이다. 여기에는 "12월 3일자 『흑색군단』 기사를 검증한 결과, 그것이 사실에 부합됨을 확인했으며 그 근거로 다음을 들 수 있다"라고 하면서 10가지를 제시하고 있다.

1. "독일지식인의 운명과 교양이 곧 바이마르헌법의 운명이다."(「후고 프로이스의 국가개념과 독일국가학에서의 그의 지위」, 25쪽)
2. "인종설의 저 모든 낭만주의는 유사한, 즉 말하자면 형태론적 사변에 근거하고 있다. 자신을 현실정치가라고 부르기를 좋아하는 사람들은 자연과학적인, 소위 정확한 인종 차이를 주장하지만, 실은 그들조차 도덕적 해석을 하고 있을 뿐이다."(테오도르 도이블러의 「오로라Nordlicht」에 대한 3가지 연구)"
3. 막스 베버 추모집에 실린 '주권'에 대한 논문에서 칼 슈미트가 유대인 카우프만을 칭송했다.
4. 『뮌헨 룬드샤우』지 기고에 후고 프로이스를 인용했다.
5. 유대인 야코비와 프로이센 대 제국 재판에서 공동활동했다.
6. 『로마가톨릭주의와 정치형태』 1925년, 7쪽 "정치상황이 변할 때마다 외관상 모든 원칙들이 같이 변하는데, 변하지 않는 단 한 가지가 있다. 그것이 가톨릭주의의 권력이다." 즉 이를 통해 가톨릭주의 세계관을 함양하고 있다.
7. 1925년 라인란트 중앙당 출판사에서 「국제정치 대상으로서의 라인란트」라는 소책자를 펴내고, 1925년 5월 14일 라인란트 중앙당 주최행사에서 강연을 했다.
8. 1918-1932년 사이 슈미트는 결단주의사상을 대변했다. 이 사상은 스페인의 국가이론가 도노소 코르테스에 근거하는데, 슈미트는 그를 '거룩한 가톨릭신자'라고 『로마가톨릭주의와 정치형태』에서 칭했다. 1936년 6월 21일자 『베를리너 타게스블라트』지가 쓰기를 "칼 슈미트의 주권과 독재문제 연구를 통해 이 위대한 국가이론가가 독일에서 재발견되었다."

9. 1931년 슈미트는 『정치적인 것의 개념』 후기에서 "사유과정의 변화와 지속과 관련해서 보건대 1년 전부터 정치문제를 둘러싸고 활기차게 등장하는 새로운 토론들 가운데 어떤 노선과 관점이 결정적인 것이 될 것인지를 나는 *기다려 보고자abwarten* 한다"고 썼다.(강조는 원문)

10. 『흑색군단』기사에 나온 구절 즉 "전체적 교회가 국가, 운동 그리고 민족에 대해 교회 자신으로부터 저들의 자리를 지정할 것을 요구하고, 민족의 우적을 교회 자신으로부터 구별하고자 한다면 칼 슈미트는 어떻게 할 것인가"라는 문제제기는 『국가, 운동, 민족』의 17쪽 다음 구절에 근거한다. "교회가 전체성에 대해 아무런 요구를 제기하지 않는 한, 교회는 자율적인 자치영역안에 자신의 위치를 찾을 수 있을 것이다. 하지만 교회가 정치적으로 전체성에 대한 요구를 제기한다면, 이는 교회가 자기 자신으로부터 국가, 운동, 민족에 대해 그 자리를 지정하겠다고 요구하고, 우적을 자기 자신으로부터 규정하고자 함을 의미한다."

또 이 보고서는 슈미트 케이스가 해외에서 민족사회주의의 명망에 위해를 가하고 있음을 지적한다. 해외에서 추구하는 전술은 이렇다. "슈미트가 민족사회주의 국법학자로 우선 두각을 나타낸다. 그러면 해외에서 이미 까발려진 슈미트의 과거를 폭로한다. 그런 뒤에 저렇게 기회주의적인 인물을 자신의 가장 중요한 법률가로 내세우는 그런 시스템은 진지하게 고려할 가치조차 없다는 식의 결론을 연결시킨다." 이는 앞에서도 언급한 구데리안의 '슈미트의 적은 슈미트'라는 탄핵전략을 SS측도 충분히 인지하고 있었음을 시사한다.

이어 이 서한은 제국사법시험청에서는 1936년 12월 15일 실시 예정 법관시험의 시험관명부에서 슈미트를 배제했고, 제국장관인 프랑크도 민족사회주의법수호자동맹과 독일법 아카데미에서 슈미트를 면직할 것이라고 통보해 왔다고 보고한다. 그래서 지금은 "주지사 괴링에게 프로이센 국가추밀원고문직에서 슈미트를 해임할 것을 제안"해 줄 것을 청하고 있다고 되어 있다(Documents, 33-36).

2) 이와는 별도로 괴링과 쾨르너에게 보낸 또 다른 제2버전이 있다.

먼저 '가. 슈미트와 유대인'을 보면 1)1930년 1월 16일 베를린 상과대학 강연에서 "독일지식인의 운명과 교양이 곧 바이마르헌법의 운명이다"라고 발언했다. 2) 자신의 『정치신학』1922년 제1판에서 유대인 에릭 카우프만에 대해 긍정적으로 인용하고 또 상찬한 부분을 1934년 판에서는 모두 삭제했다. 1판 14쪽에서 4줄, 14/15쪽에서 18줄, 22쪽에서 4줄, 26/28쪽에서 118줄을 삭제했다. 3) 유대인 야코비와 프로이센 대 제국재판에서 공동으로 제국측을 변호했다. 4) 본의 대학가에서는 (1) 유대인 에리히 카우프만이 슈미트를 발견해서 본대학으로 데려왔다고 한다. (2) 슈미트는 유대인 포이히트방어Feuchtwanger와 교류했다. (3) 슈미트는 본에서 현재는 해외로 망명한 러시아계 유대인이자 선동의 투사 발데마 구리안 외 여럿을 소개했다. 구리안은 1933년 자신의 서신을 모두 없앴지만 슈미트와 교환한 편지들만 게쉬타포가 쉽게 볼 수 있게끔 도피할 때 책상 위에 놓고 갔다고 한다. (4) 슈미트는 나치 집권 후에도 유대인 포센바움과 라자르를 함부르크에서 방문했다. (5) 슈미트는 본에서 유대인 헤르만 헬러를 유대인 란스베르크에게 자신의 친구라고 소개했다.

'나. 슈미트에 대한 해외언론보도'. 슈미트가 차지한 독일내에서의 각종 지위로 인해 해외의 여러 매체에서 '민족사회주의적 법사상가'에 대한 '값싼 투쟁수단'을 제공해 주고 있다. 따라서 "슈미트를 [민족사회주의]운동과 분리시키는 것이 해외 공격소스를 원천봉쇄하는 것이 된다. 왜냐하면 슈미트의 정치적인 그리고 실질적인 입장의 변신은 이미 너무 알려진 터라, 그의 아무 저작에서라도 이를 발췌해서 민족사회주의의 적들이나 유대인에게 넘겼을 때 슈미트에 대한 공격이 '이민자들의 잡담'

으로만 치부되지 않을 수도 있다."(Documents, 27-32)

　　SS측은 또 제국총리실 차관 람메르스에게 보낸 서신에서 이렇게 적고 있다. "1932년 하반기에 슈미트교수가 작성한 의견서Denkschrift에 따르면 중앙당과 민족사회주의노동당과의 연정가능성을 언급하고 있다. 이 의견서에는 민족사회주의에 대한 심각한 공격이 포함되어 있다고 한다. 슈미트는 민족사회주의를 잘라내기 위한 목표를 추진해야 한다고 썼다는 것이다. 청컨대 이 의견서가 그곳 서고에 있다면 나에게 가능한 빨리 넘겨주실 것을 부탁한다." 그리고 제국교육부장관 루스트에게도 서한을 보내 혹시 슈미트가 독일대학생교육관련 특별한 지위를 가지고 있는지를 문의하기도 한다(Documents 38,40). SS측이 찾고 있는 '의견서'는 제국국방부 장관실과의 교류과정에서 작성된 것일 수가 있는데, 적어도 공식적으로는 정권인수기에 모두 파쇄된 것으로 알려졌었다. 만일 저 의견서가 SS측에 발견되었다면 상황은 슈미트에게 훨씬 더 불리하게 전개되었을지도 모르는 일이다.[127]

　　3) 제3버전은 이른바 로젠베르크청Amt Rosenberg에서 작성한 것이다. 이는 1937년 1월 8일자로 되어 있다. 사실상 사건처리가 거의 종결된 뒤에 나온 것이다. 로젠베르크청은 "민족사회주의노동당의 모든

127　이 의견서를 찾기 위해 보안국측에서도 집요한 수색을 이어갔다. 1937년 1월 12일자 하이드리히에게 보낸 보고서를 보면 이 슈미트의 의견서를 "여기 문서철(정확히 어딘 지는 판독이 안 됨, 제국총리실로 추정됨)"과 제국 및 프로이센 내무성 문서고를 뒤져도 찾을 수 없다고 말하고 있다. 그래서 제국의회 아카이브에 있는지 찾아보겠다고 말한다(Documents, 140). 또한 1937년 1월 21일 스툭카르트 내무차관과 얘기하고 차관이 직접 내무성을 찾아 봤는데도 없고 그래서 제국의회와 연락해 보겠다고 보고하고 있다(Documents, 141).

정신적, 세계관적인 훈련과 교육의 감독Überwachung을 위한 총통위임청Beauftragten des Führers für die Überwachung der gesamten geistigen und weltanschaulichen Schulung und Erziehung der NSDAP(줄여서 DBFU) 또는 로젠베르크 업무실DRbg: Dienststelle Rosenberg이라고 부르기도 한다. 이 보고서에 따르면 "최근 운동의 주간지[『흑색군단』-인용자]에서 이 사안을 공개적으로 다룬 이후, 본 감독청에 다수의 문의가 쇄도하였다." 즉 정식으로 나치당의 이데올로기관련 공식 부서인 아르투르 로젠베르그청에서 이 문제를 다룬 뒤「세계관상황에 대한 통지Mitteilungen zur weltanschaulichen Lage」에 의뢰, 작성하게 된 '기밀Vertraulich' 문건이다. 이 시기에 생성된 칼 슈미트 케이스에 대한 일련의 보고서 가운데 가장 장문의 감정서중 하나다.

먼저『호흐란트Hochland』라는 가톨릭계 잡지에 실린 후고 발의 글을 여기서 인용하고 있다.[128] 후고 발에 따르면 "슈미트의 견해는 라틴lateinisch적인 것"이다. 즉 "슈미트에게 토마스주의Tomismus[토마스 아퀴나스의 학설을 말함-인용자]의 전형적인 문제설정이 얼마나 많은 영향을 미쳤고 또 되살아나고 있는 지는 재삼재사 놀랄만한 일이다. 교리가 가진 초이성성Übervernünftigkeit이 반이성적이거나 혹은 비이성적일 필요가 없다는 점을 보이고자 시도하면서, 가톨릭교리의 비합리성Irrationalität을

---

[128] 후고 발(Hugo Ball, 1886-1927)은 독일태생의 시인, 작가 그리로 무엇보다 다다Dada운동의 창시자다. 말년에 다시 가톨릭으로 귀의해『호흐란트』등에 기고하면서 슈미트의 정치신학에 대한 탁월한 글을 남겼다. Ball(1924), 263ff. 이 글에서 후고 발은 슈미트의『정치적 낭만』과『정치신학』을 칸트의『순수이성비판』과『실천이성비판』의 관계에 유비하고 있다. 후고 발의 글은 아래 블로그에서 볼 수 있다.
https://carl-schmitt-studien.blogspot.com/2006/11/hugo-ball-carl-schmitts-politische.html

방어하는 ... 저 중세적 체계 말이다."(Documents, 98)

나치집권 이후 등장한 슈미트의 『3종의 법학사고』에서 개진된 '질서 및 형성사고'와 관련 슈미트가 이를 두고 '제도사고'라고 부르지 않는 이유는 이것이 제도학파의 창시자 오류의 제자 르나르의 학설처럼 "전형적인 로마-가톨릭 학설로 보일 수도 있는 신토마스주의로 옮겨간 것"이라는 평을 피하기 위해서다. 그런데 여기에 대해 로젠베르크청은 "이렇게 노골적이고 은폐되지 않았다면 너무 위험하지 않겠는 가"라고 조소한다. 아무튼 "여기서는 슈미트의 새로운 학설이 민족사회주의 국가를 가톨릭교회의 정치권력 아래에 복속시키는데 적합한지를 보여주고자 한다."(Documents, 101)

그러면서 "슈미트의 개념 피라미드의 정점에 있는 것은 정치적인 것의 개념이 아니"며(Documents, 102f.) 또한 "신학적, 정치적 사고의 전제간의 방법적 연관이 따라서 명확하다"(BP 3, 45; Documents, 103)고 쓰고 있다. 여기 슈미트가 "상세 논증하고 있는 결정적인 사고전제 내에 바로 체계의 기축점Angelpunkt이 자리한다. 정치적인 것은 우적결단에 집중강도를 부여한다. 그러나 우적이 누구인가는 우선적으로 신학적 사고전제속에 자리한다. 신학이 질서에 대한 평가를 부여하고 그럼으로써 신학이 정치적인 것의 위에 존재한다. 반면 운동, 국가 그리고 민족은 정치적인 것의 하위구성요소에 불과하다는 것이다."(Documents, 103) 슈미트는 "전체국가라는 말을 브뤼닝-파펜-슐라이허 국가와 관련해서 『헌법의 수호자』(1931)에서 처음 만들어 냈다. 그리고 동일한 개념이 이제 민족사회주의국가를 특징짓는다고 한다. 슈미트의 전체국가라는 정식은 로마-가톨릭적 기원을 갖는 것이며 전체국가 개념은 20세기의 로마법의 새로운 수용인 것이다!"(Documents, 104)

슈미트의 학설이란 "민주적 헌법이론에서 권위적 국가이론을 거쳐, 소위 '인종민족적 총통국가로의 그 모든 변신에도 불구하고 진실은 가톨릭교회의 정치적 권력수단으로의 변신이며 **정치적 형태에 대한 신학적 결**

*단의 우위확보를 위한 유일적 시도*인 것이다. 슈미트는 놀랄만한 변신능력을 보이면서 그 각각을 어떤 법학적 형식에다 시대의 **법률적 정식화라는 외면적인 가상을** 부여하기 위해 이용했다. 그러나 실제에 있어서는 이 시대를 항상 가톨릭교회의 권력확장이라는 관점에서 해석한 것에 지나지 않는다. 현재의 학설에 따르면 법이란 구체적 질서 및 형상화에 기여하는 바로 그것이다. 이와 같은 사고체계가 갖는 원래의 핵심은 이 질서와 형상화가 순형식적인 것이며, 내용과 과제에 대해서는 아무 것도 말하지 않는다는 점에 있다. 법학은 이렇게 추상화되면서 민족내의 원래의 과제로부터 유리되어 버리고, 법학은 이 체계내에서 **세속화된 신학**이 되어 버린다. '변화하는 정치적 형태에 대해 가톨릭주의가 그런 것처럼 법학도 이와 유사한 입장을 어렵지 않게 취할 수 있다.'(『로마가톨릭주의』, 62) 이러한 입장은 너무나 명확히 로마-비잔틴적인 것임이 입증되고, 그것은 어떤 식으로든 민족과 인종에 기반한 가치질서와 결합된 사고일체와 절대적으로 대립되는 법사상인 것이다. 마찬가지로 슈미트처럼 만약 정치적인 것이 우적규정의 집중강도를 규정한다면, 이는 정치개념의 세계관적 방향성에 대해 빗장을 질러버리는 데 적합한 그런 정치개념의 적용을 의미할 뿐이다. 중립성의 보호하에 그 뒤에서 교회적 요소들이 밀반입될 수가 있기 때문이다. 그러나 이러한 중립적인 정치개념—이것이야말로 가장 놀라운 것이다—이 민족사회주의적 세계관을 지탱하는 가치보다 위에, 즉 가장 먼저 민족의 개념보다 위에 있는 주인Herr이 된다. 우리 세계관의 이 핵심은 자치행정의 영역으로 평가절하된다. 민족은 신학적 대립이 펼쳐지는 영역에서 보잘 것없는 일부분일 뿐이다. 이것이 바로 칼 슈미트 학설의 핵심이다."(Documents, 104f., 강조는 원문)

비록 어떤 답을 미리 정해놓고 수집된 근거자료를 이 정해진 답을 향해 '귀납적으로' 배열하고 있지만, 나치 '세계관'의 감독청의 이 필자는 슈미트의 구체적 질서사고의 "핵심은 이 질서와 형상화가 순형식적인 것이며, 내용과 과제에 대해서는 아무 것도 말하지 않는다는 점"에 있다고 말하고 있다. 그럼으로써 슈미트의 '아픈 손가락'을 가차없이 건드리고 있다. 요컨대 슈미트의 사상은 이런 점에서 나치의 그것과 조화를 이룰 수가 없다는 것이다. 따라서 이 모든 것으로 볼 때 슈미트 케이스의 결론은 달리 다른 것이 될 수가 없다. "『민족사회주의 법수호자동맹 NSRB 기관보Mitteilungsblatt』는 아래와 같이 공고하였다. 제국집단수호자 Reichsgruppenwalter(NSRB내 대학교수집단)이자 프로이센 국가추밀원 고문인 칼 슈미트교수는 [제국법률가동맹 대학교수집단] 학문분과 위원장이자 대학교수집단대표자로서 각종 다기한 긴급과업수행으로 인한 과중한 업무부담으로 생긴 건강상의 이유로, 자신의 지금까지의 겸직활동을 지속할 수 없게 되어 자신의 제국법수호자동맹내 직위의 사직을 제국법지도자 Reichsrechtsführer에게 요청하게 되었다. 제국법지도자 프랑크박사는 이 사직원을 수리하여 추밀원고문 슈미트교수에게 1937년 1월 1일까지만 업무를 수행할 것을 요청하였다."(『Deusche Allgemeine Zeitung』 1936년 12월 21일자; Documents 105f.) 이렇게 '건강상 이유'로 슈미트는 사임 즉 사실상 숙청되었다.

4) 슈미트파일에는 적어도 1937년 1월 21일 이후로 추정되는 또 하나의 탄핵사유서가 존재한다. 양으로 볼 때 가장 방대하고, 지금까지 언급되었던 이유들을 가장 체계적으로 종합 구성하고 있다. 대략 그 순서는 1) 슈미트의 경력 2) 슈미트와 유대인 3) 슈미트의 정치적 입장 4) 슈미트와 가톨릭주의 5) 독일 국내에서 슈미트에 대한 공격 6) 해외에서 슈미트에 대한 공격 등으로 되어 있다. 탄핵 이유로 언급된 증거들이란 것이 제1버전부터 상당수가 재탕, 삼탕되는 것이다. 지금까지 언급되지 않은 것을 중심으로 새로이 구성해 본다.

"1933년 슈미트의 급부상은 구 민족사회주의자 대오에서 그에 대한 날카로운 공격으로 이어졌다. 특히 슈미트의 유일무이한 변신능력Wandlungsfähigkeit에 비난이 쇄도했다. 해외에서는 슈미트가 민족사회주의의 국법학자로, '계관법률가'로 부각되고 그의 정치적 입장, 유대인 문제, 가톨릭주의와 민족사회주의에 대한 입장과 관련 그의 변신이 부각되면서 이 기회를 활용 슈미트를 통해 민족사회주의를 타격할 기회를 잡고자 했다."(Documents, 144) 해외언론에서 이 공격은 1936년 가을 슈미트가 민족사회주의법수호자동맹 학술분과 대회를 통해 유대인을 공격한 뒤 특히 격렬해졌다. 특히 귄터 크라우스라는 슈미트의 제자이자 조교가 『청년과 법』에 기고한 슈미트의 사상에 가톨릭주의가 지대한 영향을 미쳤다는 글 또한 슈미트의 소명을 요구하게 되는 계기가 되었다. 그리고 앞서 언급된 유대인과의 관계에 대해 이 보고는 매우 세세히 다 짚어 내고 있다.

유대인 문제에 대한 슈미트의 태도로 말미암아 정치적, 세계관적인 문제에 대한 그의 입장 문제까지를 조사하게 되었다고 하면서, "칼 슈미트는 지조라고는 찾아볼 수 없는 chakrakterlos 방식으로 그때그때의 상황에 순응해 왔다. 1924년 슈미트는 예나 법학자대회에서 임박한 독재를 옹호했다. 1925년 그는 중앙당의 출판사를 통해 중앙당의 소책자를 펴냈다. 1931-1932년 그는 브뤼닝, 파펜, 슐라이허의 '계관법률가'였고 이들 정부에 자신의 저술을 통해 긴급명령권법과 제국헌법 범위내에서 민족사회주의의 억압을 위한 법적 기초를 제공했다. 여기서 특히 중요한 것이 그의 저서 『합법성과 정당성』이다. 슈미트는 이 책이 1932년 7월 10일 완성되었음을 특히 강조했다. 즉 브뤼닝에서 파펜으로의 내각 교체시기이자 1932년 7월 선거 직전에 이 책이 나왔다는 것이다. 민족사회주의가 결정적인 권력투쟁단계에 진입한 시기에 슈미트는 이 책을 통해 [브뤼닝, 파펜등의-인용자] 권위주의 정부를 항구화하고 민족사회주의의 합법적인 권력장악을 저지하기 위한 바로 결정적인 수단을 제공한 것이다."(Documents, 154)

조사를 통해 백일하에 드러난 사실은 "슈미트교수가 1932년까지 민족사회주의의 가장 위험한 적들 가운데 일인이었고, 혹은 그것이 아니라면 가장 사악한 부류의 기회주의 정치인Konjunkturpolitiker übelsten Art이었다는 것이다. 여기서 밝혀진 전체상은 이 두 측면이 그에게서 하나로 합치된다는 점을 입증해 주고 있다. 민족사회주의에 대한 슈미트의 적대적 입장은 전시기에 걸쳐 다음에서 입증되고 있다."(Documents, 159)

즉 1932년 여름 슈미트는 "민족사회주의노동자당과 중앙당간 연정 가능성이 존재하는가라는 문제에 대한 '의견서'를 작성했다. 이 의견서는 민족사회주의를 제거하기 위한 목적에서 집필된 것이었다. 슈미트의 한 측근은 설명하기를 '1932년 의견서는 슈미트의 목을 꺾어 죽이기에 충분하고도 남는다."(Documents, 160) 또 이 보고에 따르면 1935년 슈미트가 ―누군지 문서에는 이름이 가려져 있음― 익명의 상대와 나눈 대화는 슈미트의 진정한 목적이 무엇인지를 잘 보여준다는 것이다. 그에 따르면 민족사회주의 "운동의 지도인물에 대해 혐오스러운 방식으로" 슈미트는 민족공동체 문제가 가장 중요한 문제 중 하나 즉 진정한 의의를 가지는 유일한 문제라는 어떤 논평의 근거를 설명하면서 대화를 이어간 적이 있다. 슈미트가 말하길 "사건을 통찰할 능력이 있는 위치에 있는 우리가, 차가운 머리로 이 문제를 제시하지 않으면 안 된다. 이 문제가 결정적인 것이다. 우리가 그 힘을 빌려 불만에 찬 대중들을 제압하고 길들이기 위해 필요한 불변적인 세력 즉 관료제와 국방군과 동맹해야 한다. 아니면 그 힘을 빌려 불만에 찬 대중들을 앞으로도 계속 속일 수 있는 그런 자극적인 구호들을 찾아낸 뒤, 이 불변적인 세력이 더 멀리 나가도록 이 굶주리는 대중의 맨 위에 우리가 앉아야 한다."(Documents, 159f.)

슈미트는 1924년 독재를 옹호하고, 1932년 사적인 작업을 통해 "구정권하에서 국방부의 쿠데타 가능성을 탐색하다, 슈미트의 동료인 빌펑거교수의 아들이 슈미트에 대해 쓴 것처럼 "이제 히틀러가 권력을 잡자마자 슈미트는 이미 150% 민족사회주의자가 된다. 바로 이 점이 오늘날 사람들이 그를 비난하는 이유다."(Documents, 161) 슈미트에 대한 세평의 또 다른 예를 들면 이런 것들이다. 이미 1935년 여름경 프랑크장관이 받은 인상은 "칼 슈미트는 민족사회주의자가 아니다. 그리고 이뿐만 아니라 슈미트는 어떤 경우에도 설사 그가 순 피상적으로만 접근한다고 해도 그는 민족사회주의자가 될 수가 없다는 점도 분명하다."(Documents, 174)

또한 1936년 1월 24일 에크하르트교수가 프랑크장관에게 보낸 서신을 보면, "제 견해로는 이제 슈미트 문제das Problem Schmitt는 결단을 내리지 않으면 안 되게 되었습니다. 이미 과거 행적이 너무나 알려져 있는 국가추밀원 고문 슈미트와 함께 일한다는 이유로 (장관님이 찾아서 세운 인물에 대해 무엇을 위해 제가 신세졌다고 생각하겠습니까만) 당의 다른 곳으로부터 여러 차례 공격을 받고 있고, 향후 슈미트와 분명하게 거리를 둘 수밖에 없다는 점에 대해 저는 장관님께 이미 수개월 전에 말씀드린 적이 있습니다. 저는 이 객관적인 거리두기를 실행해왔고 이 과정에서 공개적으로 슈미트를 비난하거나 슈미트의 수많은 정적들의 전선에 끼어들지는 않았습니다. 그 당시 아직 아돌프 히틀러의 국가쪽으로 남김없이 끌어들이지 못한 RW[제국국방군-인용자]를 향해 던진 과거의 추파에 걸맞게 그쪽에 가서 붙어먹은 정치적 반동쪽으로의 명백한 변절, 사악한 방법을 동원해 장관님께서 바라시던 횐을 베를린으로 초빙하는 것과 관련해 저에게는 감동적인 편지를 보내 찬성을 하고서는 전혀 다르게 그리고 우리 제국교육부의 제 후임에게 이의를 제기해 오히려 이를 저지하고자 한 것, 이 모든 것으로 인해 저로서는 실효적인 대항조치를 취할 수밖에 없게 되었습니다. ... 따라서 장관님께 청컨대 대학교수 전문가집단에게 지시하셔서 교과개편의 모든 문제를 프로그램에서 삭제하고 동시에 저에게 전문위원자격을 이양하든지 아니면 슈미트를 전문가집단의 지도부에서 해임하고 다른 민족사회주의자로 대체해 주시기를 바랍니다. 슈미트는 자신이 대표하는 학술대회 주최자로는 적합할지 모르나, 후세대교육을 위해서는 그는 제 견해로는 독Gift입니다. 만일 그가 지금처럼 방해받지 않고 계속 활동한다면 대학교수들 간에는 혹여 개별 민족사회주의자들은 남아 있을지 모르지만 민족사회주의 운동은 더 이상 존재하지 않을 겁니다. 이 점을 명확히 표현하는 것이야말로 저의 의무라 하겠습니다."(Documents, 174f.)

에크하르트의 이 서신은 슈미트 거세작업이 1936년 12월『흑색군단』지를 통해 우연히 폭발한 것이 아니라, 오래전부터 누적된 그리고 계획되고 준비된 것이라는 판단의 방증으로 충분하다. 그것은 신구나치간의 이념대립과 더불어 우선적으로 대학정치와 관련된 이해충돌(보안국 제2과 과장인 휜의 베를린대학 교수초빙, 에크하르트의 제국교육부 자문위원건등)에서 촉발된 측면이 있음을 또한 잘 보여주고 있다.

슈미트에 대한 탄핵사유는 유대인 문제, 기회주의문제, 가톨릭문제만으로도 나치 세계관과의 상충성을 입증하기에 어쩌면 충분한 것이었다. 그 과정에서 자유주의문제는 SS차원에서 3대 탄핵사유에 포함되지 않았다. 하지만 이 역시 다소 그 비중은 낮지만 언급되지 않은 것은 아니다. 뮌헨 보안국 남부상부지구에 보낸 1936년 12월 14일자 슈미트에 대한 조사 지시에 대한 1937년 1월 14일자 답신으로 이 관련내용이 보고서에 포함되어 있다. 보고서에 수록된 관련 내용을 짚어 보면 이렇다.

자신의 법학 저술전반에 걸쳐 칼 슈미트는 극히 상치되는 이론을 대변했고 이 견해마저 몇 년이 지나 시기적으로 필요하다 여겨질 때 다시 이를 변경했다고 보고서는 지적한다. 예를 들어, 그는『로마가톨릭과 정치형태』34쪽에서 "모든 질서는 법질서이며, 모든 국가는 법치국가이다"고 썼다. 그러나 1934년『3종의 법학사고』12쪽에서는 "법질서는 하나의 외면적인 용어합성Wortzusammenstellung에 불과하다"고 했고 그 뒤『국가조직과 제2제국의 붕괴』에서는 "법치국가는 오늘날 척결된 자유주의적 투쟁개념"이라고 말한다. 슈미트에게 자유주의적 법치국가는 이렇게 '척결'된 것이다.『기독교신분국가Der Christliche Ständestaat』라는 주간지는 나치집권후 오스트리아로 망명한 보수기독교인사들이 발간하던 잡지였다. ACR 브렌델Brendel이라는 익명의 논자는『기독교신분국가』제24호 1934년 5월 26일자「정치적인 것의 개념과 기독교」라는 논문에서

"칼 슈미트는 가톨릭 진영의 파견자Delegat"라고 주장했다. 9쪽에서 그는 우적이론에 대해 슈미트가 "매우 주목할 방식으로 자유주의 사상에 사로잡혀behaftet" 있고, "생존투쟁은 겨우 정신적인 기축점에 불과하다." 이 구절에 대한 각주4번을 보면, "민족사회주의는 아마 일종의 변질된dena-turiert 자유주의가 아닐까"라고 묻고 있다(Documents, 123f.).

퀼로이터는 '헌법위기속의 민족과 국가'라는 강연에서 가장 예리한 형태로 슈미트의 국가이론에 대한 입장을 표명했다. 이 강연은 책자로도 출간되었는데 여기서도 "우적그루핑의 자유주의적 기초"에 대해 언급하고 있다. 이 저술에 따르면 칼 슈미트가 바이마르헌법에 대한 자신의 관점을 상충되게 수차례 변경했고 그 외에도 그 모든 입장의 대립에도 슈미트의 헌법이론과 켈젠의 국가이론이 상당한 유사성을 갖고 있음을 확인하고 있다. 양자는 의식적으로 정치적 실체에서부터 스스로 분리되어 있는데 따라서 정치적 실체를 향해 구성된 것das Konstruktive이 더 결정적인 입장이 된다. 양자 모두는 그러나 궁극적으로 보자면 반국가적인 자유주의적 입장에 근거해 있다."(Documents, 124) 『기독교신분국가』의 반나치적 보수기독교측 논자와 구나치에 가까운 법학자의 의견이 이렇게 일치하고 있는 셈이다.

슈미트 파일에는 그에 대한 주변의 일종의 평판도도 세세히 수집되어 있다. 그 자료의 출처중 하나가 바로 퀼로이터이다. 보른학Bornhack이라는 교수가 퀼로이터에게 보낸 편지 1934년 4월 22일자 서한에는 "당신이 정치적 변신의 귀재Verwandlungskünstler이자 국법학계의 속물Seifensieder인 칼 슈미트의 방향을 돌리는 것은 어쨌든 좋다. 이제 4년이 지났지만 처음에 슈미트는 유대인 후고 프로이스와 바이마르헌법과 패거리를 짓더니, ―베를린의 후고 프로이스 다리는 그 사이에 이름을 바꿨지만― 그러고 나서 브뤼닝, 또 그 뒤는 파펜을 위해 신헌법을 만들더니 홀연히 빨아도 색도 안 빠질 민족사회주의자로, 베를린대학 교수로, 그리고 프로이센 국가추밀원 고문으로 알을 까고 나왔습니다. 슈미트의 민족사회주의에 대한 이해란 것이 당나귀가 류트음악을 듣는 수준과 버금버금할 텐데도 말입니다."(Documents, 190) 또 헥켈Heckel이란 이름의 교수가 킬로이터에게 보낸 1934년 10월 6일자 서신에는 "… 칼 슈미트는 민족사회주의와 어울리지 않는 것을 자기 초기 저작에서 삭제하고, 신판에서 과거 인용했던 비아리안족 저자들을 인용하는 것을 포기했습니다. … 칼 슈미트가 진정 민족사회주의에서 자신의 정치적 고향을 찾았을까요? 파울 밀러는 칼 슈미트를 민족사회주의로 변절한 도무지 지조라곤 찾아볼 수 없는 배신자로 묘사했습니다. 칼 슈미트는 참으로 저 유명한 구절, '너가 불태운 것을 사랑하라, 너가 사랑한 것을 불태워라incende quod adorasti, adora quod incendisti'를 기억해 내는 것이 더 쉽지 않았을까요?"(Documents, 194)

사실 보안국측에서 슈미트 사찰을 시작한 것은 이 파일에 실린 최초 첩보보고가 1936년 6월 5일인 것으로 보아 대략 1936년 여름전후라고 볼 수 있다. 주변 인물에 대한 우편검열, 미행, 탐문, 프락치 그리고 슈미트의 세르비아계 부인의 주변인물에 대한 보고도 파일에 포함되어 있다. 그 중 1936년 8월 26일자로 계급이 SS소령급인 것으로 보아 휜으로 추정되는 자가 의문의 "C"에 제출하기 위해 상부에 제출한 첩보보고를 보면, 슈미트가 SS의 공작활동에 모든 수단을 통해 대항하고 있다고 한다. "예를 들어, 1) SS집단지도자 하이드리히의 『독일법』지에 실린 논문에 대해 프랑크장관이 국외에서 아주 안 좋은 영향을 미치고 있다고 발언했는데, 이 발언 "배후에 슈미트가 있다는 것은, 프랑크가 슈미트의 밀착 자문에 영향을 받는다는 점에 비추어 자명한 일이다." 2) SS측에서 민족공동체에 대해 한 발언을 놓고 슈미트가 "앞에서는 민족공동체요, 뒤에서는 게슈타포"라고 말한 점. 3) 스툭카르트 차관에게 "학문과 게쉬타포, 이것이 오늘날 문제다"라고 발언한 점(Documents, 217f.). 이외에도 하딩Hading이 휜의 추천을 받아 자신의 박사논문을 '독일법 출판사'에서 출판하고자 했지만 독일법률수호자동맹의 학문위원장인 칼 슈미트가 거절을 주도했다고도 보고되어 있다(Documents, 219).

슈미트는 1936년 12월 10일 한 강의에서 자신에 대한 『흑색군단』지의 공격에 이렇게 항변한다. "2년 전부터 유대인망명자그룹 전부, 예컨대 『[기독교]신분국가Ständestaat』지, 슈트라써Strasser의 신문에서 아주 특정한 방식으로 나를 욕하고 있다는 것을 알고 있다. 특히 여러분은 켈젠이 편집하는 잡지에서 1935년 어떤 유대인 망명자 일인이 오직 나에 대해서 기고한 논문에서 주장하는 것을 찾아볼 수 있을 것이다. 나에 대해 주장하는 것은 유대인 망명자놈이 하는 말이다. 유대주의의 정신적 지배는 최종적으로 분쇄되었다. 독일에는 수백, 수천의 유대인 교수와 관료들이 있다. 여기에 중독Vergiftung의 원천이 있다. 여러분은 내가 반세계유대주의투쟁에서 아돌프 히틀러의 뒤를 따르고 있다는 이유 때문에, 이 유대주의가 어떤 치명적인 [....]을 가지고 나를 증오하고 있는지를 생각해 보라."(Documents, 176f.) 하지만 다소 늦고 별 파괴력이 없는 항변이었다. 그저 자신이 히틀러와 함께 반유대주의 투쟁을 하고 있기 때문에 이들이 자신을 공격한다는 말이다. 공격이 개시되던 바로 그 날, 슈미트는 프랑크와 괴링을 면담했다. 그리고 그 날 일기에 『신곡』의 한 구절을 적어 넣었다. "당신들에게 범죄인 것이 나에겐 잠일 뿐이라오."(Mehring 2009, 379) 그리고 프랑크장관도 다음 날인 12월 11일 『흑색군단』 발행인 군터 달쿠엔Gunter D'Alquen에서 항의서한을 발송한다. "이러한 공격들이 본질적으로 오래전부터 유대 망명자들이 해외 선동언론지에서 하던 것들을 단순 반복한 것에 지나지 않는다는 사실에 각별히 주의해야 한다."(Documents, 72) 이 서한은 동시에 힘러에게도 발송되었다.

힘러는 프랑크장관에게 1937년 1월 5일자로 다음과 같은 서신을 보냈다. "귀하의 12월 1일자 서신에 감사드립니다. 군터 달쿠엔에게 보낸 서신을 보았습니다. 하지만 나로서는 『흑색군단』의 견해와 같다는 점을 말씀드리지 않을 수 없으며, 귀하께서 이와 유사한 숙고 끝에 슈미트를 사직 처리한 점에 대해 더욱 기뻤습니다. 여기서 귀하의 오랜 긴밀한 협력자가 공개적으로 공격받는 것을 원하지 않는다는 점에 대해서는 충분히 이해하고 있습니다."(Documents, 68) 그러나 이미 1936년 10월 24일 「경찰법위원회 회의이후 프랑크장관과의 협의」라는 휜이 작성한 보고서는 이렇게 되어 있다. "경찰법위원회 회의 이후 프랑크와의 대담을 가졌다. 프랑크는 힘러가 독일법 아카데미에 한 번 참석한 것에 감격해 있었다. 이런 표현들이 있었다. '라쉬Lasch씨, 내가 힘러와 동맹하는 건가요? 나는 힘러가 갖고 있지 못한 관계를 만들어 줄 것입니다. 힘러는 내가 반관료주의 투쟁을 하는 동안 다른 한편으로 나에게 의지하게 될 것입니다. 나는 이제 다른 무엇보다도 힘러가 제국보안본부를 갖는 것에 찬성할 겁니다. 힘러, 다레[나치정권 노동 장관-인용자] 그리고 내가 협력한다면 제국지도자간에 엄청난 블록이 만들어지고 당이 새로이 활성화될 것입니다.' 이참에 라쉬가 장관에게 말했다. '우리는 향후 함께 고려하지 않으면 안될 SS의 인사 관련 특정 희망사항이 있습니다.' 장관이 물었다. '그게 뭔가요?' 라쉬는 설명했다. '칼 슈미트입니다.' 장관이 설명하기를 '칼 슈미트는 물론 아카데미에서 어떤 자리도 얻지 못할 겁니다. 그는 스스로 물러났고 그리고 그 대신 '대학교수 전문가집단'에 계속 자리를 갖고자 합니다.' '라쉬씨 슈미트에게 신속히 편지를 보내 그가 아카데미 자리를 포기했음을 내가 확인했다고 하십시오'. 라쉬는 즉각 시행하겠다고 응답했다."(Documents, 258)

하지만 독일법 아카데미만의 문제가 아니었다. 1936년 11월 16일자 휜의 보고서에 따르면, 독일법아카데미에서 슈미트는 완전 퇴출되었다. 조직개편으로 새로 생길 부서인 「민족과 제국Volk und Reich」은 SS연대지도자Standartenführer(대령급)이자 차관인 스툭카르트가 맡기로 했다. 슈미트의 지지자로는 베버교수등이 남아 있는데, 하지만 베버는 아카데미 소장으로부터 매우 분명한 방식으로 경고를 받았다. 새로운 소식에 의하면 슈미트는 최대한 빠른 시간 내에 법률수호자동맹에서도 배제될 거라고 한다. 또 그는 1937년 1월 1일까지 모든 직위를 포기하기로 했다고 한다. '슈미트 자신이 가까운 측근들에게 실토하기를 그가 싸움에서 패배했다고 말했다. 아무 소용도 없는 발언이고, 모든 것이 허사로 돌아갔다고 최근 자신에게 자주 그런 생각이 든다고 말했다'."(Documents, 280) 그런데 여기서 11월 16일이란 날짜에 유의할 필요가 있다. 즉 본격적인 공개공격이 개시되는 12월 3일 훨씬 이전에 슈미트의 사퇴는 이미 결정되어 있던 일이었다. 그리고 이제 문제는 프랑크장관 관할하에 있는 지위 일체를 박탈하는 것뿐만 아니라, 남은 나머지 즉 프로이센 국가추밀원 고문직과 베를린대학 교수직이 문제다. 사건 과정에서 슈미트가 베를린대학 교수직에서 밀려나 라이프치히대학으로 옮긴다는 말도 있었지만 확인되지 않았다. 결국 추밀원 고문직이 남는데, 처음부터 SS측은 『흑색군단』 작업을 통해 여기서도 슈미트를 밀어낼 계획이었다.

하지만 이 때 괴링의 강력한 경고가 날아들었다. 괴링이 『흑색군단』 지에 서한을 보냈다. 이 서한은 힘러에게도 보내졌고, 『흑색군단』은 이 서한을 휜에게도 보낸다. 날짜는 1936년 12월 21일자다. "그 자체로 잘못되었다고 볼 수는 없을, 슈미트에게 제기된 실체적인 비난에 대해서는 여기서 입장을 밝히지 않겠습니다. 하지만 본인은 … 귀하의 잡지에서 이런 방식으로 비난받고 있는 인물들이 나의 후견하에 고위공직에 임명된 인물들이라는 점에 대해서는 명백히 해두고자 합니다. 만약 누가 어떤 프로이센 국가추밀원 고문을 비난한다면, 그가 누구든 그것은 곧 나를 비난하는 하는 것과 다를 바 없을 것입니다. 경우에 따라 나 자신이 필요한 모든 것을 할 수밖에 없게 될 것입니다. 하지만 프로이센 국가추밀원 고문에 대해 귀하가 임의의 방식으로 앞서 가는 것을 결단코 용납하지 않을 것입니다. 이런 사정으로 국가추밀원고문 칼 슈미트교수에 대한 언론플레이Pressefeldzug를 즉각 중단할 것을 귀하에게 요구합니다. 나아가 이 사안이 종결 처리되었음을 적절한 방식으로 인지할 수 있도록, 귀 잡지 다음 호에 어떤 공지가 나가는 지를 나는 예의 주시할 것입니다. 이렇게 정리한 내용이 실린 귀 잡지 한 권을 입증자료로 나에게 그 즉시 송부해 주십시오."(Documents, 60ff.)

  이미 1936년 11월에 법률수호자동맹과 독일법아카데미와 관련된 슈미트의 신병 정리는 사실상 종결된 상태였다. 슈미트의 멘토라고도 할 프랑크는 슈미트 방어보다 힘러와의 동맹이 더욱 중요한 이익이었을 것이다. 그럼에도 12월 3일, 12월 10일 양차에 걸쳐『흑색군단』지가 대대적인 여론공세를 펼친 것은 한편으로 확인사살이자 다른 한편으로 괴링이 관련된 슈미트의 추밀원과 교수직으로부터의 완전제거를 노린 것이었다. 하지만 괴링은 당장 SS라 하더라도 전면전을 각오하기 전에는 결코 그렇게 쉬운 상대는 아니었다. 괴링의 개입이후 사건은 잠잠해지고 종결처리국면으로 들어선다.

§5. 숙청이후

『흑색군단』의 공격이 시작되기 전인 1936년 12월 2일자 보안국 보고서는 슈미트의 향후 계획을 말하면서 이 또한 저지해야 한다고 보고하고 있다. "국가추밀원 고문 칼 슈미트는 독일법아카데미와 이제 법수호자동맹에서 배제된 이후 이미 새로운 활동 가능성을 찾았다고 믿고 있다. 수일 전 알려진 바로는 그가 앞으로 특히 국제법 문제에 집중할 것이라고 한다(아베시니아, 스페인, 소비에트러시아, 국제연맹, 로카르노등과 관련된 문제가 특히 첨예화될 것이라는 명확한 인식하에), 이는 그의 최측근에서 나온 소식을 통해서도 확인된다. 슈미트는 새롭게 무솔리니의 총애를 받는 저명한 이탈리아 국제법교수인 로마의 코스타 마그나와 공동으로 국제법연구소설립을 계획하고 있다. 슈미트는 마그나교수를 최근의 로마여행에서 알게 되었고 특히 독일학술교류처DAAD 로마지사의 블라후트Blahut를 통해서다. 블라후트는 당금장goldener Parteiabzeichen을 수여받은 자이지만, 가톨릭신자이며 가톨릭교회 대변자라 할 만하다. ... 여기서 다시금 슈미트의 아주 세련된 계획이 문제가 된다. 민족사회주의적 법생활을 국내정치적으로 형성함에 있어 어떤 식으로든 배제되었다고 인식한 뒤, 슈미트는 이제 새로운 활동영역을 모색하고 있는데, 이를 통해 자신의 완전 파멸을 모면하고 혹시 있을지도 모를 재기를 노리고 있는 것이다. 독일과 이탈리아간의 협정으로 그가 계획한 협력의 시기가 무르익었다는 분명한 인식하에 슈미트는 행동하고 있다. 슈미트는 다른 한편으로 현재의 외교정책적 상황을 감안해 볼 때 이탈리아 및 파시스트 학자들과 체결한 협력관계가 쉽사리 무너지지 않을 것이라는 점을 인식하고 있다. 현재의 대이탈리아관계로 보자면 일단 체결된 협정을 폐기하는 것은 불가능하다는 식으로 강력한 이의를 제기할 수가 있을 것이기 때문이다. … 따라서 무조건적으로 요구되는 것은 슈미트가 로마로 가지 않아야 하고 그가 계획한 연구소도 설립되어서는 안 된다는 점이다.

– 제안: 이탈리아대사와 C [SD내의 휜의 상부선으로 추정됨-인용자]의 좋은 관계를 활용해 이에 대해 경고를 보내야 한다. 동시에 AA와 접촉해야 한다."(Documents, 88)

이렇게 1936년 말 이후 슈미트는 이제 국내에서 국제문제로 중심이동을 하게 된다. 여기서 새로운 '기회의 창'을 본 것이다. SS 대 슈미트 사건의 시말을 보자면 우리는 2가지 피할 수 없는 의문을 갖게 된다. 첫째, 슈미트의 어느 이론과 진술을 정본으로 읽어야 하는가. 이론이나 해석의 변경은 최소 공적 이성의 논리적 발현을 전제로 하는 것이다. 그것이 아니라 예컨대 입신 등 사적 욕망의 충족을 위한 정치적 이유로 학문행위의 결론을 변경한다면 과연 어느 것을 그 저자의 진정한 견해라고 보아야 할 것인가. 둘째, '나치가 나치에게 나치가 아니라고 한다면' 과연 누가 나치인가. 만에 하나 슈미트가 100% 나치가 아니라면 이는 일종의 사기극을 연출했다는 의미 이상이 아니다.

여기 꽤 긴 시간과 권력자원을 투자해 제시된 SS측의 슈미트 탄핵사유서는 설사 그 전부는 아니라 할지라도 상당 부분은 틀린 말이 아니다. 분명 나치의 권력장악 이후 자신의 전기적 위기상황에서 슈미트는 '앞으로 도망가기Flucht nach vorn' 혹은 '클린치clinch' 전략으로 위기를 관리하고 나아가 새로운 권력에의 접근로를 탐색했다. 마침 나치측에서도 슈미트의 이용가치를 평가하고 그를 포섭하고자 한 것으로 보인다. 양측의 일정한 이익의 균형에서 출발 슈미트는 실로 또 한 번의 '계관법률가'로서 인생의 정점으로 질주했다. 하지만 산이 높으면 골이 깊듯이 신나치 슈미트의 종횡무진은 구나치와 또 '이념적 순결성'에 높은 가치를 두는 청년SS 엘리트그룹의 반발을 초래했다. 마침 인사문제등 이권의 충돌이 없었던 것은 아니었다. 그럼 슈미트는 나치가 아닌가.

'귀족나치Edelnazi' 슈미트의 '실존적 기회주의' 혹은 '기회주의적 실존주의'에 기반한 정치적 선택에도 불구하고 슈미트의 사상과 이론은 비록 기회주의적으로 변용, 변형되었다 하더라도 여전히 사라지는 것이 아니다. 이 지점에서 우리는 부르디외의 '상동성homologie' 개념의 도입을 고려해 볼 필요가 있을 것이다. 이 개념은 외관상 서로 다른 두 가지 현상 사이에 존재하는 동일성, 두 가지 상이한 수준에서 나타나는 하나의 구조를 가리키기 위해 프랑스 문학사회학자 뤼시앵 골드만이 처음 제안한 것이다. 부르디외가 여기에 접속해 상동성을 '차이 속의 유사성'이라고 정의했다. 이 유사성은 구조의 재생산과 반복을 가리킨다는 점에서 형태수준에서 존재하는 '상사성analogie'과는 다르다. 예를 들어 지하철의 지도와 실제 지하철은 상동성을 갖는다. 구조가 같기 때문이다. 인간의 입과 물고기의 입은 외양상 상사성을 갖지만, 호흡기능이라는 점에서는 물고기의 아가미와 상동성을 갖는다는 식이다. "결국 상동성은 … 일종의 숨겨진 유사성"이라고 할 수 있다(부르디외/바캉 2018, 494ff.). 즉 나치―그것을 어떻게 정의하든―와 슈미트는 분명 '다르지만' 즉 '차이'가 있지만, 양자는 일종의 '동형성' 혹은 구조를 공유한다. 그래서 '이체동형적isomorph'이라고도 할 수 있겠다.

하지만 이 '차이'—그것의 크기가 어떠하든—는 일정한 조건하에서 '집중강도Intensität'에 따라, 즉 권력의 논리가 개입되면 설사 그것이 미세한 차이라고 하더라도 얼마든지 생사를 건 혈투가 벌어 질 수 있는 것이다. 히틀러그룹에 의한 룀과 —슈미트가 한 때 동맹했던— 슐라이허 등 바이마르 보수엘리트 잔재 처단이나 가까이는 SS엘리트에 의한 슈미트 숙청도 그 사례가 될 수 있을 것이다.

제6장
국제법, 국제정치 그리고 슈미트의 '광역廣域이론'

나치 12년은 3단계로 나누어 볼 수 있다. 1기는 '안착기'로서 1933-1934년까지를 말한다. 2기는 체제 '강화기'로서 1935-1938년까지다. 경제공황을 성공리에 극복하고 히틀러의 나치독재가 공고화되는 시기다. 제3기는 1938-1945년의 시기인데 '급진화Radikalisierung'시기이다. 드디어 2차 대전이 발발하고 독일은 또 한 번의 패망을 겪게 된다(Frei 2002).

이 과정에서 1936년은 특별한 의의를 가진 해다. 이미 서론에서 언급한 것처럼 정권의 안착기에 나치체제는 상이한 정치적 경향들로 이루어진 '나치블록', 대지주를 포함하는 대자본 그리고 제국군 이렇게 3자간 '불문협약Pakt' 또는 '동맹Allianz'으로 구성되어 있었다. 하지만 1936년 게쉬타포법이 제정되고 또 SS와 경찰이 통합, 사실상 SS 아래로 흡수통합되면서 제4의 범주가 출현한다. 기존의 나치의 기간당조직에 'SS/SD/게쉬타포' 복합체가 등장하면서 나치정권이라는 '권력카르텔' 내에서 이 복합체의 비중이 점증하게 된다(Kershaw 2002, 96). 이를 계급간, 정파간 타협에 기초하는 '부분partial 파시즘'에서 나치당에 의한 완전장악을 의미하는 '완전full 파시즘'으로 부르기도 한다(Kühnl 1990, 212).

체제 강화기를 거치면서 이제 나치체제의 급진화가 1938년부터 개시되었다. "1938/39년에 제국정부의 인적 구성과 조직이 크게 변화하고, 그 동안 반쯤이나마 보존되어 왔던 제국 부처의 권위와 제국정부의 내적 통합력이 붕괴되었다. 그 변화가 대내적으로는 나치즘에 대한 보수세력의 억제와 순화메커니즘이 붕괴된 때와(1938년 11월 8일과 9일에 발생한 제국 '수정의 밤'의 테러가 대표적인 예다), 그리고 대외적으로는 적극적인 팽창정책이 개시된 때와 시기적으로 일치하므로, 우리는 1938년을 히틀러국가의 결정적 단절로 파악할 수 있다. 1938년 1-2월 독일군 지도부의 퇴진 및 해임(국방장관 블롬베르크, 육군 총사령관 프리치, 참모장 베크), 외무장관의 교체(노이라트에서 립벤트로트로), 샤흐트를 경제정책과 통화정책에서 배제한 조치 등은 나치 체제에 나타난 헌정적 변화의 성격을 보여준다."(브로샤트 2011, 407) 보수적 테크노크라트들이 밀려난 공백은 괴링,

힘러[129], 힘러의 최측근 하이드리히 그리고 이후 당총재 비서실장이 되

---

[129] 괴링과 힘러의 관계는 경쟁과 협력 양 측면이 다 있는 것으로 볼 수 있다. 비밀경찰에 관련된 문제만 하더라도 괴링의 경우 이를 일반경찰과는 분리되지만 기본적으로 국가행정기구 안에 존치시키는 방안을 선호했다. 반면 힘러의 경우 처음부터 일반경찰과 분리시킬 뿐만 아니라 나아가 일체의 행정적 통제로부터 분리된 정치경찰을 수립하기를 원했다. 하지만 그 힘러를 프로이센 게쉬타포 감독관Inspekteur으로 임명하고 SS제국지도자로 만든 것은 괴링이었다. 힘러는 기본적으로 '인종과 세계관' 즉 '생물학적, 인종민족적'기준에 입각한 철저한 엘리트 요원을 선호했다. Thamer(2002), 200ff. 최측근 하이드리히와 함께 힘러의 이상은 정치와 이념에 대한 일상적 감시체제 구축을 훨씬 넘어서길 원했다. "인종 이데올로기에 맞춰진 항구적인 사회적 치유와 사회적 위생을 위한 거대제도Überinstitution, 근대 기술관료의 외피를 덮어 쓴 태양의 나라라는 전망의 전체주의적 유토피아였다. 그것은 흔해 빠진 경찰개념이 아니라 감염병 의사의 처방의 일환으로 구상된 것이었다."(Frei 2002, 141)

힘러가 1936년 급부상했지만 마찬가지 괴링역시 나치체제 강화기에 '4개년계획청'을 맡으면서(브로샤트 2011, 416ff.) 사실상 독일경제를 총괄하게 되고 히틀러의 후계자급으로 부상한다. 바로 이런 이유로 1937년 1월 28일 슈미트의 프로이센추밀원 고문직 박탈을 위해 힘러가 괴링과 협의하고 싶다는 내용의 이 날짜 서한만 슈미트 파일에 있고, 그 뒤 후속조치에 대한 아무런 언급이 없다는 사실이 설명된다. 힘러가 직접 괴링을 만나 최종 마무리를 원했지만 슈미트의 추밀원고문직은 계속 유지되었다(Documents, 81). 즉 힘러도 더 이상 어떻게 할 수 없었다는 말이다.

괴링의 '4개년계획'은 대규모 재무장 프로그램으로서 일종의 '군사케인즈주의'라 할 만한 것이었다. 당시 독일 GDP에서 군비비중이 1933년 1%미만에서 전쟁 직전인 1938년 거의 20%로 급증한다. 또한 1933년-40년 기간 동안 거대기업 크루프Krupp의 순이익은 약 300%, 유럽 최대 화학기업인 IG 파

는 보어만 등이 메워나갔다.

§1. 베르사이유체제와 슈미트

베르사이유조약 체결당시 영국대표단 자문위원이었던 케인즈는 사임과 더불어 「평화의 경제적 결과Economic Consequences of the Peace」(1920)를 집필했다. 벨기에가 요구한 배상금 액수는 벨기에의 전전 자산가치 평가치보다 높았고, 프랑스는 재건비용으로 전쟁 피해지역의 자산가치의 2배를 요구했다. 이는 독일제국의 지불능력 한도를 훨씬 초과하는 것이었다. 케인즈는 대안으로 독일과 신생국 그리고 영국이 포함된 자유무역연합Friehandelsassoziation을 제안했다. 이는 얼핏 보아도 독일이 전전부터 추구해온 통합된 중유럽Mitteleuropa개념에 대략 상응하는 규모였다. 만일 "우리가 의도적으로 중유럽의 궁핍화를 목적으로 삼는다면, 내가 감히 예상하건대 머지않아 복수가 기다리고 있을 것이다. … 그 경우 장기적으로 보자면 그 어떤 것도 반동세력간의 결정적인 내전과 절망적인 혁명의 발발을 저지할 수는 없게 될 것이다. 최근 독일의 전쟁을 능가할 그 공포와 우리 세대의 문명과 진보를 파괴할 내전, 특히 누가 승자가 될지는 전혀 상관없이 말이다."(Keynes 1920, 250)

홉스봄 역시 베르사이유 체제를 이렇게 평가한다. "독일에게는, 영원히 약화된 상태로 있도록, 오직 그 국가만이 전쟁 및 그 모든 결과에 대하여 책임이 있다는 논거('전범' 조항)에 의해서 정당화된 가혹한 강화조약이 부과되었다. 독일을 영원히 약화된 상태에 머물게 한다는 목표는 영토축소 – 비록 알자스-로렌이 프랑스로 돌아갔고, 동부의 상당 지

르벤IG Farben은 600%정도 급증한다. 파월(2019), 80ff. 참조.

역 (동프로이센을 나머지 독일로부터 분리시킨 '폴란드 회랑')이 나라를 되찾은 폴란드로 돌아갔으며, … 독일로부터 실전에 쓸 수 있는 해군과 전공군을 박탈하고, 육군병력을 10만 명으로 제한하고, 이론상 무제한의 '배상액'(승전국들이 입은 전쟁손실에 대한 보상액)을 부과하고, 서부 독일 지역을 군사적으로 점령하고, 특히 독일의 모든 해외식민지들을 박탈함으로써 그 성취가 보장될 수 있었다." 그리고 자유주의적 열망에 부푼 정치학자 출신 윌슨대통령의 '국제연맹'이 국제적 대안으로 제안되었다. 그러나 베르사이유 조약의 일환으로 창설된 국제연맹은 "통계자료를 모으는 기구로서의 역할을 제외하면 거의 완전한 실패작인 것으로 드러났다. …미국의 국제연맹 가입 거부는 그 기구로부터 조금이나마 있던 현실적 의미마저 박탈해 버렸다. 베르사이유 조약이 도저히 안정적인 평화의 토대가 될 수 없었다는 것을 보기 위해서 양차 세계대전 사이의 역사를 세부적으로 검토할 필요까지는 없다. 그 조약은 처음부터 파산할 운명이었고, 따라서 전쟁이 또다시 터질 것은 거의 확실했다."(홉스봄 1997, 54ff.)

바이마르공화국에 대한 슈미트의 반대는 국제적으로 옮기면 바로 이 베르사이유체제와 그것을 구성하는 제네바 국제연맹에 대한 항의와 조롱 바로 그것이 된다. 이미 1924년 「국제연맹의 핵심문제」라는 서평 형식의 글[130]에서, 국제연맹 Völkerbund 이것이 과연 '연맹(방)' Bund 이 맞는 지를 묻는다. 그 주요업무에 있어 '행정기술조직이자 서비스 사무실 Büro für gute Dienste'에 불과한 것이다. 미, 소 독 3국이 불참했기 때문이었다. 외면적 연장이 아니라 국제연맹이 진정한 연맹이 되기 위해서는 연맹의 최소한의 객관적인 관할권과 권능이 요구되는 것이다. "연맹(방)은 그 어떤 취소 가능하고 특정국의 실존에 부차적인 개별관계 그리

---

130 Carl Schmitt(1924), Die Kernfrage des Völkerbundes(1924), in: FoP, 1ff.

고 국가연합Bündnis과는 그 어떤 것이 구분되어야만 한다." 그래서 "진정한 연방의 기준이란 **"최소한의 보장과 동질성"**속에 존재하는 것이다."(FoP, 4, 강조는 원문) "특정종류의 보장없이 국제연맹은 존재하지 않는다." 여기서 보장의 의미는 매우 다양한데 "무엇이 보장되어야 하는가"에 따라 그 의미는 달라진다. 보장의 대상은 보장의 수단 즉 제재와는 다르다. 보장의 대상으로는 예컨대, 1. "점유상태, 즉 특정 순간에 존재하는, 이에 따르면 정치적이고 영토적인 현상유지를 말한다. 여기서 전쟁은 가능할 수 있고, 전쟁은 영토적 혹은 정치적 현상現狀의 지속적 변경으로 귀결되지 않는 한 허용된다." 2. "주권행사의 자유 ... 이는 내정간섭 불허와 이른바 국가 기본권의 승인을 의미한다." 3. 정치적 독립일반 ... 여기서 문제가 되는 것은 마찬가지로 이른바 국가 기본권의 승인뿐인데 그것은 특히 특정 영역에 대한 점유상태에 대한 보장이 없더라도 생존의 권리를 승인하는 것"이다. 4. 침략에 대한 보호, 여기서 침략은 아래와 같은 것과는 다른 무엇을 의미할 수 있다. 즉 a) 기습, 사전 통고, 합의 준수 혹은 그와 상응하는 것이 없는 군사적 공격, b) 군사적 침략 전부, 여기서는 전쟁일체를 배제하고 분쟁일체를 규정된 절차에 부의하고자 시도한다. 즉 군사적 형태의 자구 행위일체, '개별 구제 행위 일체의 포기를 말하는데, 여기서 군사적 정복에 수반된 점유변경이 아닌 한 다른 것은 허용된다." c) 침략과 동일시되는 사실적 상태 일체, 국제연맹 의사록은 10조에서 이러한 사례를 상세 규정하고 있다." 5. 모든 협박으로부터의 보호 6. 모든 평화교란행위로부터의 보호 등이다(FoP, 5ff.).

역사적 경험에서 보자면 모든 열강은 자기의 행위를 침략, 협박 또는 평화교란으로 표현하는데 반대하면서 대신 국제법과 안보를 집행하고 평화를 수호하기 위한 것이라고 말한다. 이런 식으로 프랑스 정부는 1923년 1월의 루르점령을 '평화조치'로 표현하고, 1923년 8월 이탈리아 정부는 코르푸스Korfus 점령을 또 그렇게 표현했다. 또 영국쪽에서는 모든 영국 함대 파견을 그 개념에 있어 평화적인 것, 왜냐하면 육군과는 반대로 함대는 육지를 점령할 수가 없으므로 정복정책의 수단이 될 수 없다고 주장한다. 그러나 위에서 말한 '보장'으로서의 국제연맹규약 제10조는 폭력적 변경만 금지하되, 다른 것은 가능하다. 제10조는 단지 "점유상태에 대한 하나의 특수한 보장"만을 입론하고 그리고 이것이 정당하다고 전제한다. "영역의 현상유지 일반이 아니라, **현 현상유지의 정당성**을 보장하는 것이 국제연맹 원래의 문제다. 이해관계대립을 사법형태 절차 도입을 통해 해결하고자 할수록, 이 유형의 보장이 더욱 강력해진다."(FoP 12, 강조는 원문) 이와 관련 슈미트가 주장하는 핵심테제는 이렇다. "**국제법적 정당성문제가 국제연맹의 핵심문제**이다. 그것은 정상적 상황의 문제와 최소한의 보장과 동질성이라는 질문으로부터 형성되는 것인 바, 이것이 없다면 국제연맹은 생각할 수가 없다. 나아가 그 문제는 가변적이긴 하지만 상황을 정상으로 유지하기 위한 향후의 변경과 적응을 가능하게 만드는 그 원칙이 무엇인가 하는 질문 속에 존재한다. 국제법 문헌과 정치이데올로기는 정상 상황의 문제와 국제법상 주권의 문제를 상이한 유형으로 그리고 항상 똑같이 인식할 수가 없는 형태로 보이게 만든다."(FoP 14, 강조는 원문)

사고하는 방식에 따라 국제법적 원칙도 달라진다. "세력균형원칙은 정치적 정상성의 사상에서 출발하여 사실적인 정상 상황을 획득한다. (소수)민족체Nationalität와 민족자결권이라는 민주적 원리 안에 국가질서의 올바름이란 사상이 있다. 즉 올바른 (규범의 의미에서는 정상적인)것이 요구하는 것은 정상적인, 사실적으로 기능하는 규정적합성을 거쳐 간다. 질서는 오직 원칙에 상응하는 것으로 간주된다. '민주주의는 평화다'. 이 규범적 관점은 민족자결권에서 가장 강력하게 표출된다. 예컨대 이 관점은 소위 국민투표론으로 귀결되어 분할 예정된 영토 주민들이 국민투표 방식으로 여기에 동의할 때 비로소 영토분할도 유효해 진다. 그러나 이 원칙 때문에 이 원칙에 부응하는 국가와 여기에 반대하는 국가 사이에 차이가 발생한다. 즉 자신의 국가적 실존이라는 사실을 초월해 원칙적으로 정당한 국가와 이 특수한 종류의 정당성이 부재한 국가 사이의 차이 말이다. 전자는 그래서 실존의 권리를 구유하고, 타자는 그렇지 못하다. 합스부르크왕국은 민주주의원칙에 따라 보자면 정상 국가가 아니며 이 왕국은 질서와 평화에 위험요소를 의미하고 '일국 일민족' 명제에 모순되므로 실존의 권리를 갖지 못한다. 그와는 반대로 합스부르크왕국에서 분리되어 나온 개별 국가들은 이 원칙에 의거 실존의 권리를 가진다." 하지만 강대국의 존망적 이익이 개입되면 이 원칙들은 전혀 힘을 발휘하지 못한다. 그 대표적 사례가 1918년 12월 14일 선거이후 1919년 아일랜드 임시정부가 민족자결의 원칙에 입각 아일랜드 독립국의 승인을 요구했을 때이다. 이 요구가 영국과 같은 강대국의 이익에 충돌하자 이 원칙은 부정되었다. 하지만 같은 시기 동구권의 신생국가들은 그런 강대국의 정치적 이해가 가로막고 있지 않았기 때문에 여기서는 원칙이 그 자체 중요성을 가지게 되었고, 이들 나라들은 신생국으로 신속 승인되었고 또 소수 민족에 대한 국제법적 보호도 확립되었다(FoP, 15).

슈미트가 마지막에 다시금 자신의 문제를 제기한다. 국제연맹에 필수적인 동질성이라는 문제와 관련해서 기독교국가간의 낡은 공동체대신에 "문명과 인류애라는 관념이 이 동질성원칙에 대한 명시적이건 묵시적이건 보조수단이거나 대체물로 복무하고 있다. 여기서는 외교정책적 현상유지(점유상태가 정당하다는 의미에서)의 보장뿐만 아니라 국내 질서의 최소한에 대한 보장 또한 진정한 연방에 필수불가결하다는 점에 대해 언급하는 것으로 충분할 것이다."(FoP, 21) 슈미트는 자신의 헌법이론의 개념도구들 예컨대 '(제도적) 보장과 동질성'이라는 정당성 근거를 가져와 국제연맹을 국제법적으로 비판하고 있다. 다시 말해 국제연맹은 연맹Bund으로서 마땅히 구비해야 할 정당성 조건을 갖추지 못했고, 심지어 동질성이라는 기준으로 본다고 하더라도 크게 다르지 않다는 말이다.

「국제정치의 대상으로서의 라인란트」[131]는 1925년 4월 14일 가톨릭 중앙당의 라인란트 지부당 창당 백주년 기념 강연 내용이다. 그런데 「정치적인 것의 개념」은 이 라인란트 글 직후부터 준비한 것으로 알려져 있다. 이 강연은 이후 브로셔 형태로 출간되었는데 여기에 붙은 익명의 서문에는 '정치적인 것'이 '국가정치적인 것'과 동일시되고 있고, 엉뚱하게도 "정치가 '정치적인 것' 때문에 위험에 처했다"고 적혀 있다(FoP, 47f., 편자 주).

슈미트의 이 글의 기본명제는 이렇다. "1. 현대제국주의는 공공연한 정치적 합병을 회피하는 새로운 지배와 착취의 방법을 발전시켰다. (보호령, 위임통치, 조차 및 간섭조약) 유럽적 문화와 교양을 가진 민족과 민족의 일부에 이런 방법을 적용하는 것은 정치적 합병이라는 공개 강간보다 결코 덜하지 않은 부당행위Unrecht다. 2. 공민적 충성과 법적 신념이란 국가권력이 권위와 책임을 명약관화하게 구비하고 있을 때에만 가능한 것이다. 국가권위를 철폐하는 정부 시스템, 잡탕 위원회에 의한 지배의 계속 그리고 공동화와 은폐는 공민적 신념뿐만 아니라 기독교적 관헌국가 개념조차 파괴해 버린다."(FoP, 26) 베르사이유 체제를 슈미트는 '제국주의'라고 성토하고 있다. 특히 독일과 같은 '문화' 민족에 대해 이런 방식을 적용하는 것은 '강간'에 다름 아니라는 말이다. 라인란트가 국제정치 대상이 되는 것은 고통스러운 일이다. 라인란트는 베르사이유 조약에 따라 상설국제위원회 관리하 비무장지대로서, 일종의 패전국으로부터의 저당물Pfandobjekt인 셈이다. 프랑스는 베르사이유조약에 따라 라인강 좌안을 병합하지 않는다고 강조한다. "만약 민족자결권에 대해 그

---

[131] Carl Schmitt(1925), Die Rheinlande als Objekt internationaler Politik(1925), in: FoP 26ff.:

렇게 자주 들었다면 오늘날 그 어떤 인민도 국제정치의 대상이 되어서는 안 된다고 쉽게 믿을 것이다. 왜냐하면 자결이란 한 인민이 주체로서 자기 자신의 정치적, 국가적 실존을 규정하는 것이고 그 반대는 그 대상이 된다는 것을 의미하기 때문이다."(FoP, 27) 그래서 "이러한 방법의 결과는 독립, 자유, 자결, 주권이란 용어가 그 오래된 의미를 상실했다는 점이다. ... 모든 것이 잘된다면 외부인의 간섭권이라는 것은 오직 예외적으로만 행사될 뿐이라는 점이 문제가 되는 것은 아니다. 피지배 또는 피통제 국가는 자신의 정치적 행위의 핵심적인 규범을 자신의 정치적 실존속에서가 아니라, 외부인의 이익과 결정속에서 찾게 된다는 사실이 결정적인 것이다. ... 민족자결권은 따라서 그 실체를 상실한다. 외부인이 자신에게 이익이 되는 것을 처분하고, '질서'가 무엇인지를 규정한다. 자신에게 이익이 되지 않는 나머지는 주권과 자유라는 미명하에 피억압 민족에게 기꺼이 넘겨준다."(FoP, 30f.)

국제연맹규약 제22조는 이렇게 되어 있다. "오늘날 세계에서 특별히 어려운 조건하에서 스스로 무엇을 할 수 없는" 민족은 "위임통치국의 후견하에 두어야한다", 즉 보호국, 위임통치국은 반半문명국 혹은 비문명국 민족에 대한 지배형태로 공식적으로 국제 승인되어 있다는 것이다. 그런데 19세기 이래 문명의 기준은 기독교=문명, 비기독교=비문명국으로 구분하는 것이었다. "베르사이유조약으로 인해 독일의 주권이 상실되었다고 말하는 것은 아니다. ... 자주 언급되는 다음 개념들 각각이 독일의 운명이 되어 버렸다. 즉 배상, 제재, 심사 그리고 점령. 배상의 범위는 베르사유조약에 따르면 여기에 독일의 영원한 굴복이 존재한다고 할 정도로 무궁무진하다. ... 제재권은 연합국 각국이 ... 독일영토를 군사점령하고 독일산업을 몰수할 수 있다고 할 때, 일방적이고 자의적인 해석을 통해 마찬가지로 언제나 새로운 독일의 완전한 굴복을 포함하고 있다. 베르사유조약이 유효한 한에 있어 국제연맹이사회의 다수결에 의해 행사될 수 있는 조사권은 현대전이 협의의 군사적 수단을 통해서만이 아니라 나라의 산업과 경제전반을 포괄한다는 점을 고려할 때 마찬가지로 예측불가능한 해석을 종용하고 있다. 독일영토 점령에 관한 한 라인란트는 점령군의 전시장이 되어 버렸다고 할 정도로 그 규모가 규정되어 있지 않을 뿐만 아니라, 점령당국의 권한 또한 지나치게 비대하다."(FoP, 32f.) 아마 이 시기 슈미트가 말하고 싶은 국제법적 테제는 이것이 아닐까 싶다. 1926년 그는 프리드리히 마이네케의 국가이성을 논하면서 이렇게 말하고 있다. "법 특히 국제법은 … 단순히 현상유지의 정당성이거나 기존 점유상태를 재가하는 것이다. 그 뒤 국제법은 점유자의 권력에 봉사한다. 그렇지 않으면 국제법은 비점유자의 요구를 정당화한다. 그러고 나서 안녕을 교란하는, 혁명적 원칙으로 등장한다."(PuB, 57) 국제법의 기능은 강자의 이익을 정당화하고, 약자의 요구를 합리화하는 데에 있다는 말이 될 것이다.

독일이 국제연맹 가입신청서를 제출한 1926년 2월 10일 직후 슈미트는 「국제연맹의 핵심문제」라는 글을 발표했다.[132] 논의에 앞서 슈미트는 이 글의 각주에서 아래와 같이 네이션개념에 대한 혼란을 언급한다. "네이션Nation이란 용어 사용에 있어 영어, 불어는 국가와 네이션의 동일시를 광범위하게 허용한다. 하지만 수년 전부터 좀 더 예리하게 구별할 필요가 제기된다. 「국가Nation의 권리와 의무 선언」의 서로 다른 초안들이야 말로 이로 인해 있을 수 있는 혼란의 배울만한 사례가 될 것이다. 1916년 1월 6일자 워싱턴의 미국제법연구소의 선언문은 국가에 대한 대립을 명확히 하지 않고 '네이션'을 말하고 있다. 1919년 11월 11일 파리의 국제법연맹의 선언문은 국가Etat의 기본권리를 말하면서 제목에만 '네이션'을 붙이고 있다. 마지막으로 1921년 로마의 국제법연구소 라

---

132   Carl Schmitt(1926), Die Kernfrage des Völkerbundes(1926), in: FoP, 73ff.

프라델레 초안에서도 제목에서만 국가Etat를 말하고 있다."(FoP, 74 각주 2) 끊없는 개념적 혼란을 불러 일으키는 이 문제는 슈미트에게도 성가신 문제였음이 분명하다. 그래서 보자면 네이션=국가가 비교적 광범위하게 허용되는 영, 불에 비해, 독일어권에서는 이렇게 도식화해 볼 수 있지 않을까 싶다. 'Völker = Nation≠Staat(etat)'. 그래서 아무튼 독일어에서 국제연맹은 Völkerbund로 표기하는데, 불어로는 Société des Nations, 영어로는 League of Nations라고 해서 네이션을 붙이고 있다. 국제연맹은 독일어로 네이션이 아니라 Völker라고 되어 있지만 실상은 국가Staat와 그 국가의 정부의 일련의 관계를 말한다. 이는 독일만의 특수한 언어적 지형과 정세를 나타내는 것이라고 봐야 하겠다.

여기서 우리는 슈미트가 국제연맹에 대해 가하는 비판과 해체의 방법에 대해 주목할 필요가 있다. 본인이 말하는 일종의 '개념사회학적'인 방법말이다. 이미 그가 의회비판에 적용했던 그 방법이다. 즉 비판대상의 정신적(형이상학적) 토대와 구체적 현실과의 불일치와 괴리를 드러냄으로써 그것의 존재불가능을 입증하는 것으로서, 일종의 조건방정식을 설계해서 그것이 성립될 수 없음을 보이는 것이다. 국제연맹의 경우 연방(盟)Bund이냐, 아니냐라는[133] 질문을 던지고, 그 다음 연방이기 위한

---

133 독일어에서 Bund와 Bündnis는 국제정치적으로 볼 때 영어의 '연방federation'과 '국가연합confederation'에 주로 상응한다. 그리고 국가연합confederation에 해당되는 독일어가 Staatenbund이다. Bündnis는 국내정치에서 광범위하게 사용된다. 이 때 연합, 동맹, 연정의 의미로 영어로는 alliance라는 의미하고 통한다. 이 글에서는 일단 국제정치적으로 Bündnis는 국가연합confederation으로 사실상 같은 의미인 Staatenbund는 '국가간 연합'으로 옮겨서 구별했다. 연방과 국가연합의 결정적 차이는 이 글의 취지에서 보자면 무엇보다 대외적으로 교전권jus belli의 유지여부이다. 연방은 이 교전

조건을 제시한 뒤, 이 조건을 필요충분하게 만족시킬 수 없음을 또한 보여준다. 결론은 따라서 국제연맹은 연방이 아니다. 하지만 이 조건 즉 보장과 동질성이 진정한 조건인가 하는 문제는 남는다. 왜냐하면 동질성은 사실상 신생사회주의국가 즉 소련을 배제하기 위해 동원된 논리이기 때문이다. 베르사이유 체제 즉 제네바 국제연맹비판과 바이마르비판은 동전의 양면과 같은 것으로서 1919년 체제의 국내외적 총체적 청산이 슈미트의 목표인 것이다. 국제법, 국제관계 연구의 주도적 동기 Leitmotiv는 바로 시대비판 속에서의 궁극적으로 반혁명이다.

국제연맹 가입관련 논쟁과 관련, "국제연맹은 단순한 국가연합 Bündnis 또는 헤이그평화회의에서 시도하다 실패한 기구 Organisation라기 보다는 국가간 연합 Staatenbund에 가깝다"고 하면서 슈미트는 "국제연맹의 핵심 문제에 있어 결정적인 것은 이것이다. 즉 국제연맹이 사무소 Büro나 국가연합 Bündnis이상일 수 있는가, 연방으로 간주될 수 있는가이다. 만일 국제연맹이 진정한 연방이라면, 국제연맹은 베르사이유 조약 이후의 현상유지를 정당화하게 된다. 이것은 주요하고 간과하기 힘든 결론이다."(FoP, 82) 그래서 다시 한 번 "국제연맹은 진정으로 연맹 Bund인가?"(FoP, 82)라고 물어야 한다. 답은 "**국제**"연맹 Völker-Bund도 아니고 국제'**연맹**' Völker-Bund"도 아니라는 것이다.

슈미트의 비판은 강력한 것이었다. 국제연맹인데 국제도 아니고 연맹 여기서는 연방도 아니라는 말이기 때문이다. 그래서 국제법학계에서는 이를 두고 "진정한 국가간 연합 이거나 혹은 '국가간 연합의 법조직에 근사한 것'"이라는 식으로 해석된다. "국가간 연합 Staatenbund으로서 국제연맹은 정치, 행정적 목적단체일 뿐만 아니라 그 이상 즉 국가연합보다 더 이상의 것이다. 왜냐하면 국가연합은 시간적으로 단기, 장기만

권을 통일된 중앙정부에 완전 위임하는 것이다.

을 감안할 뿐이고, 본질적으로 국가연합의 이유Bündnisfall, casus foederis는 그 무엇보다 전쟁의 가능성에 의해 지배되기 때문이다. 국제연맹은 국가처럼 독립을 갖는 건 아니지만 그렇다고 연방국가도 아니고 초국가Überstaat도 아니다. 국제연맹은 회원국의 주권을 폐기하는 것이 아니다. 그러나 다른 한편 목적단체 이상이며 또한 정치적 국가연합이상이다. 그래서 국가간 연합Staatenbund에 근사하다. 반면 윌슨대통령이 주재했던 국제연맹위원회 임원인 프랑스의 라노드Larnaude와 그를 따르는 국제적으로 명망있는 저자 막스 후버는 국제연맹은 연방국가Etat fédéral, Bundesstaat도 국가연합Confédération d'Etat, Staatenbund도 유니온Union도 혹은 그 비슷한 어떤 것도 아니라고 말한다. 그것은 완전히 '새로운 유형Typ'이자, 있는 그대로의 조직 그 자체ein Gebilde sui generis'라고 정의한다."(FoP, 82f.) 이는 사실상 개념규정을 거부하거나 기피하는 것이다.

슈미트는 다시금 국제연맹의 핵심문제는 그 속에 체현된 법적 질서의 고유유형 그것이 베르사이유의 현상유지에 기초를 두고 있는 법질서의 체현인가 아니면 **'정치적—실용적인 목적조직'**인가에 있다고 주장한다. 이 말은 국제연맹이 진정한 연방인가와 같은 질문이다. 여기서 묻고자 하는 것은 연방국가인가 국가연합인가의 오래된 문제가 아니다. 어떤 하나의 법적인 질서원칙을 묻는 것이다. 그래서 이 원칙이 해당국가의 시스템을 포괄하는가 여부가 문제가 되며 이로써 새로운 법질서로 간주되는가를 알 수가 있다. 두 번째 문제는 국제연맹에 보편성을 부여할 수 있는가 하는 문제다. 우선 미국, 소련, 터키가 부재하다. 하지만 공간적 보편성이 결정적인 것은 아니다. 세계우편연맹은 행정공동체이지 국제연맹은 아니다. 국가의 실존에 부차적인 우발조직이나 목적단체사이의 개별관계나 정치적 동맹과 구분되는 연방만의 표식이 무엇인가에 달려 있다. 이것이 바로 "특정 유형에 대한 최소한도의 보장과 전회원국을 상대로 전제되는 최소한의 동종성"이다(FoP, 86).

흥미로운 점은 이 표식은 정상 상황을 기준으로 한다. 예외가 아니다. "어떤 법도 허공에서 유효한 것은 아니다. 모든 법은 상황법이다. 마찬가지로 국제연맹도 법질서로서 사실적인 정치상황, 점유상태 그리고 고유특성이 회원국에게 정상적이라고 간주될 수 있을 때 비로소 가능하다. 최중요한 것은 국제연맹규약의 서문에서 말하는 정의와 국제법이 아니라 각국을 진성 회원국으로 만들어야만 하는 이 불가피한 전제 그리고 국제연맹에 속하는 한 이 대지가 정상상태에 위치하고 '평정된befriedet' 것으로 간주되는 것이다. 이런 일반적이고 자명한 **정상상황의 전제로부터** 두 가지 요청 즉 국제연맹의 핵심 문제 연구에 관련되는 - 즉 보장과 동질성이 도출되는 것이다."(FoP, 87, 강조는 원문) 국제관계, 국제법의 예외상태는 곧바로 전쟁상태를 말한다. 전쟁상태 자체에서 도출되는 법질서는 없다. 전쟁 자체가 초규범적인 것이기 때문이다. 국제사회는 예외상태에서 결정하는 어떤 하나가 존재하지 않는다. 국내에서 주권자는 하나, 하지만 국제사회에서 주권자는 반드시 복수이다. 그렇지만 이 시기 슈미트의 방법론적 예외주의와 비교해 정상에서 도출된 2가지 척도로 연방을 측정하는 것은 분명 설명이 필요한 대목이다. 다시 말해 위기상황에서 도출되는 '요청'이 무엇인지 하는 의문 말이다.

국제연맹규약

제10조

연맹 회원들은 외부의 공격에 대항하여 영토 보전과 연맹의 모든 구성원들의 현존하는 정치적 독립성을 존중하고 보존한다. 그러한 공격의 경우 또는 그러한 공격의 위협이나 위험이 있는 경우, 이사회는 이 의무를 이행할 수 있는 수단을 조언해야 한다.

Article 10

The Members of the League undertake to respect and preserve as against external aggression the territorial integrity and existing political independence of all Members of the League. In case of any such aggression or in case of any threat or danger of such aggression the Council shall advise upon the means by which this obligation shall be fulfilled.

슈미트가 특히 문제삼는 '보장'의 대상이 위 국제연맹규약 제10조다. 제10조 해석의 압도적 통설에 따르면 사실상 제10조가 금지하는 것은 "무력에 의한 점유변경"만에 대한 보장이라는 것이다. 즉 '영토보전territorial integrity'개념에 전제된 '영토'는 독일에 의한 영토 변경을 '침략'으로 규정해 이를 배척하자는데 있다는 의미로 해석된다. 그래서 슈미트의 비판에 따르면 제10조를 정식화함에 있어 전제가 되는 것이 바로 '반독감정'이다. 반'프로이센식à la prussienne', 즉 반독일적이고 반프로이센 군국주의 방식을 겨냥한 것이라는 말이다. '무력으로 훔치기steal by force', 이는 특정하게 독일 방식이라는 말이다. 하지만 비군사적인, 경제적-재정적인 강제는 금지된 것이 전혀 아니다(FoP, 95f.). "그런 한에 있어 국제연맹 규약 제10조는 군사적인 것보다 경제적인 권력수단이 대신하는 현대제국주의의 특징의 표현이라 할 수 있다." 회원국간 전쟁은 허용되고 가능하다. 그러나 영역변경의 수단으로서는 금지된다. 영역변경도 허용되지만 그러나 전시정복은 안된다. 그래서 정복권droit de conquête의 포기를 위미한다. 평화협정 체결시에도 영토의 합병을 포기하는 것으로 이는 현대제국주의의 지배형태가 군사적인 폭력에서 경제적인 것으로 변경되었음을 의미하는 것이다(FoP, 96).

"만약 규약 제10조를 통해 평화조약 특히 베르사이유조약을 통해 창출된 현상이 보장된다면, 국제연맹은 실제로 베르사이유 승전국 보호와 승전국의 전리품을 합법화하기 위한 도구에 다름 아니다. 국제연맹이 [1차대전] 연합국의 계속에 불과하다는 것은 국제연맹의 형성사를 통해 분명하게 입증될 것으로 본다. 폭력적 영역변경의 배제가 문제가 되는 것이 아니라, 새로운 특수한 종류의 보장, 연방의 창설과 신입회원국의 가입시 전제되는 점유상태를 정당하다고 보는 그 전제가 위험한 것이다." 독일의 식민지를 박탈하고, 영역을 분할하고, 단치히, 오버슐레지엔, 메멜지역등이 할양된 이 점유 상태를 인정하자는 의미이다. 지금의 이 현상유지의 정당성에 대한 보장이라는 하나의 특수한 아주 특이한 종류의 보장이 바로 제10조가 갖는 근본의미라는 말이다(FoP, 97). 국제연맹은 "회원국 누구나 자기목적을 위해 이용하는 실용-유용한 행정-기술적 기구Veranstaltung에 불과"한 것이다. 국제연맹의 두 얼굴, "야누스의 얼굴", "얼굴 한 쪽은 세계전쟁을 낳은 제국주의시대의 특징을 띠고 있고, 다른 한쪽은 연대주의Solidarismus의 얼굴인데 미래는 여기에 달려 있다." 그래서 자칫하면 국제연맹은 1815년 이후 신성동맹처럼 될지도 모른다(FoP, 126f.).

독일의 국제연맹가입을 둘러싼 상황은 위와 같다. 유용한 것과 유해한 것들이 서로 혼합된 상태다. 하지만 오늘날까지도 국제연맹의 핵심문제는 의도적으로 열린 채 내버려져 있으며 이 기구가 연맹(방)인지 아닌지도 구명이 안된 채이기 때문에 국제연맹을 가지고 그 누구도 기만해서는 안된다. 그래서 이제 만약 "독일이 국제연맹의 회원국이 된다면 그러한 근본적인 변화 또는 결정에 동등한 자격gleichberechtigt으로 공동역할해야 한다는 점을 분명히 하는 것은 좋은 일이다. 그렇지 않다면 독일의 국제연맹가입은 패전의 영구화를 의미하며, 황당하고 유례없이 자기 무기를 포기한 것을 그저 보완하는 것이 될지도 모른다. 왜냐하면 그것은 눈에는 좀 덜 띨지는 몰라도 그렇다고 덜 중요하지 않은 자기 권리의 포기이기 때문이다."(FoP, 128)

슈미트 자신이 라인란트(플레텐베르크) 출신이라 바이마르공화국 시기 내내 이 지역에 대한 그의 관심은 지속적이었다. 「라인지역의 국제법적 제문제」는 원래 1928년 10월 5일 라인지역 헤펜하임Heppenheim에서 열린 독일역사교사 대회에서 한 강연록을 1928년 11월 반半월간지『라인 베오바흐터Rheinischer Beobachter』에 게재했던 것이다. 라인란트 문제를 아주 성공적으로 해설한 대중강연으로 평가되었던 강연이다.[134] 여기서도 슈미트는 제국주의 담론을 제기한다. 현 라인지역의 상태를 제대로 이해하기 위해서는 무엇보다 "독일영역의 상당부분이 국제적인 특수 규정과 더구나 특수 조직하에 이렇게 복속되었다는 사실은 외국의 제국주의적 지배와 착취의 현대적 방식과 연관해서 고찰해야 한다. 왜냐하면 오늘날은 공공연한 영역합병과 같은 낡은 방식이 아니라 '통제'와 조약의 체계를 통해 특히 굴복한 국가를 강제하는 간섭조약을 통해 일을 진행하기 때문이다. 합병이 아니라 단지 통제와 간섭에 기반한 현대적 시스템은 정치경제적으로 수많은 실용적인 장점이외에도 도덕적 장점을 갖고 있는데, 바로 조약의 신성함과 약속은 지켜져야 한다pacta sunt servanda는 명제에 기초하여 굴복한 자를 도덕적으로 마비시킬 수 있다는 점이다. 그래서 개입하는 국가가 '피통제'국의 본질적이고 실존적 문제, 무엇보다 '공공질서와 안녕'이 무엇인지 그 구체적 규정을 결정한다. 이것이야말로 미합중국이 쿠바, 파나마, 니카라구아등 라틴아메리카의 대미종속국을 대하는 방식이다. 또한 영국이 '형식상' '주권국'인 이집트를 상대하는 방식이다. 전독일 인민이 확고한 정치의식으로 저항하지 않았더라면 이것이 국제적으로 조직된 독일영역 비무장화의 최종적 결론이 되었을지도 모른다."(FoP, 263)

경제적, 군사적으로 우월한 외부 강대국에 의한 약소국의 해체와 그 약소국 국내에서의 '국제법의 우위이론'이 상응한다. 국제법 우위론은 종속과 굴복의 이론적 승인이다. 국가의 실존 전부를 국제법적 승인에 가져다 놓고, 자신의 나라를 그 무슨 구성된 것에 불과한 소위 '국제

---

134 Carl Schmitt(1928), Völkerrechtliche Probleme im Rheingebiet(1928), in: FoP, 255ff.

법공동체'의 일개 구성요소로 취급하자는 것이다. 이는 "자기민족에 대한 자연스럽고도 당연한 충성 위에다 국제적으로 잡탕인 위원회와 외교관들의 회담에서 나온 인위적 협정을 얹어놓자는 것이다. 라인란트 비무장문제는 결국 독일의 실존과 연관된 '결정적 지점Kardinalpunkt'이 되는 것이다."(FoP, 263f.) 혹은 이제 "독일민족이 자신의 정치적 실존 의지를 보존할 것인지 혹은 물리적, 도덕적으로 갈갈이 찢어질 것인지 이 모든 것이 정치의식에 그리고 독일 정치의 자기통치와 결단에 달려 있다. 그래서 자신의 피와 살로 외부의 리바이어던을 배불릴 것인지에 대한 합의조차도 마찬가지로 말이다."(FoP, 264f.)

    슈미트의 의론은 점차 독일 민족의 결단과 실존을 강조하는데 바로 여기서 라인란트 비무장문제는 이를 시험할 핵심사안이 된다. "이것이야말로 독일이 처한 가공할 전체상황인 바, 바로 그 중심에 라인란트의 비무장문제가 위치한다. 위대하고 단호한 민족은 의심할 필요가 없으며 희망을 버리는 것은 비겁한 짓이다. 그러나 확고한 정치의식을 포기하고 설사 그것이 희망섞인 가능성일 뿐이라 하더라도 그 최악의 가능성에 눈을 감는 것은 범죄라 할 것이다. 특히나 오늘날 국가간 관계는 본질적으로 이미 도덕화되었고 법제화되었으며, 인민의 사고와 감성은 이미 탈정치화해 버렸다고 가정하고 이를 이론적, 실천적으로 주장하는 것은 무책임한 자기기만이다. 도덕적, 법적 개념들이 남김없이 프로파간다로 악용됨에도 불구하고, 이 세계는 여전히 하이폴리티컬한hochpolitisch 상태에 있으며, 이 세계는 여전히 **우적에 따라 그루핑되고 있고**, '탈정치화'를 포함 저 도덕화와 사법화는 **극히 구체적인 정치적 그루핑과 이익**에 복무하고 있다. 민족들은 유감스럽게도 '상호 자연상태'Naturzustand속에 살고 있다. ... 자연상태 속에서는 구체적 상황을 더 이상 감당하지 못하고, 가장 자연적이며 가장 자명하며 그리고 최우선의 권리 즉 자유롭고, 독립적이며, 자기 자신만의[135] 분할되지 않는 실존의 권리를 망각하게끔 험구險口하는 모든 민족은 가차없이 멸망한다."(FoP, 265, 강조는 인용자) 결국 우적그루핑에 복무하는 탈정치화를 저지하면서, 이제 슈미트는 독일민족 스스로 자신만의 우적의 결단을 요청하는 것이다.

정상국가, 정치적 독립국가는 자신의 실존적 문제 즉 자신의 정치적 현존재의 문제는 스스로 결정한다. 면적 55,000 평방킬로미터, 1,400만 인구가 거주하는 라인란트 문제 역시 다르지 않다. "제재와 베르사이유조약에 기초한 현상유지의 정당화는 비무장한 자와 탈군사화한 자를 무장한 자의 전리품으로 만들 수 있"기 때문에 극단적인 경우, 외부 간섭의 결과 비무장지대 주민들은 자기 고향의 중요사안에 있어 제네바와 파리를 쳐다보는데 익숙해진다. 독일이 아니라 거기서 어떤 결정이 이루어지리라는 느낌에서 말이다. 그러고 나서 여기에다 "라인란트의 유럽화 혹은 국제법 우위"라는 상표를 붙인다. 하지만 "모든 독일인에게 라인란트 문제는 독일 내부문제, 독일제국과 독일민족의 국내사안domestical affairs이라는 사실은 자명한 것이다."(FoP, 276) 라인란트 문제를 탈국제화해서 국내문제화하는 것이 해법의 시작이다.

그렇지만 라인란트 비무장지대 문제는 국내정치적으로 위기시엔 특히 중요한 헌법규정 즉 헌법 제48조 2항 공공안녕과 질서를 위해 제국대통령이 '군사력의 도움으로' 필요조치를 할 수 있어야 하지만, 이 권한은 라인란트에 한해서는 제한적이다. 라인란트는 독일제국 국내법상 프로이센에 소속되어 있으므로 유사시 이 비무장지대의 치안은 프로이센 경찰이 감당해야 할지 모른다. 하지만 라인란트가 비무장으로 존재하는 한 독일제국은 '정치적으로 독립국가', '완전한 자치국가'로서의 지위를

---

[135] 원문은 '몇 가지의 einige'라고 되어 있는데, '자기 자신만의 eigene'가 맞을 거라고 판단된다(FoP, 265).

구가하지 못하고 있는 것이다(FoP, 277f.).[136]

제국주의에 대항한 우적 결단과 관련해 슈미트는 1932년 「미국과 현대제국주의의 국제법적 제형태」라는 강연에서 통찰력으로 가득한 매우 흥미로운 관점을 보여준다. "그러한 결정적인 정치개념들에 있어 문제가 되는 것은 바로 누가 그 개념을 해석하고, 정의하고 그리고 적용하는 가이다. 즉 누가 구체적 결단을 통해 이야기하고, 무엇이 평화이며, 군축이며, 개입이며, 공공질서이며 안전인지를 말이다. 진정한 권력을 가진 자란 자기 스스로 개념과 단어를 규정할 수 있는 자라는 사실은 인류의 법적, 정신적 생활을 통털어 가장 중요한 현상 가운데 하나이다. 시이저가 주인이며 문법 위에 존재한다Caesar dominus et supra grammaticam. 제국주의는 자기 자신의 개념을 만들어 내고 그리고 잘못된 규범주의와 형식주의는 마지막에 가면 그 누구도 무엇이 전쟁이고 평화인지 조차 모를 정도로 사람들을 오도한다. 다시 한 번 나로서는 여기서 우리가 마음대로 만드는 것은 문제가 될 수 있다는 식의 오해에 대해 경고하고 싶다. 어떤 위대한 민족이 타민족의 말하는 방식과 심지어 사고방식, 어휘, 용어 그리고 개념을 자기 뜻대로 규정할 때 그것이야말로 진정한 정치권력이라는 것이다. ... 역사적으로 중요한 제국주의의 경우 군사적, 해군력의 무장은 물론이고 경제적, 재정적 국부뿐만 아니라, 자기 스스로 정치적, 법적 개념을 규정할 수 있는 것이 본질적인 것이다. 제국주의의 이러한 측면이야말로 ... 독일인과 같이 방어적인 처지에 서있는 민족에게 매우 위험한 것 아니 군사적 억압과 경제적 착취보다도 훨씬 더 위험한 것이다. 어떤 민족이 외국의 어휘, 법 특히 국제법에 대한 외국의 개

---

136 Carl Schmitt(1930), Die politische Lage der entmilitarisierten Rheinlande(1930) in: FoP 274ff.

념에 복속될 때 그때 비로소 완전히 패배한 것이다."(FoP, 365)[137] 슈미트의 결단주의적 어휘사전 맨 위에 놓인 말 '누가 결정하는가Quis judicabit'는 그래서 '누가 정의하는가'와 분리되지 않는 것이다. 그 후자 즉 해석투쟁은 헤게모니의 중요한 구성요소이다. 그런 의미에서 슈미트에게 위대한 독일정신이 미국주의에 굴복하는 것은 완전한 패배로 이어지는 첩경이 된다. 반제국주의는 그래서 정신투쟁이기도 하고 진정한 정신승리를 전제해야 한다. 슈미트의 이러한 포스트콜로니얼 제국주의 비판론은 그 자체로 틀린 것은 아니다. 하지만 이 비판의 무기가 독일제국주의를 향한 무기의 비판이 된다면 그것은 전혀 다른 문제다.

1933년 나치 권력장악 이후 그 해 11월 12일 총선과 더불어 국제연맹 탈퇴에 대한 국민투표가 실시되었다. 바로 그 이틀 전 슈미트는 「평화인가 평화주의Pazifismus인가」[138]라는 칼럼을 기고했는데 1933년 11월 10일자 『도이취 알게마이네 자이퉁Deutsche Allgemeine Zeitung DAZ』 외 기타 여러 언론에 전재되었다. 물론 가부를 묻는 국민투표결과는 약 4,340만 표 중 4,063만이 '가', 76만이 '부'에 투표함으로써 95% 찬성으로 가결되었다. 이로써 1933년 10월 14일 군축협상 중단, 1933년 10월 19일 국제연맹 탈퇴선언으로 시작된 탈퇴 일정이 모두 종결되었다. 이 글에서 슈미트는 지난 근 10년에 걸쳐 일관되게 주장했던 바를 되풀이하고 있다. "제네바 국제연맹은 정치 기관일 뿐만 아니라, 그 매우 특정한 방식에 있어 특정 유형 제국주의의 도구에 불과하다. 오늘날 이 제네바

---

[137] 흥미롭게도 슈미트는 바쿠닌의 무정부주의에 대해 논하면서 바쿠닌이 한 말을 옮기고 있다. 맑스의 교양과 사고방식은 과거로부터 물려받은 것에 불과한 즉 부르주아적인 것이다. 그래서 적에게 "정신적으로 종속"되어 있다는 것이다(GLP, 86).

[138] Carl Schmitt(1933), Frieden oder Pazifismus 1933, in: FoP, 378ff.

의 조직은 연방도 아니고 국제연맹도 아닌, 베르사이유, 생제르맹, 트리아농, 뇌이이의 부정의한 평화늑약에 법률적 보증과 '법'의 가상을 부여하기 위한 하나의 기관에 불과하다."(FoP, 378)

국제연맹의 합법성과 정당성의 기초를 이루는 유럽의 외교정책적 상태는 그 조건을 내부적으로나 그 심층에 있어서나 전혀 충족시킬 수가 없었다. 미국은 불가입이고, 마찬가지 남미의 브라질도 가입하지 않았다. 동아시아의 강국 일본은 이미 탈퇴했고, 독일 역시 이제 탈퇴하고자 하는 참이다. 미, 일의 부재는 국제연맹규약에 전제된 핵심기구인 국제연맹이사회의 조건을 충족시키지 못하는 결격이 발생했음을 의미한다. 국제연맹이 목표한 유럽평화와 세계평화보장의 과제는 충족되지 않았다. 그 대신 비현실적 개념과 인위적 픽션의 세계를 창출해 내었다. "제네바 평화주의의 특정 방식은 실질적이고 내용적으로 좋은 나라간의 법 대신 법적 정식과 개념규정을 내세우는 데에 있다. 이러한 사법화Juridifizierung방식은 반동정치의 특정시기에 특징적인 것이다."(FoP, 378)

1815년 신성동맹 역시 나폴레옹전쟁의 승리를 영구화하고 법적 수단을 통해 유럽 당대의 현상유지를 담보하고자 시도했었다. 신성동맹은 이를 위해 '왕조정통성' 원칙을 창안했다. "1815년의 '신성동맹'이라 불리는 군주연맹은 제네바 국제연맹과 1919년 베르사이유조약과 비교해 기사적이고 동시에 양식있는 유럽의 관심사"였다. 1815년 체제의 왕조정당성원칙과 비교해, 하지만 "제네바 국제연맹이 발전시킨 현상의 정당화방식"은 신성동맹의 시독屍毒에 모자라지 않는 "다른 종류의 독"을 포함하고 있다. 1815년 당시 패전국이었던 프랑스는 1818년에 이미 즉 연방창설 3년 뒤에 정회원국으로서 자격과 스페인 질서회복에 참석 권리를 획득했다. '왕국-왕조' 정통성원칙조차도 제네바 정당성 방식인 인위적인 평화주의 개념보다 공고한 것이었다. 그럼에도 신성동맹은 이러한 정통성이 시독이 되어 몰락해 버렸다는 것이다(FoP, 379).

여기서 다시 슈미트는 1919년 체제를 나폴레옹전쟁 이후 메테르니히가 주도한 1815년 비엔나체제와 비교한다. 그것은 첫째, 침략이 무엇이며, 누가 침략자인가에 대한 정의이다. 사실상 국제연맹류 '평화주의'는 독일을 침략자로 예정한 것이다. "얼마나 가당찮게도 아무 방어수단도 없는 자[독일을 말함-인용자]를 가리켜 아직도 침략자로 간주한단 말인가." 둘째는 '평화주의적' 전쟁 정의이다. 전쟁은 대개 현대무기로 무장한 군대가 인접국을 침공할 때를 말한다. 그러나 평화주의 잡지 『평화의 파수꾼Die Fridenswarte』은 일본이 도발한 만주사변을 놓고, 그 평화적 성격은 폭격과 대소규모 전투에도 불구하고 없어지지 않는다고 주장한다. 이 평화주의는 대량총살과 가공할 전투도 '평화적' 조치라고 강변했다. 만주사변 당시 일본의 명백한 침략행위를 두고, '평화적' 조치라고 두둔하는 것이다. 그래서 베르사이유 전승국들은 고통받는 인류에게 "평화 대신 이런 종류의 평화주의를" 가져다주었다. "세계는 이제 평화를 원하지, 제국주의적 권력정치를 위해 복무하면서 평화주의를 자청하는 평화의 유독한 대용품을 원하는 것이 아니다." 그래서 그날로부터 이틀 후 열릴 국민투표에서 "평화의 찬성표"를 슈미트는 대중들에게 요청하고 있다(FoP, 379f.).**139** 독일에서 '제네바'는 이날 종결되었고, 3년 뒤 1936년 제

---

139 슈미트는 이미 국민투표 3주 전인 1933년 10월 20일 쾰른 인근 브라운스펠트 나치당 지역그룹 강연에서 이렇게 발언했다. "독일제국정부는 국제연맹의 세계에 대항하여 독일민족의 영웅적 실존투쟁에 서있다. 그러나 이 세계는 유대-맑스주의적 왜곡과 선동의 영향으로 총통과 민족의 한 목소리를 두려워하고 이를 의심하며 시비를 건다. 해서 총통은 11월 12일 세계를 향해 **독일의** 답변을 보내자고 호소하였다. 6천만 민족이 국가의 생존문제에 대해 이렇게 투표에 나설 것을 호소받은 적은 역사적으로 있어본 적이 없다. 의회주의는 유사상황에서 독일의 분열과 무기력의 상만을 이 세계에 보여 줬을 뿐이다. 이제 민족이 직접 말해도 된다." (나치당 브라운스베르크 지역그룹 소식지 1933년 11월 4일 3쪽)(FoP 382, 편자 주, 강조는 원문)

3제국 군대가 라인란트를 군사적으로 점령함으로써 비무장문제 역시 역사 속으로 사라졌다.

§2. 나치시대 국제법과 슈미트의 '광역이론'

1) 나치독일 국제법학의 전개과정

패히/스투비(Paech/Stuby 2001)에 따르면 나치독일의 국제법학은 다음 3단계에 걸쳐 전개되었다. 제Ⅰ단계(1933-35년)는 국제법의 개념변화로 특징지어진다. 주요 필자로는 슈미트, 라쉬호퍼Raschhofer, 빌핑거Bilfinger, 스타우펜베르크Staufenberg등인데 이들은 한스 프랑크 당시 나치당 제국지도자가 편집하는 『NS-편람Handbuch』에 주로 기고했다. 초기국면에서는 '민족보수적', '수정주의'적 주장이 주된 논조였고, 국제연맹비판, 그 이전 시기 의회주의 비판, 1918년 제1차 대전 패배 해석, 공화국 비판 등 특별히 나치적이지 않은, 그 이전 시기의 연속선상에 서있었다(Paech/Stuby, 210ff). Ⅰ단계의 베르사이유체제 비판은 주되게는 독일의 '동등한 권리' 주장에 맞춰져 있었지만, 1933년 이후 수정주의 목표의 '폭력적' 집행에 접어들면서 점차 인종민족운동화하면서 나치 인종 이데올로기가 부각되기 시작했다.

민족공동체Volksgemeinschaft개념도 그렇지만 인종이론이 나치의 창안물은 아니다. 이미 바이마르시기 '비합리주의적' 청년운동에 의해 프로파간다되었는데, 새로운 점은 국내적으로 그것이 체계화되고 급진화되는 과정이었다. 단순히 외국인종을 넘어 특히 유대인을 겨냥한 이 '새로운' 이데올로기가 국제법학에도 밀고 들어왔다. 이미 Ⅰ단계에서부터 국제연맹체계 내에서의 동권요구라는 것이 대안이 될 수 없게 되자, '인종민족적 국가공동체' 혹은 민족공동체를 요구하기 시작했다. 국제법적 구속성 의무를 완화하기 위한 개념으로 대외국법Außenstaatsrecht이

제안되는데, 독일의 대외관계를 여기 즉 하나의 '대외국법'에 환원시키고, 또 독일 민족집단의 팽창적 요구를 표현하기 위해 '생존권Lebensraum'과 '자연적 생존법칙' 등 개념들이 등장한다. 히틀러 집권 후 달라진 환경에서 새로운 정당화가 필요하다고 본 것은 역시 슈미트였다. 그는 한편으로 전통적인 동권요구를, 다른 한편으로 한스 켈젠의 순수법학이 만들어낸 국제법의 '사이비 만개'를 날카롭게 공격했다. 독

그림 20　베르너 베스트

일의 인종민족적인 생존권에 맞추어 국제적 민족공동체의 규범도 변경되어야 하는 것이었다. 제I기에서 제II기로 이행함에 있어 슈미트의 이 주장이 의미하는 바가 크다. "한 공동체의 종Art은 공동체 구성원의 종에 의해 규정된다는 것이 특정한 민족사회주의적 인식이다. 이로부터 양국관계와 그 국가의 결합에 대한 법은 하나의 추상적, 규범주의적인 규칙사고 그리고 규칙사고들로부터 수립되는 것이 아니라, 구체적 질서로서 특정 종으로 분류된, 그 구체적인 고유종에 따라 승인된 국가와 민족의 내부에서 비로소 전개될 수 있는 것이다. 민족사회주의적 사고방식은 자기 자신으로부터 형상화된 질서를 추구한다."(Paech/Stuby 2001, 218)[140] 나치집권직후 1933년 4월 나치 「직업공무원법」에 의거 유대인을 비롯 다수의 국제법학자들이 추방되었다. 1933-1935년 사이 독일에서 국제법 정교수 중 7명이 추방되고, 1937-1939년 6명이 추가 해직되었다. 독일의 국제법 정교수 총 35명 중 50% 이상이 교체되었다. 이중 일부는 해

140　Carl Schmitt(1934), Nationalsozialismus und Völkerrecht(1934). in: FoP 391ff. 해당구절은 391쪽.

외망명하고, 일부는 조기정년하고 또 일부는 자살했다(Paech/Stuby 2001, 214).

II단계는 대략 1936-38년 사이의 기간을 말한다. 이제 더 이상 '국제법'공동체Völkerrechtsgemeinschaft가 아니라 '민족들의' 공동체Völkergemeinschaft가 문제가 될 뿐이다. II단계는 또 분격적인 전쟁준비의 시기였다. 국제연맹의 집단안보체제를 대체할 '신유럽질서'가 추구되고 이는 주로 양자조약을 통해서 이루어졌다. 예컨대 1934년 1월 26일의 독일-폴란드 조약, 1935년 6월 18일 독일-영국 함대조약, 1936년 11월 25일 독일-일본 방공협정, 1938년 9월 29일 뮌헨조약, 1939년 8월 23일 히틀러-스탈린 불가침조약을 들 수가 있다. 이 신유럽질서에는 1936년 독일군의 라인란트 진군, 1938년 오스트리아 합병, 1938년 10월 주데텐란트 합병, 1939년 3월 뵈멘-메렌 보호령Protektorat Böhmen-Mähren선언 등이 포함되는 것이다. 이 신질서는 1929년의 브리앙-켈로그조약, 즉 이른바 부전조약과 조화를 이루기가 어려웠다. 기본적으로 독일에게 불리하게 조문화되어있는 까닭에, 일체의 평화적 현상변경이 봉쇄된다면 남는 것은 무력에 의한 방법밖에 없다. 그러나 이 부전조약에 따르면 이런 일체의 가능성이 '침략'으로 규정되어 있었기 때문이다. 이 규정 자체가 영, 불의 국제법학자들이 독일을 겨냥해 개념화한 것이라고 독일쪽은 이해하고 있었다. 여기서 슈미트가 제기한 개념이 '차별전쟁'개념이었다. 이 논지는 차별전쟁은 정전/부정전 구분의 기준은 반독일적 국제연맹의 것일 뿐인데, 이로써 국가주권의 당연한 표현인 국가교전권을 부당하게 제약하고 독일을 불평등한 현상 속에 영원히 구속하고자 하는 것에 다름아니다. 슈미트가 고전적인 전쟁권jus ad bellum개념을 부활시킨 것이 그렇다고 충분한 것은 결코 아니었다. 이어서 인종민족적 사고에 전쟁을 접속시키려는 시도가 등장했다. 마침 오스트리아와 주데텐란트 합병과 더불어 '게르만화조치'는 또 다른 전쟁의 맹아를 그 속에 품는 것과 마찬가지였다(Paech/Stuby 2001, 218ff.).

III단계는 1939-1945년의 시기로서 '인종민족적 광역질서völkische Großraumordnung'로 요약되는 전중 시기다. 이전시기 국제법으로 간주되던 것들은 완전히 부정된다. 또한 이전 시기의 각종 개념을 재구성해내는 시기이다. 주로 논의되던 주요 개념들로는 중유럽개념, 먼로독트린, 소수민족보호, 민족집단권리Volksgruppenrecht, 인종이론등을 들 수 있다(Paech/Stuby 2001, 220). 전중의 독일국제법학의 고민은 어떻게 해서 독일의 전쟁수행을 기존의 전쟁법ius in bello이라는 족쇄로부터 자유롭게 하는가의 문제였다. 이때 SS법학자들, 즉 이미 우리에겐 익숙한 이름들인 스툭카르트, 베스트, 횐등이 창안해 낸 개념무기인 '인종민족적 광역'이 등장한다. 슈미트 역시 이미 전전에 광역이론을 제안한 상태에서 그의 '지정학적으로' 구상된 광역이론은 우선 '유라시아'에서의 새로운 생존권을 획득하기 위한 독일의 전쟁수행의 '자유'를 위해 공간외부raumfremd', 역외세력의 간섭을 배제하자는 것이었다. 이 개념은 폴란드 공격 직전의 상황에서 기본적으로 영국, 프랑스 그리고 일부 미국을 겨냥한 것이었다. 그러나 SS이론가, 특히 베스트는 슈미트의 이론이 첫째, 전통적 국제법을 여전히 고수하는 것으로 둘째, 기본적으로 '인종민족적 요소'가 결여되어 있다고 공격했다. 기본적으로 SS의 의도는 새롭게 확보된 영역을 '이성적으로' 관리하고, '역외인종'을 제거하는 것에 있었다. 슈미트가 베스트의 비판을 수용함으로써 '1941년 말-1942년 초 사이에 벌어진 대결'[141]은 종결되었다. 슈미트가 SS식 광역이론의 의도와 위험성을 SS이론가들만큼 몰랐을 가능성은 있다, 하지만 그렇다고 나치

---

141 이 시기는 좀 앞당기는 것이 맞을 것이다. 슈미트가 '국제법적 광역질서'를 처음 발표한 것은 1939년 4월 1일이었다. 슈미트의 강연 발표문이 공개되기 전에 이미 베스트의 논평문이 작성되었다는 사정을 볼 때 더욱 그러하다. 아마 그 뒤 슈미트가 SS측의 입장을 수용한 것으로 보인다. 이하 이 책의 아래 논의를 참조. Jureit(2023).

의 인종주의적 생존권 개념의 독성을 전혀 인지하지 못했다고 말할 수는 없다. 그래서 슈미트의 이론이 과연 나치의 광기를 합리화하는 도구였는지 여부는 여전히 토론의 대상이 된다고 할 수 있을 것이다(Paech/Stuby 2001, 221).

나치의 집권은 이른바 '민족혁명'이었다. 독일 국가의 혁명적 재조직은 반드시 국제관계에도 영향을 미칠 것이다. 슈미트는 「민족사회주의와 국제법」이란 1934년 7월 18일 독일법아카데미의 강연 서두에서 이렇게 선언했다. "독일 민족처럼 국제법공동체가 가진 방어수단의 상실과 권리의 박탈에도 불구하고, 그 국제법공동체를 이루는 핵심적인 구성 원인이 국내적으로 변화하고, 개조되었다면, 여타의 국가내적인 구조와 새로운 정신적인 상태를 획득했다면, 국제법공동체 전부도 마찬가지로 변화하는 것이다. 왜냐하면 국내 질서는 국제 질서의 기초이자 전제이며, 전자는 후자를 샅샅이 비추고 있는 것이고 **국내질서없이는 국제질서도 전혀 존재할 수가 없는 것**이다."(FoP, 391, 강조는 원문) 사실 슈미트의 이 강력한 테제는 이전 시기 '국제법의 우위' 혹은 '외교의 우위' 등과 같은 한편으로 보수적이고, 다른 한편으로 자유주의적인 국제사회 접근법에 대한 이의제기로 읽힌다. 그리고 국내관계와 국제관계란 것이 어떤 사전에 정해진 비율로 우열을 다투는 것이 아니라, 주어진 특정조건에 비추어 그것 역시 변하는 것이라고 본다면, 슈미트는 분명 소위 '민족혁명'의 에너지를 레버리지로 새로운 국제관계의 도출이라는 과제를 주장하는 것이라고 볼 수 있겠다. 그렇지만 슈미트는 '아직' '국제법공동체'에서 출발하고 있으니 이는 어디까지나 일종의 변화 필요성에 대한 요청이라고 봐야 한다.

국가내적인 새로운 질서의 도래에 대한 자신감을 배경으로 슈미트는 먼저 이렇게 말한다. "어떤 불만족스럽고, 자기 내부적으로 질서를 만들어내지 못한 국가 상태 위에 수립된 규범체계 일체는 실존적이며 의미부여적인 [국제법상의-인용자] 유보를 통해 국가 내부로부터 스스로를 파괴해야만 한다." 그런데 베르사이유 체제와 제네바 국제연맹의 '제도적 보장'은 결코 자연성장이 가능하지 않았고 스스로 모순적인 것이었다. 슈미트는 여기서 다시 한 번 제네바 국제연맹의 좌절이유를 아래 4가지로 정리하고 있다. 첫째, "미합중국이 제네바국제연맹에 가입하지 않기로 결정했을 때, 국제연맹은 이미 자신의 영혼을 상실했다. 국제연맹의 영혼은 윌슨과 윌슨의 자유-민주적-인도적 이데올로기였다. 윌슨은 제네바 국제연맹의 창립자였고, 창립자일 것이며 윌슨과 더불어 이 '연맹'은 연맹으로서의 영혼을 잃었고 또 사망했다." 둘째, "국제연맹 출발시 전제되었던 **회원국의 자유-민주적 동질성**이 탈락되었다. 이 지점에서도 회원국의 종이 공동체의 종을 본질적으로 규정한다는 점이 드러났다. 최초의 국제연맹 회원국인 파시스트 이탈리아가 민주자유주의Demo-liberalismus로부터 해방되었다. 암묵적으로 자유민주주의적 동질성을 여전히 고수하고 있던 제네바 국제연맹의 비자유민주주의적 회원국으로서 스스로를 유지하기 위해선 강력한 저항을 극복하지 않으면 안되었다. ... 폴란드, 유고슬라비아, 오스트리아 등 다른 다수국들은 자유민주주의에서 말하는 의미에서의 정상국가와 다름에도 불구하고 제네바 국제연맹의 정규, 정상 회원국이다. 나는 이러한 자유민주적 동질성의 포기 속에서 제네바 국제연맹의 두 번째 전환을 목도한다." 셋째, "마찬가지 연속성과 동일성을 폐기하는 세 번째 변화는 국제연맹의 상임이사국이었던 일본과 독일제국의 탈퇴이다." 제네바 국제연맹의 근본적인 네 번째 변화는 "볼쉐비키 러시아 즉 소련연방이 제네바 연맹의 '정상적' 회원국이자 상임이사국으로 가입한 것이다. 이는 막중한 국제법적 파장을 초래한다. 왜냐하면 이 네 번째 변화는 '법률적 세계체제'이자 '문명의 거대한 형태'로서 볼쉐비즘에 대한 승인을 포함하기 때문이다." 그 결과 "제네바 국제연맹은 지난 15년 동안 법적, 그 정신적 실체에 있어, 그 전제와 결론에 있어 말하자면 머리로 서있게 되었다. 제네바 국제연맹은 볼쉐비키 소연방에 대적해 간섭, 보이콧 그리고 공공연한 적대에서 출발해, 이제

정규회원국이자 '지도적' 세력으로서 이 소연방의 가입과 함께 종식되었다. 그 결과 제네바 국제연맹은 연맹도 진정한 공동체도 더 이상 아닌, 그저 낡은 스타일의 기회주의 국가연합, 1914년 세계대전으로 귀결된 바로 저 동맹시스템의 연합 말이다. 이로써 제네바국제연맹이 해보고자 시도했던 제도적으로 보장된 신질서의 최후의 가상이 탈락되었다."(FoP, 404f.)

2) '차별적' 전쟁개념, 제국 그리고 광역

1937년 가을 독일법아카데미 법연구분과 강연에서 발표되고, 1938년 출간된 『차별적 전쟁개념으로의 전환』[142]은 기본적으로 영불이 주도하는 국제연맹에 맞선 '해석권'경쟁이라는 상황의 결과물이다. 독일 국방군 Wehrmacht의 '원활한(?)' 전쟁수행을 위한 개념전쟁이었다는 의미다. 이 저작에 대해서는 이미 앞에서[143] 논의한 바 있기 때문에 여기서는 중복을 피하고자 한다. 단지 슈미트가 직접 집필한 '자기광고Selbstanzeige'란 명목으로 자신의 저작을 요약한 것이 있기 때문에 여기서는 이를 중심으로 국제법적 맥락에 대해서만 언급해 두기로 하겠다. "이 저작의 기본사상은 다름 아닌 독립된, 동권의 국가에 의해 유지되는 국제법은 전쟁을 수행하는 주체는 바로 국가라는 데에 전쟁의 권리와 질서가 존재한다고 파악하는 데에 있다. 국가관계의 국제법은 전쟁 중에도 남아있는 그 질서의 나머지를 다른, 제3의 심급에 의한 규범적 평가가 아니라 전쟁 수행 당사자인 국가자체의 특질에서만 찾을 수 있는 것이다. 그러한 국제법상의 전쟁개념은 따라서 상호간에 전쟁을 수행하는 자가 다름 아닌 국

---

142 Carl Schmitt(1938), Die Wendung zum diskriminierenden Kriegsbefriff, 2.Aufl., Berlin: Duncker & Humblot, 1938.

143 이 책의 2장 §1 2), (2)를 참조.

가인 한에 있어, 그 전쟁 수행 국가의 옳음과 그름을 차별하지 아니한다. 본 저자[슈미트]는 제네바 국제연맹의 방법과 국제법학 일부의 개념구성 속에서 —여기에 대해 국제법과 제네바 국제연맹법은 서로 맞물려 호환된다— 차별화의 방법을 목격한다. 그 위험은 첫째, 국제법적 중립성의 제거, 둘째, 민족 국가간의 전쟁의 국제내전으로의 전환 속에 있다. 제네바 국제연맹 시스템과 일체 보편주의적 국제법 견해는 본 저자가 보기에 '정당하다'는 평계를 두른 전쟁준비에 다름 아니며, 이는 지금까지 존재한 그 모든 전쟁가운데 가장 총력적인 것이 될 것이다. … 이 저작의 마지막 부분에서는 앞서 본 논의의 결과와 관련해 제네바 체제 그리고 같은 방향으로 전개된 켈로그조약[1928년의 부전조약-인용자]의 해석상 차별적 전쟁개념으로 국제법이 전환하는 것에 대한 비판적 분석을 제공한다. 여기서는 두 가지 '불합치'가 확인될 것이다. 즉 제네바 국제연맹의 신질서요구와 모든 전쟁개념의 불합치 그리고 현 국제법상의 보편주의와 연방주의와의 불합치."(FoP 595f., 편집자 주를 참조)

슈미트에 의하면 국제법은 무엇보다 '전쟁과 평화의 법'이다, 특히 이제 "전쟁개념이 모든 국제법의 중심이자 최후의, 진정한 시금석이 되었다."(diskriKrieg, 37) '전쟁'은 "전승된 법질서"를 말한다(diskriKrieg, 42f.) 그것이 국가 대 국가의 전쟁인 한에 있어서 말이다. 이때 국가는 정당한 교전권의 유일한 최종결정권자다. 그리고 적국은 범죄자가 아니다. 정적이다. 중요한 것은 국제연맹이 새롭게 도입한 정전이 아니라 국가간 전쟁에서의 정적正敵이다. 국제연맹이 차별적 전쟁개념을 통해 전쟁의 합/불법을 판정함으로써 전쟁은 '탈국가화' 되고 이로써 전쟁이 '행성화'되는 전대미문의 총력전의 위기에 인류를 몰아넣고 말았다. 위의 인용문에서 아주 뚜렷이 읽을 수 있듯이, 철저하게 '고전적' 국제법의 관점에서 전쟁은 국가전이고 오직 국가만이, 또 모든 국가가 교전권으로 무장한 동권의 주체라는 것이다. 국제연맹이 허용 전쟁과 금지 전쟁으로 차별하는 것은 전혀 수용할 수가 없는 주장이 되는 것이다. 아울러 독일의 장차 공격전쟁 역시 당연한 국가권리로서 전쟁범죄를 구성하지 않는다는 말이다. 슈미트의 신질서는 단순히 국제법공동체에서 이제 민족공동체를 향하고 있다.

『역외열강의 간섭을 허용하지 않는 국제법적 광역[144]질서. 국제법상 제국개념에 대한 일고一考』라는 저작은 1939년 4월 1일 이미 당시 국제법연구로 유명했던 킬대학의 '정치와 국제법연구소' 창립 25주년을 기념해 한 때 슈미트가 대표했던 민족사회주의법수호자동맹NSRB 제국대학교수집단과 공동주최한 심포지움 발표문이었다. 슈미트의 이 논문은 당시 국내외적으로 엄청난 반향을 불러일으켰다. 먼저 이전의 차별적 전쟁개념과 관련해 슈미트는 이 글에서 이렇게 설명하고 있다. "1937년 가을 독일법아카데미 법연구분과 4주년 기념 대회에서 「차별적 전쟁개념으로의 전환」이란 논문을 발표했을 때, 전반적인 정치적 상황이 지금과는 완전히 다른 것이었다. 이 발표문과 연계해서 나는 낡은 국가질서를 대신해 전혀 새로운 무엇을 세워야 할 것인가라는 문제를 제기했었다. 나로서는 그저 낡은 것에 잔류할 수도 없고, 서구식 민주정에 복속되

---

144 Carl Schmitt(1941), Völkerrechtliche Großraumordnung mit Interventionsverbot für raumfremde Mächte. Ein Beitrag zum Reichsbegriff im Völkerrecht Großraum, Berlin: Duncker&Humblot, 1991 (1941년본의 무수정본) 독일어 'Großraum'은 직역하자면 '대공간'이다. 그리고 이는 슈미트가 말하는 기본적으로 지정학적 문제설정에서 출발하는 공간이론, 공간혁명과 분리되지 않는다. 하지만 후술하겠지만 이미 1930년대 이 개념이 일본으로 수입되어 '광역'으로 번역, 정착되어 '대동아공영권'의 이론적 토대가 된다. 여기서는 일단 관용어로 굳어져 익숙해진 '광역'으로 옮기기로 한다. 하지만 이로써 슈미트식 공간이론과 일정한 편차가 생기는 불이익은 감수해야 한다. 대동아공영권과 특히 하우스호퍼의 지정학과의 연관에 대해서는 이진일(2015), 199ff.

기를 원하지도 않았기 때문이다. 이제 오늘에 와서야 나는 여기에 답할 수 있게 되었다. 새로운 국제법적 질서개념이란 민족의 지지를 받는 (인종)민족적volkshaft[145] 광역질서로 구성되는 우리의 제국개념이 바로 그것이다."(Großraum, 62f.) 이런 새로운 국제법질서는 그저 '유토피아적 몽상'에 불과했다. 하지만 이제 강력한 독일제국이 탄생했다. "나약하고 무기력한 유럽의 중심에서 강력하고 독립된 유럽의 중심이 되었고, 그 중심은 이제 자신의 위대한 정치이념, 종과 기원, 피와 대지에 의해 규정되는 삶의 현실로서 모든 민족에 대한 존중, 중동유럽 깊숙이 비추는 광명을 만들고, 역외의 비인종민족적인unvölkisch 세력을 물리칠 수 있게 되었다. 총통의 행동은 우리 제국의 사상을 정치적 현실로, 역사적 진실로 그리고 국제법의 위대한 미래로 만들었다."(Großraum, 63)

고전적 국가개념[146]에 기초한 전통 국제법은 새로운 현실에 직면

---

145 슈미트는 여기서 völkisch 대신 volkhaft라는 형용사를 사용한다.

146 슈미트의 국가 해체(?) 작업과 관련 이후의 글에서 슈미트는 '역사주의'를 연상시키는 방식으로 접근하고 있다. 바로 「역사적 시기에 구속된 구체적 개념으로서의 국가」(1941)란 글에서이다. 이 글은 1941년 2월 8일 뉘른베르크 역사학자대회에서의 강연 「국가주권과 자유해海- 근대국제법에서 바다와 땅의 대립」의 제1부에 해당된다. 전후 슈미트가 첨가한 후주에 따르면 "여기 편집된 제1부에서는 '국가'란 모든 민족과 시대에 타당한 일반개념이 아니며, 한 특정시대에 구속된 하나의 역사적, 구체적 개념이며, 국가라는 용어를 가지고, 혹여 조작은 아니라 할지라도, 국가의 시대에 전형적인 표상을 상이한 시대와 상황속에 투사해 삽입하는 것은 오류이다. 19세기에는 지극히 당연하게 아테네와 로마의 '국가', 중세와 아즈텍의 '국가'를 말하는 것이 습관이 되었다. 이것은 우리가 벌 또는 개미의 국가에 대해 말하는 것보다 ─동물의 '국가'에서는 역사 개념이 문제가 되지 않기 때문에─ 더 안 좋은 오류의 원천이다."(VA, 383) "이 문제는 수년에 걸쳐 요하네스

해 민족과 공간질서에 기초한 '구체적 광역"과 여기에 귀속된 '광역원칙' 개념을 새롭게 도입해야 할 필요가 있다. 여기서 공간이란 중립적, 수학

포피츠와 나 사이에 치열한 견해차가 발생한 주제였다. 포피츠의 마지막 학문적, 이론적 분석인 35쪽의 타자로 친 초고도 나의 국가개념의 시대구속성 테제를 분석한 것이었다. 포피츠는 국가란 보편타당한 개념이어야만 한다는 점을 고수했다. 그가 우려했던 것은 용어와 개념과 더불어 본질적 실체를 포기하고, 객관이성의 왕국에서 그나마 남아있는 것을 *정당*에 매도하는 것이었다. 나는 이 우려를 이해하고 또 십분 동의한다. 하지만 이를 넘어 우리 상황의 현실을 망각해서는 안 될 것으로 보인다. 자유주의적 서구민주제도 맑스주의적 공산주의도 그리고 당시의 히틀러정권의 조직들도 국가를 하나의 도구 또는 무기로 평가절하하고자 시도했다. 토크빌의 시대에 못지않게 그리고 불가항력적으로 아니 훨씬 더 불가항력적으로 산업국가에서 민주제는 대중복지Daseinsvorsorge의 행정관리시스템으로서 더욱더 확장되었다. … 이 상황을 충분히 인지하면서, 모든 것이 기능화의 심연으로 추락하는 가운데 자발적이거나 비자발적이거나 이 가속자를 멈춰세우고 역사적 실체와 연속성의 어떤 담지자가 될지도 모를 제도 일체를 보존하고자 하는 것은 좀 다른 일이다. 이것이 제도적 보장학설의 의미이다."(VA, 384) Carl Schmitt(1941), Staat als konkreter, an geschichtliche Epoche gebundener Begriff(1941) in: VA, 375ff. 1941년 상황에서 왜 슈미트가 국가개념의 상황구속성 테제를 그것도 육해陸海대립의 지정학적 프레임과 결합시키고 있는 지를 '구체적으로' 볼 필요가 있다. 슈미트의 이때 관심은 제국의 패권하 광역질서 구축이었다. 낡은 국가중심적 질서개념으로는 이 유럽 신질서의 요구를 수용할 수가 없었다는 것이다. 즉 나치의 팽창주의 외교와 전쟁이라는 '상황'에 맞는 개념구성이 필요했다. 포피츠의 프로이센 극보수주의에 기반한 보편주의적 국가개념은 슈미트의 특수주의적-지역주의적 거대국가로서의 제국개념에 맞지 않았던 것이다. 슈미트가 포피츠보다 나치의 팽창주의 군국주의 경향에 더 적합한 개념을 제시한 셈이다,

적, 물리적 의미가 아닌 구체적, 역사정치적, 현재적 개념으로 이해된다. 광역이란 "현재의 포괄적 발전경향에서 생성된 인간의 계획, 조직, 활동의 영역을 말한다. 광역은 다른 무엇보다 우리에게 상호연관된 역장Leistungsraum을 말한다."(Großraum, 11)

특히 슈미트는 먼로독트린을 강조한다. 그 이유는 이를 통해 나치의 '생존권'개념과 접속하기 위해서다. "여기서 애시당초 강조해 둘 것은 우리에게는 미국의 먼로독트린을 그 자체로 수용해서 여타 나라와 시대에 단순히 이전 적용하는 것이 문제되는 것이 아니라는 것이다. 우리의 과제는 오히려 먼로독트린내에 내포된 국제법적 광역원칙이라는 국제법적으로 유용한 핵심사고를 드러내 보이고, 이를 통해 여타 생존권과 역사적 상황에서 결실을 맺고자 하는데 있다."(Großraum, 23) "우리에게 결정적인 것은 1823년의 원래 먼로주의가 현대 국제법사에 있어 광역에 대해 말하고, 광역에 대한 역외열강의 불간섭 원칙을 제기한 최초의 선언이라는 점이다."(Großraum, 28) 공간과 정치이념은 불가분이다. 적을 규정함으로써 이념도 정치적인 것이 된다. "우리에겐 공간없는 정치이념도, 역으로 이념없는 공간 혹은 공간원칙도 있을 수 없다. 특정민족이 이념을 담지하고 그 이념이 특정 적을 지목함으로써 이념이 정치적인 것의 질을 얻게 된다"는 것이다(Großraum, 29). 공간과 정치이념은 불가분적인 것으로, 이렇게 적을 규정함으로써 이념도 정치적인 것이 된다. 이것이 "먼로독트린 안에서 '아메리카'라는 광역과 결합된 정치이념이다. 여기에 거대한 먼로독트린 원래의 핵심, 진정한 광역원칙, 즉 정치적으로 각성된 민족, 정치이념 그리고 정치적으로 이 이념에 지배되는 역외 간섭을 배제하는 광역의 결합이 존재한다. 반복하자면 먼로독트린이 아니라, 이 핵심 즉 국제법적 광역질서 사상이야말로 다른 공간, 다른 역사상황 그리고 다른 우적그루핑에 이전 적용할 수 있다는 것이다."(Großraum, 30)

1905년 루스벨트가 일본의 사법대신을 지낸 가네코 겐타로(金子堅

太郞, 1853-1942)자작에게 '아시아 먼로주의선언'을 말했다 한다. 이는 슈미트가 보기에 일본을 앵글로색슨 경제제국주의에 편입시키기 위한 것이었겠지만, 이러한 '세계독트린'은 그 원의를 퇴색시키는 것이다. 하나의 구체적인, 공간적으로 규정된 질서사상을 보편주의적 세계이념속에 해체시키고. 이로써 불간섭이라는 국제법적 광역사상의 건강한 핵심을 인도人道를 빌미로 만사만물에 간섭하는 범개입주의적 세계이데올로기로 전환시키고자 한 시도라는 것이다(Großraum, 32). "루스벨트와 윌슨은 먼로독트린을 보편주의적-제국주의적 세계독트린으로 해석변경을 가했다… 루스벨트와 윌슨에 의한 먼로독트린의 보편화는 이에 반해 불간섭이라는 진정한 광역원칙을 무제한의 개입주의로 위조한 것이다. 위에서 말한 윌슨대통령의 1917년 1월 22일 선언 즉 모든 형태에 있어 보편주의화를 공식 선언한 그 순간은, 이런 측면에서 보자면 미국의 정책을 원래 태어난 고향땅에서 분리해 영제국의 세계 및 인류제국주의와 동맹을 체결"했음을 의미한다."(Großraum, 41)

  1938년 2월 20일 독일의회에서 히틀러는 민족사회주의적 민족사상에 기초 해외국적의 독일 '민족집단Volksgruppe'에 대한 독일의 보호권을 선언했다. 이는 민족집단의 상호존중에 기초하는 것으로 유대인을 제외하고 중동유럽에서 생성된 특수한 국제법적 광역원리라는 정치이념의 표현이다. 그것은 또한 국제법적 공간질서 사상을 적용한 것으로, 이 사상의 전개발전을 통해 "자유민주적, 개인주의적 베르사이유 소수민족시스템은 극복되고 이를 민족집단 질서의 사상으로 대체"하는 것이다(Großraum, 47f.).

  그렇다면 이제 제국이란 무엇인가. "광역질서는 제국개념에 속한다. 제국개념은 여기서 특정한 국제법적 존재로서 국제법학의 논의에 도입되어야만 한다. 이런 의미에서 제국이란 지도, 지지하는 세력으로서, 특정 광역에 투사된 제국의 정치이념은 이 광역에 대한 역외열강의 간섭을 근본적으로 배제한다. 광역은 제국이 간섭으로부터 보존한 광역일 것이기 때문에 제국과 일치하지 않는 것은 당연하다고 하겠다. 그리고 먼로 독트린의 승인에 있어서 브라질과 아르헨티나가 미합중국의 구성원이라고 선언하지 않는 것과 마찬가지로, 광역 내부의 모든 국가 혹은 모든 민족 자체가 제국의 일부인 것은 아니다. 하지만 모든 제국은 하나의 광역을 가지며, 여기를 향해 자신의 정치이념을 투사하고 외부간섭을 허용하지 않는다. … 그러나 역외열강의 간섭금지에 기초한 국제법적 광역이 승인되고 제국개념의 태양이 솟아오르자, 유의미하게 분할된 대지 위에 상호구획된 병존을 생각할 수 있게 되고 불간섭의 근본원칙이 새로운 국제법 속에서 질서형성적 영향을 펼치게 된다."(Großraum, 49) 즉 '광역≠제국'이다. 모든 각개 제국은 하나의 광역을 소유하며, 국제법적으로 상호간섭금지의 관계이어야 한다. 제국은 그런 의미에서 국제법적 개념이 되어야 한다.

제국Reich, 임페리움Imperium, 엠파이어Empire는 동일한 것이 아니다. 내부에서 바라봤을 때 서로 비교가능하지도 않다. 임페리움은 종종 보편주의적인, 세계와 인류를 포괄하는 즉 초인종민족적übervölkisch 조직을 의미하는데 반해, '독일 제국Reich'은 본질적으로 민족적으로volkhaft 규정되고 본질적으로 비보편주의적인 민족Volkstum 각각의 상호 존중에 기초한 법적 질서이다. "19세기 말 이래 제국주의는 흔히 단순한 유행어처럼 남용된 경제적-자본주의적 식민화 및 팽창 방식 중 하나가 되어버린 반면, '제국'이라는 용어는 이러한 흠결로부터 자유롭다." 로마제국이나 서구 민주정에서 말하는 임페리움 개념은 민족적으로 포착된, 모든 인종민족적 생활 전부를 존중하는 제국개념과 날카롭게 대립된다. "이는 유럽 가운데에 위치한 독일제국이 자유민주주의적, 민족동화적인 서구 열강의 보편주의와 볼쉐비즘적이고 세계혁명적인 동구의 보편주의 사이에 놓여 있고, 양대 전선을 향해 비보편주의적, 민족적, 민족을 존중하는völkerachtend 생활 질서를 방어해야만 한다고 할 때 이 제국개념은 더욱 강력하게 작용한다."(Großraum, 50f.) 바로 그런 의미에서

"정명正名이야말로 대단히 중요한 의의를 갖는다. 용어, 명칭은 결코 부차적인 문제가 아니다. 최소한 국제법을 확고하게 지탱하는 정치적-역사적 존재에게 있어서 말이다. '국가', '주권', '독립'과 같은 용어를 둘러싼 논쟁은 심층에 놓인 정치적 대결의 표식이며, 승자가 역사를 쓸 뿐만 아니라 어휘와 용어도 결정한다. 지금 제안된 제국이라는 표현은 우리의 출발점을 나타내는 광역, 민족과 정치이념의 결합이라는 국제법적 사태 정황을 가장 잘 표현해 준다. 제국이라는 표현은 이 제국에 속한 각자가 가진 고유한 특수성을 결코 폐기하는 것이 아니다."(Großraum, 51) 그래서 지금까지 국제법의 중심개념인 국가는 이제 "국제법적으로 용도가 더 많고 현재에 대한 접근성으로 볼 때 더 우월하고 고차적인 개념", 즉 제국으로 대체되어야 한다(Großraum, 52).

여기에 슈미트가 붙인 주석도 흥미롭다. "국가로부터는 국가간 zwischenstaatlich과 국가내innerstaatlich 관계 사이의 양자택일이 극복되지는 않는다. 그 이유는 국제법적 구체 질서의 모든 문제를 희망없는 막다른 길로 끌고 가는 저 국가개념의 결단주의적 구조에 있다. ... 국가준거적 사고로는 국가간도 아니고 국가내적인 것도 아닌 국제법적 관계와 그리고 국가간의 결합이 아닌 국가결합은 구성가능하지 않다. 즉 전적으로 말이 되지 않는 것이다. 국가 범주보다 상위의 예컨대 연방(개념으로서 국가연방 혹은 연방국가사이의 개념적 양자택일에 선행하는) 또는 제국과 광역을 통해서만 ... 법학적으로 이해할 수 있게 된"다(Großraum, 53, 각주 63). 이제 "국제법의 중심개념으로서 전통적 국가개념은 진실과 현실에 더 이상 부합되지 않기" 때문에, "양위"해야 하고 그래서 국가개념의 극복이 요구되게 되었다. 그런데 "민족사회주의운동의 승리와 더불어 독일에서는 국제법에서 국가개념을 극복하기 위한 선제공격들이 성공하게 되었다." 물론 이는 제국 총통부장관 람메르스Lammers와 스툭카르트차관에 의해 제국개념의 국법 및 헌법적 의미가 이미 해명된 데 힘입었다고 첨언한다 (Großraum, 54f.).

그렇다면 예컨대 광역을 비롯한 여러 국제법적 행위주체간의 관계는 어떤 것이 있는가. 슈미트는 제국과 광역 개념의 도입으로 인한 4가지 국제법적 관계를 상정한다. 1. 전체로서의 광역 간의 법적 관계를 들 수 있다. 광역은 폐쇄 블록이 아니다. 특히 세계무역을 들 수 있다. 2. 제국간 관계, 3. 광역내 민족들간 관계, 4. 광역간 민족들간 관계. 이 모든 관계가 국제법의 대상이 된다. 그래서 지금까지의 순국가간 국제법의 국가준거적 개념들을 광역간의 새로운 관계나 광역내부의 관계에 단순 적용하는 것은 최악의 오류가 될 것이라는 것이다(Großraum, 62).

그런데 슈미트 저작의 관련 문단에는 흥미롭게도 어떤 몇 구절이 통째로 삭제되어 있다. 원래 이 소책자는 슈미트도 한 때 심사위원으로 관여했던 1941년 '독일법출판사Deutscher Rechtsverlag'에서 출판된 4쇄가 저본이다. 여기에 기초해 1991년 베를린의 둔커 & 홈블롯출판사에서 이를 재간행했고, 아울러 슈미트 추종자이기도 한 귄터 마쉬케가 편찬한 슈미트 저작 선집인 『국가, 광역, 노모스』(SGN, 269ff.)도 이를 그대로 전재했다. 하지만 1941년 본을 전재하는 과정 어디쯤에서 어떤 해당구절이 삭제된다. 그런데 1941년 본을 번역한 것이라고 표시되어 있는 김효전 역『헌법과 정치』의 해당 논문에는 이 구절이 그대로 남아 있다. 그렇다면 어떤 내용인지 살펴보자. "의심할 것 없이 광역들 사이의 상관적 관계는 민족 대 민족의 관계로서의 또 다른 성질의 구체적 질서를 형성한다. 베르너 베스트Werner Best는 '국제법적völkerrechtlich 광역질서'라는 용어를 기각하고, '인종민족적völkisch 광역질서'라는 용어를 사용하자고 제안하였다. 이것이야말로 **적확한 해결**이다. 그러나 그것은 오직 내부적인 광역구조에만 관계되고, 다른 관계의 가능성은 해결되지 않은 채로 내버려두는 것이다."(헌법과 정치, 576쪽, 강조는 인용자)[147]

---

[147] 김효전 역의『헌법과 정치』542쪽에는 출처가 독일법출판사에서 "베를린-라이프치히-빈 1939, 4판 1941(Berlin-Leipzig-Wien 1939, 4. Aus-

이 구절이 의미하는 바는 베르너 베스트의 제안에 따라 슈미트가 책의 제목이기도 한 '국제법적 광역질서' 대신 이를 '인종민족적 광역질서' 개념으로 변경했다는 말이다. 베스트는 앞에서도 가끔 언급된 그 인물이다. 이 구절이 삭제된 가장 큰 이유는 무엇보다 베르너 베스트(1903-1989) 때문이다. 그는 법률가인 동시에 SS상급집단지도자(군의 중장급)를 지냈고, 제국보안본부가 설치되었을 때 게쉬타포 제1국장을 지냈다. 그리고 전시에는 덴마크 총독을 지냈는데 이로 인해 전후 A급 전범으로 사형선고를 받았다가 12년형으로 감경되었다. 그리고 우리의 맥락에서 베스트는 하이드리히의 최측근인물이자 바로 라인하르트 휀의 직속상관이기도 했다. 위에서 보듯이 슈미트는 '인종민족적 광역질서'는 "오직 내부적인 광역구조에만" 적용된다고 그 의미를 축소하고 있다. 그리고 다소 의도적으로 'völkisch' 대신 'volkhaft'라는 형용사를 사용하기도 한다. 예컨대 "새로운 국제법의 새로운 질서개념은 민족에 의해 지탱되는 민족적volkhaft 광역에서 출발하는 우리의 제국개념"(Großraum, 63)에서 보듯이 말이다. 아무튼 1936년 슈미트케이스에도 깊이 관여했던 SS 법률가 베스트의 제안을 과연 슈미트가 반박할 수 있었을지 현실적으로 쉽지 않았을 것이다. 하지만 이로써 슈미트는 또 한 번의 권력에 대한 곡학아세적 순응사례를 남긴 셈이다.

---

gabe 1941)"이라고 표시되어 있다. 하지만 마쉬케가 편집한 『국가, 광역, 노모스』(SGN 1995)의 편자 서지 항목(341쪽)을 보면 "약간의 무언의stillsch-weigend 수정"을 포함해서 "4판, 5판과 텍스트상으로 동일하다"고 되어 있다. 그리고 4판은 독일법출판사에서 베를린/라이프치히/빈에서 1941년 출판되었고(4. Auflage, Berlin/Leipzig/Wien 1941, Deuscher Rechts-Verlag) 5판은 베를린, 둔커 & 홈블롯, 1991년에서 출판되었다. 현재 이 해당구절이 언제 삭제되었는지, 저 "약간의 무언의 수정"에 이것이 포함되는 것인지 알 수는 없다.

처음 광역사상은 '경제-산업-조직'의 발전에 의해 추동된 것이었다. 전전 국제법으로는 감당 안 되는 새로운 현실이 등장한다. "현재 독일함대와 공군력에 의해 장악된 북해"라는 현실말이다. 법실증주의는 지금까지 현상유지에 복무했고 이미 시대에 의해 '오래전에 추월당한 것'이 되었다. 미래해양법은 "영공법Recht des Luftraumes에서 결정적인 규범과 개념을 획득하게 될 것"이다. 해양은 더 이상 인간의 지배가 미치지 못하는 그런 원소Element가 아니라 인간지배와 인간권력의 실효적 전개의 공간이 된 것이다. 낡은 제국, 즉 제2 제국이 붕괴하고 신질서가 등장하면서, 낡은 제국의 국제법을 지탱해온 '가신적subaltern' 실증주의가 정체를 드러내었다. "모든 것을 관장하고 모든 것을 지탱하는 국제법 전체의 근본문제 즉 전쟁과 평화가 자신의 시대구속적 구체성속에서 가시화"된 것이다. "독일국가사상의 수세기에 걸친 소공간주의Kleinräumlichkeit—이는 거의 언제나 중소中小국가 사상이기도 했다—는 지금껏 우리 국제법적 지평을 폐색시켰다. 이제 이 소공간주의는 군사적, 정치적 대격변이 작동하기 시작하고, 국가들이 아니라 제국이야말로 국제법의 진정한 '창설자'라는 인식이 승리를 지원하는 그 만큼의 속도로 극복되고 있다."(Großraum, 64f.) 히틀러의 동유럽 전역戰役을 욕망하는 제국주의적 정당화 논리는 더더군다나 낡은 '소공간주의'의 폐기를 요구하고 있다.

과거 '대륙적, 소공간적' 국제법사상은 공간상을 국가영역에 한정시킨 국가기준을 탈피 못했다. 이제 제국이 국제법의 창설자로 등극하면 국가영역은 더 이상 유일한 국제법적 공간개념이 아니다. 영역주권뿐만 아니라 '공간고권Raumhoheit', 즉 "오늘날 불가결의 공간개념은 우선 특정 방식으로 민족에 귀속된 대지Boden, 그리고 제국에 귀속된 즉 [독일]민족의 대지Volksboden와 국가영역을 초월하는 문화적이며 경제적-산업적-조직적 확산을 포괄하는 광역이다. ... 광역이 확대된 소공간이 아니듯이 제국은 그저 확대된 국가가 아니다. 제국은 광역과 동일하지는 않지만, 제국은 각기 하나의 광역을 가지며 이를 통해 자신의 국가영역의 폐쇄성에 의해 공간적으로 특징지어지는 국가뿐만 아니라 각개 민족의 대지도 초월하여 존립한다. 이러한 국가영역과 민족의 대지를 초월하는 광역을 소유하지 않은 권력조직은 제국이 아닐지 모른다."(Großraum, 66)

낡은 유럽중심적 국제법체계는 '평화적인' 국가간 질서의 유럽내와 무주지無主地, 비문명, 반문명의 식민지인 비유럽을 분할한다. "식민지는 지금까지 유럽국제법의 공간적 기본사실이다". 유럽 제국은 포르투갈, 스페인, 영불 네덜란드의 해외식민지, 합스부르크는 오토만제국과 발칸, 러시아는 시베리아, 동, 중앙아시아를 점유했다. 반면 "프로이센은 제국이 아닌 채 단순 국가로 남아있는 유일국이었고, 프로이센은 유럽 국제법공동체에 기편입된 인접국의 희생을 댓가로 해서만 공간적 확장이 가능했던 나라이다. 이러한 이유에서 프로이센의 공간이 여타 제국에 비해 작고 보잘 것 없음에도 불구하고 프로이센을 평화교란자나 야만적 강권국가로 부르는 것은 쉬운 일이었다."(Großraum, 69)

"국제법은 전쟁과 평화의 법"이다. 그런데 "1648년부터 1914년까지 유럽국제법에서 평화란 무엇이었던가", 주권국가에 위임된 자유로운 전쟁권을 주장하는 유럽 국가간에 어떻게 평화가 가능했던가. "그러한 주권적 권력조직체간의 공생이 실체적으로 주어진 실제 평화가 아니라 전쟁의 지속적인 허용에서 출발한다는 것은 자명한 일이다. 여기서 평화란 그저 비전쟁Nicht-Krieg에 불과했음을 의미한다. 하지만 전쟁이 전체적total이지 않는 한, 그러한 평화는 가능하고, 단순 비전쟁에 기초한 전체상태도 유지가능하다. 과거 유럽국제법체계에서 전제하는 유럽국가간 전쟁은, 18세기 궁정전쟁이건 1914년까지 유지되었던 전투원간의 전쟁이건, 실상은 언제나 부분partiell전에 불과한 것이었다. 이것이 이 국제법의 핵심이다. 총력전이 아니라 부분전에는 지난 몇 년간 자주 강조되곤 했던 주요한 특수성—즉 지금까지의 이 국제법상의 전쟁개념은 전쟁의 정의여부에 대한 문제를 배제해야만 했었고, 이것은 '비차별적nichtdiskriminierende' 전쟁개념이었다—도 마찬가지로 포함된다."(Großraum, 69f.).

공간이 대공간 즉 광역으로 전환함에 있어 '크다大'는 의미의 'Groß'란 접두사는 단순히 양적 확대가 아니라 "하나의 질적 상승"을 의미하는 것이다. 전통에서 미래로, 낡은 것에서 새로운 공간개념으로의 이행을 의미한다. 이는 개념장Begriffsfeld의 변화 혹은 언어학적 의미에서 의미장Bedeutungsfeld의 변화를 수반하는 것으로 '크다'는 접두사 'Groß'는 공간개념의 수학적, 자연과학적, 중립적 의미가 탈각되고, 새로운 역사에 걸맞은, 제국에 속하는 자기만의 공간, 자기의 내적 척도와 경계를 품고 있는 역장Leistungsraum'이란 의미에서이다(Großraum, 74f.).

지금까지의 법학은 공간을 '하나의 비어있는 평면과 수직면'의 3차원 입체로 파악하는 공간이론에 근거해 왔다. 하지만 새로운 '공간혁명적' 이론은 "구체적 질서와 장소확정Ortung"의 법학적 연관을 지향한다. 공간자체가 구체적 질서는 아니다. 하지만 모든 구체적 질서는 특정 위치Ort 및 공간내용을 갖고 있다. 구체적 질서는 법개념적으로 구체적 위치결정이 결부되어 있다. 예컨대 '평화'라는 단어는 중세 독일의 질서사상 속에서는 항상 '장소적으로', '구체적으로' 파악되었다. 시장의 평화, 성의 평화, 법원의 평화, 교회의 평화, 국내의 평화처럼, "구체적 질서는 언제나 하나의 구체적 장소 확정과 법개념적으로 결합되어 있었다."(Großraum, 83f.).

슈미트가 말하길 중세로 돌아가는 것은 결코 권장할 만한 일이 아닙니다. 그런데 19세기에 등장한 국제법 개념을 규정하는 것은, "세계정치적으로 볼 때 대륙을 벗어난, 공간을 폐기하는 그래서 앵글로색슨의 해양지배라는 무경계의 보편주의에 귀속되는" 그런 '공간기피적raumscheu' 사고방식은 극복되어야 한다. "바다는 탈국가적이다. 즉 국가준거적 법사상의 유일적 공간관으로부터 자유롭다." 육지에 대해서는 실증주의적 법사상의 배타적 국가준거성이 공간형성을 백지상태로 만들었다. 지난 세기 공간이론이라 말하는 것은 오늘날 공간사상과는 완전히 반대되는 것이다. "광역의 사상은 무엇보다 비어있는 국가영역이라는 개념의 독점적 지위를 극복하고 헌법 및 국제법적으로 제국을 우리 법사상의 척도적 개념으로 고양시키는데 기여한다. 모든 중요한 제도 전부에 대해 저 오래되고 영원한, 질서와 장소확정의 연관을 재포착하고, '평화'라는 용어에 다시금 내용을, '고향'이란 용어에 다시금 종규정적 본질특성이라는 성격을 부여할 수 있는 법사상 일반의 혁신이 광역 사상과 결부되어 있다."(Großraum, 82)

슈미트의 '광역'론은 독일 국내외적으로 실로 폭발적인 반응을 불러 일으켰다. 그 가장 큰 이유 중 하나는 당시 긴장관계가 심화되던 미독관계에 있었다. 슈미트의 글이 발표된 직후 미국의 루스벨트대통령이 '세계평화의 중재자'로서 히틀러에게 유럽의 인근 국가를 현재나 미래에 침략하지 않을 것이라는 데 동의해 달라고 요청하면서다. 4월 14일자 루스벨트의 각서에 4월 28일자로 히틀러가 의회연설을 통해 이에 응답한다. 먼저 미국이 마치 우리의 그것에 대해 묻듯이 중남미에 대한 미국외교의 목표와 의도를 묻는다면 어떨 지라고 반박한다. 그러면서 "루스벨트씨는 분명 이 경우 먼로독트린에 근거해서 미대륙의 내정간섭 요구를 거절할 것이다. 우리 독일인은 바로 똑같은 독트린을 오직 유럽에 대해서만, 어떤 경우에도 오직 대독일제국의 영역과 범위 내에서만 표명하고자 한다. 이외에도 내가 미합중국대통령이 그러한 요구를 제기하는 것을 결코 허용하지 않을 것이라는 점은 너무나 당연하다. 왜냐하면 내가 가정하기로는 미합중국 대통령은 당연히 그런 월권행위를 무례하다고 받아들일 것이라고 보기 때문이다."(SGN, 348)

히틀러가 슈미트의 발표문에 대해 알고 있었는지는 알 길이 없다. 하지만 이것이 '독일식 먼로독트린'으로 광범위하게 수용되었고, 슈미트는 마치 히틀러외교의 '키맨'인 것처럼 과장되었다. 아무튼 히틀러 본인은 그 직후에도 먼로독트린은 "어느 일방만의 불간섭요구로 파악되어서는 안 되며", 미국의 대유럽 간섭에도 적용되어야 함을 언급하면서 그 입장을 더욱 강화했다(SGN, 348).

1940년 독일, 이탈리아, 일본 추축국간의 3국동맹이후 일본의 마츠오카 외무대신이 1941년 3월 27일-29일 그리고 5월 4일 히틀러와 립벤트로트 외무장관과 회담을 위해 방독한다. 이 때 쿠보이 요시미치(窪井義道, 1892-1949) 중의원이 외무대신의 친구이자 외무성 고문 자격으로 수행을 하게 된다. 이 기간 중 쿠보이 의원은 베를린 사보이호텔에 체류하면서 1941년 4월 24일자로 슈미트에게 다음과 같은 서신을 보냈다. "나는 당신이 말하고 있는 광역 국제법에 관심이 많습니다. 또한 거기에 대해 많은 연구를 한 바 있습니다. 삼국동맹이 광역 국제법의 표현이며, 미래의 세계정치를 표현하고 있음을 확신하고 있습니다. 직전 체결된 일러중립조약은 광역국제법 창설을 위한 전제입니다. 우리가 칼 슈미트씨가 대변하는 국제법에 기초해 러시아와 우호조약을 체결해야 한다고 나는 일본제국의회에서 외무대신에게 설명한 바 있습니다. 일본의 잡지『공론公論』지에도 나는 광역국제법에 대한 나의 견해를 기고한 바 있습니다. 광역국제법을 실현하기 위해서 마츠오카 외무대신이 구주歐洲를 방문, 여기서 독일, 이탈리아 그리고 러시아 지도자들을 직접 접촉하는 것이 그의 의무라고 믿고 있습니다. 나의 구주 방문 목적도 광역국제법에 대해 상세한 논의를 위해 당신을 만나는 것입니다."(SGN, 367) 양자의 실제 회동의 시말에 대해서는 유감스럽게 더 이상의 정보가 없다.

슈미트에게 제2차 대전은 "신공간질서에 대한 찬반"전쟁이다. 이 점이 새롭다. "우리 지구공간에 대한 관점의 변화는 무한한 심층에서 일어나고 있다. 그 변혁적이며 질서전환적인 영향은 그 최대한도에서 보자면 우리에게 알려진 역사상 유일무이한 과정에 비교될 수가 있다. 즉 아메리카를 비롯한 지리상의 발견, 이후의 기타 발견과 발명이후에 중세적 세계상이 침몰하고 1648-1914년 시기 동안 유럽 국가체제가 형성되었던 바로 그 4세기 이전에 나타난 세계상의 변화와 비교될 만한 것이다.

그렇다, 신기술의 발전과 더불어 공간혁명적 세력은 그 당시보다 더한 정도로 지구공간에 대한 지금의 상을 변화시킬 것이다. 진정한 공간혁명이 진행중이다."(SGN, 388)[148]

슈미트가 수차 예언했던 것처럼 지상의 민족들은 이제 '전쟁의 전체성이라는 단어'가 공허한 '말장난'이 아님을 경험하게 될 것이다. 1648-1914년 유럽공법시기의 전쟁이란 기본적으로 부분전이자 '소분된 dosiert' 전쟁이며, 생사를 건 실존투쟁이 아닌 단순 전투원간의 전쟁이었을 뿐이다. 하지만 전체전(총력전)은 평화의 문제를 더욱 심화시켜 절실하고 심각하게 만든다. 평화문제는 전쟁의 강도가 강화되는 정도만큼 더 심각해진다는 말이다. "적어도 광역에 있어 평화는 광역을 새롭게 질서화ordnen하고 전체전의 위험성을 근본적으로 제거하는 데에 있다."(SGN, 389) 그래서 여기서 다시 왜 베르사이유체제는 평화가 아닌지를 묻고 있다. "승자가 자신의 과업 특히 유럽광역질서의 과업을 ... 전혀 포착하지 못했기 때문이다." 그들의 "공간관은 구체적 공간사상 일체를 폐기하는 하나의 앵글로색슨-보편주의적 세계시장과 소공간으로 파편화되고, 발칸화된 하나의 대륙 곧 유럽 그 둘 사이에서 움직이고 있었다." 베르사이유의 교훈은 이런 것이다. "불치의 베르사이유 실험이 가진 유일한 가치는 아래와 같은 부정적인 인식에 있다. 즉 유럽의 공간 질서 없이는 유럽에 평화는 없다. 시대의 공간차원과 경제구조에 상응하는 광역이야말로 오늘날 평화를 의미한다."(SGN, 390)

슈미트는 챕터의 중간 제목에서 '보편적인가 지역적인가Universal oder regional?' 이렇게 묻고 있다. 여기서 바로 이 '지역주의모델'이 이 앵글로색슨-보편주의적 세계시장 모델의 대항 내지 대안모델이 되는 것이

---

148 Carl Schmitt(1940), Die Raumrevolution, Durch den totalen Krieg zu einem totalen Frieden, in: Staat, Großraum, Nomos, 388 ff.(원래는 주간지 Das Reich, 1940, Nr.19, 1940.9.29 일자)

다. "광역이란 실재로 오직 인종민족적 자유와 확대된 자립 그리고 분권화의 영역을 의미할 수 있을 뿐이다. 오지 이때에만 평화가 온다. 광역의 세계정치적 대항자는 이미 역사적으로 시효종결된 소공간이 아니라, 공간을 폐기하는 보편주의적 세계권력의 지배요구이다. 그러한 보편주의적 지배요구의 최후의 담지자는 영제국이었다." 영제국이 지상의 다수 중소국가의 소공간주의와 동맹을 체결 그 역외간섭의 무대로 만들었다. 영국의 세계지배요구는 오늘날 동요하고 있다. 여기서 제기되는 질문은 "다른 앵글로색슨 세력, 미합중국이 어느 전선에 관여할 것인지, 미합중국이 먼로독트린이라는 본래적이고 조작되지 않은 대륙적 광역사상을 결정할 것인지 아니면 영국 보편주의의 부와 전통과 결합 혹은 융합되기를 바랄 것인지?"라고 하겠다(SGN, 391).

　　1940년 6월 덩케르크에서 영국군 철수를 보면서 슈미트는 "우리는 현재 유럽에서 영국의 철수, 현대판 엑소더스의 환상적 광경을 목도하고 있다. 베르길리우스의 대서사시 제2편과 3편에서 읽을 수 있듯이 아이네시스가 불타는 트로이를 떠났을 때, 가신들과 성상이 그의 등 뒤를 비쳤다. 현대의 엑소더스는 다르게 보인다. 오늘날에는 보유한 금, 보석, 고가의 예술품 그리고 대량주식의 형태로 유럽의 재정적, 상업적 청구권이 미국으로 이전된다. ...이 놀라운 과정은 세계정치적으로 보자면 모든 것을 좌우할 광역 대 보편주의라는 그루핑 속에서 이루어 지는 것이다."(SGN, 391) 지금 이 순간의 우적은 '광역 대 보편주의'인 것이다. 아니 독일 대 영국인 것이다. 광역은 앵글로색슨 보편주의 즉 제국주의에 대한 대항개념이다. 기본적으로 슈미트의 전망은 어둡지 않았다. "... 한 가지는 분명하다, 영국의 유럽으로부터의 철수도 영세계제국의 나머지와 융합하려는 미국의 그런 의사도 유럽의 공간질서를 저지하지는 못할 것이라는 점이다. ... 모든 것은 공간질서 전쟁으로서 이번 전쟁이 갖는 세계사적 의의가 더욱 확고하게 드러날 것이라는 데에 기여할 것이다."(SGN, 391)

3) 『땅과 바다』 그리고 지정학

슈미트의 『땅과 바다Land und Meer』[149](1942)는 딸 아니마에게 들려주는 스토리북 형태다. 하지만 슈미트의 내러티브에 어느 정도 익숙하고 또 어느 정도의 지정학적 감각을 갖추지 않고는 역시 쉽사리 읽히지 않는다. 슈미트는 여기서도 서사의 바닥에 수많은 이항대립적 관계들을 설치해 놓는다. 그것은 노 : 돛 ≒ 근접(육박, 소총)전: 원격(함포)전 ≒ 육전 : 해전에서 시작해, 정치신학적으로 가톨릭 : 프로테스탄트 ≒ 루터파 : 칼빈파 ≒ 예수회 : 칼빈파 , 지정학적으로 대륙세력 : 해양세력, 신화적으로 리바이어던 : 베헤못, 원소Element적으로 땅 : 바다, 국제정치적으로 독일 : 영국을 돌고 돌아, 마지막 슈미트적으로 우 : 적에 이르는 하나의 커다란 환상環狀 고리가 마치 돌림노래처럼 변주된다. 이 고리의 어디에서 입장하든 결론은 마찬가지다. 적과 친구! 세계사는 그 무슨 계급투쟁의 역사가 아니라 "해양세력과 대륙세력간의 투쟁의 역사"로 선포된다.

　　슈미트 내러티브의 키워드는 '공간혁명'이다. 먼저 그 주체는 영국이었다. '양치기 민족'이 사략선으로 대양을 주름잡다 '대양의 자식'들이 되었다. 그리고 대륙에 대한 해양세력의 지배가 열렸다. 영국은 그 자체로 '원소적 전환'을 경험한 특이한 사례였다. "영국은 자신의 실존을 진정으로 바다쪽으로 돌렸고 그것을 바다 원소의 중심에 놓았어. 이를 통해 영국은 수많은 해전과 전쟁에서 이겼을 뿐만 아니라 뭔가 훨씬 더 다른 것, 바로 혁명을 성취할 수 있었어. 전 지구적 차원에서의planetarisch 공간혁명이 그것이야."(땅과 바다, 69)

　　그렇다면 '공간혁명이란 무엇인가', "크리스토퍼 콜럼부스와 코페르

149　칼 슈미트(2016)(김남시 역), 『땅과 바다. 칼슈미트의 세계사적 고찰』, 서울: 쿠리에, 2016.

니쿠스가 그랬던 것처럼, 역사를 구축한 힘Kräfte과 권력Mächte은 학문을 기다리지 않는단다. 역사적 힘들이 새로운 자극을 야기할 때마다 새로운 에너지의 파동은 인간의식의 시야에 새로운 땅과 새로운 바다를 가져오고, 역사적 실존공간들은 그에 상응하는 변화를 겪는단다. 그런 이유로 새로운 척도가, 정치적-역사적 행위의 새로운 차원이, 새로운 학문과 새로운 질서가 동시에 나타나지. 즉 새로 탄생한 아니 재탄생한 민족의 새로운 삶이 생겨나는 것이란다. 이러한 전환은 너무나 엄청나고 갑작스러워서 인간의 관점과 척도, 준거뿐 아니라 공간개념의 내용 자체를 변화시키기도 하지. 이런 맥락에서 우리는 공간혁명을 말할 수 있는 거야. 실제로 모든 중요한 역사적 변화는 대개의 경우 새로운 공간인식을 의미해. 정치, 경제, 문화의 지구적 변화의 진정한 핵심이 그 안에 놓여 있어."(땅과 바다, 72)

16세기 이래 '원소적 에너지는 바다로 향했고, 이때에도 독일은 여전히 영역국가적이며, 군소국가적이고, 협소한 발전에 머물러 바다로 시선을 돌리지 못했다. 그래서 그 힘과 에너지가 역사적 실존을 땅에서 바다로 이동시키고 있음에도, 자유로운 해양적 에너지와 정치적 칼빈니즘을 만나지 못한 것이다. 영국은 해양취득Seenahme을 통해 행성의 재분배에 성공했고, 그 결과 지구적 공간질서의 근본질서를 새롭게 규정할 수 있었다. 그것은 바로 땅과 바다의 분리라는 "근원사실Urtatsache"이다. 육지는 20개 주권국가에게 소속되지만 바다는 자유해였다. 그러나 실제 오직 한 나라 영국에게 속한다. 바다는 영토주권의 바깥을 의미하며, 이 새시대의 근본법칙이자 대지의 노모스다. 육지와 해양의 분리에 입각해서 보자면, 해양의 지배는 무역의 지배를, 무역의 지배는 곧 부의 지배를 의미하고 결국 이것은 세계의 지배를 말하는 것이다. 무역은 무엇보다 해상무역이고 세계무역은 곧 자유무역이다. 육지와 해양이 분리되면서 육전과 해전도 분리된다. 이는 상이한 법적 신념의 표현이었다. 육전은 국가전을 의미하고, 전투에는 오직 전투원만 참여하며, 적대행위는 오직 민간인을 제외한 전투원만의 행위이다. 그러나 "해전에서는 적의 무역과 경제도 적으로서 다룰 필요가 있다는 생각이 바탕에 깔려 있어. 따라서 적은 더 이상 무장을 하고 있는 상대 뿐 아니라 적국의 모든 거주민들, 나아가 그 적과 무역을 하고 경제적 관계를 맺고 있는 중립국들 모두야. … 전쟁이 싸우는 당사자 뿐만 아니라 싸우지 않는 자들도 겨냥하고 있다는데 이 전형적인 해전 수단의 본질이 있지. 특히 식량 봉쇄는 관련 지역의 모든 사람들에게 무차별적으로 타격을 주지. 군인이든 민간인이든, 남자든 여자든, 노인이든 아이든 할 것 없이 말이야."(땅과 바다, 107f.)

나폴레옹전쟁에서 승리하면서 영국의 해양지배가 시작되었다. 자유무역의 시대에 영국의 산업과 경제적 패권이 만개한다. '자유해'와 '자유무역'이 자유라는 표상 아래 묶였고 영국이 그 자유의 담지자이자 수호자였다. 19세기 산업혁명과 더불어 해양세력은 이제 '기계세력'이 되었다. '거대한 물고기'가 본질전환을 통해 기계로 변한 것이다. "산업혁명의 바다의 원소에서 태어난 대양의 자식들을 이렇게 기계 제작자와 기계 조작자로 변신시켰어." 하지만 영국 세계권력의 비밀이었던 진정한 해상적 실존이 그 핵심에 있어 타격을 받았다는 것임에도 당시에는 이를 알아차리지 못했다는 것이다. 이는 그의 왕국이 영원한 것처럼 보였기 때문이다(땅과 바다, 120f.).

1894년 마한Mahan제독은 영미 재통일을 언급한다, "세계바다에 대한 앵글로색슨의 지배가 유지되어야 한다는 것이었어. 그를 위해서는 영국과 미국이라는 두 앵글로아메리카 권력이 '섬적인insular' 토대 위에서 연맹해야 한다는 것이었지."(땅과 바다, 123) 영국은 어떤 의미에서 섬이라기엔 너무 작은데 비해, 미국은 진정한 섬이자 섬으로서의 성격을 갖는다. 더 광대한 스타일의 세계 지배로 나아갈 수 있다. 그러나 거대한 섬이라는 마한제독의 구상은 인상적이지만 "새로운 공간질서의 원소적 본질에 이르지 못하고 있어. 그것은 노련한 대양항해자의 정신에서 나온 것이 아니야. 그 구상은 과감한 대양 항해와 칼비니즘적 예정조화론 사이의 세계사적 연맹이 16, 17세기에 이룩했던 원소적 분출의 에너지와는 무관한, 지정학적 안정에 대한 보수적 요구에서 나온 거야."(땅과 바다, 125)

1890-1914년 독일이 영국을 추월하게 되고, 세계는 이제 "전 지구적인 1차 공간혁명의 새로운 단계"에 진입했다. 제1차 대전 당시 대부분의 정부와 사람들은 공간혁명의 전조를 의식 못 하고 전쟁에 말려든다. 이때 공군 무기가 등장했다. "공군무기Luftwaffe는 곧 공간무기 Raumwaffe"였다. 인간실존의 3번째 원소 곧 하늘Luft을 정복하기를 원했다. 리바이어던, 베헤못에 이어 거대한 새가 출현한 것이다. 여기서 "확실하고 객관적인 2가지만을 확인"해 둘 필요가 있다. 첫째는 공간혁명의 새로운 단계인 공간 개념의 전환과 관련된 것이다. "우리에게 공간은 인간의 에너지, 활동과 창조성의 역장이 되었지…. '세계가 공간 속에 있는 것이 아니라 공간이 세계 속에 있다'는 생각 말이야." 둘째, 교통, 통신수단, 기술발전에 의해 지금까지 대양지배와 세계지배를 연결해 준 "바다와 땅의 구분"이 무의미해졌다. "지금까지의 대지의 노모스 역시 사라지는 거지. 그 대신 우리 행성의 새로운 노모스가 멈추지 않고 저항할 수 없을 정도로 자라나고 있어." 그래서 인간 실존의 변화된 관계와 척도들이 노모스를 강제한 결과 우리는 "지금까지의 땅과 바다의 관계의 종말"을 체험하고 있다. 낡은 노모스는 떨어져 나가고 전승된 척도, 규범과 관계의 모든 체계 전체도 사라질 것이다. "낡은 힘과 새로운 힘들이 가장 격렬한 씨름을 벌이는 곳으로부터 정당한 척도가 생겨나고 의미심장한 새로운 비율이 형성되기 마련이니까."(땅과 바다, 130f.)

슈미트는 "가장 깊은 갈등", "궁극적인 원소적 힘들과 그 충돌" 그리고 "세계를 정복하려는 세력들 간의 싸움"과 같은 "더 명확하고 더 심오한 갈등"을 ―책에서는 예수회와 칼비니즘의 대립을 들고 있다― "동지와 적의 구분"으로 보고 여기에 "세계정치의 축"이라는 역할을 부여한다(땅과 바다, 99f.). 세계정복 전쟁은 원소적인 것들의 충돌이며 이를 통해 우적구별은 정치의 축이 된다는 말이다. 그래서 2차 세계대전 역시 땅과 바다라는 원소적인 것의 충돌이며, 이는 필시 우적의 구별에 기초한 것이 된다.

4) 종전을 기다리며?

2차 대전이 후반에 들자 슈미트는 1943년 2월 부카레스트, 1943년 11월 부다페스트, 1944년 5월 스페인 마드리드, 1944년 5월 포르투갈 코엥브라, 1944년 12월 라이프치히등 주로 추축국 및 친추축국인 스페인 등의 법학부에서 해외 강연을 하고 있었다. 그 강연을 묶어낸 것이 『유럽법학의 상태』이다.[150] 슈미트는 "유럽법학은 근대 유럽정신, 근대 '서양합리주의'의 장남이다. 이후 근대 자연과학이 그 뒤를 따랐다"(VA, 421)고 말하고 있다. 그의 소위 '비합리주의'를 연상하면 다소 엉뚱하게 들리는 말이다. "19세기 이후 유럽법학의 상황은 법의 합법성과 정당성으로의 분열에 의해 규정된다. 오늘날 유럽 법학의 정신을 위협하는 위험은 신학과 간헐적으로는 철학적 형이상학이 아니라, 국법을 자신의 도구로 이용하는 고삐 풀린 기술주의로부터 비롯되는 것이다. 이제 법학은 어떤 다른 면을 향해 유지되어야만 한다. 법학자는 신학자도 철학자도 아니다. 법학자는 마찬가지로 그 무슨 '제정된gesetzt' 당위와 그 규정의 제정Setzung von Setzungen의 단순한 기능도 아니다. 우리는 그러므로 다른 시대에 신학으로 종속을 저지했던 것처럼, 가신적subaltern 도구화에 대항해야만 한다. 우리에겐 2개의 방향 즉 과학과 법학이 있다. 그것이 우리가 방법론적, 심리학적 혹은 일반적으로 철학적 범주들에 의해 외부로부터 수도 없이 떠들어 댄 우리 정신적 실존의 실재이다. 왜냐하면 우리

---

150 Carl Schmitt(1944), Die Lage der europäischen Rechtswissenschaft(1943-44), in: VA, 386ff.

는 인간 활동의 그 어떤 다른 형태 혹은 방법으로도 제거할 수 없는 임무를 수행하고 있기 때문이다. 〈우리는 교체되는 권력자와 정권을 우리 입맛에 맞게 고를 수는 없지만〉, 우리는 그때그때의 상황 속에서 법의 제원칙에 불가결한 어떤 합리적rational 인간존재Mensch-Sein의 기초를 지키고 있다. 이 제원칙에는 투쟁속에서도 탈락되지 않는, 상호존중에 기초하는 인격의 승인, 논리와 개념과 제도의 수미일관성Folgerichtigkeit이 갖는 중요성, 상호존중과 제도화된 절차, 그것이 없이는 어떤 법도 존재할 수 없는 최소한의 **적법절차**due process of law가 갖는 의미도 포함된다. 우리가 모든 것을 해체하는 법제정에 대항해 모든 법의 파괴될 수 없는 핵심을 지켜야 한다는 점에 다른 시대와 지상의 다른 곳이 아닌 오늘날 유럽에서 우리 손에 주어진 존엄이 놓여 있다."(VA, 422f., 강조는 원문, 〈 〉은 인용자)

슈미트는 여기 '적법절차'에 대해 각주에서 이렇게 밝히고 있다. "미합중국의 판례상 중심적인 의의를 갖는 적법절차라는 정식은 유럽에서 기원한 것이다. … 이 정식은 우리식의 언어용법으로 표현하자면 하나의 **제도적 보장**이며, 현상유지 보장은 아니다. 왜냐하면 … 대법원Supreme Court 판례를 통해 '적법절차'란 관습법상의 낡은 절차가 아니라 최소한의 형식과 절차를 의미한다고 확립되어 있기 때문이다."(VA, 428 각주40, 강조는 원문)

그런데 뤼터스에 의하면(Rüthers 1990, 118), 위 인용문의 〈 〉속 구절은 1944년 강연 당시 헝가리어판에는 없는 것을 1950년 독일어판에 후삽한 것이었다. 언제 어디서 이 구절이 처음 집필되었는지는 알 수 없다. 1944년 출간된 헝가리어판과 1950년 독일어판에는 상당한 차이가 존재한다. 뿐만 아니라 미합중국 대법원 판례에 준거한 '적법절차'에 대한 각주 역시 다소 의아하긴 마찬가지다. 아무튼 전후 후삽된 구절을 이유로 전쟁말기 슈미트가 나치정권에 대해 공개적으로 반대 입장을 표명한 것으로 볼 근거는 될 수 없다.

슈미트는 이 강연록을 별도의 책자로 내면서 이렇게 언급했다. "유럽 유수의 법학부에서 이루어진 이 강연은 요하네스 포피츠의 회갑논문집으로 1944년 12월 2일 출간되기로 되어 있었다. 하지만 특별한 사정으로 인해 회갑논문집과 별개로 여기 출판되게 되었다. 이런 형식으로나마 요하네스 포피츠를 추념하고자 한다."(VA, 427) 1930년대 괴링의 프로이센 정부의 재무장관이었던 요하네스 포피츠(1884 - 1945년)와 슈미트의 친분관계는 잘 알려져 있는 것이다. 하지만 1944년 7월 20일 저 유명한 최대규모의 히틀러 암살미수사건에 연루되어 수감중이던 포피츠는 당시 회갑논문집을 받을 조건이 전혀 아니었고, 그로부터 대략 2달 뒤인 2월 2일 교수형에 처해졌다. 포피츠 자신은 7월 20일 그룹 내에서도 과도한 민족보수주위 우파입장 때문에 당시 히틀러 암살에 참가한 청년장교나 노조 측의 비토대상이었다. 심지어 불리해진 전황에서 힘러를 직접 만나 그를 설득해 히틀러 제거를 시도한 점등도 논란이 되었다.[151] 그럼에도

---

[151] 포피츠와 슈미트의 관계에 대해서는 Bentin(1971)을 참조할 것. 역사학자 몸젠은 포피츠가 속했던 베를린의 반히틀러 저항그룹인 '수요회Mittwoch-Gesellschaft' 인사들을 이렇게 평가한다. "포피츠, 하셀 그리고 예센의 헌법초안은 비스마르크시대의 입헌 군주정 체제로의 '보수적' 회귀나 파펜의 대통령독재 강령의 재수용이 아니라, 국가아래 사회의 완벽한 복속이라는 의미에서 그 체제의 지속적 구축을 의미하는 것이다."(Mommsen 2000, 112) 또한 "포피츠가 보통선거권의 확고한 반대자였고, 정당국가를 가장 단호하게 반대했으며, 대통령독재를 통한 의회주의 원칙의 제거를 의도적으로 지지했었고 그리고 상원의 설치라는 방식으로 양원제를 요구했다는 점에서 1933년 이전 이미 정치적 극우에 속했다. 이런 맥락에서 포피츠가 반복해서 이론적 근거로 소환했던 칼 슈미트와 마찬가지로 그는 일체의 다원주의적 형태와 그가 정식화했듯이 '다중지배Polykratie'를 단호히 배격했다."(위의 책, 110f.) 이외에도 히틀러시대 '민족보수주의적nationalkonservativ' 반나치 운동의 중심그룹으로 전 라이프치히 시장 칼 괴르데러Carl Goerdeler중심의

그림 21 요하네스 포피츠(1884–1945)

불구하고 포피츠와 자신을 연결하는 것은 전후 자신의 입지를 감안하면 충분히 고려해 볼만한 일임에 분명하다. 그리고 이 강연에서 슈미트는 자신이 한 때 독일에서 로마법학 계수와 역사학파의 대변자이자 "추상적 규범주의"로 비판했던 프리드리히 칼 폰 사비니를 유럽법학의 중심으로 소환, '유럽정신의 대변자'로 새롭게 추앙한다. 그리고 이제 더 이상 총통이 아니라 법학이 "법의식의 최후의 망명지Asyl"로 지목된다. 결국 확실해 진 독일의 패전을 목전에 둔 새로운 상황에 직면 '구체적 상황의 사상가' 슈미트의 면모가 되살아나는 장면이라 할 만하다.

'괴르데러 그룹'과 몰트케공작Helmuth James Graf v. Moltke과 요크공작Peter Graft Yorck zu Wartenburg이 중심이 된 '크라이사우Kreisau 그룹'이 있다. 이들 그룹들은 대부분 저 유명한 1944년 7월 20일 히틀러 암살 미수사건에 연루되어 형장의 이슬로 사라졌다. 자세한 것은 Mommsen(1994), 55ff. 참조. 만에 하나 슈미트가 혹 반나치 저항운동에 가담했다 하더라도 이 그룹들 이상을 넘어서긴 힘들었을 것으로 판단된다.

이뿐만이 아니다. 전중 발표된 슈미트의 마지막 글인 「최후의 글로벌 라인」[152]에서 슈미트는 미국의 범간섭주의가 지구적일 뿐만 아니라 전체적임을 강조한다. 이 간섭주의는 타국의 국내 사안에도, 사회적, 경제적, 문화적 관계에도 해당이 되고 그래서 모든 민족과 국가를 관통하게 된다. 그러면서 이들 인민들에게 자신의 정부에 대한 저항을 호소한다. "이런 식으로 미국스타일의 차별적 세계전쟁이 전체적이며 글로벌한 세계내전으로 전환된다. 여기에 일견 전혀 개연성이 없는 서구 자본주의와 동구 볼쉐비즘이 결합하게 된 비밀이 있다. 양측면에 의해 글로벌하고 전체적인 이 전쟁은 유럽국제법상 양국간 통상通常전쟁에서 세계내전으로 전환된다. 바로 여기에 전체전 문제에 대해 언급하면서 레닌이 현재 지상의 조건에서 오직 한 종류의 정의로운 전쟁이 있을 뿐인데 그것이 바로 내전이라고 강조한 깊은 뜻이 있다."(VA, 446)

슈미트는 1493년 교황 알렉산더 6세가 스페인과 포르투갈사이의 분쟁을 막기 위해 신대륙과 해양을 나눈 선 즉 '라야raya', 16-17세기 유럽법의 적용이 유보된 경계선인 각종의 '우호선amity-line'[153], 그리고 그

---

152 Carl Schmitt(1945), Die letzte globale Linie, in: SGN, 441ff.

153 슈미트는 전후『대지의 노모스』에서 우호선 문제를 다시 언급한다. "16-17세기 우호선의 국제법적 의미는 신세계분할투쟁을 위한 전투지대로 자유로운 광역의 경계를 설정했다는 데 있다. 실질적인 정당화로서 전투선 저 편 즉 평화와 질서의 선으로서 유럽공법영역의 너머에 하나의 자유로운 전투지대의 경계설정을 통해 우호선 이 편에서의 진행과정이 만에 하나 그런 우호선이 없었다면 있어났을 법한 그런 직접적인 위험으로부터 벗어날 수 있었다는 사실이 실행상의 정당화근거로 제시될 수 있을 것이다. 유럽외부에 전투지대의 경계설정은 그러므로 유럽내 전쟁의 보존Hegung에 기여했었다. 이것이 우호선의 국제법적 의의이자 우호선의 정당성 근거이다."(Nomos, 66)

마지막 글로벌 라인인 먼로독트린에 따른 서반구라는 경계선 등을 역사상 존재한 다수의 '글로벌 라인'의 선례로 들고 있다(VA, 441). "글로벌 라인은 대지의 노모스와 국제법의 구조를 둘러싼 투쟁의 제1단계를 표현한다. 그 대지의 분할은 하지만 추상적이고 모든 점에서 표피적이다. 그 분할은 기하학상의 모든 문제를 풀어내었다. 마찬가지로 추상적이고 표피적으로 글로벌한 것이 자본주의 서구와 볼쉐비즘적 동구의 공간도, 경계도 없는 제국주의이다. 양자 사이에서 오늘날 유럽의 실체가 자신을 방어한다. 행성적 제국주의의 글로벌 통일체가 —그것이 자본주의적이건 볼쉐비즘적이건 관계없이— 의미로 채워지고 구체적인 광역들로 이루어진 다수와 대립하고 있다. 동시에 그 투쟁은 미래 국제법의 구조와, 물론 우리 행성에 다수의 독립된 조직의 공존이 아직 가능한 것인지 혹은 하나의 유일한 '세계의 주인'에 의해 합쳐진 탈중심화된 지역 혹은 지방의 지사Filiale만 존재할 것인지 이런 문제를 둘러싼 투쟁이다. ... 오직 진정한 그리고 의미로 채워진 광역들만이 여기선 대항전선으로 고찰된다. 광역은 새로운 대지의 척도와 노모스를 포함한다. 이것이 광역의 세계사적, 국제법적 의의이다."(VA, 447)

어쩌면 이제 승산없는 전쟁에서 이 새로운 종류의 '글로벌 라인'을 통해 서로가 대지를 분할할 수 있다면, 혹은 복수의 광역이 서로 공존한

하지만 페히/스투비는 1630년 영국-스페인 평화조약으로 유럽평화질서는 우호선너머로 확장되었고, 1648년 베스트팔렌조약으로 스페인의 네덜란드 식민지 승인, 1667-70년 영국 식민지 승인으로 스페인의 주도권이 붕괴되면서 우호선 역시 기능을 상실했다고 말한다. 그러다 1920년대 역사학자 아돌프 라인Adolf Rein과 칼 슈미트에 의해 우호선은 부활했다. 라인이 20세기 유럽에 대해서만 우호선 재활성화를 원했던 반면 슈미트는 이와 달리 자신의 '광역'이론, 국제법의 공간구속성과 전쟁 보존론의 역사적 근거로 이를 이용하고 있다(Paech/Stuby 2001, 55f.).

다면 그 또한 나쁜 것은 아니다. 왜냐하면 "지구는 미합중국보다 앞으로도 훨씬 더 크고, 자유 애호적 인간들이 자신의 역사적, 경제적 그리고 정신적 실체와 고유종을 보존하고 방어할 수 있는 다수의 광역들이 존재하기위해 오늘날에도 충분히 크다."(VA, 448)

§3. 소결

그러나 슈미트가 혹여 이런 나눠 먹기식 타협을 조금이라도 기대했다 하더라도 2차 대전은 그런 전쟁이 아니었다. "제2차 대전은 제1차 세계대전보다 훨씬 더한 정도로, 이탈리아를 제외하고는 양쪽 모두 타협을 진지하게 고려하지 않은 채 최후까지 싸웠던 전쟁이었다. ... 제1차 세계대전의 경우와는 달리, 양쪽에서의 이러한 비타협성에 대해서는 특별한 설명이 전혀 필요없다. 제2차 세계대전은 양쪽 모두에게 종교전쟁 또는 근대적 용어로 이데올로기 전쟁이었다."(홉스봄 1997, 67) 슈미트의 모델은 역시 유럽공법시대의 '제한전'이었다. 하지만 제2차 세계대전은 '무제한전'이었다. 슈미트 스스로 말했다시피, '세계내전'이었기 때문이다.

적어도 대외정책의 연속과 단절이란 측면에서 보자면 나치의 침략전쟁은 단순히 히틀러의 머리에서 나온 것이 아니라, 그 훨씬 이전부터의 독일제국과 바이마르공화국의 제국주의적 대외전략상의 목표의 연장일 뿐이다. 히틀러의 대외정책이 이전 시기 독일제국주의의 연속성에서 차이가 나는 것은 단지 이 침략전쟁을 인종이데올로기로 정당화했다는 정도인데, 독일대자본의 입장에서 보자면 그 이데올로기가 어떠하든 단지 대중의 전쟁태세만 준비되면 족한 것이었다. 슈미트의 광역이론-제국이론은 빌헬름제국 이후 1차적으로 '중유럽'을 장악하고 그 다음 단계로 진출하겠다는 독일 후발제국주의의 전략개념의 연속선상에서 위치한다. "모든 정치집단에 걸쳐 '베르사이유 늑약'개정의 긴급성과 1914년 이전까지 독일제국이 보유했던 강대국 지위 복원이라는 목표에 대한 합의는 지배적인 것이었다. 1917-1918년 그때까지 중단된 적이 없는 강대국지위는 결정적으로 확장되었고, 이는 전통적인 대외정책적 목표설정과 비교해 새로운 성격을 나타내는 것이었다. 즉 독일군에 의해 점령된 영역과 브레스트-리토프스크 평화조약에서 러시아를 압박해 할양받은 지역은 미래의 세계강국 지위와 관련해 볼 때, 그 경제적 그리고 전략적으로 확보할 동방영토Ostimperium의 토대가 된다는 것 말이다. 프랑스가 굴복하더라도 영국이 섬이라는 위치와 독일에 위험한 대륙봉쇄의 힘으로 미래의 강대국 독일에게 극복하기 힘든 장애물이 될 것이라는 인식에서 보자면, 경제적 자급자족Autarchie의 필요성은 더욱 절박해진다. 그것은 향후 대전쟁과 관련해 독일제국의 광범위한 지정학적 그리고 전략적 안전보장의 필요성이다. 동방영토를 통해 보강된 독일헤게모니하 중유럽은 유럽내 광역경제를 형성하고 대륙의 중핵인 독일이 '세계강국'으로 향하는 도정에서 그 첫 번째 준비 단계이며, 이를 경과해 그 두 번째 단계에서는 대양으로의 팽창도 가능하게 될 것이었다. 독일제국의 제1차 세계대전 패배에도 불구, 이러한 독일의 거대(세계)강국정치 Groß(-Welt)-Machtpolitik의 2단계 계획은 중단된 적이 없었고, 그 원칙에 있어서도 —암시적이건 명시적이건— 1918년 이후 논의된 개념들의 기초를 이루는 것이었다. 그 원래의 대외정책적 토론은 이후 무엇보다도 이 과거부터 지속된 핵심구상을 실현할 방법, 동맹파트너, 시간적 순서 등을 둘러싸고 진행된 것이었다."(Funke 1977, 53)

  1936년 '슈미트 케이스'로 숙청되는 과정에서 슈미트는 국제법과 국제관계로 연구의 중심 이동을 예고한 바 있다. 하지만 이와 상관없이 이미 바이마르공화국 초기부터 슈미트는 특히 라인란트 문제를 중심 고리로 베르사이유-제네바 국제연맹 체제를 일관되게 비판해 왔다. 그래서 나치집권 이후 국제연맹 탈퇴와 1936년 루르지방의 군사적 재점령과 함께 이미 국제정치에 있어 슈미트의 목표는 달성된 것과 마찬가지였다.

그러므로 1936년 이후 슈미트의 국제법 연구는 '정상'국가 나치독일의 그 다음 목표와 연관되어야 하는 것이었다. 그런 점에서 앞에서도 언급했던 「마이네케의 국가이성」이란 글에서 정의한 국제법의 기능은 슈미트 자신에게도 여전한 길라잡이 같은 것이라 하겠다. 즉 점유자의 권력에 봉사하든지 아니면 비점유자를 위해 기존질서를 파괴하는 혁명적 원칙이 되든지 말이다(PuB 145, 각주 192). 국제법은 현상유지/변경중 어디에 방점을 찍을 것인지를 놓고 누구에 봉사하는지가 판명된다. 현상유지라는 기득권에, 그것이 아니라면 새로운 도전세력 즉 '혁명'세력이다. 단순히 베르사이유 체제의 분쇄라는 목표는 그렇게 슈미트의 최소강령이었을 뿐이다.

전간기-전중기-전후기 각각에서 슈미트의 입론의 전개, '구체적 상황'의 사상가로서 전간, 전중, 전후의 각 시기의 상황이 중요하다. 여기서 상황이란 조성된 정치적 힘의 관계뿐만 아니라 정신적 상황 역시 시대정신의 하부구조에 대한 분석으로서 슈미트의 언설에 구성적 의미를 갖는다. 슈미트의 제국 및 광역질서론(사상, 관점)은 한편으로 근대민족국가시스템에 대한, 다른 한편으로 1919년 체제 즉 베르사이유 체제에 대한 담대한 도전이었다. 한편으로 민족국가기반 국제법에서 국가준거성과 국가중심성을 공격, 민족과 국가를 분리하고 특히 나치특유의 생물학적 민족개념에서 족(인종)중심의 (인)민의 재구성을 통해 민족을 제국과 접합시키고자 시도했다. 다른 한편으로 앵글로색슨 제국주의시스템에 도전 이를 독일제국에 맞장 세운 세계질서, 세계 공간질서의 재구성 프로젝트는 형식으로는 혁신적이고, 특히 앵글로색슨의 글로벌 질서 기획에 맞서 복수광역중심의 '지역주의' 질서를 구상했다는 점에서 분명 아주 '선구적'이었다.[154] 그러나 그 사회적, 정치적 내용의 면에서 나치

---

[154] 그런 점에서 9.11사태이후 전개된 미국의 '테러와의 전쟁'은 다시금 슈미트의 '국제관계이론'을 소환하는 계기였다. 그리고 미국중심의 일극체

의 제국주의적 팽창과 군사주의를 정당화시키는, 그리고 중유럽뿐만 아니라 동유럽까지를 본인이 말하는 민족자결권의 '존중'과는 아무 관련이 없는 억압과 말살의 인종청소와 제3제국 패권하 '광역' 즉 중동유럽의 식민화라는 초반동적 사고의 한 전형을 보여주었다.

1936년 슈미트 케이스에서 우리는 SS 엘리트법률가 그룹과 '신나치' 슈미트사이 격렬한 권력투쟁을 목격했다. 슈미트는 자신의 패배라고 말했지만, 우리가 보기에 '판정패'다. 왜냐하면 SS측이 요구했던 모든 것 중에서 프로이센 추밀원고문직과 베를린대학 법대교수직은 유지했기 때문이다. 이는 당연히 그 후견인 괴링의 힘이었다. 슈미트가 국제관계쪽으로 시선을 옮겨 온 이후에도 양측간의 긴장이 사라진 것이 아니었다. 광역질서를 인종민족적으로 해석할 것인지, 아니면 국제법적으로 해석할 것인지의 문제를 둘러싸고 말이다.

광역을 인종민족적으로 아니면 국제법적으로 해석할 것지를 놓고

제Unipolar system에 대한 비판과 대안에 있어 슈미트로부터 어떤 새로운 시사점을 찾는 계기가 된다는 것이다. 이는 과거 슈미트의 의회주의 비판에서 이른바 '좌파슈미트주의자'들의 시도를 연상케 한다. 일견, 제1차 대전과 제2차 대전 전간기의 '자유주의적 보편주의'와 1989년 '현존'사회주의와 냉전체제 붕괴 이후의 미국주도 글로벌 일극체제사이에는 일정한 구조적인 유사점이 있다고도 볼 수 있다. 즉 전간기 미영 자유주의 주도 국제질서에 대한 슈미트의 해체적 비판은 글로벌주의에 대한 '지역주의적' 도전의 성격을 갖는 것이다. 하지만 그것은 '제국주의에 의한 제국주의의 극복'에 다름 아닌 것이다. 혹은 제국주의 분할전쟁의 변주 이상도 아니다. 아무튼 이후 슈미트에 대한 새로운 관심이 고조되고 나아가 슈미트의 국제관계이론에 대한 연구들이 다수 등장하고 있다. 여기에 대해서는 Odysseos/Petito(2007)에 실린 여러 논문과 2편의 박사학위논문 즉 Hooker(2009)와 오오타케(2020)를 참조할 것.

벌인 SS측의 베스트와 슈미트간의 논쟁이 바로 이 문제였다. 주요 쟁점은 첫째, 광역의 주체가 누구인가, 즉 민족Völker(베스트)인가 국가(슈미트)인가, 그리고 둘째, 국제법의 지위문제와 관련 슈미트와는 달리 베스트는 국제법은 '죽었다'는 입장을 견지했다. 다음 셋째로 광역내의 민족들간의 관계문제인데, 베스트는 법적인 것이 아니라, 인종생물학적인 것이어야 한다는 입장이었다(Jureit 2023). SS측은 그래서 광역보다는 생존권Lebensraum개념에 방점이 찍혀 있었던 것이다. 나치즘의 인종제국주의는 국제법을 통해 이를 합리화시키기보다는, 국제법 자체를 제거하기를 원했다. 이런 점에서 노이만의 지적은 적절한 것이었다. "(1) 인종론은 국가가 국제법 주체임을 부정함으로써, 만국의 평등을 부정한다. (2) 인종론은 국가 주권을 부정함으로써 국제관계상 합리성의 최후 요소를 파괴한다. 국가주권개념에 내재된 공간적, 기능적 경계를 소멸시킨다. (3) 인종론은 인종주권을 선포함으로써 국적불문 독일혈통이기만 하면 그 전부를 게르만 인종의 권리에 복속시켰다. (4) 인종론은 경쟁 제국간 국제법의 존재를 부정하면서 동시에 자신의 제국은 전도된 먼로독트린을 통해 방어하고자 한다. 결국 자신을 침략의 모든 법적 경계의 예외로 치부했다. (5) 인종론은 자신들 제국 내부의 개별 민족집단간 관계에 '국제법'개념을 적용하면서, 소수민족 보호를 위해 남은 마지막까지 파괴했다. 소수민족 억압을 국제법의 엄숙함으로 가려버렸다."(Neumann 1988, 216)

그렇다면 슈미트가 진정 생각했던 전쟁의 큰 그림은 어떤 것이었을까. 이와 관련해서 사회학자 베르너 좀바르트의 아들 니콜라우스 좀바르트가 전시 베를린에서 슈미트를 지켜보며 나눈 증언이 있다. "히틀러의 역사적 과제는 육전을 통해 베르사이유 늑약을 극복하는 것이다. 하지만 우리는 지금 동구에서는 인종섬멸전을, 서구에서는 세계적 해전을 치르고 있다(Balakrishnan 2000, 240 재인용). 당시 적지 않은 수의 보수 엘리트들과 마찬가지 슈미트 역시 히틀러의 '일탈'이 독일을 파국으로 몰고 갈 것에 대해 우려했다는 말이다. "앵글로 색슨의 시각으로 볼 때 우리는 인류의 적인 해적과 마찬가지다. 이는 개인이 아니라, 선박 그리고 선장부터 말단선원까지 탑승한 선원 전부를 말한다. 만약 배가 나포되면 전원을 목매달 것이다. 오직 사슬에 묶여 있는 자를 제외하곤 같이 잡혀 같이 목매달리는 것이다. 사면은 없다."(Balakrishnan 2000, 240) 분명 슈미트의 비차별적 전쟁모델에 따라 보자면, 오직 국가간의 제한전을 통해 제한된 목표를 달성한 뒤 평화협상을 통해 종전하는 것이 가장 합리적일지 모른다. 하지만 베르사이유체제의 청산은 이미 1933년 국제연맹을 탈퇴함으로써, 나아가 라인란트 문제는 무력동원을 통해 사실상 처리가 된 상태였다. 그리고 독일식 먼로독트린을 통해 중유럽을 자신의 영향권하에 배치하는 것 역시 제한전 모델에 입각해서 불가능한 것도 아니었다. 하지만 독일 외교는 이보다 훨씬 더 나가고 있었다. 슈미트도 자신의 '광역' 개념을 가지고 함께 말이다.

제7장
'변명 1945' 그리고 '안티-뉘른베르크'

§1. 슈미트의 체포 그리고 뉘른베르크 전범재판

2차 대전 막바지 프로이센 국가추밀원 고문 슈미트는 일종의 민방위대라 할 국민돌격대Volksstrum 소령으로 베를린 남쪽에 위치한 텔토운하 방위에 일익을 담당했다. 그 뒤 독일의 '해방3년사'에서 슈미트는 모두 3회에 걸쳐 체포, 수감된다.

첫째, 1945년 4월 30일, 소련 점령군에 의해 슈미트는 베를린 슐라흐텐제Schlachtensee 자택에서 체포된다. 하지만 몇 시간 심문 후에 석방되었다. 예상과는 다른 조기석방에는 1920년대부터 슈미트와 안면이 있던 소련점령군 문화위원이자 저술가였던 요하네스 베허Johannes R. Becher의 신원보증이 있었던 것으로 추정된다(van Laak 2002, 31).

둘째, 1945년 9월 26일-1946년 10월 10일까지다. 이 때 미군정측에 체포된 슈미트는 베를린 반제Wannsee의 심문센터Interrogation Center에 수감되었다. 여기서 슈미트는 미군 방첩대CIC의 취조를 받았다. 그러다 10월 31일 다시 베를린-리히터펠데 쥐드Lichterfelde Süd에 있는 수용소에, 그리고 1946년 초에는 민간인 구치소Civilian Detention Camp에 있었다. 그리고 10월 16일에는 미군 병사들에 의해 슈미트의 장서가 압수된다. 슈미트는 다소 통상적인 '보안위험사범security threat'으로 분류되었다. 슈미트가 석방되는 데에는 주변 여러 인물들의 탄원서가 주효한 걸로 보이는 데, 그 중 일인이 7월 20일 히틀러 암살미수사건과 관련 처형된 전 프로이센 재무장관 포피츠의 딸 코르넬리아였다(van Laak, 2002, 32). 이 기간 슈미트의 체포에는 나치집권후 미국으로 망명했다 미군정청 법률고문으로 귀국한 정치학자 칼 뢰벤스타인(Karl Loewenstein, 1891-1973)[155]이 핵심 역할을 했다(Nürnberg, 12). 뢰벤슈타인은 슈미트를 전범

---

155 칼 뢰벤스타인은 전후 미군정청의 법률고문으로서 한 때 '탈나치화

그림 22　국제군사법정이 설치된 뉘른베르크 주법무부 전경

혐의로 기소하고자 했다.

　　셋째, 1947년 3월 19일 슈미트는 다시 미군에 체포된다. 그 뒤 '증인 겸 잠재적 피고인Zeuge und potentieller Angeklagter으로' 뉘른베르크 군사법정으로 이송, 독방에 수감되었다. 망명에서 귀국한 오시프 플레히트하임Ossip K. Flechtheim과 로베르트 켐프너Robert M. W. Kempner가 슈미트의 심문관이었다. 두 사람 다 1920년대부터 슈미트와는 면식이 있었다. 특히 켐프너는 뉘른베르크 전범재판소의 미국측 차석검사였고 또 슈미트의 주심문관이었다. 그는 유대인이자 사민당원으로서 나치집권 이전까지 브라운-세베링 프로이센주 연정정부의 고위관료로 있다 나치

의 교황'이라 불릴 정도로 과거 나치 법률가, 교수 숙청에 중심적인 역할을 담당했다. 그는 이른바 '전투적 민주주의'의 핵심 이론가이기도 했다. 자세한 것은 그린버그(2018) 281ff.

집권 뒤 해직된 뒤 미국으로 망명 전후 뉘른베르크 전범재판소 검사로 귀국한 상태였다. 뉘른베르크 전범재판 이후 프랑크푸르트에서 변호사로 활동했다. 뉘른베르크에서의 몇 차례 심문 뒤 슈미트는 공식적으로는 1947년 5월 6일 증거불충분으로 석방된다. 이후 슈미트는 자신의 말처럼 '침묵이라는 안전함Sicherheit des Schweigens'속으로 귀순한다. 그 이후 슈미트는 '탈나치화Entnazifizierung' 심사를 거부했다. 1948년 7월 11일에 환갑을 맞았는데, 만일 탈나치화 심사에 응했더라면 아마 남은 기간 복직도 가능했을 지도 모른다. 슈미트의 연금 문제가 해결된 것은 1952년에 가서였다. 그러면서 경제적 형편이 좀 나아졌다(van Laak 2002, 36f.).

1차 심문은 1947년 4월 3일이었다.

질문[이하 질문자는 켐프너] 당신은 히틀러의 이념이라는 의미에서 새로운 국제법질서를 추구한 적이 있습니까?

답변[이하 답변자는 슈미트] 히틀러의 이념이라는 의미에서 한 적은 없습니다. 그리고 추구한 것이 아니라, 진단Diagnose만을 했을 뿐입니다.

질문 유대인문제에 대해 아주 일반적으로 말해 어떤 입장입니까 그리고 제3제국에서 어떻게 다루어 졌습니까?

답변 엄청난 불행이었습니다. 그것도 처음부터 그랬습니다.

...

질문 유대인에 의해 영향받은 국제법 및 국법과 당신이 가르치고 선전한 것 사이에는 차이가 있었다고 당신이 말하지 않았나요?

답변 이와 관련 유대인 동료들의 태도가 충분히 통일적인 것은 아니었습니다.

질문 당신은 이런 방향으로 어떤 것을 집필한 적이 한 번도 없나요?

답변 없습니다.

질문 단 한 번도 없습니까?

답변 딱 한 번 있습니다. 공간이론관련 유대인 이론가들이 공간이론에 대해 아무 감각이 없다고 말이죠.

질문 어디에 썼습니까?

답변 1940-1941년 사이 공간연구 잡지 하나에 실린 짧은 글입니다.

질문 논문제목이 뭔가요?

답변 정말로 기억나지 않습니다.

질문 잡지 편집인이 누구입니까?

답변 제국 공간연구소입니다.

질문 논문은 몇 쪽입니까?

답변 「국제법적 공간질서」는 큰 8절지 50쪽입니다.

...

질문 당신 저작을 읽게 되면 방금 당신이 말하는 것과는 전혀 다른 인상을 받게 됩니다.

답변 끝까지 읽다보면 유대적인 것과 극히 조금 관계될 겁니다.

질문 그 논문이 절대적으로 생존권Lebensraum의 국제법이론이라는 것을 인정하십니까?

답변 나는 광역을 말했습니다.

질문 히틀러도 광역에 찬성했습니다.

답변 그것은 다른 모든 곳에 다 있었고 다른 나라 사람들도 마찬가지입니다.

질문 당신 논문을 읽게 되면 말 그대로 히틀러 스타일입니다.

답변 아닙니다. 나는 1936년 이후 그것과 아무 상관이 없다는 데 자부심을 느낍니다.

...

질문 더 하실 말씀이 있나요?

답변[슈미트]: 나는 여기 뭐로 와 있습니까. 피고인 자격입니까?

질문 그것은 아직 더 조사해 봐야 합니다.

...

질문 우리는 지금 형사법정에 있는 겁니다. 당신은 제3제국의 지도적인, 법학자의 일인이었습니다.

답변 1936년 『흑색군단』지가 공개비판했던 사람을 그렇게 표현할 수는 없습니다.

질문 그렇다면 당신이 1936년 부다페스트, 부카레스트, 살라만카, 바르셀로나에서 저 악명높은 첩보기관이자 선전기관인 '독일 인스티튜트 파리Deutsches Institut Paris'와 나치제국의 다른 기관들이 돈을 대주는 강연을 한 사실과 당신의 견해는 일치하는 겁니까?

답변 강연한 것은 맞습니다. 하지만 그것으로 돈을 받은 것은 아닙니다.

질문 여행경비는 누가 지불했습니까?

답변 일부는 초청기관이, 일부는 독일기관입니다.

질문 그러니까 나치제국이죠?

...

질문 중요한 것은 당신이 과연 얼마나 전쟁범죄, 인도에 반한 범죄, 광역의 강제 확장과 확대를 학문적으로 정당화했는가 하는 문제입니다. 우리는 행정, 경제 그리고 군의 집행기관은 모든 것에 대한 이론과 계획을 창안해낸 그 사람들보다 덜 중요하다는 관점에 입각해 있습니다. 말씀하실 것이 있으면 혹시 서면으로 작성해서 제출하시기를 원하십니까? 당신이 얼마나 히틀러의 광역정책을 이론적으로 정당화하는데 기여했는지 말이죠?

답변 서면으로 내겠습니다. 그게 또한 문제라면요(Nürnberg, 52ff.).

2차 심문일은 1947년 4월 21일이었다.

"**질문** 당신은 침략전쟁 등 그와 결부된 범죄행위를 준비함에 있어 핵심지위에서 조력한 바가 있습니까? 이에 대한 당신의 답변은? 한 문장으로 정확히 말씀해 주십시오.

답변 나는 핵심지위에 있지도 않았고, 침략전쟁 준비에 조력한 바도 없습니다.

...

질문 당신은 독방에 혼자 있기를 원하지 않습니까?

답변 혼자 있게 해달라고 부탁합니다. 내가 체포되었을 때에 있을 수 있는 모든 질문을 다 받았습니다. 내가 말했던 것은 오직 내 사건에 대해 내 수준에서 말하고 싶다는 것이었습니다. 내가 원했던 것은 내 자신에게 명료해지는 것이었습니다. 여기에 대해 이 이름, 내 외관이 너무나 좋습니다. 나는 수많은 나라에 수백 명의 제자와 수천 명의 청중이 있습니다.

질문 청중에 관한 한, 당신의 역사 속에서의 캐릭터는 흔들립니다.

답변 누군가 그런 상황에서 입장을 내고자 한다면 언제나 그럴 겁니다. 나는 지적 모험가Abenteurer입니다.

...

질문 당신이 헌법적인 문제로 넘어 왔습니다. 이 주제와 관련 나는 람메르스Lammers[156]에 대해 개인적으로, 즉 전체주의 국가에서의 제국총재실 비서실장의 지위가 아니라 개인적으로 그에 대해 묻고 싶습니다. 피의자나 피고인 아니면 증인으로서가 아닌 국법학자로서의 당신에게 묻고자 합니다. 여기서 순수 전문가Sachverständige로서의

---

156 이 책의 앞에서도 나왔던 한스 하인리히 람메르스(1879-1962)는 법률가출신으로 제국총리실Reichskanzlei 비서실장이자 제국장관이었다. 대표적인 '문고리권력'으로서 전후 뉘른베르크 전범재판에서 20년형을 선고받고 이후 10년형으로 감형되었다.

당신에게 묻자면 왜 이 지위가 다른 제국장관보다 중요한 것인지요?

답변 아마 보르만Bormann[157]이 더 중요했습니다.

...

답변 비스마르크 제국 시절이라면 나는 이렇게 대답했을 겁니다. 람메르스가 독재자로 통하는 문고리Klinke라고 말이죠. 이것이 그의 지위가 갖는 의미입니다."(Nürnberg, 58ff.)

3차 심문은 4월 29일 진행되었다.

질문 ...당신은 SS 대원입니까

답변 아닙니다.

질문 SS 이데올로기를 준비하는데 당신이 어느 정도나 참여했습니까?

답변 전혀 없습니다. 나는 SS의 적이었습니다. 나는 『흑색군단』지에 의해 공개적으로 모욕당하고 비방당했습니다.

...

질문 당신은 독일 입법부와 사법부가 민족사회주의 정신으로 채워져야만 한다고 말한 적이 없습니까? 예, 아니오로 답변 하십시오. 1933년과 1936년 당신은 그렇게 말한 바 있죠?

답변 예. 나는 1935부터 1936년까지 '민족사회주의 법수호자동맹' 전문가집단의 지도자였습니다. 나는 당시 내가 우월하다고 느꼈습니다. 나는 민족사회주의라는 말에 내 스스로 어떤 의미를 부여하고자 했습니다.

---

157 한스 보르만(1900-1945) 히틀러 개인비서이자 나치당 총재실 Parteikanzlei 비서실장으로서 최고의 '문고리' 실세였다. 베를린 점령을 앞두고 자살했다. 뉘른베르크 궐석재판에서 사형선고를 받았다.

질문 히틀러가 하나의 민족사회주의를 갖고 있었고, 당신 역시 하나의 민족사회주의를 갖고 있었다는 말인가요.

답변 나는 내가 우월하다고 느꼈습니다.

질문 당신이 아돌프 히틀러보다 우월하다고 느꼈단 말인가요?

답변 정신적으로 무한히 우월합니다.[158] 나는 히틀러에 대해 언급하고 싶지 않을 정도로 그에게 관심이 없었습니다.

질문 당신은 언제 저 악마와 관계를 끊었습니까?

답변 1936년.

질문 예를 들어 법원의 판결은 민족사회주의적이어야 한다는 것 따위를 쓴 것에 대해 부끄럽지가 않습니까?

답변 1933년에 쓴 것입니다.

...

답변 [부끄럽다는 것이] 오늘날 너무나 당연합니다."(Nürnberg, 64ff.)

뉘른베르크 기록물에는 이상 3회의 심문록뿐만 아니라, 모두 4건의 슈미트의 답변서Stellungnahme가 남겨져 있다. 첫째 답변서는 "당신은 어느 정도로 히틀러 광역정책의 정당화에 기여했습니까?"라는 켐프너의 질의에 대한 답변이다. 둘째는 "침략전쟁 준비와 이와 결부된 범죄행위에 핵심지위에서 조력했다"는 비난에 대한 답변이다. 셋째는 제국장관이자 제국총리실 실장[람메르스]에 대한 질의에 대한 답변이다. 넷째는 "왜 독일 차관들이 히틀러를 추종했는가"에 대한 답변이다. 이 중 세 번째와

---

158 히틀러에 대한 슈미트의 정신적 '우월감'은 1949년 5월 26일자 자신의 일기에서도 언급되고 있다. "1933년에서 1936년 당시에 이미 나의 개인적 문제가 정신과 대중, 이념과 이해간의 관계라는 보편적, 존재론적 문제와 일치되었다고 할 정도로 권력을 장악한 저 가련한 녀석[히틀러-인용자]에 대해 나는 무한한 우월감을 느끼고 있었다."(G, 244)

네 번째 답변서는 실상 검찰측 증인으로서 슈미트가 전범재판에 필요한 판단 자료를 제공한 것이라 볼 수 있다.

첫 번째 답변서에서 흥미로운 대목은 역시 1930년대 말-1940년대 초에 걸쳐 독일 국내외적으로 거대한 반향을 불러일으킨 '광역'논쟁일 것이다. "베스트는 『법률주보Juristischen Wochenschrift』에서 비인종민족적이라는 이유로 나의 광역이론을 비판하는 논문을 게재했다. 그는 더 이상 '국제법질서Völkerrechtsordnung'가 아니라 '민족질서Völkerordnung'라 말하되, 여기서 '법'이란 말을 빼자고 했다. 횐은 그 때 당시 학술잡지에 장문의 논문을 게재해 이를 '슈미트와의 대결'이라고 불렀다."(Nürnberg, 76) 슈미트는 이 시기에만 학술지에 실린 베스트와의 대결을 언급한 논문이 못해도 족히 6편은 될 거라고 말한다. "결정적인 것은 객관적인 측면에서 볼 때 ─학문적으로 진지하게 고려해야할─ 이론과 ─프로파간다로 치부해야할─ 유행어사이의 차이다. ... 위에서 말한 히틀러정책의 이론적 정당화시도와 내가 한 작업의 정신적 하비투스를 비교해 본다면 제기된 질문에 대한 답변이 나올 것이다. 나의 국제법적 광역은 커다란 학문적인 연관속에 있으며, 학문연구로부터 생성되고 학문적으로 진지하게 간주되어야 할 그리고 학문적으로 진지하게 간주된 이론이다. ... 히틀러의 팽창정책은 일체 학문적 분석을 위험에 빠뜨릴 정도로 원시적이다. 서양 합리주의의 모든 수단을 투입해 전개된 전 세계를 포괄하는 치열한 분석에 있어서 진정한 학문적 개념을 통해 이루어진 논급이란 히틀러 정책에 대한 정당화가 아닌 하나의 폭로를 의미하는 것이다. 이는 만일 그것이 진정 학문적인 것이라면 생물학 이론에도 해당이 되겠지만, 그것이 아니기 때문에 히틀러 세계관의 생물학주의를 반대하기 위한, 모든 측면을 다 궁구해서 나온 국제법학적 구성인 것이다."(Nürnberg, 77f.)

우리는 이미 앞에서(6장 §2) 양측간 논쟁을 개괄한 바 있다. 그리고 슈미트가 당시 1941년 당시 자신의 「국제법적 광역질서」란 논문에서 자신에 대한 베스트의 —일정 제한을 두긴 했지만— 비판을 "적확한 해결"이라고 본인 스스로 말하면서 '인종민족적 광역질서'개념을 수용한 것에 대해서도 이미 논한 바 있다. 그렇게 본다면 뉘른베르크 제1 답변서에서 슈미트가 자기방어권을 행사하는 것이야 시비의 대상이 아니겠지만, 히틀러는 말할 것도 없고, 베스트와 자신의 광역개념 사이에 마치 넘을 수 없는 거대한 장벽이 있었던 것처럼 말하는 것은 사실관계에 부합되지 않는다.

다음으로 침략전쟁에 대한 핵심지위에서 조력제공 여부를 묻는 두 번째 답변서에서 슈미트는 이렇게 말한다. "프로이센 추밀원고문과 법률가동맹에서 나의 활동에 관련된 것이라면, … 이 양 지위는 결정적인 지위가 전혀 아니다. 대학교수로서의 나의 지위에 관련, 내가 이름을 떨친 것은 맞다고 하겠다. 『헌법이론』(1928)을 낸 이후 나는 독일과 유럽에서 가장 알려진 법학자였다. 하지만 그것이 '결정적'인 지위인 것은 아니고, 결정적 지위와 연결되는 토대인 것도 아니다."(Nürnberg, 87) 그리고 책과 이름의 문제에 대해서 이렇게 말한다. "근대주권개념의 창시자 쟝 보댕에게 주권개념 때문에 발생한 지 3백년도 넘은 모든 재앙에 대해 책임을 물을 수 있는가. 쟝 자크 루소가 자코뱅 테러기간 동안 프랑스에서 일어난 모든 범죄행위의 원인제공자라고 선언할 역사가가 있는가." 이데올로기의 책임성과 관련해 문제는 그것을 "어느 정도만큼 형사소송의 형식과 경로" 또 이론과 견해의 참과 거짓을 "형사법원의 판사"에게 물어야 하는 것인가이다. 그래서 "이데올로기와 학설이 사법적 판단의 대상justiziabel"이 될 수 있는가가 문제라는 것이 슈미트 항변의 골자다(Nürnberg, 89).

엄밀히 따져 뉘른베르크에서 슈미트의 법적 지위는 켐프너와의 제1 심문과정에서도 나왔지만, '피고인'이라기보다 '잠재적' 피고인 혹은 '피의자Beschuldigte'였다. 동시에 슈미트는 검찰측 증인이었다. 뉘른베르크 국제군사법정International Military Tribunal의 사법적 관할권은 국제협정에 의거 1939년 9월 이후에 일어난 것에 한정된다. 다시 말해 2차 대전 발발 이후 즉 '전시'가 그 관할권의 범위이며 그 이전의 것에 대해서는 적용이 되지 않는다. 그래서 보자면 3회에 걸친 심문과정에서 슈미트가 공통적으로 강조하는 것이 1936년 즉 '슈미트 케이스'였음을 알 수 있다. 이미 슈미트는 뉘른베르크에서 받은 것과 같은 심문이 처음은 아니었다. 또 1년이 넘는 기간 동안 베를린에 수감되어 있었고 이 과정에서 여러 조사를 거친 상태였다. 따라서 그의 방어전략 또한 어느 정도는 정립되어 있었다고 볼 수 있다. 즉 1936년 이후 나치와의 관계는 사실상 청산된 것이었다는 점을 방어전략의 중심에 배치하는 것 말이다.

나아가 뉘른베르크 전범재판은 1) 국제범죄의 공모 2) 평화에 반하는 범죄 3) 전쟁범죄 4) '인도에 반하는 죄'의 여부를 가리는 것이었다.(샌즈 2016, 413) 이 점을 슈미트 역시 누구보다 정확히 이해하고 있었다. 즉 슈미트는 전범재판소의 역할을 제 2 답변서(1947년 4월 28일자)에서 1) 공동음모 2) 전쟁계획 3) 전통국제법적 의미에서의 전쟁범죄 4) 인도에 반하는 죄중 전부 혹은 하나 이상에 해당되는 범죄사실에 대한 기소여부에 관한 것이라고 요약하고 있다(Nürnberg, 83). 그렇게 본다면 전시 슈미트가 3)의 의미에서 살인, 약탈, 강간, 학대 등의 범죄행위에 가담했다던가, 4)의 의미에서 —뉘른베르크재판에서는 인정되지 않았지만— '제노사이드'등을 비롯 유대인 학살의 기획, 명령, 실행등에 직접 가담해 인도에 반하는 죄를 범했을 가능성은 처음부터 배제된다.[159] 그

---

159 슈미트는 1948년 3월 12일자 자신의 『비망록』에 이렇게 적어 놓았다. "'인도에 반하는 범죄'가 뭐란 말인가? 사랑에 반하는 범죄도 있을까? 살인은 범죄이고 강간도 아동유괴등도 범죄다. 우리가 이 모든 범죄사실을 소거하면 남는 것은 순수한 비인도의 범죄말고 무엇이 있는가? 그러한 범죄의 가능한 방어와 공격대상의 구조, 그 범죄는 범죄사실에 맞는 죄명 변경이 아니라, 오로지 일반적인 끔찍함에 의해서만 표시될 것이다. 예의범절, 경건에 반하는 범죄는 이와 비교해 더 엄격히 규정되어야 한다."(G, 113)

리고 슈미트의 나치정권에서의 지위가 전쟁을 예비음모하고, 이의 계획에 참여할 정도는 역시 아니었다. 게다가 법정은 판시를 통해 나치수뇌부, 게쉬타포, SS, 보안국SD등 기관에 대한 책임은 인정했지만, 제국 각료, 군장성과 군인, 나치돌격대SA등은 그 책임에서 면제시켰다(위의 책, 532).

전범재판에 깊이 관여한 저명한 캠브리지대학 국제법학자인 허쉬 라우터파하트Hersch Lauterpacht가 뉘른베르크 재판의 본질을 이렇게 짚었다. "주권국가가 피고인석에 앉아 있는 것을 지켜보는 것은 역사상 처음 있는, 절대 잊을 수 없는 경험이었다."(위의 책, 414) 하지만 그것은 주권국가의 전쟁을 제한, 보존하며, 정적성正敵性을 주장하고 그리고 전쟁은 유럽공법에서 '계승된 법질서'라는 관점의 슈미트와는 전혀 양립할 수 없는 생각이었다. 적은 범죄자가 아니고, 전쟁은 범죄가 아닌 것이다.

§2. 슈미트의 '옥중수고', 베니토 세레노 그리고 햄릿까지

전후 슈미트는 '침묵이라는 안전함' 속 1인 역할극의 주인공이었다. 그 미쟝센 속의 여러 오브제도 고금을 가로질러 아주 다양했다. 플라톤, 토마스 모어, 마크로비우스, 허먼 멜빌 소설의 주인공 베니토 세레노, 작가 윙거, 나치정권에 처형된 최측근의 친구 포피츠도 암암리에 포함되어 있었다. 그리고 뉘른베르크 답변서에는 보댕, 홉스 그리고 루소도 등장한다. 1956년에 가서는 햄릿까지 소환된다. 이 모든 인물들에 최소 한 자락만큼이라도 자신의 지금을 투사해 자기행적의 도반으로 삼고자 시도했다.

패전과 더불어 엄습한 불확실성이 슈미트의 실존적인 성찰을 이끌었을까. 아마 슈미트의 전후는 '너는 누구냐'에서 시작되었을 것이다. "너는 누구냐?Wer bist du? Tu quis es? 바닥을 모를 질문이다. 1945년 6월 저명한 철학자이자 교육학자인 에두아르트 슈프랑거가 나에게 설문지를 내밀었을 때, 나는 이 질문 속으로 침잠했었다. 그때 그가 나에게 말하길 내 강연은 너무나 흥미진진했지만, 내 자신, 나의 인격과 본질은 투명하지 않다. 최악의 비난이었다. 이 말 뜻은 네가 생각하고 말하는 것은 재미있고 명쾌할지 몰라도, 네가 누구인지, 너 자신, 네 본질은 침침하고 또렷하지가 않다는 말이다. 나는 충격을 받았다. 멋진 강연이 무슨 소용이 있고, 명쾌한 개념은 무슨 도움이 되며, 또 정신은 어디에 쓸 것인가? 본질이 문제다. 아니면 존재와 실존이 문제다. 한마디로 철학이 풀 수 없는 난제가 내 영혼을 엄습했다. 사유의 투명성과 존재의 불투명성이 도무지 결합할 수 있는 것인가?" 또 묻는다. "심문관을 바라봤다 그리고 생각했다. 나에게 그런 질문을 하는 너는 도대체 누구냐? 너의 우월함은 어디서 온 것인가? 너에게 그런 권한을 부여한 그래서 그런 질문을 하게끔 고무시킨 그 권력의 본질은 무엇인가? 그 질문은 나 자신을 의문시하고 그래서 저 마지막에 가서는 단지 올가미요 덫일 뿐이다."(ExCap, 9f.)[160]

슈미트는 또 '옥중수고'에서 스스로를 '에피메테우스'라 부른다. "... 나는 인간들이 서로 옳다고 할 때 일어나는 **작은** 비극을 알고 있다. 뿐만 아니라 나는 유럽 국제법과 그 역사도 안다. 지금 나는 ... 유감이긴 하지만 내전은 말할 것도 없고 정전正戰이 갖고 있는 문제를 그 모든 깊이와 바닥까지 파악하고 경험한 이 세상에 하나뿐인 법학선생이다. 그래서 나는 인간들이 서로 옳다고 할 때 일어나는 **커다란** 비극 또한 알고 있다. ... 나는 그에게 [에두아르트 슈프랑거-인용자] 말했다. 그렇소 내 본질이 전혀 투명하지 않을 지도 모르오. 하지만 내 경우는 한 위대한 시인이 찾아낸 이름을 빌어 이렇게 부를 수 있을 거요. 그것은 사악하고 품위없는 하

---

160 Carl Schmitt(1950), Ex Captivitate Salus, Erfahrungen der Zeit 1945/47, Greven Verlag Köln 1950,

지만 순정한 **기독교인 에피메테우스**[콘라드 바이스의 1933년에 나온 시집 제목에서 가져옴-인용자]경우인 것이오."(ExCap, 11f., 강조는 원문) 에피메테우스는 형 프로메테우스의 경고를 무시하고 판도라를 아내로 삼아 데리고 오는데, 하루는 이 판도라가 절대 열어서는 안 되는 문제의 상자를 열어 버려 세상 불행이 시작된다. '지적 모험가', '기독교인 에피메테우스', '진단가'는 세상의 크고 작은 비극을, 그리고 '정전' 즉 제2차 세계대전의 모든 비밀도 알고 있지만 자신을 처벌할 권한이 있는 자에게 대항하지 않는 개념의 곡예술사이기도 하다.

슈미트는 1945년 겨울 즈음 '옥중수고'에서 또 이렇게 썼다. "연구자와 학자라 할지라도 정권을 임의로 선택할 수는 없다. 다른 모든 인간들처럼 충성스러운 공민으로서 우선 정권을 감내한다. 상황이 완전히 비정상이 될 때 외부의 누구도 내부의 테러로부터 그를 지켜주지 못한다. 따라서 그는 상황이 자기의 최측근 친구의 실제 형편조차도 알아 볼 수 없을 정도로 비정상적이 되고 나면 스스로 자기충성의 한계를 결정해야만 한다. 내전을 감수하고, 사보타지를 감행하고 순교자가 될 의무도 한계가 있다. 이때 인간은 어떤 것들은 그 상황의 희생자가 되게끔 내버려두어야만 하는데 이를 그저 외부에서 평가해서는 안 될 일이다. 플라톤은 시라쿠스 폭군의 협력자였고 심지어 적이라 할지라도 조언을 거부해서는 안 된다고 가르쳤다. 정신적 자유의 수호성인인 토마스 모어는 많은 단계를 거쳤고, 순교자 그리고 성인이 되기 전까지 폭군에게 놀라운 양보를 했다. 그 외에도 정치권력이 집중된 모든 시대의 모든 작가에게 마크로비우스Macrobius가 집필한 「사투르날리아Saturnalia」에 나오는 오래된 명구는 아직도 유효하다. '나를 처벌할 권력을 가진 자에 대항해서 글을 쓸 수는 없다non possum scribere in eum qui potest procribere'."(-ExCap, 20) 플라톤도, 토마스 모어도 마크로비우스의 맥심으로부터 자유로울 수 없었다. 슈미트도 마찬가지였다. 상황이 그랬다는 것이다.

자신의 역할도 조정된다. 위 뉘른베르크 1차 심문에서도 말했듯이 자신은 '진단가'다. 나치정권내 스스로의 역할을 최소한으로 축소한 것이다. '진단'만 했을 뿐인데 '요양원원장'들의 미움을 샀고 그래서 '추방' 당한 것이다. 사후 공개된 1948년 6월 10일자 일기다. "하지만 진단자 Diagnostiker를 경계하라! 에른스트 윙거의 『노동자』와 아마 이보다 더하겠지만 나의 『정치적인 것의 개념』에 대한 분노는 요양원에 흑사병발병을 진단한 의사에 대한 요양원 원장의 분노 같은 것이다. 나는 요양원 원장들 모두를 적으로 만들었고, 내가 마찬가지 악의적이고 인간적대적인 사회를 만들었다. 나는 수천의 무해한 인간들의 만족을 방해했고, 페스트발병 소문이 귀에 들어오자 몇몇 공장주의 심장병이 악화되었다. 몇몇 은행가의 당뇨병은 우려할 만하게 되었다. 너무나 교양이 넘치는 마리안네 폰 빌레머Marianne von Willemer[괴테의 연인-인용자] 스타일로 그 오랫동안 애타게 기다리던 유쾌한 재회의 꽃은 향내도 없이 져버렸다. 새로운 더 범죄적인 사실은 이런 것이다. 인간의 행복감을 아무 감정없이 제거한 자는 사회질서상의 기본 권리를 모독한 것이고 그래서 인류의 적으로 추방된다."(Glossarium, 161)

특히 주권론의 아버지 장 보댕에 대한 슈미트의 찬사와 또 그 뒤를 이어 제자인 크바리치가 보댕에 빙의해 슈미트를 되살리려는 노력은 잘 알려진 것이다. 1934년, 1936년 『독일법률가신문』에 실린 "두 개의 논문으로 카를 슈미트에 대한 논의를 시작하려는 사람"은 마치 저 옛날 볼테르가 마녀사냥을 열렬히 옹호한 보댕을 가리켜 "귀신의 두목인 바알세불의 변호인"이라고 한 것처럼 "정치적 판단"을 하는 것이다. "이렇게 시야를 좁혀 놓으면, 보댕이 유럽의 국가학에 긍정적으로 크게 기여한 사실을 보지 못하게 되며, 그럼으로써 보댕의 전체 저작을 학문적으로 정당하다고 평가하지 못하게 될 것이다. 보댕을 단지 기회주의자, 배교자, 절대주의에 의한 헌정질서 해체자, 마녀사냥꾼으로서만 보는 사람은 보댕에 대하여 아무런 학문적 언명도 하지 못할 것이다. 이러한 견해는 … 판단력보다 지조가 중요하다고 보는 도덕지상주의적인 정치 판단일 것이

그림 23   1941년 파리, 윙거와 슈미트

다."(크바리치 2014, 21)

　2차 대전 당시 파리를 점령한 독일군의 검열장교로 근무하던 윙거의 1941년 10월 18일자 노트에는 이렇게 적혀 있었다. "칼 슈미트와 점심식사. 그는 그제 리츠Ritz호텔에서 대지와 해양의 차이가 갖는 국제법적 의의에 대한 컨퍼런스에서 발표했다. … 현시대의 학문적, 문학적 논쟁에 대한 토론. 칼 슈미트는 자신의 처지를 멜빌의 『베니토 세레노』 속 흑인노예의 수중에 잡힌 백인선장의 그것과 비교했다. 그리고 거기에 이 문장을 인용했다. '추방할 권력을 가진 자에 대항하는 글을 써서는 안 된다."(Monod 2016, 49 재인용)

　'옥중수고'에서 슈미트가 문득 새롭게 강조하는 것이 '정신'이고 무엇보다 정신의 자유다. "정신은 본질적으로 자유롭고 자기 자신의 자유를 생산한다. 정신의 자유는 현대의 대중조직화라는 위험상황에서 검증을 거치지 않으면 안 된다. 그 검증기준은 과녁에서 너무 떨어진 곳에서 찾을 수는 없을 것이다." 나치 12년도 정신의 자유, 학문의 자유를 말살할 수는 없었다. "이 정신의 자유는 학문적 경청에 대한 잃어버릴 수 없는 권리에 상응한다. 정신의 포럼 앞에서 우리 학문 작업은 두려워할 것도, 은폐할 것도, 후회할 것도 없다. 학문작업상의 오류를 상세 설명하는 것은 대단히 유용할 것이다. 위에서 말한 근본적인 호기심과 자유로운 공론장을 기뻐할 것이다. 우리는 하지만 힘든 검증의 기간을 포기할 수는 없고 지난 12년의 위험 동안에 경험한 것을 잊을 수는 없을 것이다. 그것은 즉 진정한 공론장과 허위의 공론장의 차이 그리고 침묵과 고요의 대항력 말이다."(ExCap, 22f.)

사회학자 칼 만하임이 1945년 런던 방송에서 밝힌 새로운 유럽대학 구상에 대한 소견을 말하면서, 슈미트는 나치 '전체주의'라 하더라도 100% "민족전체의 정신적 생산성"을 완벽히 장악할 수는 없는 것이라고 강조한다. "어떤 전체주의적 일당체제하에서는 금지되지 않은 모든 것을 명령한다는 것은 잘 알려져 있다. 만일 실제 백퍼센트의 전체성이 존재한다면 그리고 당시 체제의 확성기가 세상에 내보낸 것만이 유효하다면, 일은 이미 처리된 것일지 모른다. 남김없이 포착되고 관허된 공론장의 조명등아래에 있는 것만이 고려된다면 그리고 이 공론장에 들어가는 것이 이미 무조건적인 정신적 복종으로 파악된다면, 이 12년 동안의 학문적 작업이란 것은 아무런 특별한 주목거리가 되지 못한다. … 정치권력자 일인이 도대체 어느 정도까지 민족전체의 정신적 생산성을 완벽히 장악해야 어떤 자유로운 사상도 어떤 유보도 남아 있지 않게 될 것인지를 질문하지 않을 수 없다. 과연 완벽한 백퍼센트의 전체성이 가능한지 여부는 최우선의 사회학적 문제다."(ExCap, 14) 독일은 오래전부터 "유럽 한 가운데에 위치한 정신적으로 폐쇄적이지 않은 그리고 폐쇄될 수도 없는 상대적으로 작은 공간이자 동서남북에서 지나가는 세력과 이념의 교차로이자 통행국이다. 독일은 외부에서 밀고 들어오는 그 어떤 문제제기에도 굴복할 수 없기 때문에, 단 한 번도 명확하고 통일적으로 결단한 적이 없고 또 할 수도 없었다. 바로 여기에 독일의 약점과 우월성이 존재한다.¹⁶¹ 가톨릭주의와 프로테스탄트주의간 끝나지 않고 남겨진 투쟁의 결

---

161 여기서 표현된 슈미트의 멘탈리티가 독일 당대 유행했던 전형적인

과 독일 정신은 열려 있고 바로 이 미결상태 속에 철저한 연구와 과감한 비판주의의 위대한 전통이 발전되었다. 19세기에는 헤겔주의가 여기에 추가되었다. 맑스주의가 역사적인 힘이 되었다. 이를 통해 개방성이 더욱 확장되었다."(ExCap, 17)

독일정신의 개방성은 나치 12년 동안에도 소멸된 것은 아니었다. 여기서 슈미트가 1938년 베니토 세레노의 독일내 출간을 언급하는 것으로 봐서 꽤 긴 시간 이 캐릭터에 공감해 왔다고 봐야 한다. 슈미트의 말을 빌리자면 멜빌의 영웅은 대중사회내 '지식인의 상징'으로 이해된다. 이와 더불어 윙거의 소설『대리석 절벽위에서』162도 함께 언급된다.

지정학적 프레임이다. 스티븐 킹(2004)을 참조. "안정한 국경이 없는 나라 독일은, 인도유럽어 사용자들의 이민지, 무역의 교차로, 민족을 전략적으로 분할하는 나라로서 늘 완충지 아니면 전쟁터였다."(위의 책, 594) 독일은 "유럽의 한 가운데에 있는 왕국이다. ... 모든 방향에서 독일은 더 오랜 역사와 더 거대한 규모를 자랑하는 문명국들에 둘러 싸여 있다. 다른 강대국에게 포위되어 있다는 것, 이것이 바로 독일의 본질이다."(위의 책, 597) 빌헬름 황제 자신도 이렇게 적었다. "그래서 저 유명한 대독일 '포위'는 마침내 온전한 사실이 되었다. 그를 제지하기 위해 우리의 정치가들과 외교관들이 모든 노력을 기울였음에도 불구하고, 우리 머리 위로 돌연 그물이 던져 졌다."(위의 책, 598) 이러한 '포위, 고립'에 대한 지정학적 감각이 마침내 소련과 동구권을 향한 '동방에의 충동'에 방향을 제시했다는 것과 관련, "고립은 홀슈타인과 빌로가 발명하여 아동의 정신상태에 맞춰 변형시킨 ... 국가의 신화에 불과"하다고 1919년 독일의 법역사가 헤르만 칸토르비츠는 말했다.(위의 책, 599) 슈미트의 저 인식도 이러한 '국가신화'에 불과할까?

162 에른스트 윙거(2013). 대강의 줄거리는 이렇다. '나'와 오토 형제가 사는 가상공간 마리나는 평화지대. 작품 속 세계는 우뚝솟은 '대리석 절벽'을 가운데 두고 남쪽의 마리나와 북쪽의 캄파냐로 분할된다. 캄파냐의 숲

"1938년 여름 독일에서는 한 권의 책이 출간되었다. 이 책에는 이리 되

속에는 거친 사냥꾼과 이들의 지배자 '산림감독원장'이 산다. 마리나 그룹과 대결구도를 이루는 것이 '산림감독원장'을 우두머리로 하는 바로 이들이다. 이들과의 대결은 숙명인 것으로 설정된다. 곤충과 식물을 사랑하고, 그것의 표본과 색인을 다는 것이 인생의 전부였던 이들에게 이들 집단은 야만과 폭력의 상징이었다. 인간의 존엄성은 없었다. 그들의 무력은 압도적이었다. 마리나 전방 어딘가에 있는 루나리스 수도원의 신부 람프로스와 또 캄파냐의 대농장에 사는 벨로바르노인이 우리의 친구다. 마침내 '산림감독원장'이 캄파냐를 장악하고 마리나까지 권력을 확장한다. 드디어 '우리'와 '젊은 군주', 벨로마르노인등이 항쟁을 개시한다. 하지만 그들의 무력에 밀려 다들 전사하고 살아남은 '나'도 산림원장의 '개'들의 추격을 받게 된다. 간신히 개들의 추격을 따돌린 '나'와 '우리'는 불타는 암자를 뒤로하고 피난길에 오른다.
오래 전부터 슈미트와 교유했던 윙거의 소설 곳곳에서 '보수혁명적' 어휘, 취향, 지향등을 어렵지 않게 찾아 낼 수 있다. 오토 형제는 "인간을 귀족이라고 부르기를 좋아"(23) 했다. "우리는 자랑스러운 날들을 회상하기를 좋아한다. 하지만 저급한 것들이 우리에게 권력을 휘두르던 시간에 대해서도 침묵해서는 안 된다."(70f.) 우리는 "파괴는 절대 사물을 이루는 원소 내부에까지 침투할 수는 없"(70)으며, 젊은 "순미라의 군주는 고상한 정신의 소유자로서 정의의 질서를 알고 있"(100)다. 또 다음과 같은 은유도 흥미롭다. "멸망을 암시하던 징후는 많았다. ... 그[산림감독원장]는 그 어떤 저항이라도 완전히 마비시키려는 목표하에, 처음에는 소량으로 공포를 나누어 조금씩 흘려보냈고 그 용량을 점차로 늘려 나갔다. 그가 숲속에서 치밀하게 계획한 혼돈 속에서 그 자신은 질서를 잡는 권력자의 역할을 맡았는데, 그의 휘하에 있던 목동 연맹 요원들은 무정부주의의 재료를 늘려 나갔다. ...산림감독원장은 사악한 의사와 비교할 수 있었는데, 마치 자신이 원하는 바대로 환자의 몸을 절단하기 위해 일단 통증을 키우는 것과 같았다."(48) '보수혁명'계 인사들은 좌파를 철저히 경원시 하면서 동시에 나치들에 대한 '정신적 우위'를

어 있다. '어떤 한 나라에서 오직 국가권력에 의해서 조직된 공론장만이 유효하다면, 한 민족의 영혼은 내면으로 이어지는 비밀의 길을 따라 간다. 그 뒤 침묵과 고요의 대항세력이 성장한다.'[163] 허먼 멜빌의 소설[164]

포기하지 않았다. 하지만 어느 순간이 오면 "저급한 것들이 우리에게 권력을 휘두르던 시간"에 대해 더 이상 "침묵"하지 않을 거라는 속다짐도 그들의 몫이었다.

163 여기 슈미트가 말하는 "1938년 여름 독일에서는 한 권의 책이 출간" 되었다고 했을 때 그 책이 『Der Leviathan』(Carl Schmitt, Der Leviathan in der Staatslehre des Thomas Hobbes, Stuttgart 1982)이다. 옥중에서 기억에 의해 재현한 것인 탓에 원문과 대조했을 때 일정한 의미차가 발생한다. 리바이어던의 해당구절은 이렇다. "하지만 공권력이 실제로 공적이기만을 바란다면, 국가와 고백Bekenntnis이 내면의 신앙Glaube을 사적 영역으로 몰아낸다면, 한 민족의 영혼은 내면으로 이어지는 '비밀의 길'를 따라 간다. 그 뒤 침묵과 고요의 대항세력이 자라난다."(Leviathan, 94) 즉 1938년의 책에는 "공권력이 공적이기만을 바란다면"이 옥중에서는 "오직 국가권력에 의해서 조직된 공론장만이 유효하다면"으로 기억되고 있다. 핵심은 이 "공론장" 혹은 여론, 공공영역으로 옮길 수 있는 개념이다. 슈미트는 다분히 '자유주의적' 뉘앙스의 개념을 기억에서 복원해 낸 것이다. 또한 여기서 중요한 것은 "침묵과 고요의 대항세력"이란 문구다. 우선 이를 제대로 이해하기 위해서는 슈미트의 '내면'개념을 이해할 필요가 있다. 이는 아래 다수의 개념쌍과 연관된다. "사privat와 공öffentlich, 신앙Glaube과 고백Bekenntnis, 피데스fides와 콘페시오confessio. 믿음faith과 고백confession."(Leviathan, 85) 그래서 이 '내면'은 '사 - (내적)신앙 - 피데스 - 믿음'이라는 의미고리를 이룬다. 그렇게 "내면과 외면의 구별이 승인되는 순간 외면적인 것에 대한 내면적인 것의 우위와 더불어 공적인 것에 대한 사적인 것의 우위가 ... 확정된 것이 된다."(Leviathan 94) 홉스는 리바이어던에서 "그 자체의 본성에서 불가시적인 것이고 결과적으로는 모든 인간적 관할권으로부터 면해지는 내적 신앙fides

에 등장하는 영웅, 베니토 세레노는 대중시스템속 지식인의 상태에 대한 상징으로 고양되었다. 1939년 가을 『대리석 절벽위에서』라는 책이 출간되었다. 이 책에서는 질서라는 가면뒤에 숨겨진 허무주의라는 심연을 대단히 담대하게 그려 내고 있다."(ExCap, 21) 결국 윙거도 그렇지만 슈미트가 정신을 다시 강조하는 것은 본인 역시 나치 12년 동안 '정신의 자유'를 포기하지 않았다는 말을 하고 싶은 것이다. 성장하는 "침묵과 고요의 대항세력"은 누구보다 먼저 자신을 말하는 것이라고 해석해 주길 바라는 것이리라.

멜빌의 이른바 '법률 3부작'중 하나인 『베니토 세레노』는 칠레 남단 외딴 항구에 정박중이던 미국인 선장 아마사 델라노가 곤경에 처했을 것으로 판단한 수상한 배 한 척을 발견 도움을 주는 과정에서 이 선박의 미스테리가 드러난다는 설정이다. 델라노 선장은 매우 친절한 사람이지만 동시에 확고한 인종주의자였다. 이 배의 '우울하고 생기없는 눈길'의 선장이 바로 베니토 세레노다. 그 선장 옆의 '양치기 개처럼' 선장을 바라보는 흑인노예가 바보Babo다. 마침내 드러난 사건의 진실은 바보가 주도한 선상반란으로 세레노 선장의 배를 탈취한 것이다. 하지만 결국 반란의 진실이 드러나고 세레노선장의 배는 무력으로 진압된 뒤 주동자인

과 이 신앙으로부터 나오는 언동인 confessio"를 구분했다. 내적 신앙과 외적 신앙이 분리되고 전자fides는 주권자의 통치권밖에, confessio는 주권자의 통치권안에 복속되는 것이다. 이렇게 본다면, 근대국가라는 리바이어던 역시 이러한 내면과 외면의 분리에 기초해 있는 것이고, 내면은 리바이어던의 주권바깥에 위치한다. 따라서 내면에서 생성되는 '침묵과 고요의 대항세력'은 리바이어던으로서도 관할권밖이고 불가항력적인 것이다. 바로 여기를 근거로 나치즘에 대한 대항세력이 발생한다는 의미로 이해하면 될 것이다.

164 허먼 멜빌(2015)(안경환 역), 『바틀비, 베니토 세레노, 수병 빌리버드. 허먼 멜빌 법률3부작』, 서울:홍익출판사, 2013.

바보는 체포되어 결국 교수형에 처해진다. 사건의 실체적 진실은 법정소설답게 '진술확약서'라는 형식을 빌어 소설 속에 짧게 요약되어 있다.

　윙거에게 보낸 1941년 4월 17일자 편지에서 슈미트는 이렇게 말한다. "나는 베니토 세레노를 상황의 상징Situations-Symbol으로 생각합니다." 그리고 1941년 7월 1일자 편지에서는 또한 "멜빌의 비교불가능한 위대함은 객관적, 원소적 그리고 구체적 상황을 향한 힘Kraft에 있습니다. 베니토 세레노는 이로써 러시아인들과 19세기 모든 다른 나라의 작가들보다 위대합니다. ... 모비딕Moby Dick은 대양의 서사시로 오딧세이와 비교될 만합니다. 원소로서의 대양은 멜빌을 통해 비로소 포착이 가능해 졌습니다. 매우 현재적인 주제입니다."(Beebee 2006, 117 재인용.)

　베니토 세레노를 '상황'의 상징으로 읽는다면, 과연 어떤 '상황'을 말하는 것일까. 기본적으로 다중, 다의적인 상황 가운데, 나로서는 3가지 정도를 생각해 볼 수 있을 것이라고 본다. 첫째, 이 소설에 대한 다소 통설적인 접근이다. 즉 인종주의 문제 말이다. 기본적으로 이 소설은 일시 성공했지만 결국 실패하고 마는 노예반란이 주제다. 세레노는 그래서 무기력한 구식민주의를 대변한다. 이 모델을 슈미트식으로 표현하자면 바보는 정당성을, 세레노는 낡은 합법성을 그리고 델라노는 새로운 합법성이다. 적어도 이 소설에서 노예해방의 정당성은 부분적인 승리만을 거뒀을 뿐이다. 둘째, 세레노는 유럽을, 델라노는 미국을 상징한다. 그리고 바보Babo는 파시즘이다. 즉 파시즘으로부터의 공격에 허약해진 유럽을 미국이 구원한다는 말이다. 셋째, 세레노는 지식인이다. 바보는 대중사회, 대중민주주의의 바로 그 대중이다. 대중의 폭력이 두려워 진실을 말할 수 없는, 그래서 '말을 잃어버린' 지식인이다. 이 세 번째 해석모델이 슈미트의 것이라고 할 만하다. 멜빌의 이 소설은 주인공을 세레노라 할 것인지, 바보로 할 것인지에 따라, 누구의 시선에 따라 상황을 보는 지에 따라 그 해석이 달라지는 것이다.

　슈미트에게 멜빌은 우선 바다라는 원소에 기초한 '해양적 실존'을 포착하게 해 준 작가이다. 『모비딕』은 바로 이를 위한 대서사시인 것이다. 멜빌로 인해 '객관적, 원소적, 구체적 상황'으로 가는 '힘'을 얻는다. 슈미트는 또한 베니토 세레노와 자신을 동일시함으로써, '슈미트 케이스' 이후라는 '상황'에서 1) 자신은 진실─작품속 노예들의 반란에 대한─을 알고 있다는 점을, 2) 자신은 이 노예들의 '인질'일 뿐이라는 점을, 3) 처벌에 대한 공포 때문에 대항하지 못했다는 점을 그리고 마지막으로 4) 말하지 못했다는 사실이 그들에게 즉 나치에게 동의한 것은 아니라는 점을 말하고자 하는 것이다. 일종의 '복화술사'의 처지 즉 입을 열지 않고도 말했으니, 들을 수 있는 자들은 들을 거라는 숨겨진 기대도 여기에 포함된다고 할 수 있다. '내면으로의 망명'은 그러므로 '정신'의 위대함으로 귀의하는 길이니 따라서 이를 강조하는 것은 아주 자연스럽다 해야 한다. 또 침묵했다고 해서 내면이 소멸하는 것도 아니다. "한 시대의 처음과 끝에 2가지 주목할 만한 함구령이 내려진다. 처음에는 법률가가 선포한 정전正戰의 신학자를 겨냥한 침묵요청이 있다. 마지막에는 법률가를 겨냥한 순수한 즉 하나도 빠짐없이 거룩하기만 한 기술성Technizität에 대한 요청이 있다. 우리는 두 가지 함구령의 연관관계를 여기서 상론하기를 원하지 않는다. 시대의 처음 상황은 그 마지막보다 덜 무섭지는 않다는 것만 기억해 두는 것이 좋고 또 치유에 보탬이 된다. 모든 상황은 자신의 비밀을 가지고 있으며 모든 학문은 자신의 비책을 품고 있다. 나는 유럽공법의 최후의 의식적인 대표자이며, 실존적 의미에서 유럽공법의 마지막 교사이자 학자이며, 베니토 세레노가 해적선의 항해를 경험했듯이 유럽공법의 최후를 경험하고 있다. 저기 침묵이 자리를 잡고 시간 속에 있다. 그것을 두려워할 필요는 없다. 침묵하는 동안 우리는 우리 자신에게, 우리의 신적 기원에 대해 침잠한다."(ExCap, 75) 나치 12년의 시말에 있어 특히 처음에 슈미트가 '함구'했느냐면 그것은 아니다. 단지 그 끝에 슈미트는 함구하고 있을 뿐이다. 베니토 세레노의 항해처럼 슈미트는 유럽공법과 함께 그 종말을 향해 항해한 것이다. 2차 대전과 함께, 뉘른베르크 재판과 함께, 유럽공법과 함께 해 왔던 주권국가가 피고인석에 섬으로써, 유럽국가의 정적正敵도 이제 최후를 맞이한다.

슈미트의 전후 역할극에서 마지막으로 소환된 이가 햄릿이다. 아니 햄릿이란 캐릭터 혹은 "한 복수자의 형상"이다. 이는 "비극의 기원에 대한 물음"인 바 슈미트는 그 기원을 오로지 "역사적 현실 속에서 찾을 수 있"는데, 그래서 햄릿을 "그가 처한 구체적인 상황으로부터 파악하고자 했다."(햄릿, 9) 그리 보면 베니토 세레노와 마찬가지로 햄릿 또한 "상황의 상징으로, 자신이 나치즘에서 수행했던 정치적 공론장의 모델"로 등장시킨 것이다. 슈미트의 햄릿 책은 출판사를 찾기가 쉽지 않았다. 그리고 반응도 대단치 않았다. 그러자 출판사측에서 마련한 저자와의 밤같은 자리의 명칭이 "내가 무엇을 했던가?"였다. 이 자리에서 슈미트는 이렇게 말한다. "가면을 가로질러 동시대사적 현재를 가시화한다. 이를 나는 극속으로 틈입한 시대라고 불렀다."(Mehring 2009, 503)

그렇다면 비극과 '구체적 상황'은 어떤 관계인가. "진정한 비극은 ... 특별하고 남다른 특성"을 지니는데 이는 "일종의 부가가치와 같은 것"이다. "이 부가가치는 비극적 사건 자체의 객관적 현실 가운데, 자신의 실존적 조건을 거부할 수 없는 인간이 부인할 수 없는 실제적 사건들의 종잡을 수 없는 전개 속으로 비밀스레 엮이고 연루되는 가운데 존재한다. ... 비극적 사건에 직면한 모든 당사자들은 뒤엎을 수 없는 현실의 존재를 잘 알고 있다. 이는 어떤 인간의 두뇌로도 고안해 내지 못했던 것으로, 바깥으로부터 주어지고 불현듯 닥치거나 원래부터 존재하는 것이다. 이 뒤엎을 수 없는 현실이란 잠자코 선 바위와 같은 것으로, 유희로서의 극은 이 바위에 굴절되고, 진정한 비극이라는 파도도 이 바위에 몰아치고 부서진다."(햄릿, 53) 슈미트는 바로 이 비극의 주인공이고, 자기비극의 원천은 역사적 현실에서 나온 것이다. 그런 점에서 슈미트의 "햄릿 책은 잘 기획된 노련한 변명Apologetik이다. 책 제목이 이랬다면 어땠을까, '내가 무엇을 아니 했던가'?"(Sombart 1997, 344)

슈미트는 셰익스피어의 위대함이란 "혼잡스러운 시사정치적 현실 가운데서 신화로 승격될 만한 구조적 유형을 추출해냈다는 데 있다. 그가 비극의 핵심을 파악해 신화의 지위에까지 오르게 할 수 있었던 것은 터부를 존중하고 복수자의 형상을 햄릿이라는 인물로 변형시켰던 조심스러움과 경외심 덕분이었다."(햄릿, 58) 여기서 신화란 "참여자 모두가 공동의 역사적 실존을 통해 연계되어 있는 역사적 현실의 일부"를 말하는 것이다.(햄릿, 55) 슈미트 자신은 햄릿이라는 문제를 통해 실질적으로 얻고자 했던 "최종적 결실이자 최상의 소득"을 이렇게 밝히고 있다. "이러한 결실은 ... 결코 자의적으로 변경될 수 없고 주관적 창조력까지도 초월하는 유일무이한 역사적 현실의 핵심이 존재한다는 사실을 이해하고, 이러한 역사현실의 핵심이 신화로까지 고양되는 과정을 파악하는 데 있다. 잘 알려져 있듯이 유럽적 정신은 르네상스 이래로 자신을 계몽시키고 신화적 요소를 배제해왔다. 그럼에도 불구하고 유럽의 문학예술은 돈키호테, 햄릿, 파우스트라는 세 명의 비중있고 상징적인 인물들을 창조해 냈다. 이 가운데 하나인 햄릿만큼은 분명 이미 신화적인 존재가 되었다. 기이하게도 이 세 인물 모두는 독서가로, 말하자면 지식인에 해당된다고 할 수 있다. 이 세 인물은 모두 지성 때문에 정상궤도에서 벗어나게 되었다. ... 돈키호테는 스페인 사람으로 정통 가톨릭이고, 파우스트는 독일인이자 프로테스탄트이며, 햄릿은 이 두 인물 사이에 해당하는, 유럽의 운명을 결정지은 종교분열의 한 가운데에 자리 잡고 있다."(햄릿, 61f.)

슈미트는 햄릿과 관련 문득 또 한 명의 증인을 호출한다. 발터 벤야민이다. 나치집권후 파리로 도피했던 벤야민은 1940년 6월 나치가 파리를 점령하자 다시 스페인으로 피신한다. 그 과정에서 그는 피레네산맥을 넘다 스페인 세관에 붙잡히자 결국 자살을 선택했다. "발터 벤야민은 자신의 책에서 ... 내가 내린 주권에 대한 정의에 준거해 논의를 전개하는

데, 이와 관련해 그는 1930년에 한 사신[165]에서 내게 감사를 표하기도 했다. 그런데 벤야민은 유럽대륙의 전반적 상황에 견주어 영국이라는 섬나라적 상황의 차이를, 그리고 이와 더불어 17세기 독일의 바로크적 비애극과 영국 희곡간의 차이를 지나치게 과소평가했던 것으로 보인다. 이 차이는 『햄릿』해석에서도 중요하기 그지없는데, 『햄릿』은 본질상 르네상스나 바로크 같은 예술사적, 정신사적 범주로는 제대로 파악될 수 없기 때문이다. 이 차이는 대립관계 형식의 핵심어로 간명하고도 적확하게 표상될 수 있는 데, 이 대립이 갖는 함축적 의미는 정치적인 것의 개념의 정신사를 대변한다고 해도 과언이 아니다. 이 대립은 다름 아니라 야만적인 것과 정치적인 것에 관한 것이다."(햄릿, 73f.)

    1588년 스페인 무적함대의 격퇴에서 1688년 스튜어트왕가 퇴출까지 100년 동안의 영국혁명에 있어 셰익스피어희곡은 이 혁명의 제1기에 해당한다. 대륙에서는 주권국가라는 신정치질서가 등장하고, 중세적, 봉건적 신분제적 질서 대신 공적 안정, 안보와 질서라는 것을 이루어 내는 등 정치, 경찰력, 공적 규범등 간단히 말해 중세적 야만성과 대비되는

---

[165]   슈미트가 말하는 벤야민의 서신이란 1930년 12월 9일자 벤야민이 슈미트에게 보낸 이것을 말한다. "친애하는 교수님, 지금쯤이면 출판사로부터 나의 책 『독일비애극의 원천』을 받으셨을 거로 압니다. … 교수님께서는 나의 책이 17세기 주권론을 서술함에 있어 얼마나 교수님께 신세지고 있는지를 금방 간파하셨을 겁니다. 이 뿐만 아니라 저는 교수님이 집필하신 그 이후의 책 특히 교수님의 『독재론』의 국가철학으로부터 나의 예술사적 연구 방법을 취했다는 점에 대해서도 말씀드려도 될 것이라고 생각합니다. 만에 하나 교수님께서 저의 책을 일별하신 뒤 혹 이런 느낌을 받으시게 된다면. 이로써 제가 책을 보내 드린 의도는 충족된 것이라고 하겠습니다. 특별한 존중의 마음을 담아. 발터 벤야민."(Heil 1996, 3) 더 상세한 것은 다음을 참조. Heil(1996).

"근대적 진보를 구성하는 주목할 만한 삼두마차가" 등장하는 것이다. 그래서 "주권국가와 정치는 종교적이고 봉건적인 지배체제가 갖는 중세적 형태와 방식에 대한 반대개념을 지칭하기에 이른다."(햄릿, 74) 정치적인 것 대 야만적인 것은 곧 근대적인 것 대 중세적인 것, 동시에 진보적인 것 대 반동적인 것을 의미하는 것으로 되었다. 이 기간 즉 1588-1688년 100년 사이 영국은 전래의 "육지적 존재에서 해양적 존재로의 이행"을 이루어낸 것이다. "18세기에야 비로소 실현된 유럽대륙의 국가성이라는 이상이 의미하는 문명적 진보에 견주어 볼 때, 셰익스피어시대의 잉글랜드는 여전히 야만적으로, 다시 말해 전국가적인 것으로 비춰질 수 있다." 이러한 "육지와 바다를 둘러싼 새로운 국제질서가 유트레히트조약(1713년)으로 문서화되어 공인"되는 것이다(햄릿, 75ff.).

  제2차 대전 전후 슈미트가 자신의 역할극, 상황극에 소환한 여러 인물과 캐릭터가 향하는 지점은 결국 한 곳을 가리키고 있다. 상황이다. 상황은 비밀을 알고 있다. 분명 슈미트는 패배했다. 이제 그렇다면 평화는 오는 것인가. 그렇지 않다. 적은 소멸될 수 없는 나의 실존의 조건이기 때문이다. 그것이 "감방의 지혜"이다. 이제 아래 인용문에서 제시될 슈미트의 적개념은 그 이전과 이후를 가로지르는 하나의 '결절점'이라고 해도 좋다. 나는 의도적으로 '단절'보다는 결절점이라고 부르고자 한다. 이전 시기 적은 존재론적 부정의 대상이었다. 하지만 '감방의 지혜'는 적을 나의 실존의 존재론적 전제로 보자고 재촉한다. 나는 이것을 슈미트 정치사상의 한 굵은 마디라는 의미에서 결절점이라고 파악한다. "나의 적은 누구인가? 나를 이 감옥에 처넣은 그 자가 나의 적인가? 그는 나를 입히고 심지어 재워도 준다. 감방은 그가 나에게 해 준 옷이다. 나는 묻는다. 그렇다면 도대체 누가 나의 적일 수 있다는 말인가? 내가 그를 적으로 인정하는 것을 통해 그리고 그가 나를 적으로 인정한다는 것을 인정해야만 한다는 것을 통해서 그렇다. 이 상호 인정의 인정 속에 개념의 위대함이 있다. 개념은 사이비 적의 신화에 기반한 대중의 시대에는 당최 걸맞지가 않다. 신학자는 적을 섬멸되어야 하는 어떤 것으로 정의하는 경향이 있다. 나는 하지만 법학자지 신학자가 아니다. 나는 도대체 누구를 나의 적으로 인정할 수 있는가? 나를 의문시할 수 있는 바로 그 자임이 분명하다. 내가 그를 적으로 인정할 때 나는 그가 나를 의문시할 수 있음을 인정하는 것이다. 그러면 누가 나를 실제로 의문시할 수 있는 가? 오직 나 자신이다. 아니면 나의 형제다. 타자는 나의 형제임을 증명했고 형제는 나의 적임을 증명했다. 아담과 이브는 두 명의 자식이 있었다. 카인과 아벨. 이렇게 창세기는 시작된다. 만물의 아버지는 그렇게 보였다. 이것은 세계사를 움직이게 하는 변증법적 긴장이며 세계사는 아직 끝나지 않았다. ...**적은 형상으로서 우리 자신의 문제이다**. 적이 없는 자를 경계하라. 그의 적은 그의 위에 법정에 앉아 있기 때문이다. 적이 없는 자를 경계하라. 나는 가장 빠른 어느 날 그의 적이 될 것이기 때문이다. 이것이 감방의 지혜다."(ExCap, 89f., 강조는 원문)

제8장
전후의 슈미트

§1. 전후 슈미트의 냉전이해

성인 슈미트—20대후반 이후 성인 슈미트의 전기는— 홉스봄이 말하는 '단기 20세기' 즉 1914년 -1989년과 거의 일치한다. 홉스봄은 단기 20세기를 일종의 '3부작' 혹은 '역사 샌드위치'라고 불렀다. 먼저 제I부(1914-1945년)를 '파국의 시대'라고 불렀다. 제II부(1947-1973년)는 '자본주의 황금시대'로서, "기록된 역사에서 가장 크고 가장 급속하고 가장 근본적인" 경제적, 사회적, 문화적 변동의 시기라고 불렀다. 그리고 이 시기는 또 '동서냉전'에 의해 각인된다. 제III부(1973-1989년)의 시기는 해체, 불확실성, 위기의 시기였다. 해결된 것으로 간주되던 전간기의 문제 즉 실업, 불황, 불평등, 홈리스와 이전 시기가 이룩한 풍요 사이에서 세계가 비틀거린 시기였다(홉스봄 1997, 18ff.). 또 1989년 '단기 20세기'가 종결된 뒤 미국인들이 이 세기를 '미국의 세기'하고 부른다 해서 크게 의문을 제기하기는 어려울 것이다. 하지만 그럼에도 동서대립의 양극세계의 한 축은 분명 '혁명'의 산물이었다. 특히 유럽세계에서 제1차 대전이라는 전쟁의 결과 1917년 러시아혁명과 1918년 독일혁명이 탄생했다. '1789년의 이념'이 19세기에 미친 영향과 비교해 '1917년의 이념'이 단기 20세기에 미친 영향이 그 보다 작다고 말하기는 어렵다. 인류의 1/3이 '세계를 뒤흔든 10일'에서 유래된 체제에서 혹은 그 영향하에서 살게 된 것이다. 파시즘과의 투쟁에서 자유주의와 더불어 승리한 볼쉐비즘은 이후 스스로의 역할을 일국사가 아닌 세계사적인 데에 두곤 했다(위의 책, 82f.).

이 시기 냉전은 동시에 '차가운 평화Cold Peace'를 의미했다. 두 초강대국은 "불균등한 세계분할을 받아들였고, 양국간의 전쟁에 이를 수 있는 공공연한 무력충돌 없이 세력권 분쟁을 해결하는 데 전력을 기울였으며, 이데올로기나 냉전적 수사와는 반대로 양국간의 장기적인 평화공존이 가능하다는 가정 위에서 움직였다."(위의 책, 320) 동서냉전은 아래 3가지 특징을 가졌다. 첫째, "냉전은 제2차 세계대전 이전에 세계정치를 형성했던 한 가지[서독의 나토미사일-인용자]를 제외한 모든 종류의 경쟁 및 갈등을 완전히 제거하거나 약화"시켰다. 둘째, "냉전은 국제상황을 얼어붙게 했으며 그렇게 함으로써, 본질적으로 고정되지 않고 임시적인 사태인 것을 안정시켰다. 독일이 가장 명백한 예였다." 세 번째, "냉전은 신념을 무력화할 정도로 많은 무기들로 세계를 가득 채웠다."(위의 책, 352ff.)

동서냉전을 오로지 유럽의 국제체제에만 한정시켜 봤을 때, 이때는 분명 '차가운 평화'의 시기였다. 슈미트와 비교해 한참 뒤에 등장한 이른바 '공격적 현실주의' 학자 미어샤이머는, 힘의 균형뿐만 아니라 극성을 중요하게 고려하자는 입장이다. 그래서 "전쟁의 주된 원인은 국제체제의 구조에 있다. 가장 중요한 것은 강대국의 숫자가 몇 개인가 하는 점과 각 강대국은 얼마나 많은 힘을 장악하고 있느냐이다."(미어샤이머 2017, 451) 그래서 "양극체제가 평화적일 가능성이 가장 높고, 불균형적 다극체제의 경우 잔혹한 전쟁발발 가능성이 가장 높다는 점이다. 균형적 다극체제는 전쟁과 평화의 가능성이 중간 정도이다."(위의 책, 449) 2차 대전기간 동안 유럽의 국제체제는 불균형 다극체제였다. 전후 유럽의 그것은 미소간의 양극체제였고, 아무튼 1945-1990년 기간 동안 단 한 건의 대전쟁도 유럽에서는 일어나지 않았다.

슈미트는 홉스봄이 말한 '파국의 시대'(1914-1945)동안 '반혁명의 혁명가' 혹은 '반혁명의 묵시가'(야콥 타우베스)였다. 특히 나치체제가 출범한 뒤, 일차적으로 1918년 베르사이유 체제의 현상변경을 그리고 그 뒤엔 '광역'이란 이름의 공간혁명을 추구했다. '독일식 먼로독트린'을 통해 역외열강의 간섭을 배제하는 독일'제국'이 '지도'하는 광역과 그 외 다른 광역간의 세계분할을 기획했다. 그리고 광역 간의 경계를 '글로벌 라인'으로 구별하는 신공간질서의 론칭이 그가 그린 국제체제의 골격이라고 할 수 있다. 여기서 국가전으로 제한·보존된 전쟁은 전통국제법 즉 유럽공법의 공인된 '제도'였다. 과연 제2차 대전을 이런 관점으로 슈미트가 평가, 판단했을 지는 전혀 다른 문제다. 아무튼 그렇다면 제2차 세계대전 이후의 신세계 질서가 슈미트가 구상한 그것과는 거의 아무 상관이 없다는 것이 불문가지라 했을 때, 이 새로운 냉전체제는 어떻게 이해해야 하는 것일까.

1962년 3월 슈미트는 스페인 마드리드대학 정치학연구소 소장인 마누엘 프라가Manuel Fraga 헌법학교수의 초청으로 「공간의 문제」라는 강연을 한다. 초청자는 이후 프랑코 파시스트 정권하 장관을 거쳐 갈리시아 주지사를 지낸 보수파 정치인이었다.

이미 국제연맹 즉 베르사이유 체제와 수십 년이 넘게 대결해온 슈미트로서 국제연합UN은 그 연장에 불과한 것이다. "유엔은 기존 질서는 물론 여기서는 유감스럽게도 무질서의 반영에 다름 아니다." 그리고 "유엔은 그 어떤 것도 구성하지 않는다. 유엔은 냉전이 전개되면서 일어난 모든 변화를 그냥 수긍한 것 말고는 한 것이 아무 것도 없다는 것을 알게 될 것이다."(SGN, 38)[166] 1918년 체제나 1945년 체제나 그것이 현상유지의 도구라는 점에서 매일반이라는 말이다.

슈미트는 현 '신세계질서'가 당면한 서로 완벽히 이질적인 3가지 새로운 현상을 언급한다. 첫째는 반식민주의다. 둘째는 "공간의 문제"이며 셋째는 "저발전국의 산업발전" 문제다. 여기서 슈미트가 말하는 반식민주의는 제3세계의 민족해방운동의 정당성 등속의 그것이 아니다. "반식민주의란 유럽민족의 희생을 댓가로 한 역사적 과거의 청산에 다름 아니다."(SGN, 596) 그래서 "제2차 대전이 끝난 몇 년 만에 유럽 열강, 영국, 프랑스, 네덜란드 그리고 벨기에의 거대한 해상제국이 어떻게 붕괴되고,

---

[166] Carl Schmitt(1962), Die Ordnung der Welt nach dem Zweiten Weltkrieg), in: SGN, 37ff.

이와 함께 유럽인들이 만든 반유럽적 프로파간다의 저주의 합창이 동반되었는지 아직도 우리에겐 생생하다."(SGN, 594) 그리고 반식민주의의 공간문제적 차원이 갖는 부정적이고 파괴적인 경향이 두 번째다. "반식민주의와 우주정복이라는 현상이 수반하는 공간적 측면"이 "냉전의 전선과 역사와 유착되어 있다." 그리고 동구권은 지금까지도 반식민주의를 서구를 겨냥해서 이용하고 있고, 새로운 우주공간의 경쟁은 동서간의 치열한 경쟁의 무대로 변화했다(SGN, 596). 현재 지상에는 4개의 서로 다른 공간이 존재한다. 1) 국가의 영역 2) 먼로독트린이 적용되는 서반구 3) 나토의 방어공간 4) 유엔이라는 글로벌 공간을 말한다. 이 네 가지 공간은 슈미트에 따르면 "표면"일 뿐이다. 또 다른 공간을 슈미트는 소환한다. "먼로독트린의 공간과는 다른, 진정한 미국의 영향력하에 있는 공간 즉 북미의 내외시장의 경제적 범위안에 있는 공간, 미 달러의 영향력하에 있는 공간, 미국의 문화적 확장, 미국의 언어와 도덕적 특권하에 있는 공간" 말이다. 여기에 "지상의 모든 민족의 운명을 결정"하는 그런 특수한 공간이 있다. 그것은 "산업발전의 공간이며 발전된 산업과 저발전의 지역과 민족으로 대지를 분할하는 공간"이다. 여기서 오늘날 대지의 노모스가 무엇인지를 묻는다면 그것은 "산업적으로 발전된 지역과 저발전 지역으로 대지의 분할이며 … 이 분할이야말로 오늘날 진정한 대지의 상태 Verfassung이다." 이 분할의 기원을 슈미트는 1949년 트루먼대통령이 취임연설에서 밝힌 '포인트 포 계획'중, 마샬플랜(제2조)과 더불어 개도국에 대한 자본과 기술지원을 밝힌 제4조를 들고 있다(SGN, 605).

슈미트는 현대 냉전사를 다음 3단계로 나누어 본다. 첫째는 미국이 그 직전의 일부 즉 '1/2 내지 1/4 중립'이라는 "전쟁 미달 조치measures short of war"에서 벗어나 진주만 이후 1943년 본격 참전함으로써 미소연합이 형성되는 "일원적monistisch 단계"다. 둘째는 1947년 냉전이 선언된 이후로 하나의 세계 혹은 세계국가라는 환상이 깨어지고 미소간의 "우적기준"에 따른 전세계의 완벽한 분할이라는 "이원적dualistisch 단계"다

(SGN, 600f.). 이와 관련해 슈미트는 "극성Polarität은 자연과학에서 유래된 개념이며 인간사이 적대는 화학적, 물리적 극성과는 다른 어떤 것으로 표현된다는 점에서 양극bipolar이라는 용어는 관련 세계간 이원주의의 적대적 긴장이라는 측면에서 보자면 너무나 중립적"이라고 각주에서 설명한다(SGN, 601 각주 5). 세 번째 단계가 "다원론적pluralistisch-다극적" 세계체제다. 유엔에 아시아, 아프리카 국가가 대거 가입함으로써 "반유럽적 반식민주의가 일체의 정당성 또는 합법성을 대체"하고, 이른바 "유색인종의 제국주의"로 야기된 카오스에서 최소한의 안정이라도 확보하기 위해 미소가 합의하자는 제안이 나올 정도가 되었다(SGN, 600ff.). 이 세 번째 단계를 슈미트는 또한 "광역의 다원주의"라고 부른다. 그렇다면 결국 문제는 "냉전의 이원주의와 광역의 다원주의간의 대립을 어떻게 해소할 것인가"라는 결정적인 문제에 봉착하게 되었다. 이원주의가 첨예화되지 않고 다수 광역이 균형을 창출함으로써 비로소 안정된 평화질서가 가능해진다. 새로운 광역의 균형이 제대로 작동하기 위해서는 무엇보다 이를 위한 산업 및 기술 발전과 아울러 "자신들의 종교와 인종, 문화와 언어에 근거하고 그리고 자신들의 민족유산의 살아 있는 힘에 근거한 인간의 정신적 실체"를 통해 그 수단과 내용을 확보해야 한다(SGN, 607f.).

슈미트 전기의 후반은 그러므로 냉전과 자본주의 황금기의 대부분 그리고 그 뒤를 이은 위기에 의해 규정된 시간대였다. 그리고 그의 냉전사에 대한 이해는 놀라울 정도로 그 이전시기 즉 나치 12년 시기의 공간이론과 그에 근거한 광역개념의 연속선에 놓여 있다. 그리고 그 근저에는 우적의 사상이 도저히 자리 잡고 있음도 알 수 있다.

표 8 슈미트가 작성한 대지의 전후 냉전시기 노모스와 문제영역(1957년)

오늘날 대지의 노모스가 가진 구체적 문제의 일별표[167](SGN, 617)

오늘날 대지의 노모스는 1949년 1월 20일 트루먼독트린의 4개항 중 제4조 즉 산업발전과 산업저발전지역(미개발undeveloped지역)으로 대지의 분할이다.

제I 문제영역 단일성(하나의 세계) 즉 **하나의** 발전자Entwickler
  양자성(**두개의** 발전자의 공존이라는 잠정 지속상태로서 동서 이원주의)
  다자성(신광역의 균형에 의한 다수 발전공간)

제II 원소로 본 문제영역
  동구: 땅/대지적 – 가계/오이코스 – 사회형태적soziomorph
  서구: 바다/해양적 –배/방해받지 않는 기술 – 기술형태적

인간의 환경으로서 신원소의 가능성(공기와 불, 우주로의 출발이라는 판타지 ...)

제III 문제영역: 유럽에 지워진 식민주의의 증오
  1) 증오의 보편성: 미국과 소련, 아시아, 아프리카, 유럽자체의 반식민주의의 보편성
  2) 유럽에 대한 증오의 유래
    a) 16-17세기 반스페인 프로파간다(흑색전설leyenda negra)
    b) 18세기 인도적 계몽주의
    c) 19-20세기 평등적 인권
    d) 결과: 유럽은 세계의 침략자(토인비)
  3) **식민주의에 대한 증오는 취득Nehmen에 대한 증오**, 이는 사회경제적 개념의 심층적 변화에서 기원한다.

마지막 3)이 오늘 강연의 주제이다.

1957년 3월 9일 뮌스터/베스트팔렌주
칼 슈미트

---

[167] 이 표는 1957년 3월 9일 슈미트가 전 나치당원이자 자유주의적 보수

§2. 대지의 노모스

슈미트의 『대지의 노모스』(1950)는 결단주의와 결별하고 '구체적 질서'의 공간이론으로 선회한 뒤 제국과 광역개념에서 정점을 찍은 그 지적 편력의 종결점이다. 1950년 출판연도로만 보면 분명 전후저작으로 분류되겠지만, 실은 1940년대 초 구상이 완료되어 종전 직전 거의 완성된 상태였다. 『땅과 바다』와 『대지의 노모스』는 마치 '서정시'와 '서사시'의 관계로 비유된다(Mehring 2009, 430ff.). 전자는 혹 후자의 내러티브 버전이라는 말이기도 하다.

누구보다 맥킨더[168]에게 감사를 표하면서 슈미트는 책의 서문에서 다시금 인간의 사고가 "대지적 현존재의 원소적 질서들"을 향해야 한다고 말한다. 무엇보다 가장 중요한 이유는 "지금까지의 유럽중심적 국제법질서"와 그와 더불어 "낡은 대지의 노모스"도 붕괴되었기 때문이다. 이

주의 성향의 잘 알려진 뮌스터대학 요아힘 리터교수의 철학세미나 초청강연을 위해 작성한 것이다. 후기슈미트의 국제정치관의 요강을 잘 압축하고 있기에 옮겨 둔다.

168 맥킨더의 책은 한국에도 번역되어 있다. 해퍼드 존 맥킨더, 『심장지대』, (서울: 글항아리, 2022). 맥킨더 지정학에 대한 비판은 이미 알려져 있다. "맥킨더에게 지리학이란 무엇보다 사회제국주의에 대한 선동이었고, 새롭게 재생된 제국을 위한 그 선동에 있어 어떤 국내적인 힘이었다. 맥킨더의 지리학은 첫째, 새로운 제국적 정체성을 위한 선동이었다. … 둘째, 맥킨더의 지리학은 제국적 상상력을 위한 선동이자, 전지구적 조건에서 자신의 이익을 사고하라는 영국의 보통사람들에 대한 도전이었다. … 마지막으로 맥킨더의 지리학은 제국적 생정치를 위한 선동, 즉 일국가의 맨파워가 제국을 위해 싸우게 적합하도록 노동자계급을 감시, 관리하고 그리고 최적의 건강상태를 유지하기 위한 선동이었다."(Tuathail 1996, 109)

서문이 1950년 여름 작성된 것으로 되어 있어 그렇지만, 만일 실제 이 책이 전전에 출간되었더라면 그 내용도 매우 달랐을 것이 분명하다. 그 때까지만 하더라도 나치의 동방진출로 인한 '광역질서'야 말로 새로운 대지의 노모스일 것이기 때문이다.

법이란 무엇인가, 그것은 "질서와 장소확정Ortung의 통일"이다. 여기서 질서라는 추상명사보다 Ortung이란 말이 중요하다. 장소, 위치를 뜻하는 Ort라는 명사에다 현재진행형 어미-ung을 붙인 합성명사이다. 그리보면 장소, 위치와 관련되는 인간의 어떤 동작이나 행위를 뜻한다는 말이다.

대지는 "법의 어머니"로서, 법과 정의의 "3중의 뿌리"이다. 첫째는 대지가 제공하는 그 풍요로움의 태중에는 인간의 수고와 노동의 보답이라는 '내적 척도'를 품고 있다. 둘째, 대지는 전답, 초지, 삼림 등을 구획 지음으로써 인간노동의 경계를 이룬다. 셋째, 대지는 자신 위에 울타리, 담, 경계석, 가옥 등 건축물을 세운다. 이로써 인류는 공동생활의 질서와 장소확정Ortung이 이루어진다. "대지는 법의 어머니다. ... 대지는 법과 삼중으로 결합되어 있다. 대지는 노동에 대한 임금으로 법을 자기 안에in sich 품고 있다. 대지는 확정된 경계로 법을 옆에an sich 보여준다. 그리고 대지는 질서의 공개표지판으로 법을 자기위에auf sich 걸고 있다."(Nomos 13f.) 대지와는 달리 바다는 본질적으로 "자유"이다. 대지와 같은 질서와 장소확정의 통일에 대해 알지 못한다. 그러므로 바다는 "인간의 무력수단과 공간의식의 후기 단계"에 가서야 비로소 그것이 가능해 졌다.

"법의 위대한 원초행위Ur-Akt는 땅에 결부된 장소확정이다. 그것은 즉 육지취득, 도시건설 그리고 식민지건설이다. ... 육지취득과 도시건설은 말하자면 이용가능한 토지에 대한 최초 측량Messung과 분배와 항상 결합되어 있다. 기본상태Verfassung가 명백히 그대로인 한에 있어 이 척도 또한 명백히 유지된다. 이로써 이후의 모든 척도를 자기 안에 포함한 하나의 최초척도가 생성된다. 육지취득 부족 또는 인민에게 분할된 토지에 대한 이후의 법관계 일체, 장벽에 보호받는 도시 또는 한 신식민지의 시설 일체는 바로 이 원초척도Ur-Maß에 의해 규정되며, 존재우위적 ontonom[169], 존재에 합당한seinsgerecht 판단 일체는 대지로부터 나오는 것이다. 바로 그렇기 때문에 우리는 법을 입론하는 원초행위로서 육지취득의 고찰에서 시작하는 것이다."(Nomos, 15f.) 육지취득은 내부적으로는 취득집단이 그 토지를 최초로 분할함으로써 점유와 소유관계가 발생하는 것을 통해, 외부적으로는 무주지이거나 기소유자로부터의 탈취등을 통해 가능하다. 이 모든 경우에 있어 육지취득은 "모든 법의 기초가 되는 최초의 권원權原"이다(Nomos, 17).

그래서 "지금까지의 국제법의 역사는 육지취득의 역사였다. 어떤 특정시점에 이르러 여기에 해양취득이 추가되었다. 그 뒤 대지의 노모스는 대륙과 자유해海사이의 특정한 관계에 기초하게 된다. 오늘 날에는 대륙과 자유해 양자는 공역空域지배라는 새로운 공간사건"에 의해 엄청난 변화를 겪고 있다. 지리상의 발견 이전, 즉 "글로벌 이전시대"에는 공간질서는 본질적으로 "육지적"이었던데 반해, 지리상의 발견 이후 시대에 비로소 "최초의 대지의 노모스"가 등장, 이 대륙과 해양이라는 공간질서의 관계에 기초해서 "유럽공법"이라는 400년에 걸친 유럽중심적인 국제법의 시대가 열리게 되는 것이다(Nomos, 19).

슈미트는 "최초의, 그 이후 나타나는 척도들의 기초가 되는 측량, 최초의 공간분할과 분배로서의 최초의 육지취득, 원초적 분할Ur-Teilung, 원초적 분배Ur-Verteilung에 해당되는 그리스어"가 노모스라고 한다. 이 용어는 "그 기원적, 공간적 의미에서 이해할 때, 기초를 놓고, 장소확정과 질서를 그 자기 안에 통일시켜 나가는 과정을 자각하는 데 있어서 최

---

169 "따라서 존재속의 사유이지 사유 속의 존재를 말할 수 없다. 사유는 존재의 자기인식이며 그러므로 사유는 무를 사유할 수는 없다. 사유는 즉 존재의 하나의 경우이지 그 반대는 아니다. 이러한 확신을 존재우위성Ontonomie이라 표시할 수 있다."(Gabriel 2006, 164)

적합이다."(Nomos, 36) 노모스는 이렇게 육지취득과 불가분으로 연결되어 있는 개념이다. 이 말은 그런데 "장소확정과 질서 사이의 결정적 연관을 잃지 않기 위해 노모스라는 말을 법률, 규정 혹은 규범등 기타 유사한 표현을 가지고 독일어로 번역하지 않는 것이 옳겠다"라고 본다. "반면 노모스는 즉 '분할하는 것'Teilen과 '목양하는 것Weiden' 둘 다를 의미하는 네메인nemein에서 왔다. 이에 따르면 노모스는 한 인민의 정치적, 사회적 질서가 공간적으로 가시화되는 직접 형상Gestalt이자, 목양지의 측량과 분할 즉 다시 말해 육지의 취득과 그 취득된 육지 안에서 뿐만 아니라 취득된 육지로부터 결과된 구체적 질서이다. 칸트의 말을 빌자면, '땅위에서 내 것과 네 것을 나누어 주는 법칙이다. 혹은 또 다른 영어단어로 잘 표현되는데 그것은 최종소유권[최종 권원, radical title]을 말한다. 노모스는 대지의 토지Boden und Grund를 분할하고, 장소를 지정해 주는verortend 척도이자, 그리고 이 척도에 맞춰 주어진 정치적, 사회적 그리고 종교적 질서의 형상이다. 척도, 질서 그리고 형상은 여기서 공간적으로 하나의 구체적 통일체를 이룬다. 육지취득 속에서 도시나 식민지건설 속에서 노모스는 가시화되고 노모스와 더불어 하나의 부족, 하나의 추종무리, 하나의 민족이 정주할 수 있게 된다. 즉 다시 말해 역사적으로 장소가 정해지며 한 뼘의 대지는 하나의 질서라는 역장으로 융기한다."(Nomos, 39) 슈미트는 말하길 자연과학적이건 법학적이건 실증주의는 "기능"을 알지만 "실체"를 모른다. 나아가 "근원Ursprung도 원상Urbild도 모르고 그저 원인Ursache만을 안다". 그 실증주의 창시자인 오귀스트 꽁트의 말처럼, "생성이 아니라 현상의 법칙에만 관심"을 가질 뿐이다. 실증주의에게는 "고향Heimat과 출신Herkunft은 전혀 종을 기초짓는artbrgünden 특징이 아니다. 그 결과 장소확정과 질서의 연관이 폐기된다."(Nomos, 41)

또한 그리스어에서 노모스란 "하나의 공간적으로 구체적이며, 무엇을 구성하고 있는 질서와 장소 확정행위로부터, 즉 질서화하는 질서ordo ordinans로부터 당위에 합치되는 규정의 조문화"가 만들어지는 것이다. "모든 성문화된 혹은 아닌 종류이건 그 다음에 나오는 모든 규정이란 어떤 하나의 구성하는, 공간질서를 만드는 원초행위의 내적인 척도로부터 그 힘을 끌어 온다. 이 원초행위가 바로 노모스다."(Nomos, 47)

그래서 "우리에게 문제가 되는 것은 역사시대 그 각각에 있어 본질적인, 공간분할적인 근본과정이며, 이제 과학적으로 측량가능한 우리 행성 위에 사는 민족들의 공동생활 속에서 그 구조를 결정하는 질서와 장소확정간의 조우이다. 여기서 말하고자 하는 노모스는 바로 이런 의미다. 왜냐하면 민족, 제국과 나라들 그리고 모든 종류의 권력자와 권력조직이 공존하는 새로운 시대와 새로운 역사시기 이 모든 것은 대지를 새롭게 공간적으로 분할하고, 새롭게 경계짓고 그리고 대지에 새로운 공간질서를 만드는 것에 기초하기 때문이다."(Nomos, 48)

그렇다면 이제 슈미트의 또 다른 중심개념인 '제한·보존'에 대해 알아보자. 요스트 트리어Jost Trier(나치당원, 언어학자, 뮌스터대 교수 1894-1970)의 연구[170]를 통해 슈미트는 기원적 용어들의 '장소확정적 성격'을

---

170 "경계짓기는 싸움에서 그리스 올림픽과 독일의 신의 심판의 본질이다. 장기판이건 경기장이건 테두리와 경계짓기는 모든 경우에 공간을 규정하고 게임의 법칙을 지배한다. 게임이란 말은 경계의 말들이다. 왜냐하면 게임의 특수세계는 자기 자신의 노모스를 가진 세계이기 때문이다. 모든 노모스는 그것이 무엇이든 자신만의 울타리 안에 있는 것이다. 노모스νόμος라는 단어 자체가 어원적으로 보자면 울타리에 속하는 말Zaunwort이다. 특히 춤과 관련 경계짓기 사고는 결정적이다. 원시 컬트춤과 아이들의 원무에까지 둥근 줄과 댄서들의 닫힌 원Ring은 본질적으로 경계짓기이자 담쌓기로 체험된다. 움직이는 그러한 인간 울타리는 둥글고, 반지모양이고 원에 가깝다. 고대에 울타리와 경계는 목재, 석재, 토벽, 생나무등으로 중요한 것은 테두리가 전면 폐쇄라는 점이다. 왜냐하면 폐쇄성이야말로 진정한 경계짓기

재인식하게 되었다고 말한다. "용마루First, 박공Giebel과 같은 단어들 그리고 집, 울타리Zaun, 경계짓기와 같은 어군들의 단어가 그러하다. '처음에는 울타리가 있다. 울타리Zaun, 담으로 둘러치기, 경계는 인간이 만든 세계에 깊숙이 그리고 개념규정적으로 침투한다. 경계짓기란 성소로부터 삿된 것을 분리시킨 뒤, 자신만의 율법에 복속시켜 신적인 것에 맡김으로써 성역을 만들어 내는 일이다.' 경계짓는 고리hegende Ring, 전사들이 세운 울타리, 전사조직Mannring은 제식적, 법적 그리고 정치적 공생의 한 원형이다. 법과 평화는 그 기원에서 보자면 공간적 의미의 경계짓기에 기초한다는 이러한 인식은 앞으로 우리 연구가 진행되는 과정에서 종종 마주치고 또 결실을 맺을 것이다. 특히 전쟁의 폐지가 아니라 경계짓기야말로 모든 법질서의 가장 중요한 핵심문제다. 노모스에 대한 어원과 관련 트리어가 확증한 것처럼 이 용어 자체가 어원적으로 울타리에 관련된 말이라는 사실이 중요하다. '모든 노모스는 그 울타리안에 있는

이기 때문이다. 그래서 원Ring과 같은 경계 짓는 말Hegewort은 권투의 링처럼 사각일 수도 있다. 울타리처럼 닫힌 경계에서 인간들이 서로 만나 신에게 기도하고 제물을 바치고 신탁을 청하며 예언자를 경청한다. 만일 그들이 법을 말할 때, 민회(집회, Ding)의 경계짓는 원안에서 집단이 출현한다. 경계짓는 원은 무장한 권력이 집결하는 양식이었다. 민회의 링은 집단의 정치적 의사형성이 완성되는 장소였다. 한마디로 경계짓는 원, 인간이 세운 울타리, 전사조직Mannring이야말로 하나의 기원적인 형태Urform이다."(Trier 1942, 233) 게르만은 이 경계짓기와 민회의 사람들이다. 경계짓기와 전사조직의 어휘사적 영향은 주목할 만한 영역이다. "우리가 연구한 고대 상태를 통해 정치적-역사적 결단의 권력으로서, 민족형성의 맹아세포로서 게르만 민족가족의 명칭의 기초로서 경계 짓는 원Ring이 등장한다. 그러나 이는 경계짓는 링이 동시에 공동체의 음악생활의 맹아세포로 춤 시, 음악, 드라마의 원공간으로 나타난다."(위의 책, 264)

어떤 무엇을 말하는 것이다'. 노모스는 거주지, 구역Gau, 목초지를 일컫는다. 같은 뿌리에서 나온 Nemus라는 단어는 수풀, 나무숲, 산림을 뜻하는 것으로 제식적인 의미를 가질 수 있다."(Nomos, 43f.)

노모스는 언제나 "땅에 관련된 장소확정과 질서"를 포함하는 개념이므로, 육지취득이라는 개념을 국제법학의 출발점으로 삼는 것이다(Nomos, 48). 이 노모스 개념은 결국은 장소확정이라는 원초행위에 의해 이루어지는 것이며 따라서 이 행위는 궁극적으로는 경계짓기라는 행위에 다름 아니다. 그래서 이제 "전쟁의 폐지가 아니라 경계짓기야말로 모든 법질서의 가장 중요한 핵심문제"라는데 도달하게 된다. 우리는 이미 이 책의 제3장에서 슈미트의 노모스론적인 전쟁개념에 대해 상설한 바 있으므로, 여기서는 슈미트가 말하는 유럽공법의 일반적 성과와 특징을 짚어두는 것으로 대신하기로 하겠다.

유럽공법의 마지막 국제법적 업적이란 어떤 "법제도" 즉 "전쟁의 법제화와 그와 함께 경계짓기"다(Nomos, 180). 이는 "전시점령occupatio bellica 개념의 국제법이라는 법제도"안에 실현된 5가지의 서로 다른 사유과정으로 구분된다.

첫째, 정적justus hostis개념, 다시 말해 교전 상대방의 비차별이다. 둘째, 본질적으로 쌍방이 국가에 의해 조직된 군대를 통해 그리고 여타 다른 영역과는 분리되는 순수 군사적 영역에서만 전개되는 순수 전투원만의 유럽내 육전이라는 견해이다. 셋째, 나폴레옹전쟁 이후 개최된 비엔나회의에서 승인된 구 정통성원칙의 결과, 실효점령 직후 주권의 교체 또는 변경의 관행이 극복되었다. 슈미트가 여기서 말하는 것은 이 원칙 즉 왕조 또는 왕가 정통성에 입각 나폴레옹전쟁 이전의 왕조 또는 왕가는 다시금 왕위를 유지할 수 있었다는 그 정황이다. 넷째, 인민의 민주적 자결권이라는 신정통성원칙의 영향이다. 이 새로운 원칙으로 말미암아 "한 영역의 실효점령은 그 자체 최종적인 것으로 간주되지 아니하며, 평화조약 또는 국민투표와 같은 법제정 행위의 완료까지 실행"해야만 하게 되었다. 다섯째, 공사법의 구분이 국내의 정상상태로 간주되는 19세기 유럽의 헌법적 표준이다. 헤이그육전규칙이 제정된 19세기 말에 이르러 자유주의적 입헌주의는 유럽적 의미에서 헌법이자 문명과 동일한 것으로 적용되었다. 여기서 경제는 비국가적인 사적인 것에 귀속되었다. 교전 쌍방은 이러한 국내 헌법의 표준을 묵시적으로 혹은 흔히 명시적으로도 국제법적으로 일반적이라고 전제하게 되었다(Nomos, 180f.).

바로 그렇기 때문에 "**국가간 국면의 유럽국제법적인 의미에서, 유럽전쟁법 규칙에 따라, 유럽땅에서 벌어지는, 유럽국제법상 승인된 국가들의 군사적으로 조직된 군대가 수행하는 모든 국가전은 정당하다.**"(Nomos, 115, 강조는 원문) 또 그렇게 유럽국제법에 있어서 "국가개념의 도움으로 전쟁의 경계짓기에 성공"(Nomos, 114)한 것은 "위대한 업적"이다.

그러나 1890-1939년 유럽국제법은 종말을 맞이한다, 즉 전쟁의 경계짓기에 입각한 대지의 공간질서 전부가 붕괴한다. 여기에는 무엇보다 역외강국 일본의 등장으로 유럽국제법은 더 이상 유럽만의 것이 아니게 된 것도 크게 기여했다. 유럽공법은 유럽국가들의 세력균형이라는 "기초이자 보장"(Nomos, 160)하에서 가능한 것이었다. 그리고 이 세력균형 속에 전쟁의 경계짓기를 가능케 하는 힘이 내장되어 있었다. 그런데 여기서 강대국Großmächte이란 공동의 공간질서에 가장 강력하게 참여하는 국가를 말한다. 강대국 "자신들이 지도하는 공간질서의 담지자이자 보증인", 모든 중요한 영역변경에 승인을 부여하는 존재이다. 예컨대 1856년과 1878년 발칸반도 소국에 대한 이들의 승인은 "사실상 진정한 국제법적 할당, 판결adjudicatio을 의미한다."(Nomos, 164) 그래서 "다른 강국에 의한 강국으로서의 승인이 국제법적 승인의 최고형태다. 그 속에 승인하는 자들은 최고 수준으로 상호 자기 승인하는 자로서 자기를 승인한다." 강대국으로서 일본승인은 1894년이기도 하고 1904-1905년 러일전쟁이기도 하다. 일본이 승리한 양 전쟁을 '국제법을 끌어가는 소수 강국서클에 가입하기 위한 입회경기라고 볼 수 있다. "동아시아의 강국과 더불어 아시아에서 더 이상 유럽중심적이지 않은 신세계질서로의 이행이 시작되었다."(Nomos, 163) "강국으로의 승인은 우선 공간질서에 관한 것이며 하나의 국제질서의 공간구조에 관련된 중요과정"이며, "교전권과 정적 justus hostis임을 승인하는데 그 최대 의의를 갖고 있을 뿐만 아니라, 특정 공간질서에 관련된 이유에서도 그러하다. 강대국으로서의 승인은 신국가나 정부승인 못지않은 국제법상의 중요한 법제이다. 강대국으로서의 승인은 육지취득의 문제에 대해 가장 중요한 국제법상 법제도이다."(Nomos, 163)

베르사이유 체제는 유럽의 두 강대국이자 공간질서의 두 축 즉 독일과 오스트리아-헝가리제국을 제거해 버렸다. 유럽의 공간질서는 이제 유럽이 아니라 세계에 의해 처리되었고, 세계의 재분할은 국제연맹이 보장했다. 국제연맹은 제네바에 '장소확정'했다. 전쟁은 불법화됨으로써 폐기되었다. 국가전에 대한 비차별적 전쟁개념 대신 제재, 전쟁의 경계짓기 대신 불명확한 타협과 규범의 네트웍이 만들어졌다. 그러나 "1919-1939년의 국제연맹은 어떠한 국제법의 포괄적 질서도 공간적 노모스에 대한 명확한 관점이 없이는 그 근거를 가질 수 없다는 점에 대한 가장 좋은 예이다."(Nomos, 216) 하지만 국제연맹은 실패했고 그 원인은 "공간을 질서화하는 결단과 특히 무엇보다 공간질서에 대한 사상 이 각각 모두가 결여되어 있다는 점"에 있었다고 슈미트는 보는 것이다. "제네바 국제연맹은 다시 말해 유럽적이면서 동시에 보편적이며 글로벌 질서이기를 희망했다. 자신의 희생을 댓가로 새로운 육지분할이 집행될 나라가 일차대전의 패전국이자, 중유럽의 양대 강국이라는 점에서 특별히 그것은 유럽적이었다. 국제연맹의 제안자이자 착수자인 미대통령 윌슨과 ―본질적으로 전혀 다른 방식이긴 하지만― 해양적, 글로벌 이익을 추구하며 전세계를 주도하는 회원국 곧 여러 자치령을 포함한 대영제국의 이념에 따라 보자면 특별히 보편적이고 글로벌한 것이었다. 철두철미 다면적인 이러한 보편주의의 결과 현대국제법의 최중요하고 유일하게 결정적인 의문에는 대답이 없다. 이 행성규모의 전개는 이미 오래전 단일우주Universum와 다중우주Pluriversum사이에, 독점과 다점사이에 하나의 뚜렸한 딜레마로 귀착되었다. 다시 말해 이 행성이 유일권력의 글로벌 독점을 맞이할 만큼 성숙했는지, 아니면 자기질서화된, 공존하고 있는 광역, 개입권 그리고 문화권의 다원주의가 대지의 새로운 국제법을 규정할 것인가 하는 그런 질문 말이다."(Nomos, 216) 그리고 "공간질서라는 근본문제에 대한 무결단으로 인해 국제연맹은 자기 안에서 영역의 현상유지에 대한 어떤 일관되고, 통일된 원칙을 전개할 수 없었다."(Nomos, 217)

공간질서의 부재로 인해 국제연맹은 3가지 근본적 문제에서 좌절한 것이다. 첫째, 국제법상 공간구조라는 핵심문제를 기피했던 바, 그 핵심문제란 어느 하나에 지배되는 글로벌 공간질서 대 다수의 광역이라는 대안, 세계정치의 대립을 형성하는 하나의 중앙의 세계지배 대 세력균형에 기초하는 공간질서, 보편주의 대 다원주의, 독점 대 다점을 현상의 평화적 변경에서 전혀 고려치 않았다. 두번째 핵심문제는 특정공간을 전쟁의 무대에서 배제할 수 있는 중립화는 국제법적 공간질서 내부에서의 전쟁의 경계짓기를 위한 특정한 방법이다. 두 개의 기존 유럽공간 질서상의 중립국인 스위스와 벨기에의 사례를 들어 슈미트는 전간기 베르사이유 체제가 중립화에 따른 권리와 의무관계의 불명확성으로 점철되었음을 지적한다. 셋째, 미국의 국제연맹 공식적 부재와 실질적인 현재顯在를 들 수 있다. 미국은 고립 대 개입의 딜레마 속에서 정치와 경제의 분리를 주장했고 이를 유럽이 승인했다. '가능한 한 많은 무역, 가능한 한 적은 정치'가 미국의 요구였다. 그래서 이는 정치적 부재와 경제적 현재를 의미한다. 미국은 경제적인 것과 정치적인 것의 분리하에, 경제적인 것의 사실적 우위를 통해 이로부터 장점과 편익을 취했고 반면 유럽으로서는 이것이 매우 불안정한 상황을 의미하는 것이었다(Nomos, 220ff.).

슈미트는 1890년-1918년 동안 "공허한 규범주의", "무차별적인 보편적 세계법"에 의해 열강간의 구체적 질서는 몰락한 반면 새로운 질서는 아직 발견되지 않은 유럽공법의 해체기로 파악한다(Nomos, 200). 그리고 전간기 즉 1919-1939년을 "새로운 국제법 질서의 모색기"로 규정한다(Nomos, 244). 이 전간기는 낡은 노모스는 붕괴한 반면, 새로운 노모스는 아직 모습을 드러내지 않은 상태는 즉 전형적인 위기의 시기였다. 유럽의 공간질서는 혼란 그 자체였다. 이 "공간카오스Raum-Chaos" 상태, 즉 현상유지이익과 반현상유지이익의 충돌 속에서 제1차 대전 패권국들은 "정의와 승인"을 그 어디서도 구할 수가 없었다. 프랑스는 1918년의 현상에 몰두했고, 영국은 '유럽의of Europe' 국가였지만, '유럽내in Europe' 국가는 아니었다. 국제연맹은 공간질서를 형성할 능력이 없었다. 미국은 정치적으로 '부재'상태였다. 미국은 정치와 경제를 분리시켰다. 그리고 미국과 유럽의 경계는 서반구라는 '고립선'이었다. 그래서 어떤 결정적 순간 그 고립선은 "우적구별에 따른 정치적 그루핑"이 전체상황을 주도하는 것을 저지하지 못했다(Nomos, 231f.). 즉 제2차 대전이었다.

사실 바이마르시대 슈미트의 문제작들은 대개 소책자 형태라 어떻게 보면 다소 정세적인 터치가 강하다. 하지만 바이마르 말기의 『헌법이론』과 더불어 여기 『대지의 노모스』는 『헌법이론』과 짝을 이룬 나치정권 말기 '체계적인' 국제법 저작이라고 할 만하다. 나치시대에 사실상 완성된 것이었지만 외부상황에 의해 1950년 비로소 출간되면서, 아마 자신에게 불리한 구절, 수사 그리고 인용 등은 뉘른베르크 군사법정에서 출소한 뒤 충분한 시간을 갖고 걸러냈을 거로 짐작해 볼 수 있다. 기본적으로 바이마르시대 때부터 독일의 국제정치적 환경 속에서 슈미트가 대변해 왔던 반바이마르, 반베르사이유, 반제네바 경향의 연속선상에서, 결단주의를 거쳐 제도주의로의 선회 이후의 공간이론과 국제질서론의 사상적, 이론적 성과물을 여기에 집결시킨 것이라 할 만하다. 비록 1920년대만큼의 강렬하고 투쟁적이며 선언적인 반서구, 반자유주의 언설은 다소 걸러졌다 해야겠지만, 그 기본 논리와 정조는 의연히 '반뉘른베르크 마니페스토'라 해도 크게 틀리지는 않을 것이다.

슈미트의 주저opus magnum이라 칭해도 무방할『대지의 노모스』의 논리체계는 하지만 부득불 일련의 비판적 논평없이 넘어가기엔 여전히 문제적이다. 아래 몇 가지 그 대강을 언급해 둬야 한다.

첫째, 슈미트의 "육지취득"개념의 입론전략은 다분히 역사적-경험적이라기보다, 정치신학적이고 심지어 '신비주의적' 취향마저 드러낸다. 노모스를 개념화하는 과정에서 슈미트는 '원초행위', '원초척도', '원초형태', '원초분할', '원초분배'등의 용어를 반복해 구사한다. 이는 "태초arke에 '말씀'이 계시니라"와 상동적 구조를 나타낸다. 그리고 이런 화법은 이미 이 책의 제1장 3절 시대정신에서 논했던 것처럼 슈미트만의 것이 아니라, 동시대인 그 중 '보수혁명가'에겐 공유되는 어떤 언어 하비투스이자 시대정신에 침윤된 것이었다. 예를 들어 슈미트와 오랜 시간 교분을 나눈 윙거는 형상을 정의하면서 "... 오로지 이 형상의 불멸하는 근원언어Ursprache"라고 표현한다(윙거 외 2020, 45). "근원적인elementar 것, 자유, 권력과 맺는 새로운 관계가 노동자의 고유한 특성", "시민은 근원적인 것이 그에게 힘과 열정으로 나타나든지 아니면 불, 물, 땅, 공기의 근원적인 요소 속에서 나타나든지 간에..."(윙거 외 2020, 58), "이 이성은 바로 근원적인 것들과 합치될 수 없다는 점에서"(윙거 외 2020, 60)등등. 이런 취향에 대한 가혹한 비판은 누구보다 벤야민에게서 나온다. 윙거가 말하는 "이 근원체험의 황량한 암흑으로부터 세계-죽음의 신비주의가 수천 개의 불품없는 개념의 작은 다리들로 꿈틀대며 기어 다닌다. 이 빛 속에 드러나는 전쟁은 평화주의자들이 열광하는 '마지막 전쟁'이 아니라, 이 새로운 독일인들이 기원하는 '영원한' 전쟁이다."(윙거 외 2020, 320)

바이마르 시대의 보수적 청년 문화운동이 교사들은 "고향, 민족, (숲의 산책과 산행도 포함하여) 자연에 '뿌리내림'으로써 '소외'—이는 당시의 핵심어중 하나로 '뿌리뽑힘'과 동의어로 사용되었다—에 종언을 고하고, 자연의 친근한 소리에 귀 막고 있는 지성과 합리주의의 전횡을 비난했으며, 문화와 내면으로 복귀할 것을 설교했다."(부르디외 2021, 25) 그리고 "민족적 이데올로기, 특히 하이마트쿤데Heimatkunde, 즉 고향 찬양이라고 불린 것을 위한 입문서들이 나돌았고 이를 위한 교육이 행해지기도 했다. 이처럼 사방에서 튀어나오는 헤아릴 수 없을 만치 많은 '원천들'은 … 이데올로기적 지형의 근본적인 속성을 가르쳐 준다. [이데올로기적 지형을 이루는] 주제들은 하비투스와의 협연 위에 세워져 있다는 점에서, 또 통일적이면서도 무한히 독창적인 모습을 보이는 공유된 환상들의 정서적 일치 위에 세워져 있다는 점에서, 객관적으로 협연된 개인적 발견들의 '자생적' 생산물이다."(부르디외 2021, 27)

슈펭글러가 그려낸 이 시대의 독특한 이데올로기적 분위기는 이러했다 "오컬티즘과 심령론, 인도철학, 기독교나 이교의 외투하에 숨어 있던 형이상학적 호기심은 다윈의 시대에는 경멸의 대상이었으나 오늘날 부흥한다. … 나아가 그는 '종합, 체계, 세계관, 가치판단'에 대한 기대, 그리고 합리주의, 민주주의의 하향평준화, 맑스주의의 정신적 공허함을 상쇄하기 위해… 직접성과 쇄신된 내면성에 대한 욕구, 갈릴레오와 데카르트 이래 유럽 철학을 지배한 수학화와 기계화에 대한 적대, 진화론적 사고방식과 일체의 비판적 주장에 대한 거부, 사유와 탐구에 있어서 엄밀하고 정밀한 방법에 대한 거부에 주목했다."(부르디외 2021, 30f.)

그래서 보자면 이들의 사전에는 어김없이 숲, 땅, 원천, 뿌리, 신화, 신비, 비밀, 인격, 체험, 붕괴Zersetzung, 형상, 유형, 전체적total, 전체성, 원소적elementar, 내적innen, 유기적 등등 그리고 여기서 조금 더 나가면 문화적, 독일적, 민족적, 인종민족적인 것들이 등장한다고 보면 된다. 1920년대의 어휘들은 누구만의 것이라기보다 특히 보수적, 보수혁명적 지식인과 그 자장에 속한 동시대인들의 공유물이자, 공동의 '툴박스'이자 또 언어라는 '존재의 집'이자, 지적-정신적인 만남의 광장이었다.

슈미트의 '대지'도, 노모스도, 그 게르만적 기원도, 뿌리도 결국은 그 시대의 산물인 것이다. 또 동시대인이라면 어렵지 않게 그 내밀한 기의를 공유할 만한 것이다. 슈미트의 특수성은 유럽공법이라는 국제법

'영웅시대'의 게르만적 본질로서 전쟁 '제한·보존'을 석출해서 이를 제국과 '광역'의 공간질서라는 이름으로 번역해 나치즘의 이데올로기 자원화한 점이다.

둘째, 시간과 공간의 관계의 문제다. 즉 '공간의 역사'의 문제다. 먼저 슈미트는 이렇게 말한다. "법적 개념의 공간적 기원을 강조할 경우 우리는 그 기원을 지나치게 넓게 일반화함으로써 궁극적으로 시간과 공간의 관계라는 추상적인 철학적 문제나, 공간과 시간 사이의 저 오래된 진부하고 임의적인 모순론Antithetik이라는 궤도로 빠지는 일정한 위험을 감수해야 할지도 모른다. 그런 다음 공간을 어떤 '구체적 지속konkrete Dauer'에 대해 '지성적인 것Intellektuelles'과 대립시킴으로써 이러한 설명은 베르그송의 철학 사상 그리고 지능Intelligenz과 본능Instinkt을 대치시키는 데로 흘러간다. 그것이 아니라면 1939년 이후 독일에서 선호하는 공간을 구체적-존재자das Konkret-Seiende로, 시간을 지성주의적-추상적인 것das Intellektualistisch-Abstrakte으로 파악하면서 이러한 대립물의 단순한 가치전도에 들어가는 것이다. 양자 모두 날카롭게 구성되는 것인데 이 두 가지 모두 여기서 원하는 것은 아니니 만큼 따라서 둘 다 회피하자고 한다."(Nomos, 44)

슈미트가 '회피'한 진의와 맥락을 현재의 텍스트만으로 납득할 만하게 설명하기는 어렵다. 대신 우리로선 '공간의 역사'라는 파리 낭떼르 대학 앙리 르페브르의 관점에서 슈미트의 공간이해를 조명해 보고자 한다. 르페브르에게 있어 공간은 '정치적'이다. 그리고 사회적 생산물이다. "공간의 역사는 '과정'과 '구조', 변화와 불변, 사건과 제도 사이에서 선택해야 할 의무가 없다. … 공간의 역사는 당연히 시간의 역사(시간의 역사는 일반적으로 시간에 관한 철학 이론과는 엄연히 다르다)와 분리되지 않는다." 공간의 역사를 따라가자면 "처음엔 인류학적으로 결정적인 요소를 발견하게 될 것이다. 이는 숫자, 대비와 대칭, 세계관, 신화 등 자연을 길들이는 데 필요한 기본적인 형태들과의 연관성을 내포한다. … 이와 같은 연관성의 이면에는 무엇이 있는가? 사냥꾼, 양치기, 유목민이 세운 최초의 푯말이 있었으며, 이 방향잡이용 푯말들은 시간이 흘러감에 따라 암기되고 상징적으로 해석된다." 그리고 자연-공간에 인간의 정신적이고 사회적인 활동이 개입하면서 일종의 "질서"를 정립하는 데, 이 질서는 "어느 정도까지는 언어의 질서와 일치"한다. 사회적 공간은 노동 등 사회적 실천에 의해 각인되면서 "장소마다 따로 구분되고 알려지며 이름이 붙는다." 이 장소들은 "길"에 의해 이어져 마치 거미줄처럼 보이는데 르페브르는 이를 "텍스트라기보다 직조texture"라고 부르자고 한다. 그래서 "시간과 공간은 직조 속에서 분리되지 않는다. 공간은 시간을 전제로 하며 그 역도 성립한다."(르페브르 2019, 195f.) 이렇게 생산의 관점에서 본다면, 즉 "공간의 생산과 그 생산 과정이 존재한다면, 거기엔 반드시 역사도 존재한다. ... 공간의 역사, '현실'로서의 공간의 생산과 형태, 재현의 역사는 '역사적'(연대가 추정되는) 사건들의 인과 관계나 앞뒤 관계, 합목적성, 관습과 법, 사상과 이념, 사회경제 구조, 제도(상부구조) 등과 혼동되어서는 안 된다."(위의 책, 98) 나아가 "각각의 사회(다시 말해서 다양함을 총괄하는 각각의 생산양식, 일반적인 개념을 인정하는 개별사회)는 저마다의 공간을 생산한다. 고대 도시를 하나의 공간 안에 모여 있는 사람들과 사물들의 집합으로만 이해해서는 안 된다. 고대 도시를 공간에 관한 특정 텍스트나 담화에서 출발하여 이해해서도 안 된다."(위의 책, 77) 사회적 공간'들'은 "내용물로부터 분리될 수 있는 용기, 즉 '빈 장소'일 수 없다. 시간에 의해서 생산된 이 공간들은 비록 구분은 할 수 있을지라도 분리할 수는 없"으며, 이 장소들은 "자연 공간의 장소들과는 대조적으로, 사회적 공간안에서 병치되어 있기만 한 것이 아니다. 이것들은 서로 끼어들고 간섭하고 재구성되며, 층층이 쌓이면서 때로는 충돌하기도 한다. 그 결과 지역(국지)적인 것(특정 지점에 의해서 한정되는 '점과 같은' 것)은 광역적인 것, 국가적인 것, 세계적인 것에 흡수되어도 사라져 버리지 않는다. 국가적인 것과 광역적인 것은 많은 장소들을 포함한다. 국가적인 공간은 광역 공간을 포함하고, 세계적인 것은 국가적인 것을 끌어안으면서, 이와 동시에 놀랄 만한 분열을 통해… 국가적인 공간의 형성을 촉발한다."(위의 책, 154f.) 르페브르는 "이제는 자연마저도 공간과 마찬가지로 정치화되었다. 의식적인 혹은 무의식적인 각종 전략 속에 편입되었기 때문"이다. 오늘날 "지배계급들은 공간을 수단으로 이용한다. 이들에게 공간은 여러 가지 목적을 가진 수단이다. … 요컨대 자본주의적 생산관계를 유지하면서 공간을 권력에 복종시키고, 사회전체를 기술적으로 지배하는 것"이 그 목적이라는 것이다(위의 책, 15, 17).

슈미트에겐 '공간의 역사'라는 관점이 통째로 소거되어 있다. 나는 그 이유를 위에서 잠시 언급한 슈미트 노모스론의 '정치신학적' 입론구조에서 찾을 수 있다고 본다. '태초에' 즉 (슈미트의) '시원에', '말씀'이 즉 (슈미트의) '원초적 행위Ur-Akt'가 있었다는 것이다. 천지창조가 일회적이듯이, 슈미트의 '육지취득' 역시 일회적인 사건이었다. 그 사건이 제도화된 것이 '질서와 장소확정의 통일'로서의 법인 것이다. 슈미트는 역사적 연구가 아니라 문헌이나 어휘의 어원 연구를 통해 '육지취득'과 노모스를 확정지웠다. 그것이 언제 일어난 일인지 따라서 우리는 알 수가 없다. 역사적 사실史實인지 아니면 '사고실험'에서 나온 가설인지 실상 추적을 할 수가 없는 채로 확정되고 개념적으로 집행되었다. 그리고 마치 창조의 '탯줄의 반점'처럼 경계짓기는 유럽공법의 본질특성으로 실체화되었고, 이 유럽공법은 1890년 이후 어느 시점에서 붕괴되었다. 이제 남은 것은 '사건의 신학'이 아니라, '지옥의 묵시록'인 것이다.

공간의 '진짜' 역사도 아마 르페브르의 말처럼 "어느 정도까지는 언어의 질서와 일치"할 것이다. 그래서 슈미트의 언어학적 접근이 전적으로 잘못되었다고 볼 이유는 없다. 하지만 모든 사회는 역사속에서 저마다의 공간을, 저마다의 장소를 그리고 나아가 저마다의 노모스를 만들어 내는 것이다. 슈미트의 입론에 매우 중요한 전거로 되고 있는 요스트 트리에조차 슈미트가 인용한 구절 바로 아래 이렇게 적고 있지 않은

가. "모든 노모스는 그것이 무엇이든 자신만의 울타리 안에 있는 것이다. 노모스νόμος라는 단어 자체가 어원적으로 보자면 울타리에 속하는 말이다."171

셋째, 독일지정학의 태두 칼 하우스호퍼Haushofer는 이렇게 말한다. "전후 독일청년 교육훈련과정을 재개함에 있어 가장 결핍된 것이 광역(대륙)적 사고능력과 타민족 즉 대양민족의 생존조건에 대한 지식이었다." 독일 청년세대의 사고는 "월드비전의 협소함뿐만 아니라 대륙이라는 협소함에 제약되어 있었다."(Tuathail 1996, 47 재인용) 하우스호퍼의 이 말에 근거해 보자면 결국 "지정학은 독일민족의 지리적 전망을 확장시키고자 모색한 것이다. 다시 말해 지정학은 독일인이 글로벌 공간을 통해 사고하는 법을 가르치고자 했다. 이를 징후적으로 해석하자면, 지정학은 베르사이유조약에 의해 거세당했다고 여기는 군국주의 남성의 소규모 공동체의 제국주의적 욕망의 공간화였다. 독일인 내에 지정학적 사고습관을 주입하는 것이야말로 이러한 '결핍'을 극복하고 진정 강대국이 모든 것을 규정하는 넓은 공간을 스스로 장악하는 그 첫 걸음이었다."(위의 책, 47)

슈미트의 광역이론은 자신의 동시대인들과 전쟁에 대한 '소년적 열광'(발터 벤야민)과 '전후 독일 군국남성의 제국주의적 욕망'을 공유하고 있었다. 슈미트의 대공간(광역)은 제1차 대전 후 상실한 유럽 내 영토와 식민지등 잃어버린 공간, 그런 점에서 '탈장소화된entortet' 독일의 재공간화 혹은 새로운 장소확정이라는 기대의 공간이었다. 그렇게 확장된 제국의 광역이 다른 광역과 '세력균형'이라는 원칙과 전제하에 복수적으로 존재하는 것이 '지역주의'였다. 그리고 광역간에는 역외열강 간섭불용론이 적용된다. 더 쉽게 말해 중유럽을 기지로 확장된 독일제국의 대공간

---

171 위 각주 5 참조.

에 대한 배타적 권리를 주장하는 것이었다. 그런 점에서 슈미트는 '후발성' 제국주의자였고 또 식민주의자였다. 단지 거기에 국제법적 외피를 두르고, 앵글로색슨과는 다른 언어와 문법을 구사했을 뿐이다. 물론 동원된 논리와 구성 역시 다른 것이었다. 하지만 그렇다고 본질이 달라지지는 않을 것이다. 슈미트는 한 번도 시장과 자본의 논리에 기반한 독일 제국주의의 '공간적 픽스spatial fix'[172] 즉 공간확장을 통한 이윤율위기의 극복에 대해 의문을 제기하지도 않았고 또 알고자 하지도 않았다. 히틀러의 제국주의는 이전시기 독일 제2제국의 그것과 비록 생존권등 다른 논리로 그것이 합리화되었지만 같은 자본, 같은 인물, 같은 구조에 의해 추동된 것이었다.

슈미트는 철저히 유럽중심적인 유럽공법을, 철저히 유럽중심적으로 기술했다. 또 철저히 '현실주의 관점'에서, 철저히 권력정치power politics의 관점 말이다. 이 반규범주의적 입장에도 불구하고 단 하나 유럽공법의 전쟁 제한·보존에 한해서는 규범치를 인정해야 한다고 역설했다. 식민지는 '사실적인 것의 규범력'에 해당하는 것이었다. "영역상 명확한 국경으로 구분되는 유럽국가 자체간의 전쟁이 되고, 유럽이라는 공동의 대지위에서 유럽의 '가족'을 구성하면 이를 통해 서로 정적으로 간주될 수 있는 공적 인격체personae publicae로 상상되는 공간 단위간의 대결이 되었다. 그럼으로써 전쟁은 결투 비슷한 어떤 것이 되었고, 유럽 땅을 상호 분할하면서 유럽공법을 상호 구성하는 영토상의 특정 도덕적 인격체 personae morales사이의 무기사용이었다. 반면에 이러한 전지구적이긴 하지만 여전히 유럽중심적인 공간질서에 있어서 지구상의 여타 비유럽 대지는 자유롭게, 다시 말해 유럽국가에 의해 자유롭게 점거될 수 있는 것

---

172   하비가 말하는 '공간적 픽스'란 "자본주의의 내적 위기경향을 지리적 확장과 재구조화를 통해 해결하려는 끊임없는 충동"을 의미한다. Harvey(2001). 23ff.

으로 취급되었다."(Nomos, 113f.) 식민주의 본국 즉 "육지취득국은 취득한 식민지의 육지가 국제법적인 통치권Imperium상 무주지herrenlos인 것과 마찬가지로, 사적 소유 즉 소유권Dominium상으로도 무주물herrenlos로 취급할 수 있었다." 비문명국 인민의 군주나 부족장Häutlinge의 권력은 통치권이 아니었고, 원주민의 토지사용도 소유권이 아니었다. 이 시대의 공간구조 및 질서상 식민지 토지는 국제법적 대상이 아니었다. 그런데 해외식민지 토지가 국가영역과 동일 지위에 놓일 때 "지금까지의 특정 유럽국제법은 종말을 맞이하였다."(Nomos, 171f.) 유럽공법이라는 동전의 이면이 바로 식민주의였다.

그렇게 "서양은 헤겔이 부정의 힘이라고 명명한 것, 폭력, 공포, 생명에 대한 끊임없는 공격에 앞장섰습니다. 서양은 폭력을 일반화시키고 세계화시켰으며, 폭력을 통해서 세계적인 것을 만들어 내었습니다."(르페브르 2019, 185) 슈미트의 유럽공법은 그 규모가 어떠하든 전쟁을 일종의 운영원리이자 에너지원으로 내장하고 있는 것이었다. 유럽내 육전에 한정된 전쟁의 제한은 그러나 법외 지대인 식민지에 대한 무제한의 전쟁행위를 전제하는 것이다. 그래서 유럽공법의 대내적 제한폭력과 대외적 무제한 폭력은 서로 불가분을 이룬다. 나아가 노모스의 원초행위 즉 법의 창설행위인 육지취득 역시 그것이 무주지가 아닌 한 폭력사용이 전제된다. 슈미트가 우호적으로 주목하는 일본제국주의의 강대국 열강지위 획득 역시 이 '육지취득'의 범주다. 식민지 '육지취득'은 유럽공법의 '서자' 같은 것이지만 그럼에도 확립된 국제법상 제도인 것이다.

넷째, 슈미트는 16-17세기 동안의 "땅과 바다의 대립"을 글로벌 국제법의 기초라고 한다. "16-17세기 위대한 국제법 전체의 결단은 땅과 바다의 균형속에서, 그 긴박한 양자의 병립을 통해 대지의 노모스를 규정했던 2개 질서의 마주침 속에서 절정에 달했다." 이는 봉건적, 육지적 terran 존재에서 순수 해양적 존재로 존재 이전에 성공한, 그래서 영국은 "유럽중심적 글로벌 질서의 보편적, 해양적 영역의 유지자, 유럽공법의 다른 한 측면의 수호자, 땅과 대지의 균형의 주인"이 되었다(Nomos, 144). 슈미트에게 땅과 바다라는 지정학적 은유는 이렇게 유럽공법 시대를 '프레이밍'하는 핵심 이미지이자 동시에 '형상'이었다. 그리고 그 유래는 그가 책의 서문에서 사의를 표한 맥킨더다.

여기에 대해 프랑스의 지리학자 라코스테는 이렇게 말한다. "지정학은 마한과 맥킨더가 대표하는 정치적 주장 및 전통과 결부된다. 라코스테에 따르면 마한과 맥킨더의 테제는 땅과 바다라는 거대한 지리적 메타포에 근거하는 역사적 기억에 기초하는 것이지 엄밀한 전략적 사고는 아니다. 이 테제는 과학적 가치를 결여하고 그저 미소간 분쟁을 땅과 바다라는 형이상학적 분쟁으로 오독하게 만드는 상당한 '서정시적인lyrical 가치'를 가지고 있을 따름이다." 그렇게 '정통' 지정학은 먼저 제국주의적 대외정책과 결부되어 이를 합리화할 뿐만 아니라, 왜곡되고 과도하게 단순한 지리적 사유에 근거한다고 비판된다(Tuathail 1996, 165 재인용).

땅과 바다라는 메가담론을 통한 '마니교적Manichaean 이분법'은 결국에는 독-영간의 제국주의 전쟁을 환기하고 적상敵像을 시각적으로 현시하는 효과를 통해 급기야 전시동원체제를 강화하는 데 기여한다. 하지만 이러한 스토리텔링은 구체적이고 경험적인 현실의 혹독한 검증을 넘어서기가 어렵다. 매킨더의 저 유명한 명제를 보자. "동유럽을 지배하는 자가 심장지대를 호령하고, 심장지대를 지배하는 자가 세계도를 호령하며, 세계도를 지배하는 자는 전 세계를 호령할 것이다."(맥킨더 2022, 194) 하지만 미국의 냉전정책 입안에 관여한 바 있는 예일대학의 니콜라스 스파이크먼Nicholas Spykman은 소련의 남진을 막기 위해서는 심장지대가 아니라, 유라시아의 주변 곧 서유럽, 서아시아, 인도, 동남아, 중국, 일본, 한국 등 이른바 테두리 국가Rimland의 지정전략적 중요성을 더 강조했다. 이에 빗대어 라코스테는 이렇게 야유한다. "림랜드를 지배하는 자가 유라시아를 호령할 것이며, 유라시아를 호령하는 자가 세계의 운명을 지배할 것이다."(Lacoste 2012, 139ff.)

심지어 데이빗 하비는 이를 다시 비튼다. "서아시아를 지배하는 자가 지구상 석유 꼭지를 지배하고, 지구상 석유 꼭지를 지배하는 자가 글로벌 경제를 지배한다."(Harvey 2003, 19) 지정학적 메가담론이 도록 정도의 교수법적 효과 이상이 아니라면 실제 그것은 프로파간다이상으로 작동한다고 보긴 어렵다. 제2차 대전만 하더라도 땅(독일) 대 바다(영국)가 아니라, 땅(독일) 대 땅(프랑스), 땅(독일) 대 땅(소련)이 전쟁을, 바다(일본) 대 바다(미, 영)가 전쟁을, 바다(미,영) 대 땅(소련)은 연합군으로서 땅(독일)과 싸웠다. 냉전기를 보더라도 땅(소련) 대 바다(미, 영)가 유럽의 양극체제를 이뤘지만, 유라시아에서는 땅(소련) 대 땅(중국)이 전쟁까지 갔고, 유럽에서는 땅(독, 프랑스) 대 바다(미,영)가 함께 나토동맹을 결성했다. 이처럼 지정학적 메가 메타포는 경험적 현실에 비추어 진술능력은 매우 제한적이며, 그리고 '정통' 지정학의 '지리결정론'은 더 이상 유지되기 어렵다. 지리라는 것은 그러므로 소여된 불가피한 '인간조건'이지만 그럼에

그림 24 전후 귀향한 슈미트의 플레텐베르크 집

그림 25 1971년 이사해서 사망때까지 슈미트가 살았던 집

도 극복해야 하고, 극복할 수 있는 대상이라고 보는 것이 온당하다.[173]

§3. 빨치산, '정치적인 것의 개념'

'부르주아 자코뱅' 슈미트가 제3세계 민족해방운동이나 노동자혁명운동에 '환호송'을 불렀을 가능성은 없다. 또 기대해서도 안 된다. 슈미트가 하듯이 마치 가톨릭 '냉담자'처럼 일어나고 있는 일의 선후와 효과 그리고 그것이 가져올 다층적, 다면적 결과를 타산하고 이를 자신의 이론체

---

[173] 그런 점에서 『손자병법』 10편 '지형地形', 11편 '구지九地'에서 말하는 '땅'의 개념, 인간의 주체적 능력 즉 전략과 전술에 따라 '땅'은 이롭기도, 해롭기도 하다고 보는 편이 차라리 훨씬 더 합리적이라고 할 수 있을 것이다. 손자(2012), 313쪽 이하.

계에 비추어 해석하면 될 일이다. 슈미트에겐 이제 세계의 변혁이 아니라 세계의 해석이 우선적인 문제다.

'빨치산' 문제에 대한 것도 마찬가지다. 2차 대전부터 중국혁명, 쿠바혁명 그리고 민족해방운동의 물결 그 중에서도 시대의 리듬을 가장 잘 드러내 주는, 가장 래디컬한 현상을 그는 해석하고자 했다. 1962년 2월 「공간의 문제」라는 마드리드대학 강연에 이어, 슈미트는 3월 15일에는 스페인 나바라대학 초청 팜플로나Pamplona 강연, 17일에는 카테드라 팔라폭스Catedra Palafox강좌의 좌장인 루이스 가르시아 아리아스교수(Luis Garcia Arias, 1921-1973) 초청으로 사라고사대학에서 강연을 했다. 이 강연초록에 '정치적인 것의 개념에 대한 중간논평Zwischenbemerkung'이라는 부제를 붙여서 1963년 출간한 책이 그의 빨치산론이다.

빨치산 개념은 기본적으로 클라우제비츠의 정식, 즉 정치의 계속으로서의 전쟁개념에 이미 "맹아적으로는" 내포하고 있지만 이 논리를 레닌과 마오가 그 끝까지 전개해 나갔다(Partisan, 15). 그렇다면 왜 빨치산이 문제가 되는가. "국민개병제의 도입과 더불어 모든 전쟁은 그 이념에 따라 볼 때 인민전쟁으로 변했고, 이로 인해 고전적 전쟁법상으론 난해하기 짝이 없으며 종종 해결할 길이 없는 상황이 즉시 도래한다. 다소간 즉흥적인 대중동원 또는 독일 자원병Freikorps, 프랑스 의용병Franktiteur과 같은 것 말이다. 아무튼 원칙적으로 전쟁은 경계지워져 있었고 빨치산은 이 경계짓기의 바깥에 위치한다. 빨치산이 모든 경계의 외부에 위치한다는 것이 이제는 심지어 빨치산의 본질이요 실존이 된다. 현대 빨치산은 적으로부터 권리도 자비도 기대하지 않는다. 빨치산은 길들여지고 경계 안에 있는 전쟁이 기초한 통상의 적대성과는 인연이 없고 테러와 대항테러를 통해 섬멸에까지 이르는 진정한 적대라는 지금과는 전혀 다른 영역 속에 존재한다."(Partisan, 17) 그런데 두 종류의 이런 "빨치산주의Partisanentum"적 특성을 지닌 전쟁이 바로 식민지전쟁과 내전이다. 당연 스탈린과 모택동이 주역이다. "이 향토적bodenständig이고 민족적인 빨치산주의의 신화를 제2차 대전 중 독일을 향해 스탈린이 부활시켰으며, 그의 공산주의 세계정책에 구체적으로 사용했다. 이것은 본질적으로 새로운 단계를 의미하는데 바로 그 시작에 모택동이 있었다."(Partisan, 17) 빨치산주의는 "새로운 전쟁수행 개념이자, 전쟁과 정치에 대한 새로운 학설"(Partisan, 11)이며 그러므로 빨치산은 유럽공법의 전쟁개념 즉 제한·보존되고, 적이 범죄자가 아니라 정당사유를 갖춘 정적임을 승인하는 그런 질서에서 예외이자 그 규범의 외부에 존재하는 현상인 것이다. 이 예외를 통해 슈미트는 고전적 유럽국제법 질서 즉 유럽공법이라는 대지의 노모스가 붕괴된 이후 이를 대체할 '새로운 대지의 노모스'의 가능성을 찾아보고자 하는 것일까.

  슈미트에 의하면 빨치산은 아래 4가지의 표식에 의해 구별된다. 1) 비정규성이다. 그래서 헤이그육전규칙에 따른 정규군의 상징인 제복을 착용하지 않는다. 2) "강한 집중강도의 정치적 참여intensive politische Engagement"다. 이들의 강한 정치적 성격이 빨치산이라는 단어의 원래 의미를 확인케 해준다. 원래 빨치산은 "당파Partei"에서 나왔고 또 빨치산은 "당원"이라는 뜻이다. "오늘날 빨치산에서는 정규-비정규, 합법-비합법이라는 대립쌍이 대개의 경우 서로 착종되고 교착된다."(Partisan, 23) 3) 고도화된 기동성이다. 현대의 기계화, 기술화에 의해 이 표식은 더욱 강화되고 있다. 이 특성과 관련해 슈미트는 각주에서 에른스트 윙거가 자신의 저작에서 빨치산을 '숲속을 가는자Waldgänger'라고 명칭하면서 윙거의 저작『노동자』의 노동자처럼 하나의 형상으로 구성한다고 언급하고 있다(Partisan, 25f.). 과연 극보수적 상상력의 산물과 이들 전복적인 게릴라의 공감대가 어디까지일지 궁금해지는 대목이다. 4) "대지적 tellurisch" 성격이다. 빨치산을 대지적 성격 위에 기초짓는 것은 "방어, 즉 적대관계의 경계를 공간적으로 명확히 하고 추상적 정의라고 하는 절대적 요구로부터 이를 보호하기 위해" 필요한 것이다. "땅과 바다는 서로 다른 전쟁수행 수단과 전장을 발전시켰을 뿐만 아니라, 서로 다른 전쟁, 적, 전리품의 개념을 발전시켰다. 반식민지전쟁이 지상에서 가능한 한에 있어 빨치산은 적어도 활동적인 투쟁자의 특정한 대지적terran 유형이 될 것이다." 하지만 이러한 '방어적', '대지적' 유형과 달리 '공격적', '세계혁명적' 유형의 빨치산의 경우는 달라진다. "전쟁이 전쟁상의 적대자를 범죄자로 만드는 것과 더불어 전체적으로 행해지는 경우, 예컨대 전쟁이 한 계급상의 적이 다른 계급상의 적에 대하여 수행하는 내전으로 수행될 경우에, 전쟁의 가장 큰 목표는 적대적인 국가의 정권을 제거하는 것이다. 그렇게 되면 적의 범죄자화라는 혁명적인 파괴작용은 빨치산을 진정한 전쟁 영웅으로 만드는 방식으로 작동한다. 빨치산은 범죄자에 대한 사형선고를 집행하며, 자신의 입장에서는 범죄자 혹은 파괴자로서 취급될 위험을 각오하는 것이다. 이것이 정적을 인정하지 않는 정당사유 justa causa의 전쟁 논리이다. 이러한 논리에 따라서 혁명적인 빨치산은 전쟁의 진정한 중심인물이 된다."(Partisan, 36) 이런 식으로 서로 다른 종류의 빨치산 전쟁이 기초한 근본적 전제를 향해 "우적그루핑의 기준"이 검증되고 있는 중이라는 것이다.

슈미트의 빨치산 책에서 가장 흥미로운 부분은 역시 레닌과의 만남이 될 것이다. '클라우제비츠에서 레닌으로'라는 표제하에 슈미트가 말하는 것은 이렇다. 클라우제비츠의 시대 18-19세기 확립된 유럽국제법과 고전적 전쟁법은 순수 국가전을 전제로 전쟁이란 국제법적으로 경계지워진 혹은 제한·보존된 제도였다. '정치적인 것의 개념'도 여기에 정향된 것이었다. 하지만 "20세기 이래 이러한 전쟁의 제한·보존과 결합된 국가전쟁은 혁명적 정당전쟁에 의해 대체되었다."(Partisan, 53) 여기서 빨치산이 "확고한 푯점"이 되었다.

그 자신 군사전문가였던 엥겔스는 부르주아 민주제하에서 보통선거권을 이용 프롤레타리아트가 합법적 방법으로 다수를 장악해 사회주의적 무계급사회로 이행할 수 있을 거라고 생각했다. 그래서 완전히 비빨치산파인 수정주의자들이 이를 이용했다. 그러나 레닌은 무장투쟁과 폭력혁명의 불가피성을 인정하고 이 과정에서 빨치산을 "필수적인 요소"로 간주했다.

레닌은 이를 위해 1915년 클라우제비츠의 『전쟁론』을 집중 연구했고, 그 과정에서 『클라우제비츠 전쟁론 노트』를 작성했다(Lenin 1957). 슈미트는 이 노트를 일러 "세계사와 정신사를 통털어 가장 위대한 문서 중 하나"라고 꽤나 과장되게 표현하고 있다(Partisan, 55). 실제 슈미트가 레닌을 통해 읽고자 하는 것은 '절대전과 절대적 적대성' 그리고 이와 연결된 '적의 개념'이었다. 그리고 "레닌이 클라우제비츠에게서 배울 수 있었고 철두철미하게 배웠던 것은, 정치의 계속으로서의 전쟁이라는 유명한 정식만이 아니었다. 그것은 우적구별이 혁명의 시대에는 가장 우선적인 것이며, 전쟁도 정치도 규정한다는 넓은 인식이었다. 레닌에겐 오직 혁명전쟁만이 진정한 전쟁이었다. 왜냐하면 혁명전쟁은 절대적 적대에서 생성되는 것이기 때문이다. 다른 모든 것은 그저 재래전의 게임일 뿐이다."(Partisan, 55f.) 절대적 적대에 기초하는 전쟁에는 한계가 없다. 이점이 레닌이 우월한 점이다. 구체적인 절대적은 바로 부르주아지, 서구의 자본가, 그 사회질서가 바로 계급의 적이다. 이 적을 아는 것이 레닌이 가진 폭발력의 비밀이다. 레닌은 철학과 빨치산을 결합시켜 새로운 힘을 방출시켰다, 그 결과는 나폴레옹이 구출하려 했고, 나폴레옹전쟁 이후 비엔나회의가 복고시키려 했던 유럽중심적 세계의 분쇄 그 이상의 결과를 가져 왔다.

모택동은 레닌보다 더 "토착적 빨치산주의자"로 규정된다. 대지와 인민에 밀착해서 호흡했다. 그가 노래한 대지의 노래, 「곤륜」이란 시는 대지의 새로운 노모스로서 상호간 이성적으로 균형을 이룬 '천하삼분론 天下三分論'을 주창한 것이었다. 복수의 "광역" 대 하나의 세계One World, 지구와 그 인류의 정치적 통일체가 가진 대립이다. 모택동에게도 전쟁은 정치의 계속이며, 정치 또한 항상 적대적 요소 혹은 적어도 그 가능성을 포함하는 것이다. 평화가 그 내부에 전쟁의 가능성을 포함한다면 평화 역시 잠재적인 적대의 계기를 포함하는 것이다. 따라서 오늘날 평화는 적대관계의 현상형태에 불과한 것이 된다. "냉전은 반은 전쟁이고 반은 평화라는 어떤 것이 아니라, 공공연한 폭력 수단 외의 어떤 것을 동원하는, 사물의 상황에 맞춰 현실적 적대관계를 수행하는 것이다."(Partisan, 63f.) 모택동은 혁명전은 비정규전 90%, 정규전 10%로 구성된다고 했다. 그래서 오늘날 냉전:열전이 9:1이라는 것, 독일분단 역시 모택동의 정치이론을 표시하는 사례에 불과하며, 그의 정치이론의 핵심에는 "빨치산주의가 자리잡고 있는데, 그것의 본질적인 징표가 오늘날의 현실적인 적대관계"가 되는 것이다(Partisan, 65).

슈미트는 빨치산이 "이해관계를 가진 제3자interessierte Dritte"와의 유착에 의해 그 원래의 '대지적'이고 '방어적'인 성격을 상실하고, "국제적이며 초국가적인 중앙 본부의 지도"의 영향하에 복속되면서부터 이 "세계혁명적인 공격성에 의해 조종받는 도구"가 되어 "소모"되고 "기만" 당한다고 본다(Partisan, 77). 즉 이는 사실상 소련을 가리키는 것이다. 다시 말해 그런 빨치산은 슈미트가 생각하는 빨치산이 더 이상 아닌 것이다.

레닌에 의해 "전쟁은 절대전이 되었고 빨치산은 절대 적에 대한 절대 적대관계의 담지자가 되었다."(Partisan, 91) 적대성은 전쟁에 선행한다. 그래서 서로 다른 적대성이 서로 다른 전쟁을 조건 짓는다. 하지만 슈미트가 수차례 되풀이해서 인용하는 전후 수감시절의 아포리즘이 여기서 다시 등장한다. "적이란 형상으로서, 우리들 자신의 고유한 문제이다. 만약 고유한 형상이 명확하게 결정되어 있다면, 그러면 적의 이중성은 어디에서 나오는 것인가? 적이란 어떤 이유에서 제거되어야만 하고, 또한 그의 무가치성 때문에 절멸되어야만 하는 그러한 어떤 것은 아니다. 적은 나 자신과 같은 평면에 서 있다."(Partisan, 87) 적이 절멸의 대상이 아니라는 말은 적은 곧 '절대전'의 대상이 아니라는 말이다. 절대전을 통해 완전히 지상에서 사라져야 할 대상이 아닌 것이다. 바로 여기에 전쟁을 제한·보존하는 유럽공법의 위대함이 있다는 것이 슈미트의 주장인 것이다. 유럽에서 전쟁을 폐지하고 추방했다고 믿었던 평화주의자 등의 머리에는 바로 이 "비정규전" 즉 빨치산전쟁이 빠져 있었다. "그 누구도 비정규전이 구속에 풀려난다는 것이 무슨 의미인지를 예감조차 하지 못했다. 빨치산이 제복없이 계속 투쟁하기 위해 제복을 벗어 던지는 동안, 시민이 어느 날 제복을 입는다면, 어떻게 해서 민간인이 병사를 상대로 승리하게 되는 지에 대해 그 누구도 깊이 생각한 적이 없었다."(Partisan, 92)

그래서 바로 이러한 "구체적 사고상의 결함 때문에 직업혁명가들의 파괴작업이 완성되었다. 전쟁의 경계짓기야말로 유럽인이 이룩해 낸 매우 드문 성공적인 일이었기 때문에, 그것은 매우 큰 불행이었다. 그 업적이란 교전 상대방을 범죄시하는 것을 포기하는 것, 즉 적대의 상대화, 절대적 적대의 부정이다. 인간이 자신들의 적에 대한 차별과 비방을 포기한다는 것은 진정 매우 드문 일일 뿐만 아니라, 심지어 믿기지 않을 정도로 인도적인 것Humanes이다."(Partisan, 92) 하지만 빨치산에 의해 이것이 다시금 의문시된 것이다. "빨치산의 기준은 극단적인 정치적 참여의 집중강도를 포함한다. 게바라의 말에 따르면 '빨치산은 전쟁의 예수교인이다'."(Partisan, 92) 그래서 빨치산은 우적의 집중강도로서의 정치적인 것을 증거하는 당대의 증인인 셈이다.

이 위험성에 대해서는 이미 언급한 바 있다. "우리는 세계정치적인 연관을 설명하면서 이해관계를 가진 제3자가 어떤 본질적인 역할을 수행하는 것임을 강조한 바 있다. 정치적인 것의 영역에 머물기 위해 빨치산의 비정규성은 정규적인 것과 연결되어야 하는 데, 이때 위의 제3자가 정규적인 것에 대한 준거를 제공해 준다면 말이다. 정치적인 것의 핵심은 단순한 적대가 아니라 우적구별이며 우 **그리고** 적 양자 모두를 전제한다. 빨치산에 이해관계를 가진 강력한 제3자가 매우 이기적으로 사고하고 행동한 나머지 자신의 이익을 위해 정치적으로 빨치산의 편에 서는 것 말이다. 이는 정치적 동지애로 작용을 하고, [빨치산을] 설사 교전 당사자 또는 정부로 공개, 공식 승인하는 것이 아니라 하더라도 일종의 정치적 승인은 되는 것이다."(Partisan, 93, 강조는 원문) 그래서 "빨치산은 하나의 현실적인 적을 가질 뿐, 그러나 절대적인 적을 갖지 않는다. 이는 빨치산의 정치적 성격에서 초래된 것이다. 적대성의 또 다른 한계는 빨치산의 대지적 성격에서 비롯된다. … 그러한 근본적인 방어적 성격으로 인해서도 적대성에 대한 근본적 제한이 발생한다. 현실의 적은 절대적인 적으로 선언되지 않으며 또한 전 인류의 최후의 적으로도 선언되지 않는다."(Partisan, 93)

슈미트에 따르면 레닌은 개념의 중심을 전쟁에서 정치로 곧, 우적 구별로 옮겨놓았다. 그것은 정치의 계속으로서 전쟁이라는 관점을 계속 유지한 것이다. 하지만 레닌은 "세계내전의 직업혁명가"로서 현실의 적에서 절대적 적을 만들어 내었다. 클라우제비츠가 말한 절대적은 국가성이라는 정규성을 전제하는 것이었다. 이 시대에 핵무기는 절대적 파괴수단이다. 이로써 인간이 가장 위험해졌다. 헤겔의 말처럼 '무기는 전사 자신의 본질이다'.(Partisan, 95)

결국 슈미트는 '카테콘Katechon', 곧 억지자의 존재여부를 묻는다. "1914년 유럽의 인민과 정부는 현실의 적대없이 제1차 대전 속으로 말려들어 갔다. 현실의 적대는 유럽국제법상의 통상의 국가전으로 시작해 혁명적 계급적대의 세계대전으로 종결된 그 전쟁 자체로부터 생성된 것이다. 이와 유사한 그렇지만 무한 격화되는 방식으로 새로운 양상의 적대성이 생성되는 것을, 그리고 그 적대성의 실행이 새로운 빨치산주의라는 예기치 못한 현상 형태를 야기하는 것을 저지할 자는 누구인가. 이론가는 개념을 보존하고 사물에 이름을 붙여 주는 것 이상을 할 수는 없다. 빨치산 이론은 정치적인 것의 개념으로 현실의 적과 새로운 대지의 노모스에 대한 질문으로 흘러들 것이다."(Partisan, 96)

과연 레닌이 실제 우적의 정치사상가며, 모택동이 '광역'의 이론가인지 여부와는 무관하게 이들 '직업혁명가'조차 슈미트 자신의 사상이론적 자장으로 흡수하고자 하는 시도는 그 자체로 흥미롭다. 1969년 서구의 '68혁명'이 휩쓸고 지나간 시점에 슈미트는 '마오이스트' 요아힘 쉭켈Joachim Schickel과 빨치산 문제를 놓고 대담을 진행했다. 특히나 자신이 1963년 제시한 "4개의 기준이 빨치산주의라는 이 난해하고 그 핵심에 있어 아마도 비합리적인 진행을 합리적으로 설명"할 수 있는 지가 문제였다. 슈미트는 여기서 자신의 방법에 대해 이렇게 설명한다. "나에게만 해당되는 한 가지 방법이 있다. 현상이 나에게 다가오게 두고, 기다린 다음, 미리 작성된 기준이 아니라 이른바 대상이 되는 소재 자체로부터 사유하는 것이다. 당신은 이를 현상 기술적이라 부를 수도 있겠지만, 나로선 그러한 일반 방법론적인 선행질문을 다루는 게 그다지 기껍지는 않다."(Schickel 1993, 11) 이 대담에서 이전 빨치산이론에서 별로 언급되지 않은 것만을 주로 솎아보면 이런 것들이다. 첫째, 제복으로 상징되는 빨치산의 첫 번째 기준인 '비정규성'이라는 것은 18세기처럼 대오를 갖춰 행군하는 '선형부대Linientruppe'가 아니라는 말이다. 또한 여기서 정규성이라는 것은 곧 합법성을 의미하는 것이고 이런 의미에서 합법성이란 막스 베버가 "운명"이라고 불렀던 "관료제의 기능방식"이다. 빨치산은 이런 의미에서 합법성을 부정한 것이다(위의 책, 25). 빨치산의 두 번째 기준인 기동성은 먼저 속도라는 의미에서의 "진보성의 관념"과 연관되어 있고 또 이들의 비정규성에서 알 수 있듯이 빨치산은 일체의 상주 "주소지"가 없기 때문에, 예측 가능성과 가시성이 부재하다는 말이다. 세 번째, "정치적 앙가쥬망"이다. 빨치산론을 집필하게 "용기"를 준 것은 샤른호르스트, 그나이제나우, 클라우제비츠 같은 프로이센의 총참모부 장교들이었다. 하지만 이들 직업군인의 실존적 한계를 넘어서 빨치산의 족쇄를 완전히 풀어놓은 것은 바로 레닌과 같은 직업혁명가였다. 게다가 러시아 볼쉐비즘에서 빨치산은 상대적으로 소규모였다. 반면 모택동의 빨치산주의는 실로 '빨치산대군'을 결성해 내었다. 여기서 더 중요한 것은 빨치산은 당파에서 유래한 말인데 이 "당파가 갑자기 전체"가 된 것이다. "정치적 앙가쥬망이 의미하는 것은 빨치산이란 100% 당파적인 자들이란 말이다." 이른바 전체주의 관련된 논의에서 '전체국가'란 말이 있는데 이는 정확치 않은 것이다. "관료제와 중앙집중 행정 등을 갖춘 기득권이자, 제도화된 기구로서 국가는 결코 100% 전체적일 수가 없다." 그러나 당은 전체의 일부에 불과하지만 그 전체를 포괄하는 새로운 전체, "새로운 정치적 통일체를 실현한 것은" 바로 당이다. 당이 전체적인 것이다. 바로 이러한 "당과 만들기Parteiung에서 일체의 정치적 사고가 출발한다."(위의 책, 24f.) 넷째, 여기서도 슈미트는 "반복이라는 노인의 나쁜 습관"(위의 책, 25)을 되풀이한다. "현대의 동서대립은 땅과 바다의 대립이다. 동구는 땅이요, 서구는 바다. 중국이라는 이 엄청난 지구 공간은 사실상 바다에 대한 최후의 유일 균형추다. ... 빨치산은 중국, 인도 혹은 인도네시아뿐만 아니라 ... 근동, 알제리 그리고 라틴아메리카에서도 그 전형적인 방식으로 토착적이다. 이 모든 것이 대지적이고 동시에 도시에 대해 농촌 등 농업적이다. 문제는 오늘날은 그렇지 않은 것인가이다."(위의 책, 28f.) 현대의 기술발전에 의해 세계의 모든 것이 "인공물"이 되어 가는 이 시점에서 "과연 어느 정도만큼 동서대립이 육해陸海라는 두 가지 원소의 대립으로 환원될 것인지가" 문제다. 이는 빨치산에도, 또 그것의 이론에도 마찬가지다(위의 책, 30).

    슈미트가 클라우제비츠를 두고 이렇게 말했을 때 그것은 정당한 것이다. "그의 책 『전쟁론』은 오직 육전만을 시야에 두고 있다. 대양이라는 거대한 세계 그리고 그 세계에 고유한 적과 전쟁 개념하에 수행되는 대양 해전을 전혀 고려하지 않았다."(FoP, 909) 그렇다, 클라우제비츠에겐 해전 개념이 존재하지 않는다. 하지만 클라우제비츠가 부단히 강조했던 것, 그의 『전쟁론』을 여전히 살아남게 했던 것 그래서 레닌이 줄쳐가며 읽으면서 반복적으로 '맞다'라고 난외주기한 것 그것은 '인민의 전쟁'이었다. 그것을 낳은 것은 다름 아닌 '1789년의 이념'이었다. 슈미트에겐 '1914년의 이념'도 '1933년의 이념'도 있지만 '1789년의 이념'이 통째로 비어있다. 먼저 언급해 둘 것은 슈미트가 말하는 빨치산은 『전쟁론』제6편 제26장 인민무장에서 이렇게 주로 다루어진다는 점이다. "첫 번째 관점[정치적 관점-인용자]은 여기서 전혀 문제가 되지 않는다. 왜냐하면 우리는 인민의 전쟁Volkskrieg을 전투수단으로만, 다시 말해 적과의 관계 속에서만 살펴 볼 것이기 때문이다."(Clausewitz 1991, 799) 여기에 레닌도 세 줄을 쳐서 "주의할 것Nota Bene!"라고 난외주기했다. 그래서 국민개병제를 통한 병력자원의 폭증, 민병대, 농민군등도 인민의 전쟁과 동일 방향이라고 했다. 그렇다면 이렇게 엄청나게 확대 강화된 전쟁의 수단이 "인류에게 좋은지heilsam 아닌지, 이로 인해 전쟁자체가 어떻게 될 것인지에 뭐라고 답해야 하는지 등 이 두 가지 질문은 철학자에게 맡겨 두자"(위의 책, 800)고 제안한다. 슈미트의 빨치산론은 실제 클라우제비츠와 레닌의 독해에서 보자면 차라리 '인민의 전쟁론'이라고 부르는 것이 더 적합하다. 왜냐하면 빨치산은 이 전쟁을 수행하는 주체인 인민의 일부이고, 인민은 빨치산으로서 뿐만 아니라, 정규군의 인적 자원상의 풀이기 때문이다. 클라우제비츠는 제8편 3장B '내적인 연관'에서 인민의 전쟁과 관련된 전쟁사를 요약하고 있다. "타타르족의 원정에서 민족 전부가 참전했고, 고대공화국과 중세에는 인민의 개념을 원래의 공민에 속한 자로 한정했지만 대단히 많은 숫자가 참전했다. 18세기에 들어와서는 시민이 직접적으로 참전한 경우는 없다시피 하지만, 전쟁에 간접적인 영향이나마 미치는 것은 시민으로서의 일반적 미덕이거나 아니면 결함이 되는 정도였다."(위의 책, 967) 이렇게 "정부와 인민이 분리되는 그만큼" 전쟁은 "정부의 일"이었고 인민의 일이 아니었다. 또 전쟁은 "수단뿐만 아니라 목표에 있어서도 점차적으로 군대 자체로 제한"(위의 책, 969)되었다. "이처럼 제한되고, 축소된 전쟁의 형상은 전쟁이 딛고 서있는 기반의 협소함 때문이었다. 구스타브 아돌프, 칼 12세 그리고 프리드리히대왕과 같은 특출한 야전사령관이자 군주 그리고 이들이 거느린 못지않게 탁월한 군대조차도… 일반적으로 중간치 정도의 승률수준에서 심지어 이들조차도 패배도 했다는 것은 유럽의 정치적 세력균형에 그 이유가 있었다."(위의 책, 968) 그런 식으로 전쟁은 수행되었고 "전쟁의 폭력성에 대한 자연스러운 제한은 더욱더 가까이 또 가시화되었다. 그 누구도 여기에 모순되는 어떤 것도 볼 수 없었고 모든 것이 아름다운 질서 속에 있었다. 18세기에 들어와 전쟁술의 영역에 대한 비판은 전쟁의 시작과 끝에 대해 별 우려를 하지 않은 채 개별적인 것에만 맞추어져 있었다."(위의 책, 970) 그러나 프랑스혁명이 일어나고 1793년 "상상도 못한 엄청난 군사력"이 등장했다. 전쟁이 갑자기 "인민의 일", 곧 자신을 시민이라고 생각하는 프랑스인 3천만 명의 일이 된 것이다. "보나파르트의 등장 이래, 전쟁은 우선 한쪽 편에서 그리고 나서 다른 한쪽 편 역시 전인민의 일이 되었고, 전혀 다른 성격을 갖게 되었다. 혹은 차라리 전쟁은 그 자신의 진정한 성격에, 그 자신의 절대적 완전성에 대폭 접근하게 된 것이다. 전쟁에 투입되는 수단은 아무런 가시적 한계도 없었고, 오히려 그 한계는 정부와 그 신민들의 에너지와 열광 속으로 사라져 버렸다.[174] 전쟁을 수행하는 에너지는 수단의 규모와 가능한 한 최대 규모의 승리 및 강력한 정서적인 자극을 통해 훨씬 더 고양되었다. 전쟁 행위의 목표는 적의 굴복이었다. 적이 무력하게 바닥에 자빠진 그 다음에야 비로소 전쟁을 멈추고 서로의 목적에 대해 합의를 볼 수 있을 거라 믿게 되었다. 이런 식으로 무엇보다 통상적인 틀에서 풀려난 전쟁의 요소는 자신의 모든 자연적인 힘을 방출해 내었다. 그 원인은 인민들이 국가의 대사에 참여한 데 있다. 이 참여는 한편으로 프랑스대혁명이 나라의 내부에서 불러일으킨 상황으로부터, 다른 한편으로는 모든 다른 나라 인민들이 프랑스대혁명으로부터 받

---

174 레닌은 이 패러그래프에 두 줄을 긋고 "중요Wichtig"라고 표시하고, "한 가지 부정확한 것: [한편으로] 부르주아지[의 일]와 아마 전체[의 일]"이라고 표기했다. 에너지에는 세 줄을 그어 인용했다. 그리고 "주의NB"에는 "신민의 '열광'"이라고 기입했다.(Lenin 1957, 32)

은 위협으로부터 초래된 것이었다."(위의 책, 972) 역사적 개관을 마무리하면서 클라우제비츠는 이렇게 말한다. "모든 시대에 대해 해당될 몇 줄의 전쟁수행 원칙을 언급하고자 한 것이 아니다. 모든 시대는 자신만의 전쟁을, 자신만의 제한된 조건을, 자신만의 편견을 가지고 있음을 단지 보여 주고자 한 것뿐이다. 모든 시대는 따라서 마찬가지로 자신만의 전쟁이론을 가지고 있다는 것이다. … 모든 시대의 사건이란 그 시대의 특성을 고려해 판단해야 한다."(위의 책, 972f.)[175]

클라우제비츠와 레닌이 말하고자 한 것은 빨치산이 아니라 인민의 전쟁이다. 그런 점에서 슈미트는 레닌을 의도적으로 오독했다. 인민의 전쟁, 이것이 19세기 이래 유럽전쟁의 전쟁개념과 전쟁수행의 거대한 구조변화의 본질이다. 그리고 이는 슈미트가 유럽공법과 연관지어서 추상적으로 일반화한 전쟁의 제한·보존론이란 것은 이러한 거대한 구조변화 이전의 그 해당 시대만의 구체적, 역사적 조건에서 파생된 것에 불과하다는 말이기도 하다. "모든 시대는 그 시대의 전쟁이론을 가진다." 따라서 슈미트가 이상화하고 또 일반이론화하기를 원하는 저 베스트팔렌 조약 이후 제1차 세계대전까지의 전쟁의 제한·보존론은 어떤 한 시대의 이론을 과도하게 일반화하는 오류라는 의미다.

클라우제비츠도 레닌도 우적의 구별을 정치적인 것의 기준이라고 한 적이 없는 것은 자명하다. 클라우제비츠와 또 그의 '제자'로서의 레닌이 구별한 것은 우적이 아니라 절대전과 현실전이다. 변증법적 논리에 의거해 '절대전'이라는 전쟁의 이념형Idealtypus적인 순수모델이 현실의 조건에 의해 제약되면서 '현실전'으로 하강하는 과정과 여기에 적에

---

[175] 레닌은 여기서도 "모든 시대는 '자신만의 전쟁을 가지고 있다"에 두 줄을 긋고 이를 인용하고 있고, 마찬가지 그 아래 구절 "모든 시대의 사건…"에 대해서도 "주의" 표시와 함께 세 줄을 그어 강조하고 있다(Lenin 1957, 33).

대한 적대 역시 조응한다는 것이다. 정치는 '전체'이고 전쟁은 이것의 '부분'이며, 전쟁은 여하한 정치의 수단이며 전쟁은 그러므로 정치에 그 원인이 있으며 따라서 전쟁의 종식 역시 정치에 의해 가능하다는 말이다. 따라서 정치의 우위는 불가피하다. 그런 점에서 슈미트와도 상통한다. 하지만 전쟁은 다른 수단에 의한 정치의 계속이다. 이미 이 책의 제2장에서도 언급한 바, 슈미트가 주장하듯 전쟁은 정치의 '전제'가 아니라는 것이다.

§4. 『정치신학 II』와 '정치적인 것'

정치신학이란 무엇인가, 여기에 대해 요한 밥티스트 메츠Johann Baptist Metz의 설명을 들어 보자. "정치신학 개념은 주되게는 두 개의 완전히 상이한 맥락과 심지어 대립되는 의미를 갖고 있다. 스토아학파에서는 시민계층의 신학이라는 의미에서 신화적(시적인) 그리고 철학적(자연적) 신학 외에 정치신학이 있었다. 정치신학은 공적인 국가숭배와 같은 것이었고 정치의 우위를 (신학적으로) 인증하는 데 복무했다. 전적으로 이러한 의미로 국법학자이자 법이론가인 칼 슈미트(1888-1985)는 이 개념을 적용했으며, 그는 제1차 대전 이후시기에 프랑스 전통주의의 반계몽주의적 사상을 재수용하면서 이 개념을 발전시켰다. 바이마르공화국과 의회민주제의 반대자로서 슈미트는 주권의 이념을 (재차) 절대주의적으로 이해된 국가에 집중시켰으며, 이를 통해 자신의 반유대주의적인 특성을 포함하여 나치즘의 총통국가 사상의 지적인 향도가 되었다. 신학적으로 볼 때 이는 그 모든 경우에 있어 모든 법학 개념을 세속화된 신학적 개념으로 이해하고 가톨릭사상을 전前민주주의적 삶의 형태의 패러다임으로 폄하했다는 점에서만 정치신학이었다."

이에 슈미트의 그것과 대척적인 위치에 있는 것이 '신정치신학'이다. "본질적 차이를 분명히 하자면 1960년대 중반이후 발전한 정치신학을 대개 '신정치신학'이라고 부른다. 신정치신학에서 중심이 되는 것은 조직신학의 (해석학적) 기초문제이며 신학적 개념과 인식을 정치의 영역에 적용하는 것이 아니다. 한편으로 신정치신학은 신학과 교회에서의 일정한 사유화경향(기독교 신앙과 성경의 복음 이해에 있어 초월적이며, 인격주의적이고 실존적으로 협소화된 이해방식, 사적인 일Privatsache로서의 종교, 부르주아사회의 서비스센터Servicebetrieb로서의 교회)을 비판적으로 정정하고, 본질적으로 공적이고 사회비판적인 성격을 신앙의 중심 내용으로 강조한다. 이러한 신앙의 내용 자체와 이 내용을 규정하는 묵시론적 시간 이해 속에 기술 문명과 그 진화적 시간개념의 전체성에 대한 신학적 비판의 뿌리 또한 존재한다. 다른 한편으로 역사에 대한 구성적 고려와 현재 사회의 조건하에서 비로소 기독교 복음이 표출되어야만 하며, 그 대상은 단순히 근대이후의 시민으로만 한정되어서는 안 되지만 이는 기독교 주체의 이해관심안에서 표출되어야만 한다. 이런 방식으로 우리 세기의 종말론은 신정치신학 안으로 뚫고 들어 (재)발견된다."(Metz 1997, 163f.) 이 신정치신학은 F. 몰트만Moltmann, D. 죌레Sölle, D. 본회퍼Bonhoeffer, R. 니버Niebuhr 그리고 가톨릭쪽에서는 J. B. 메츠Metz, K. 바르트Barth, R. 불트만Bultmann 나아가 해방신학, 여성주의신학, 한국의 민중신학도 이러한 지적 전통과 연결되어 있는 것으로 이해된다.

슈미트 사후 유고와 기록물 가운데, 본인 자신이 '비망록Glossarium'이란 명칭으로 쓴 전후 일기가 1991년 출간되었다. 여기서 슈미트 스스로는 자신의 신학적, 신앙적 배경을 이렇게 말하고 있다. "나의 모든 정신적이며 저술적 실존 전부를 풀이할 은밀한 키워드가 이것이다. 원래의 가톨릭적 첨예화를 놓고 벌이는 고투(중립화하는 자, 미학적으로 태만한 자, 알맹이만 빼먹는 자, 시신소각자 그리고 평화주의자에 대항하는). 이 가톨릭적 첨예화의 도정에 테오도르 헥커Theodor Haecker[176]가 등장했다. 이제는 더

---

176 테오도르 헥커(Theodor Haecker, 1879-1945)는 슈미트가 뮌헨에

이상 나와 함께하지 않지만 말이다."(G, 165, 1948년 6월 15일자 일기) 시기적으로 볼 때 이 '가톨릭적 첨예화'는 그 집필과정에서 헥커와 활발한 지적 소통을 하던 특히 『로마가톨릭주의와 그 정치형태』, 『정치신학』등 바이마르 초기저작에 주로 해당된다고 봐도 될 것이다. 하지만 『비망록』에는 전혀 다른 목소리도 들린다. "신은 전혀 다른 것이라고? 신학자들은 이렇게 선포한다. 글쎄다, 기독교교회의 신학자들, 국가관료화된 파시즘의 희생자, 초특권층과 잠재적 노벨상 수상자. 신은 전혀 다른 것이라고? 신도 전적으로 같은 것이다. 내가 신이다Gott ist Ich. 법학에 대한 법실무자의 잘못된 전형적 관계가, 의학에 대한 보험환자를 진료하는 의사의 그것보다 훨씬 크다."(G, 307, 1950년 7월 5일자 일기) "내가 신"이라는 말은 신학자들이 '해석'한 신에 대한 의도적 부정으로 이해된다. "신학자"에 대한 불신은 다소 일반적인 슈미트의 '애티튜드'처럼 보인다. "신학자들은 적을 섬멸되어야 하는 어떤 것으로 정의하는 경향이 있다. 하지만 나는 법률가지 신학자가 아니다."(ExCap, 89) 마찬가지 같은 책에서 "나는 유럽공법의 최후의, 의식적인 대변자"(ExCap, 75)라고도 자신의 정체성을 밝히고 있다. 하지만 『비망록』에서는 2인의 탁월한 교회법학자—스페인의 법학자 테오도로 안드레스 마르코스(Theodoro Andrés Marcos, 1880-1952)와 슈미트가 『정치신학II』를 헌정한 독일 신학자 한스 바리온(Hans Barion, 1899-1973)—를 가리켜 "신학의 법학자이며 나는 법학의 신학자"라고 말한다(G, 23, 1947년 10월 3일자).

슈미트의 저작 특히 초기저작을 풀이할 열쇠가 정치신학에 있다는 점을 가장 먼저 강조한 사람은 이미 앞에서도 언급했던 다다이스트로 유

체류하는 동안 함께 했던 청년지식인 모임의 주도자였다. 여기에 페테르존도 가입했다. 헥커는 이후 독일 가톨릭계에서 가장 잘 알려진 문필가였다. 자유주의에 대한 격렬한 반대등 많은 공통점에도 불구하고 나치즘에 대한 입장에서 슈미트와 정반대의 선택을 했다. Dahlheimer 1998, 539ff.

명한 후고 발이었다. 정치(국가)와 신학, 신학과 법학, 신학과 철학 사이를 "법학 개념의 사회학" 즉 "유추"의 방법을 도입, 적용함으로써 슈미트는 "신의 언어" 즉 신학을 비단 "법학 뿐만 아니라, 예술, 정치, 인격 그리고 숫자와 시간의 최상위 개념"으로 등극시켰다. 후고 발에 따르면 이 유추와 더불어, "합리ratio와 비합리적인 것의 안티테제"가 슈미트 저술의 "본질적인 구성원칙"이라는 것이다. "그러나 정확히 고찰해 보자면 이 두 가지 원칙은 하나이자 같은 것이다. 왜냐하면 더 높은 의미의 비합리적인 것이 합리에 대해 갖는 관계와 마찬가지로 신학은 법학과 … 관계하기 때문이다. 이런 맥락에서도 슈미트는 1919년의 『정치적 낭만주의』의 결론에 재차 접속하고 있다. 거기서 슈미트는 유추에 대해 처음으로 언급하고 또 적용했다. 『독재론』은 하나의 우회로였거나 아니면 낭만주의 책보다 분명 먼저 생겨났다.[177] 『독재론』에서 이 안티테제는 유추와 일치하지 않는다. 이로 인해 근본개념의 혼돈이 초래되었다. 슈미트 저작의 통일성은 이성의 형식원리로서의 초이성적인 것에 대한 이성의 관계를 밝혀내는 데 근거하고 있다. 하지만 이 관계는 정확히 신학에 대한 법학의 관계이며, 『독재론』에서처럼 권력찬탈의 자의에 대한 법학의 관계는 아니다."(Ball 1924, 282) 그러므로 후고 발은 슈미트의 중세 토마스 아퀴나스의 "토마스주의Thomismus"의[178] 전형적 문제설정 즉 "교리Dogma의

---

[177] 슈미트 『독재론』은 1920년 여름 탈고되어 1921년 출판되었다. 이 시기는 독일제국이 붕괴되고 바이마르공화국이 막 출범하는 그리고 뮌헨의 혁명과 뒤를 이은 내전상황에 의해 극도로 혼란한 시기였다(Mehring 2009, 118f.).

[178] 토마스주의를 "그리스도교적 아리스토텔레스주의"라고 한다. 즉 토마스 아퀴나스의 위대한 지적 능력에 의해 이성의 원리에 입각한 아리스토텔레스의 철학이 중세 기독교신학과 결합되는 '대종합'이 13세기에 와서 이루어졌다는 말이다. 토마스 아퀴나스는 이성적 자연과 초이성적 "은총"을 연

초이성성이 반드시 반이성적이거나 비이성적일 이유가 없고", "초이성과 이성, 신학과 철학"을 결합하는 것에 주목하는 것이다(Ball 1924, 283). 이후 슈미트 사상의 정치신학적 맥락을 가장 강조한 이는 누구보다 하인리히 마이어다. 마이어에 따르면 "슈미트가 자신의 정치적인 것의 이론으로 기여하고자 했던 그 대담한 시도의 핵심에 육박하고자 하는 자는 모든 것을 결정하는 문제에 도달할 때까지 거슬러 가야 한다. 이 문제는 슈미트의 '이론'에서는 발언되지 않은 것이며 오히려 그 이론에 선행하는 것이다. 왜냐하면 이 문제는 슈미트에게 영원히 결정적으로 답변되어야 하는 것이기 때문이다. 슈미트의 정치적인 것의 개념이 기초하고 있는 전제들에 대해 말하고자 하는 자는 계시 신앙에 대해 침묵할 수는 없다. 슈미트의 정치적인 것에 대한 학설을 그의 정치신학의 일부로 파악하지 않는 자는 그의 정치적인 것의 학설을 파악할 수 없다."(Meier 1994, 52)

    하지만 슈미트의 정치신학에 대해서는 그 당시나 지금이나 아주 만만찮은 반론이 제기되어 있는 상태다. 1930년대 당시에도 한 쾰른의 교목이 말한 것처럼 적대를 슈미트 이론의 중심이자 핵심적인 정치적 범주로 설정한 그의 정치적인 것의 개념이 "신학적으로 부정적인 인간학"에 기초해 있고, 그의 우적구별이란 것도 그 성격상 "신학적으로 어떤 거

결함으로써 이것이 가능해졌다. "자연과 은총간의 전통적인 간격을 토마스는 연결하였다. 자연 그 자체와 자연법의 효용성에 대한 그의 생각은 매우 분명하였다. 이들은 여하한 계시나 은총 또는 신적 도움없이도 작동하였고, 작동할 수 있다는 것이다. ... 전통적 교의에서는 자연과 은총사이의 날카로운 대비 즉 현저한 실제적인 이분법이 있었다. ... 그 [토마스 아퀴나스]는 이를 상이한 계서적 질서로 수렴하였다. 그리하여 자연과 은총의 대립은 서로 다른 두 개의 계서적 질서, 즉 자연적 질서와 초자연적 질서로 파악되었다. 따라서 자연과 은총은 적대적이 아니라 상호보충적 요소들로 파악되었다."(울만 2000, 203)

절Absage"을 의미하는 것이다(Dahlheimer 1998, 231). 그래서 "슈미트의 신학은 당연히 가톨릭적이라고 부를 수 없는 것이다. 그것은 자신의 일기장이 잘 보여 주듯이 시종일관 마지막까지 완전히 비가톨릭적인 우적사상과 병리적 유대인증오에 의해 각인되어 있는 것이다."(Rüthers 1990, 902) 그래서 슈미트의 '가톨릭적 첨예화' 언술에도 불구하고, 막상 가톨릭신학계의 시선은 냉담하다고 해야겠다. "슈미트의 분명해지고 있는 '가톨릭화하는 사적 신화학'(B. 니히트바이스Nichtweiß의 표현)을 원래적 의미에서 가톨릭적이라거나, (신학적 심급에 책임을 지는) 한 번도 포기한 적이 없는 '가톨릭적 근본입장'의 표현이라고 불러서는 안 된다."(Wacker 1994, 8)

슈미트의 정치신학이 국가학으로서의 정치학, 법학 그리고 신학과의 "유추"를 통해서만 규정력을 발휘한 것은 아니다. "민주정에 대한 학문적 고찰은 내가 정치신학이라고 말했던 어떤 특수한 영역에서 진행되어야 한다. 19세기에 의회주의와 민주정은 양자가 같은 의미로 간주되게끔 상호 결합되었기 때문에 이러한 민주정에 대한 논평이 선행되어야만 했다. 현대 의회주의라고 명명하는 것 없이도 민주정도, 민주정없는 의회주의도 존재할 수 있다, 그리고 민주정이 독재에 그런 것처럼 독재도 민주정의 결정적 대립물이 아니다."(LdParla, 41) 그래서 이때 민주정의 정치신학과 관련해 슈미트가 무대에 올린 가장 중요한 오브제가 바로 '환호송acclamatio'문제다. 그렇다면 흔히 '갈채'라고 오역되어 상당한 혼란을 지금도 야기하고 있는 환호송이란 무엇인가. 내가 여기에 대해 새로운 접근이 가능했던 것은 주로 아감벤의 논의에 기댄 바가 크다. 아감벤은 1926년 에릭 페테르존(Erik Peterson, 1890-1960)이 제출한 교수자격논문에 대한 연구를 통해 이 문제에 전혀 새로운 해석을 시도하고 있다. "이는 찬양, 개선('개선장군, 만세'), 칭찬, 부동의('반대파의 환호송')의 외침으로, 특정한 상황에서 군중에 의해 외쳐진다. 환호송은 오른손을 드는 행동과 함께 이루어지거나 … 극장이나 원형경기장에서는 박수를 치거나 수건을 흔드는 행동과 함께 이루어졌다. 여기서 키케로가 증언하는 대로 ... 환호송은 경기자나 배우뿐만 아니라 공화국의 행정관이나 이후에는 황제에게도 향할 수 있었다. 주권자가 도시에 도착하면 의식적 행렬('행차')이 이어졌는데, 보통은 장엄한 환호송이 뒤따랐다. 환호송은 다양한 형식을 취할 수 있었는데, 페테르존은 이를 상세히 검토한다. 승리의 기원, 생명과 풍요의 기원, 힘과 구원에 대한 기원, 기원과 기도에 대한 기원, 동의와 찬성에 대한 기원이 그것이다."(아감벤 2017, 356f.) 환호송이 가진 핵심은 그것이 "특정한 상황에서는 법적 의미를 가질 수 있었음"에 있다고 페테르존은 지적한다(위의 책, 358). 슈미트가 착목하는 지점이 여기다. 환호송을 슈미트가 근거로 언급하는 곳은 아주 많은 데 여기서는 일단 아감벤이 인용한 부분을 언급해 보자. 페테르존의 교수자격청구 논문이 제출된 그 다음 해인 1927년 「인민투표와 인민청원」에서 비밀개인투표에 반대하면서 슈미트는 이렇게 쓰고 있다. "개인에 의한 비밀투표는 모종의 절차에 따라 조정되는 어떤 종류의 공적 논쟁도 그것에 선행하지 않기 때문에 집합된 인민에 고유한 가능성들을 완전히 무화시킨다. 실제로 인민의 활동, 능력, 기능, 모든 인민적 표현의 핵심, 민주주의의 원현상, 심지어 루소 또한 본래의 민주주의로 생각했던 것은 환호송으로, 집합된 군중이 찬성이나 반대를 위해 지르는 외침이 바로 그것이다." 여기서 말하는 인민은 바로 '헌법제정권력'의 주체이다. 그래서 "환호송은 모든 정치공동체의 영원한 현상이다. 인민없는 국가는 존재하지 않으며 환호송없는 인민은 존재하지 않는다."(위의 책, 360ff.)

하지만 이에 대한 반론으로 소환된 또 다른 역사가가 폴란드 출신의 역사가 에른스트 칸토로비치(Ernst Kantorowicz, 1895-1963)다. 그에 따르면 "찬가적 환호송은 왕의 정당성에 대한 승인을 나타내는 것이었다 ... 이 노래를 이용해 교회는 장엄한 형식으로 그가 왕임을 공언하고 공적으로 왕을 인증했다. 하지만 이러한 공언이나 인증의 무게를 법적 기준으로 잴 수는 없을 것이다." 또한 "'인민'과 '교회'는 동일한 것이 아니다.

찬가는 눈에 보이는 교회와 눈에 보이지 않는 교회 쪽에서 지배자를 승인한다는 것을 나타내는 이상 '인민 쪽에서의 환호송'으로, 심지어 '인민의 동의'로는 더 더욱 간주되지 않는다." 결국 칸토로비치의 결론은 "정치적 환호송은 ... 감정에 호소하는 파쇼정권에는 필수 불가결했다."(위의 책, 396f., 400) 그리고 슈미트의 개념전략에 대한 아감벤의 논평이다. "전례적 환호송의 제헌적[구성적] 기능이라는 개념을 페테르존에게서 차용해 순수한 또는 직접 민주주의 이론가 흉내를 내는 것"에 다름아니라고 신랄히 지적한다(위의 책, 362). 그리고 여기서 한걸음 더 나아가 아감벤은 1968년 혁명 당시 핵심이론가였던 귀 드보르(Guy Debord, 1931-1994)의 '스펙타클'개념을 가져와, 현대 자본주의 정치와 경제에 있어 슈미트가 말한 '환호송'이 바로 이런 스펙타클한 권력의 지배를 언급하는 것에 불과하다고 비판한다(위의 책, 520f.).

슈미트의 『정치신학 II』은 1969년 이제 팔순을 막 넘긴 노구를 이끌고 1935년 페테르존의 논문이 나온 지 근 30년도 훌쩍 넘겨 집필한 논전적인 글이다. 1933년 나치집권 직후 가톨릭계 잡지인 『호흐란트Hochland』에 「고대기독교의 판단에서 아우구스투스 황제. 정치신학의 역사에 대한 일고」에서 페테르존은 자신의 핵심테제를 이렇게 정리한다. "정치신학은 그 본질에 있어 신학이 아니라 정치사상의 구성요소이다. 폴리스의 정치행위가 폴리스의 신들로부터 벗어나는 그 정도만큼, 그것이 철학적인 종류이건, 신학적인 종류이건 하나의 이론을 폴리스의 정치행위와 합치시키려는 욕구가 생기는 것이다." 그것은 기본적으로 정치신학이라기보다 신학적 정치라는 것이다(Dahlheimer 1998, 219 재인용).[179] 이어

---

[179] 뤼테르스 역시 같은 견해다. "그것은 [슈미트의 국가] 목적을 놓고 경쟁하는 조직의 합리성이 아니라 통일된, 국가를 기초하는 '결단'의 비합리성'에 착근하고 있다. ... 따라서 슈미트에게 정상적 상황에 맞추어진 합리성은 '권태로운' 것이며, '국가파괴적인 것으로 등장할 수밖에 없었을 것이다.

1935년 다시 「정치적 문제로서 일신론: 로마제국의 정치신학사 일고」라는 글을 발표했다. 여기서 슈미트를 겨냥한 각주에서 "내가 아는 한 슈미트가 『정치신학』(1922)에서 '정치신학' 개념을 도입했다. 당시 그의 짧은 설명은 체계적으로 서술된 것이 아니었다. 우리는 여기서 구체적 사례를 들어 '정치신학의 신학적 불가능성을 입증하고자 시도했다."(Dahlheimer 1998, 218 재인용) 페테르존이 주장했던 것은 다신론과 민족국가, 일신론과 왕국 즉 로마제정간의 내적인 연관에 대한 당대 신학자 유세비우스 Eusebius의 학설이 기독교 삼위일체설에 의해 그리고 성아우구스티누스에 의해 기독교와 로마제국의 연결이 해체되었다는 말이었다. 그 결과 기독교는 로마제국 경계로부터 해방되었다. 이로써 더 이상 정치문제로서 일신론은 '처리erledigt'되었고, 모든 정치신학과의 단절도 완성되었다는 것이었다(Dahlheimer 1998, 218).

　　페테르존의 슈미트 비판은 1920-30년대 독일에서 슈미트의 정치신학 개념에 신학적으로 문제제기한 유일한 사례였다. 1930년대에 들어서서 슈미트의 정치신학이 마치 유행어처럼 개신교에서 가톨릭까지 전 교파적으로 확산되었다. 이런 상황에서 페테르존은 심지어 나치정권에 대해서까지 매우 비판적이었다. 이런 정황을 슈미트 자신이 표현하고 있다. 페테르존의 글은 "총통숭배, 일당체제 그리고 전체주의를 겨냥한 잘 위장된, 지적으로 상관없는 듯하는 어떤 암시로서, 당면한 현실에 대한 비판이자 항의로 받아 들여졌다."(PT2, 15)

　　『정치신학II』에서도 슈미트는 정치적인 것의 기준이란 그 자체로

왜냐하면 그 합리성은 국가의 '원래의' 신화적이며 비합리적 요소를 부인하거나 강력하게 구축하기 때문이다. ... 그의 국가는 정치적인 것의 개념과 마찬가지로 신학에 의해 각인된 것이다. 정치신학이 그가 옹호했던 세계관에 복무하는 신학적 정치로 귀결되는 것은 전혀 우연이 아니다."(Lüthers 1990, 133)

"오늘날 어떤 새로운 실체도, 새로운 '물질' 혹은 새로운 자율적 영역'이 아닌 우적구별 외에 어떤 것도 아니"라는 자신의 핵심주장을 재차 확인하고 있다(PT2, 22). 유일한 하나의 정치신학이 존재하는 것이 아니라, 정치신학은 극히 '다형태적polymorph 영역'(PT2, 41)임을 강조하면서, 슈미트는 "역사적 현실에서 종교적이고 정치적인 동기와 목표를 내용적으로 달리 규정할 수 있는 두 개의 영역으로 깔끔하게 분리하는 것은 불가능"하며, 또 "세속적 측면에서 볼 때 정치적인 것의 잠재적 편재성Ubiquität과 정신적인 측면에서 볼 때 신학적인 것의 편재성은 언제나 새로운 현상형태 속에서 관철된다"라고 말한다(PT2, 57f.). 정치적인 것과 신학적인 것은 이처럼 서로 내용적으로 분리된 영역이 아니라는 말이다.[180]

특히 『정치신학II』의 후기에서 슈미트는 근대의 정당성의 문제와 관련해 구원설Heilslehre에서 도출된 그 어떤 정치신학도 '과학적'으로 더 이상 가능하지 않다고 보는 신학자 H. 블루멘베르크에 대한 반비판을 시도한다. 여기서 그는 1930년대까지의 격렬한 반합리주의적 파토스와는 자못 다른 톤으로 자신의 정치신학의 방향을 제시하고 있다. "정치신학에 대한 나의 노력은 그 어떤 혼란스러운 형이상학이 아니라, 특정한 개념에 힘입은 하나의 재배치Umbesetzung의 고전적 사례이다. 이 개념은 '서양합리주의'의 두 가지 가장 발전되고, 가장 잘 구성된 현장조직 즉 모든 법학적 합리성을 구비한 **가톨릭 교회**와 토마스 홉스의 사상체계 속에서 보자면 기독교적인 것으로 전제되고 있는 **유럽공법의 국가** 사이에서의 체계적 사고의 범위내에서 주어진 것이었다. 이 국가는 오늘날까지 전쟁의 국제법 학설상 최대의 합리적 '진보'인 즉 적과 범죄자의 구별과 그와 함께 타국의 전쟁시 일국의 중립에 대한 학설의 가능한 유일

---

[180] "신학적 사고의 전제와 정치적 사고의 전제사이의 방법적 연관은 명백하다."(BP 2, 64)

한 기초를 다지는 데 성공했다. 나와 나의 정치신학의 입장에서 보자면 그것은 근대로의 시대전환에 속하는 것이다"(PT2, 86, 강조는 원문) 여기서 잠깐 1949년 5월 23일자 슈미트의 일기로 돌아가 보자. "누가 도스토예프스키의 저 위대한 종교재판관Großinquisotor에 더 가까운가. 로마교회인가 홉스의 주권자인가? 종교개혁과 반종교개혁은 그 방향에 있어 유사함이 입증되었다. 너의 적을 말해다오. 그러면 나는 네가 누군지를 말해 주겠다. 홉스와 로마교회. 형상으로서 적은 우리 자신의 문제이다."(G, 243) 종교개혁의 편에 선 홉스와 이에 반대하는 로마가톨릭은 적대관계였다. 그러나 동시에 양자는 절대 질서를 옹호하고 무정부주의라는 공통의 적을 갖고 있다는 점에서 동지이다. 서로가 서로에게 '자기 자신의 문제'이며 이를 통해 자기 정체성을 획득한다. 그렇지만 여기서 슈미트가 원하는 것은 홉스와 로마가톨릭이라는 정치신학의 '고전적 사례'를 현대적 문맥으로 '재배치' 또는 번역하는 일이다. 다시 말해 그렇다면 근대의 눈높이에서 '정치적인 것의 개념'과 —슈미트의 '개념사회학'적인 의미에서— 구조유사성을 갖는 신학적인 것의 개념은 무엇인가.

이와 관련한 슈미트의 제안이 '스타시스학Stasiologie'[181]으로서의 신학이다. 이는 '그노시스적 이원론'적 신개념에 기반해 있다. "탈신학화는 이와 더불어 이 세계가 '정치형태적politmorph'으로 존재하기를 멈춘다는 의미에서 이는 탈정치화를 의미한다. 이때 마찬가지로 정치적인 것의 기준으로서 우적구별도 중단된다. 그노시스적gnostisch[182] 이원론

---

[181] 그리스어로 스타시스stasis란 슈미트의 설명에 따르면 한편으로 평안, 평안함, 정지, 지위를 다른 한편으로 소요, 운동, 반란, 내전이라는 서로 상반되는 의미를 동시에 갖고 있는 개념이다(PT2, 91). 물론 슈미트가 주목하는 것은 스타시스가 갖는 '반란'의 의미이다.

[182] 그노시스gnosis를 번역하거나 정의하는 것은 사실상 불가능하다. 그노시스가 무엇인지에 대한 이해를 돕기 위해 여기서는 다음을 인용해 둔다.

은 사랑의 하느님, 세상에서 버림받은 하느님 그리고 구세주로서, 이 악한 세상의 창조주이신 정의의 하느님에 대항한다. 두 하느님은 비록 서로 적극적으로 투쟁하는 적대는 아니라 하더라도, 서로 이어질 수 없는 낯섦 속에서 공개적 야전전투의 순진함 속에 알려지고 확인되는 그러한 적대보다 강력할지 모를 일종의 위험한 냉전에서처럼 행동한다."(PT2, 92f.) 여기서 슈미트는 괴테의 모토를 빌려온다. "오직 하느님만이 하느님에 대항한다nemo contra deum nisi deus ipse."(PT2, 95). 슈미트는 괴테를 빌려 "정치신학의 문제를 적의 문제로 제기"하고자 하는 것이다(PT2, 96). 신 대 신, 창조주 대 구세주의 대결이라는 그노시스적 이원론의 문제설정이야말로, 설사 세계가 '남김없이 탈신학화'되더라도 적의 실재와 그 가능성을 배제할 수 없게 만드는 신학적 근거로 제시되는 것이다. 이로써 신학적, 신적인 것에도 정치적인 것의 기준 곧 우적구별은 어쩔 수 없이 관철됨을 슈미트의 정치신학은 주장하고자 한다. 또 그럼으로써 정치적인 것은 '모든 것'이 된다. 결국 슈미트가 시도한 정치적인 것의 개념의 신학적 입증은 이 신의 양분Entzweiung을 요구하고, 정의상 적대와 '사랑'이 양립할 수 없는 한 '사랑의 하느님'이 이제 정치적인 것에 개입할 여지는 사실상 제거되었다. 이것은 정치신학이라기 보다 차라리 신학

"그노시스는 지식인의 탈정치화에 그 원인이 있는 일종의 종교적 평신도 지성주의 또는 어느 정도의 '민중종교'로도 표현할 수 있다." 그리고 최근의 "그노시스적 사고의 르네상스는 유일신으로서 신의 위기의 징표이기도 하다. 그것은 이중적 의미에서 신의 위기이다. 신의 위기가 우리 시대의 정신적 표징이라는 것은 그노시스적 구원신화와 재신화화 추구를 통해 분명해진다. 이 르네상스는 특히 현실상실의 표현이다. 왜냐하면 세계와 세계창조에 대한 부정적 의식이 강해질수록, 구원의 신화는 더욱 노골적으로 드러나기 때문이다."(Manemann 2002, 56, 64)

정치라고 부를 만한, 다시 말해 이러한 '신학의 이데올로기 도구화'[183]는 우적구별을 정치적인 것뿐만 아니라 '정치신학의 기준'(PT2, 90)으로까지 강제하는 한 피할 수 없는 결과이다.

1991년 슈미트 사후 『비망록』이 출판되면서 새롭게 논쟁이 된 것이 반유대주의Anti-Semitismus문제다. 슈미트는 여기서 피터 드러커가 쓴 『경제적 인간의 종말』이란 1939년 출판된 책의 구절을 인용하고 있다. 그중 하나는 "전체주의는 새로운 악마의 새로운 인격화를 발명해야만 한다. 유대인과 비교하면 공산주의자라 하더라도 악마적인 적으로서의 가치는 의심스럽다." 그런데 여기에 대한 슈미트의 코멘트는 이렇다. "유대인은 유대인일 뿐이다. 공산주의자는 더 좋아지고 바뀔 수도 있지만 말이다. 그것은 북방인종 등과 아무 상관이 없다. 바로 동화된 유대인들이 진짜 적이다. 시온 의정서Parole der Weisen von Zion가 위조된 것이라고 입증하는 것은 전혀 의미가 없는 것이다."(G, 18) 나치집권 이후 1933-1943년 자신의 청소년기 약 10년간 슈미트의 이웃이었던 좀바르트의 아들 니콜라우스는 이렇게 증언한다. "이 시절 [1942년을 말함-인용자] 슈미트의 책상 위에는 비스마르크가 아니라 디즈레일리[184]의 초상이 걸려 있

---

183 Groh(1998), 170. 슈미트 정치신학에 대한 자세한 비판은 Manemann(2002), Dahlheimer(1998)을 참조. 특히 슈미트 정치신학의 반유대주의 문제는 Gross(2000)을 참조.

184 슈미트는 『땅과 바다』에서 이렇게 얘기한다. "빅토리아 여왕 시절의 유력한 영국 정치가 벤저민 디즈레일리는 인도를 염두에 두면서, 영국 제국은 유럽 권력이 아니라 아시아 권력이라고 말했단다. … 디즈레일리는 19세기의 아브라바넬이었어. **세계사의 열쇠인 인종**, 그리고 유대교, 기독교에 대한 그의 견해 중 일부는 비유대인들과 비기독교인들에 의해 열심히 전파되기도 했지…. 배는 돛을 올리고 다른 곳에 닻을 내릴 수 있어. 리바이어던이라는 거대한 물고기는 다른 대양을 찾아 스스로 움직일 수 있다는 거지."(땅

었다는 점을 알아야 한다. 이런 식으로 슈미트는 '벨에타쥬[Belétage 가장 좋은 층이라는 불어-인용자] 반유대주의'자였다. 유대인 문제는 슈미트에게 운명 그 자체였다. 그가 유대인을 증오한 것은 아니었다. 유대인과의 대결은 그의 인생 문제였다. 유대인은 슈미트의 '적'이었다. … 슈미트가 인생 후반부에 즉 1945년 이후 자기의 글, 대화 특히 헌정사에서 수도 없이 반복했고, 슈미트에게 향할 수 있었던 그 모든 질문에 대한 최종 답변으로서, 슈미트의 모순과 침묵의 정당화 구실로서, '종장의 지혜로서' 슈미트에게 진정성의 아우라를 제공했던 저 유명한 구절이 유대인에 연관된다는 사실에 대해 나로서는 추호의 의심도 없다. 달리 표현하자면, '**형상으로서 유대인은 내 자신의 문제이다!**'"(Sombart 1997, 287, 강조는 원문)

어떤 조사에 의하면 슈미트의 『비망록』 총 320쪽에서 유대인이란 말이 나오는 것이 40회라고 한다(Gross 2000, 374). "『비망록』이 제기한 해석상의 문제는 슈미트의 유대인 적대가 오로지 기독교적으로만 각인된 반유대주의로 잘못 해석되었다는 점에 있다. 슈미트의 반유대 투쟁은 그러나 본질적으로 **정치**−신학적인 것이지 순수 신학적으로 규정되지는 않는다(Gross 2000, 367, 강조는 원문).

라파엘 그로스는 반유대주의가 슈미트 사상의 내생적 요인임을 강조하고 있다. "반유대주의와 나치즘은 슈미트의 사상을 근본적으로 각인하고 있다. 슈미트의 분석이 갖는 준거점은 '정신사적 상황'을 이루고 있다. 그러나 슈미트의 앙가주망은 이론적 논쟁뿐만 아니라 나치 국가의 보편성의 정치에 관계한다. 슈미트의 반유대주의적이며 나치즘적 개입

과 바다, 115f., 강조는 인용자) 디즈레일리에 따르면 "모든 것은 인종이다". 여기서 아브라바넬(Issac ben Judah Abravanel, 1437-1508)은 유대인 정치가, 신학자로서 리스본에서 나서 포르투갈왕에게 등용되었다 스페인으로 가서 다시 두 왕에 봉사했다. 유대인 추방으로 나폴리, 베네치아로 이주해 다시 그 정부에서 활약했다.

은 결코 자신의 출세주의적 유혹의 결과가 아니라 정신사적 흐름에 의해 지지되고 역사적으로 재구성될 수 있을 그 발전의 정점이었다. 슈미트의 반유대주의가 우연적이거나 혹은 두드러지게 기회주의적인 것도 아닌 것은 독일 나치즘 전부가 우연히 반유대주의적이 아닌 것과 마찬가지다. 1933년 슈미트가 새로운 국가의 명명백백히 잔혹한 불법성에 직면해서 그럼에도 불구하고 다른 식으로 결단했을 수 있었을 것이라는 사실은 슈미트 저작의 내용적 토론과는 무관한 것이다. 슈미트가 '유대적' 사상을 다룬 것은 단지 나치 국가의 초기 동안만은 아니었다. 반유대적 언급은 익명으로 출판된 문화비관주의적인 초기저작에 이미 포함되어 있었고, 전후시기에 나온 『비망록』은 반유대주의적 장광설로 가득 차 있다."(Gross 2000, 382)

슈미트의 정치신학은 그로스의 견해에 의하면 적과 적대의 원형을 제공해 주었다. 그것이 유대인이라는 말이다. 그리고 스스로 위임한 자신의 역할은 이 적을 '억제'하는 것이다. 카테콘[185]말이다. "슈미트적 의미에서의 정치신학은 급진 국가론의 입론을 위해 신학적 개념을 이입하고 도구화하고자 한 시도이다. 여기서 신학으로부터는 오로지 적만을 이양 받았다. 적의 원형은 유대인이다. 반실증주의적, 반규범주의적 '구체

---

185 슈미트의 카테콘Katechon은 '억제자'를 말한다. "슈미트 저작 모두에서 카테콘의 적용이 개념의 수준에 있는 것은 아니다. 그러나 만일 그런 경우에는 슈미트는 거대한, 초거대한 요구를 나타낸다. 슈미트는 잘못된 사태 전개를 확인하고 이를 비난하는 데 만족하지 않는다. 슈미트의 처방은 성경적 규모를 취하는 데, 그가 거부한 미래에 의해 이 처방은 묵시론적 종말이 된다. 슈미트의 두드러진 자의식은 … 종말론적 카테콘을 자기 자신의 상황과 허무주의적 '중앙집권화'와 거스릴 것이 없는 '민주화'라는 적敵그리스도의 제국에 맞서는 항거의 모델로 만들어 내었다."(Grossheutschi 1996, 121)

적 질서사상'의 '실체'는 오직 아리안주의에서만 발견되는 것이며 이는 다시금 스스로를 비유대적으로 정의함으로써만 표현되는 것이다. '유대적인 것'은 다양한 적의 이미지를 통해 합성된 것이며 이는 대부분이 19세기 독일과 프랑스에서 만들어진 것이다. 그것은 첫째로 프랑스에서 모라Maurras가 대변했던 것과 같은 가톨릭적-무신론적 특징을 가진 반보편주의적 반유대주의를 접합시켰다. 둘째로는 프로테스탄트적-무신론적 특징을 가진 반특수주의적anti-parikularistisch 반유대주의인데 이는 독일에서 슈미트의 전범이었던 브루노 바우어가 정교화시키기 위해 투쟁했던 것이다. 셋째 '유대적인 것'이라는 슈미트의 메타포는 19-20세기 독일에서 광범위하게 확산되어 있었던 유대인적대에 연결되어 있는데, 이는 유대교 신학 혹은 종교가 아니라, 근대화의 촉매자로서의 동화된 유대인을 겨냥한 것이며 이에 따라 반유대주의적antijudaistisch인 것이 아니라 반셈족주의적인antisemitisch 것이다. 슈미트는 가톨릭과 프로테스탄트 신학에서 나온 구원사적 개념을 이용, 중립화, 탈실체화 그리고 탈정치화 투쟁을 전개했다. 이 중심에 카테콘, 억제자 개념이 존재하는 바 이는 유대인에 의해 작용하는 역사의 가속화에 반대하자는 것이다. 점차 슈미트는 자기 자신을 억제자로 파악한다."(Gross 2000, 383)

제9장

결론

나의 사상사연구의 출발점은 '철학은 시대의 아들'이라는 헤겔의 아포리즘이다. 그런데 시대는 이미 주어진 것으로, 주어진 조건 그리고 환경으로 인간이 마음대로 선택할 수 있는 것은 아니라는 것이다. 인간이 역사를 만든다거나 혹은 새로운 해답을 찾아낸다거나 하는 모든 행위는 결국에는 이미 '주어진 것'과 주체의 의지와의 벡터에 의해 그 크기와 방향이 주어지는 것이다. 시대의 아들로서 철학은 그 시대 혹은 상황이 던진 물음에 대해 영원히 답을 찾아야 하는 언제나 '술래'의 자리에 있을 수밖에 없다.

    이 책의 다소 긴 서론은 슈미트의 '개념과 구별'이라는 '비판의 무기'는 그 시대의 소산임을 보이기 위한 것이었다. 이 책에서의 슈미트 연구를 통해 우리는 서론에서 개진된 논점 가운데 적어도 다음과 같은 것을 확인해 볼 수 있었다. 먼저 첫째 '전방세대'의 경험과 감각을 내면화한 슈미트의 사상이론은 둘째 '시대정신'으로서의 보수혁명의 자장안에 놓인 것이었다. 각종의 생철학적 개념도구와 사유방식은 그 시대정신의 메타이론같은 것이었다. 셋째, 전형적인 독일 보수 '만다린'의 일원으로서 슈미트는 넷째, '지체'로서의 독일사의 특수경로를 정당화하고 나아가 이로부터의 질곡에 대한 전복적 솔루션을 모색했다. 반베르사이유-반제네바-반바이마르-반뉘른베르크는 그의 실천의 출발점과 목표를 제대로 나타내는 것이다. 다섯째로 슈미트가 '인종민족적' 경향과 운동에 사상이론적 개입을 하기 전에 이미 그것은 출발의 조건을 이루고 있었다. 슈미트의 전략은 이에 대한 대결이 아니라 부단한 순응, 동화에 있었다. 그래서 적어도 나치 12년동안은 이 인종민족적 운동과 슈미트의 사상은 구분이 힘들 정도로 그 경계가 흐릿한 것이었다. 여섯째, 독일파시즘 즉 나치즘은 무엇보다 나치블록, 대자본 그리고 군부의 '카르텔'이었다. 이 카르텔에 슈미트는 반바이마르계열의 대표적 보수혁명적 지식인으로서 '스카웃' 혹은 '픽'된 경우였다. 구나치의 견제구에 '주루사'하긴 했지만, 나치 12년 전체를 통털어 슈미트가 이 카르텔을 향해 눈으로 확인되는 그런 항의와 저항을 한 근거는 찾아 볼 수가 없었다. '후기' 슈미트에게 비록 나치와의 못미더운 결별의 제스처가 없었던 것은 아니다. 하지만 바이마르 14년, 나치 12년 동안 그를 지탱한 사상의 고갱이가 그 이후라고 바뀐 것은 아니었다.

§1. 슈미트는 기회주의자였던가

분명 바이마르 마지막 3년의 계관법률가였던 슈미트가 '바람보다 빨리 누워' 정권교체 불과 몇 달 만에 나치즘의 계관법률가로 변신하는 것은 기회주의란 말이 제격이다. 나치진영에서도 히틀러가 정권을 장악했다 기보다 '이양'받은 것이라, 초기의 이른바 '민족집중nationale Konzentration정부' 혹은 '민족 총궐기nationale Erhebung'의 정신에 걸맞게 구체제의 명망가를 포섭하는 것도 나쁘지 않은 선택이었을 거다. 슈미트는 큰 틀에서 보자면 1936년 이후 나치즘이 본격적으로 급진화 국면으로 진입하면서 보수계 인물의 청산정리라는 방향에서 숙청된다. 하지만 그 뒤에도, '백의종군'하는 자세로 국내정치보다 국제정치, 국제법에 집중하면서 새로운 운신의 공간을 확장하고자 시도한 것도 우리는 목격했다. 하지만 슈미트는 '정신적' SS일 수는 있어도, 그렇다고 SS는 아니었다. 그것은 엄연한 현실이었다. 이후에도 여전히 순 이름뿐이긴 하지만, 프로이센 국가추밀원 고문과 베를린대학 교수라는 명예가 그에겐 남아 있었다. 그런 의미에서 이 또한 기회주의라는 프레임으로 해석될 만한 행보였다. 루카치는 키에르케고르의 '익명Inkognoto'개념 속으로 전후 하이데거와 슈미트가 숨어드는 것을 신랄하게 비판한다. 이미 슈미트도 언급했다시피, 홉스에 의해 인간의 내면과 외면의 분리가 완성되어 국가권력은 인간의 내면에까지 그 관할권이 미치지 못하는 것이다. 이 내면은 '말하지 않는 한' 절대 자유의 공간이 되는 것이다. 동시에 다음 기회를 기획하는 항구적 공간이기도 한 것이다. 분명 슈미트가 동시대 보수혁명가와 함께 이런 생각을 공유했을 가능성은 충분하다. 루카치의 말이다. "히틀러는 슈미트에게 '너무 민주적이고', '너무 상스러운' 것이었다(이러한 소위 대립관계는 물론 슈미트가 히틀러에게 혼신의 힘을 다해 성실히 이데올로기적으로 봉사하는 것을 막지는 못한다.)"(루카치 1997, 910)

여기서 잠깐 하이데거의 경우를 언급해 둘 필요가 있다. "하이데거가 총장 자리를 수락한 것은 의무에 대한 순수한 헌신의 결과처럼 보이지 않으며, 오히려 민족주의 정치라는 새로운 이념으로 지식인과 학자들 세계에서 명성을 얻어(프라이부르크 대학 총장은 제국의 수준에까지 올라가려는 그의 출발 기지다) 이로써 총장들의 총장 또는 지적 지도자가 되려는 그야말로 정치적인 의지에 고무되었기 때문이라는 것이다. 사실, 나치들은 하이데거의 급진주의에 놀라 그를 선택하지 않았으며 하이데거는 자신의 역할을 포기할 구실을 찾았다."(부르디외 2021, 165) 또 나치정권과의 관계에 대한 하이데거의 변명은 이렇다. "하이데거 자신은 동료들(특히 나치에 의해 면직된 전임 총장 폰 묄렌도르프)의 권유로, 또 대학에서의 정신적 삶을 옹호하기 위해 총장직을 수락했고, 마찬가지 이유에서 나치당에 가입했으나 나치 활동에 참여하지는 않았다. 그리고 나치 이데올로그들이 자신의 사상을 끊임없이 비판했으며, 하이데거 자신은 결코 반유대주의라는 죄를 짓지 않았고 오히려 유대인 학생과 유대인 동료들을 돕기 위해서 열과 성을 다했다 등등."(위의 책, 168) 그래서 보자면 "하이데거가 자신이 말한 바를, 진정으로 자기에게 말하지 않고서 말할 수 있었던 것은, 오히려 그가 자신이 말했던 바를 진정으로 알지는 못했기 때문일 수도 있다. 또 그가 자신의 나치 참여에 대해 끝내 해명하기를 거부했던 것도 아마 같은 이유일지도 모른다. 그것을 진정으로 해명한다는 것은, '본질적 사유'가 실상 본질적인 것…을 사유하지 않았음을 고백(시인)하는 셈이기 때문이다."(위의 책, 175)[186]

---

[186] 실제 하이데거 사후 공개된 하이데거와 슈피겔지와의 1966년 9월 23

하지만 전후의 행보를 보자면 하이데거와 슈미트는 다소 결이 다르다. 하이데거가 '비정치적인' 철학교수로서 또 명예교수로서 1967년까지도 강의를 계속했던 것과 다르게 슈미트는 스스로 '탈나치화' 심사과정을 거부한 것이다. 따라서 그의 해직은 소청심사 등 절차없이 확정되었다. 슈미트가 연금을 수령하기 시작한 것은 1950년대 들어서다. 슈미트 케이스는 나치부역 법률가 중에서도 예외적인 것이었다. 여기에 대해 하버마스는 이렇게 말한다. "그 결과 서독의 정치적 정신사에서 어떤 음모가나 내부자만의 아우라Aura가 생성되었는데, 그래서 어떤 은밀한 전복적인 흐름이 만들어진 것 같은 인상을 주었다. 실제로 당시 똑똑하고 활동적인 다수의 청년들이 '슈미트주의'로 개종하는 일이 벌어졌다."(Habermas 1995, 114)

1949년 10월 1일자 『비망록』에는 슈미트가 탈나치화 심사를 거부한 이유를 이렇게 적고 있다. "왜 당신은 탈나치화되지 않았나요? 첫째, 왜냐하면 나는 누가 나를 독차지하는 것이 싫고, 둘째 그렇지만 협력을 통한 저항은 나치 방식이고 내 입맛에 맞지 않아서다."(G, 272) 미군정당국과의 협력이 어찌 보면 취향이 아니라는 말처럼 들리기도 한다. 여기에 대한 좀 더 구체적인 설명은 1950년 2월 4일자 『비망록』을 통해 엿볼 수 있다. "오늘날 독일에 유리한, 분명하고 이론의 여지가 없는 국제법적 논증이 무슨 소용이 있을까? 이는 언제나 차별적 전쟁개념이라는 결과와 충돌한다. 매일매일 새로운 것이 보여주는 것처럼 이 차별적 전쟁개념은 평화조약을 내부적으로 불가능하게 만들고, 독일의 적들에게 형사 및 교화조치 외엔 남는 게 없을 피점령자의 탈권화를 위한 좋은 구실만

일자 인터뷰를 보면 나치정권과의 협력에 대한 최소한의 유감표명도 찾아볼 수가 없다. 자신이 총장시절 갖은 압력에 시달렸으며 이후에는 SS의 감시를 받고 있었다고 즉 자신의 '피해자성'을 주장하고 있다. Augstein/Heidegger Interview(1976).

을 주고 있을 뿐이다. 대독일관계와 특히 독일 국가권력에 대한 점령국의 '정상화'를 위한 모든 시도는 바로 이 근본원인과 따라서 국제법적인 불가능에 부딪힌다. 차별적 전쟁개념은 차별받는 자의 그 어떤 정상화도 용납하지 않는다. 독일인으로서 그렇다면 이에 대해 무엇을 할 것인가? 다음과 같은 가능성이 있을 것이다. 1. 정전이념과의 정면 투쟁. 이 이념의 역사적, 법적, 도덕적 부조리, 내전 등의 수단으로서 이 이념이 갖는 성격에 대한 공개적인 입증. 가망성이 없을까? 2. 실증주의적인 그리고 끈질긴 구멍내기Aushöhlung. 물밑으로의 정상화. 뉘른베르크판결의 기초를 발전시키는 데 협력함으로써 사보타지하는 것. 의식적이고 계획적으로 썩은 나무 밑동의 벌레 역할하기. 곧이곧대로 받아들이는 척하는 프로치아[Prozia, 카이사르를 암살한 브루투스의 아내-인용자] 방식 3. 역할 배분을 통해 이 두 가지 가능성을 조합하는 것."(G, 292)

1950년에 『대지의 노모스』가 출판되었기 때문에 아마도 위의 3가지 옵션 중 우선 슈미트의 선택은 첫 번째였다고 할 만하다. 이는 전쟁을 범죄로, 적을 범죄자로 간주하는 미영식 자유주의 전쟁관과 그에 기초하는 국제법 질서에 대한 슈미트의 반박이나 항의였다. 『차별적 전쟁개념으로의 전환』이 1938년 즉 제2차 대전이 임박한 시점에 독일의 전쟁행위를 합리화하기 위해 나왔다는 점에서, 슈미트의 전후 사고 역시 의문의 여지없이 이전 시기와의 연속성을 보여주고 있는 것이다.

이 사례가 보여주는 것은 기회주의모델이 슈미트의 정치적 선택과 행보의 모든 것을 설명하기엔 충분치 않다는 점이다. 그리고 본질적으로 기회주의는 나타난 결과를 서술하는 개념이지 어떤 사태의 원인은 아니라는 것이 문제라는 것이다. 즉 기회를 본다는 말은 좀 나은 무엇을 위해 행동이나 전략을 대기하고 경우에 따라 이리저리 변경한다는 말인데, 슈미트의 경우 기회주의 '때문에' 나치와의 협력을 선택한 것이 아니라, 협력을 통해 좀 더 나은 기회 즉 그 기회의 선택에 따른 '더 큰 이익'이 있기 때문에 그런 선택을 했다고 보는 것이 좀더 합리적인 설명이 될 것이다. 지금 있는 것보다 그쪽을 선택했을 때 얻게 될 더 큰 이익 때문에 — 그것이 권력이든, 명예든, 돈이든, 안전이든— 선택은 이루어지는 것이다. 그래서 선택이 완료된 이후 그 과정이 기회주의로 보이는 것일 뿐이다.

§2. 그럼 슈미트는 나치였던가?

1970년, 80세가 넘은 슈미트는 '시대의 증인 칼 슈미트'라는 TV대담 프로그램에 출연한다. 여기서 그는 '민족주의 우파' 성향의 일련의 제자그룹과 분명한 경계선을 긋는다. 그러자 그 중 일인인 아르민 몰러는 슈미트의 이런 행위를 두고 "68세대와의 내통"이라고 비난하는 편지를 보냈다. 그리고 또 일인은 이보다 훨씬 더한 편지를 썼다. "25년에 걸쳐 선생께서는 모든 공격에 맞서 용감하게 침묵을 지키시다가 이제 와서 당신의 나치당 가입을 '원죄'라고 공공연하게 말씀하시는 것이 저로서는 이해가 안 됩니다. 선생께서는 도대체 어떤 근거로 좌파들의 속어를 따다가 아돌프 히틀러를 '미친 상병'[히틀러의 군복무 최고계급이 상병이었다-인용자]이라고 표현하시는 것인지도 저로서는 이해가 안 됩니다."(Mehring 2009, 556 재인용)

슈미트의 제자이기도 한 헤르만 뤼베Hermann Lübbe는 이렇게 말했다. "아데나워의 업적은 과거 [히틀러]정권의 부르주아적, 소시민적 지도층이 새로운 국가[아데나워정권의 국가]와 자신들을 동일시하는 것을 방해했을 지도 모를 독일사회의 급진적인 숙청을 시도하지 않은 데에 있다."(Deppe 2016, 204) 즉 나치정권 '콜라보' 즉 부역자를 당시 서독의 아데나워 정권은 미국헤게모니하 '기민당 국가CDU-Staat'에 통합시키는 것이 우선 목적이었다는 말이다. 여기에 1960년대 말 동서냉전과 중첩된 '68운동'에 의해 유사내전적인 정치환경이 조성되자, 슈미트의 우적도식은 '전체주의 대 자유민주주의'라는 이분법에 최적합한 정치이데올로기로 재평가된다. 그래서 슈미트의 '권위적 합법주의'(Brunkhorst 1987, 144)에 대한 정치적 수요가 발생한 것이다. '정치적인 것'의 우위에 의해 슈미트의 나치전력은 대폭 역사화되면서 현재와 역사화된 과거 사이에 안전지대가 확보되는 것이다. 즉 나치전력은 더 이상 위험하지 않은 그저 대중적 호기심의 대상으로 소비되기에 이른다.

슈미트의 사상에서 나치즘과 파시즘과의 공통분모를 추리는 것은 조금도 어려운 일이 아니다. 당장 이 책에서 언급한 것만 나열해 보자. 반계몽주의, 반합리주의, 반자유주의. 반실증주의, 반인간주의, 반서구(영,미)주의, 반의회주의, 반민주주의, 반규범주의, 반개인주의, 반정당주의, 반평화주의. 반근대주의, 반지성주의, 반연방주의, 반유대주의 그리고 이데올로기적으로 반맑스주의, 반무정부주의, 반공산주의, 반사회주의 그리고 반베르사이유, 반제네바(국제연맹), 반바이마르(공화국), 반뉘른베르크(전범재판)등이 있다. 반면 그가 추구한 가치로는 민족주의, 인종주의, 예외주의, 결단주의, 권위주의, 호전주의, 제국주의, 광역주의, 국가주의, 실존주의, 정신주의, 가톨릭주의, 전통주의 등을 들 수가 있을 것이다.

어떤 정해진 특정한 레시피가 있어 이 구성요소들을 이렇게 배합하면 나치즘, 저렇게 혼합하면 파시즘, 극우 혹은 '보수혁명'이 되는 것은 아닐 것이다.[187] 그래서 나는 부르디외의 '시대정신'에 대한 정의에 기본적으로 동의한다. "시대정신이라는 통일성 원리는 공통의 이데올로기적

---

187 주로 라틴유럽의 경험에 근거해서 쉬테른헬은 이렇게 말한다. "파시즘과 나치즘을 등치시켜서는 안된다. 양 이데올로기, 양 운동과 정권은 공통점을 갖고 있고, 접점과 중첩되는 것도 갖고 있다. 하지만 양자는 근본적인 문제에서 구별된다. 독일의 나치즘의 기초는 생물학적 결정론, 그 가장 극단적인 특징의 인종주의 그리고 유대인의 제거에 있다."(Sternhell et al, 1999, 15)

모태, 공통 도식들의 체계다. 이 공통 도식들은 무한한 다양성이라는 외양을 넘어 통념들, 즉 사유를 구조화하고 세계관을 조직하는, 대략 등가적인 기본 대립들의 집합을 발생시킨다."(부르디외 2021, 47) 그리고 이 시대정신은 100% 순수 '합리적인 것'으로만 구성되거나 또 그 방향으로만 운동하는 것은 전혀 아닐 것이다. 그런 점에서 여기에는 소렐이 말하는 '신화'의 요소가 가미되어 있다고 볼 수 있다. "현대사회에 맞서 사회주의가 벌이는 전쟁의 다양한 양태들에 대응하는 감정의 덩어리를, 모든 세밀한 분석에 앞서서 한 덩어리로서 그리고 단 한 번의 직관으로 일깨울 수 있는 총체적 이미지들에 호소해야 한다."(소렐 2007, 175) 그래서 이미지(신화)로 무장한 시대정신이 거리의 운동과 결합된 것이 나치즘이라고 규정해 볼 만하다.

슈미트가 나치라는 점에 대해서는 의문의 여지가 없다. 나치즘이 히틀러 혼자만의 작품[188]이거나 난장亂場이 아니듯, 슈미트의 협력은 단순히 나치정권에 대한 혼자만의 '부역'이라기보다, 나치체제라는 '권력 카르텔'에의 참여를 의미하는 것이었다. 한편으로 그것은 바이마르 반민주적 보수 혹은 보수혁명적 엘리트 집단의, 다른 한편으로 슈미트 개인의, 이익추구 내지 사상이념적 '실천'의 결과일 뿐이다. 이 집단 혹은 개인은 나치즘과 '전략적으로 제휴'했고 또 더 이상 이용가치가 없을 때 '토사구팽'당한 것이다. 슈미트가 이를 부인하기에는 너무 깊이, 많이 나갔고, 스스로 자신의 사상적 전력을 립서비스를 넘어 진정으로 공개 청산하고자 시도했다든지, 혹은 '성찰'을 통해 정정하고자 한 적도 없다. 있는 그대로의 슈미트를 어떻게 평가할 것인지는 온전히 우리의 몫일 뿐이다. 하지만 그가 나치즘에 독자적으로 기여한 것이 도대체 무엇인 지

---

[188] 나치즘을 파시즘과 구별 짓는 특성중 하나라 할 인종주의와 반유대주의마저 실은 히틀러의 창작이 아니었다. Krausnick(1999), 565.

에 대해서는 충분히 의문을 가질 만하다. 1920년대 실로 '안광지배철眼光紙背徹'의 예지와 통찰로 번득였던 그 바이마르시대 14년과 비교해, 나치 12년의 슈미트는 나치즘의 주석가 이상은 아니었다. 그리고 이 시기는 나름대로 제안한 개념―주로 국제법, 국제관계 분야의 차별적 전쟁 개념, 먼로독트린, 제국, 광역 등등―과 나치 '공식'이론가들과의 편차에 직면 본인 스스로 이들에 순차 '순응'해간 과정이었다. 이 시기의 자신을 멜빌의 '베니토 세레노'에 빙의해 형상화했지만 이 또한 그다지 성공적이진 않았다.

　　슈미트를 나치로 규정한다고 해서 나는 달라질 것도 없다고 본다. 억지로 과장할 일도, 없는 것처럼 뭉갤 일도 아니다. 핵심은 슈미트의 사상에서 단순히 상황에 의존한 '기회주의' 등속으로 환원할 수 없는 그 어떤 구조적인 것을 석출해 내는 일이다. 앞의 제5장에서 본 것처럼 슈미트와 나치즘의 관계를 구조적 '상동성'개념으로 풀이한다면, 정치적 기회주의만으로는 설명되지 않을 슈미트 사상의 구조에 대해서도 말할 수 있을 것이기 때문이다.

§3. 다시 '정치적인 것'으로

"모든 진정한 정치이론들은 인간을 '악'한 존재, ... '위험하고' 역동적인 존재로 고찰한다"(BP 2, 61) 그리고 여기서 '인간을 말하는 자는 속이고자 하는 자'일 뿐이라는 프루동의 말도 되새겨둘 필요가 있다. 마찬가지 반동적 가톨릭 코르테스의 말, "철학자와 선동가들이 만물의 절대 척도로 고양시킨 인간은 결코 평화의 화신Inbegriff이 아니다"는 것도 새겨둘 만하다(Cortés, 110). 1949년 1월 17일자 『비망록』에는 이렇게 기록되어 있다. "인간의 본질에서 적대성을 배제할 수 있을까? 인간의 본질, 그것이 평화, 조화 그리고 일치를 의미할 수 있을까? 형제는 영원한 친구일 수 있을까? 기독교인 혹은 유대인이 그것을 믿을 수 있을까? 그러면 그들[영원한 친구들-인용자]은 우리의 조상이자 최초의 인간인 아담의 후손이라는 것을 그들은 더 이상 믿지 않을지도 모른다. 아담에게는 두 명의 아들이 있었다. 카인과 아벨이다. 보편적 형제화의 아름다운 단초이다."(G, 215)

슈미트에게 인간은 '악한 존재'다. 이는 단순히 이론적 결론이라거나 사변적 추론의 논리적 도출의 결과라기보다, '정치'신학적인 것 혹은 차라리 '신앙적인 것'이다. 따라서 토론이 아니라 선택의 대상이다. 인간의 악성과 이로 인한 '적'의 존재, 적에 대한 '적대'는 바로 이성이 채 도달하기조차 힘겨운 너무나 깊은 저 곳에 자리 잡고 있다. 후고 발의 슈미트 정치신학 분석에 연해 말하자면 '초이성'의 영역이다. 하지만 전기의 슈미트가 "동지, 적 그리고 투쟁은 특히 물리적 죽임의 실질적 가능성"(BP2, 33)에 준거했다면, 적어도 전후 후기의 슈미트는 "타자는 나의 형제"이기 때문에 "상호승인"(ExCap, 89)을 말하는 질적인 차이가 있을 뿐이다. 적대는 항구적인 것이다. 인간이 개입해 제거하거나 조작할 수 있는 것이 아니다. 바로 이 지점에 슈미트의 우적구별은 임베딩되어 있고, 이로부터 정적, 전쟁의 제한·보존은 일종의 '철의 삼각지대'를 구성하고 있다고 나는 논했다.

슈미트의 미래세계는 어떤 것일까. 첫째, "투쟁이 남김없이 제거되고 소멸된 세계는 최종적으로 평화가 찾아온 지구를 말하는 것이고, 그 세계는 우적구별이 없는 세계이며 따라서 정치없는 세계를 말한다."(BP 2, 35) 둘째, "정치적인 것의 기준은 우적구별이다. 만일 우리가 100%, 깊이 생각할 필요가 없을 정도로 우애 자체에 머문다면, 아마 우리는 천국에 있거나 원시모계사회에 있는 것이 될 것이다."(Schickel 1993, 24) 셋째, "탈신학화는 이로써 이 세계가 '정치형태적으로politmorph' 존재하기를 중단한다는 의미에서 탈정치화를 포함한다. 이와 함께 정치적인 것의 기준으로서 우적구별도 역시 중단된다."(PT2, 92f.) 슈미트에게 우적구별은 1920년대부터 1970년대에 이르기까지 일관된 것이다. 우적구별없는 세계는 곧 정치없는 세계이며, 이는 최종평화, 천국, 원시모계사회, 신이 필요없는 세계이다. 유토피아에는 정치가 없다. 이로써 유토피아가 불가능한 그만큼, 정치는 결국 인간에게 '운명'이다. 이 말은 미래에도 운명으로서 정치는 존재할 것이고 또 그래서 우적구별도 존재한다. 우적구별이 존재한다는 말은 '적'이 존재한다는 말이다. 적은 또한 그래서 '운명'이다.

슈미트 사상의 최심층부에 자리잡은 이 강고한 적대의 구조는 어떤 합리적 설명도 이성의 접근도 거부한다. 또 본질적으로 그것은 역사의 바깥에 있는 것이다. 그것은 '형이상학적인 것'이고 '신비적인 것'이다. 나는 이 합리적인 것, 이성적인 것과 비합리적인 것, 비이성적인 것 사이의 단차 혹은 단락短絡에 슈미트의 매력과 마성이 자리하고 있다고 본다. 만일 후자에 착목한다면, 슈미트의 우상 허먼 멜빌이 그렸던 이 상태는 언제든지 재발할 수 있다. 슈미트 사상의 '합리적 핵심'은 어쩌면 비합리주의일지 모르기 때문이다. "그 사람의 침착한 기질과 신중한 태도는 이성이 지배하는 정신을 암시하는 듯하지만 내심으로는 이성의 법칙에서 완전히 벗어난 폭력을 저지르는 듯하고, 이성을 비이성적인 효과를 얻기 위한 표리부동한 도구로 사용하는 듯하다. 말하자면 극악무도한 방자함 속에 정신 나간 자의 기미를 지닌 듯한 목적을 달성하기 위해 그는 건전하고 현명한 판단을 내린다. 이런 자들이야말로 미친 사람들이며, 그것도 그들의 광기가 연속적인 것이 아니라 어떤 특수한 목적으로 말미암아 간헐적으로 일깨워지는 것이라는 점 때문에, 또한 그 광기가 폐쇄적이라고 할 만큼 자신을 은밀하게 감추고 있으며, 그리하여 광기가 활발해질 때도 보통사람에게는 멀쩡한 정신과 구별되지 않고, 앞서 말한 그 목적이 무엇이든지(그 목적은 결코 바깥으로 천명되지 않는다) 그 수단과 겉으로 드러나는 과정은 언제나 완벽하게 합리적이라는 점 때문에 가장 위험한

부류의 미친 사람들이다."(멜빌 2015, 303)[189]

역사라기보다 (정치)신학에 신세진 슈미트의 '정치적인 것의 개념'에[190] 대해 막상 고대사가들의 생각은 많이 다르다. "우리가 의미한 바의 정치는 전근대세계에서의 인간 활동의 희귀한 현상형태에 속한다. 사실 여기서 문제가 되는 것은 그리스인들, 더 정확히 말해 한편으로 그리

---

[189] 이 정황을 멜빌의 『모비딕』에서는 이렇게 표현한다. "내 수단은 모두 건전하지만, 내 동기와 목적은 미쳤다는 것, 하지만 이 사실을 없애거나 바꾸거나 회피할 힘은 없다. 그는 또한 자기가 오랫동안 인류에게 시치미를 뗐고, 어느 정도는 아직도 인류를 속이고 있다는 것을 자각하고 있었다. 하지만 그가 속이고 있다는 그 사실은 그가 감지할 수 있는 대상일 뿐, 그의 의지로 결정되는 것은 아니었다."(멜빌 2011, 244)

[190] 이런 맥락에서 나는 샹탈 무페에 동의하지 않는다. "일단 우리가 정치적인 것이 필연적이며 적대없는 세계가 불가능하다는 것을 수용한다면, 이 조건에서 어떻게 하면 다원주의적 민주주의 질서를 창조하거나 유지할 수 있는지를 고찰해야 한다. ... 하지만 '적'이라는 범주 자체가 사라진 것은 아니다. 다만, 자리가 바뀌었을 뿐이다. '적'의 범주는 민주주의적 '게임 규칙'을 받아들이지 않아서 정치 공동체에서 스스로 배제된 사람들을 가리킬 때는 여전히 타당하게 남아 있다."(무페 2012, 15) '정치적인 것의 귀환'을 마다하는 것이 아니라 그 '정치적인 것의 개념'이 문제라는 것이다. 그리고 '좌파슈미트주의적'인 '자유민주주의' 프로젝트가 그 어디에서 성공했다는 말을 들어 본 적도 없다. 여기에 대해서는 이태리의 좌파 슈미트주의자를 겨냥한 하버마스의 비판이 여전히 절절하다. "맑스주의적 민주주의이론의 결함 때문에 생긴 구멍을 칼 슈미트의 파시스트적 민주주의비판을 통해 메우고자 하면서, 이태리 좌파들은 악마를 바알세불의 도움으로 쫓아내고자"한다(Habermas 1987, 112).

스인과 다른 한편으로 에트루리아 내지 로마인들이 서로 독자적으로 만들어 낸 발명품이라는 것이다. 최소한 자신들의 제도를 서쪽에 있는 카르타고로 가져온 페니키아인들처럼, 추정컨대 근동지역의 정치적으로 조직된verfaßt 더 많은 고대 사회가 있었다. 카르타고는 아리스토텔레스가 여러 공동체의 헌법을 모은 158편의 단편집에 수록된 유일한 비그리스계 국가였다."(Finley 1991, 72) 마찬가지 고대사가 크리스티안 마이어도 이렇게 말한다. "그리스 폴리스 시민층이 스스로 조직하고, 자신들이 이룬 가장 중요한 경험이 된 한 요소를 여기서는 정치적인 것이라고 개념 규정한다. 그것은 그들이 완성시킨 민주정보다 더 포괄적이다. 그리스인들이 정치적인 것을 발전시키면서, 그들은 이리로 *세계사*가 지나가서 결국 근대유럽에까지 도달할 그 바늘구멍을 만든 것이다."(Meier 1989, 13, 강조는 원문)**191**

고대사가들의 연구는 '정치적인 것'이 슈미트가 설정한 것처럼 어떤 초역사적인 것이 아니라 특정한 역사적 조건하에서 생성, 전파, 소멸되는 그런 범주라고 말하고 있다. 슈미트가 말하는 '인간적인 것들의 질서' 피안에 있는 초역사적인 것이 아니라는 말이다. 특히 여기서 우리가 정치적인 것에 주목하는 가장 큰 이유중 하나는 슈미트 역시 여러 맥락속에서 강조하는 '에너지' 문제에 있다. 예컨대 슈미트의 이런 관점을 말하는 것이다. "반혁명의 국가철학을 특징짓는 것은 이런 의식이다. 즉 시대가 결단을 요구한다는 것이며, 1789년과 1848년의 양대 혁명간에 그 최후의 극단까지 상승한 *에너지를 통해 결단* 개념이 그들 사상의 중심에 등장했다. … 모든 것이 저 위대한 이것이냐 저것이냐로 정식화되며 그 엄

---

191 스타세비지는 고대 민주정의 발전 범위를 더욱 더 확장하고 있다. 고대민주정의 발전 조건을 1) 소규모 사회 2) 지배자가 인민들의 생산에 대한 정보가 없을 경우 3) 지배자가 인민을 필요로 하는 정도와 인민이 지배자를 필요로 하지 않는 정도 사이의 균형을 들고 있다(Stasavage 2020, 6ff.).

격함에 있어 영원한 대화가 아니라 독재를 향해 울리고 있다."(PT1, 59, 강조는 인용자) 또 다른 맥락에서는 결단이 정치적 에너지의 원칙이라고 표현되고 있다. "그렇게 해서 낭만적인 것의 주관화된 기회원인주의 역시 그가 맞닥뜨린 것과 동행하게 되고, 어떤 적극적인 정치가라고 하더라도 자신의 정치적 경륜과 목표에서 나오는 신중함과 그의 유기적인 수동성을 구분하는 것은 전혀 어렵지 않다. 그 기준은 옳고 그름 중에서 결단할 능력이 있는지 없는지 여부이다. 이러한 능력이야말로 그것이 자연법 또는 인간의 법 그 어느 것에 기초한 혁명적인 것이건, 역사적 권리에 호소하는 보수적인 것이건 모든 **정치적 에너지**의 원칙이다."(PR, 161, 강조는 인용자) 그 에너지는 민족적인 것에도 존재한다. "소렐이 말한 신화의 또 다른 사례 역시 ... 더욱 강력한 신화는 민족적인 것에 있음을 입증하고 있다. 프랑스 인민의 혁명전, 나폴레옹에 저항한 스페인과 독일의 자유를 위한 투쟁은 **민족적 에너지**의 징후이다. 민족감정 속에 상이한 요인들이 가장 상이한 방식으로 상이한 민족들에게서 작동한다."(GLP, 88, 강조는 인용자)

정치적인 것 역시 무엇을 하게하고 또 못하게 할 수 있는 어떤 에너지다. 만약 이 에너지에 형태와 방향을 부여해 통제할 수 있다면 또한 혹 통제하지 못한다면 그것이 가져올 파멸적인 정치적 결과는 정치적인 것에 대한 파시스트 개념이 아주 잘 보여준다고 하겠다.[192] 전자에 입각해

---

192 그런 점에서 슈미트의 '정치적인 것'의 개념 프로젝트—즉 우적구별의 결단의 에너지로 무장한 인민(민족)을 주체로 호명, 정치적 통일체로 궐기한 이들에 의한 제국(광역)의 건설—는 실패했거나 아니면 '패배'한 것이다. 반나치활동으로 부헨발트 수용소에 수감된 뒤 살아남은 유대계 언론인 오이겐 코곤(Eugen Kogon, 1903-1987)은 6년 동안의 자신의 수용소 경험을 전후 출간해 공전의 베스트셀러(2006년 기준 44쇄) 작가가 된다. 나치 억압체제의 구조, 성격 나아가 수용소의 일상과 특히 수용소 내에서의 반

적어도 그 가능성에 있어 우리는 '정치적인 것의 재발명'에 대해 논해 볼 수 있을 것이다. 그리고 이것은 우리에게도 던져진 가장 중요한 질문 가운데 하나이다. "정치적인 것의 발명이란 창의적, 자기창의적 정치로서 저 낡은 적대를 갈고 닦거나 재생해서 권력수단을 획득하거나 첨예화하는 것이 아니라, 새로운 내용, 형태 그리고 연정을 기획하고 단조하는 것이다. 즉 **정치적인 것의 르네상스**를 말하는 것이다. … '신념의 정치'(막스 베버) 혹은 립서비스를 말하는 것이 아니다. 정치적인 것의 발명은 그와는 반대로 마키아벨리주의적 현실정치도 필요하다. 그러나 그 안에 함몰되자는 것이 아니라 정치체제의 안과 바깥에서 스타일의 형성, 구조의 형성과 발견을 위한 공간, 형태 그리고 포럼을 닦고, 쟁취하는 데 있다."(Beck 1993, 210)

SS투쟁의 상세한 체험을 낱낱이 기록했다. 이 책에서 그는 이렇게 결론짓는다. "인간으로서 한 사람의 개인이지만, 정치적으로 독일인은 아무것도 아닌 자, 대상 그리고 대중의 구성요소일 뿐이다. 그래서 모든 대리정치가 독일인에게서 개인의 권리와 자유를 파괴할 수 있고, 마치 파르지팔Parzifal[바그너의 악극 '파르지팔'의 주인공, '순수한 바보'를 상징-인용자]과 파우스트Faust를 한 몸에 합친 것 마냥, 그로부터 앗아간 자유를 신뢰하고 그리워하면서도 독일인은 자기 자신을 사슬에 묶는 일을 여전히 방조하고 있다. 독일은 민족사회주의의 테러에 맞서 봉기하지 못했다. 왜냐하면 독일은 지금까지도 그 말의 진정한 의미에서 정치적 민족인 적이 없었기 때문이다. 모든 시민적 영웅은 독일에선 예외였고, 8천만 중 수 천명쯤 되는 예외로 계속 있어야만 했다."(Kogon 1988, 416)

§4. 21세기 슈미트, '강압적autoritär 자유주의' 혹은 '네오콘'?

프란츠 노이만은 자유주의의 이율배반을 이렇게 설명하고 있다. "경제적 자유주의와 정치적 자유주의는 쌍둥이가 아니다. 홉스는 경제적으로 리버럴이었지만 정치적으로 절대주의자였다. 로크는 경제적으로 중상주의자였지만 정치적으로 리버럴리스트였다. 경제적 자유주의는 어떤 정치이론과도 결혼할 수 있다. 파레토의 경제이론은 분명 리버럴이지만 그의 정치는 절대주의적일 뿐만 아니라 강압적autoritär이었다. 이것이 두 번째 결과이다. 여기서 우리는 정치와 경제의 관계가 자유주의시대에는 매우 불투명했다는 것을 당연히 잊지 않고자 한다. 로크와 스펜서의 이데올로기는 너무나 강력하게 사상을 장악하고 있고, 경제 권력자에 의한 정치 권력의 통제가 너무나 엄격해서, 국가는 퇴각하고 스스로를 소멸시키는 것을 최종목표로 자신의 기능을 최소한으로 축소했다는 인상을 받을 정도였다."(Neumann 1967, 174)

그렇게 '경제적 자유주의'는 파시즘 혹은 나치즘과도 '결혼'했다. 파시즘은 전혀 다른 종류의 혁명이었다. 그것은 "자본주의, 현대적인 기술발전 그리고 산업 진보의 가장 좋은 점을 취하고자 하는 혁명이다. 이 혁명은 경제활동의 추동력 (이익추구)을 손대거나, 그 관계의 기초 (사유재산)를 제거한다거나, 그 필수적인 조직형태 (자유시장경제)를 파괴하지 않으면서 개인 대 집단 관계의 성격 변화를 목표로 삼고 있었다. 이는 파시즘의 완전히 새로운 요소이다. 파시즘 혁명은 시장경제의 법칙에 복속된 경제에 의해 주도되는 것이다."(Sternhell et al. 1999, 18)

슈미트 역시 다르지 않았다. 1932년 11월 23일, 슈미트는 11월 6일 총선에서 나치당이 자신의 의석을 34석 잃었던 그 선거 3주 후 뒤셀도르프의 「라인란트와 베스트팔렌주 공동의 경제이익을 도모하는 협회」, 비스마르크가 이름이 길다 해서 붙인 '긴이름협회Langnamverein'에서 초청 강연을 한다. 랑남협회는 매우 강력한 영향력을 가진 주로 중공업부분

자본가들의 이익단체였다. 이 단체의 모토가 '강력한 국가 안의 건전경제'였다.[193] 이 협회 모토를 따서 슈미트가 자신의 강연을 '강한 국가 건전 경제'라고 붙였다.

슈미트는 이렇게 묻는다. "강력한 국가와 건전한 경제를 가능하게 만들고자 한다면 경제의 측면에서 무엇이 필수적인가?" 이를 위해 먼저 국가와 경제활동의 핵심에서 활동하는 자유로운 개인 사이의 대당이라는 '낡은 2분법적 접근'을 폐기하자고 한다. 그래서 "우리는 경제영역을 3영역으로 구분해야 한다. 먼저 국가영역 다음으로 자유로운 개인경제영역, 그리고 국가와 사적 영역사이에 존재하는 비국가적인 공적 영역 이 3영역에 의해 [낡은 2분법적 접근은-인용자] 대체되어야 한다. 하나는 진정한 국가수입원을 이루는 국영 경제영역인 바, 여기서의 경제 활동은 국가의 수중에 있다. 예컨대 일정한 교통 수입은 매우 필수적이고, 우편수입과 같은 형태로 언제나 존재했던 것이다. 이는 진정한 국영 기업을 의미하는데 그 자체로 자신들의 독점에 의해 분명하게 드러나는 것으로 기타 경제영역과는 구분되어야 하는 것이다. 다음으로 그 반대편에 자유로운 개인 기업의 영역 즉 순수 민간부문이 존재한다. 그 중간에 **비국가적이지만 공적인** 영역[194]이 있다. 우리는 유감스럽게도 수십 년에 걸

---

193 Carl Schmitt(1932), Starker Staat und gesunde Wirtschaft, in: SGN, 71ff.

194 바로 이 '비국가적이지만 공적인' 영역을 이태리 맑시스트 안토니오 그람시(1891-1937)는 '시민사회' 개념으로 포착하고 있다. 그리고 국가의 시민사회로의 '회수', 즉 이 '자율'의 영역을 최대한 확장해 사실상 국가영역을 포섭, 궁극에는 국가의 '소멸'에 도달하는 혁명운동의 전망을 제시한 바 있다. 반면 어찌 보면 유사한 영역을 놓고 슈미트는 이를 주로 경제적인 것으로 파악해 일견 '경제적 자치'의 영역으로 하지만 사실상 '강력한 국가'에 의한 통제와 후견의 대상으로 파악한다는 점에서 양자는 매우 상

쳐 모든 공적인 것을 곧 국가적인 것이라고 설명하는 개념적 혼동을 겪어 왔다. 그 결과 독일 민족의 가장 위대한 업적 중 하나인 진정한 자치를 더 이상 올바르게 구성하지 못했다. … 경제영역에서 **경제적 자치** 개념을 올바로 세우는 것이 매우 필수적이 되었다."(SGN, 79f., 강조는 원문), 그렇지만 여기서 말하는 경제적 자치는 힐퍼딩을 비롯한 특정 좌파세력들이 말하는 '경제민주화'하고는 다른 것이다. 이 경제민주화란 **경제와 정치의 융합**을 의미하는 것이다. 즉 정치권력의 힘으로 경제권력을 국가 내에 심고, 또 그런 뒤 그 경제권력의 힘으로 다시금 자신의 정치권력을 강화하자는 것이다."(SGN, 80, 강조는 원문) "내가 여기서 말하는 경제적 자치는 이와는 전혀 반대방향에 있는 것을 말하는 것으로, 어떤 하나의 분리와 구별을 목표로 한다. 한때 공공의 이익에 속했고 그래서 다시 이로부터 철수해서는 안 되는 경제영역이 있다. 이 영역은 국가적이지는 않지만 진정한 자치에 속하는, 이 경제 자체의 주도자에 의해 조직되고 관리될 수 있는 그런 것이다. 오늘날 우리는 지금까지 충분히 해명이 되지 않았던 용어인 '경제적 자치'하에 여러 다양한 현상 즉 상공회의소, 의무조합Zwangssyndikate, 단체, 독점체 등이 있음을 알게 되었다. 또한 '혼합경제'라는 용어가 마치 순수 민족사회주의적 혹은 민법상 주식회사 또는 유한회사로 등장한 국가자본주의적 기업을 의미하는 것으로 수차 오해된 바 있지만, 우리는 이 혼합경제 기업을 여기에 적용하고 있다. 마지막으로 공적 이익에 포함되지만 경제주체 자신이 관리하는 여러 종류의 독점이 있다."(SGN, 80)

그래서 "우리가 그 대강에 있어 명료해졌다면 이제 이런 질문이 제기된다. 오늘날 어떻게 국가와 경제의 구별이라는 목표를 *실현할 수 있을 것인가?*"(SGN, 81, 강조는 원문) 답변은 언제나 똑같은 것이다. "오직 강

반되는 처방을 내리고 있는 셈이다. 여기에 대해서는 이해영(1992, 2002), Lee(1994)를 참조.

력한 국가만이 탈정치화하고, 교통 혹은 방송처럼 일정한 업무를 자신의 수익원으로 삼고, 이것을 국가가 관리하게끔 지시할 수 있고, 다른 사무는 위에서 언급한 경제적 자치에 배치하고 그리고 나머지 남은 것은 자유경제 영역에 일임할 수 있다. 그러한 신질서를 만들 수 있을 국가는 이미 말한 것처럼 비상하게 강력해야만 한다. 탈정치화라는 행위는 바로 이 특별히 집중적인 방식에 있어서 하나의 정치적 행위이다. 그렇다면 그런 강력한 성과를 거둘 수 있는 강한 국가를 어떻게 확보할 수 있을 것인가? 오늘날 그저 간헐적이고 일시적으로만 국가 행세를 하는 국가에게 새로운 조직과 제도를 통해 어떤 공고한 권위의 기초를 제공하는 것이 방안이 될 것이라는 생각이다."(SGN, 81) 여기서 중요한 것은 그 조직과 제도의 구체적인 세목이 아니다. 슈미트의 '경제적 자유주의'가 요청하는 '강력한 국가'는 이미 앞에서 본 것처럼 '대통령독재'의 다른 이름인 것이다. 그래서 만에 하나 대통령독재가 힌덴부르크의 것이 아니라, 보수-나치 연정에 기반하는 히틀러의 독재라는 일종의 변종이라고 하더라도 전체 그림은 크게 달라지지 않을 것이다. 물론 그 독재의 수단이 나치 시절 빈발했던 공공연한 백색테러라고 하더라도 슈미트가 여기에 대해 반대했을지 나로서는 다소 회의적이다.

　　1920년대 슈미트의 반자유주의는 허사는 아니었다. 그리고 자유주의 대 민주주의, 의회주의 대 민주주의의 모순에 대한 신랄한 공격은 자유주의가 가진 약점의 정곡을 때리는 것이기도 했다. 하지만 그것은 어디까지나 정치적, 사상적 자유주의였다. 경제적 자유주의는 독재와도 파시즘과도 얼마든지 '행복한' 결합이 가능한 것이다.[195] 그래서 21세기 슈

195　"...나치 정권에서 기업들이 생산에 관해서 뿐만 아니라 투자에 관해서도 알아서 결정할 수 있는 권리를 대체로 존중했던 것은 명백한 사실이다. ... 기업들은 자유롭게 자신들의 기본적인 목적, 즉 수익 극대화를 추구했다. ... 결국 나치 시대의 경제체제는 본질적으로 중앙 계획경제라기보다는 시장

그림 26　슈미트의 묘지비
'Kai nomon egnō'('그는 노모스를 아는 사람이었다')라 새겨져 있다.

미트는 '리버럴 파시즘'이 될지 지켜 볼 일이다. 과거 남유럽 파시즘에서는 '혁명적 상티칼리즘 좌파에서 넘어 간 우파'(Sternhell 1999)가, '총력 total 냉전기'에는 미국으로 망명한 바이마르 지식인들이[196] 그리고 1980

중심적인 경제였다고 볼 수 있다."(Buchheim/Scherner 2003, 95f.)

196　여기에 대해서는 그린버그(2018)을 참조. 그린버그는 이 책에서 카를 J. 프리드리히, 한국의 미군정청 법률고문이었던 에른스트 프랭켈, 스위

년대와 그 뒤 미국의 일극Unipolar체제에서는 "현실에 기습공격당한 좌파"[197](어빙 크리스톨), 즉 뒤늦게 현실을 깨달았다는 이른바 '좌파'들이 전향해 모인 네오콘이 사상적 '지도부'였다. 그렇다면 미래의 '리버럴 파시즘'을 끌고 갈 자는 누구이고, 어디에 있는 걸까.

스에서 반슈미트 운동을 주도했던 발데마르 구리안, 전후 슈미트 기소에 앞장선 칼 뢰벤스타인 그리고 현실주의 국제정치학의 시조이자 슈미트와는 악연으로 얽힌 한스 모겐소만 다루고 있다. 여기에 누구보다 레오 슈트라우스, 한나 아렌트, 키신저 심지어 마르쿠제까지 수많은 바이마르 망명 지식인들이 2차 대전 후 국제 '냉전 컨센서스'에 사상적으로 중심적인 역할을 했다고 볼 수 있을 것이다.

[197] Spörl(2003)은 미국 네오콘의 생성에서 '테러와의 전쟁'까지를, 즉 1980년대 1기 네오콘, 2000년대 2기 네오콘까지를 레오 슈트라우스와의 관계를 중심으로 흥미롭게 재구성하고 있다. 그렇게 보면 지금은 3기 네오콘이라 할 만하다.

슈미트 저작 약어표

BP1: Carl Schmitt(1927), Der Begriff des Politischen. in: Archiv für Sozialwissenschaft und Sozialpolitik, 58. Band, 1927, 1ff.

BP2: Carl Schmitt(1991), Der Begriff des Politischen. Text von 1932 mit einem Vorwort und drei Corollarien, 3. Auflage der Ausgabe von 1963, Berlin 1991.

BP3: Carl Schmitt(1933), Der Begriff des Politischen, Der Begriff des Politischen, Hamburg: Hanseathische Verlagsanstalt, 1933.

Dik: Carl Schmitt(1994), Die Diktatur, 6. Aufl., Berlin: Duncker & Humblot, 1994(초판은 1921년)

Documents: 『Documents Carl Schmitt』('SD-Akte' 독일 연방문서보관소 Bundesarchiv 분류기호 'R 58, Nr. 854')

Donoso: Carl Schmitt(1950), Donoso Cortés in gesamteuropäischen Interpretation, Köln: Greven Verlag, 1950.

dreiArt: Schmitt, Carl(1934), Über die drei Arten des rechtswissenschaftlichen Denkens, Berlin: Dunker& Humblot, 1934.

ExCap: Carl Schmitt (1950), Ex Captivitate Salus, Erfahrungen der Zeit 1945/47, Greven Verlag Köln 1950.

FuP: Schmitt, Carl(2005), Frieden und Pazifismus? Arbeiten zum Völkerrecht und zur internationalen Politik 1924-1978, hrsg. von Günter Maschke, Berlin; Duncker&Humblot, 2005.

G: Schmitt, Carl(1991), Glossarium. Aufzeichnungen der Jahre 1947-1951. Berlin 1991.

GLP: Schmitt, Carl(1991), Die geistesgeschichtliche Lage des heutigen Parlamentarismus(1923), 5. Aufl., Berlin.

Großraum: Schmitt, Carl(1941), Völkerrechtliche Großraumordnung mit Interventionsverbot für raumfremde Mächte. Ein Beitrag zum Reichsbegriff im Völkerrecht Großraum, Berlin:Duncker&Humblot, 1991.

GüMacht: Carl Schmitt(1994), Gespräche über die Macht und den Zugang zum Machthaber. Gespräch über den Neuen Raum, Berlin: Akademie Verlag, 1994.

Hüter: Carl, Schmitt(1985), Der Hüter der Verfassung, Berlin: Duncker & Humblot, 1985.

Leviathan: Carl Schmitt(1982), Der Leviathan in der Staatslehre des Thomas Hobbes, Stuttgart: Klett-Cotta, 1982(초판은 1938년 Hanseathischen Verlagsanstalt, Hamburg)

LuL: Schmitt, Carl(1980), Legitimat und Legalitat. Berlin 1980.

Nomos: Carl Schmitt(1950), Der Nomos der Erde, 3.Aufl. Berlin: Duncker & Humblot, 1950.

Nürnberg: Quaritsch, Helmut(Hrsg.)(2000), Carl Schmitt. Antworten in Nürnberg, Berlin.

Partisan: Carl Schmitt(1963), Theorie des Partisannen. Zwischenbemerkung zum Begriff des Politischen, Berlin:Duncker & Humblot, 1963.

PolRo: Carl Schmitt(1991), Politische Romantik, 5.Aufl., Berlin.

PT1: Carl Schmitt(1996), Politische Theologie. Vier Kapitel zur Lehre von der Souveränität, 7. Aufl., Berlin.

PT2: Carl Schmitt(1996), Politische Theologie II. Die Legende von der Erledigung jeder Politischen Theologie, 4. Aufl., Berlin.

PuB: Carl Schmitt,(1994), Positionen und Begriffe im Kampf mit Weimar-Genf-Versailles 1923-1939, 3. Aufl.

RK: Carl Schmitt(1984), Römischer Katholizismus und politischen Form, Stuttgart: Kletta-Cotta, 1984(초판은 1923년)

SBV: Carl Schmitt(1933), Staat Bewegung Volk, Hamburg: Hanseathische Verlagsanstalt, 1933.

SGN: Schmitt, Carl(1995), Staat, Großraum, Nomos. Arbeiten aus den Jahren 1916-1969, hrsg. von Günter Maschke, Berlin.

SuZusamm: Carl Schmitt(1934), Staatsgefüge und Zusammenbruch des zweiten Reiches. Der Sieg des Bürgers über den Soldaten, Berlin: Hanseatische Verlagsanstalt, 1934.

VA: Carl Schmitt(1958), Verfasuungsrecbtliche Aufsatze aus den Jabren 1924-1954. Matrialien zu einer Verfassungslehre. Berlin 1958.

Verf: Carl Schmitt(1954), Verfassungslehre, 8. Aufl., Berlin: Duncker & Humblot, 1954.

햄릿: Carl Schmitt(1956), Hamalet oder Hekuba: der Einbruch der Zeit in das Spiel, Stuttgart 1956. 카를 슈미트(김민혜 역)(2021), 『햄릿이냐 헤쿠바냐. 극속으로 침투한 시대』,(서울: 문학동네, 2021)

땅과 바다: 칼 슈미트(2016)(김남시 역), 『땅과 바다. 칼 슈미트의 세계사적 고찰』, 서울: 쿠리에, 2016.

참고문헌

Abendroth, Wolfgang(1970), Das Problem der sozialen Funktion und der sozialen Voraussetzungen des Faschismus, in : Das Argument, 1970, Nr.58, 251ff.

Abendroth, Wolfgang(1985), Einführung in die Geschichte der Arbeiterbewegung, Band I.: Von den Anfängen bis 1933, Heilbronn: Distel Verlag, 1985.

Anderson, Perry(1992), 'The Intransigent Right at the End of the Century', London Review of Books, 24, September 1992.

Anonymus(1936a), 'Eine peinliche Ehrenrettung', in: Das Schwarze Korps, 1936, Nr. 49, S. 14.

Anonymus(1936b), 'Es wird noch peinlicher!', in: Das Schwarze Korps, 1936, Nr. 50, S. 2.

Arias, José Rafael Hernandez(1997), Donos Cortés und Carl Schmitt, Paderborn et al. :Schöningh, 1997.

Aufzeichnung des Botschafters a. D. Ott über das Kriegsspiel der Reichswehrführung vom Ende November 1932(gefertigt am 15. Dezember 1947), in: Reinhard Kühnl(Hrsg.)(1980), Der deutsche Faschismus in Quellen und Dokumenten, 5. Aufl., Köln: Pahl-Rugenstein, 1980, 169ff.

Augstein, Rudolf /Martin Heidegger Interview(1976), "Nur noch ein Gott kann uns retten", Spiegel Gespräch mit Heidegger am 23.9. 1966 in: 『Spiegel』, Nr.23. 30. Jhg., 31. Mai 1976.

Balakrishnan, Gopal(2000), The Enemy: An Intellectual Portrait of Carl Schmitt, Verso: London, New York, 2000.

Ball, Hugo(1924), Carl Schmitts Politische Theologie, Carl Schmitts politische Theologie, in: Hochland, 1924, B. XXII, Juniheft, 263ff.

Beck, Ulrich(1993), Die Erfindung des Politischen, Frankfurt/M: Suhrkamp, 1993.

Beebee, Thomas(2006), Carl Schmitt's Myth of Benito Cereno, Journal of Germanic Studies, 42(2):114-134,(January 2006). https://www.researchgate.net/publication/236762202_Carl_Schmitt's_Myth_of_Benito_Cereno

Bentin, Lutz-Arwed(1971), Jonannes Popitz und Carl Schmitt. Zur wirtschaftlichen Theorie des totalen Staates in Deutschland, München: Verlag C. H. Beck, 1971

Berthold, Lutz(1999), Carl Schmitt und der Staatsnotstandsplan am Ende der Weimarer Republik, Berlin: Duncker & Humblot, 1999,

Blasius, Dirk(2001), Preußischer Staatsrat in Hitlers Reich, Göttingen: Vandenhoeck & Ruprecht, 2001.

Blei, Norbert(2002), Der Führerstaat, 7. Aufl., München.

Böckenförde, Ernst-Wolfgang(1988), Der Begriff des Politischen als Schlüssel zum staatsrechtlichen Werk Carl Schmitts, in: Helmut Quaritsch(Hrsg.), Complexio Oppositorum, Über Carl Schmitt, Berlin 1988, 284 ff.

Bracher, Karl Dietrich(1976), Zeitgeschichtliche Kontroversen, Um Faschismus, Totalitarismus, Demokratie, München 1976.

Brunkhorst, Hauke(1987), Die Intellektuelle im Land der Mandarine, Frunkfurt/M. : Suhrkamp, 1987.

Buchheim, Christoph/ Jonas Scherner(2003), Anmerkungen zum Wirtschaftssystem des 'Dritten Reiches', in: Werner Abelshauser, Jan-Otmar Hesse, Werner Plumpe(Hrsg.), Wirtschaftsordnung, Staat und Unternehmen. Neue Forschungen zur Wirtschaftsgeschichte des Nationalsozialismus, Essen 2003. 81ff.

Clausewitz, Carl von (1963), Vom Kriege, hrsg. von U. Marwedel, Reinbek bei Hamburg.

Clausewitz, Carl von(1991), Vom Kriege, hrsg. von Wener Hahlweg, 19. Aufl. Bonn: Fred. Dümmler, 1991.

Croce, B.(1909), Lebendiges und Totes in Hegelsphilosophie, Heidelberg, 1909.

Dahlheimer, Manfred(1998), Carl Schmitt und der deutsche Katholizismus 1888-1936, Paderborn, 1998.

Diner, Dan(1980), Anerkennung und Nichtanerkennung. Über den Begriff des Politischen in der gehegten und antagonistischen Gewaltanwendung bei Clausewitz und Carl Schmitt, in: Günter Dill(Hrsg.), Clausewitz in Perspektive. Materialien zu Carl von Clausewitz: Vom Kriege, Frankfurt/M 1980, S.447ff.

Documents(1936), 『Documents Carl Schmitt』('SD-Akte' 독일 연방문서보관소 Bundesarchiv 분류기호 'R 58, Nr. 854')

Engels, F. , Zur Kritik des sozialdemokratischen Programmentwurfs 1891, MEW 22,

Finley, Moses I.(1991), Das politische Leben in der antiken Welt, München: dtv, 1991.

Frei, Norbert2002), Der Führerstaat. Nationalsozialistische Herrschaftt 1933 bis 1945, München: dtv, 2002.

Gabriel, Markus(2006), Der Mensch im Mythos, Berlin, New York: Walter De Gruyter, 2006.

Gespräche mit Dieter Groh und Klaus Figge, in: Piet Tommissen(hrsg), Over en in zake Carl Schmitt, Brüssel 1975, 107ff.

Gramsci, Antonio(1991), Quarderni del carcere, a cura di Valentino Gerratana, Torino 1975(= Q)

Groh, Ruth(1998), Arbeit an der Heilosigkeit der Welt. Zur politisch-theologischen Mythologie und Anthropologie Carl Schmitts, Frankfurt/M.

Gross, Raphael(2000), Schmitt und die Juden, Frankfurt/M.

Grossheutschi, Felix(1996), Carl Schmitt und die Lehre vom Katechon, Berlin: Duncker & Humblot, 1996.

Habermas, Jürgen(1985), Die Krise des Wohlfahrtstaates und die Erschöpfung utipischer Energien, in: ders., Die Neue Unübersichtlichkeit, Frankfurt/M. 141ff.

Habermas, Jürgen(1987), Die Schrecken der Autonomie. Carl Schmitt auf english, in: ders., Eine Art Schadenabwicklung, Frankfurt/M., 101ff.

Habermas, Jürgen(1995), Carl Schmitt in der Geistesgeschichte der Bundesrepublik, in: ders., Die Normalität einer Berliner Republik, Frankfurt/M., S.112-122.

Habfast, Ulrich(1998), Das normative Nichts der Entscheidung. Eine Studie zum Dezisionismus in den frühen Schriften Carl Schmitts Konzepts. (프랑크푸르트대학 사회과학부 박사학위논문), https://publikationen.ub.uni-frankfurt.de/opus4/frontdoor/deliver/index/docId/7732/file/Das_normative_Nichts_der_Entscheidung.pdf

Harvey, David(2003), The new imperialism. Oxford University Press.

Harvey, David.(2001), "Globalization and the 'Spatial Fix'." Geographische Revue, 3(2): 23ff. https://d-nb.info/1217929630/34

Hayek, Friedrich(1944), The Road to Serfdom 1944, 187

Heil, Susanne(1996), "Gefährliche Beziehungen". Walter Benjamin und Carl Schmitt, Stuttgart, Weimar ; J.B. Metyzler, 1996.

Hilferding, Rudolf(1982), Das historische Problem(1940), in: Cora Stephan(Hg.), Zwischen den Stühlen oder über die Unvereinbarkeit von Theorie und Praxis. Schriften Rudolf Hilferdings 1904 bis 1940, Berlin und Bonn, 297ff.

Hofmann, Hasso(1995), Legitimität gegen Legalität. Der Weg der politischen Philosophie Carl Schmitts, Dritte Aufl., Berlin: Duncker&Humblot, 1995.

Hofmann, Werner(1984), Was ist Stalinismus?, Heilbronn, Distel: 1984.

Hooker, William(2009), Carl Schmitt's International Thought. Order and Orientation, Cambridge et al. : Cambridge Uni. Press, 2009.

Huber, Ernst Rudolf(1988), Carl Schmitt in der Reichskrise der Weimar Endzeit, in: Helmut Quaritsch(hrsg.), Complexio Oppositorum - Über Carl Schmitt, Berlin: Dunker / Humblot, 1988, 33ff.

Johann Baptist Metz(1997), Zum Begriff der neuen Politischen Theologie 1969-1997, Mainz: Grünewald Verlag, 1997.

Jureit, Ulrike(2023), Großraum versus Lebensraum. Die Interdependenzen geographischer, juristischer und rassenbiologischer Ordnungsvorstellungen, 17 Feb 2023. https://gh.copernicus.org/articles/78/75/2023/

Kershaw, Ian(2002), Der NS-Staat. Geschichtsinterpretationen und Kontroversen im Überblick, Rowohlt: Reinbek bei Hamburg, 2002.

Keynes, J. M.(1920) The Economic Consequences of the Peace, London: Mcmillan, 1920.

Koellreutter, Otto(1933), Deutsches Verfassungsrecht, Berlin.

Kogon, Eugen(1988), Der SS-Staat. Das System der deutschen Konzentrationslager, München: Heyne, 1988.

Krausnick, Kurt(1999), Judenverfolgung, in: Hans Buchheim et al.(1999), Anatomie des SS-Staates, 7.Aufl., 1999, München.

Kühnl, Reinhard(1971), Formen bürgerlicher Herrschaft. Liberalismus-Faschismus, Rowohlt: Reinbek bei Hamburg, 1971

Kühnl, Reinhard(1990), Faschismustheorien. Ein Leitfade., Heilbronn: Distel, 1990.

Laak, Dirk van(2002), Gespräche in der Sicherheit des Schweigens, Berlin: Akademie Verlag, 2002,

Lacoste, Yves(2012), "The Geographical Pivot of History": A Critical Reading, in: Hérodote, Volume 146-147, Issue 3-4, 2012, pp.139ff. https://www.cairn-int.info/journal-herodote-2012-3-page-139.htm

Lee, Hae-Young(1994), Gramsci und Habermas : Società civile, Lebenswelt und Politik. Seoul : Hanul Publ, 1994.

Lenin, W.I.(1971), Ausgewählte Werke I-VII, Frankfurt/M.

Lenin, W. I.(1957), Clausewitz' Werk 》Vom Kriege《. Auszüge und Randglossen. Berlin: Verlag des Ministeriums für Nationale Verteidigung, 1957.

Lenk, Kurt(1989), Deutscher Konservatismus, Frankfurt/M.

Kurt Lenk, Günter Meuter, Henrique Ricardo Otten(1997), Vordenker der Neuen Rechte, Frankfurt/M., New York: Campus, 1997.

Löwith, Karl(1984), Der okkasionelle Dezisionismus von C. Schmitt, in: ders., Heidegger- Denker in dürftiger Zeit, Sämtliche Schriften 8, S.32-71.

Lukacs, G.(1962), Zerstörung der Vernuft, Neuwied/Berlin: Luchterhand Verlag: 1962.

Manemann, Jürgen(2002), Carl Schmitt und die Politische Theologie, Münster.

Mann, Golo(1965), Deutsche Geschichte 1919-1945, Frankfurt/M, Hamburg: Fischer, 1965.

Mann, Thomas(2002), Betrachtungen eines Unpolitischen, 2. Aufl., Frankfurt/M.

Mannheim, Karl(1928), Das Problem der Generationen, https://www.1000dokumente.de/pdf/dok_0100_gen_de.pdf

Marx, Karl/ Friedrich Engels(1975), Selected Correspondence, Moscow: Progress Publishers, 1975,

Mehring, Reinhard(2009), Carl Schmitt. Aufstieg und Fall. Eine Biographie, Berlin: C.H.Beck, 2009.

Meier, Heinrich(1988), Carl Schmitt, Leo Strauss und "Der Begriff des Politischen". Zu einem Dialog unter Abwesenden, Stuttgart.

Meier, Heinrich(1994), Die Lehre Carl Schmitts, Stuttgart/Weimar.

Meier. Christian(1989), Die Entstehung des Politischen bei den Griechen, Frankfurt/M.: Suhrkamp, 1989.

MEW=Marx-Engels-Werke. Berlin. 1959ff.

Michels, Robert(1989), Soziologie des Parteiwesens, 4., erg. Aufl., Stuttgart.

Mommsen, Hans(1994), Bürgerlicher(nationalkonservativer) Widerstand, in: Wolfgang Benz, Walter H. Pehle(Hrsg.) Lexikon des deutschewn Widerstandes, Frankfurt/M.: Fischer, 1994, 55ff.

Mommsen, Hans(2000), Gesellscaftsbild und Verfassungpläne des deutschen Widerstandes, in: ders.(2000), Alternative zu Hitler. Studien zur Geschichte des duetshcen Widerstandes, München; C.H. Beck, 2000, 53ff.

Monod, Jean-Claude(2016), Penser l'ennemi, affronter l'exception, Paris: édition La Découverte, 2016.

Morgenthau, Hans J.(1932), Der Kampf der deutschen Staatalehre um die Wirklichkeit des Staates(미간행초고 1932).

Morgenthau, Hans J.(1933), La notion du "politique" et la théorie des différends internationaux, Paris: Recueil Sirey, 1933.

Morgenthau, Hans J.(1978), "An Intellectual Autobiography," Society 15, no.2(1978), 67f.

Morgenthau, Hans J.(2012), The Concept of the Political, ed. by H. Hehr and F. Rösch, London: Palgruve, Macmillan, 2012.

Mosse, George L.(1991), Die völkische Revolution: Über die geistigen Wurzern des Nationalismus, Frankfurt/M.: Hain, 1991(원제: The Crisis of German Ideology, Grosset & Dunlap, New York: 1964).

Neumann, Franz(1967), Ökonomie und Politik im zwanzigsten Jahrhundert, in; ders., Demokratischer und autoritärer Staat, Frankfurt/M.: Europäische Verlaganstalt, 1967.

Neumann, Franz(1988), Behemoth. Struktur und Praxis des Nationalsozialismus 1933-1944, Europäische Verlagsanstalt, Frankfurt/M:Fischer Tashenbuch, 1988.

Noack, P.(1993), Carl Scbmitt. Eine Biographie. Berlin, Frankfurt a. M: Propyläen, 1993.

Odysseos, Louiza/ Fabio Petito(eds.)(2007), The International Political Thought of Carl Schmitt. Terror, liberal war and the crisis of global order, London/New York: Routledge, 2007.

Opitz, Reinhard(1996), Faschismus und Neofaschismus, Bonn: Pahl-Rugenstein Verlag, 1996.

Paech, Norman/ Gerhard Stuby(2001), Völkerrecht und Machtpolitik in den internationalen Beziehungen, Hamburg: VSA-Verlag, 2001.

Peukert, Detlev J, K,(1987), Die Weimar Republik, Frankfurt/M: Suhrkamp, 1987.

Plessner, Helmut(1982), Die Verführbarkeit des bürgerlichen Geistes, Politische Schriften Gesammeltes Schriften VI, Frankfurt/M., Suhrkamp: 1982.

Preuß, Ulrich K.(2001), Carl Schmitt Die Bändigung oder die Entfesslung des Politischen, in; Rüdiger Voigt(Hrsg.), Mythos Staat. Carl Schmitts Staatsverständnis, Berlin: Nomos, 2001, 141ff.

Quaritsch, Helmut(1988), Einleitung: Über den Umgang mit Person und Werk Carl Schmitts, in: ders.,(Hg.), Complexio Oppositorium. Über Carl

Schmitt, Berlin, S.13ff.

Quaritsch, Helmut(Hrsg.)(2000), Carl Schmitt. Antworten in Nürnberg, Berlin: Duncker & Humblot, 2000.

Rasmussen, Esben Korsgaard(2023), Thomas Hobbes and the Rejection of 'Objective Being', 2 June 2023.
https://intellectualhistory.web.ox.ac.uk/article/thomas-hobbes-and-the-rejection-of-objective-being

Ringer, Fritz K.(1990), The Decline of the German Mandarins. The German Academic Community, 1890-1933, Hanover& London: Uni. Press of England, 1990.

Rüthers, Bernd(1990), Carl Schmitt im Dritten Reich, Wissenschaft als Zeitgeist-Verstärkung? 2. Aufl. C. H. Beck: München, 1990.

Sachs, Jeffrey D.(2022), Ukraine Is the Latest Neocon Disaster, June 27, 2022 (https://www.jeffsachs.org/newspaper-articles/m6rb2a5tskpcxzesjk8hhzf96zh7w7).

Scheuerman, William E.(1999), Carl Schmitt: The End of Law, Rowman & Littlefield Publ., Lanham, Boulder, New York, Oxford., 1999, 225ff.

Schickel, Joachim(1993), Geschpräche mit Carl Schmitt, Berlin: Merve Verlag, 1993.

Schieder, Wolfgang(1989), Carl Schmitt und Italien, in: Vierteljahrhefte für Zeitgeschichte, 37. Jg., 1ff.

Schmitt, Carl(1924), Die Kernfrage des Völkerbundes(1924), in FoP, 1ff.

Schmitt, Carl(1925), Die Rheinlande als Objekt internationaler Politik(1925), in: FoP 26ff.

Schmitt, Carl(1925), Politische Romantik(1919). 2. Aufl. München 1925.

Schmitt, Carl(1927), Der Begriff des Politischen. in: Archiv für Sozialwissenschaft und Sozialpolitik, 58. Band, 1927, 1ff.

Schmitt, Carl(1930), Die politische Lage der entmilitarisierten Rheinlande(1930) in: FoP 274ff.

Schmitt, Carl(1932), Starker Staat und gesunde Wirtschaft, in: SGN, 71ff.

Schmitt, Carl(1932), Die Verfassungsmäßigkeit der Bestellung eines Reichskommissars für das Land Preußen, in: Deutschen Juristen-Zeitung, 37. Jhg. Heft 15, 1. August 1932. (이 글은 카를 슈미트, 『헌법과 정치』, 부산: , 2020, 263ff.에 번역되어 있다)

Schmitt, Carl(1933), Der Begriff des Politischen, Hamburg: Hanseathische Verlagsanstalt, 1933.

Schmitt, Carl(1933), Staat Bewegung Volk, Hamburg: Hanseathische Verlagsanstalt, 1933.

Schmitt, Carl(1934), Nationalsozialismus und Rechtsstaat, in: Juristische Wochenschrift 1934.

Schmitt, Carl(1934), Staatsgefüge und Zusammenbruch des zweiten Reiches. Der Sieg des Bürgers über den Soldaten, Berlin: Hanseatische Verlagsanstalt, 1934. PDF버전은 https://fr.scribd.com/document/643412196/Carl-Schmitt-Staatsgefuge-und-Zusammenbruch-des-zweiten-Reiches-pdf (국역본으로는 『헌법과 정치』, 354ff.)

Schmitt, Carl(1934), Über die drei Arten des rechtswissenschaftlichen Denkens, Berlin: Dunker& Humblot, 1934.

Schmitt, Carl(1934), Nationalsozialismus und Völkerrecht(1934), in: FoP, 391ff.

Schmitt, Carl(1934), Nationalsozialismus und Rechtsstaat, in: Juristische Wochenschrift 1934.

Schmitt, Carl(1936a), Aufgabe und Notwendigkeit des deutschen Rechtsstandes, in: Deutsches Recht 1936.

Schmitt, Carl(1936b), Die deutsche Rechtswissenschaft im Kampf gegen den jüdischen Geist. Schlußwort auf der Tagung der Reichsgruppe Hochschullehrer des NSRB vom 3. und 4. Oktober 1936, in: Deutsche Juristen-Zeitung, 41(1936), 1193ff.

Schmitt, Carl(1937), Totaler Feind, totaler Krieg, totaler Staat(1937), in: FoP, 481ff.

Schmitt, Carl(1940), Die Raumrevolution, Durch den totalen Krieg zu einem totalen Frieden, in: Staat, Großraum, Nomos, 388 ff.(원래는 주간지 『Das Reich』, 1940, Nr.19, 1940년 9월 29일자)

Schmitt, Carl(1940), Positionen und Begriffe im Kampf mit Weimar-Genf-Verailles. Hamburg 1940.

Schmitt, Carl(1941), Staat als konkreter, an geschichtliche Epoche gebundener Begriff(1941) in: VA, 375ff.

Schmitt, Carl(1941), Völkerrechtliche Großraumordnung mit Interventionsverbot für raumfremde Mächte. Ein Beitrag zum Reichsbegriff im Völkerrecht Großraum, Berlin: Duncker&Humblot, 1991.

Schmitt, Carl(1944), Die Lage der europäischen Rechtswissenschaft(1943-44), in: VA, 386ff.

Schmitt, Carl(1945), Die letzte globale Linie, in: SGN, 441ff.

Schmitt, Carl(1950), Der Nomos der Erde, 3.Aufl. Berlin: Duncker & Humblot, 1950.

Schmitt, Carl(1950), Donoso Cortés in gesamteuropäischen Interpretation, Köln: Greven Verlag, 1950.

Schmitt, Carl(1950), Ex Captivitate Salus, Erfahrungen der Zeit 1945/47, Köln: Greven Verlag, 1950.

Schmitt, Carl(1954), Verfassungslehre, Berlin: Duncker & Humblot, 1954.

Schmitt, Carl(1956), Hamalet oder Hekuba: der Einbruch der Zeit in das Spiel, Stuttgart 1956. 국역본은 카를 슈미트(김민혜 역)(2021), 『햄릿이냐 헤쿠바냐. 극속으로 침투한 시대』,(서울: 문학동네, 2021).

Schmitt, Carl(1958), Verfassungsrecbtliche Aufsätze aus den Jabren 1924-1954. Matrialien zu einer Verfassungslehre. Berlin 1958.

Schmitt, Carl(1962), Die Ordnung der Welt nach dem Zweiten Weltkrieg, in: SGN, 37ff.

Schmitt, Carl(1963), Theorie des Partisannen. Zwischenbemerkung zum Begriff des Politischen, Berlin: Duncker & Humblot, 1963.

Schmitt, Carl(2007), Theory of the Partisan(trans. by G.L. Ulmen), New York: Telos, 2007.

Schmitt, Carl(1980), Legitimität und Legalität. Berlin 1980.

Schmitt, Carl(1982), Der Leviathan in der Staatslehre des Thomas Hobbes, Stuttgart: Klett-Cotta, 1982 (초판은 1938년 Hanseathischen Verlagsanstalt, Hamburg)

Schmitt, Carl(1984), Römischer Katholizismus und politische Form, Stuttgart: Kletta-Cotta, 1984 (초판은 1923년)

Schmitt, Carl(1985), Der Hüter der Verfassung, 3. Aufl. Berlin: Duncker & Humblot, 1985.

Schmitt, Carl(1991), Die geistesgeschichtliche Lage des heutigen Parlamentarismus(1923), 5. Aufl., Berlin.

Schmitt, Carl(1991), Der Begriff des Politischen. Text von 1932 mit einem Vorwort und drei Corollarien, 3. Auflage der Ausgabe von 1963, Berlin 1991.

Schmitt, Carl(1991), Glossarium. Aufzeichnungen der Jahre 1947-1951. Berlin 1991.

Schmitt, Carl(1991), Politische Romantik, 5.Aufl., Berlin: Duncker & Humblot, 1991.

Schmitt, Carl(1994), Die Diktatur, 6. Aufl., Berlin: Duncker & Humblot, 1994(초판은 1921년)

Schmitt, Carl(1994), Positionen und Begriffe im Kampf mit Weimar-Genf-Versailles 1923-1939, 3. Aufl. Berlin.

Schmitt, Carl(1995), Staat, Großraum, Nomos. Arbeiten aus den Jahren 1916-1969, hrsg. von Günter Maschke, Berlin.

Schmitt, Carl(1996), Politische Theologie. Vier Kapitel zur Lehre von der Souveränität, 7. Aufl., Berlin.

Schmitt, Carl(1996), Politische Theologie II. Die Legende von der Erledigung jeder Politischen Theologie, 4. Aufl., Berlin.

Schmitt, Carl(2005), Frieden und Pazifismus? Arbeiten zum Völkerrecht und zur internationalen Politik 1924-1978, hrsg. von Günter Maschke, Berlin; Duncker&Humblot, 2005.

Seiberth, Gabriel(2001), Anwalt des Reiches: Carl Schmitt und der Prozess "Preußen contra Reich" vor dem Staatsgerichthof, Berlin: Dunker & Humblot, 2001.

Sombart, Nicolaus(1997), Die deutsche Männer und ihre Feinde. Carl Schmittein deutsches Schicksal zwischen Männerbund und Matriarchatsmythos, Frankfut/M.; Fischer, 1997.

Sontheimer, Kurt(1994), Antidemokratisches Denken in der Weimar Republik, 4. Aufl., München.

Spörl, Gerhard(2003), The Leo-conservatives, The New York Times, Aug. 4, 2003.

Stasavage, David(2020), The Decline and Rise of Democracy, Princeton & Oxford: Princeton Uni. Press. 2020.

Sternhell, Zeev , Mario Sznajder, Maia Asheri(1999), Die Entstehung der Faschistischen Ideologie. Von Sorel zu Mussolini, Hamburg: Hamburger Edition, 1999.

Strauss, Leo(1932), Anmerkungen zu Carl Schmitt, Der Begrff des Poltischen, in: Archiv für Sozialwissenschaft und Sozialpolitik, Tübingen 67. Bd., 6. Heft, August/September 1932, S.732ff., 이 논문은 Meier(1988), S.99-125 에 재수록되어 있고, 한국어로도 번역되어 있다. 김효전(역), 『정치적인 것의 개념』, 155이하.

Thamer, Ulrich(2002), Der Nazionalsozialismus, Reclam:Stuttgart, 2002,

Trier, Jost(1942), Zaun und Mannring, Paul und Braunes Beiträge zur Geschichte der deutschen Sprache und Literatur 66, 1942, 232ff.

Tuathail, Gearoid O.(1996), Critical Geopolitics, Minneapolis: Univ. of Minnesota Press, 1996.

Ulmen G.L , P. Piccone(1987), Introduction to Carl Schmitt, in: Telos 72/1987. 3.

Ulmen, G. L.(1991), Politischer Mehrwert. Eine Studie über Max Weber und Carl Schmitt, Weinheim: VCH, 1991.

Volkov, Shulamit(1978), Antisemitism as a Cultural Code. Reflections on the History and Historiography of Antisemitism in Imperial Germany, in: Year Book XXIII of Leo Baeck Inst. London 1978.

Vollrath, Ernst(1989), Wie ist Carl Schmitt an seinen Begriff des Politischen gekommen? in: Zeitschrift für Politik, Bd.36, H.2, S.151ff.

Wacker, B.(1995), Statt eines Nachworts: Carl Schmitts Katholizismus und die katholische Theologie nach 1945, in: ders.,(Hg.), Die eigentliche katholische Verschärfung ..., München 1994.

Weber, Iris(1997), Nation, Staat und Elite. Die Ideologie der Neuen Rechten, Köln.

Weber, Max(1972), Wirtschaft und Gesellschaft, 5. Aufl. Tübingen.

Whaley. Joachim(2020), 'Helmuth Plessner and The Delayed Nation', Journal of European Studies, Vol. 50(1), 2020, 128–140. https://journals.sagepub.com/doi/pdf/10.1177/0047244119892853

Winkler, Heinrich August(1994), Weimar 1918-1933. Die Geshcichte der ersten deutschen Demokratie, München: C. H. Beck, 1994.

Winkler, Heinrich August(2000), Der lange Weg nach Westen. Deutsche Geschichte vom Ende des Alten Reiches bis zur Wiedervereining, 2 Bde., München 2000.

게오르그 루카치(1997), 『이성의 파괴 1,2,3』, 서울: 심설당, 1997.

게오르그 루카치(2005), 「레닌, 그의 사상의 통일성에 관한 일 연구」, in: 루카치 외 (1985), 『레닌』, 서울: 녹두출판사, 1985,

귀스타브 르 봉(2019), 『군중심리』, (서울: 문예출판사, 2019)

김동하(2014), 「독일 바이마르 시기 '보수혁명'과 반서구주의」, 『유럽연구』, 제32권 2호 (2014년 여름), 317ff.

김충희(2010), 「모리스 오류의 제도이론」, 서울대학교 대학원 법학과 석사논문 2010년. https://hdl.handle.net/10371/65133

김효전(2001) 편역, 『칼 슈미트 연구 - 헌법이론과 정치이론』, 서울: 세종출판사, 2001.

루소, 장 자크(2022)(김영욱 역), 『사회계약론』, 서울: 후마니타스, 2022.

로버트 O. 팩스턴(2004), 『파시즘. 열정과 광기의 정치혁명』, 서울: 교양인, 2004.

마르틴 브로샤트(2011), 『히틀러국가』, 서울: 문학과 지성사, 2011.

모리치오 비롤리(2006), 『공화주의』, 서울: 인간사랑 2006.

박찬승(2019), 『민족·민족주의』, 서울: 소화, 2019.

발터 벤야민(2009), 『독일비애극의 원천』, 서울: 한길사, 2009.

발터 벤야민(2020), 「독일파시즘의 이론들」, 에른스트 윙거 외, 『노동자, 고통에 관하여, 독일파시즘의 이론들』, 서울: 글항아리, 2020.

발터 울만(2000),『서양중세정치사상사』, 서울: 숭실대학교 출판부, 2000.
베네딕트 앤더슨(2018),『상상된 공동체. 민족주의의 기원과 보급에 대한 고찰』, 서울: 도서출판 길, 2018.
빌헬름 라이히(2006),『파시즘의 대중심리』, 서울: 그린비, 2006.
상탈 무페(2007),『정치적인 것의 귀환』, 서울:후마니타스, 2007.
손자(2012)(김광수편역),『손자병법』, 서울: 책세상, 2012.
스티븐 킹(2004),『시간과 공간의 사회사 1880-1914』, 서울: 휴머니스트, 2004.
아돌프 히틀러(1976)(황성모 역),『나의 투쟁』, 서울: 동서문화사, 1976.
알렉스 캘리니코스(2020),『인종차별과 자본주의』, 서울: 책갈피, 2020.
앙리 르페브르(2019),『공간의 생산』, 서울: 에코리브르, 2019.
오오타케 코지(2020),『정전과 내전, 카를 슈미트의 국제질서사상』, 부산: , 2020.
앤서니 D. 스미스(2016),『족류상징주의와 민족주의』, 서울: 아카넷, 2016.
에른스트 윙거(2013)(노선정 역),『대리석 절벽위에서』, 서울: 문학과 지성사, 2013.
에른스트 윙거, 발터 벤야민(2020),『노동자, 고통에 관하여, 독일파시즘의 이론들』, 서울: 글항아리, 2020.
에릭 홉스봄 외(2004),『만들어진 전통』, 서울: 휴머니스트 , 2004.
에릭 홉스봄(1994)『1980년 이후의 민족과 민족주의』, 서울: 창작과 비평, 1994.
에릭 홉스봄(1997),『극단의 시대 상, 하』, 서울: 까치, 1997.
우디 그린버그(2018),『바이마르의 세기』, 서울: 회화나무, 2018.
유스투스 하스하겐 외(2001),『칼 슈미트 연구 – 헌법이론과 정치이론』, 서울: 세종출판사, 2001
윤재왕(2016),「예외상태와 주권의 역설 - 아감벤의 칼 슈미트 해석에 대한 비판」,『강원법학』47Œ,(2016. 2) 337ff.
이관후(2016),「왜 '대의민주주의'가 되었는가?: 용례의 기원과 함의」,『한국정치연구』제25집 제2호(2016).
이진일(2015),「'생존공간'(Lebensraum)과 '大東亞共榮圈'담론의 상호전이 -칼 하우스호퍼의 지정학적 일본관을 중심으로」,『독일연구』제29호 2015, 199ff.
이해영(1992),「그람시의 시민사회 개념」.『이론』3호, 1992년. 191ff.
이해영(1995),「전쟁, 정치 그리고 자본주의 -칸트, 클라우제비츠, 마르크스와 엥겔스, 슈미트를 중심으로」,『이론』11호, 9ff.

이해영(2002), 「'대중'의 정치학에 대한 2가지 관점: 그람시와 슈미트」, 『비평』 8호, 157ff.

자크 파월(2019), 『자본은 전쟁을 원한다』, 서울: 오월의 봄, 2019.

전진성(2001), 『보수혁명 – 독일지식인들의 허무주의적 이상』, 서울: 책세상, 2001.

정수일(2021), 『민족론과 통일담론』, 서울: 통일뉴스, 2021.

제바스티안 하프너(2016), 『비스마르크에서 히틀러까지』, 서울: 돌베개, 2016.

조르조 아감벤(2017)(박진우, 정문영 옮김), 『왕국과 영광』, 서울: 새물결, 2017.

칼 맑스(1995), 「헤겔 법철학의 비판을 위하여. 서설」, 칼 맑스/프리드리히 엥겔스, 『저작선집1』, 서울: 박종철출판사, 1995.

카를 만하임(2020), 『세대문제』, 서울: 책세상, 2020.

카를 슈미트(2020)(김효전 편), 『헌법과 정치』, 부산: , 2020.

칼 슈미트(1998)(김효전 역), 『파르티잔-그 존재와 의미』, 서울: 문학과 지성사, 1998.

칼 슈미트(1976)(김기범 역), 『헌법이론』, 김기범 역, 1976.

칼 슈미트(2014)(홍성방 역), 『법률과 판결』, 서울: 유로, 2014.

칼 슈미트(2016)(김남시 역), 『땅과 바다. 칼슈미트의 세계사적 고찰』, 서울: 쿠리에, 2016.

토마스 홉스,(2012a,b), 『리바이어던 1, 2』, 서울: 나남출판사, 2012.

피에르 부르디외(2021), 『하이데거의 정치적 존재론』, 서울: 그린비, 2021.

피에르 부르디외, 로익 바캉(2018), 『성찰적 사회학으로의 초대』, 서울: 그린비, 2018.

필립 샌즈(2016), 『인간의 정의는 어떻게 탄생했는가』, 서울: 더봄, 2016

해퍼드 존 매킨더(2022), 『심장지대』, 서울: 글항아리, 2022.

허먼 멜빌(2011), 『모비딕』, 서울: 작가정신, 2011.

허먼 멜빌(2015)(안경환 역), 『바틀비, 베니토 세레노, 수병 빌리버드. 허먼 멜빌 법률3부작』, 서울: 홍익출판사, 2013.

헬무트 크바리치 외(2014)(김효전 편역), 『반대물의 복합체』, 부산: , 2014.

색인(인물)

ㄱ

가네코 겐타로, 387
게르하르트 안쉬츠, 266
게오르그 루카치, 58
군터 달쿠엔, 343
귄터 마쉬케, 21, 120, 302, 391

ㄷ

도노소 코르테스, 50, 195, 210, 237, 329

ㄹ

라인하르트 퀸늘, 86
라인하르트 하이드리히, 32, 316, 317
라인하르트 횐, 35, 316, 323, 327, 392
랭보, 22, 313
레닌, 21~22, 51, 73, 101, 253, 408, 479, 480~481, 483~486, 488
레오 슈트라우스, 95, 185, 527
로베르트 켐프너, 420
로젠베르크, 58, 81, 332, 334
루돌프 힐퍼딩, 71
루소, 94, 161~163, 166, 170, 219~223, 225~226, 228, 241, 428, 430, 495
루스벨트, 152, 387, 396

ㅁ

마르틴 보르만, 140
마르틴 브로샤트, 88
마르틴 하이데거, 31
마크로비우스, 432
마키아벨리, 22, 521
맑스, 46, 49, 54~57, 64, 68, 71, 74, 78, 83, 90~91, 112, 195, 203, 217, 264, 289, 292, 303, 311, 375, 386, 513
모택동, 477, 478, 481, 484
묄러 반 덴 브룩, 83

ㅂ

발데마르 구리안, 527
발터 벤야민, 219, 471
베르너 베스트, 35, 316, 319, 377, 392
베르너 좀바르트, 35
보댕, 19, 428, 430, 433
빌헬름 푸르트벵글러, 286

ㅅ

스탈린, 35, 378, 477, 478

ㅇ

아르민 몰러, 35, 512
안토니오 그람시, 32

야콥 타우베스, 19, 450
에드가 융, 43
에르빈 야코비, 266
에른스트 윙거, 39, 109, 286, 433, 478
에릭 페테르존, 494
에릭 홉스봄, 19
오스발트 슈펭글러, 31, 83
오이겐 오트, 275, 277
오토 쾰로이터, 315
요하네스 포피츠, 284, 406, 407
요한 밥티스트 메츠, 489

ㅈ
조지 모스, 81

ㅋ
칼 뢰벤스타인, 419, 527
칼 뢰비트, 95, 109, 186, 187, 193
칼 만하임, 27, 46, 435
칼 빌핑거, 173, 266
칼 하우스호퍼, 471
쿠르트 폰 슐라이허, 258, 264
쿠보이 요시미치, 397
키에르케고르, 40, 196, 197, 508

ㅌ
토마스 만, 118, 280
토마스 모어, 432
토마스 아퀴나스, 25, 493

ㅍ
파울 폰 힌덴부르크, 30, 256

프란츠 노이만, 75, 92, 297, 522
프란츠 폰 파펜, 259
프랑크 데페, 3
프리드리히 마이네케, 46, 362
플라톤, 198, 432
피에르 부르디외, 34, 49, 215, 348, 466, 467, 509, 513, 514

ㅎ
하인리히 람메르스, 424
하인리히 힘러, 31, 317
한스 켈젠, 153, 286
한스 프라이어, 35
한스 프랑크, 285, 290~291, 312, 314~317, 376
허먼 멜빌, 438, 517
허쉬 라우터파하트, 430
헤겔, 19, 22, 48, 50, 56, 68, 93, 106, 110, 146, 198, 311, 436, 473, 507
헤르만 괴링, 287
헤르만 헬러, 46, 158, 266, 286, 331
헬무트 쉘스키, 19, 296
헬무트 플레스너, 64
홉스, 19, 22~26, 46, 76, 87, 109, 124, 146, 147~148, 186~187, 190, 192, 213~214, 233, 253, 295, 356, 410, 438, 449~450, 498~499
황산덕, 93~94
후고 발, 333, 492
휴스튼 스튜어트 챔벌레인, 82
히틀러, 19, 31, 44, 58, 77, 85, 87~90, 92, 94, 120~121, 139~141, 146,

233, 259~260, 264, 274, 280~281, 285, 289, 291, 304, 306~309, 311, 338~339, 343, 353~354, 388, 396~397, 407, 419, 425~427, 508~509, 512, 514, 525

색인(개념)

P

potestas, 267

S

SD, 35, 92, 314~317, 323, 328, 430

ㄱ

가톨릭, 67, 69~71, 112, 127, 140~141, 172, 214, 227, 238, 257, 264, 294, 303, 317, 319, 321, 324, 328~329, 333~337, 340~341, 346, 400, 443, 476, 489~491, 494, 496~499, 504, 515
간접권력, 24~25, 245~246
결단, 37, 49, 65, 70, 108~109, 113~114, 119, 121, 149, 151, 154~156, 159, 167~170, 186~187, 191~192, 195~205, 210~215, 229, 235, 239~240, 268, 271, 288, 291, 293, 295~296, 298, 300, 304, 321~322, 329, 334, 339, 345, 370~373, 390, 435, 455, 460, 463~464, 473, 496, 503, 519~520
계관법률가, 337, 348, 508
공간혁명, 395, 398, 400~401, 403, 450
공화주의, 65, 69, 72, 217, 253, 257, 283, 288
관헌국가, 57, 118
광역, 123, 185, 229, 351, 376, 379, 382, 384, 386~399, 408~415, 422~423, 426~428, 450, 453, 455, 464, 468~469, 471, 480, 483, 520
광역질서, 379, 386, 392, 398, 412, 428, 456
교전권, 114, 123, 125, 132~133, 213, 363, 378, 383
구별, 22, 26~27, 35, 99, 103~107, 110~112, 114~116, 119~121, 123~125, 128, 132, 136~137, 147~148, 153, 155, 157~158, 160, 163, 168, 175~177, 180~183, 188, 190, 199~202, 212, 216, 236, 245, 270, 288~290, 308, 311, 330, 363, 404, 438, 450, 465, 478, 480, 483, 488, 493, 498~501, 507, 513~514, 516~517, 520, 524
구체적 질서사고, 95, 301, 335
국가비상사태계획안, 275, 278~279, 282
국가연합, 357, 363~364, 365, 382
국가추밀원, 286, 314, 325, 331, 336, 339, 341, 345, 419, 508
국사재판소, 265~267, 271~272,

285~286, 289
국제법적 광역질서, 387, 392, 427
국제연맹, 115, 118, 122~126, 135,
　　264, 283, 305~306, 356~359,
　　361~368, 373~376, 378, 381~383,
　　411, 415, 451, 463~464, 513
군국주의, 89, 117~119, 127, 367, 386,
　　471
권력, 22, 24~25, 27, 35, 43~45, 47,
　　49, 55, 67, 70~74, 79, 89~92,
　　106, 108, 119~121, 133, 138~147,
　　150~151, 155, 157~159, 162, 170,
　　183~184, 195, 219, 221, 226~227,
　　235, 239, 241, 245~246, 249,
　　253~254, 256, 259~260, 264,
　　267~270, 272, 274, 280, 282~283,
　　288~289, 292, 295, 299~300, 302,
　　304, 306~307, 319, 321~322,
　　324~325, 327, 329, 334~335,
　　337~338, 347~349, 360, 362, 367,
　　372~373, 392~394, 399, 401~402,
　　405, 412~413, 424, 426, 431~432,
　　434, 437~438, 459~460, 464, 473,
　　492, 496, 501, 508, 511~512, 514,
　　521~522, 524
권력정치, 138, 375, 472
권력카르텔, 88, 92, 300, 353
귀족나치, 348
규범주의, 103, 108, 115, 125, 203,
　　293~296, 407, 464, 472
그노시스, 499~500

그루핑, 92, 105, 210, 291, 341,
　　370~371, 387, 399, 465, 479
극성, 29, 450, 453
기회원인론, 109, 187, 194, 203
기회주의, 19, 49, 50, 108~109, 121,
　　204, 306, 319, 321, 338, 348, 382,
　　433, 503, 508, 511~512, 515

ㄴ

낭만주의, 29, 64, 66, 81~82, 194~195,
　　202, 250, 320, 329, 492
냉전, 64, 73, 96, 413, 449~454, 474,
　　481, 500, 512, 527
노동자, 33, 39~40, 57, 73, 74, 77,
　　90~91, 100, 151, 198, 257, 262,
　　276, 295, 300, 303, 338, 433, 455,
　　466, 476, 478
노모스, 96, 130, 134, 136, 229, 293,
　　401, 403, 408~409, 454~461, 463,
　　465~466, 470~471, 473, 478, 480,
　　511, 526
뉘른베르크, 94, 96, 115, 139, 316, 417,
　　419~421, 424, 428~429, 430, 432,
　　465, 507

ㄷ

다수결, 161, 269, 270, 361
다중지배, 88, 92, 281, 406
단검암살의 전설, 308
대통령독재, 156, 211, 216~217, 263,
　　265, 277, 279~280, 282~284, 291,

406, 525
대표, 19, 31, 38, 43~44, 64, 68, 84, 88, 108, 123~124, 155, 159~163, 182, 213, 220~223, 225~226, 228~229, 241, 246~249, 258, 264, 266~268, 273, 283, 298, 303, 321, 325, 336, 339, 353, 355, 359, 384, 441, 474, 507
독재, 22, 39, 44, 73, 87~91, 102, 104, 161, 203, 205, 211, 214~221, 223~229, 236, 239, 242~243, 254, 263, 279~280, 282, 284, 324, 329, 338, 353, 406, 425, 444, 492, 494, 520, 525
동일성, 100, 110, 150, 155, 159~162, 166, 169, 208, 218, 236, 241~243, 246, 348, 381
동종성, 161, 164~169, 245, 269, 365
동질성, 161~162, 164~166, 170, 235~236, 240, 269, 357~359, 364, 381

ㄸ

땅과 바다, 400~403, 473~474, 485, 501, 531, 547

ㄹ

라인란트, 329, 360, 362, 368, 370~371, 376, 378, 411, 415, 522
로젠베르크청, 332, 334
룀사건, 120, 307, 309

리바이어던, 24~26, 146, 245~246, 370, 400, 438~439, 547
리버럴 파시즘, 526

ㅁ

만다린, 27, 44~50, 306, 507
먼로독트린, 387~388, 396, 399, 409, 414~415, 450, 452
모비딕, 440, 518, 547
문명, 33~34, 38~39, 67, 75, 81~82, 117~118, 127~129, 208, 355, 359, 361, 381, 436, 445, 462, 473, 490
문화, 31, 33, 38~40, 47~50, 59~60, 66~68, 70, 75~77, 82~83, 118, 149, 184, 189, 191~192, 201, 310, 360, 378, 393, 419, 452, 459, 464, 466~467, 503
민족, 31~34, 42~43, 47, 51~55, 57, 59~61, 63~70, 74~86, 89, 93, 100, 121~125, 127, 149, 151~153, 160, 164~166, 170, 184~185, 200, 226, 240, 249~250, 253, 255, 258~259, 261~262, 264~265, 269, 281, 285, 287~291, 293~296, 298~306, 309~311, 313~314, 316, 322, 324~326, 328, 330~332, 334~339, 341~342, 344, 358~361, 370~372, 375~380, 384~394, 398, 400~401, 406, 408, 412~414, 425~427, 435, 438, 451~453, 458~460, 467, 471, 476~477, 486,

497, 507~509, 512~513, 520~521, 524, 546~547
민족공동체, 84, 126, 310, 338, 342, 376~377, 384
민주정, 48, 57, 63, 83, 95, 159~160, 162~167, 169~170, 208, 217, 229, 234~237, 239~246, 249, 255, 256, 268, 321, 384, 389, 494, 519

ㅂ

바이마르공화국, 30, 46, 62, 83, 99~100, 108, 118, 120, 150, 211, 216, 256~257, 261, 265~266, 282, 307~308, 356, 368, 410~411, 492
반식민주의, 451~453
반유대주의, 44, 75, 81, 96, 283, 292, 310, 313, 322, 343, 489, 501~504
반지성주의, 48
반혁명, 19, 21, 43, 102, 194, 208~210, 214, 234, 256, 364, 450
베니토 세레노, 430, 434, 436, 439~442, 515
베스트팔렌조약, 133, 409
병사국가, 128, 200, 302
보수혁명론, 27, 33, 215
비상사태, 120, 156, 207, 273~277, 279~280, 282, 284
비합리주의, 39, 41, 49, 57, 85, 86~87, 212, 215~216, 376, 404

ㅃ

빨치산, 96, 477~486, 488

ㅅ

사회진화론, 79~80
상동성, 348, 515
생존권, 75, 377, 379~380, 387, 422, 472
생철학, 36~41, 68, 108, 215, 237, 301, 507
수권법, 141, 284~285, 287
순환론, 102~103
슈미트케이스, 392
슈미트파일, 7, 317, 323, 327
시대정신, 20, 22, 27, 29, 67, 208, 215, 234, 238, 259, 283, 466, 507, 513,~514
시민사회, 64, 71, 101, 117~118, 154, 198, 303, 523
신정치신학, 489~490
실존주의, 109, 348

ㅇ

에피메테우스, 431~432
엔텔레케이아, 28~29, 32
연방, 124~125, 272, 289, 306, 357, 359, 363~366, 374, 381~382, 390, 529, 535
예외, 86, 94~95, 121, 153, 196~197, 203, 205, 208~212, 216~220, 223, 225~229, 275, 282~283, 294~295,

361, 366, 414, 478, 510, 521

우적, 35, 50, 99, 102~108, 110~112, 114, 119~121, 131, 136~137, 146~147, 153, 157, 160~161, 165~166, 168, 179~183, 189~190, 199~202, 210, 212~213, 216, 245, 273, 291, 308, 314, 330, 334~335, 341, 370~372, 387, 399, 404, 453, 465, 479~480, 482~483, 488, 493~494, 498~500, 512, 516~517, 520

우호선, 137, 408~409

유럽공법, 114, 125, 133~136, 138, 398, 408, 410, 430, 441, 457, 461, 465, 467, 470, 472~474, 478, 481, 488, 491, 498

유추, 38, 72, 130~131, 158, 183, 186, 207~209, 226, 288, 492, 494

유트레히트조약, 136, 445

육지취득, 136, 456~458, 463, 466, 470, 473

의회주의, 22, 33, 57, 63, 67, 83, 91, 102, 193, 213, 216, 234~235, 237~240, 242~243, 248~250, 256, 264, 268~272, 281, 283~284, 376, 406, 413, 494

이종자, 107, 167

인종민족, 27, 73, 76, 78, 80~85, 121, 127, 152~153, 203, 334, 376~379, 385, 389, 392, 399, 413, 428, 507

일반의지, 161, 221, 223, 241, 244

ㅈ

자유주의, 28~29, 33, 45, 50~51, 53~54, 56~57, 70~72, 74~75, 79, 81, 91, 95, 101~102, 104, 110, 117, 120, 128, 150, 152, 153, 156~157, 163, 170, 187~193, 198~199, 203, 212, 231, 233~239, 241, 244, 249~250, 253~256, 264, 283, 290, 293, 302~303, 305, 307, 321, 340~341, 356, 380~381, 413, 449, 454, 462, 491, 511, 522, 525

장소확정, 135, 395~396, 456, 458~459, 461, 463, 470~471

전방세대, 31~32, 507

전사, 19, 22, 24, 27, 42, 51, 139, 146, 256, 273, 309, 319, 437, 460, 483, 486

전쟁, 7~9, 27, 38, 39, 41~42, 53~54, 59, 64, 70, 90, 103~104, 108, 112~119, 121~138, 164, 174, 189~191, 199~202, 209, 213, 233, 259, 271, 281, 297, 305~306, 308, 310, 316, 354~357, 365~368, 372, 374~375, 378~379, 382~384, 386, 393~395, 397~400, 402~403, 408~415, 423~424, 426, 428~430, 436, 449~450, 452, 460~462, 464, 466, 468, 471~475, 477~483, 485~489, 498, 510~511, 514~515, 527, 546~547

전체국가, 100, 117, 119~120, 122,

126, 147, 150, 152, 171, 187, 301, 334, 485

절대전, 129~130, 480~481, 488

정당성, 22, 89, 115, 131, 137, 155~156, 194, 212, 219, 236, 241, 268~271, 273, 306, 337, 358~359, 362, 368, 374, 404, 408, 440, 451, 453, 495, 498

정신, 17, 19, 22, 24, 28~29, 33, 34, 41, 43, 45, 47~51, 53, 55~56, 63~64, 66~69, 81~83, 87, 93, 102, 110, 112, 117~118, 127, 129, 161, 170, 184, 193, 195, 198, 207~208, 234~236, 238~239, 248, 250, 269, 306, 308, 309, 311~314, 322, 324, 333, 341, 343, 363, 373, 380~381, 402, 404, 407, 412, 425~427, 431, 434~437, 439, 441, 443~444, 453, 466~467, 469, 480, 498, 500, 502~503, 507~508, 510, 513~514, 517, 547

정적, 20, 37~38, 42, 44, 54, 57, 61, 63~67, 69, 107~108, 115, 119, 121, 126~127, 131~133, 136~137, 150, 152, 154, 157, 159~161, 164, 172, 179, 195, 198~199, 202~204, 209~210, 215, 218, 221, 236, 238~240, 243~244, 253~255, 264, 269~270, 273, 279, 291, 296~297, 306~307, 312, 317, 330~331, 334, 337~339, 353, 355~356, 358, 361,

363~365, 367, 370, 372, 383, 387, 393, 396, 398~399, 411, 427~428, 433, 442, 452~453, 458~460, 463, 468, 472, 478~479, 493~494, 500, 516

정전, 115~116, 122~123, 125~126, 132~133, 136~137, 200, 378, 383, 394, 431~432, 441, 474

정치신학, 2, 96, 102, 152, 158, 171, 195, 207~208, 211~212, 215, 225, 243, 314, 331, 333, 470, 489, 490~491, 493~494, 496~501, 503, 516

정치적 잉여가치, 269~270

정치적 통일체, 94, 114, 119, 148, 151~152, 154, 159~162, 171, 201, 213, 247, 288, 295~296, 302, 480, 485

정치적인 것, 37, 95, 97, 99~108, 113, 117, 119, 130, 136, 137~139, 146~147, 149, 153~154, 157, 159, 165, 167, 170, 173~181, 183~184, 187~191, 195, 197~203, 212, 218, 229, 240, 273, 291~292, 296, 334, 340, 360, 387, 433, 444~445, 464, 476, 477, 482~483, 488~489, 493, 497~501, 515~516, 518~521, 544

제국주의, 36, 39, 57, 61~62, 78~81, 89~90, 115, 117, 138, 216, 301, 360, 367~369, 372~373, 388~389, 393, 399, 409~410, 412~413, 453,

455, 471~474
제도주의, 295, 296, 298, 300, 465
종동성, 168, 202~203, 290~291
종족, 74~76, 288, 291
주권, 19, 24, 55, 79, 95, 104, 119, 125, 132~133, 148, 156~157, 163, 180, 195, 197, 199, 204~205, 207~210, 215, 218~219, 221, 223, 225~226, 228~229, 243, 247, 299, 305, 329, 358, 361, 365~366, 369, 378, 385, 390, 393~394, 401, 414, 428, 433, 439, 442~445, 461, 489, 499
중앙당, 258, 261~262, 264, 270~271, 277, 280, 303, 319, 321, 324, 329, 332, 337~338, 360
중유럽, 54, 355, 379, 410~411, 413, 415, 471
지도자원칙, 84, 255, 292
지역주의, 123, 386, 398, 412~413, 471
지정학, 2, 127, 129, 379, 384, 386, 400, 411, 436, 455, 471, 474~475
지체, 58~59, 61~65, 70, 214, 249~250, 263
집중강도, 105, 165, 174, 178~180, 183~184, 188, 200~202, 273, 335, 478, 482

ㅊ

차별적 전쟁개념, 116, 121~125, 133, 136, 382, 383, 463, 510

ㅋ

카테콘, 483, 503~504
켈로그조약, 378, 383

ㅌ

탈나치화, 315, 419, 421, 510
토마스주의, 294, 296, 300, 333~334, 492
특수경로, 27, 51, 54, 58, 63~64, 78, 86, 507

ㅍ

파시즘, 38~44, 58, 64, 70, 78~80, 86~91, 99~100, 109, 139, 147, 151~152, 159, 216, 233~234, 236, 250, 253~255, 260, 300, 306, 313, 353, 440, 513~514, 522, 526
평화주의, 190, 200, 373~375, 466, 482, 490
프로이센 쿠데타, 259, 265~266, 268, 270, 274, 282~283, 289, 304, 308
프로테스탄트, 53, 66~67, 400, 435, 443, 504

ㅎ

햄릿, 430, 442~445, 531, 542
헌법, 51, 56, 93~94, 128~129, 148, 150, 153~156, 158~159, 163~164, 166, 170, 177, 217~218, 220~221, 226, 229, 236, 240, 243~246, 249, 262~268, 270~280, 282~283,

287~289, 293, 296, 302, 304, 313, 324, 329, 331, 334, 337, 341, 359, 371, 390~391, 396, 424, 451, 462, 465, 519, 541, 547

헌법률, 155~158, 274

헌법제정권력, 155~156, 158, 164, 170, 219, 221, 226~228, 495

형상, 38~40, 56, 78, 118, 127, 129, 159~161, 166, 176, 203, 207, 245, 293~295, 298~300, 302~304, 335, 377, 442~443, 446, 458, 466, 474, 478, 481, 486, 515

환호송, 159, 171, 237, 243~245, 314, 476, 494~496

흑색군단, 320, 328~330, 333, 343, 345~346, 423, 425